MW01205867

Rico Gutschmidt

Sein ohne Grund

VERLAG KARL ALBER A—

Im Zentrum von Heideggers Denken steht eine quasireligiöse Umwendung des Menschen. Davon ausgehend entwickelt diese Arbeit das Konzept einer post-theistischen Religiosität, das nicht nur zum philosophischen Verständnis der religiösen Rede beiträgt, sondern auch eine neue Interpretation von Heideggers Spätwerk ermöglicht. In beiden Fällen geht es um die Unbegreiflichkeit der menschlichen Situation, die Religion wie Philosophie gleichermaßen herausfordert.

Der Autor:

Rico Gutschmidt studierte Mathematik und Philosophie und wurde 2009 an der Universität Bonn mit einer wissenschaftstheoretischen Arbeit im Fach Philosophie promoviert. Mit einer neuen philosophischen Ausrichtung wechselte er an die TU Dresden, wo er 2015 mit der vorliegenden Arbeit habilitiert wurde.

Gedruckt mit Unterstützung der
Deutschen Forschungsgemeinschaft

Originalausgabe

© VERLAG KARL ALBER
in der Verlag Herder GmbH, Freiburg / München 2016
Alle Rechte vorbehalten
www.verlag-alber.de

Satz: SatzWeise GmbH, Trier
Herstellung: CPI books GmbH, Leck

Printed in Germany

ISBN 978-3-495-48838-6

Rico Gutschmidt

Sein ohne Grund

Die post-theistische
Religiosität
im Spätwerk
Martin Heideggers

Verlag Karl Alber Freiburg / München

Mir ist alles Wunder.

Schleiermacher, Über die Religion

Inhalt

Einleitung

Mit dem Erscheinen der *Schwarzen Hefte* ist Heidegger zu einem Thema geworden, das selbst die Tagespresse beschäftigt. Während Heideggers Verstrickung in den Nationalsozialismus nie ein Geheimnis war und in regelmäßigen Abständen immer wieder ausgiebig diskutiert wurde, hat die Debatte mit den jetzt bekannt gewordenen eindeutig antisemitischen Passagen eine neue Dimension erreicht. Dabei ist es allerdings voreilig, Heideggers gesamte Philosophie als antisemitisch zu verdammen oder den Antisemitismus gar ins Zentrum von Heideggers Philosophie zu stellen. Eine solche totale Verurteilung Heideggers und seiner Philosophie ist der Lage der Dinge genauso wenig angemessen wie ein völliger Freispruch. Für eine differenzierte Einschätzung ist es aber im Moment noch zu früh. Stattdessen gilt es abzuwarten, was die Forschung zum noch unveröffentlichten Nachlass ergibt, wobei es für die Beurteilung von Heideggers Philosophie eine erhebliche Rolle spielen wird, ob vielleicht in der Gesamtausgabe entsprechende Passagen gekürzt oder sogar verändert wurden.

Trotz Heideggers eminenter Wirkung auf die Entwicklung der Philosophie des 20. Jahrhunderts und einer ungebrochenen internationalen Forschungsaktivität wird in dieser Debatte auch die Frage gestellt, was von Heideggers Philosophie eigentlich bleibt. Worum geht es Heidegger im Grunde und kann man angesichts der zahlreichen Verschiebungen in seinem Denkweg überhaupt von einem geschlossenen Ansatz sprechen? Vor dem Hintergrund dieser Fragen wird in der vorliegenden Arbeit ein weiteres Mal die zeitlose Relevanz von Heideggers Denken herausgestellt. Dabei wird die These vertreten, dass Heideggers Philosophie im Kern in das Spannungsfeld von Philosophie und Theologie gehört und nur vor diesem Hintergrund angemessen zu verstehen ist. Der Fokus dieser Arbeit liegt auf den späteren Texten nach *Sein und Zeit*, es wird aber gezeigt, dass es in dieser Frage eine starke Kontinuität in Heideggers Denken in allen Phasen gibt, von den frühen Vorlesungen bis zu den späten Vorträgen. Immer wieder geht es um die Kritik an einer Metaphysik, die Gott und Welt zu Gegenständen macht und dabei übersieht, dass damit die Frage, warum überhaupt etwas existiert, nicht beantwortet ist. Im Abgrund der Unbeantwortbarkeit der Frage nach dem letzten Warum, die eine seiende Welt genauso wie einen seienden Gott betrifft, sieht Heidegger die eigentliche Herausforderung des Denkens, um die es in der Betonung des Lebensvollzugs in den frühen Vorlesungen ebenso geht wie in der Seins- und Ereignisphilosophie um und nach *Sein und Zeit* und noch in der Rede vom Geviert in den späteren Texten. In allen Phasen seines Denkens geht es Heidegger um eine Umwendung des Menschen angesichts der Unbegreiflichkeit seiner Situation. Gegen die Selbstgewissheit einer metaphysischen Gesamtschau auf die Welt von einem Blick von nirgendwo, die in einer theistischen Gotteskonzeption genauso steckt wie in einem absoluten Naturalismus, bringt Heidegger die demütige Haltung der Gelassenheit ins Spiel, die auf die Grundlosigkeit der Welt bezogen ist, und die hier als grundloses Vertrauen rekonstruiert wird.

Gegen den ungeheuren Anspruch Heideggers, damit erstmals in der Geistesgeschichte des Abendlandes die Seinsvergessenheit aufgewiesen zu haben, wird hier gezeigt, dass er in einer langen Tradition religionsinterner Religionskritik steht, die sich ebenfalls gegen verdinglichende Gotteskonzeptionen wendet, und in deren Anschluss die Religiosität als eine Haltung des Vertrauens angesichts des Abgrunds der Grundlosigkeit verstanden werden kann, für den bei Heidegger das Sein steht. Diese Tradition reicht vom Bilderverbot des Alten Testaments bis zur Dekonstruktion der Postmoderne und ist besonders ausgeprägt in der negativen Theologie der Spätantike und in der Mystik des Mittelalters, deren Einfluss nie verblasste und besonders in der Philosophie des 20. Jahrhunderts eine erhebliche Rolle spielte. Heidegger kannte diese Tradition und entwickelte seine Philosophie in steter Auseinandersetzung mit ihr, hält seine Quellen aber meist verdeckt. Die These dieser Arbeit lautet, dass Heideggers Philosophie in diesen Kontext gehört und erst vor diesem Hintergrund angemessen zu verstehen ist. Außerdem kann diese Tradition mit Heideggers Philosophie ihrerseits besser verstanden werden, da er vor allem in seiner Sprachphilosophie Möglichkeiten aufweist, wie man sinnvoll von Gott sprechen kann, ohne damit auf ein seiendes Wesen im Sinne des Theismus zu referieren.

Dabei handelt es sich um ein altes Problem, das bereits im Paradox der negativen Theologie steckt, die jedes positive Verständnis Gottes negiert, aber dennoch von Gott spricht. Aus systematischer Perspektive scheint es hier nur die beiden Möglichkeiten des theistischen Realismus, der Gott als ein wahrhaft existierendes Wesen ansieht, oder des Nonkognitivismus zu geben, nach dem die religiöse Rede lediglich von subjektiven Zuständen handelt. Dagegen kann hier mit Heidegger gezeigt werden, wie man sinnvoll von Gott sprechen kann, ohne sich auf ein tatsächlich seiendes Wesen zu beziehen und ohne lediglich religiöse Gefühle zum Ausdruck zu bringen. Dazu wird eine Reformulierung des Gehalts der religiösen Rede in den Begriffen des Dass bzw. der Grundlosigkeit des Seienden vorgeschlagen, die insofern den gleichen Status wie die Rede von Gott hat, als sie ebenfalls nicht buchstäblich zu verstehen ist. In beiden Fällen handelt es sich um absolute Metaphern im Sinne Blumenbergs, die etwas zu verstehen geben, das sich nur auf diese Weise sagen lässt. Zum vollen Verständnis dieser Redeweisen gehört daher auch ihre Destruktion, wofür die negative Theologie ebenso steht wie zum Beispiel die Anfechtungserlebnisse Luthers und die Verzweiflung in der Philosophie des Existenzialismus. Mit Heidegger lässt sich zeigen, dass diese Destruktionen zu einer Haltung des grundlosen Getragenseins angesichts der Unbegreiflichkeit der menschlichen Situation führen, als die hier auch der Glaube verstanden wird. Dazu gehört der Übergang einer Umwendung, die der religiösen Metanoia nahe kommt, und die nicht von selbst herbeigeführt werden kann, sondern zwischen Aktivität und Passivität steht, was der klassischen Rede von der Gnade entspricht. Während sich Religionen wie der Buddhismus von vornherein als nicht-theistisch verstehen und ebenfalls auf diese Weise gelesen werden können, soll diese Sichtweise im Kontext theistischer Religionen als post-theistische Religiosität bezeichnet werden. Der christliche Glaube zum Beispiel hat zwar viele weitere Aspekte, die hier nicht gewürdigt werden können, kann aber im Kern als eine Haltung des grundlosen Vertrauens im Sinne einer solchen post-theistischen Religiosität angesehen werden.

Eine solche post-theistische Religiosität wird hier im Spätwerk Martin Heideggers freigelegt, womit nicht nur eine neue Interpretation dieser Philosophie vorgeschlagen wird, sondern auch ein Beitrag zu der religionsphilosophischen Fragestellung nach einem Verständnis der religiösen Rede zwischen Theismus und Nonkognitivismus, weshalb hier von einer wechselseitigen Befruchtung gesprochen werden kann. Dabei geht es aber nicht nur um Heidegger-Interpretation und Religionsphilosophie, sondern um ein Verständnis der Situation des Menschen überhaupt, der von etwas abhängt, was er nicht begreift. Diese Situation kann sprachlich vergegenwärtigt werden, etwa in der Rede von Gott oder im Verweis auf die Grundlosigkeit der Welt, muss aber in der Erfahrung einer Umwendung auch erlebt werden, die zu einer Haltung führt, die man als grundloses Vertrauen bezeichnen kann. Der Status der Sprache und die Rolle der Erfahrung werden in der vorliegenden Arbeit anhand von Heideggers Spätphilosophie genauer untersucht. Diese Untersuchung versteht sich dabei nicht als philologische Rekonstruktion der vielen Einzelaspekte in Heideggers Werk, sondern als systematische Interpretation des gesamten Anliegens von Heideggers Philosophie. Erst vor dem Hintergrund seines grundsätzlichen philosophischen Anliegens können Heideggers Arbeiten zur Phänomenologie, Hermeneutik, Metaphysik, Ontologie, Erkenntnistheorie, Sprache, Religionsphilosophie, Kunst, Technik, Geschichte der Philosophie und zu zahlreichen weiteren Themen angemessen verstanden werden. Alle diese Einzelthemen sind auf sein Grundanliegen bezogen, um das es in dieser Arbeit gehen soll.

Eines dieser Einzelthemen betrifft die Epochen der Menschheitsgeschichte, für die Heidegger in zahlreichen Variationen große Untergänge und Wiederauferstehungen prophezeit, was eine seltsame Parallele zu der individuellen Transformation einer existenziellen Erschütterung hin zu der gelassenen Haltung des grundlosen Vertrauens darstellt. Die Spannung zwischen der individuellen und menschheitsgeschichtlichen Wendung kann hier nicht aufgelöst werden. Das Denken in Epochen lässt sich nicht nur mit Hegel verbinden, sondern auch mit den Theorien Oswald Spenglers, die Heidegger kannte und schätzte, und mit den Ideen der konservativen Revolution, der Heidegger ebenfalls anhing. Auch seine Verstrickung in die Ideologie des Nationalsozialismus ist hier zu nennen, was zu der Eingangsfrage nach der bleibenden Geltung von Heideggers Philosophie zurückführt. In dieser Frage wird hier gezeigt, dass Heidegger in einen umfassenderen Zusammenhang gehört, in dem Antisemitismus und Nationalsozialismus keine Rolle spielen und der die zeitlose Frage nach der Situation des Menschen betrifft. Heideggers Philosophie trägt nicht nur zu einem besseren Verständnis des Religiösen bei, sondern setzt sich auch auf neue und innovative Weise mit der Situation des Menschen auseinander. Dabei weist er insbesondere Wege zu einem angemessenen Verhältnis zu dieser Situation, was zum immerwährenden Grundanliegen der Religionen ebenso gehört, wie zum zeitlosen Anspruch der Philosophie.

Ich bedanke mich bei Thomas Rentsch für die ausgezeichnete Zusammenarbeit in Dresden, bei Beatrix Weber und Lucilla Guidi für die zahlreichen intensiven und anregenden Diskussionen, bei Karlheinz Ruhstorfer und Günter Figal für die äußerst wohlwollenden Gutachten zu dieser Arbeit im Rahmen meines Habilitationsverfahrens, bei der Fritz Thyssen Stiftung für ein Post-Doc-Stipendium, mit dem ich dieses Projekt vorbereiten konnte, und bei der Deutschen Forschungsgemeinschaft für die dreijährige Finanzierung meiner Stelle, mit der ich das Projekt durchgeführt habe.

Chicago, im Frühjahr 2016   Rico Gutschmidt

1. Der späte Heidegger und die Theologie

1.1 Philosophie und Theologie

Heideggers Verhältnis zur Theologie ist ein Thema mit vielen Aspekten. Es ist allein schon auf der biographischen Ebene interessant zu verfolgen, wie Heidegger sich nach und nach von seiner katholischen Herkunft entfernt. Aufgewachsen als Sohn des Mesners im provinziellen katholischen Milieu Meßkirchs, begann er seinen Weg mit einer geistlichen Ausbildung, unterstützt durch kirchliche Stipendien, zunächst im Jesuitenorden und dann als Student der Theologie in Freiburg. Die geistliche Laufbahn hat er aber wieder verlassen, um sich ganz der Philosophie zu widmen, bis ihm schließlich, wie es in einem vielzitierten Brief vom 9. Januar 1919 an seinen theologischen Freund Engelbert Krebs heißt, »[e]rkenntnistheoretische Einsichten […] das *System* des Katholizismus problematisch und unannehmbar […]« gemacht haben.[1] Dies hielt ihn nicht davon ab, in seiner Marburger Zeit sehr eng mit dem protestantischen Theologen Rudolf Bultmann zusammenzuarbeiten, was zu einer so starken Annäherung an den Protestantismus führte, dass Bultmann festhalten konnte: »Er kommt aus dem Katholizismus, ist aber ganz Protestant.«[2] Die Nähe zu Bultmann gibt zu der Vermutung Anlass, Heidegger hätte ganz im Sinne von dessen Entmythologisierungsprogramm die Ergebnisse seiner eigenen frühen religionsphilosophischen Studien, in denen er unter anderem die Briefe des Paulus mit seiner phänomenologischen Methode der *formalen Anzeige* untersucht, in *Sein und Zeit* lediglich in säkularisierter Gestalt in seine Existenzialanalysen

---

[1] Zitiert nach Safranski 2001, S. 127, Hervorhebung im Original. Ausführliche Angaben zu Heideggers Biographie in Hinblick auf sein Verhältnis zur Theologie finden sich in Brkic 1994, S. 28–63. Neben der zitierten Arbeit von Safranski gibt es etliche Biographien und Einführungen mit biographischen Hinweisen, zum Beispiel Pöggeler 1983, Rentsch 1989, Figal 1999, Thomä 2003, Fischer 2008 und Denker 2011.
[2] Zitiert nach Brkic 1994, S. 39.

übernommen. Gegen diesen Verdacht verwahrte sich Heidegger selbst allerdings ausdrücklich, etwa wenn er im *Humanismusbrief* über das Konzept des *Verfallens* schreibt: »Das Wort meint nicht einen ›moralphilosophisch‹ verstandenen und zugleich säkularisierten Sündenfall des Menschen […].«[3] Heidegger verstand sich nicht als Kryptotheologe, zumal er sich immer weiter von der Theologie entfernte und auch die Nähe zum Protestantismus eine kurze Episode geblieben ist. Bereits 1929 schrieb er an Elisabeth Blochmann: »So muß uns der heutige Katholizismus u. all dergleichen, der Protestantismus nicht minder, ein Greuel bleiben.«[4] Diese Abneigung gegen das Christentum überhaupt machte sich dann immer unverhohlener in seinen späteren Texten bemerkbar, in denen er sich dezidiert vom Christentum abgrenzt und stattdessen an den griechischen Mythos und den griechisch-christlichen Synkretismus Hölderlins anknüpft. Ganz explizit findet sich diese Abkehr erst in den 1989 postum veröffentlichten *Beiträgen zur Philosophie*, deren Abschnitt über den *letzten Gott* mit dem Motto »Der ganz Andere gegen die Gewesenen, zumal gegen den christlichen« eröffnet wird.[5] Aber auch die zu Lebzeiten veröffentlichten Texte lassen in dieser Frage nichts an Deutlichkeit zu wünschen übrig, weshalb sich Hans Jonas bereits in den sechziger Jahren zu der Warnung veranlasst sah: »Meinen theologischen und christlichen Freunden möchte ich zurufen: Seht ihr nicht, womit ihr zu tun habt? Fühlt ihr nicht den tief heidnischen Charakter von Heideggers Denken?«[6]

Trotz dieser langwierigen Ablösung vom Christentum blieb Heidegger seiner Herkunft aber in gewisser Weise treu und wurde zum Beispiel auf seinen Wunsch hin nach katholischem Ritus begraben und hielt sich auch beim Betreten von katholischen Kirchen an die üblichen Gepflogenheiten. Sein katholischer Schüler Max Müller hat ihn einmal auf diese Inkonsistenz angesprochen und als Antwort erhalten:

Aber ich bin doch kein Feld-Wald-und-Wiesen-Pantheist. […] Und wo so viel gebetet worden ist, da ist das Göttliche in einer ganz besonderen Weise

---

[3] GA 9, S. 332. Dass es sich hier gegen Heideggers Selbstverständnis doch um eine säkularisierte Theologie handelt, wird vielfach und nicht ganz zu Unrecht behauptet, vgl. u. v. a. Caputo 1993, Hübner 2000 und Brogan 2006.
[4] Storck 1989, S. 32.
[5] GA 65, S. 403.
[6] Jonas 1967, S. 327.

nahe. Wie Sie nun auch die Gestalt deuten, ich würde meinen, das Göttliche war auch einmal in der Gestalt Christi ungewöhnlich nahe. Heute ist es so wohl nicht mehr. Aber eine Kirche jahrhundertealter Verehrung ist ein Ort, wo man Ehrfurcht haben muß.[7]

Schwerer wiegt jenseits des Anekdotischen die Selbstauskunft Heideggers in seinem Rückblick *Mein bisheriger Weg* von 1937/38:

Und wer wollte verkennen, daß auf diesem ganzen bisherigen Weg verschwiegen die Auseinandersetzung mit dem Christentum mitging – eine Auseinandersetzung, die kein aufgegriffenes »Problem« war und ist, sondern Wahrung der eigensten Herkunft – des Elternhauses, der Heimat und der Jugend – und schmerzliche Ablösung davon in einem. Nur wer so verwurzelt war in einer wirklichen gelebten katholischen Welt, mag etwas von den Notwendigkeiten ahnen, die auf dem bisherigen Weg meines Fragens wie unterirdische Erdstöße wirkten. Die Marburger Zeit brachte dazu noch die nähere Erfahrung eines protestantischen Christentums – alles aber schon als Jenes, was von Grund aus überwunden, nicht aber zerstört werden muß.[8]

Diese Selbsteinschätzung wird 1959 in *Unterwegs zur Sprache* noch einmal mit den viel berühmteren Worten bekräftigt: »Ohne diese theologische Herkunft wäre ich nie auf den Weg des Denkens gelangt. Herkunft aber bleibt stets Zukunft.«[9] Dies bestätigt, was sich anhand des biographischen Hintergrunds schon andeutete, dass nämlich an Heideggers Verhältnis zur Theologie nicht nur der biographische Aspekt von Interesse ist. Darüber hinaus steht sein ganzer philosophischer Ansatz in einem Spannungsverhältnis zur Theologie, was im Folgenden anhand weiterer Einzelaspekte erläutert wird. Der »Weg seines Fragens« war offenbar und auch gemäß Heideggers eigener Auskunft von der Auseinandersetzung mit dem Christentum geprägt, das er, in seinen Worten, zwar überwinden, aber nicht zerstören wollte. Diese zwiespältige Haltung führt zum nächsten Aspekt des Themas, nämlich zu der Frage nach dem Verhältnis von Heideggers Philosophie zur christlichen Theologie bzw. zum Christentum ganz allgemein. Dass es hier eine starke Affinität gibt, zeigt allein schon die umfassende theologische Rezeption, die allerdings, neben der positiven Aufnahme bei Rudolf Bultmann und Karl Rahner, zu-

---

[7] Gesprächsaufzeichnung von Max Müller, zitiert nach Brkic 1994, S. 50.
[8] GA 66, S. 415.
[9] GA 12, S. 91. Der Einfluss der religiösen Tradition auf Heideggers Philosophie wird in Abschnitt 4.1 noch genauer erläutert.

nächst hauptsächlich ablehnend war und in den 30er und 40er Jahren die Unvereinbarkeit von Heideggers Philosophie mit der Theologie behauptet hat, wofür auf der protestantischen Seite die Namen Karl Löwith, Emil Brunner und Karl Barth und später Eberhard Jüngel und Gerhard Ebeling stehen, und auf katholischer Seite die Namen Erich Przywara, Alfred Delp und Hans Urs von Balthasar. Es gab dann aber viele weitere Versuche, Heideggers Philosophie für die Theologie fruchtbar zu machen, so etwa in der *katholischen Heideggerschule* um Max Müller, Johannes Baptist Lotz und Bernhard Welte, aber zum Beispiel auch von Alfred Jäger, Richard Schaeffler und Hans Hübner, während etwa der frühe Heinrich Ott zumindest die Neutralität von Heideggers Philosophie gegenüber der Theologie vertreten hat. Auf die Einzelheiten dieser Positionen kann hier nicht eingegangen werden, auch ist die Forschung dazu inzwischen nicht mehr zu überblicken.[10] Es gibt hierzu und auch zum Verhältnis von Heideggers Philosophie zur Theologie jenseits der theologischen Rezeption zahlreiche Monographien, unzählige Aufsätze und eine auch gegenwärtig ungebrochene Aufmerksamkeit mit immer neuen Publikationen. Gegenstand der Forschung ist dabei unter anderem das Verhältnis von Heideggers Philosophie zur Theologie ganz allgemein,[11] der Einfluss der Theologie auf Heideggers Denken,[12] die Grenzen und Möglichkeiten einer theologischen Interpretation und die Frage nach der theologischen Fruchtbarkeit von Heideggers Philosophie,[13] das Verhältnis von Heideggers Philosophie zu den Positionen einzelner Theologen bzw. wichtiger Gestalten des Christentums[14] und das Verhältnis von Heideggers Philosophie zum Christentum überhaupt.[15] Bei allen genannten Fragestellungen müssen sowohl Heideggers explizite Äußerungen zur Theologie berücksichtigt werden, als auch

[10] Zur theologischen Heideggerrezeption vgl. Schaeffler 1988, S. 299–308, Brkic 1994, S. 15–20, und Anelli 2008, S. 23 ff. und S. 316 f.

[11] Hier und zu den folgenden Themen sei nur auf eine Auswahl an wichtigen Sammelbänden und Monographien verwiesen: Vgl. u. a. Robinson/Cobb 1964, Jäger 1978, Caputo 1978, Jung 1990, Brkic 1994, Prudhomme 1997, Capelle 2001.

[12] Vgl. u. a. Ott 1959, Schaeffler 1978 und Crowe 2006. Vgl. dazu auch Abschnitt 4.1 unten.

[13] Vgl. u. a. Macquarrie 1968, Brechtken 1972, Gall 1987, Schalow 2001, Westphal 2001, Hemming 2002 und Dillard 2008.

[14] Vgl. u. a. Lotz 1975, Helting 1997, Sikka 1997, Giannaras 2005, Metzl 2007 und Pöggeler 2009.

[15] Vgl. u. a. Braun 1990, Macquarrie 1994, Coriando 1998b, Fischer 2007 und Fischer/von Hermann 2011.

seine indirekte Auseinandersetzung mit dem Religiösen, die sich nicht nur in der quasi-religiösen Sprache der Spätphilosophie findet, sondern in seinem gesamten philosophischen Ansatz.

Ein weiterer Aspekt des Themas ist daher die Frage nach Heideggers impliziter Religionsphilosophie bzw. Phänomenologie der Religion. Hier gibt es zahlreiche Arbeiten, die sich mit Heideggers Untersuchungen über die Religion befassen, etwa in den frühen Vorlesungen über Paulus, Augustinus und die Phänomenologie des religiösen Lebens. Untersucht werden aber auch die quasi-religiösen Konzepte der Spätphilosophie und die Möglichkeiten, diese zu einer eigenständigen Phänomenologie des Religiösen zu bündeln. Dabei geht es um den Begriff des *letzten Gottes* und dessen *Vorbeigang* in den *Beiträgen zur Philosophie*, um das Konzept der *Göttlichen* im *Geviert* in den späten Vorträgen und Aufsätzen, um die religiöse Rede im Anschluss an Hölderlin in den entsprechenden Vorlesungen der 30er und 40er Jahre und um Heideggers Untersuchungen zur griechischen Religiosität bzw. zum griechischen Mythos, die er vor allem anhand von Parmenides und Heraklit durchführt.[16]

Auf die Einzelheiten all dieser thematischen Aspekte[17] kann aber im Laufe der vorliegenden Arbeit nur dann eingegangen werden, wenn sie für deren Fragestellung bedeutsam sind. Es gibt nämlich noch einen weiteren Aspekt des Themas, der im Mittelpunkt dieser Arbeit stehen soll: Die Frage nach dem allgemeinen Verhältnis von Philosophie und Theologie vor dem Hintergrund von Heideggers Philosophie. Es geht um die Frage, ob und gegebenenfalls wie sich theologische Gehalte philosophisch reformulieren lassen bzw. ob sie überhaupt aus philosophischer Perspektive verstanden werden können. Während es bei den bis hier angeführten Aspekten vor allem um Heideggers Verhältnis zur christlichen Theologie geht, unternimmt die vorliegende Arbeit den Versuch, anhand von Heideggers Philosophie den Status und den Gehalt der religiösen Rede ganz allgemein zu verstehen. Es gibt zwar viele verschiedene religiöse Traditionen und jeweils wieder unterschiedliche Sprachformen, aber wenn sich Heideggers Spätphilosophie mit ihrer Rede zum Beispiel vom letzten Gott oder den Göttlichen im Geviert zwischen rein philosophischer Erläuterung und quasi-mythischem Sprechen bewegt und diesen be-

---

[16] Vgl. u. a. Williams 1977, Kovacs 1990, Cupitt 1998, Vedder 2007 und Crowe 2008.
[17] Vgl. Anelli 2008, S. 19–32, für einen Überblick zu den Ergebnissen einiger der genannten Forschungsfragen.

sonderen Status auch reflektiert, dann lässt sich von einer Untersuchung dieser Redeweisen zwischen Philosophie und Religion ein besseres philosophisches Verständnis der religiösen Rede als solcher erwarten.

Die Frage nach dem Verhältnis von Philosophie und Theologie wird von der ganzen angegebenen Forschung bisher nur am Rande in den Blick genommen. Auch wenn das Urteil von Anelli 2008 über diese »übliche Forschung«, eher »philosophische Philologie«[18] zu betreiben, die in der hier interessierenden systematischen Frage nach dem Verhältnis von Philosophie und Theologie »[...] lediglich Assonanzen und äußere Ähnlichkeiten zu erfassen vermag, die aber jedenfalls nie in der Lage ist, die Sache des Problems zu erfassen«,[19] zwar sicher zu kurz greift, handelt es sich aber in der Tat um einen noch unterbelichteten Strang der Forschung. So wies Max Müller bereits 1949 darauf hin, dass die (bei Müller: polemische) Auseinandersetzung mit Heideggers Philosophie allein aus der Perspektive der (bei Müller: katholischen) Theologie sinnlos wäre, »[...] da die Ebene, in der sich beide überhaupt begegnen können, noch gar nicht bestimmt ist.«[20] Dieses Verdikt betrifft die jahrtausendealte Frage nach dem Verhältnis von Philosophie und Theologie und hat bis heute nichts von seiner Gültigkeit verloren. Auch wenn die analytische Religionsphilosophie mit ihrer szientistischen Diskussion theistischer Konzepte den Anschein erweckt, ist es nach wie vor alles andere als klar, auf welcher Ebene eine Begegnung von Philosophie und Theologie gedacht werden kann. Die Annahme, dass Heideggers Philosophie zu dieser Frage etwas beizutragen hat, ist Ausgangspunkt dieser Arbeit, die außerdem den Versuch unternimmt, vor dem Hintergrund des Problems der Möglichkeit einer gemeinsamen Ebene von Philosophie und Theologie wiederum zu einer neuen Lesart von Heideggers Philosophie zu finden.

Gegen die Möglichkeit einer solchen gemeinsamen Ebene sprechen zunächst Heideggers explizite Aussagen zum Verhältnis von Philosophie und Theologie. So heißt es etwa in der *Einführung in die Metaphysik* von 1935:

Eine »christliche Philosophie« ist ein hölzernes Eisen und ein Mißverständnis. Zwar gibt es eine denkend fragende Durcharbeitung der christlich er-

---

[18] A.a.O., S. 318.
[19] A.a.O., S. 318f.
[20] Zitiert nach Müller 1986, S. 81.

fahrenen Welt, d. h. des Glaubens. Das ist dann Theologie. Nur Zeiten, die selbst nicht mehr recht an die wahrhafte Größe der Aufgabe der Theologie glauben, kommen auf die verderbliche Meinung, durch vermeintliche Auffrischung mit Hilfe der Philosophie könne eine Theologie gewinnen oder gar ersetzt und dem Zeitbedürfnis schmackhafter gemacht werden. Philosophie ist dem ursprünglich christlichen Glauben eine Torheit.[21]

Gegen eine christliche Philosophie wendet er sich auch er in seiner *Nietzsche*-Vorlesung von 1940. Eine solche Verbindung wäre demnach nicht nur ein hölzernes Eisen, sondern auch ein viereckiger Kreis:

Diejenigen, die in solcher Weise von dem handeln, was das Seiende im Ganzen ist, sind »Theologen«. Ihre »Philosophie« ist nur dem Namen nach Philosophie, weil eine »christliche Philosophie« noch widersinniger als der Gedanke eines viereckigen Kreises bleibt. Viereck und Kreis kommen ja noch darin überein, daß sie räumliche Gebilde sind, während christlicher Glaube und Philosophie abgründig verschieden bleiben.[22]

Diese starken Abgrenzungen können aber relativiert werden, wenn man berücksichtigt, was Heidegger unter Philosophie und Theologie

---

[21] GA 40, S. 9. Dieses Urteil bezieht Heidegger auch auf seine eigene Philosophie, wie er in einem Brief an Walter Strolz vom Juni 1965 festhält: »Ist im Prinzip der Unterschlupf ins seinsgeschichtliche Denken etwas anderes als der in die aristotelisch-scholastisch-hegelsche Metaphysik? Ist dies alles nicht ein Beweis des Unglaubens an den Glauben, ein Versuch, diesem eine Stütze und eine Krücke, von welcher Art auch immer, zu verschaffen? Ist der Glaube nicht nach dessen eigenem Sinn die Tat Gottes? Wozu ›Seinsverständnis‹ und ›Seinsgeschichte‹? ›ontologische Differenz‹? Es gibt in der biblischen Botschaft keine Lehre vom ›Sein‹. Wer aber – ich meine in diesem Fall nicht Sie – aus dem alttestam. Wort ›Ich bin, der ich bin‹ eine Ontologie herauszaubert, weiß nicht, was er tut. Ist solches Hantieren mit der Philosophie und das Schielen nach ihr nicht eine einzige Kleingläubigkeit? Mir scheint, die moderne Theologie beider Konfessionen sucht nur immer die Zeitgemäßheit des Christentums, aber nicht die von Kierkegaard in der Verzweiflung gedachte Gleichzeitigkeit mit dem Christlichen«, zitiert nach Strolz 1990, S. 51. Auf die Begründung ontologischer Ansätze mit dem genannten alttestamentlichen Wort weist u. a. Joseph Möller hin, vgl. Möller 1985, S. 9.
[22] GA 48, S. 163 f. Noch 1953 hebt Heidegger an der Evangelischen Akademie in Hofgeismar seinen Respekt vor dem Glauben hervor, den er auch mit seiner Philosophie nicht erreichen würde: »Innerhalb des Denkens kann nichts vollzogen werden, was vorbereitend oder mitbestimmend wäre für das, was im Glauben und in der Gnade geschieht. Wenn ich vom Glauben so angesprochen wäre, würde ich die Werkstatt schließen. […] Die Philosophie betreibt nur solches Denken, das der Mensch von sich aus vermag; wo er von der Offenbarung angeredet wird, hört es auf«, zitiert nach Noack 1954, S. 33. Zu Heideggers expliziten Aussagen zum Verhältnis von Philosophie und Theologie vgl. auch Gethmann-Siefert 1974, S. 39–138.

versteht. Was zunächst die Philosophie betrifft, so ändern sich Heideggers Vorstellungen im Laufe der Zeit. Zunächst denkt er dabei vor allem an die Phänomenologie, später hat er aber ein Zerrbild vor Augen, das er als *Metaphysik* bzw. *Ontotheologie* kritisiert und der ganzen abendländischen Philosophiegeschichte zuschreibt. Gegen diese »schlechte«, metaphysische Philosophie bringt er die Erfahrung des konkreten Lebens ins Spiel, und es wird sich zeigen, dass seine Vorstellung von »richtiger« Philosophie bzw. vom *Denken*, wie er es nennt, vor allem vom Primat des religiösen Erlebens gegenüber dogmatischen Glaubenskonzeptionen ausgeht.[23] Heidegger hält seine diesbezüglichen religiösen Quellen aber meist verdeckt und erhebt im Gegenteil mit seinem philosophischen Ansatz den Anspruch, sich von der gesamten abendländischen Geistesgeschichte abzusetzen. In den folgenden Kapiteln wird gezeigt, dass dieser Ansatz mit Erfahrungen zu tun hat, die denen des Glaubens entsprechen, was trotz der expliziten Ablehnung Heideggers doch für die Möglichkeit einer gemeinsamen Ebene von Philosophie und Theologie spricht. Dies wird am Ende der Arbeit im sechsten Kapitel wieder aufgegriffen, in dem auf Grundlage der Untersuchungen der folgenden Kapitel die Idee eines gemeinsamen Kerns von Philosophie und Theologie entwickelt wird.

Während sich so eine Nähe von Heideggers Philosophie zum religiösen Erleben zeigen lässt, muss die Frage, was sich Heidegger genau unter Theologie vorstellt, dagegen offen bleiben. Gemeint ist jedenfalls mehr als die Wissenschaft des Glaubens als einer besonderen Erfahrung. Im Vortrag *Phänomenologie und Theologie*, den er 1927 in Tübingen und 1928 in Marburg gehalten hat, und der erst 1970 veröffentlicht wurde, bestimmt er zwar die Theologie in diesem Sinne: »Theologie ist eine positive Wissenschaft und als solche von

---

[23] Dies wird im vierten Kapitel anhand von Heideggers frühen Vorlesungen zur *Phänomenologie des religiösen Lebens* erläutert, in denen er sich vor allem auf Paulus bezieht. In *Sein und Zeit* betont er diesen Vorrang anhand von Luther: »Die Theologie sucht nach einer ursprünglicheren, aus dem Sinn des Glaubens selbst vorgezeichneten und innerhalb seiner verbleibenden Auslegung des Seins des Menschen zu Gott. Sie beginnt langsam die Einsicht Luthers wieder zu verstehen, daß ihre dogmatische Systematik auf einem ›Fundament‹ ruht, das nicht einem primär glaubenden Fragen entwachsen ist und dessen Begrifflichkeit für die theologische Problematik nicht nur nicht zureicht, sondern sie verdeckt und verzerrt«, GA 2, S. 13f., Hervorhebungen gelöscht.

der Philosophie absolut verschieden.«[24] Hier ist der Begriff der Philosophie noch positiv konnotiert und steht für eine *ontologische* Reflexion jenseits der positiven bzw. *ontischen* Wissenschaften. Von einer solchen Philosophie wird die Theologie hier abgegrenzt, die als positive Wissenschaft auf die »Christlichkeit«[25] bezogen sei, was von Dalferth 2011 so rekonstruiert wird, dass die Theologie als Wissenschaft laut Heidegger »Vollzugsweisen gläubiger Existenz« thematisiert.[26] Aber bereits in der Zeit, in der Heidegger in seinem öffentlichen Vortrag den Wissenschaftscharakter der Theologie hervorhebt und sie *damit* von der Philosophie unterscheidet, ist er in seinen privaten Mitteilungen sicher, dass die Sache so leicht nicht ist. An Elisabeth Blochmann schreibt er im August 1928: »Zwar bin ich persönlich überzeugt, daß Th(eologie) *keine* Wissenschaft ist – aber ich bin heute noch nicht im Stande, das *wirklich zu zeigen* u. zwar so, daß dabei die große geistesgeschichtliche Funktion der Theologie *positiv* begriffen ist.«[27] Ebenso direkt schreibt er im Dezember 1928 an Rudolf Bultmann: »Theologie steht in einer ganz anderen Weise als die Philosophie außerhalb der Wissenschaften.«[28] Die Erfahrung des Glaubens, die er vor Augen hat, ist demnach nicht ohne weiteres wissenschaftlich zu erfassen, weshalb die »große geistesgeschichtliche Funktion der Theologie« offenbar nicht darin besteht, eine Wissenschaft zu sein. Diese Einschätzung bestätigt Heidegger bei der Publikation des genannten Vortrags im Jahre 1970, der er einen Brief vom 11. März 1964 beifügt, der mit den Worten schließt:

Aber hinter der genannten Problemstellung verbirgt sich die positive Aufgabe für die Theologie, in ihrem eigenen Bereich des christlichen Glaubens aus dessen eigenem Wesen zu erörtern, was sie zu denken und wie sie zu sprechen hat. In dieser Aufgabe ist zugleich die Frage eingeschlossen, ob die Theologie noch eine Wissenschaft sein kann, weil sie vermutlich überhaupt nicht eine Wissenschaft sein darf.[29]

---

[24] GA 9, S. 49.
[25] »Wir behaupten nun: das Vorliegende (Position) für die Theologie ist die Christlichkeit«, GA 9, S. 52, Hervorhebungen gelöscht.
[26] Dalferth 2011, S. 1001.
[27] Brief an Elisabeth Blochmann vom 8. August 1928, Storck 1989, S. 25, Hervorhebungen im Original.
[28] Brief an Rudolf Bultmann vom 12. Dezember 1928, Großmann/Landmesser 2009, S. 87.
[29] GA 9, S. 77.

Wenn die Theologie wie die Philosophie laut Heidegger keine Wissenschaft sein kann bzw. sein darf, stellt sich die Frage, welchen Status die Theologie stattdessen hat. Es kann hier nur vermutet werden, dass das, was er unter einer angemessenen, nicht wissenschaftlichen Theologie versteht, seinem eigenen Denken sehr nahe kommt. Dies zeigt sich in einem weiteren Brief an Bultmann, in dem Heidegger, wieder bezogen auf den genannten Vortrag und diesem geradezu entgegengesetzt, eine gewisse Nähe von Philosophie und Theologie einräumt: »Was keine genügende Durcharbeitung erfährt, ist *der* Charakter der Theologie, der sie in gewisser formaler Weise der Philosophie insofern gleichstellt, als sie auch auf das Ganze geht, aber ontisch.«[30] Oben wurde aus Heideggers *Nietzsche*-Vorlesung von 1940 zitiert, die Frage, was das Seiende im Ganzen ist, sei ein theologisches Problem. Aber auch in Heideggers Philosophie des Seins und des Ereignisses geht es um das Ganze des Seienden, was im zweiten Kapitel genauer ausgeführt wird. Heidegger unterstellt im Brief an Bultmann der Theologie, dieses Ganze *ontisch* zu thematisieren, was etwas vereinfacht bedeutet, dass dieses Ganze als Gegenstand gedacht wird, der begrifflich erfasst werden kann, während der Anspruch seiner Philosophie darin besteht, dieses Ganze *ontologisch* zu reflektieren, also so, dass im Gegenteil die Unbegreiflichkeit dieses Ganzen erfahren wird, wofür bei Heidegger der Begriff des Seins steht. Gegen Heidegger geht diese Arbeit aber davon aus, dass auch die Theologie, recht verstanden, mit der Rede von Gott gerade die Unbegreiflichkeit des Seienden im Ganzen zum Ausdruck bringt, was auch Heidegger meinen dürfte, wenn er von einer »wahren« Theologie spricht, die *keine* ontische Wissenschaft ist. Außerdem wird hier im weiteren Verlauf gezeigt, dass auch der Vollzug des Glaubens nicht ontisch, also gegenständlich erfasst werden kann, weshalb sich auch in dieser Hinsicht eine »wahre« Theologie von Heideggers Konzept einer wissenschaftlichen Theologie abgrenzen lässt. Das Ganze des Seienden und das Problem des Vollzugs sind zentrale Aspekte der in dieser Arbeit zu untersuchenden Frage nach dem Verhältnis von Philosophie und Theologie im Ausgang von Heidegger. Diese Frage wird in den folgenden Kapiteln anhand von Heideggers gesamtem philosophischen Projekt in den Blick genommen, was weit über die expliziten Aussagen Heideggers zu dieser Frage hinausgeht. Dieses philosophische

---

[30] Brief an Bultmann vom 23. Oktober 1928, Großmann/Landmesser 2009, S. 62, Hervorhebung im Original.

Projekt thematisiert das Ganze des Seienden auf eine Weise, die zu ihrem vollen Verständnis auch erfahren werden muss, was ganz ähnlich für die Theologie gilt, die ebenfalls »auf das Ganze geht«, und deren Gehalte ebenfalls zu vollziehen sind, was im nächsten Abschnitt kurz und im vierten Kapitel ausführlich erläutert wird. Dieser Vollzug wird von Heidegger emphatisch als *Denken* charakterisiert, das mit seinem Bezug auf das Ganze des Seienden dem sehr nahe kommen dürfte, was er unter einer »wahren« Theologie versteht, die keine ontische Wissenschaft sein darf, wenn auch offen bleiben muss, was er unter einer solchen Theologie tatsächlich versteht. Insgesamt zeigt dieser Exkurs zu Heideggers Vorstellungen von Philosophie und Theologie, dass diese sich bei Heidegger näher sind, als es die oben zitierten Charakterisierungen vermuten lassen.

Diese Nähe lässt sich neben der Frage nach dem Seienden im Ganzen auch anhand der Frage nach dessen *Grund* aufzeigen, die Heidegger in seiner Ontotheologiekritik mit der Rede von Gott verbindet. Es ist Heideggers zentrales Anliegen, das Konzept eines grundlosen Seins bzw. Ereignisses zu etablieren, wogegen er der gesamten abendländischen Philosophie pauschal unterstellt, auf die ontologische Frage nach dem Sein des Seienden im Ganzen und vor allem auf die Frage nach dessen Grund theologisch mit dem Verweis auf einen das Sein tragenden Gott als *causa prima*, der sich selbst als *causa sui* verursacht, zu antworten bzw. ein das gesamte Seiende tragendes Sein mit Gott zu identifizieren. Dieser Vorwurf wird von Heidegger erst seit den 30er Jahren entwickelt und in letztgültiger Fassung im Text *Die onto-theo-logische Verfassung der Metaphysik* von 1957 vorgestellt.[31] Das Problem der Grundlosigkeit des Seienden und die Frage, welches Verhältnis die Rede von Gott zu dieser Grundlosigkeit hat, steht im Zentrum der Überlegungen dieser Arbeit und, das wird zu zeigen sein, auch im Zentrum der Frage nach dem Verhältnis von Philosophie und Theologie. Es soll hier untersucht werden, in-

---

[31] GA 11, S. 51–79. Der Begriff der Ontotheologie wird zuerst von Kant verwendet und bezeichnet in der *Kritik der reinen Vernunft* diejenige Theologie, die vom ontologischen Gottesbeweis ausgeht, vgl. KrV B 660. Heidegger verwendet den Begriff in dem oben erläuterten weiteren Sinn: »Heidegger uses the term ›ontotheology‹ in a wider sense to signify the basic constitution of Western metaphysics up until Hegel, which is, as the science of being, simultaneously a science of God as the cause of all beings different from Him«, Hoping 1995, S. 208. Zu Heideggers Konzept der Ontotheologie und zur Entwicklung seiner Ontotheologiekritik vgl. auch Peacocke 1998, Fehér 2000, Thomson 2000 und Barrón 2010.

wiefern Heideggers Ontotheologiekritik berechtigt ist, die neben den klassischen theistischen Konzeptionen nicht zuletzt auch die gegenwärtige analytische Religionsphilosophie mit ihren Argumenten rund um den Theismus betrifft, und was diese Kritik für ein philosophisches Verständnis der religiösen Rede bedeutet. Zunächst macht Heidegger auch im Kontext der Frage nach dem Grund, der in der Gottesvorstellung der *causa sui* präsent ist, den oben bereits zitierten Erlebnischarakter des Glaubens geltend, wenn er wie Pascal auf den Unterschied zwischen dem Gott der Väter und dem Gott der Philosophen aufmerksam macht. Die Lösung einer ontologischen Fragestellung durch den Verweis auf einen das Sein tragenden Gott bietet keine angemessene Rekonstruktion von Religiosität, was Heidegger in den folgenden vielzitierten Worten aus der besagten Schrift zur Ontotheologie zum Ausdruck bringt: »Zu diesem Gott kann der Mensch weder beten, noch kann er ihm opfern. Vor der Causa sui kann der Mensch weder aus Scheu ins Knie fallen, noch kann er vor diesem Gott musizieren und tanzen.«[32] Heidegger übersieht hier freilich mit Pascal, dass die Vertreter der klassischen Gottesbeweise den »philosophischen Gott« durchaus mit ihrer gelebten Religiosität zu verbinden wussten,[33] und außerdem geben seine Alternativkonzeptionen, also zum Beispiel die Rede vom letzten Gott oder die mythisch-religiösen Hölderlin-Interpretationen, auch nicht gerade Anlass zu religiösen Riten mit Musik und Tanz.[34] Allerdings sind die theologischen Kon-

---

[32] GA 11, S. 77.

[33] In diesem Sinne ist das *et hoc omnes Deum nominant* bei Thomas von Aquin zu verstehen. Explizit gegen diese vielzitierte Stelle bei Heidegger richtet sich der Hinweis auf Bonaventura in Peperzak 2003: »As for Heidegger's appeal to his own criterion for a godly God, it is remarkable that, for example, Bonaventura, whose profound involvement with religion cannot be doubted, did not have any problem with an ontological approach to God«, a.a.O., S. 108. Mit Crowe 2008 lässt sich hier anschließen: »But Aquinas, Descartes, and Leibniz would all, no doubt, be surprised to learn that the God for Whom they argue is something other than the ›God and Father of Our Lord Jesus Christ‹. Heidegger, unfortunately, seems simply to *assume* that there is *always* a difference here«, a.a.O., S. 141, Hervorhebungen im Original. Im Sinne Heideggers kritisiert dagegen zum Beispiel Möller 1985 die Identifikation des Gottes der Philosophen mit dem Gott der Väter bei Thomas von Aquin: »Wenn auch Thomas in der analogia entis das negative Moment betont und auf die Erkenntnis Gottes angewendet wissen will, gelingt es ihm doch nicht, die Spannung des Gottes der Philosophen zum lebendigen Gott denkerisch gebührend zum Ausdruck zu bringen. In dem ›et hoc omnes intelligunt deum‹ siegt dann doch die Identität, obwohl er sonst Glauben und Wissen sorgfältig voneinander abhebt«, a.a.O., S. 9.

[34] Hierzu hält Brkic 1994 polemisch fest, dass die klassischen Konzepte philosophi-

zeptionen der natürlichen Theologie auch viel subtiler, als es Heideggers Rekonstruktion des »philosophischen Gottes« als *causa sui* nahelegt. Es geht ihm aber nicht um die Feinheiten dieser philosophisch-theologischen Entwürfe, sondern vor allem um die Frage, was das Problem des ersten Grundes bzw. das der Grundlosigkeit des Seins überhaupt bedeutet.[35] In diesem Kontext bringt er den wesentlichen systematischen Punkt ins Spiel, dass die Kritik an einem ontotheologisch falsch verstandenen *causa-sui*-Gott und damit die Einsicht in die Grundlosigkeit des Seienden zu einer neuen Haltung führt, die der Haltung einer vertieften Religiosität entspricht, die er zwar nicht unter diesem Namen entwickelt, für die aber sein Konzept des *göttlichen Gottes* steht. Dieser zeigt, wie bereits die Göttlichen im Geviert, den quasi-religiösen Charakter seiner eigenen Seins- und Ereignisphilosophie an: »Demgemäß ist das gott-lose Denken, das den Gott der Philosophie, den Gott als Causa sui preisgeben muß, dem göttlichen Gott vielleicht näher.«[36] Damit ist die religiöse Dimension von Heideggers zentralen Konzepten des Seins und des Er-

---

[35] scher Theologie genauso wenig zum Tanzen einladen, wie Heideggers Entwürfe: »Hat Aristoteles tatsächlich von den hellenistischen Kultbeamten erwartet, daß sie das ›erste unbewegte Bewegende‹, das er ›den Gott‹ nennt, daß sie das *Primum movens immobile* in Delphi als Kultmythos vortragen und verehren? Hat Thomas von Aquin von seinen dominikanischen Mitbrüdern wirklich erwartet, daß sie ihre Choralgesänge auf das *Ipsum esse subsistens* anstimmen? Hat Karl Rahner wahrlich von den aufgeklärten Christen des ausgehenden 20. Jahrhunderts erwartet, daß sie in den Familiengottesdiensten ihre Fürbitten auf das ›Übernatürliche Existential‹ richten? Oder anders gefragt, glaubte Heidegger, daß der heutige Mensch zu den Göttern Hölderlins beten und opfern kann? Glaubte er, daß der Mensch von heute vor dem ›letzten Gott‹ ins Knie fallen und vor ihm musizieren und tanzen kann? Wir möchten sehr daran festhalten, daß er dies wahrhaftig nicht geglaubt hat!«, a.a.O., S. 314, Hervorhebungen gelöscht.

[35] Dazu heißt es bei Möller 1985: »Die Kritik Heideggers an dem Philosophengott erschöpft sich nicht darin, daß dieser ein Gott sei, zu dem man nicht beten könne. Der Gott der Metaphysik ist in Heideggers Metaphysikkritik einbezogen. Der Metaphysik wirft Heidegger vor, sowohl das Sein selbst als auch die Differenz des Seienden zum Sein nicht zu bedenken«, a.a.O., S. 14. Diese laut Heidegger von »der« Metaphysik übersehene *ontologische Differenz* des Seienden zum Sein betrifft gerade die Grundlosigkeit des Seienden, wobei im Laufe der Arbeit geklärt werden soll, wie die Rede von der Grundlosigkeit genauer zu verstehen ist.

[36] GA 11, S. 77. Die Konzeption des göttlichen Gottes erinnert unter anderem an Paul Tillichs Vorstellung eines *Gottes über Gott*, der erst dann erscheint, wenn der Gott des Theismus »in der Angst des Zweifels untergegangen ist«, Tillich 1991, S. 139, was im fünften Kapitel noch genauer ausgeführt wird. Weitere religionsinterne Ablehnungen des Theismus werden im nächsten Abschnitt erläutert.

eignisses angesprochen. Sein und Ereignis sollen als keines Grundes bedürftig zu verstehen sein, wobei ein solcher Grund zumindest der Struktur nach einem sich selbst begründenden Gott ähneln würde.[37] *Ohne* einen solchen Grund hat man es dagegen nicht mit dem klassischen Gott der Philosophen zu tun, sondern mit dem göttlichen Gott, der somit weder theistisch zu verstehen ist, noch als bloßer Ausdruck eines Gefühls, sondern der für diese Grundlosigkeit steht, zu der man sich im Glauben bzw. grundlos vertrauend verhalten muss, was zu Heideggers Konzept der *Inständigkeit* in der *Wahrheit des Seins* bzw. im Ereignis passt, die damit als eine zumindest quasi-religiöse Haltung anzusehen ist. Über die Grundlosigkeit ist bei Heidegger die Seins- und Ereignisphilosophie mit der quasi-religiösen Rede vom göttlichen bzw. letzten Gott und auch mit den Göttlichen im Geviert verbunden, weshalb an dieser Stelle die Ebene einer Verbindung von Theologie und Philosophie zu suchen ist. Dies wird in den folgenden Kapiteln genauer ausgeführt. Mit Fischer 1995 kann zum Anliegen der vorliegenden Arbeit festgehalten werden, dass Heidegger im Sinne konstruktiver Religionskritik ein vermeintliches Wissen von Gott aufheben möchte, das schließlich schon im alttestamentlichen Bilderverbot als verfehlt erkannt wird, und das zum Beispiel auch Kant mit seinen Widerlegungen der Gottesbeweise ablehnt, um im Abgrund der Vernunft (Kant)[38] die wahre Religiosität bzw. den Glauben, den göttlichen Gott (Heidegger) zu finden: »Auch Heidegger arbeitet so gesehen wie einst Kant daran, das Wissen aufzuheben, um zum Glauben Platz zu schaffen«,[39] wobei die »Aufhebung des Wissens« hier auf die Unbegreiflichkeit des Abgrunds der Vernunft bzw. der Grundlosigkeit von Sein bzw. Ereignis zu beziehen ist.

---

[37] Zu Heideggers *causa-sui*-Rekonstruktion heißt es bei Peperzak 2003: »No great philosopher has ever maintained that God is the cause or ground of his own being, and even Spinoza and Descartes did not and could not think that, because it is unthinkable, a pure contradiction«, a. a. O., S. 107 f. Diese philosophiehistorische Perspektive soll hier nicht weiter verfolgt werden, da Heidegger auf das prinzipielle Problem des Kausal-Regresses aufmerksam macht, der weder durch den Zirkel einer *causa sui*, noch durch den Regress-Stopper einer *causa prima* zu beenden ist. Dass man damit tatsächlich in den Bereich des Undenkbaren und Widersprüchlichen gerät, wird im Laufe dieser Arbeit noch weiter herausgearbeitet und ganz im Sinne von Heideggers Konzept des göttlichen Gottes mit einer post-theistischen Religiosität verbunden.

[38] Vgl. KrV B 641.

[39] Fischer 1995, S. 362. Westphal 2007 verbindet diesen Kantischen Anspruch ganz konkret mit Heideggers Schrift *Die onto-theo-logische Verfassung der Metaphysik* von 1957, vgl. a. a. O., S. 261 und S. 263.

Nun wird freilich auch das allgemeine Verhältnis von Theologie und Philosophie vor dem Hintergrund von Heideggers Philosophie bereits in der Forschung untersucht, wenn auch bei weitem nicht so umfassend, wie die oben angeführten anderen Aspekte des Themas. Um den Kontext der vorliegenden Arbeit zu präzisieren, sollen für *diesen* Aspekt einige der entsprechenden Arbeiten kurz vorgestellt werden. So findet sich eine erste größere Auseinandersetzung mit dieser Frage in der Monographie über *Heidegger und die Theologie* von Gethmann-Siefert 1974, die neben der Behandlung der oben er- wähnten Fragestellungen des Verhältnisses Heideggers zur Theologie und der theologischen Rezeption Heideggers auch einen eigenen Ab- schnitt über »philosophische Theologie im Anschluss an Heidegger« enthält.[40] Gethmann-Siefert entwickelt hier das Desiderat einer »nachmetaphysischen philosophischen Theologie«[41] in dem Sinne, dass der von Heidegger behauptete ontotheologische Fehler der Me- taphysik vermieden und also Gott weder als Grund des Seienden noch überhaupt als Seiendes gedacht werden soll. Ohne den Anspruch, eine solche philosophische Theologie selbst zu entwickeln, untersucht sie daraufhin unter anderem Weischedels Klassiker über den *Gott der Philosophen*,[42] und kommt in Bezug auf diesen zu dem Urteil, dass es sich dabei um einen Ansatz »[...] in jener traditionellen, durch die Heideggersche Kritik zurecht falsifizierten Weise einer philosophi- schen Theologie« handelt.[43] Sie weist überzeugend nach, dass es Weischedel mit dem Konzept des »Gott als das Vonwoher der Frag- lichkeit«[44] nicht gelingt, »[...] die hypostasierende Redeweise der philosophischen Theologie zu vermeiden.«[45] Zu diesem Schluss kommt sie auch bei den anderen von ihr untersuchten Ansätzen einer philosophischen Theologie, die der Ontotheologiekritik Heideggers gerecht zu werden versuchen,[46] wobei freilich zu bedenken bleibt, dass auch Heidegger selbst mit seinen Konzepten des letzten Gottes bzw. der Göttlichen im Geviert hypostasierende Redeweisen verwen- det, deren Status er allerdings sprachphilosophisch reflektiert. An- hand von Heideggers Sprachphilosophie und mit Blick auf Wittgen-

---

[40] Gethmann-Siefert 1974, S. 241–266.
[41] A. a. O., S. 251.
[42] Weischedel 1983.
[43] Gethmann-Siefert 1974, S. 262.
[44] Weischedel 1983, Band 2, S. 206 ff.
[45] Gethmann-Siefert 1974, S. 259.
[46] A. a. O., S. 259 ff.

stein wird im dritten Kapitel dieser Arbeit gezeigt, dass hier nur hypostasierend gesprochen werden *kann*, was aber nicht bedeutet, damit auch auf einen tatsächlich seienden Gegenstand zu referieren.

Thurnher 1992 stellt Heideggers Spätphilosophie selbst als ein »Gegenparadigma zur Ontotheologie« heraus, als einen eigenen Versuch also, sich der Gottesfrage ohne ontotheologische Verfehlungen zu nähern. Dabei wird zwar das »Fehlen einer geschlossenen philosophisch-theologischen Erörterung«[47] bei Heidegger konstatiert, zu den quasi-religiösen Redeweisen der Spätphilosophie heißt es aber immerhin: »Sie sind [...] als ›Weisungen‹ in jene Dimension zu verstehen, in die alles Fragen nach dem Göttlichen zielt.«[48] Diese Ansätze Heideggers werden dann systematisch als eine »Hermeneutik der Befindlichkeit gegenüber dem Theion«[49] charakterisiert, wobei aber erstens zu fragen ist, welches »Theion« hier offenbar vorausgesetzt wird, und zweitens, ob die Analyse von Befindlichkeiten schon alles ist, was sich über das Verhältnis von Philosophie und Theologie sagen lässt, wenn man keine Ontotheologie vertreten will. Dies führt zu der tieferliegenden systematischen und für diese Arbeit zentralen Frage, ob vielleicht nach Heideggers Ontotheologiekritik überhaupt nur noch von Befindlichkeiten gesprochen werden kann, oder ob es doch möglich ist, der hypostasierenden religiösen Rede von Gott einen Sinn zu geben, der zwar nicht als Referenz auf einen *seienden* Gott zu verstehen ist, aber dennoch über den Ausdruck von religiösen Gefühlen hinausgeht.

Figal 2000 verweist auf die Möglichkeit, in Heideggers Philosophie selbst eine philosophische Theologie freizulegen. Untersucht werden hier vor allem, wie auch bei Thurnher 1992, die *Beiträge zur Philosophie*, die als Privatschrift zwischen 1936 und 1938 entstanden sind und erst 1989 in der Gesamtausgabe veröffentlicht wurden.[50] Figal spricht Heideggers Ansätzen die Kraft zu, die »gemeinsame Wurzel von Philosophie und religiöser Erfahrung«[51] zu erfassen, und würdigt Heideggers Kritik der Ontotheologie insofern, als sie zeige, »[...] daß die religiöse Erfahrung des philosophischen Denkens bedarf, damit sie sich nicht in unangemessenen Vergegenständli-

---

[47] Thurnher 1992, S. 82.
[48] A. a. O., S. 83.
[49] A. a. O., S. 97.
[50] GA 65. Die Bände GA 65 ff. gehören ebenfalls in diesen Kontext.
[51] Figal 2000, S. 188.

chungen verstrickt und das ›Gespräch‹ zwischen Gott und Mensch zur Bezogenheit auf eine jenseitige, sich im Diesseits offenbarende Gestalt mißdeutet.«[52] Zu der eben besprochenen Spannung zwischen einer nur »negativistischen« (Figal) Theologie bloßer Befindlichkeiten und einer vielleicht doch möglichen positiven Bezugnahme der religiösen Rede heißt es weiterhin mit Verweis auf Heideggers Konzept des letzten Gottes: »Die Theologie des ›letzten Gottes‹ ist nicht darum negativistisch, weil dieser sich der menschlichen Erfassungskraft entzöge oder in seinem Wesen verborgen wäre. Obwohl die negativen Begriffe das suggerieren könnten, geht es in ihnen doch gerade darum, das Wesen des ›letzten Gottes‹ zu nennen. Dieser Gott ist aus einer negativen Erfahrung gedacht, aber seine Erfahrung selbst ist derart, daß die negativen Begriffe etwas Positives zu verstehen geben sollen.«[53] Der letzte Gott, dessen Nähe laut Heidegger gerade in seiner *Verweigerung* besteht – »Die äußerste Ferne des letzten Gottes in der Verweigerung ist eine einzigartige Nähe«[54] –, könnte in der Tat dafür stehen, dass sich die religiöse Rede auf eine Struktur prinzipieller Entzogenheit bzw. Unhintergehbarkeit bezieht, womit sie einen Sinn jenseits eines bloßen Gefühlsausdrucks erhalten würde, ohne dabei auf einen seienden Gott zu verweisen. Der Status dieser Rede wird allerdings noch weiter zu untersuchen sein, da einerseits Heidegger mit dem Verweis auf einen letzten Gott ebenfalls vergegenständlichend wie von einem seienden Wesen spricht, und da andererseits die Rede von Entzogenheit bzw. Unhintergehbarkeit auf räumlichen Metaphern beruht, die buchstäblich verstanden genauso sinnlos sind, wie es laut Figal der Verweis auf einen seienden Gott ist.

Entgegen der Darstellung von Anelli 2008 wird die systematische Fragestellung der gemeinsamen Ebene von Philosophie und Theologie im Ausgang von Heidegger also durchaus in der Forschung beachtet, wobei es allerdings tatsächlich meist bei Hinweisen dazu bleibt, dass Heideggers Spätphilosophie implizit eine philosophische Theologie und damit eine Verhältnisbestimmung von Theologie und Philosophie enthalte, die bisher aber noch nicht explizit und umfassend herausgearbeitet wurde. Auch die oben angegebenen Monographien zu Heideggers impliziter Religionsphilosophie stellen zwar zu

---

[52] Ebd.
[53] A. a. O., S. 178.
[54] GA 65, S. 412.

allen Stationen von Heideggers Denkweg die jeweiligen Aussagen mit religiösen Bezügen zusammen, gelangen aber nicht zu einer Aussage über das allgemeine Verhältnis von Theologie und Philosophie vor dem Hintergrund von Heideggers Philosophie. Die zahlreichen jüngeren Aufsätze zu diesem Thema[55] kommen ebenfalls über den Aufweis von »Assonanzen und äußeren Ähnlichkeiten«[56] zu den konfessionellen Theologien kaum hinaus.

Der Ansatz von Anelli selbst erschöpft sich nun schließlich in seinem größten Teil seinerseits in einer Gegenüberstellung von Heideggers gesamtem Denkweg mit einigen wesentlichen Ergebnissen der jüngeren Theologie, um dann davon ausgehend als Desiderat das Konzept einer *Phänomeneutik* zu entwerfen, das als Symbiose aus Phänomenologie und Hermeneutik »eine neue Theorie der Wirklichkeit und des Seins«[57] darstellen und das »Verhältnis von Grund und Subjekt« unter dem Aspekt in den Blick nehmen soll, dass »[...] der Prozess der Selbstkonstitution des Subjekts nicht unabhängig ist vom Sich-Zeigen des Grundes«,[58] wobei der »[...] Bestand und die Identität des Subjekts einerseits und das Sich-Geben des Grundes andererseits als ein einziges Ereignis konzipiert« wird.[59] Auf eine hermeneutische Theologie im Ausgang von Heidegger will auch Pöggeler 2009 hinaus, ebenso der Entwurf von Wucherer-Huldenfeld 2011, der es im Ausgang von unter anderem Heidegger unternimmt, eine wiederum phänomenologisch-hermeneutische philosophische Theologie zu entwickeln. Der Ansatz einer solchen Phänomeneutik des Ereignisses kann dabei durchaus zum Verständnis des Verhältnisses von Theologie und Philosophie beitragen, wobei aber zu klären sein wird, welchen Status die Rede von Ereignis und Grund hier hat und was mit diesen Begriffen genau gemeint ist. Eine bloße »Hermeneutik der Befindlichkeit gegenüber dem Theion«, wie sie Thurnher 1992 fordert, greift zum Beispiel zu kurz, da sie bereits ein *Theion* voraussetzt, dessen Status philosophisch erst noch zu klären wäre. Im fünften Kapitel dieser Arbeit wird dagegen das Konzept einer phänomenologischen Hermeneutik von Negativität vorgeschlagen, bei dem schon mitbedacht ist, dass die Rede von einer Negativität

---

[55] U.a. Peperzak 2003 und 2009, Andrews 2005, Dobie 2005, Brogan 2006, Wrathall 2006 und Wendte 2007.
[56] Anelli 2008, S. 318f.
[57] A.a.O., S. 339.
[58] A.a.O., S. 370.
[59] A.a.O., S. 371.

nur bildlich zu verstehen ist. Damit enthält dieses Konzept eine performative Komponente, was dem ebenfalls in dieser Arbeit zu zeigenden Umstand gerecht wird, dass sich die Rede von Gott nur aus ihrem Vollzug heraus verstehen lässt.

Insgesamt kann hier festgehalten werden, dass zwar das Problem einer systematischen Einordnung von Heideggers Philosophie vor dem Hintergrund einer Verhältnisbestimmung von Theologie und Philosophie schon lange erkannt ist, bis auf wenige Ansätze in jüngster Zeit aber kaum in Angriff genommen wurde. Die vorliegende Arbeit wird in dieser Hinsicht vor allem auf die Spannung zwischen der Ontotheologiekritik und dem bewusst mythisch-hypostasierenden Sprechen Heideggers eingehen. An dieser Stelle liegt der Kern des Problems, da es zum einen nicht klar ist, wie der Status der religiösen Rede zu verstehen ist, wenn man keine Ontotheologie vertritt, und da es zum anderen nach wie vor Ansätze philosophischer Theologie gibt, die hinter die Ontotheologiekritik zurückfallen. Genannt seien dazu nur die eher traditionellen Entwürfe von Josef Schmidt, der zum Beispiel im Rahmen seiner »systematischen Rekonstruktion des kosmologischen Gottesbeweises« von einem *unendlichen Seienden* spricht,[60] und von Lorenz Puntel, der sich zwar explizit mit Heidegger auseinandersetzt, dann aber erstaunlicherweise eine Ontotheologie reinsten Wassers liefert.[61] Auch in der analytischen Religionsphilosophie mit unter anderem John Hicks *eschatologischem Verifikationismus*, Alvin Plantingas *reformierter Erkenntnistheorie* oder Richard Swinburnes Wahrscheinlichkeitsargumenten geht man wie selbstverständlich von einem seienden Gott aus, der eine kausale Rolle in der Welt einnimmt, und an den zu Glauben eine Frage mehr oder weniger guter Argumente ist. Diese Ansätze werden auch in der Theologie aufgegriffen, wofür nur auf das Lehrbuch zur Fundamentaltheologie von Armin Kreiner verwiesen sei, in dem von Gott als von einer Entität die Rede ist, der man wie anderen Entitäten, etwa wie jenen der Naturwissenschaft, Eigenschaften zu- bzw. absprechen kann.[62] Damit zeigt sich ein weiteres Mal die Berechtigung der Klage von Hans Hübner über die zeitgenössische Theologie, nach der »[...] es in der Tat bis heute Äußerungen von Theologen gibt, die Gott als den Schöpfer der Welt im Sinne eines kausalen Erklärens vorstellen,

---

[60] Schmidt 2003, S. 61 ff.
[61] Puntel 2010.
[62] Vgl. Kreiner 2006.

also die geschaffene Welt durch ihre causa, die man Gott nennt, erklären.«[63] Auf der anderen Seite gibt es natürlich zahlreiche theologische Arbeiten bzw. ganze Strömungen, die Heideggers Ontotheologiekritik zu berücksichtigen versuchen. Dazu gehören insbesondere
Ansätze postmoderner christlicher Theologie, die, zum Teil im expliziten Rekurs auf Heidegger, eine bewusst mythische Sprache verwenden, wofür unter anderem die Arbeiten von David Tracy stehen, der
zu diesem Zweck an Phantasie und Einbildungskraft appelliert.[64] Die
Frage ist dann freilich, ob es sich dabei um mehr als den Ausdruck von
Befindlichkeiten handeln kann, was in dieser Arbeit anhand von Heideggers eigenem mythischen Sprechen untersucht werden soll. Auch
wenn Heidegger die *Erfahrung* des Glaubens gegen die klassischen
theistischen Konzeptionen ausspielt, ist mit der Rede von einem göttlichen Gott doch sicher mehr gemeint, als ein besonderer Gefühlszustand, wobei zu zeigen sein wird, wie hier ein positiver Gehalt philosophisch expliziert werden kann. Von Heidegger beeinflusst ist
auch die französische Phänomenologie, die nach ihrer »theologischen
Wende«[65] bei Lévinas oder Marion von einer irgendwie vorhandenen
Alterität bzw. von einem *Gott ohne Sein* ausgeht und phänomenologisch die subjektiven Bezüge zu diesen Entitäten analysiert, wobei
hier wieder zu fragen ist, was das für Entitäten sein sollen und ob
man mit ihnen dem Ontotheologieverdacht entgeht.

Ein wesentliches Problem in der Frage nach dem Verhältnis von
Theologie und Philosophie liegt also offenbar darin, die Rede von
Gott philosophisch so zu rekonstruieren, dass es sich nicht nur um
den Ausdruck von religiösen Gefühlen handelt, wie es die Position
des *Nonkognitivismus* behauptet, dass es aber auch nicht um ein seiendes Wesen geht, was der klassischen Position des *Theismus* entsprechen würde. Für dieses Problem wird sich die Spannung zwischen
Ontotheologiekritik und bewusst mythisch-hypostasierendem Sprechen bei Heidegger als fruchtbar erweisen. Diese Spannung wird im
Verlauf der Arbeit als nur scheinbarer Gegensatz aufgelöst, indem der
Gehalt der Rede von Gott auf die besagte Grundlosigkeit bezogen und

---

[63] Hübner 1999, S. 144.
[64] Vgl. Tracy 1981. Schalow 2001 und Westphal 2001 liefern ebenfalls Ansätze postmoderner christlicher Theologie, die explizit von Heidegger ausgehen. Weitere theologische Ansätze, bei denen das metaphorische Sprechen eine zentrale Rolle spielt,
finden sich unter anderem bei Paul Ricœur und Eberhard Jüngel.
[65] So der berühmte Titel von Dominique Janicaud, vgl. Janicaud 1991.

der metaphorische Status auch der Rede von dieser Grundlosigkeit berücksichtigt wird.

1.2 Theismus und Nonkognitivismus

Heidegger steht mit seiner Kritik an der Ontotheologie und dem gleichzeitigen Eintreten für eine neue Religiosität des göttlichen Gottes in einer langen Tradition religionsinterner Religionskritik bzw. religionsinterner Aufklärung,[66] die immer wieder falsche Vorstellungen vom Göttlichen kritisiert hat, um mit dieser Kritik zu einem angemessenen religiösen Selbstverständnis beizutragen und zu einer vertieften Religiosität zu führen. So werden bereits im alttestamentlichen Bilderverbot verfehlte Gottesvorstellungen abgewehrt, und Xenophanes entlarvt lange vor Feuerbach, Marx und Freud die Götter als menschliche Projektionen, wobei in beiden Fällen die Religion nicht wie bei diesen bekämpft, sondern im Gegenteil gezeigt werden soll, dass die wahren Götter in Bildern und Projektionen nicht zu erfassen sind. Ähnliche Kritik an menschlichen Vorstellungen vom Göttlichen findet sich in der negativen Henologie bei Platon und im Neuplatonismus, im Mittelalter in der Tradition der negativen Theologie, in der von der natürlichen Theologie geprägten Neuzeit in den Positionen von zum Beispiel Luther und Pascal, und schließlich, vorbereitet von unter anderem Schleiermacher und Kierkegaard, in den Arbeiten von Jaspers, Heidegger und Wittgenstein, die zuletzt zu postmodernen Konzeptionen wie denen von Derrida, Lévinas und Marion führten, die ihrerseits wiederum an mittelalterliche Konzepte negativer Theologie anknüpfen.[67] Damit ist es eine berechtigte Frage, ob die aufklärerische Religionskritik bis hin zu den gegenwärtigen

---

[66] Zu diesem Begriff vgl. Schnädelbach 2006: »[...] Aufklärung als Religionskritik fand von jeher im Bereich des Religiösen selbst statt«, a.a.O., S. 334.

[67] Zur negativen Theologie und ihrer postmodernen Rezeption vgl. Westerkamp 2006. Die letztgenannten Positionen französischer Phänomenologie sind außerdem ganz direkt von Heideggers Ontotheologiekritik beeinflusst. Zu den theologischen Ansätzen in der jüngeren französischen Philosophie, etwa bei Ricœur, Lévinas, Girard, Henry und bei den späteren Arbeiten selbst von Derrida und Lyotard, heißt es kritisch bei Kreiner 2006: »Der Einfluss Heideggers macht sich zum einen in der Selbstverständlichkeit bemerkbar, mit welcher die traditionelle Rede von Gott als überwunden vorausgesetzt wird, und zum anderen in dem Bestreben, nur ja nicht den Anschein eines onto-theologischen Rückfalls zu erwecken«, a.a.O., S. 112. Vgl. dazu auch den kritischen Sammelband *God in France* von Jonkers/Welten 2005.

New Atheists nicht Bilder kritisiert, die ohnehin unangemessen sind und von den Religionen selbst kritisiert werden, womit diese Kritik eher zu einer Vertiefung von Religiosität führen könnte als diese, wie intendiert, zu diskreditieren.

Die religionsinterne Kritik an theistischen Konzepten bewegt sich aber auf einem schmalen Grat, da zum Beispiel die negative Theologie von Feuerbach nicht ganz zu Unrecht als »subtiler, verschlagener Atheismus« charakterisiert wurde.[68] Die konstruktive Religionskritik ist an der Oberfläche kaum von ihrer destruktiven Spielart zu unterscheiden, wofür auch das Beispiel Kants einschlägig ist, der, zumindest in der unmittelbar nachfolgenden Debatte und besonders nach Mendelssohns Diktum vom *Alleszermalmer*, hauptsächlich als destruktiver Religionskritiker wahrgenommen wurde, nach eigenem Verständnis aber das (vermeintliche) Wissen aufheben musste, um zum (wahren) Glauben Platz zu bekommen,[69] der also gerade durch seine Widerlegungen der klassischen Gottesbeweise dem Glauben bzw. der wahren Religiosität zu ihrem eigenen Recht verhelfen wollte.[70] Auch berühmte Äußerungen von Theologen, wie Dietrich Bonhoeffers »Einen Gott, den es gibt, gibt es nicht«,[71] oder zum Beispiel Paul Tillichs Konzept eines *Gottes über Gott*, das über einen theistisch verstandenen Gott hinausweist,[72] lassen den Vorwurf Feuerbachs berechtigt erscheinen, der sich bereits in der Frage David Humes findet, ob derartige Verweise auf die Unbegreiflichkeit Gottes nicht zuletzt auf Atheismus hinauslaufen: »Oder wie unterscheidet

---

[68] Zitiert nach Feuerbach 1971, S. 56.

[69] KrV B XXX.

[70] Die *Kritik der reinen Vernunft* stand von 1827 bis zu dessen Aufhebung 1966 auf dem Index der katholischen Kirche. Inzwischen gibt es zahlreiche Arbeiten, die Kants positives Verhältnis zur Religion in seiner Philosophie bestätigt finden, vgl. für einen Überblick Sommer 2007. Exemplarisch sei hier Möller 1985 zitiert: »Kant war durch die Gottesfrage in seinem inneren Leben betroffen, noch im Opus postumum wird die Gottesfrage intensiv aufgegriffen«, a. a. O., S. 11.

[71] Aus Bonhoeffers Habilitationsschrift *Akt und Sein* von 1929, zitiert nach Bonhoeffer 1956, S. 94.

[72] Tillich 1991. Ähnliche Abweisungen des Theismus finden sich bei zahlreichen weiteren Autoren, exemplarisch sei hier nur noch auf die Theologie Karl Barths verwiesen, von der es in Verweyen 2008 heißt: »Der Grundfehler der in Philosophie und Theologie üblichen Gottesbegriffe liegt darin, Gott als Seiendes unter Seienden, wenn auch als das höchste, vollkommenste etc. Wesen zu begreifen. [...] Ein Gottesbegriff dieser Art unterliegt zu Recht dem Verdacht, einer bloßen Projektion vom Menschen gewünschter Qualitäten in eine ihm unerreichbare Transzendenz zu entstammen, die damit aber alles andere als schlechthin unbedingt ist«, a. a. O., S. 70.

ihr Mystiker, die ihr die absolute Unbegreiflichkeit der Gottheit behauptet, euch von Skeptikern oder Atheisten, die erklären, daß die
erste Ursache aller Dinge unbekannt und unerkennbar sei?«[73] Diese
Nähe des Anspruchs auf eine vertiefte Religiosität, die durch die Kritik an falschen Vorstellungen erreicht werden soll, zu bloßem Atheismus wird aber offenbar bewusst in Kauf genommen und findet sich
in Kierkegaards *Doppel-Reflexion der Mitteilung* sogar konzeptualisiert: »Verteidigung und Angriff derart zur Einheit zu bringen, daß
keiner unmittelbar ersehen kann, ob man angreift oder verteidigt, so
daß der eifrigste Anhänger und der ärgste Feind der Sache, beide
einen Verbündeten in einem vermuten könnten.«[74] Diese doppelte
Vermutung steht bei allen zitierten Ansätzen religionsinterner Religionskritik im Raum und betrifft nun auch Heidegger, der, wie zitiert,
ganz im Sinne dieser langen Tradition geltend macht, dass das gottlose Denken einem – allerdings nicht weiter erläuterten – göttlichen
Gott näher sei. Mit Strube 1994 kann man zusammenfassen, dass
Heidegger der Reihe nach Katholizismus, Protestantismus, Christentum und Theismus verlässt,[75] wobei er aber insbesondere letzteres
mit einer vertieften Religiosität verbindet, für die der göttliche Gott
steht, und deren vermeintliche Nähe zum Atheismus Heidegger
selbst betont, wenn er etwa in der *Nietzsche*-Vorlesung aus dem
Sommersemester 1937 festhält: »Was für den gemeinen Menschenverstand wie ›Atheismus‹ aussieht, und aussehen muß, ist im Grunde
das Gegenteil. Und umgekehrt: was als ›Religiosität‹ und Gottverbundenheit sich anpreist, ist vielleicht ein Schwindel.«[76] Damit stellt
sich aber die Frage, wie eine konstruktive Kritik an klassischen theistischen Konzeptionen möglich ist, ohne in bloßen Atheismus umzuschlagen, wie also insbesondere die alternativen Konzepte eines
göttlichen Gottes oder Gottes über Gott zu verstehen sind, und was

---

[73] Zitiert nach Hume 1981, S. 45.
[74] Zitiert nach Kierkegaard 1971, S. 136.
[75] A. a. O., S. 140.
[76] GA 44, S. 233. Eine ähnliche Einschätzung findet sich bereits in der *Leibniz*-Vorlesung aus dem Sommersemester 1928: »Lieber den billigen Vorwurf des Atheismus
einstecken, der sogar, wenn er ontisch gemeint ist, völlig gerechtfertigt ist. Ob aber
nicht der vermeintliche ontische Glaube an Gott im Grunde Gottlosigkeit ist? Und der
echte Metaphysiker religiöser ist denn die üblichen Gläubigen, Angehörigen einer
›Kirche‹ oder gar die ›Theologen‹ jeder Konfession?«, GA 26, S. 211, vgl. dazu die
Erläuterungen zum Gegensatz ontisch/ontologisch in Abschnitt 1.1 oben.

eine solche Kritik angesichts der Nähe zum Atheismus überhaupt motiviert.

Das dahinterliegende philosophische Problem deutet sich zum Beispiel im Lexikon *Die Religion in Geschichte und Gegenwart* an. Dort wird einerseits geltend gemacht, dass der Glaube nicht ohne ein Gegenüber, also nicht ohne einen intentionalen Gehalt verstanden werden kann:»Christlicher G[laube] wird mißverstanden, wenn er als menschliche Haltung, als frommer Gemütszustand, als numinoses Gefühl oder auch als Seinsweise der Existenz bestimmt wird unter Absehen von seinem *Gegenüber,* das ihn begründet und trägt. G[laube] ist stets Glaube ›an‹, er trägt intentionalen Charakter.«[77] Andererseits wird ganz im Sinne der angeführten religionsinternen Religionskritik geltend gemacht, dass dieses Gegenüber nicht als Gegenstand zu verstehen ist: »Darf G[laube] nicht abgesehen von seinem Gegenüber verstanden werden, so darf umgekehrt dieses Gegenüber auch nicht einfach als G[laube]nsgegenstand von seiner lebendigen Erfahrung isoliert und verobjektiviert werden.«[78] Damit ist die doppelte Gefahr einer objektivistischen und subjektivistischen Engführung angesprochen. Glaube soll weder als das Fürwahrhalten bestimmter metaphysischer Aussagen verstanden werden, obwohl dies im Selbstverständnis vieler Gläubiger und oft auch in der Theologie der Fall ist, noch auf die bloß subjektiven Zustände des Gläubigen zurückgeführt werden. Die angebotene Lösung bedarf freilich einer genaueren philosophischen Explikation: »Streng genommen müßte vom G[laube]ns›gegenstand‹ und vom G[laube]nsakt zugleich gesprochen werden.«[79] Mit der Verbindung von Glaubensgegenstand und Glaubensakt kommt eine performative Dimension ins Spiel, die im Laufe der Arbeit noch genauer ausgeführt wird. Es wird gezeigt, dass die religiöse Rede mit einer Verbindung aus Hermeneutik und Phänomenologie *in ihrem Vollzug* zu verstehen ist. Nur so kann Heideggers Spätphilosophie und die religionsinterne Kritik an theistischen Vorstellungen verstanden werden.

Für die analytische Religionsphilosophie scheint dagegen die Unmöglichkeit einer so angedeuteten Lösung *zwischen* objektivistischer und subjektivistischer Engführung bereits fest zu stehen. Sie behandelt die religionsinternen Ablehnungen des Theismus als non-

---

[77] Graß 1958, Sp. 1601, Hervorhebung im Original.
[78] Ebd.
[79] Ebd.

kognitivistische Positionen, das heißt so, dass die religiöse Rede nicht als (objektiver) Ausdruck von Wahrheitsansprüchen über ein Wesen namens Gott zu verstehen ist, sondern lediglich als (subjektiver) Ausdruck einer bestimmten Haltung gegenüber der Welt. Eine solche subjektivistische Glaubensauffassung wird tatsächlich von der oben zitierten Tradition nahegelegt, vor allem von Autoren wie Schleiermacher, der mit seiner Bestimmung der Religion als »Sinn und Geschmack für das Unendliche«[80] bzw. als »Gefühl schlechthinniger Abhängigkeit«[81] ebenso das religiöse Gefühl in den Vordergrund stellt, wie Rudolf Otto mit seinen phänomenologischen Analysen der »numinosen Erfahrung«.[82] Man kann bereits die Glaubensauffassung bei Thomas von Aquin so rekonstruieren, dass es sich dabei um eine besondere subjektive Haltung handelt.[83] Auch die religionsphänomenologischen Analysen von William James weisen in diese Richtung, ebenso wie die grundlegende Rolle der *Stimmung* bei Heidegger, und nicht zuletzt stehen die zitierten Arbeiten der jüngeren französischen Phänomenologie aus analytischer Perspektive unter dem Verdacht, von nichts als subjektiven Zuständen zu sprechen. Eine entsprechende nonkognitivistische Lesart der religiösen Rede als Ausdruck einer Einstellung zur Welt oder eines Lebensgefühls ohne kognitive Wahrheitsansprüche hat besonders prominent Richard Hare mit seiner Konzeption des *blik* vertreten.[84] Während der *blik*, also die grundlegende Einstellung gegenüber der Wirklichkeit, bei Hare aber noch in Aussagesätzen mit Wahrheitsansprüchen formuliert werden kann, beschränkt sich der Nonkognitivismus in den Positionen von Paul van Buren oder Kai Nielsen ganz auf subjektive Zustände.[85]

---

[80] Schleiermacher 2003, S. 36.

[81] KGA I/13.1, S. 39.

[82] Otto 2004.

[83] So zum Beispiel Ricken 2003, der den Glauben bei Thomas von Aquin folgendermaßen beschreibt: »Er [der Glaube] ist wie eine Charaktereigenschaft, wie eine Haltung, die das Leben eines Menschen von Grund auf prägt; er geht tiefer als das Fürwahrhalten einer metaphysischen These«, a. a. O., S. 299.

[84] Hare 1955, S. 99 ff.

[85] Vgl. dazu Löffler 2006, S. 123 f. Einen Überblick zu diesen Positionen bietet zum Beispiel Laube 1999. Der Haupteinwand gegen den Nonkognitivismus besteht im Glaubensverständnis der Religionen, nach dem die religiöse Rede kognitive Wahrheitsansprüche erhebt, die in ihrer Komplexität durch eine nonkognitivistische Lesart nicht erfasst werden. So heißt es etwa bei Löffler 2006 mit Bezug auf die Dreifaltigkeitslehre: »Religiöse Überzeugungen sind also teilweise auch derart komplex, dass

Damit scheinen sich theistischer Realismus und Nonkognitivismus als unversöhnliche Positionen gegenüber zu stehen: Entweder referiert die religiöse Rede auf ein existierendes Wesen namens Gott, oder sie ist lediglich Ausdruck einer besonderen Haltung gegenüber der Wirklichkeit. Entweder steht der Glaube für das Fürwahrhalten bestimmter Aussagen, oder er ist eine solche besondere Einstellung. Aber auch wenn diese Alternative streng und unüberbrückbar wirkt, hat die religionsinterne Aufklärung etwas anderes vor Augen. Wenn Heidegger dem gottlosen Denken, das hier als die Ablehnung des klassischen Theismus verstanden wird, einen göttlichen Gott gegenüberstellt, meint er sicher nicht den Ausdruck einer Haltung. Die Frage ist aber, wie eine solche Position *zwischen* Nonkognitivismus und theistischem Realismus möglich sein soll.

Als Versuch einer Antwort auf diese Frage kann zum Beispiel die *Analogielehre* des Thomas von Aquin verstanden werden kann. Diese Lehre betrifft vor allem die Eigenschaften Gottes, die man sich nicht wie die Eigenschaften der Menschen vorstellen könne, die diesen aber *analog* seien.[86] Diese Konzeption kann auch auf die Frage der *Existenz* Gottes übertragen werden, wofür der im 20. Jahrhundert von Erich Przywara geprägte Begriff der *analogia entis* steht.[87] Das Sein Gottes ist demnach unbegreiflich und kann mit den endlichen Begriffen des Menschen nur analog erfasst werden. Es darf aber mit Recht bezweifelt werden, dass man damit der Alternative zwischen Theismus und Nonkognitivismus entkommt, da der Begriff des Seins letztlich so unbegreiflich nicht ist, vor allem wenn es darum geht, ob etwas existiert oder nicht.[88] Solange man nicht mehr zum Begriff der Existenz sagt, gibt es in der Frage, ob Gott ein seiender Gegenstand ist oder nicht, eben nur diese beiden Möglichkeiten des Seins oder Nichtseins, wie unbegreiflich dieser Gegenstand auch sein mag – so leicht dürfte eine Zwischenposition in dieser Frage also nicht zu beziehen sein. Zu diesem Schluss kommt auch Heidegger, der in sei-

---

eine vollständige nonkognitive Umdeutung schon aus dieser Sicht wenig aussichtsreich erscheint«, a. a. O., S. 125.

[86] Für einen Überblick zur Lehre von Thomas von Aquin, ihrer Rezeption und kritischen Diskussion vgl. zum Beispiel Kreiner 2006, S. 77–91.

[87] Przywara 1962. Zum Thema Heidegger, Przywara und Theologie vgl. auch Metzl 2007.

[88] Die Analogielehre kann vermutlich als ein Vorläufer der gleich zu erläuternden jüngeren sprachkritischen Philosophien vor allem Wittgensteins und Heideggers angesehen werden.

ner *Aristoteles*-Vorlesung aus dem Sommersemester 1931 die Konzeption der *analogia entis* kritisiert und deutlich macht, dass man in Bezug auf Gott überhaupt nicht von Sein sprechen kann, auch nicht analog. Dazu verweist er auf Meister Eckhart, der für seine philosophische Entwicklung eine entscheidende Rolle gespielt hat:

Die Analogie des Seins – diese Bestimmung ist keine Lösung der Seinsfrage, ja nicht einmal eine wirkliche Ausarbeitung der Fragestellung, sondern der Titel für die härteste Aporie, Ausweglosigkeit, in der das antike Philosophieren und damit alles nachfolgende bis heute eingemauert ist.

Im Mittelalter hat die analogia entis – die heute wieder als Schlagwort verkauft wird – eine Rolle gespielt, aber nicht als Seinsfrage, sondern als ein willkommenes Mittel dazu, eine Glaubensüberzeugung mit philosophischen Ausdrücken zu formulieren. Der Gott des christlichen Glaubens, obzwar Schöpfer und Erhalter der Welt, ist schlechthin von dieser verschieden und getrennt; er ist aber das im höchsten Sinne Seiende, das summum ens; seiend sind aber auch die von ihm unendlich verschiedenen Geschöpfe, das ens finitum. Wie kann ens infinitum und ens finitum beides ens genannt, beides im selben Begriff »Sein« begriffen werden? Gilt das ens nur aequivoce oder univoce, oder eben analogice? Man hat sich aus der Schwierigkeit gerettet mit Hilfe der Analogie, die keine Lösung ist, sondern eine Formel. Der einzige, der die Lösung suchte, Meister Eckhart, sagt: Gott »ist« überhaupt nicht, weil »Sein« ein endliches Prädikat ist und von Gott gar nicht gesagt werden kann.[89]

Neben der *analogia-entis*-Konzeption gibt es auch den ähnlichen Versuch, Gott in einem Bereich *jenseits* von Sein und Nichtsein zu verorten, für den zum Beispiel Nikolaus von Kues steht, und an den anknüpfend Paul Tillich gegen den theistischen Realismus argumentiert.[90] Wenn aber der Status der Rede von Existenz nicht weiter problematisiert und dieser Begriff im üblichen Sinne verwendet wird, gilt die Einschätzung von Kreiner 2006: »Die Rede von einem Bereich jenseits von Sein und Nichtsein hat für Furore gesorgt. Sie dürfte allerdings schlicht und ergreifend auf einem logischen Kategorienfehler beruhen. Denn welchen semantischen Verrenkungen man sich auch immer unterzieht, um den jenseits von Sein und Nichtsein befindlichen Gott zu umschreiben, jederzeit lässt sich fragen, ob der so umschriebene Gott auch wirklich existiert oder ob es sich dabei nur um einen Begriff bzw. eine Fiktion handelt«[91] bzw.

---

[89] GA 33, S. 46.
[90] Vgl. Kreiner 2006, S. 88.
[91] A. a. O., S. 88 f.

ganz lapidar: »Alles, was ist, das ist, und alles, was nicht ist, das ist auch nicht.«[92]

Allerdings wird diese Arbeit mit Bezug auf Heideggers und Wittgensteins Sprachphilosophie zeigen, dass man bereits von Heideggers Begriff des Seins in einem bestimmten Sinne berechtigt sagen kann, dass dieses weder existiert noch nicht existiert, da es sich zwar um keinen Gegenstand handelt, die Rede vom Sein aber dennoch einen kognitiven Gehalt besitzt, der über den nonkognitivistischen Ausdruck einer Haltung hinausgeht. Dies wird mit den oben ins Spiel gebrachten Aspekten der Bildlichkeit und des Vollzugs dieser Rede verbunden und auf die religiöse Rede von Gott übertragen, womit die scheinbar strenge Alternative zwischen theistischem Realismus und Nonkognitivismus überwunden werden kann. Offen bleiben muss dagegen die Frage, wie das Verhältnis von Sein und Gott bei Heidegger genau zu verstehen ist, da dieser sich, entgegen der eben zitierten Kritik an der *analogia entis*, nach der Gott überhaupt nicht »ist«, weil »Sein« von Gott nicht gesagt werden kann, in dieser Hinsicht nicht eindeutig und höchst widersprüchlich äußert.

Diese Unklarheit betrifft auch Thomas von Aquin, dessen Seins- und Gottesbegriff bereits seit den 40er Jahren mit Heideggers Konzeptionen ins Verhältnis gesetzt wird. So prägte Erich Przywara nicht nur den Begriff der *analogia entis*, sondern auch den der *katholischen Heideggerschule*,[93] in der die Seinskonzeption des Thomas von Aquin mit der *ontologischen Differenz* Heideggers verglichen und zu zeigen versucht wurde, dass Heideggers Vorwurf der *Seinsvergessenheit* hier nicht zutrifft.[94] Auf die Einzelheiten dieser Frage kann hier nicht eingegangen werden, aber als grobe Zusammenfassung lässt sich festhalten, dass Thomas von Aquin letztlich sein *subsistierendes Sein* mit Gott identifiziert, den er auch als das Sein selbst, als das *ipsum esse subsistens* bezeichnet,[95] während Heidegger zwar Sein und Gott trennt, aber nicht durchgängig. Auf einer oberflächlichen Ebene sieht es so aus, als gäbe es bei Heidegger zum einen das Sein und darüber hinaus auch noch einen Gott (bzw. die Göttlichen), die dann in einem

---

[92] A.a.O., S. 88.

[93] In seinem Aufsatz »Neuer Thomismus« von 1941, vgl. Vosicky 2001, S. 254.

[94] Dafür stehen vor allem die Arbeiten von Johannes Baptist Lotz, vgl. etwa Lotz 1975 und dazu auch Caputo 1977, Guagliardo 1989, Hoping 1995 und Westphal 2006.

[95] Dies ist natürlich eine starke Vereinfachung und wird dem komplexen Werk nicht gerecht. Für eine differenziertere Lesart mit Bezug zu Heidegger vgl. zum Beispiel Wucherer-Huldenfeld 1998.

besonderen Verhältnis zueinander stünden. So diskutiert zum Beispiel Müller 1986, ob es neben der ontologischen Differenz zwischen Seiendem und Sein bei Heidegger auch noch eine *theologische Differenz* zwischen Sein und Gott gibt. Zunächst scheint nämlich klar zu sein, dass Heidegger im Gegensatz zu Thomas das Sein nicht mit Gott identifiziert. Dazu gibt es einige explizite Aussagen, wie zum Beispiel im *Humanismusbrief:* »Das ›Sein‹ – das ist nicht Gott und nicht ein Weltgrund.«[96] Auch in einer (mündlichen) Äußerung im *Zürcher Seminar* von 1951 macht Heidegger dies unmissverständlich klar:

Sein und Gott sind nicht identisch, und ich würde niemals versuchen, das Wesen Gottes durch das Sein zu denken. Einige wissen vielleicht, daß ich von der Theologie herkomme und ihr noch eine alte Liebe bewahrt habe und einiges davon verstehe. Wenn ich noch eine Theologie schreiben würde, wozu es mich manchmal reizt, dann dürfte in ihr das Wort »Sein« nicht vorkommen.[97]

Viele Textstellen sind aber weit weniger eindeutig, weshalb es zum Beispiel in der Sekundärliteratur eine große Debatte über das genaue Verhältnis von Sein bzw. *Seyn* und dem letzten Gott in den *Beiträgen*

---

[96] GA 9, S. 331.
[97] GA 15, S. 436 f. An gleicher Stelle bringt Heidegger zudem einen kleinen Seitenhieb gegen die oben erwähnte katholische Heideggerschule, wobei mit dem »wohlgesinnten Jesuiten« Johannes Baptist Lotz gemeint ist: »Ich habe einen mir wohlgesinnten Jesuiten gebeten, mir die Stellen bei Thomas von Aquin zu zeigen, wo gesagt sei, was ›esse‹ eigentlich bedeute und was der Satz besage: Deus est suum esse. Ich habe bis heute noch keine Antwort«, GA 15, S. 436. Noch 1971 bezieht er sich in einem Gespräch mit Gerd Haeffner in diesem Sinne auf Lotz, was Haeffner wie folgt wiedergibt: »Ja, diese Frage [nach dem Verhältnis von Sein und Gott] habe er schon öfter mit P. Lotz diskutiert, besonders anlässlich dessen Beitrags zur Heidegger-Festschrift zum 70. Geburtstag. Er habe nie verstanden, was ›esse subsistens‹ heißen soll und Lotz habe es ihm nie erklären können«, Haeffner 2007, S. 394. Eine aktuelle Diskussion des obigen Zitats aus dem *Zürcher Seminar* vor dem Hintergrund des Seinsbegriffs bei Thomas von Aquin liefert Hemming 2004, der dabei aber ganz auf dem Boden der katholischen Theologie bleibt. Das Problem der katholischen Theologie, einerseits Heideggers Ontotheologiekritik ernst zu nehmen, ohne aber andererseits dessen quasi-mythisches und letztlich heidnisches Sprechen etwa über das *Heilige* (vgl. das unten folgende Zitat aus dem *Humanismusbrief*) zu übernehmen, geschweige denn die Rede vom letzten Gott, bringt Godzieba 1999 auf den Punkt: »No Catholic theology of God which comes after Heidegger can claim to be metaphysical without a rigorous argument which demonstrates how its fundamental conception of being escapes the Heideggerian definition of metaphysics as objectifying, controlling, stultifying representationalism. But no Catholic theology of God can simply follow Heidegger's subsequent path and take up his rather diluted apophatic notion of *das Heilige*«, a. a. O., S. 323.

zur Philosophie gibt, in denen sich Heidegger höchst missverständlich darüber äußert, so dass sowohl der Eindruck entstehen kann, der letzte Gott sei ein besonderer Modus des Seins, als auch die Deutung begründet werden kann, dieser stünde noch hinter dem Sein und zeige sich in diesem als seinem Medium. So wird in Klun 2006 als Ergebnis festgehalten, dass das Göttliche bei Heidegger als ein Modus, eine Modifikation des Seins als Ereignis zu verstehen ist: »[...] das Göttliche aber wird zu einer [...] wesentlichen ›Modifikation‹, ja, man könnte sagen ›Potenzierung‹ dieses Ereignisses«[98] bzw. »[...] Gott beziehungsweise die Götter werden zur Modalität des Seinsgeschehens«,[99] der letzte Gott wird als »höchster ›Modus‹ des Ereignisses« aufgefasst.[100] Dies wird mit verschiedenen Textstellen belegt, von denen hier lediglich herausgegriffen sei, dass Heidegger in den *Beiträgen* von »[...] der Wesung der Wahrheit des Seyns in der Gestalt des letzten Gottes«[101] spricht. Auf der anderen Seite wird in Colony 2008 zwischen »[...] god itself and the manifestation of god in the medium of being«[102] unterschieden, wonach es also einen Gott jenseits des Seins gibt, der sich in diesem als seinem Medium für den Menschen manifestiert. Auch hier sei nur eine Belegstelle unter vielen herausgegriffen: »Denn niemals ist das Seyn eine Bestimmung des Gottes selbst, sondern das Seyn ist Jenes, was die Götterung des Gottes braucht, um doch vollends davon unterschieden zu bleiben.«[103] Demnach braucht der vom Sein vollends unterschiedene Gott zu seiner *Götterung* (Manifestation) das Sein (als Medium).

Nach allem, was hier zu Heideggers Ontotheologiekritik gesagt wurde, dürfte aber klar sein, dass für Heidegger die Rede von Gott nicht auf einen seienden Gegenstand referiert. In dieser Hinsicht sind die zuerst genannten Zitate aus dem *Humanismusbrief* und dem *Zürcher Seminar* plausibler, die deutlich nach den *Beiträgen* entstanden sind. Dennoch ist es entscheidend für die Untersuchung dieser Arbeit zum Status der religiösen Rede, dass Heidegger trotz seiner Ontotheologiekritik vom letzten Gott und auch von den Göttlichen im Geviert hypostasierend wie von seienden Wesen spricht. Dies geht sogar so weit, dass er in einem Vortrag von 1949 ganz explizit sagt, dass

---

[98] Klun 2006, S. 539.
[99] Ebd.
[100] A.a.O., S. 544.
[101] GA 65, S. 96.
[102] Colony 2008, S. 187.
[103] GA 65, S. 240.

Gott als ein seiendes Wesen zu denken sei: »[…]; denn auch der Gott ist, wenn er ist, ein Seiender, steht als Seiender im Seyn und dessen Wesen, das sich aus dem Welten von Welt ereignet.«[104] Selbst wenn diese Arbeit den Versuch unternimmt, die Spannung zwischen Ontotheologiekritik und hypostasierendem Sprechen aufzulösen, dürfte das letztgenannte Zitat unklar bleiben. Eine genaue philologische Untersuchung würde wohl auch vor dem Hintergrund einer Position zwischen theistischem Realismus und Nonkognitivismus zu keinem eindeutigen Ergebnis kommen.

Für diese hier zu entwickelnde Position wird der oben genannte Hinweis aufgegriffen, dass Glaubensgegenstand und Glaubensakt nur zusammen zu verstehen sind, was auf die Glaubens*erfahrung* und den performativen Charakter der Äußerungen des Glaubens verweist. Außerdem wird die Bildlichkeit nicht nur der Rede von Gott und Göttern, sondern auch der philosophischen Reformulierung als Grundlosigkeit und Unhintergehbarkeit zu berücksichtigen sein. Der Status solcher performativen und bildlichen Redeweisen soll mit Heidegger analysiert werden, wobei auch das Konzept des Seins eine Rolle spielen wird, dessen genaue Bedeutung ebenfalls noch zu klären ist. Sowohl bei der Rede von Gott als auch vom Sein geht es nicht um seiende Gegenstände, die dann noch in einem besonderen Verhältnis zueinander stehen. Stattdessen sind beide Redeweisen bewusst hypostasierend und können nur aus ihrem Vollzug heraus verstanden werden, was dann genauer so interpretiert werden wird, dass beide Redeweisen die Grundlosigkeit der menschlichen Situation vergegenwärtigen, wobei die Rede von Gott besonders die Erfahrung dieser Situation akzentuiert, die auch mit der Rede vom Sein angesprochen ist. So stellt Heidegger an verschiedenen Stellen eine explizite Verbindung der Rede von Gott mit einer besonderen Erfahrung in der Dimension des Seins her, zum Beispiel im bereits zitierten *Zürcher Seminar*:

Der Glaube hat das Denken des Seins nicht nötig. Wenn er das braucht, ist er schon nicht mehr Glaube. Das hat Luther verstanden. Sogar in seiner eigenen Kirche scheint man das zu vergessen. Ich denke über das Sein im Hinblick auf seine Eignung, das Wesen Gottes theologisch zu denken, sehr

---

[104] GA 79, S. 76. Auf unter anderem diese Stelle bezieht sich der Generalvorwurf Jean-Luc Marions, Heidegger würde Gott und Sein zusammen denken und Gott so zu einem *Gefangenen des Seins*, zum *divin prisonnier de l'être*, machen, vgl. Marion 1991.

bescheiden. Mit dem Sein ist hier nichts auszurichten. Ich glaube, daß das Sein niemals als Grund und Wesen von Gott gedacht werden kann, daß aber gleichwohl die Erfahrung Gottes und seiner Offenbarkeit (sofern sie dem Menschen begegnet) in der Dimension des Seins sich ereignet, was niemals besagt, das Sein könne als mögliches Prädikat für Gott gelten. Hier braucht es ganz neue Unterscheidungen und Abgrenzungen. [105]

Ganz neue Unterscheidungen und Abgrenzungen sind auch für eine Zwischenposition zwischen theistischem Realismus und Nonkognitivismus nötig. Diese Position kann bei dem *Akt* der religiösen Rede ansetzen, muss aber auch einen positiven Gehalt dieser Rede ausweisen, der über den bloßen Akt hinausgeht, und der offenbar nur bildlich formuliert werden kann. Für Heidegger scheint dieser Gehalt mit der Wahrheit des Seins zu tun zu haben, die freilich einer eigenen Interpretation bedarf und, wie zu zeigen sein wird, wiederum die Grundlosigkeit des Seienden thematisiert. In der berühmten Formel über das *Heilige* und die *Gottheit* aus dem *Humanismusbrief* lässt sich jedenfalls der Ansatz finden, die Rede von Gott als Verweis auf eine Erfahrung zu verstehen, die auf einen Gehalt bezogen ist, der mit der Wahrheit des Seins benannt wird:

Erst aus der Wahrheit des Seins lässt sich das Wesen des Heiligen denken. Erst aus dem Wesen des Heiligen ist das Wesen von Gottheit zu denken. Erst im Lichte des Wesens von Gottheit kann gedacht und gesagt werden, was das Wort »Gott« nennen soll. [106]

Zur weiteren Entfaltung einer solchen Zwischenposition kann an die Arbeiten von D. Z. Phillips angeknüpft werden, der im Anschluss an Wittgenstein versucht, die scheinbar strenge Alternative von theistischem Realismus und Nonkognitivismus zu überwinden, und dabei

---

[105] GA 15, S. 437.
[106] GA 9, S. 351. Nicht ganz so berühmt ist die etwas längere Ausbuchstabierung dieser Formel, die sich ebenfalls im *Humanismusbrief* findet, und die gleichzeitig ein deutliches Beispiel für das hypostasierende Sprechen Heideggers liefert:»In dieser Nähe vollzieht sich, wenn überhaupt, die Entscheidung, ob und wie der Gott und die Götter sich versagen und die Nacht bleibt, ob und wie der Tag des Heiligen dämmert, ob und wie im Aufgang des Heiligen ein Erscheinen des Gottes und der Götter neu beginnen kann. Das Heilige aber, das nur erst der Wesensraum der Gottheit ist, die selbst wiederum nur die Dimension für die Götter und den Gott gewährt, kommt dann allein ins Scheinen, wenn zuvor und in langer Vorbereitung das Sein selbst sich gelichtet hat und in seiner Wahrheit erfahren ist. Nur so beginnt aus dem Sein die Überwindung der Heimatlosigkeit, in der nicht nur die Menschen, sondern das Wesen des Menschen umherirrt«, GA 9, S. 338 f.

vor allem die Bildlichkeit der religiösen Rede ins Spiel bringt.[107] Entscheidend ist dabei Wittgensteins Kritik an der Vorstellung, die Sprache würde grundsätzlich nach dem Muster von Gegenstand und Bezeichnung funktionieren. Diese referenzsemantische Sprachauffassung führt laut Phillips überhaupt erst zu dem Eindruck, die religiöse Rede sei *entweder* realistisch *oder* nonkognitivistisch zu verstehen. Wenn man dagegen mit Wittgenstein sieht, dass sich die Bedeutung der Sprache im Gebrauch konstituiert und die Bezeichnung von Gegenständen nur eine von vielen möglichen Sprachspielen ist, kann auch die religiöse Rede als ein eigenständiges Sprachspiel aufgefasst werden, das seine besonderen Bedeutungen hat, die *weder* realistisch *noch* nonkognitivistisch zu verstehen sind. Mit Wittgenstein könnte man sagen, dass die *Oberflächengrammatik* der religiösen Rede eine realistische Interpretation nahelegt, dass aber eine genauere Analyse der Bedeutung möglich ist, die kognitive Gehalte freilegt, die auch dann verständlich sind, wenn man die religiöse Rede nicht als Referenz auf tatsächlich existierende Gegenstände auffasst. Dabei wird die religiöse Rede aber insofern nicht als Gleichnis interpretiert, das für etwas anderes stünde, als im dritten Kapitel mit Wittgenstein (und mit Rekurs nicht nur auf Blumenberg, sondern auch auf die negative Theologie) gezeigt wird, dass man diese Gehalte überhaupt nur bildlich ausdrücken *kann*, was auch für die alternative Formulierung dieser Gehalte etwa in den Bildern der Grundlosigkeit oder Unhintergehbarkeit in einer philosophischen Erläuterungssprache gilt. In *diesem* Sinne kann die bildliche religiöse Rede als buchstäblich wahr angesehen werden, auch wenn die verwendeten Bilder nicht realistisch zu verstehen sind.

Dies wirkt ohne weitere Erklärungen natürlich etwas unklar und hat nicht umsonst zu entsprechender Kritik Anlass gegeben,[108] wird aber im weiteren Verlauf der Arbeit genauer ausgeführt und mit der Sprachphilosophie Heideggers verbunden. Es wird sich zeigen, dass Heidegger die Möglichkeit einer solchen Bedeutungskonstitution nicht nur erkannt hat, sondern auch zu nutzen versteht, indem er

---

[107] Vgl. Phillips 1976 und dazu auch von Sass 2010. Ähnliche Analysen der religiösen Rede im Ausgang von Wittgenstein liefern Rentsch 2005 und Schneider 2008.

[108] So zum Beispiel besonders deutlich bei John Leslie Mackie: »Phillips wechselt von der einen Alternative zur anderen und hüllt beide in einen Nebel, da er vergeblich nach einer von ihnen verschiedenen dritten Ausschau hält. Was *er* sagen will, läßt sich tatsächlich nicht sagen; doch ist dies kein Zeichen für Tiefe, sondern für Widersprüchlichkeit«, Mackie 1985, S. 358, Hervorhebung im Original.

bewusst hypostasierend spricht, um etwas auszudrücken, was sich nur so ausdrücken lässt, wobei er sich über die Möglichkeit einer realistischen Fehldeutung im klaren ist, die er aber nicht ausschließen kann. Die Performativität dieser Rede, von der oben im Zusammenhang mit der Untrennbarkeit von Glaubensakt und Glaubensgegenstand die Rede war, spielt bei Heidegger ebenfalls eine Rolle, der den Anspruch erhebt, *aus* der Wahrheit des Seins bzw. *aus* dem Ereignis zu sprechen. Von Sass 2010 spricht auch Phillips Konzeption eine performative Komponente zu, wenn er einen *epistemologischen* Glaubensbegriff des Fürwahrhaltens bestimmter Aussage mit Phillips von einer performativen Lesart des Glaubens absetzt: »Dagegen heben vor allem Vertreter der Wittgensteinschen Tradition – ähnlich der Lutherischen Betonung der fides als fiducia – die wesentliche Involviertheit des Glaubenden in das Geglaubte hervor, das umgekehrt nicht von dem Menschen, der glaubt, abzuziehen ist. Ein epistemologischer Glaubensbegriff wird ersetzt durch einen handlungsorientiert-performativen.«[109] Mit der von Anelli in diesem Zusammenhang ins Spiel gebrachten Verbindung von Hermeneutik und Phänomenologie ermöglicht der Verweis auf Bildlichkeit und Performativität tatsächlich einen dritten Weg zwischen theistischem Realismus und Nonkognitivismus. Diese Zwischenposition soll im Laufe der Arbeit Schritt für Schritt entwickelt werden. Dazu wird im zweiten Kapitel die Bedeutung der Rede von Sein und Ereignis untersucht, im dritten Kapitel der Status der religiösen Sprache, im vierten Kapitel der Vollzug von Sprechen und Verstehen und davon ausgehend im fünften Kapitel Heideggers mythisch-poetische, quasi-religiöse Redeweisen, die als phänomenologische Hermeneutik von Negativität gelesen werden, was als Konzept ebenfalls im fünften Kapitel erläutert wird.

Bei dieser Zwischenposition geht es nicht zuletzt um eine vertiefte Religiosität, die aus der Kritik an falschen Vorstellungen des Göttlichen hervorgehen soll, wofür neben Heidegger und der angeführten langen Tradition auch Phillips steht. Diese Kritik ist, wie ebenfalls oben ausgeführt, nicht zu Unrecht dem Verdacht ausgesetzt, ein versteckter Atheismus zu sein, weshalb Phillips diesen Verdacht direkt aufgreift und seinen Ansatz als *purifying atheism* bezeichnet: »Atheism with respect to a God, understood in these terms, is conceptually purifying. It is a prerequisite for appreciating other religious

---

[109] Von Sass 2010, S. 325.

possibilities, other forms of religious belief.«[110] Diese weiteren Formen des Religiösen können zusammenfassend als *post-theistische
Religiosität* bezeichnet werden, und es ist nun endlich die Frage zu
stellen, was eigentlich falsch sein soll am klassischen Theismus. Wodurch ist eine religionsinterne Kritik an Gottesbildern motiviert, die
Gefahr läuft, als Atheismus missverstanden zu werden?

Unter Theismus soll hier ohne weitere Differenzierungen die
Position verstanden werden, nach der die Rede von Gott auf ein irgendwo existierendes höheres Wesen mit besonderen Eigenschaften
referiert. Insbesondere gehört dazu die Vorstellung, dass Gott die
Welt und die Menschen geschaffen hat bzw., philosophisch reformuliert, der erste Grund bzw. die erste Ursache alles Seienden ist. Es geht
also erstens um die Vorstellung, dass Gott überhaupt etwas Seiendes
ist, und dass dieses Seiende zweitens Grund bzw. Ursache der Welt ist.
Diese Rekonstruktion ohne genauere Unterscheidung zwischen
Grund und Ursache ist zwar etwas unspezifisch, genügt aber für den
Zweck der Untersuchung. Die Position, die für die Wahrheit des
Theismus eintritt, kann mit mehr oder weniger guten Gründen vertreten werden, wozu vor allem auf die Diskussion innerhalb der analytischen Religionsphilosophie verwiesen sei. Ein aktuelles Plädoyer
für die Wahrheit des Theismus bietet im deutschsprachigen Raum
Weidemann 2007, für den das größte Problem die Theodizee darstellt,
da das Böse und Üble nur mit großem argumentativen Aufwand mit
einem guten Gott vereinbar ist. Davon abgesehen kann aber die Annahme durchaus plausibel sein, dass es irgendwo ein höheres Wesen
gibt, und zwar im ganz üblichen Sinne von Existenz, vielleicht nicht
als Gegenstand an einer bestimmten Stelle im Raum, aber womöglich
als Geist verteilt überall zugleich. Auch die Fundamentaltheologie
von Kreiner 2006 verteidigt eine solche theistische Position und diskutiert ausführlich und mit aller gebotenen Präzision die Frage nach
deren Konsistenz, also etwa nach der Vereinbarkeit von Macht und
Güte oder nach der genauen Form der Existenz eines so verstandenen
Gottes.

Wenn Kreiner sich aber mit der oben zitierten Lakonie gegen die
Vorstellung eines Gottes jenseits von Sein und Nichtsein ausspricht
und dann für einen seienden Gott argumentiert, kann man mit der
gleichen Lakonie die Frage stellen, woher denn dieser seiende Gott
sein Sein hat. Was nämlich die Ablehnung des theistischen Realismus

---

[110] Phillips 2004, S. 158.

betrifft, steht Heideggers Kritik in der klassischen Tradition der Widerlegung der Gottesbeweise von Hume über Kant bis zu Russell und Mackie im 20. Jahrhundert, an die hier am Beispiel des kosmologischen Gottesbeweises kurz erinnert werden soll, an dem sich Heidegger – unausgesprochen – auf seine Weise vor allem abarbeitet. Man kann zwar auch ohne Gottesbeweis eine theistische Position vertreten, aber die Kritik insbesondere am kosmologischen Gottesbeweis führt zu der Frage, warum überhaupt etwas existiert; eine Frage, die sich auch auf einen seienden Gott beziehen lässt. So argumentiert Hume in den *Dialogen über natürliche Religion* gegen einen Gott als erste Ursache der Welt ganz einfach damit, dass auch dieser auf eine Ursache angewiesen sei: »So oder so sind wir genötigt, eine Stufe höher zu steigen, um für diese Ursache, die du als zufriedenstellenden Endpunkt angegeben hattest, wieder eine Ursache zu finden.«[111] Ähnlich zeigt Kant, dass sich auch Gott als erste Ursache nach seiner Ursache fragen lassen müsste: »[…] aber woher bin ich denn? Hier sinkt alles unter uns […]«,[112] und schließlich hält Mackie in *Das Wunder des Theismus* fest: »Weshalb bedarf dann dieser (fragliche) Gott nicht ebenso einer weiteren Erklärung wie die ›fragliche Wirklichkeit‹? Die Antwort, Gott sei als das definiert, das sich selbst erkläre und daher das Zurückgehen in der Reihe der Erklärungen beende, ist auch hier wieder leer und nutzlos.«[113]

Die Positionen, in denen Gott als erste Ursache keiner weiteren Ursache bedarf, Positionen, die in der Tradition der natürlichen Theologie etwa von Spinoza und Leibniz vertreten wurden und heute von analytischen Religionsphilosophen wie Swinburne und Plantinga, sollen hier nicht genauer ausgeführt werden.[114] Es sei hier lediglich nochmals mit Mackie der Punkt akzentuiert, dass der Regress der Ursachen nicht ohne weiteres abgebrochen werden kann, auch nicht durch den sehr kleinen Zirkel der *causa sui*,[115] weshalb die Frage,

---

[111] Zitiert nach Hume 1981, S. 48.

[112] KrV B 641.

[113] Mackie 1985, S. 397.

[114] Entsprechende Diskussionen finden sich zum Beispiel in den bereits zitierten Arbeiten von Kreiner 2006 und Weidemann 2007.

[115] Auf die Zirkularität der *causa sui* machen zum Beispiel Schopenhauer und Nietzsche aufmerksam, indem sie eine Verbindung zum sich selbst aus dem Sumpf ziehenden Baron Münchhausen herstellen. So schreibt Schopenhauer in seiner Abhandlung *Über die vierfache Wurzel des Satzes vom zureichenden Grunde*: »Das rechte Emblem der *causa sui* ist Baron Münchhausen, sein im Wasser sinkendes Pferd mit den Beinen umklammernd und an seinem über den Kopf nach vorn geschlagenen Zopf

warum es überhaupt etwas gibt, die Welt genauso betrifft, wie einen theistisch verstandenen Gott: »Denn zugestandermaßen hat der Naturalist keine Antwort auf Leibniz' Frage, weshalb es überhaupt eine Welt gibt; doch in gleicher Weise steht der Theist [...] vor der Frage, weshalb es überhaupt einen Gott gibt. Wie groß die Ausgangswahrscheinlichkeit der nackten, unerklärten Tatsache, daß es eine Welt gibt, auch sein mag, weitaus unwahrscheinlicher ist immer noch die theistische Behauptung, es gebe als nackte, unerklärte Tatsache einen Gott, der die Macht habe, eine Welt zu erschaffen.«[116] Heideggers Philosophie dreht sich ganz um dieses Problem der nackten und unerklärten Tatsache, dass Seiendes ist, und appelliert an die Vorstellung eines grundlosen Seins bzw. Ereignisses, das von keinem Gott getragen wird. Diese Grundlosigkeit ist mit der Wahrheit des Seins gemeint, die dann – gemäß der zitierten Formel aus dem *Humanismusbrief* – über das Heilige und die Gottheit zum Ausgangspunkt der Rede von Gott wird und zu einer »wahren« Religiosität führt, für die das Konzept des göttlichen Gottes steht. Damit teilt Heidegger zwar die zitierte Kritik an einem theistischen Gottesverständnis, steht aber entgegen den atheistischen Anliegen Russells oder Mackies in der oben angeführten langen Tradition, die bei allen Unterschieden ganz grob und zumindest der Tendenz nach als religionsinterne Ablehnung eines theistischen Realismus zusammengefasst werden kann, die der gerade zitierten Kritik von Hume bis Mackie bereits vorausging. Diese jüngere Kritik zeigt zwar genauer als die besagte Tradition, warum die Ablehnung eines theistischen Realismus berechtigt ist: Man reicht mit der Vorstellung eines seienden Gottes an den wahren Abgrund der Grundlosigkeit nicht heran, der auch jeden seienden Gott betrifft. Aber zum Teil gegen die Intention dieser Kri-

---

sich mit sammt dem Pferde in die Höhe ziehend; und darunter gesetzt: *Causa sui*«, zitiert nach Schopenhauer 1977, S. 29. Und Nietzsche hält in *Jenseits von Gut und Böse* gewohnt drastisch fest: »Die causa sui ist der beste Selbst-Widerspruch, der bisher ausgedacht worden ist, eine Art logischer Nothzucht und Unnatur: aber der ausschweifende Stolz des Menschen hat es dahin gebracht, sich tief und schrecklich gerade mit diesem Unsinn zu verstricken. Das Verlangen nach ›Freiheit des Willens‹ [...] ist nämlich nichts Geringeres, als eben jene causa sui zu sein und, mit einer mehr als Münchhausenschen Verwegenheit, sich selbst aus dem Sumpf des Nichts an den Haaren ins Dasein zu ziehn«, KSA 5, S. 35.

[116] Mackie 1985, S. 397. Dies entspricht Russells Argumentation in *Warum ich kein Christ bin*, vgl. Russell 1968. Die Argumente der sogenannten *New Atheists* werden hier dagegen nicht extra angeführt, da sie so neu nicht sind und der Kritik eines Hume kaum etwas hinzuzufügen haben, vgl. dazu Kaden 2011.

tik führt erst dieser Abgrund zu einer »wahren« Religiosität, die auf diesen Abgrund bezogen ist, und die diesen Abgrund mit der Rede von *Gott über Gott* (Tillich) oder vom *göttlichen Gott* (Heidegger) thematisiert, was dann nicht mehr theistisch zu verstehen ist.

Mit Verweis auf Wittgensteins Sprachphilosophie und auf den Vollzug der religiösen Rede wurde oben angedeutet, wie ein post-theistisches Religionsverständnis möglich sein kann, das nicht non-kognitivistisch ist. Dies wird im dritten und vierten Kapitel noch ausführlich erläutert. Die Gehalte, die die religiöse Rede ausdrückt, ohne auf einen seienden Gott zu verweisen und ohne nonkognitivistisch zu sein, lassen sich nach dem eben ausgeführten Argument gegen den Theismus auf die Grundlosigkeit des Seienden beziehen. Zumindest können die oben wiedergegebenen Heidegger-Zitate so verstanden werden, in denen die Rede von Gott auf die Dimension bzw. die Wahrheit des Seins bezogen wird, die für diese Grundlosigkeit steht. Auch der göttliche Gott ist im Verzicht auf den *causa-sui*-Gott mit der Grundlosigkeit des Seienden verbunden.[117] Ein solches post-theistisches Religionsverständnis ist damit in einem Sinne tatsächlich atheistisch, wenn nämlich Gott als ein im üblichen Sinne existierender Gegenstand verstanden wird – auch eine geistige oder abstrakte Entität müsste sich als Seiende nach ihrem Grund fragen lassen –, in einem anderen Sinne aber nicht, wenn sich nämlich zeigen lässt, dass die Rede von Gott auch ohne Gegenstandsbezug kognitiv gehaltvoll ist und zum Beispiel für die Grundlosigkeit *alles* Seienden steht. Entscheidend ist dabei weiterhin, dass auch die Rede von der Grundlosigkeit nicht buchstäblich verstanden werden kann, sondern als ein Bild aufzufassen ist, das, wie die Rede von Gott, die Situation des Menschen vergegenwärtigt.

---

[117] Wenn die Grundlosigkeit auch ein zentraler Gehalt der religiösen Rede ist, hat diese natürlich noch viele weitere Aspekte. In diesem Sinne unternimmt von Sass 2010 unter dem Titel des *Begriffsschemas des Glaubens* eine post-theistische Analyse der religiösen Rede, wobei aber vermutet werden darf, dass auch die weiteren Aspekte der religiösen Rede wesentlich mit einer jeweiligen Grundlosigkeit bzw. Entzogenheit oder Negativität zu tun haben. Von Sass kommt unter anderem zu dem Ergebnis, dass sich das für die theistische Position schwerwiegende Problem der Theodizee überhaupt nur für die theistische Position stellt und aus post-theistischer Perspektive einfach ein »verkehrt gestelltes Problem« (a. a. O., S. 369) ist.

1.3 Post-theistische Religiosität und die Situation des Menschen

Wenn Heidegger in seiner Philosophie auf die Grundlosigkeit alles Seienden aufmerksam macht, ist dies nicht nur für das Verständnis der religiösen Rede von Interesse, mit der Heidegger diese Grundlosigkeit verbindet, sondern betrifft ganz allgemein die Situation des Menschen. Als Seiendes unter Seiendem bedeutet diese Grundlosigkeit für ihn, auf die Frage nach seinem Woher keine Antwort zu haben, was existenziell irritierend sein kann und womit man entsprechend umgehen können muss. Neben der Frage nach dem Grund des Seienden gibt es in der Philosophie noch weitere Fragen nach einem Grund, etwa nach dem Grund der Erkenntnis, des Denkens oder des Guten. Auch die Frage nach dem Sinn gehört in diesen Zusammenhang. Diese Fragen können in der vorliegenden Arbeit nicht im Einzelnen thematisiert werden, weshalb hier lediglich behauptet sei, dass sie ebenfalls in einen Regress führen und letztlich genauso unbeantwortbar sind, wie die Frage nach dem Grund des Seienden, was zu ganz ähnlichen Irritationen führen kann. In der Tradition der natürlichen Theologie setzen die klassischen Gottesbeweise gerade an diesen Fragen an, so der *kosmologische Gottesbeweis* an der Frage nach dem Grund des Seienden, der *alethologische Gottesbeweis* an der Frage nach dem Grund der Erkenntnis, der *ontologische Gottesbeweis* an der Frage nach dem Grund des Denkens, der *axiologische Gottesbeweis* an der Frage nach dem Grund des Guten und der *teleologische Gottesbeweis* an der Frage nach dem Sinn.[118] Es handelt sich hier um die zentralen Fragen der Philosophie, und es wirkt auf den ersten Blick so, als weiche die natürliche Theologie mit ihrer Rede von Gott vor der Unbeantwortbarkeit dieser Fragen aus und behüte den Menschen vor den entsprechenden existenziellen Irritationen, indem sie auf ein höheres Wesen verweist, das für Antworten auf alle diese Fragen einsteht. Dies entspricht der gängigen Religionskritik, die die Rede von Gott als Projektion entlarvt, die dem metaphysischen Sicherheitsbedürfnis des Menschen angesichts dieser Fragen entspringt. Religionen wären in diesem Sinne, wenn nicht gleich das Opium des Volkes, so doch zumindest funktional bestimmbar als Praxis der Bewältigung von Kontingenz (Hermann Lübbe). Vor dem

---

[118] Zu dieser Verbindung der verschiedenen Gottesbeweise mit den entsprechenden philosophischen Fragen vgl. Schmidt 2003.

Hintergrund der religionsinternen Religionskritik und dem post-
theistischen Religionsverständnis, das in dieser Arbeit mit Heidegger
entwickelt werden soll, gilt aber im Gegenteil, dass diese Kontingenz
als die grundlose Situation des Menschen mit der Rede von Gott gerade herausgestellt wird. Die Rede von Gott kann damit gegen die
üblichen Vorurteile sogar als Akt der Aufklärung verstanden werden,
in dem die Unbeantwortbarkeit der genannten Fragen gezeigt und ein
angemessener Umgang mit den Irritationen dieser Unbeantwortbarkeit ermöglicht wird.

Auch in der Philosophie hat eine solche Aufklärung über die
grundlose Situation des Menschen und die entsprechenden Grenzen
der Vernunft eine lange Tradition, die vom sokratischen Nichtwissen
und der antiken Skepsis über die negative Henologie bei Platon und
im Neuplatonismus, die *docta ignorantia* des Nikolaus von Kues, den
Positionen Humes und Kants bis zum modernen Existenzialismus
und zu postmodernen Ansätzen reicht, um nur wenige Stichworte
zu nennen. Die Situation des Menschen, der das Verhältnis zu sich
selbst und zur Welt nicht restlos aufklären kann, wird dabei besonders treffend von Hume und Kant auf den Punkt gebracht. So
eröffnet Kant seine Vorrede zur *Kritik der reinen Vernunft* mit den
Worten:

Die menschliche Vernunft hat das besondere Schicksal in einer Gattung
ihrer Erkenntnisse: daß sie durch Fragen belästigt wird, die sie nicht abweisen kann; denn sie sind ihr durch die Natur der Vernunft selbst aufgegeben,
die sie aber auch nicht beantworten kann, denn sie übersteigen alles Vermögen der menschlichen Vernunft.[119]

Kants Philosophie steht dabei laut Stanley Cavell für die Einsicht,
dass »[…] die Schranken des Wissens keine Defizite sind.«[120] Die Unbeantwortbarkeit der aufgezählten Fragen muss nur richtig verstanden werden, was zu der Frage führt, wie der Mensch mit diesem Kantischen Befund umgehen soll: Kann man dieses Problem ignorieren
und sich wieder pragmatisch der alltäglichen Praxis zuwenden? Dafür
stehen zum Beispiel die Positionen von Peirce und James, die gegen
die Skepsis einwenden, dass man nicht zu zweifeln braucht, wenn

---

[119] KrV A VII.
[120] Cavell 2006, S. 401. Cavell verweist hier auf Wittgenstein und Heidegger: »Sowohl Wittgenstein als auch Heidegger stehen durch ihre jeweilige Interpretation in
der Tradition von Kants Einsicht, daß die Schranken des Wissens keine Defizite sind«,
ebd.

dieser Zweifel keine Rolle für das konkrete Leben spielt. In diese Richtung scheint auch Hume zu argumentieren, der in seiner *Untersuchung über den menschlichen Verstand* zum pyrrhonischen Skeptiker festhält:

Erwacht er aus seinem Traume, so wird er der Erste sein, der in das Gelächter über sich selbst mit einstimmt und gesteht, daß all seine Einwürfe bloß zur Unterhaltung taugen und nur die wunderliche Lage des Menschen zu offenbaren dienen, der handeln, denken und glauben muß, wenn er auch nicht imstande ist, durch die sorgsamste Untersuchung über die Grundlagen dieser Tätigkeiten befriedigende Aufklärung zu erlangen oder die gegen sie erhobenen Einwände zurückzuweisen.[121]

Diese Beschreibung der *wunderlichen Lage des Menschen* (bzw. der *whimsical condition of mankind*) ähnelt sehr stark der Einschätzung Kants, es bleiben aber die Fragen, ob man über diese Lage lachen kann oder wie man sich sonst zu ihr verhält, und in welchem Sinne der Verweis auf die Praxis genau zu verstehen ist. In der antiken Skepsis führt das Ablassen von solchen Fragen *nach* der Einsicht in ihre Unbeantwortbarkeit bekanntlich zur *Seelenruhe* bzw. *ataraxia*.[122] Der moderne Existenzialismus neigt dagegen angesichts der wunderlichen und vor allem kontingenten und scheinbar sinnlosen Lage des Menschen eher zu *Verzweiflung* (Cioran), *Ekel* (Sartre) oder *Trotz* (Camus). Wenn Rorty *Ironie* empfiehlt, erinnert das von ferne an das Gelächter Humes, steht aber in der pragmatischen Tradition, den skeptischen Zweifel als sinnlos abzutun.

Der hier nur angedeutete Skeptizismus in Bezug auf die oben genannten zentralen Fragen der Philosophie nach einem jeweiligen Grund wird nun in einigen neueren Positionen als *Grenzreflexion der Vernunft* ausbuchstabiert und mit metaphysischen bzw. theologischen Konzepten in eine fruchtbare Verbindung gebracht.[123] Zu denken ist hier an die Arbeiten von Ulrich Barth, Thomas Rentsch, Wal-

---

[121] Zitiert nach Hume 1993, S. 188.

[122] So heißt es bei Sextus Empiricus: »Denn der Skeptiker begann zu philosophieren, um die Vorstellungen zu beurteilen und zu erkennen, welche wahr sind und welche falsch, damit er Ruhe finde. Dabei geriet er in den gleichwertigen Widerstreit, und weil er diesen nicht entscheiden konnte, hielt er inne. Als er aber innehielt, folgte ihm zufällig die Seelenruhe in den auf dogmatischen Glauben beruhenden Dingen«, zitiert nach Sextus Empiricus 1985, S. 100.

[123] Zur allgemeinen Verbindung von Skeptizismus und Metaphysik vgl. auch Gabriel 2012, wo allerdings gegen die lange Tradition des philosophischen Nichtwissens eine »Skeptizismus-resistente Metaphysik« gefordert wird, vgl. a. a. O., S. 16 ff.

ter Schweidler und Gunnar Hindrichs,[124] in denen ausgehend von unter anderem Neuplatonismus, Anselm, Kant, Schelling, Wittgenstein und Heidegger jeweils Grenzreflexionen der Vernunft unternommen werden, die auf je ihre Weise zeigen, dass die Vernunft weder sich selbst noch die Existenz der Welt zu verstehen, geschweige denn zu begründen vermag. Die Vernunft hängt von etwas ab, das sie nicht erfassen oder objektivieren kann,[125] was Hindrichs mit der Frage »Worin sind wir?« auf den Punkt bringt. Diese Einsicht führt zu einer *indirekten Metaphysik* (Schweidler) bzw. *inversen Theologie* (Hindrichs), in denen das Absolute nicht vergegenständlicht wird, sondern sich als absolute Transzendenz paradoxal in solchen Grenzreflexionen entzieht und gerade darin zeigt. In diesem Sinne wird Negativität explizit mit Transzendenz verklammert (Rentsch), wobei unter Transzendenz also kein Gegenstand noch Geist verstanden wird, sondern die transzendentale Bezogenheit des Subjekts auf uneinholbar vorgängige Sinnhorizonte, die allen lebensweltlichen Vollzügen konstitutiv zugrunde liegen, so dass Gott zu einem unhintergehbaren *Grenzbegriff* wird (Barth). Auch das *Nicht-Identische* in Adornos *Negativer Dialektik* und die Derridasche *différance* sind Ergebnisse solcher Grenzreflexionen und können als Versuche, diese Ergebnisse auf den Begriff zu bringen, als *Substitute des Absoluten* (Rentsch) angesehen werden.[126] Diese Ansätze können mit ihren Grenzreflexionen als eine *Aufklärung der Aufklärung* verstanden werden, als eine *Selbstaufklärung der Vernunft*, die sich ihrer Grenzen bewusst und in ihren Grenzen auf etwas verwiesen wird, was traditionell mit der religiösen Rede von Gott gemeint ist. Gemäß dieser Lesart stellen die oben angegebenen Gottesbeweise der natürlichen Theologie keine

---

[124] Barth 2005, Rentsch 2005 und 2011a, Schweidler 2008 und Hindrichs 2011.

[125] Dafür steht auch der klassische Begriff des *Ungrunds* bei Schelling und Böhme, den Wendte 2007 mit Heideggers Metaphysikkritik verbindet: »Zum einen ist Heidegger in seiner Kritik der abendländischen Metaphysik und besonders Hegels Recht zu geben: Alles Seiende und jedes Denken entstammen einem für es selbst nicht aufhellbaren Grund, der daher für sich selbst betrachtet Ungrund ist«, a.a.O., S. 182. In anderen Worten »[...] begreift die Vernunft mit Heidegger, dass sie in bestimmter Hinsicht auf dunklem Grunde ruht. Denn ihre Faktizität ist allein aus derjenigen Praxis ersichtlich, in die sie eingelassen ist und die Schelling in der ›positiven Philosophie‹ analysiert«, a.a.O., S. 183.

[126] Von Adorno übernimmt Hindrichs auch den Begriff der inversen Theologie. Kritik an diesen Ansätzen findet sich unter anderem in Moxter 2007, Mitscherlich 2010, Tegtmeyer 2009, Luckner 2007 und Dalferth 2008. Zum Begriff der *différance* und dem Konzept des Substituts des Absoluten vgl. auch Abschnitt 6.3 unten.

metaphysische Beruhigung dar, sondern eine besondere Form der Vernunftkritik,[127] und die Religiosität würde sich demnach schon lange auf ihre Weise mit den Grenzen der Vernunft auseinandersetzen und wäre darin am Ende aufgeklärter als die Aufklärung selbst, die zwar diese Grenzen ebenfalls lange schon reflektiert, aber zumindest insofern nicht voll würdigt und anerkennt, als sie keinen angemessenen persönlichen Umgang mit den von ihnen ausgehenden existenziellen Irritationen bereitstellt, einen Umgang, der dem Glauben als einer besonderen Lebenseinstellung entsprechen könnte. Diesem kommt die antike Seelenruhe noch am nächsten; der pragmatische Rückzug in die Praxis, die Verzweiflung des Existenzialismus und die Rortysche Ironie dagegen werden laut Heidegger der grundlosen Situation des Menschen nicht gerecht, was im fünften Kapitel noch ausführlich erläutert wird und hier kurz vorweg genommen sei.

Für einen angemessenen persönlichen Umgang mit dem Skeptizismus in Bezug auf die genannten Fragen nach dem Grund bringt Heidegger zunächst das Konzept der Inständigkeit als einer Haltung ins Spiel, die sich als Bestandteil eines grundlosen Ereignisses weiß, und die in den späteren Schriften von der Gelassenheit abgelöst wird, die der Mystik Meister Eckharts entnommen ist.[128] Heidegger wendet sich dabei explizit gegen die Vorstellung, das Wissen um die Grundlosigkeit des Seienden müsse zu Verzweiflung führen: »Nur wer zu kurz, d.h. nie eigentlich *denkt*, bleibt dort, wo eine Versagung und Verneinung andrängt, haften, um daraus den Anlaß zur Verzweiflung zu nehmen. Dies aber ist immer ein Zeugnis, daß wir noch nicht die volle Kehre des Seyns ermessen haben, um darin das Maß des Da-

---

[127] Brkic 1994 nimmt in diesem Sinne die philosophische Theologie vor Heideggers Kritik in Schutz: »Der Kern der philosophischen Theologie ist die menschliche Vernunft, die vor dem Anspruch, sich selbst zu begreifen, scheitert. […] Der Kern der philosophischen Theologie ist die Tatsache, daß der sich selbst verborgene und unbegreifliche Mensch *(homo sibi absconditus)* aufgrund seiner Verwiesenheit, über das endliche Seiende hinaus zu denken, vor dem unendlichen Sein, dadurch auch vor dem *deus absconditus* steht«, a.a.O., S. 316. Demnach liefert die philosophische Theologie keine metaphysischen Antworten, was Heidegger als Ontotheologie kritisieren würde, sondern klärt über die Grenzen des Denkens auf, um die es auch Heidegger geht, der in diesem Zusammenhang ebenfalls von Gott spricht, wenn auch von einem letzten oder göttlichen Gott. Damit lässt sich ein solches Verständnis von philosophischer Theologie auch *mit* Heidegger entwickeln, was in dieser Arbeit gezeigt wird, wozu insbesondere die Figur des scheiternden Denkens, die sich auch bei Heidegger findet, wieder aufgegriffen wird.
[128] Vgl. dazu von Hermann 1995.

seins zu finden.«[129] Im Gegenteil ist die über ihre Grenzen aufgeklärte Vernunft nach einem entsprechenden existenziellen Wandel hin zu einer solchen Haltung überhaupt erst ganz bei sich, wofür Heidegger auf die Metapher des *Sprungs* zurückgreift, der beschrieben wird als »[...] der äußerste Entwurf des Wesens des Seyns derart, daß wir uns (selbst) in das so Eröffnete stellen, inständig werden und erst durch die Ereignung wir selbst.«[130] Die Religiosität dieser gelassenen Haltung des grundlosen Vertrauens in der Inständigkeit im Ereignis bringt Heidegger neben der zitierten Rede von den Göttlichen und dem letzten Gott auch in seiner Vorlesung über den *Satz vom Grund* zum Ausdruck, wenn er sich dort auf die christliche Mystik bezieht und den positiven Umgang mit dem grundlosen Sein – »Wir scheinen durch diesen Satz [Satz vom Grund] ins Bodenlose zu stürzen. Doch anderes tritt ein«[131] – mit dem Vers von Angelus Silesius »Die Ros ist ohn warum; sie blühet, weil sie blühet«[132] erläutert. Ein weiteres Beispiel zu der religiös-gelassenen Art, mit der Grundlosigkeit des Seienden positiv und vertrauend umzugehen und »ohn warum« zu leben, findet sich in einer von Heideggers *Hölderlin*-Vorlesungen: »Das Verstehen ist eigentlich [...] das Wissen des Unerklärbaren, nicht als würde es dieses erklären und so das Erklärte beseitigen, sondern das Verstehen lässt gerade das Unerklärbare als ein solches stehen. Ein Rätsel verstehen heißt nicht, es enträtseln, sondern heißt umgekehrt: das Rätsel loslassen als das, wofür und wogegen wir keinen Rat wissen.«[133] Diese Haltung, in der der Mensch das Rätsel loslässt und sich dennoch positiv getragen weiß, kann allerdings nicht autonom herbeigeführt werden, sondern muss sich laut Heidegger als Frucht einer Besinnung letztlich von selbst einstellen,[134] es handelt sich um einen Vorgang zwischen Aktivität und Passivität. Man ist dem Geschick des Ereignisses überantwortet, was an die theologische Rede von der *Gnade* erinnert, aber auch an die sich zufällig einstellende Seelenruhe der antiken Skepsis, die einen ebenfalls *nach* der Einsicht in die Unbeantwortbarkeit der philosophischen Grundfragen

---

[129] GA 65, S. 412, Hervorhebung im Original.
[130] GA 65, S. 230. Im fünften Kapitel wird dieser konstitutive Bezug auf Negativität vor allem anhand der Göttlichen im Geviert erläutert, auf die die Menschen als die *Sterblichen* dort bezogen sind.
[131] GA 10, S. 87.
[132] GA 10, S. 53 und passim.
[133] GA 39, S. 246 f.
[134] Vgl. zum Beispiel GA 65, S. 248.

überkommt. Beides könnte einem vom Menschen nicht abzusichernden Vertrauenszustand angesichts seiner wunderlichen Lage entsprechen, was auch einen wesentlichen Aspekt des Glaubens in seiner oben erläuterten post-theistischen Form ausmachen dürfte. Laut Heidegger ist der Mensch überhaupt erst in einer solchen Haltung gegenüber seiner grundlosen Situation ganz bei sich, was in einem bloßen Rückzug in die Praxis oder gar in Verzweiflung oder Ironie verfehlt würde.

Allerdings stellt sich hier die Frage, wie ein solches grundloses Vertrauen möglich sein soll und ob es nicht doch angemessener wäre, verzweifelt oder ironisch auf die wunderliche Lage des Menschen zu reagieren. Worauf vertraut man schließlich, wenn man die Grundlosigkeit seiner Lage eingesehen hat? So heißt es etwa bei Mackie: »Selbst wenn der Glaube primär als Vertrauen und weniger als Überzeugtsein von Tatsachen zu verstehen ist, so braucht er doch einen Bezugsgegenstand: Man kann sich nicht verlassen, ohne sich auf etwas zu verlassen.«[135] Dagegen spricht die lange Tradition der religionsinternen Ablehnung des theistischen Realismus, in der der Glaube tatsächlich als eine Haltung verstanden wird, die sich auf keinen buchstäblich verstandenen Gegenstand bezieht, aber dennoch auf einen intentionalen Gehalt, der mit der hier hervorgehobenen Grundlosigkeit des Seienden verbunden werden kann. In dieser post-theistischen Auffassung des Glaubens wird die Spannung zwischen subjektivistischer und objektivistischer Engführung dahingehend aufgelöst, dass sich der Glaube nicht auf einen äußeren Gegenstand bezieht, sondern auf die prinzipielle Unhintergehbarkeit der menschlichen Situation, die im Akt des Glaubens im persönlichen Erleben, und zwar im Modus des grundlosen Vertrauens, positiv vergegenwärtigt wird. Nach dieser Lesart ist die Religiosität durchaus in der Lage, zu dieser Grundlosigkeit ein positives Verhältnis einzunehmen, in dem man sich nicht auf ein irgendwo existierendes höheres Wesen verlässt, sondern sich positiv zur Situation des Menschen verhält, ohne zu verzweifeln oder ironisch zu werden. Dafür stehen neben Heideggers Gelassenheit auch der *Mut zum Sein* und der *absolute Glaube* bei Paul Tillich,[136] der *philosophische Glaube* bei Karl Jaspers[137] und die

---

[135] Mackie 1985, S. 359.
[136] Tillich 1991.
[137] Jaspers 2012.

Neue Geborgenheit bei Otto Friedrich Bollnow.[138] Das *Schweben* in der *Fragwürdigkeit* zwischen unbedingtem Sinn und absoluter Sinnlosigkeit bei Wilhelm Weischedel wirkt dagegen, besonders im Vergleich zu Heideggers Gelassenheit, eher wie uneingestandene Verzweiflung.[139] Im Grunde geht es um die Einsicht, immer schon grundlos getragen einfach da zu sein, was einem aber erst in einer irritierenden Grenzerfahrung aufgeht, bei der man deshalb aber nicht stehen zu bleiben braucht, sondern von der aus man in einer Mischung aus Aktivität und Passivität zum grundlosen Getragensein zurückgebracht werden kann. Wenn die in diesem Sinne über sich selbst aufgeklärte Vernunft letztlich in einem Sprung zu einer vertrauenden Haltung findet, in der sie ihre scheinbare Autonomie zugunsten der Bezogenheit auf ihre eigene Grundlosigkeit aufgibt und das Rätsel des Seienden im Ganzen loslässt, handelt es sich dabei zum einen durchaus um den Sprung über jenen *garstigen, breiten Graben*, der zu einer Form religiösen Vertrauens führt, der aber zum anderen nicht als das *sacrificium intellectus* der Annahme übernatürlicher Sachverhalte zu verstehen ist, sondern als Anerkennung und angemessener, ja: aufgeklärter Umgang mit einer prinzipiellen und unhintergehbaren Grenze der Vernunft.

Gegen Heideggers Behauptung, dass der Mensch erst in einer solchen Haltung des grundlosen Vertrauens ganz bei sich ist, für die bei ihm die Gelassenheit steht, kann allerdings eingewendet werden, dass eine besondere Haltung zu den Grenzen der Vernunft nicht notwendig sei und deren rationale Kenntnisnahme genüge. Dagegen wird aber im dritten und vierten Kapitel gezeigt, dass die Rede von den Grenzen der Vernunft überhaupt nur aus einer entsprechenden Grenzerfahrung heraus richtig verstanden werden kann, weshalb man sich ohne solche Erfahrungen und eine entsprechende Haltung tatsächlich nicht angemessen selbst versteht. Außerdem würde die bloß rationale Kenntnisnahme solcher Grenzen, wenn sie denn möglich wäre, in den Worten Thomas Nagels der »Position des gefühl-

---

[138] Bollnow 1979.
[139] Weischedel 1983. Weischedel beschreibt sehr anschaulich die existenzielle Irritation seines radikalen Fragens: »Nur wer jemals in diese sich gegen sich selber kehrende Frage verstrickt worden ist, weiß von den Schrecknissen, in die der Fragende dabei gerät. Es ist, als sei ihm nun endgültig aller Boden unter den Füßen weggezogen, als löse sich alles ins bloße Schweben auf. Eben das macht es, daß die Erfahrung des radikalen Fragens den Menschen nicht gleichgültig läßt; sie bringt Beklemmung und Bedrängnis, Verwirrung und Verstörung mit sich«, a.a.O., Band 2, S. 186.

losen und nüchternen Atheismus« entsprechen,[140] die der wunderlichen Lage des Menschen nicht gerecht wird. Zu dieser Position heißt es bei Nagel:

Es ist eine verführerische Position, und ich bezweifle nicht, dass viele Menschen sie komfortabel wie auch intellektuell gesehen bestechend finden. Mir schien sie immer eine Ausflucht zu sein. Fordert sie uns doch ab, die umfassendste Frage unbeantwortet zu lassen – in der Tat ungestellt, denn eine solche Frage gibt es ja nicht. Es gibt sie aber doch, und sie lautet:»Was mache ich hier?« Diese Frage verlässt uns auch dann nicht, wenn die Wissenschaft eine religiöse Weltsicht ersetzt.[141]

So ist denn der »gefühllose und nüchterne Atheismus« laut den soziologischen Thesen José Casanovas weltgeschichtlich auch eher als Ausnahme anzusehen: »[…] nicht etwa die nordamerikanische Koexistenz von Fortschrittsglauben und Religion, sondern ›Europas Angst vor der Religion‹ [ist] als Sonderweg auszuweisen.«[142] Außerdem kann man laut Herbert Schnädelbach »[…] davon ausgehen, dass die meisten Aufklärer gläubige Christen waren.«[143] Die Verbindung von Aufklärung und Atheismus ist ein eher spätes Phänomen, und wenn sich Habermas im Anschluss an Max Weber als *religiös unmusikalisch* bezeichnet, befindet er sich auf diesem Sonderweg, dem in der Einschätzung Thomas Nagels ein Gespür für die tiefen existenziellen Irritationen fehlt, zu denen die »umfassendste Frage« führen kann, die die wunderliche Lage des Menschen auf den Punkt bringt.[144] Allerdings kann man *nach* der erfolgten Aufklärung nicht

---

[140] Nagel 2013, S. 343.

[141] A. a. O., S. 344.

[142] Heidenreich 2010, S. 300. Vgl. auch Casanova 2009.

[143] Schnädelbach 2006, S. 341. Weiter: »Sie bestanden aber wie schon die großen Scholastiker darauf, dass das Geglaubte mit den Ansprüchen der mündigen Vernunft vereinbar sein müsse, und deswegen machten sie sich auf die Suche nach dem rationalen Kern der christlichen Überlieferung«, ebd.

[144] Was die religiöse Einstellung in der jüngeren analytischen Philosophie betrifft, kommt Nagel zu einem ganz ähnlichen Ergebnis. Einige der Gründerväter waren selbst religiös, während vielen Nachfolgern jeglicher Sinn für diese Einstellung abgeht: »Die religiöse Einstellung ist in der analytischen Philosophie nicht verbreitet, sie ist aber durchaus vorhanden. Eine Reihe prominenter analytischer Philosophen sind oder waren protestantischen, katholischen oder jüdischen Glaubens, und andere, wie etwa Wittgenstein, hatten eine deutlich religiöse Haltung zum Leben – ohne sich dabei an eine bestimmte Religion zu halten. Allerdings glaube ich, dass nichts davon zur Verfassung eines Russell, Moore, Ryle, Austin, Carnap, Quine, Davidson, Strawson oder zur Einstellung eines Großteils der gegenwärtigen Professorenschaft gehört«, Nagel 2013, S. 342. Gegen diese Einschätzung hat wenigstens Russell zumin-

ohne weiteres zu einem naiven Glauben zurückkehren. Auch Nagel gelingt dies nicht, wenn er zuletzt nur auf das »Gefühl des Absurden« angesichts seiner Frage verweisen kann.[145] Gegen diese eher an existenzielle Verzweiflung erinnernde Einstellung kann aber mit Heidegger das Konzept einer post-theistischen Religiosität stark gemacht werden, das damit nicht nur ein Verständnis des Glaubens jenseits von subjektivistischer und objektivistischer Engführung liefert, sondern auch für eine angemessene Haltung angesichts der Situation des Menschen steht. Jeder Mensch kann sich mit seiner Grundlosigkeit auseinandersetzen und letztlich einsehen, dass er immer schon von einem grundlosen Vertrauen getragen wird, das sich als post-theistische Religiosität ausbuchstabieren lässt, und mit dem sowohl Verzweiflung als auch Ironie, in den Worten Heideggers, als zu kurz gedacht erscheinen. Religiös formuliert steht man vor Gott, philosophisch reformuliert im Angesicht von Grundlosigkeit bzw. Negativität, und so oder so ist man grundlos getragen einfach da, worüber man nicht zu verzweifeln braucht, sondern sich sogar freuen kann.[146]

---

dest eine existenzielle Verunsicherung, wenn nicht gar Verzweiflung angesichts der Sinnfrage dokumentiert, vgl. *A free man's worship* in Russell 1917. Einen klassischen und besonders beeindruckenden Ausdruck dieser Verzweiflung – und damit einen Beleg für eine tiefe religiöse Musikalität – liefert Nietzsche, und zwar ausgerechnet im Kontext der Proklamation des Todes Gottes, was hier ausführlich zitiert sei: »Der tolle Mensch sprang mitten unter sie und durchbohrte sie mit seinen Blicken. Wohin ist Gott? rief er, ich will es euch sagen! Wir haben ihn getötet – ihr und ich! Wir alle sind seine Mörder! Aber wie haben wir dies gemacht? Wie vermochten wir das Meer auszutrinken? Wer gab uns den Schwamm, um den ganzen Horizont wegzuwischen? Was taten wir, als wir diese Erde von ihrer Sonne losketteten? Wohin bewegt sie sich nun? Wohin bewegen wir uns? Fort von allen Sonnen? Stürzen wir nicht fortwährend? Und rückwärts, seitwärts, vorwärts, nach allen Seiten? Gibt es noch ein Oben und ein Unten? Irren wir nicht wie durch ein unendliches Nichts? Haucht uns nicht der leere Raum an? Ist es nicht kälter geworden?«, KSA 3, S. 481. Zu Nietzsches Diagnose, dass das Ausmaß dieses Verlustes noch nicht verstanden wurde – »Dies ungeheure Ereignis ist noch unterwegs und wandert – es ist noch nicht bis zu den Ohren der Menschen gedrungen« (ebd.) – , passt die zitierte Einschätzung Nagels, dass die »Position des gefühllosen und nüchternen Atheismus« zwar vielfach vertreten wird, aber den existenziellen Ernst der »umfassendsten Frage« nicht erfasst.

[145] Nagel 2013, S. 352. Genauer: »Wird aber die platonische Alternative gemeinsam mit der religiösen abgelehnt, haben wir wieder auf die Entscheidung zwischen nüchternem Atheismus, Humanismus und dem Absurden zurückzugreifen. Da jedoch die kosmische Frage nicht verschwinden wird und der Humanismus eine zu beschränkte Antwort ist, mag in diesem Fall ein Gefühl des Absurden das sein, was uns bleibt«, a.a.O., S. 351 f.

[146] Exemplarisch dafür sei auf Rudolf Otto verwiesen, in dessen Religionsphänome-

Auch das Gefühl der Dankbarkeit ist hier angemessen, wie es zum Beispiel in der jüngeren Debatte um die *Phänomenologie der Gabe* diskutiert wird, die ebenfalls auf das hier intendierte grundlose Geschenktsein des Menschen aufmerksam macht.[147]

Diese Heidegger-Interpretation wird in den folgenden Kapiteln genauer ausgeführt. Der Situation des Menschen wird dabei eine post-theistische Religiosität gegenübergestellt, womit die religiöse Rede nicht nur verständlich gemacht, sondern auch ihre bleibende Geltung aufgezeigt wird. Im Zentrum der Philosophie stehen unbeantwortbare Fragen, die bereits von den klassischen Gottesbeweisen thematisiert werden. Damit könnte das Verhältnis von Philosophie und Theologie darin bestehen, dass beide auf je ihre Weise von einem gemeinsamen Kern unbeantwortbarer Fragen ausgehen. Mit dieser Interpretation wird Heideggers Philosophie in den ihr gebührenden Kontext gestellt, der wiederum zu ihrem Verständnis beiträgt und vor allem ihrem ungeheuren Anspruch auf Einzigartigkeit entschieden entgegentritt.

---

nologie das *mysterium tremendum* für den Abgrund der Verzweiflung und den Durchgang durch die Negativität stehen könnte, der zum »wahren« Glauben bzw. zur Haltung des grundlosen Vertrauens führt, und das *mysterium fascinans* für die Freude des grundlosen Getragenseins, zu dem man nach diesem Durchgang finden kann. Die Verbindung dieser gegensätzlichen Stimmungen wird im vierten Kapitel noch genauer erläutert.

[147] Für dieses Konzept stehen vor allem die Arbeiten von Jean-Luc Marion, vgl. dazu zum Beispiel Gabel/Joas 2006.

2. Sein und Ereignis

2.1 Die ontologische Differenz

Im Mittelpunkt von Heideggers gesamtem philosophischen Projekt steht die Unterscheidung zwischen Seiendem und Sein, um deren Verständnis Heidegger sein ganzes philosophisches Leben lang ringt. Was das Sein im Gegensatz zum Seienden ist, versucht er von der Fundamentalontologie in *Sein und Zeit* über die ontologische Differenz und die Bestimmungen des Seyns der nachfolgenden Schriften bis hin zum seinsgeschichtlichen Denken und zur Philosophie des Ereignisses zu klären. Eine durchgehende Charakterisierung in all den genannten Phasen seines Denkens liegt darin, dass das Sein nichts Seiendes sein soll, auch wenn Heidegger von ihm ebenso durchgehend wie von einem Seienden spricht. Diese Spannung stellt ein grundsätzliches Problem des ganzen philosophischen Ansatzes dar und erinnert an den im ersten Kapitel besprochenen Status der religiösen Rede von Gott, die sich, gemäß der hier vertretenen Lesart, jenseits von theistischem Realismus und Nonkognitivismus als Verweis auf die Grundlosigkeit des Seienden verstehen lässt, und die für diesen Verweis auf ein vergegenständlichendes Sprechen angewiesen ist, das aber nicht gegenständlich zu verstehen ist. Eine entscheidende These dieser Arbeit lautet, dass bereits die Rede von dieser Grundlosigkeit vergegenständlichend ist und nur einen weiteren Versuch darstellt, die Situation des Menschen zu erläutern, ohne buchstäblich verstanden werden zu können. Laut dieser These lässt sich auch die Rede vom Sein in diese Versuche einordnen, die bei Heidegger nicht auf etwas Seiendes referiert und dennoch etwas zu verstehen geben soll, das nur mit dieser verdinglichenden Sprache erfasst werden kann, und das, wie unten gezeigt wird, ebenfalls mit der Grundlosigkeit des Seienden zu tun hat. Heidegger erläutert seine Rede vom Sein zum Beispiel mit der unerklärlichen Tatsache, dass überhaupt Seiendes ist, und kommt dabei von hypostasierenden Redeweisen nicht los, egal ob er vom Sein, Ereignis oder Geviert spricht. Die These über die vergegenständlichende Vergegenwärtigung der Situation des Menschen soll im Laufe der Arbeit anhand von Heideggers Philosophie weiter entfaltet werden, die damit ihrerseits neu interpretiert wird. So zentral die ontologische Differenz zwischen Sein und Seiendem für Heideggers Philosophie ist, so zentral ist auch die Frage nach dem Status des vergegenständlichenden Sprechens vom Sein für ein angemessenes Verständnis dieser Philosophie.

Dem besonderen Status der Rede vom Sein wird man ganz sicher nicht gerecht, wenn sie tatsächlich buchstäblich verstanden und das Sein zum Beispiel als eine ominöse Macht rekonstruiert wird, der der Mensch ausgeliefert ist. Dies ist dennoch eine weitverbreitete Deutung in der Heideggerrezeption, die sich mit zahlreichen Zitaten belegen lässt. So hat Karlfried Gründer bereits 1962 eine lange Liste mit Heideggers Bestimmungen des Seins erstellt[1] und als Ergebnis festgehalten: »Das Sein bekommt hier die Prädikate einer *wirkenden Macht*, ja einer Person, ohne als solche Macht, geschweige denn als Person deutliche Umrisse zu gewinnen, Gott zu werden. Es bleibt ein Neutrum und selbst als solches unbestimmt.«[2] Entsprechend wird auch die Seinsgeschichte oft so verstanden, dass das Sein als wirkende Macht die Geschichte bestimmen würde. Ein besonders prominentes Beispiel für eine solche Lesart ist Jürgen Habermas, der zwar in seinem Denken zunächst stark von Heidegger geprägt war, dann aber, vor allem im Zuge der Diskussion um Heideggers Verstrickungen im Nationalsozialismus, kritisch eingewandt hat, Heidegger würde den

---

[1] Die folgenden Charakterisierungen des Seins belegt Gründer mit den entsprechenden Stellen bei Heidegger: »Das Sein west an. Das Sein schickt sich zu, ist ein Geschick. Es ereignet sich. Es kommt an. Es lichtet sich, verbirgt sich. Es spricht an, nimmt in den Anspruch. Es gibt einen Zuspruch des Seins, einen Blick des Seins, eine lautlose Stimme des Seins. Es mutet zu. Das Sein kann mögen im Sinne von lieben, rufen, heißen im Sinne von befehlen. Es gibt eine Huld des Seins und einen Grimm. Das Sein kann sich abwenden und entziehen, an sich halten und loslassen, brauchen, warten, sich geben und sich versagen. Die Sprache ist das Haus des Seins«, Gründer 1962, S. 329.

[2] A.a.O., S. 330, Hervorhebung im Original. Gründer macht an dieser Stelle die starke Nähe zum Christentum geltend: »Daß das Sein sich zuschickt, ist christlich Schöpfungsgeschehen und Heilshandeln. Das Geschick ist die Vorsehung. Die Huld des Seins ist die Gnade, sein Grimm der Zorn Gottes. Das Sein lichtet sich: Offenbarung – es verbirgt sich: der deus absconditus. Auf Epiphanie, Parusie und Advent spielt Heidegger selbst an. [...] Schließlich entsprechen Andenken und Andacht dem christlich verstandenen Gebet«, S. 330 f.

Menschen unter dem Einfluss eines als Subjekt verstandenen Seins sehen, das letztlich sogar für solche Verstrickungen verantwortlich zu machen sei.[3] Heideggers vergegenständlichende Rede vom Sein lädt, besonders in der Phase des seinsgeschichtlichen Denkens, zu solchen Interpretationen geradezu ein, was schließlich so weit geht, dass das Sein mit »pantheistischen Ursprungskräften« verglichen wird.[4] Auch wenn diese Deutung als eher ungewöhnlich aus der Heideggerforschung hervorsticht, scheint für diese doch oftmals schon klar zu sein, was Heidegger mit der Rede vom Sein meint, da diese vielfach wiederholt und paraphrasiert wird, ohne eigens auf den Status dieser Rede zu reflektieren. Eine solche Reflexion soll hier nun vorgeschlagen werden, was sich aber über mehrere Kapitel erstreckt, in denen die verschiedenen Aspekte dieser Rede jeweils einzeln zu untersuchen sind. In diesem Kapitel folgt zunächst eine allgemeine Vorstellung des Problems, während in den nächsten beiden Kapiteln der Status der vergegenständlichenden Sprache und die Rolle der zum Verständnis dieser Sprache gehörenden Erfahrungen diskutiert werden. Rentsch 2003b arbeitet für *Sein und Zeit* fünf thematische Schichten heraus, und zwar eine ontologische, eine phänomenologische, eine transzendentalphilosophische, eine hermeneutische und eine theologische Schicht. Vor diesem Hintergrund könnte man sagen, dass die Seinsfrage in diesem Kapitel zunächst vor allem aus ontologischer Perspektive vorgestellt und in den nächsten beiden Kapiteln mit ihren hermeneutischen und phänomenologischen Aspekten vertieft wird, wobei diese Trennung nicht so klar gezogen werden kann und es daher immer Überschneidungen geben wird. Der theologische Aspekt ist das Hauptthema dieser Arbeit und wird im fünften Kapitel ver-

---

[3] Demmerling 2003 fasst diese Kritik von Habermas wie folgt zusammen: »Im Rahmen des seinsgeschichtlichen Denkens tritt das Sein selbst als Subjekt und Träger von Ereignissen auf, die gänzlich losgelöst von menschlichen Belangen und Zielsetzungen gedacht werden. In dieser Perspektive konnte auch der Faschismus als vom Sein selbst inszeniertes Ereignis erscheinen«, a. a. O., S. 367.

[4] So Franz Josef Wetz im *Heidegger-Handbuch*: »[...] das Sein schwankt gleichsam hin und her zwischen der Hervorbringung der menschlichen Erkenntnis des Seienden und der Erschaffung des Seienden selbst. So betrachtet ist das Sein auf jeden Fall mehr als nur eine Geschichtsmacht, mag es auch weniger als eine Naturmacht sein. [...] Am ehesten lässt es sich wohl noch mit pantheistischen Ursprungskräften vergleichen, wie etwa der Weltseele Heraklits oder der Weltvernunft der Stoiker sowie der *natura naturans* Spinozas, die eine dem Kosmos innewohnende anonyme oder unpersönliche Macht der Hervorbringung und Lenkung alles Seienden darstellen«, Wetz 2003, S. 285.

tieft, während der transzendentalphilosophische Aspekt nur eine kleine Rolle spielen wird. Mit diesem wird die Vorstellung der Seinsfrage nun eröffnet.

Im ersten Kapitel wurde bereits die theologische, vor allem katholische Prägung Heideggers erläutert, die auch für seine lebenslange philosophische Auseinandersetzung mit dem Problem des Seins ausschlaggebend war. Der tieferliegende Zusammenhang von Religiosität und Seinsphilosophie soll im Laufe dieser Arbeit erst noch freigelegt werden, an der Oberfläche gibt es aber bereits eine sehr frühe Verbindung, da das erste philosophische Buch, das der junge Heidegger noch in seiner Gymnasialzeit gelesen hat, eine Arbeit seines späteren Mentors Carl Braig mit dem Titel *Vom Sein – Abriß der Ontologie* war, und da Braig zur *katholischen Tübinger Schule* gehörte, die die Ontologie der katholischen Überlieferung mit der Transzendentalphilosophie des deutschen Idealismus verbunden hat. Diese Verknüpfung findet sich der Sache nach gebündelt in einem Zitat von Bonaventura, das dem genannten Buch als Motto vorangeht, und das mit seiner Unterscheidung von Seiendem und Sein als ein Vorläufer dessen betrachtet werden kann, was Heidegger später als ontologische Differenz bezeichnet:[5]

Wie das Auge, wenn es sich den vielfältigen Unterschieden der Farben zuwendet, das Licht nicht sieht […] so bemerkt auch das Auge des Geistes, wenn es sich auf die Seienden im Einzelnen und im Ganzen richtet, das Sein selbst […] nicht […] obgleich nur durch das Sein alles andere ihm begegnet […] Das Auge des Geistes […] hat den Eindruck, nichts zu sehen […] ebenso wie der, der das reine Licht sieht, nichts zu sehen meint.[6]

Auch wenn hier nicht darüber spekuliert werden soll, wie Heidegger im Einzelnen zu seiner Philosophie gefunden hat, ist dies doch eine sehr eindrückliche Abgrenzung eines nicht näher bestimmten Seins von allem Seienden, die auch schon die Lichtmetaphorik in sich birgt, die Heidegger später mit seiner Rede von der *Lichtung des Seins* aufnimmt. Allerdings erscheint das Sein hier als selbst nicht wahrnehmbare Bedingung der Möglichkeit der Erfahrung alles Seienden, während es bei Heidegger nur bedingt in einem solchen transzendentalphilosophischen Sinne zu verstehen ist. Heideggers Sein stellt eher einen Verweis auf die unbegreifliche Tatsache dar, dass überhaupt

---

[5] Zu Braig, der *katholischen Tübinger Schule* und zu dieser Einschätzung vgl. Schaeffler 1988, S. 291 f.
[6] Zitiert nach Schaeffler 1988, S. 292. Braig zitiert Bonaventura auf lateinisch.

Seiendes existiert, wobei freilich diese Tatsache allem Verstehen vorausgeht und in diesem Sinne auch als eine transzendentale Bedingung gelesen werden kann. Entsprechend heißt es in *Sein und Zeit:* »Sein und Seinsstruktur liegen über jedes Seiende und jede mögliche seiende Bestimmtheit eines Seienden hinaus. [...] Jede Erschließung von Sein [...] ist *transzendentale* Erkenntnis.«[7] Allerdings erscheint das Sein so als ein zwar transzendentales, aber dennoch *existierendes* Meta-Objekt, das aber nicht als existierend verstanden werden soll. In dieser Arbeit geht es vor allem um die Auflösung *dieser* Spannung, wofür die transzendentalphilosophische Lesart keine große Rolle spielen und stattdessen der Verweis auf die unbegreifliche Existenz des Seienden im Mittelpunkt stehen wird.[8]

Der Verweis auf das Dass des Seienden findet sich bereits in Heideggers frühen Vorlesungen, wenn es etwa in *Die Idee der Philosophie und das Weltanschauungsproblem* aus dem Kriegsnotsemester von 1919 heißt: »Es wird gefragt, ob es *etwas* gibt. Nicht ist gefragt, ob es Stühle oder Tische gibt, ob Häuser oder Bäume, ob Sonaten von Mozart oder religiöse Mächte, sondern ob es *etwas überhaupt* gibt. Was besagt: etwas überhaupt?«[9] Auch das Verhältnis zwischen dem Etwas überhaupt und den konkreten Dingen, das Heidegger als Verhältnis von Sein und Seiendem in vielen Ansätzen und zahlreichen Formulierungen immer wieder neu zu bestimmen versucht, wird bereits an dieser Stelle thematisiert: »Das ist schon dadurch angedeutet, daß, wenn wir versuchen, den Sinn des Etwas überhaupt zu erfassen,

---

[7] GA 2, S. 51, Hervorhebung im Original. Eine entsprechende transzentalphilosophische Lesart vertritt zum Beispiel Schaeffler 1988 mit Rekurs auf das oben wiedergegebene Bonaventura-Zitat: »Es ist nicht schwer, in dieser philosophischen Aussage des ersten Satzes im ersten philosophischen Buche, das der junge Heidegger gelesen hat, jenen Grundgedanken wiederzuerkennen, den Heidegger in seinem gesamten Schaffen nicht mehr preisgegeben hat: das Sein, das alle Anwesenheit von Seiendem erst möglich macht, ist selbst kein Seiendes und wird daher vom menschlichen Geist als das Nichtseiende, das Nichts, erfahren. In dieses Nichts hinausgehalten, gewinnt der menschliche Geist erst die Fähigkeit, Seiendes als solches zu entdecken und zu benennen«, a.a.O., S. 292.

[8] In Rentsch 2003b heißt es mit Bezug auf das oben wiedergegebene Zitat aus *Sein und Zeit:* »*Warum* diese systematische Verbindung [zur Transzendentalphilosophie] genauerhin besteht, das führt Heidegger nicht weiter aus«, a.a.O., S. 55, Hervorhebung im Original, und weiter kritisch: »Zu fragen bleibt aber auch nach *Sein und Zeit*, ob eine solche Kritik [an Kants Vernachlässigung der Zeitlichkeit] die formalstrukturellen Analysen Kants zur Bedingung der Möglichkeit von Erfahrung überhaupt trifft«, a.a.O., S. 56.

[9] GA 56/57, S. 67 f., Hervorhebungen im Original.

wir zurückgreifen auf Einzelgegenstände mit bestimmtem konkreten Inhalt. Und vielleicht ist dieses Zurückgreifen ein notwendiges. Es liegt am Ende gar im Sinn des Etwas überhaupt, auf ein Konkretum irgendwie angewiesen zu sein, wobei der Sinncharakter dieses ›Angewiesenseins selbst‹ noch problematisch bleibt.«[10] Demnach kann das Etwas überhaupt, für das später das Sein steht, nur in Bezug auf konkretes Seiendes gedacht werden, was der transzendentalphilosophischen Lesart direkt entgegengesetzt zu sein scheint, nach der umgekehrt das Seiende nur vor dem Hintergrund des Seins zu erfassen ist. Hier wie in vielen anderen Fällen dürfte eine genaue philologische Analyse zu keinem eindeutigen Ergebnis kommen, zumal sich Heideggers Philosophie ständig weiterentwickelt.[11] Der Sinn des Etwas überhaupt kann so zwar als Vorläufer der fundamentalontologischen Frage nach dem Sinn von Sein in *Sein und Zeit* angesehen werden, der Hinweis auf das »Angewiesensein auf ein Konkretum« spricht dagegen eher gegen das zitierte transzendentalphilosophische Verständnis von *Sein und Zeit*.

Neben dem Problem des Verhältnisses von Sein und Seiendem stellt sich aber vor allem die Frage nach dem Status eines selbst nicht seienden Seins, die sich aus der Heideggerschen Unterscheidung von Sein und Seiendem ergibt. Wenn auch der Begriff der ontologischen Differenz erst später geprägt wird, steht diese Unterscheidung bereits im Mittelpunkt von Heideggers frühem Hauptwerk *Sein und Zeit*, das mit der Frage nach dem Sinn von Sein anhebt. Diese Frage nach dem Sinn ergibt sich geradewegs aus dem Problem, dass das Sein nichts Seiendes sein soll: »›Sein‹ ist nicht so etwas wie Seiendes. Daher ist die in gewissen Grenzen berechtigte Bestimmungsart von Seiendem [...] auf das Sein nicht anwendbar. Die Undefinierbarkeit des Seins dispensiert nicht von der Frage nach seinem Sinn, sondern fordert dazu gerade auf.«[12] Die Frage nach dem Sinn von Sein ist dann, grob gesagt, die Fragestellung der Fundamentalontologie, von der Heidegger in *Sein und Zeit* spricht. Allerdings wird diese Frage zwar in den ersten Paragraphen von *Sein und Zeit* eingeführt, bleibt aber dann dort liegen. Heidegger geht davon aus, dass sie sich nur aus dem

---

[10] GA 56/57, S. 68.
[11] Mit dem Motto »Wege – nicht Werke«, das Heidegger der Gesamtausgabe seiner Schriften und Vorlesungen vorangestellt hat, wird diese ständige Weiterentwicklung sogar als besonderer Anspruch geltend gemacht. Dies kann aber auch kritisch als Selbstimmunisierungsstrategie angesehen werden, vgl. Puntel 2010, S. 107.
[12] GA 2, S. 5 f.

Dasein des Menschen heraus beantworten lässt, und unternimmt zahlreiche tiefgreifende und weitreichende philosophische Einzelanalysen der gelebten Alltäglichkeit, in denen vor allem die Vorgängigkeit des In-der-Welt-seins herausgestellt wird, das allem Sinnverstehen vorausgeht und das *auch* auf die Faktizität des Daseins verweist.[13] Hinter dieser Vorgängigkeit steckt damit zwar wieder die Unbegreiflichkeit des Dass des Seienden, was aber nicht explizit auf die Frage nach dem Sinn von Sein bezogen wird. Wer als Leser auf diese Frage eine Antwort erwartet, wird am Ende enttäuscht. Dies war auch Heidegger klar, der *Sein und Zeit* bekanntlich als Fragment veröffentlicht hat, in dem die ursprüngliche Fragestellung nicht beantwortet wird. Dennoch werden zahlreiche Aspekte, die später für Heideggers Beschäftigung mit der Seinsfrage eine zentrale Rolle spielen werden, schon ausgearbeitet, etwa die Rolle der Stimmungen, für die in *Sein und Zeit* insbesondere die Stimmung der Angst steht. Die Angst ist dabei auf die Welt im Ganzen bezogen, was auf die gleich zu diskutierenden Texte vorausweist, laut denen in der Angst Nichts und Sein erfahren werden.[14] Außerdem wird das Problem der Zeitlichkeit behandelt, das Heidegger hier noch als einen Schlüssel zur Beantwortung der Frage nach dem Sinn von Sein gesehen hat. In seiner späteren Philosophie tritt dann aber auch die Räumlichkeit als gleichberechtigter Aspekt hinzu, und das mit dem Titel *Sein und Zeit* angedachte Vorhaben, die Frage nach dem Sinn von Sein aus der Zeit zu beantworten, erfüllt sich nicht.

Einige weiterführende Aspekte finden sich dagegen bereits in der Einführung der Seinsfrage in den ersten Paragraphen von *Sein und Zeit*. So hält Heidegger dort fest, dass man über die Vorgängig-

---

[13] Zum Verhältnis von Weltlichkeit und Faktizität in *Sein und Zeit* vgl. Pocai 2015.

[14] Dies deutet sich bereits in *Sein und Zeit* an, wenn dort eine Verbindung von Nichts und Welt als solcher hergestellt wird, die beide in der Angst erfahren werden. Dabei wird insbesondere die Welt im Ganzen nicht begrifflich erfasst, sondern in einer Erfahrung vergegenwärtigt, was sich ebenfalls in den gleich zu besprechenden Texten findet: »Wenn sich demnach als das Wovor der Angst das Nichts, das heißt die Welt als solche herausstellt, dann besagt das: *wovor die Angst sich ängstet, ist das In-der-Welt-sein selbst*. Das Sichängsten erschließt ursprünglich und direkt die Welt als Welt. Nicht wird etwa zunächst durch Überlegung von innerweltlich Seiendem abgesehen und nur noch die Welt gedacht, vor der dann die Angst entsteht, sondern die Angst erschließt als Modus der Befindlichkeit allererst die Welt als Welt. Das bedeutet jedoch nicht, daß in der Angst die Weltlichkeit der Welt begriffen wird«, GA 2, S. 249, Hervorhebung im Original. Diese Stelle und die Angst in *Sein und Zeit* wird in Abschnitt 4.1 wieder aufgegriffen.

keit des In-der-Welt-seins hinaus insbesondere auch ein vorgängiges Verständnis von Sein hat, da man dieses Wort in vielen Kontexten sinnvoll verwenden kann: »Das ›Sein‹ ist der selbstverständliche Begriff. In allem Erkennen, Aussagen, in jedem Verhalten zu Seiendem, in jedem Sich-zu-sich-selbst-verhalten wird von ›Sein‹ Gebrauch gemacht, und der Ausdruck ist dabei ›ohne weiteres‹ verständlich. Jeder versteht: ›Der Himmel *ist* blau‹; ›ich *bin* froh‹ und dgl.«[15] Für Heidegger bedeutet das aber nicht, dass man damit auch versteht, was es mit dem Sein selbst auf sich hat, das bei all diesen konkreten Verwendungen des Wortes vorausgesetzt wird, wobei sich Heidegger die Frage gefallen lassen muss, was *er* eigentlich unter einem »Sein« versteht, das über den Gebrauch dieses Wortes in konkreten Kontexten hinausgeht. Dieses Problem ist Heidegger bewusst und er ringt in seiner ganzen Philosophie um ein entsprechendes Verständnis. Zunächst postuliert er mit dem Sein eine höchst fragwürdige Entität, die nämlich nicht einmal eine Entität, also ein Seiendes, sein soll, um sich dann zu fragen, was der Sinn einer solchen »Entität« ist. Diese könnte wieder transzendentalphilosophisch verstanden werden, wenn der Gebrauch des Wortes »Sein« eine solche Entität voraussetzte, aber Heideggers Ausführungen in dieser Frage sind nicht ganz eindeutig. Vor dem Hintergrund der schon zitierten frühen Vorlesung und der späteren Texte kann dagegen gesagt werden, dass eine transzendentalphilosophische Lesart zu kurz greift und nur einen Nebenaspekt der Seinsfrage betrifft. Heidegger geht es dagegen hauptsächlich darum, dass es bei allem selbstverständlichen alltäglichen Umgang des Menschen als Seiender unter Seiendem und unter anderen Seienden grundsätzlich nicht klar ist, was es überhaupt *bedeutet*, zu sein – und nicht etwa nicht zu sein. *Diesen* Gedanken artikuliert Heidegger mit seiner Frage nach dem Sinn eines von ihm sprachlich hypostasierten Seins, das selbst kein Seiendes ist, und *darum* geht es in der Seinsfrage. Die Unbeantwortbarkeit dieser Frage liegt als Rätsel über dem alltäglichen Umgang mit der seienden Welt, weshalb laut Heidegger diese Frage aber gerade gestellt werden muss:

Allein diese durchschnittliche Verständlichkeit demonstriert nur die Unverständlichkeit. Sie macht offenbar, daß in jedem Verhalten und Sein zu Seiendem als Seiendem a priori ein Rätsel liegt. Daß wir je schon in einem Seinsverständnis leben und der Sinn von Sein zugleich in Dunkel gehüllt

---

[15] GA 2, S. 6, Hervorhebungen im Original.

ist, beweist die grundsätzliche Notwendigkeit, die Frage nach dem Sinn von »Sein« zu wiederholen.[16]

Der erste wesentliche Aspekt der Seinsfrage, der gleich zu Beginn von *Sein und Zeit* erörtert wird, betrifft also die Merkwürdigkeit, dass der Mensch zwar als Seiender in der Welt handelt, sich aber nicht darüber im klaren ist, was es überhaupt bedeutet, zu sein. Das, was am allernächsten ist, nämlich das eigene Sein, ist laut Heidegger zugleich am fernsten, nämlich als Rätsel in ein Dunkel gehüllt. Es wird freilich noch zu klären sein, in welchem Sinne man es hier mit einem Rätsel zu tun hat, da es sich auch um ein Scheinproblem handeln könnte, für das eine Antwort nicht einmal denkbar ist. Man ist schließlich einfach da, und die Frage nach dem Warum könnte sich als sinnlos erweisen. Aber auch eine prinzipiell unbeantwortbare Frage kann ein durchaus ernsthaftes Problem darstellen, und der zweite wesentliche Aspekt der Seinsfrage betrifft nun genau diesen besonderen Status des Problems, den Heidegger in den ersten Paragraphen von *Sein und Zeit* insofern anspricht, als er einräumt, dass das, was er mit der Rede vom Sein artikulieren möchte, das gewöhnliche Verständnis sprengt, weshalb die Frage nach dem Sein eine eigene Begrifflichkeit verlangen würde:

Das Sein des Seienden »ist« nicht selbst ein Seiendes. Der erste philosophische Schritt im Verständnis des Seinsproblems besteht darin, […] Seiendes als Seiendes nicht durch Rückführung auf ein anderes Seiendes in seiner Herkunft zu bestimmen, gleich als hätte Sein den Charakter eines möglichen Seienden. Sein als das *Gefragte* fordert daher eine eigene Aufweisungsart, die sich von der Entdeckung des Seienden wesenhaft unterscheidet. Sonach wird auch das Erfragte, der Sinn von Sein, eine eigene Begrifflichkeit verlangen, die sich wieder wesenhaft abhebt gegen die Begriffe, in denen Seiendes seine bedeutungsmäßige Bestimmtheit erreicht.[17]

In seinen späteren Texten setzt Heidegger diesen Vorsatz um, indem er tatsächlich eine eigene Sprache entwickelt, um die Frage nach dem Sein auszudrücken. Dies wird auch in dieser Arbeit noch ausgiebig diskutiert, wobei sich zeigen wird, dass man das, was Heidegger mit der Rede vom Sein anvisiert, auch in anderen Formulierungen sagen kann, die vielleicht verständlicher sind als Heideggers Kunstsprache, letztlich aber wie die Rede vom Sein vergegenständlichend sprechen, ohne auf Gegenstände zu referieren, und dennoch direkt verstanden

---

[16] GA 2, S. 6.
[17] GA 2, S. 8 f.

werden können. Ansätze zu einer entsprechenden Sprachphilosophie finden sich bei Heidegger und Wittgenstein, was im dritten Kapitel genauer erläutert wird. *Ohne* diesen sprachphilosophischen Hintergrund kann nicht geklärt werden, was mit einem Sein gemeint sein soll, das selbst kein Seiendes ist, und in *Sein und Zeit* wird diese Frage letztlich auch nicht beantwortet.

In den Texten nach *Sein und Zeit* entwickelt Heidegger die Unterscheidung zwischen Sein und Seiendem unter dem Begriff der ontologischen Differenz weiter und bringt sie mit dem Problem des Dass des Seienden und damit mit der Leibniz-Frage – Warum ist überhaupt etwas und nicht vielmehr nichts? – in Verbindung. Dies trägt tatsächlich zu einer Klärung des Verständnisses dessen bei, was mit dem Sein gemeint ist, wobei es sich bereits um eine der angekündigten möglichen Reformulierungen handelt, deren Status wie der der Rede vom Sein selbst wieder zu untersuchen sein wird. Die nächsten beiden Kapitel werden zeigen, dass sich alle diese Redeweisen in ihrem grundsätzlichen Status nicht unterscheiden, der sowohl auf die religiöse Rede von Gott als auch auf die Alltagssprache bezogen werden kann, da es auch in dieser Modi des Sprechens gibt, in denen vergegenständlichend gesprochen wird, ohne dass tatsächlich ein Gegenstand gemeint ist. Gegen Heidegger bedarf es daher eigentlich gar keiner »eigenen Begrifflichkeit«, sondern nur des rechten Verständnisses der üblichen Begriffe.

Die ontologische Differenz taucht zum ersten Mal in der Vorlesung über die *Grundprobleme der Phänomenologie* von 1927 auf, die als der ungeschriebene dritte Abschnitt des ersten Teils von *Sein und Zeit* gilt.[18] Bemerkenswert an der ersten Nennung dieses Begriffs ist, dass Heidegger gleich an dieser Stelle vom »*Vollzug* dieses Unterscheidens« spricht und damit auf die performative Dimension seiner Philosophie verweist, die im Laufe der Arbeit noch zu diskutieren ist: »Wir bezeichnen sie [diese Unterscheidung] als die *ontologische Differenz*, d. h. als die Scheidung zwischen Sein und Seiendem. Erst im Vollzug dieses Unterscheidens […] nicht eines Seienden von einem

---

[18] Laut Safranski 2001 finden sich die Themen des geplanten zweiten Teils von *Sein und Zeit* in den Vorlesungen und Texten der folgenden Jahre, vgl. a.a.O., S. 197. Zur ontologischen Differenz teilt Friedrich Wilhelm von Hermann im *Nachwort des Herausgebers* zu der genannten Vorlesung mit: »Zugleich enthält die Vorlesung die erste öffentliche Mitteilung der ›ontologischen Differenz‹«, GA 24, S. 473. Laut von Hermann und gegen Safranski enthält diese Vorlesung bereits den zweiten Teil von *Sein und Zeit*, vgl. von Hermann 1991.

anderen Seienden, sondern des Seins vom Seienden, kommen wir in das Feld der philosophischen Problematik.«[19] Was diesen Vollzug betrifft, bleibt es aber bei dieser Andeutung,[20] und es wird nochmals betont, dass es sich beim Sein um kein Seiendes handelt, das etwa in irgendeiner Hinterwelt existierte:

> Mit dieser Unterscheidung des Seins vom Seienden und der thematischen Abhebung des Seins gehen wir grundsätzlich aus dem Gebiet des Seienden heraus. Wir übersteigen, wir transzendieren es. [...] Wir übersteigen das Seiende, um zum Sein zu gelangen. Bei diesem Überstieg versteigen wir uns nicht wiederum zu einem Seienden, das etwa hinter dem bekannten Seienden läge als irgendeine Hinterwelt.[21]

Für das Verständnis des Seins wird stattdessen wieder auf die Frage nach dem Sinn von Sein verwiesen, was dann wie in *Sein und Zeit* auf die Zeitlichkeit bezogen wird,[22] mit der die ontologische Differenz dann in dieser Vorlesung hauptsächlich in Verbindung gebracht wird.[23] Bereits 1929 bezieht Heidegger die ontologische Differenz

---

[19] GA 24, S. 22 f.

[20] Auch in der Vorlesung *Metaphysische Anfangsgründe der Logik im Ausgang von Leibniz* von 1928 wird die ontologische Differenz mit ihrem Vollzug verbunden: »Sein ist vom Seienden unterschieden – und überhaupt nur dieser Unterschied, diese Unterschiedsmöglichkeit gewährt ein Verstehen von Sein. Anders gewendet: im Verstehen von Sein liegt das Vollziehen dieses Unterscheidens von Sein und Seiendem. Dieser Unterschied ist es, der allererst so etwas wie Ontologie ermöglicht. Daher nennen wir diesen so etwas wie Seinsverständnis erst ermöglichenden Unterschied die *ontologische Differenz*. Wir gebrauchen absichtlich diesen indifferenten Ausdruck ›Unterschied‹, weil eben Problem ist, in welcher Weise dieses Unterschiedene, Sein und Seiendes, verschieden oder gar geschieden ist. Und es wird klar, daß sich mit dem Problem der ontologischen Differenz das ursprüngliche Seinsproblem und das Zentrum der Seinsfrage aufdrängt«, GA 26, S. 193. Eine weitere Stelle, die auf den Vollzug der ontologischen Differenz verweist, findet sich in der Vorlesung *Die Grundbegriffe der Metaphysik* vom Wintersemester 1929/30, in der Heidegger die Vorstellung des »vulgären Verstandes« kritisiert, es würde sich dabei um einen »vorhandenen Zusammenhang« handeln: »[D]ie ›ontologische Differenz‹ ist eben vorhanden. Aber dies hat sich bereits als unmöglich erwiesen. Wir haben gesehen, daß dieser Unterschied nie vorhanden ist, sondern daß das, was er meint, *geschieht*«, GA 29/30, S. 524, Hervorhebung im Original.

[21] GA 24, S. 23. Zum Begriff der Transzendenz bei Heidegger vgl. Enders 1998 und 1999.

[22] »Man sieht leicht, die ontologische Differenz ist nur zu klären und für die ontologische Untersuchung eindeutig zu vollziehen, wenn der Sinn von Sein überhaupt ausdrücklich ans Licht gebracht ist, d. h. gezeigt wird, wie die Zeitlichkeit die Unterscheidbarkeit von Sein und Seiendem ermöglicht«, GA 24, S. 23.

[23] Vor allem im abschließenden Paragraphen, GA 24, S. 452–469.

aber auf das Dass des Seienden, indem er dem Sein das *Nichts* gegenübergestellt. Diese Gegenüberstellung findet sich in der Abhandlung
Vom Wesen des Grundes, vor allem aber in der berühmten und vielzitierten Freiburger Antrittsvorlesung *Was ist Metaphysik?* Zum
Verhältnis dieser beiden zeitgleich entstandenen Texte teilt Heidegger im Vorwort zur dritten Auflage des *Wesens des Grundes* mit, dass
es in der Vorlesung um das Nichts und in der Abhandlung um die
ontologische Differenz ginge, deren Verhältnis er wie folgt charakterisiert: »Das Nichts ist das Nicht des Seienden und so das vom Seienden her erfahrene Sein. Die ontologische Differenz ist das Nicht zwischen Seiendem und Sein.«[24] Demnach hängen Nichts und Sein bei
Heidegger zusammen, wobei es laut diesem Zitat auch um eine *Erfahrung* geht, die in *Was ist Metaphysik?* und einem späteren Nachwort dazu näher erläutert wird.

In dieser Vorlesung wird vor allem die Frage nach dem Nichts
gestellt: »Was ist das Nichts?«[25] Dabei diskutiert Heidegger ausführlich das Problem, dass diese Frage in sich widersprüchlich ist:

Schon der erste Anlauf zu dieser Frage zeigt etwas Ungewöhnliches. In diesem Fragen setzen wir im vorhinein das Nichts als etwas an, das so und so
»ist« – als ein Seiendes. Davon ist es aber doch gerade schlechthin unterschieden. Das Fragen nach dem Nichts – was und wie es, das Nichts, sei –
verkehrt das Befragte in sein Gegenteil. Die Frage beraubt sich selbst ihres
eigenen Gegenstandes.

Dementsprechend ist auch jede Antwort auf diese Frage von Hause aus
unmöglich. Denn sie bewegt sich notwendig in der Form: das Nichts »ist«
das und das. Frage und Antwort sind im Hinblick auf das Nichts gleicher-
weise in sich widersinnig.[26]

Dies erinnert an Heideggers Rede vom Sein: Auch das Sein *ist* nicht
bzw. soll im Unterschied zu allem Seienden selbst *kein* Seiendes sein.
Dennoch spricht Heidegger vom Sein wie von einem Seienden, so wie
in der Frage nach dem Nichts von diesem wie von einem Seienden
gesprochen wird. Heideggers Erläuterungen zu diesem Problem in
Was ist Metaphysik? können daher auch zu einem Verständnis dessen beitragen, was mit dem Sein gemeint ist, zumal er diese Verbindung auch selbst herstellt. Zunächst hält er fest, dass aus der Perspektive der Logik, insbesondere mit dem Satz vom zu vermeidenden

---

[24] GA 9, S. 123.
[25] GA 9, S. 107.
[26] GA 9, S. 107.

Widerspruch, die Frage nach dem Nichts schon beendet ist: Entweder etwas existiert oder es existiert nicht, und wenn das Nichts nicht existiert, kann man auch nicht sinnvoll fragen, was das Nichts sei.[27] Allerdings lässt sich Heidegger »[...] durch die formale Unmöglichkeit der Frage nach dem Nichts nicht beirren«[28] und verlagert diese auf eine andere Ebene, indem er sie zu einem Problem der Erfahrung macht und von der *Grunderfahrung des Nichts*[29] spricht. Dieser phänomenologische Aspekt des Themas wird im vierten Kapitel noch eingehend untersucht und erinnert an den Verweis auf die Erfahrung in der Diskussion der religiösen Rede im ersten Kapitel. Auch von Gott gilt in den Begriffen der Logik, dass er ist oder eben nicht ist, und wenn er nicht ist, scheint sich die Rede von Gott nur auf die subjektiven Befindlichkeiten der Gläubigen beziehen zu können. Zwischen theistischem Realismus und Nonkognitivismus scheint es *prima facie* keine dritte Möglichkeit zu geben. Wenn Heidegger hier also einräumt, dass die Frage nach dem Nichts aus der Perspektive der Logik sinnlos ist, da dieses nicht existiert, und stattdessen auf die Erfahrung des Nichts verweist, scheint er sich damit auf die Seite des Nonkognitivismus bezüglich des Nichts zu begeben. Die folgenden Erläuterungen Heideggers zu dieser Erfahrung deuten aber einen Weg an, auf dem eine solche dritte Möglichkeit doch gedacht werden kann. Die Rede vom Nichts ist zwar buchstäblich verstanden sinnlos, verweist aber auf einen kognitiven Gehalt, der alternativ als das vorgängige Dass des Seienden formuliert werden kann. Das nächste Kapitel zum Status der Sprache wird zeigen, dass auch diese alternative Formulierung buchstäblich verstanden sinnlos ist und dennoch verstanden wird und kognitiv gehaltvoll ist, was auch für die Rede von Nichts, Sein und schließlich auch Gott geltend gemacht werden kann.

Was nun die Grunderfahrung des Nichts betrifft, so macht Heidegger zunächst darauf aufmerksam, dass genauso, wie das Nichts nicht denkbar ist, auch das *Ganze des Seienden* nicht erfasst werden

---

[27] Ebd. Heidegger nimmt damit die berühmt gewordene Kritik Carnaps vorweg und entkräftet sie mit dem Verweis auf die *Erfahrung* des Nichts, den er sogar so weit führt, dass er behauptet, die Erfahrung des Fragens würde die »Idee der Logik« auflösen: »Wenn so die Macht des Verstandes im Felde der Fragen nach dem Nichts und dem Sein gebrochen wird, dann entscheidet sich damit auch das Schicksal der Herrschaft der ›Logik‹ innerhalb der Philosophie. Die Idee der ›Logik‹ selbst löst sich auf im Wirbel eines ursprünglicheren Fragens«, GA 9, S. 117.
[28] GA 9, S. 108.
[29] GA 9, S. 109.

kann: »[…] wie sollen wir – als endliche Wesen – das Ganze des Seienden in seiner Allheit an sich und zumal uns zugänglich machen? Wir können uns allenfalls das Ganze des Seienden in der ›Idee‹ denken und das so Eingebildete in Gedanken verneinen und verneint ›denken‹. Auf diesem Wege gewinnen wir zwar den formalen Begriff des eingebildeten Nichts, aber nie das Nichts selbst.«[30] Dennoch ist man ständig ein Teil dieses Ganzen, wie man nicht umhin kann, es zu nennen. Wenn sich aber dieses Ganze nicht erfassen lässt, wird es fraglich, was damit gemeint ist, ein Teil dieses Ganzen zu sein. Auf dieses Problem macht auch Heidegger aufmerksam:

So sicher wir nie das Ganze des Seienden an sich absolut erfassen, so gewiß finden wir uns doch inmitten des irgendwie im Ganzen enthüllten Seienden gestellt. Am Ende besteht ein wesenhafter Unterschied zwischen dem Erfassen des Ganzen des Seienden an sich und dem Sichbefinden inmitten des Seienden im Ganzen. Jenes ist grundsätzlich unmöglich. Dieses geschieht ständig in unserem Dasein.[31]

Was gedanklich nicht erfasst werden kann und aber dennoch ständig geschieht, wird laut Heidegger in der *Stimmung* erschlossen, wobei sich das Ganze des Seienden auf diese Weise in der Stimmung zum Beispiel der Langeweile oder in der Freude an der Gegenwart eines geliebten Menschen offenbart: »Solches Gestimmtsein, darin einem so und so ›ist‹, läßt uns – von ihm durchstimmt – inmitten des Seienden im Ganzen befinden.«[32] Auf der Ebene dieses Gestimmtseins kann auch das Nichts jenseits seiner logischen Aporien thematisiert werden, indem Heidegger nämlich erläutert, dass es in der Stimmung der Angst *erfahren* wird: »Dieses Weg-rücken des Seienden im Ganzen, das uns in der Angst umdrängt, bedrängt uns. Es bleibt kein Halt. Es bleibt nur und kommt über uns – im Entgleiten des Seienden – dieses ›kein‹. Die Angst offenbart das Nichts.«[33] Dies erweckt nun insgesamt den Eindruck, als könne Heidegger nichts logisch sinnvol-

---

[30] GA 9, S. 109. Dass man das Ganze des Seienden in seiner Allheit gedanklich nicht erfassen kann, wurde spätestens in den Kantischen Antinomien gezeigt und kürzlich noch einmal von Markus Gabriel in der Abhandlung mit dem diesbezüglichen Titel *Warum es die Welt nicht gibt* herausgestellt, vgl. Gabriel 2013. Während Gabriel aber mit der Konzeption einer *Sinnfeldontologie* unendlich viele Welten ins Spiel bringt, soll hier vorgeschlagen werden, bei einer Welt zu bleiben und mit Heidegger deren Unbegreiflichkeit phänomenologisch-hermeneutisch zu vergegenwärtigen.

[31] GA 9, S. 110.

[32] Ebd.

[33] GA 9, S. 112. An dieser Stelle verwendet Heidegger auch die Metapher des *Schwe-*

les über das Nichts vorbringen und würde sich stattdessen auf subjektive Erfahrungen zurückziehen. Gegen diese Lesart spricht aber, dass er diese Erfahrung mit einem kognitiven Gehalt verbindet, und zwar mit dem Gehalt des vorgängigen Dass des Seienden: »In der hellen Nacht des Nichts der Angst ersteht erst die ursprüngliche Offenheit des Seienden als eines solchen: daß es Seiendes ist – und nicht Nichts.«[34] Die drei Begriffe des Nichts, des Seienden im Ganzen und des Dass des Seienden erläutern sich also wechselseitig und müssen zu ihrem vollen Verständnis auch erfahren werden: »[D]as Nichts begegnet in der Angst in eins mit dem Seienden im Ganzen.«[35] Über das Nichts kann logisch konsistent nichts gesagt und das Seiende im Ganzen kann nicht erfasst werden, beide werden aber in Stimmungen erfahren, wobei – über die Verbindung des Dass des Seienden – die Erfahrung des Nichts auch eine Erfahrung des Seienden im Ganzen ist. Am Ende des Vortrags spricht Heidegger davon, dass die Philosophie, wenn sie mit solchen Begriffen zu tun hat, in die entsprechenden Erfahrungen *springen* muss. Zu diesen Erfahrungen gehört der Gehalt des Dass des Seienden, mit dem das Nichts und das Seiende im Ganzen in den letzten Sätzen des Vortrags noch einmal verbunden werden. Für das Dass des Seienden steht hier die Leibniz-Frage als »Grundfrage der Metaphysik«:

Die Philosophie kommt nur in Gang durch einen eigentümlichen Einsprung der eigenen Existenz in die Grundmöglichkeiten des Daseins im Ganzen. Für diesen Einsprung ist entscheidend: einmal das Raumgeben für das Seiende im Ganzen; sodann das Sichloslassen in das Nichts, d. h. das Freiwerden von den Götzen, die jeder hat und zu denen er sich wegzuschleichen pflegt; zuletzt das Ausschwingenlassen dieses Schwebens, auf daß es ständig zurückschwinge in die Grundfrage der Metaphysik, die das Nichts selbst erzwingt: Warum ist überhaupt Seiendes und nicht vielmehr Nichts?[36]

In seinem Nachwort von 1943 verbindet Heidegger die Rede vom Nichts dann auch mit dem Sein, und zwar ebenfalls über das Dass des Seienden.[37] Sein und Nichts werden zunächst mit der eigenwil-

---

bens: »Wir ›schweben‹ in Angst. Deutlicher: die Angst läßt uns schweben, weil sie das Seiende im Ganzen zum Entgleiten bringt«, ebd.

[34] GA 9, S. 114.

[35] GA 9, S. 113.

[36] GA 9, S. 122. Zur Metapher des Schwebens vgl. die Fußnote oben.

[37] Eine solche Verbindung deutet sich bereits in der Vorlesung selbst an, wird dort aber in Bezug auf einen Satz Hegels formuliert, den Heidegger anders als Hegel verstanden wissen will: »›Das reine Sein und das reine Nichts ist also dasselbe.‹ Dieser

ligen Formulierung in Beziehung gesetzt, dass das Nichts als das Sein *wese:* »Das Sein läßt sich nicht gleich dem Seienden gegenständlich vor- und herstellen. Dies schlechthin Andere zu allem Seienden ist das Nicht-Seiende. Aber dieses Nichts west als das Sein.«[38] Das Sein ist wie das Nichts nichts Seiendes, was hier mit dem Verb »wesen« zum Ausdruck gebracht werden soll, und wird nun laut Heidegger ebenfalls in der Angst erfahren. Genauer heißt es vom Sein sogar, dass »[…] dessen abgründiges, aber noch unentfaltetes Wesen uns das Nichts in der wesenhaften Angst zuschickt.«[39] Wenn oben zitiert wurde, dass das Nichts in der Angst in eins mit dem Seienden im Ganzen begegnet, gilt dies offenbar ebenfalls für das Sein. Auch dieses kann nicht gedacht, aber dennoch erfahren werden, und zwar in der Angst, in der auch das Nichts erfahren wird, so dass Sein und Nichts nur wechselweise und erfahrungsmäßig zu verstehen sind. Beides hängt wiederum mit dem Dass des Seienden zusammen, und die Verbindung von Sein, Angst und Dass des Seienden findet sich in folgendem berühmten Zitat gebündelt:

Die Bereitschaft zur Angst ist das Ja zur Inständigkeit, den höchsten An- spruch zu erfüllen, von dem allein das Wesen des Menschen getroffen ist. Einzig der Mensch unter allem Seienden erfährt, angerufen von der Stim- me des Seins, das Wunder aller Wunder: *daß* Seiendes *ist.* Der also in sei- nem Wesen in die Wahrheit des Seins Gerufene ist daher stets in einer wesentlichen Weise gestimmt. Der klare Mut zur wesenhaften Angst ver- bürgt die geheimnisvolle Möglichkeit der Erfahrung des Seins.[40]

Das Verhältnis von Nichts und Sein kann damit nicht einfach wie das zweier existierender Entitäten verstanden werden, auch wenn Hei- deggers hypostasierende Rede so klingt, wenn er zum Beispiel sagt, das Nichts würde als das Sein wesen. Stattdessen hat die Verbindung dieser Begriffe mit einer Erfahrung zu tun, bei der es um das vorgän- gige Dass des Seienden geht. Ein weiterer Beleg für diese Bedeutung

---

Satz Hegels […] besteht zu Recht. Sein und Nichts gehören zusammen, aber nicht weil sie beide – vom Hegelschen Begriff des Denkens aus gesehen – in ihrer Unbe- stimmtheit und Unmittelbarkeit übereinkommen, sondern weil das Sein selbst im Wesen endlich ist und sich nur in der Transzendenz des in das Nichts hinausgehalte- nen Daseins offenbart«, GA 9, S. 120. Vgl. auch Anmerkung *c* auf Seite 115 zur 5. Auflage von 1949: »d. h. Nichts und Sein das Selbe.« Zum Begriff der Transzendenz bei Heidegger vgl. die Fußnote oben.

[38] GA 9, S. 306.

[39] Ebd.

[40] GA 9, S. 107, Hervorhebungen im Original.

der Rede vom Nichts bzw. Sein findet sich in der *Parmenides*-Vorlesung aus dem Wintersemester 1942/43, in der das Sein wie im gerade zitierten Nachwort zu *Was ist Metaphysik?* von 1943 mit dem Dass des Seienden in Verbindung gebracht wird:

> Jeder Mensch der Geschichte kennt das Sein unmittelbar, ohne es doch als solches zu erkennen. Aber gleich entschieden, wie die Unmittelbarkeit dieser Kenntnis des Seins ist, gleich selten bleibt und glückt es, das Sein zu denken. Nicht als ob dieses Denken schwierig sein könnte und zu seinem Vollzug besondere Veranstaltungen erfordere. Wenn hier von einer Schwierigkeit gesprochen werden darf, dann besteht sie darin, daß das Sein zu denken das Einfachste ist, daß aber das Einfache uns am schwersten fällt.
>
> Um das Sein zu denken, bedarf es nicht der feierlichen Auffahrt des Aufwandes einer verzwickten Gelehrsamkeit, aber auch nicht absonderlicher und ausnahmehafter Zustände nach der Art mystischer Versenkungen und Schwelgereien in einem Tiefsinn. Es bedarf nur des einfachen Erwachens in der Nähe jedes beliebigen und unscheinbaren Seienden, welches Erwachen plötzlich sieht, daß das Seiende »ist«.[41]

Außerdem wird in dieser Vorlesung das Dass des Seienden mit dem im ersten Kapitel erwähnten Problem der Grundlosigkeit des Seienden in Zusammenhang gebracht, für das auch die eben zitierte Leibniz-Frage steht, und das im nächsten Abschnitt noch eigens diskutiert wird. Das Seiende ist letztlich grund- bzw. bodenlos, was in einem Sprung in das Denken des Seins erfahren werden kann:

> Das Sein zu denken, verlangt jedesmal einen *Sprung*, durch den wir von dem gewohnten Boden des Seienden, auf dem uns zunächst das jeweilige Seiende ist, *abspringen in das Boden-lose*, als welches sich das Freie lichtet, das wir nennen, wenn wir am Seienden weiter nichts bedenken als das »es ist«.[42]

Als Zwischenfazit kann damit festgehalten werden, dass das Sein bei Heidegger für das Dass des Seienden steht, und dass dieser Gedanke zu seinem vollen Verständnis wie der Gedanke des Nichts vollzogen und in der Stimmung der Angst erfahren werden muss. Das Nichts ist genauso wenig denkbar, wie das Sein etwas Seiendes sein soll, und beide Begriffe stehen nicht für bestimmte Entitäten, sondern für eine Erfahrung, die sich einstellt, wenn man am Seienden nichts weiter bedenkt, als dessen Faktizität. Wie der nächste Abschnitt zeigen wird, ist auch die Grund- bzw. Bodenlosigkeit des Seienden nicht denkbar,

---

[41] GA 54, S. 222.
[42] GA 54, S. 223, Hervorhebungen im Original.

auch wenn verstanden werden kann, was mit diesen Redeweisen gemeint ist, die letztlich ebenfalls auf das Dass des Seienden verweisen. Genauso kann Heidegger sinnvoll von Sein und Nichts sprechen, ohne auf existierende Entitäten zu referieren, wobei im vierten Kapitel noch genauer erläutert wird, welche Rolle die Stimmung für das Verstehen spielt. Mit der Formulierung des Dass des Seienden wird ein Gehalt expliziert, der im Grunde auch direkt mit der Rede von Sein und Nichts ausgedrückt wird, und mit dem diese Redeweisen mehr sind als ein Ausdruck subjektiver Empfindungen. Sein und Nichts referieren nicht auf bestimmte Entitäten, sondern stehen für den kognitiv nachvollziehbaren Gehalt des Dass des Seienden, der aber mit einer Erfahrung verbunden ist, die Heidegger hier vor allem mit der Stimmung der Angst verbindet. Schließlich ist auch die Rede vom Dass des Seienden streng genommen sinnlos, wie der nächste Abschnitt über die Leibniz-Frage zeigen wird. In den beiden folgenden Kapiteln über den Status der Sprache und die Rolle der Erfahrung wird aber gezeigt, inwiefern hier doch von einem kognitiven Gehalt gesprochen werden kann.

Diese Rekonstruktion wendet sich zum Teil *gegen* Heidegger, der seine Rede vom Sein nicht als vergegenständlichende Vergegenwärtigung des Dass des Seienden ansieht, sondern Zeit seines philosophischen Lebens um ein Verständnis des Seins im Gegensatz zum Seienden ringt. Dies zeigt sich besonders deutlich im zitierten Nachwort zu *Was ist Metaphysik?*, in dem er das Verhältnis von Sein und Seiendem bestimmt, dieses aber in den verschiedenen Auflagen verändert und immer weiter kommentiert. So heißt es zunächst, »[…] daß das Sein nie west ohne das Seiende, daß niemals ein Seiendes ist ohne das Sein.«[43] Ab der vierten Auflage soll es dann aber heißen, »[…] daß das Sein wohl west ohne das Seiende, daß niemals aber ein Seiendes ist ohne das Sein.«[44] In einer weiteren Anmerkung wird dies mit dem neuen Konzept des zum *Seyn* verfremdeten Seins kommentiert: »In der Wahrheit des Seins west das Seyn qua Wesen der Differenz; dieses Seyn […] ist vor der Differenz das Ereignis und deshalb *ohne* Seiendes.«[45] Man hat den Eindruck, dass Heidegger hier selbst seinem hypostasierenden Sprechen in die Falle geht und so

---

[43] GA 9, S. 306.
[44] Ebd., Anmerkungen 2 und 3.
[45] Ebd., Anmerkung *g*, Hervorhebung im Original. Zu diesen fortlaufenden Korrekturen vgl. auch Anelli 2008, S. 203, und Puntel 2010, S. 91 ff.

spricht, als gäbe es das Sein doch in irgendeiner Hinterwelt auch ohne Seiendes, was in dem entsprechenden Zitat oben explizit abgelehnt wurde. Eine philologisch genaue Untersuchung dürfte etliche Widersprüche in Heideggers Seinsphilosophie feststellen, die hier aber nicht ausgeführt werden sollen, und die der ständigen Weiterentwicklung dieser Philosophie geschuldet sind. Das geht schließlich so weit, dass Heidegger in den *Beiträgen zur Philosophie* zwar einerseits mit der Verfremdung des Seins zum Seyn die ontologische Differenz weiter vertieft, sie aber andererseits mit der folgenden Bemerkung wieder einzuziehen scheint: »Das Seyn und das Seiende sind gar nicht unmittelbar zu unterscheiden, weil überhaupt nicht unmittelbar zu einander bezogen.«[46] Heidegger war sich der Schwierigkeiten durchaus bewusst, und mahnt im *Humanismusbrief* entsprechend zu Bescheidenheit: »Aber weil das Denken dahin erst gelangen soll, das Sein in seiner Wahrheit zu sagen, statt es wie ein Seiendes aus Seiendem zu erklären, muß für die Sorgfalt des Denkens offenbleiben, ob und wie das Sein ist.«[47]

Im *Humanismusbrief* reflektiert Heidegger auch den Status seiner hypostasierenden Sprache. Die Frage, »ob und wie das Sein ist«, ist mit seiner Philosophie eigentlich schon beantwortet, in der das Sein durchgehend nicht als Seiendes verstanden wird. Entsprechend versucht er, Möglichkeiten der Sprache zu finden, mit denen man vom Sein sprechen kann, ohne es zu einem Seienden zu machen. Oben wurde der Ansatz zitiert, die Wendung »das Sein *ist*« durch »das Sein *west*« zu ersetzen. Eine andere Strategie besteht darin, auf die Variante »*es gibt* das Sein« auszuweichen. Diese Möglichkeit findet sich unter anderem im *Humanismusbrief:*

Zugleich wird das »es gibt« gebraucht, um vorläufig die Redewendung zu vermeiden: »das Sein ist«; denn gewöhnlich wird das »ist« gesagt von solchem, was ist. Solches nennen wir das Seiende. Das Sein »ist« aber gerade nicht »das Seiende«. Wird das »ist« ohne nähere Auslegung vom Sein gesagt, dann wird das Sein allzuleicht als ein »Seiendes« vorgestellt nach der Art des bekannten Seienden, das als Ursache wirkt und als Wirkung gewirkt ist.[48]

---

[46] GA 65, S. 477. Die Zurücknahme der ontologischen Differenz wird gleich noch näher erläutert.
[47] GA 9, S. 335.
[48] GA 9, S. 334.

In den *Beiträgen zur Philosophie* findet sich als entsprechender Versuch die Verfremdung des Seins zum *Seyn:* »Das seynsgeschichtliche Erfragen des Seyns [...] schreibt deshalb auch das Sein jetzt als ›Seyn‹. Dieses soll anzeigen, daß das Sein hier nicht mehr metaphysisch gedacht wird«,[49] wobei mit dem metaphysischen Denken hier das Vergegenständlichen des Seins, etwa als Gesamtheit oder erste Ursache des Seienden oder überhaupt als Seiendes, gemeint ist. Im Rückblick auf *Sein und Zeit* hält Heidegger fest, dass der Versuch, die Frage nach dem Sinn von Sein aus der Zeitlichkeit zu beantworten, gerade zu einer solchen Vergegenständlichung führt, die er nun mit der Rede vom Seyn zu vermeiden sucht:

Durch dieses Vorgehen wird scheinbar das Seyn selbst noch zum Gegenstand gemacht und das entschiedenste Gegenteil dessen erreicht, was der Anlauf der Seynsfrage bereits sich eröffnet hat. »Sein und Zeit« ist aber doch darauf angelegt, die »Zeit« als den Entwurfsbereich für das Seyn zu erweisen. Gewiß, aber wenn es dabei hätte bleiben sollen, dann wäre die Seinsfrage nie als *Frage* und somit als Erdenken des Fragwürdigsten entfaltet worden.

Daher galt es, an der entscheidenden Stelle die Krisis der notwendig so zunächst angelegten Seinsfrage zu überwinden und vor allem eine Vergegenständlichung des Seyns zu vermeiden einmal durch das *Zurückhalten* der »temporalen« Auslegung des Seyns und zugleich durch den Versuch, die Wahrheit des Seyns unabhängig davon »sichtbar« zu machen [...]. Die Krisis ließ sich nicht meistern durch ein bloßes Weiterdenken in der angesetzten Fragerichtung, sondern der vielfache Sprung in das Wesen des Seyns selbst mußte gewagt werden [...].[50]

Was hier als der »Sprung in das Wesen des Seyns« bezeichnet wird, hat mit dem performativen Charakter des Sprechens vom Sein zu tun, der, wie oben gezeigt, ansatzweise schon in den Vorlesungen zwischen 1927 und 1930 hervorgehoben wird. Dieser Aspekt wird in den *Beiträgen* vertieft, in denen es heißt, dass mit dem Sprung in das Seyn dann *aus* dem Seyn gesprochen werden soll: »Wir können das Seyn selbst, gerade wenn es im Sprung ersprungen wird, nie unmittelbar sagen. Denn jede Sage kommt aus dem Seyn her und spricht aus seiner Wahrheit.«[51] Das Sprechen als Sagen wird dann auch als *Er-denken* bezeichnet: »Das Er-denken des Seyns denkt sich ja nicht

---

[49] GA 65, S. 436. Die Schreibweise mit y übernimmt Heidegger aus älteren deutschen Texten, vor allem von Luther und Schelling.
[50] GA 65, S. 451, Hervorhebungen im Original.
[51] GA 65, S. 79.

einen Begriff aus, sondern erringt jene Befreiung vom Nur-Seienden, die ge-eignet macht für die Bestimmung des Denkens aus dem Seyn«[52] bzw. »Jetzt denkt das Fragen nach dem Seyn nicht mehr vom Seienden her, sondern ist als Er-denken des Seyns [...] durch das Seyn selbst ernötigt.«[53] Mit diesem Erdenken soll es gelingen, das Sein ohne Vergegenständlichungen zu thematisieren, ja ohne irgendeine Vorstellung überhaupt: »Die Entfaltung der Seinsfrage zum Erdenken des Seyns muß, je inständiger dieses im Seyn wird, um so rücksichtsloser jede vorstellungsmäßige Annäherung aufgeben.«[54] Dies soll letztlich zu der schon oben besprochenen Erfahrung führen, in der allein das Sein laut Heidegger angemessen verstanden werden kann. Es ist kein Seiendes, alles Denken und Vorstellen kann sich aber nur an Seiendes halten, weshalb das Sein letztlich erfahren werden muss:

Die völlige Ungewöhnlichkeit des Seyns gegenüber allem Seienden muß der Mensch »erfahren«, von ihr in die Wahrheit des Seyns er-eignet werden.

Das Seyn erinnert an »nichts«, am wenigsten aber an das »Seiende«, wogegen jegliches Seiende an seinesgleichen gemahnt und weiterträgt. Dieses schafft eine Gewöhnung des Vorstellens, das alsbald darauf verfällt, auch das Sein [...] wie ein Seiendes, das »Seiendste« zu nehmen.[55]

Diese Erfahrung wird dann wieder auf die ontologische Differenz bezogen, von deren Vollzug oben schon die Rede war: »Und dieses, die Durchstimmtheit des Menschen vom Seyn selbst, muß zur Erfahrung gebracht werden durch die Nennung der ›ontologischen Differenz‹; dann nämlich, wenn die Seinsfrage selbst als Frage erweckt werden soll.«[56] Bei allem Verweis auf die Erfahrung bleibt Heideggers Rede vom Sein, auch wenn es jetzt Seyn heißt, aber weiterhin hypostasierend, was Heidegger in den *Beiträgen* mit der Rede von dessen *Wesung* zu umgehen versucht: »Aber einmal ›ist‹ das Seyn überhaupt nicht, sondern west.«[57] Er ist sich aber im Klaren darüber, dass auch dieser Versuch dem Intendierten nicht gerecht wird: »Die Wesung des Seyns ins begreifende Wort heben, welches Wagnis liegt in solchem

---

[52] GA 65, S. 463.
[53] GA 65, S. 428.
[54] GA 65, S. 451.
[55] GA 65, S. 480.
[56] GA 65, S. 469.
[57] GA 65, S. 255.

Entwurf?«[58] Zu den Strategien der sprachlichen Vergegenwärtigung des Seins gehört deshalb auch hier wieder die Verbindung zum Nichts: »Oder kommt dem Menschen die Ahnung des Seyns gerade nicht aus dem Seienden, sondern aus dem, was allein noch dem Seyn gleichrangig, weil ihm zugehörig bleibt, aus dem Nichts?«[59] Ebenso wird die Vorstellung abgewehrt, das Seyn existiere in irgendeiner Hinterwelt, zum Beispiel, in einer Anspielung an Jaspers, als etwas das Seiende Umgreifendes: »Das Seyn ist hier nicht nachträgliche Gattung, nicht dazu kommende Ursache, nicht dahinter und darüber stehendes Umgreifendes für das Seiende.«[60] Um diese Vorstellung abzuwehren, wird mit dem *Ereignis* ein neuer Begriff ins Spiel gebracht: »Das ist die Wesung des Seyns selbst, wir nennen sie das *Ereignis*«[61] bzw. »Die Wahrheit des Seyns, worin und als was seine Wesung sich eröffnend verbirgt, ist das Ereignis.«[62] Aber auch das, was er mit dem Ereignis meint, kann nicht einfach mitgeteilt werden, sondern muss laut Heidegger vollzogen werden: »*Das Seyn west als das Ereignis. Das ist kein Satz, sondern die unbegriffliche Verschweigung des Wesens, das sich nur dem vollen geschichtlichen Vollzug des an-fänglichen Denkens eröffnet.«[63]

Einen weiteren Versuch, den hypostasierenden Charakter des Sprechens vom Sein zu umgehen, unternimmt Heidegger in der kleinen Schrift *Zur Seinsfrage* von 1955, in der das Wort »Sein« mit einem Andreaskreuz durchgestrichen wird: »Die kreuzweise Durchstreichung wehrt zunächst nur ab, nämlich die fast unausrottbare Gewöhnung, ›das Sein‹ wie ein für sich stehendes und dann auf den Menschen erst bisweilen zukommendes Gegenüber vorzustellen.«[64]

---

[58] GA 65, S. 241.
[59] GA 65, S. 245.
[60] GA 65, S. 258.
[61] GA 65, S. 7, Hervorhebung im Original.
[62] GA 65, S. 258.
[63] GA 65, S. 260, Hervorhebung im Original.
[64] GA 9, S. 411. Auch in dieser Schrift wird die Nähe des Seins zum Nichts betont und die Redeweise des »Es gibt« diskutiert: »Dieses Nichts, das nicht das Seiende ist und das *es* gleichwohl *gibt*, ist nichts Nichtiges. Es gehört zum Anwesen. Sein und Nichts gibt es nicht nebeneinander. Eines verwendet sich für das Andere in einer Verwandt-schaft, deren Wesensfülle wir noch kaum bedacht haben. Wir bedenken sie auch nicht, solange wir zu fragen unterlassen: welches ›Es‹ ist gemeint, das hier ›gibt‹? In welchem Geben gibt es? Inwiefern gehört zu diesem ›Es gibt Sein und Nichts‹ solches, was sich dieser Gabe anheimgibt, indem es sie verwahrt? Leichthin sagen wir: es gibt. Das Sein ›ist‹ so wenig wie das Nichts. Aber *Es gibt* beides«, GA 9, S. 419, Hervor-

In seinen späteren Texten gibt Heidegger schließlich die Rede vom Sein überhaupt auf und spricht stattdessen vom Ereignis bzw. Geviert, was im letzten Abschnitt dieses Kapitels genauer diskutiert wird. Im Vortrag *Zeit und Sein* von 1962 stellt Heidegger eine Verbindung von Sein und Ereignis her: »Allein die einzige Absicht dieses Vortrages geht dahin, das Sein selbst als das Ereignis in den Blick zu bringen.«[65] Das Verhältnis von Sein und Ereignis ist aber laut einer Anmerkung in *Der Weg zur Sprache*, einem Text von 1959, nicht so einfach, wie es dieses Zitat vermuten lässt: »Diese Sache, obzwar in sich einfach, bleibt vorerst schwer zu denken, weil das Denken sich zuvor dessen entwöhnen muß, in die Meinung zu verfallen, hier werde ›das Sein‹ als Ereignis gedacht. Aber das Ereignis ist wesenhaft anderes, weil reicher als jede mögliche metaphysische Bestimmung des Seins. Dagegen läßt sich das Sein hinsichtlich seiner Wesensherkunft aus dem Ereignis denken.«[66] Die genauen Beziehungen zwischen den verschiedenen Konzeptionen Heideggers sollen hier aber nicht bis ins Detail aufgeschlüsselt werden, da sowohl die Konzeptionen selbst als auch deren Beziehungen untereinander einem ständigen Wandel und zahlreichen Variationen unterliegen.[67]

Zu diesem Wandel der Konzeptionen gehört auch, dass sich Heidegger in seinen späteren Texten immer mehr von der ontologischen Differenz und der Rede vom Sein distanziert. So heißt es im Protokoll zum Seminar über *Zeit und Sein* von 1962: »Die Hauptschwierigkeit liegt darin, daß es vom Ereignis her nötig wird, dem Denken die ontologische Differenz zu erlassen.«[68] Im *Heraklit*-Seminar von 1966/1967 wird vom Sein nur noch mit Vorbehalt gesprochen: »Vorgreifend können wir sagen, daß wir im Blick behalten müssen den Grundzug dessen, was die Griechen Sein nennen. Obwohl ich dieses Wort nicht mehr gern gebrauche, nehmen wir es jetzt dennoch auf.«[69] Und

---

hebungen im Original. Ebenso wird die Performativität des Denkens des Seins hervorgehoben: »Diese Sage ist nicht der Ausdruck des Denkens, sondern es selber, sein Gang und Sang«, GA 9, S. 424.

[65] GA 14, S. 26.

[66] GA 12, S. 248 f., Anmerkung 2.

[67] In *Zur Seinsfrage* stellt Heidegger zum Beispiel mit der Durchkreuzung des Seins eine sehr eigenwillige Verbindung zum Geviert her: »Das Zeichen der Durchkreuzung kann nach dem Gesagten allerdings kein bloß negatives Zeichen der Durchstreichung sein. Es zeigt vielmehr in die vier Gegenden des Gevierts und deren Versammlung im Ort der Durchkreuzung«, GA 9, S. 411.

[68] GA 14, S. 46.

[69] GA 15, S. 20.

im Seminar in Le Thor von 1969 wird die Konzeption der ontologischen Differenz sogar als Holzweg abgetan: »Es wird einem nicht gelingen, das Ereignis mit den Begriffen von Sein und Geschichte des Seins zu denken. [...] Mit dem Sein verschwindet auch die ontologische Differenz. Vorausgreifend müßte man nämlich auch die fortgesetzte Bezugnahme auf die ontologische Differenz von 1927 bis 1936 als notwendigen Holzweg sehen.«[70] Dass es sich immerhin um einen *notwendigen* Holzweg handelt, wird bereits in den *Beiträgen zur Philosophie* angedeutet, wenn es dort heißt, dass die Konzeption der ontologischen Differenz als ein Durchgang zu verstehen ist:

> Aber diese Kennzeichnung der »ontologischen Differenz« als solcher und die Ansetzung ihrer aus der Absicht auf die Überwindung der Metaphysik scheint zunächst das Gegenteil zu erwirken: nun ergibt sich erst recht die Festsetzung in der »Ontologie«. Man nimmt die Unterscheidung als ein Lehrstück und Schlüssel ontologischer Betrachtung und vergißt das Entscheidende: das Durchgangsmäßige dieser Unterscheidung.[71]

Zusammenfassend lässt sich sagen, dass Heidegger mit der ontologischen Differenz den Versuch unternimmt, auf das vorgängige Dass des Seienden zu verweisen, wie es im Zwischenfazit oben festgehalten wurde. Dabei spricht er hypostasierend von einem Sein, das aber kein Seiendes sein soll. Diesen besonderen Status des Sprechens versucht er dadurch zur Geltung zu bringen, dass er nicht sagt, dass das Sein ist, sondern *west*, bzw. dass *es* Sein *gibt*. Außerdem betont Heidegger immer wieder, dass die ontologische Differenz im Denken vollzogen und erfahren werden müsse, und nicht zuletzt verfremdet er das Sein zum Seyn, streicht es durch und gibt es schließlich ganz auf, vom Sein zu sprechen. Stattdessen ist dann vom Ereignis bzw. später vom Geviert die Rede, wobei letzteres als eine phänomenologisch-hermeneutische Beschreibung der als Ereignis aufgefassten

---

[70] GA 15, S. 366.
[71] GA 65, S. 467. Oben wurde bereits darauf hingewiesen, dass Heidegger auch in den *Beiträgen* die ontologische Differenz zurückzunehmen scheint, was hier noch einmal bestätigt sei: »Das Einfache des Seyns hat in sich das Gepräge der *Einzigkeit*. Sie bedarf gar nicht der Abhebung und der Unterschiede, nicht einmal des Unterschiedes zum Seienden. Denn dieser ist nur gefordert, wenn das Sein selbst zu einer Art des Seienden gestempelt und damit nicht und nie als das Einzige bewahrt, sondern zum Allgemeinsten vergemeinert wird«, GA 65, S. 471, Hervorhebung im Original. Dass aus der Perspektive der späteren Texte »[...] in der Fundamentalontologie das Sein im Sinne der Seiendheit gedacht [...]« wird, wie es sich in diesem Zitat andeutet, zeigt auch Thurnher 2009, S. 99.

Lebenswelt angesehen werden kann, was in Abschnitt 2.4 genauer ausgeführt wird. Dieser Ereignischarakter betrifft letztlich die Vorgängigkeit des In-der-Welt-seins, wie es schon in *Sein und Zeit* analysiert wurde, und steckt auch im Problem des Dass des Seienden, für das die ontologische Differenz bzw. die Rede vom Sein oder Seyn steht. Dabei betrachtet Heidegger im Rückblick die ganze Seinskonzeption als sogar *notwendigen* Holzweg, der nun insofern als notwendig angesehen werden kann, als Heidegger das hypostasierende Sprechen letztlich überhaupt nicht vermeiden kann. Auch die Rede vom Ereignis und Geviert spricht wie von existierenden Entitäten, obwohl sie so nicht verstanden werden soll. Der Status dieser Sprache wird im dritten Kapitel mit Blick auf Heideggers und Wittgensteins Sprachphilosophie und mit Rekurs auf die Tradition der negativen Theologie weiter untersucht, während die Rolle der Erfahrung für das Verständnis dieser Redeweise das Thema des vierten Kapitels ist.

Zunächst soll aber das Problem des Dass des Seienden, um das es bei der ontologischen Differenz geht, noch vertieft werden, indem es mit der Rede von der Grundlosigkeit des Seienden verbunden wird. Im nächsten Abschnitt wird diese Rede anhand von Heideggers Aussagen zur Leibniz-Frage und zum Satz vom Grund untersucht und in den Kontext der entsprechenden Debatten gestellt.

2.2 Leibniz-Frage und Satz vom Grund

Am Ende der Freiburger Antrittsvorlesung *Was ist Metaphysik?* aus dem Jahr 1929 verweist Heidegger, wie oben zitiert, auf die »Grundfrage der Metaphysik«: Warum ist überhaupt Seiendes und nicht vielmehr Nichts? Die Vorlesung zur *Einführung in die Metaphysik* aus dem Sommer 1935 beginnt mit dieser Frage, die als die weiteste und tiefste aller Fragen bestimmt wird. Sie ist am weitesten, weil sie alles betrifft: »Die Frage greift am weitesten aus. Sie macht bei keinem Seienden irgendwelcher Art halt. [...] Der Bereich dieser Frage hat seine Grenze nur am schlechthin nicht und nie Seienden, am Nichts.«[72] Außerdem ist sie am tiefsten, weil sie nach dem Grund des Seienden fragt: »Als die solchergestalt weiteste ist die Frage sodann die tiefste: Warum ist überhaupt Seiendes ...? Warum, d. h.

---

[72] GA 40, S. 4.

welches ist der Grund? […] Das Fragen sucht den Grund für das Seiende, sofern es seiend ist.«[73] Im letzten Abschnitt wurde darauf hingewiesen, dass diese Frage im Verdacht steht, ein Scheinproblem darzustellen, da sie letztlich unbeantwortbar und daher sinnlos ist. Die prinzipielle Unbeantwortbarkeit deutet auch Heidegger an dieser Stelle an, indem er feststellt, dass die Frage nach einem Grund fragt, der selbst wieder seiend sei, womit sich die Frage erneut stellen müsste. Dazu weist er zunächst darauf hin, dass die Frage nach dem Grund in alltäglichen Kontexten gerechtfertigt ist und beantwortet werden kann: »Irgendwo in den Weinbergen tritt z. B. die Reblaus auf, etwas unbestreitbar Vorhandenes. Man frägt: Woher dieses Vorkommen, wo und welches ist der Grund?«[74] Das Vorkommen eines einzelnen Seienden findet seinen Grund üblicherweise in anderen Seienden. Stellt man daher die Warumfrage an das Seiende im Ganzen analog zur Warumfrage im Falle eines einzelnen Seienden, wird ebenfalls nach einem seienden Grund gefragt: »So [wie die Reblaus] ist im Ganzen das Seiende vorhanden. Man frägt: Wo und welches ist der Grund? Diese Art des Fragens legt sich in der einfachen Formel dar: Warum ist das Seiende? Wo und was ist sein Grund? Unausgesprochen wird nach einem anderen, höheren Seienden gefragt. Allein, hierbei geht die Frage gar nicht auf das Seiende im Ganzen als solches.«[75] Solange nach einem *seienden* Grund gefragt wird, betrifft die Frage nicht das Seiende im Ganzen, da der seiende Grund von der Frage ausgenommen wäre. Für Heidegger muss daher die Frage »Warum ist das Seiende?« noch um den Zusatz »und nicht vielmehr Nichts?« ergänzt werden, damit die Frage nach dem Grund in ihrer ganzen Radikalität verstanden werden kann:

Fragen wir nun aber in der Form des anfänglich angesetzten Fragesatzes: »Warum ist überhaupt Seiendes und nicht vielmehr Nichts?«, dann verhindert der Zusatz, daß wir fragend unmittelbar nur bei dem fraglos vorgegebenen Seienden ansetzen und kaum ansetzend auch schon weiter und wegschreiten zum gesuchten auch seienden Grund. Statt dessen wird dieses Seiende fragenderweise in die Möglichkeit des Nichtseins hinausgehalten. Das Warum gewinnt dadurch eine ganz andere Macht und Eindringlichkeit des Fragens.[76]

---

[73] GA 40, S. 4 f.
[74] GA 40, S. 30.
[75] Ebd.
[76] GA 40, S. 30 f.

Allerdings ergibt sich nun tatsächlich das Problem, welchen Sinn diese Frage haben kann, da sie offensichtlich nicht zu beantworten ist. Im letzten Abschnitt wurde erläutert, dass das Seiende im Ganzen nicht erfasst und das Nichts nicht gedacht werden kann. Aus der Perspektive der Logik handelt es sich um widersprüchliche und damit sinnlose Konzepte. Es wurde aber gezeigt, dass sich Heidegger über dieses Problem im Klaren war und trotzdem an diesen Konzepten festhielt, indem er sie mit besonderen Erfahrungen verbunden hat. So wird das Nichts in der Stimmung der Angst erfahren und mit dem Nichts auch das Dass des Seienden und damit letztlich das Sein, das in Heideggers Terminologie für das Dass des Seienden steht. Um das Dass des Seienden geht es auch in der Leibniz-Frage, die ebenfalls mit solchen Erfahrungen verbunden ist, wobei Heidegger an dieser Stelle von den Stimmungen der Verzweiflung, des Jubels und der Langeweile spricht:

Jeder wird einmal, vielleicht sogar dann und wann, von der verborgenen Macht dieser Frage gestreift, ohne recht zu fassen, was ihm geschieht. In einer großen Verzweiflung z. B., wo alles Gewicht aus den Dingen schwinden will und jeder Sinn sich verdunkelt, steht die Frage auf. Vielleicht nur einmal angeschlagen wie ein dumpfer Glockenschlag, der in das Dasein hereintönt und mählich wieder verklingt. In einem Jubel des Herzens ist die Frage da, weil hier alle Dinge verwandelt und wie erstmalig um uns sind, gleich als könnten wir eher fassen, daß sie nicht sind, als daß sie sind und so sind, wie sie sind. In einer Langeweile ist die Frage da, wo wir von Verzweiflung und Jubel gleichweit entfernt sind, wo aber die hartnäckige Gewöhnlichkeit des Seienden eine Öde ausbreitet, in der es uns gleichgültig erscheint, ob das Seiende ist oder ob es nicht ist, womit in eigenartiger Form wieder die Frage anklingt: Warum ist überhaupt Seiendes und nicht vielmehr Nichts?[77]

Der Hinweis, man vermöge dabei nicht recht zu fassen, was einem geschieht, kann wieder auf den Vollzug dieses Fragens bezogen werden, aus dem heraus die Frage erst ihre Bedeutung erlangt. Auch wenn eine Antwort auf die radikal gestellte Leibniz-Frage, insbesondere mit dem Zusatz »und nicht vielmehr Nichts?«, ebenso wenig denkbar ist, wie das Nichts gedacht werden kann, ist die Frage insofern nicht sinnlos, als es um ihren Vollzug geht, der zu Erfahrungen führt, die zum Beispiel metaphorisch als *Schweben* bezeichnet werden:

---

[77] GA 40, S. 3 f.

So wird schon deutlicher: Dieses »und nicht vielmehr Nichts?« ist kein überflüssiger Zusatz zur eigentlichen Frage, sondern diese Redewendung ist ein wesentliches Bestandstück des ganzen Fragesatzes, der als ganzer eine völlig andere Frage ausspricht, als die Frage meint: Warum ist das Seiende? Mit unserer Frage stellen wir uns so in das Seiende, daß es seine Selbstverständlichkeit *als das Seiende* einbüßt. Indem das Seiende innerhalb der weitesten und härtesten Ausschlagsmöglichkeit des »Entweder Seiendes – oder Nichts« ins Schwanken gerät, verliert das Fragen selbst jeden festen Boden. Auch unser fragendes Dasein kommt in die Schwebe und wird gleichwohl in diesem Schweben von sich selbst gehalten.[78]

In dieser Vorlesung wird ebenfalls die schon mehrfach zitierte Verbindung des Dass des Seienden mit dem Heideggerschen Konzept des Seins hergestellt. Die Leibniz-Frage nach dem Warum des Seienden verweist in ihrer Unbeantwortbarkeit auf das Dass des Seienden und mithin auf das Sein: »Doch was fragen wir eigentlich? Warum das Seiende als solches sei. Wir fragen nach dem Grunde dessen, daß Seiendes ist und was es ist und vielmehr nicht Nichts ist. Wir fragen im Grunde nach dem Sein.«[79] Letztlich handelt es sich bei der Leibniz-Frage um eine Vertiefung des Seinsproblems, das in Heideggers Formulierung als »Vor-frage« hier im Hintergrund steht: »So ergibt sich: Die Frage: ›Warum ist überhaupt Seiendes und nicht vielmehr Nichts‹ zwingt uns zur Vor-frage: ›*Wie steht es um das Sein?*‹«[80] An dieser Stelle räumt Heidegger explizit die Möglichkeit ein, dass diese Frage angesichts ihrer Unbeantwortbarkeit als sinnlos abgetan werden könnte, was dann auch die Rede vom Sein betreffen würde. Auf die Leibniz-Frage ist keine Antwort denkbar und die Rede vom Sein scheint auf nichts zu referieren und leer zu sein. So will Heidegger seine »Vorfrage« natürlich nicht verstanden wissen, aber die Gefahr einer entsprechenden Lesart besteht: »Wir fragen jetzt nach solchem, was wir kaum fassen, was mehr nur ein bloßer Wortklang für uns bleibt und was die Gefahr nahelegt, daß wir bei unserem Weiterfragen einem bloßen Wortgötzen zum Opfer fallen.«[81] Dies betrifft

---

[78] GA 40, S. 31 f., Hervorhebung im Original. Neben der Metapher des Schwebens wird auch die des Schwankens verwendet, vgl. dazu auch: »Das Seiende ist jetzt nicht mehr das nun einmal Vorhandene, es kommt ins Schwanken, und dies ganz abgesehen davon, ob wir das Seiende in aller Gewißheit erkennen oder nicht, abgesehen davon, ob wir es im vollen Umkreis erfassen oder nicht. Fortan schwankt das Seiende als solches, sofern wir es in die Frage stellen«, und zwar in die Leibniz-Frage, GA 40, S. 31.
[79] GA 40, S. 35.
[80] GA 40, S. 36, Hervorhebung im Original.
[81] GA 40, S. 36. Überhaupt ist Heidegger in dieser Vorlesung sehr kritisch mit seinen

nicht nur das Sein, sondern auch die Leibniz-Frage, die sich die Frage nach ihrem eigenen Warum gefallen lassen muss: »Warum das Warum? Worin gründet die Warumfrage selbst, die das Seiende im Ganzen in seinen Grund zu stellen sich anmaßt?«[82] Die Frage nach dem Warum des Warum wird aber wieder mit dem Verweis auf den Erfahrungscharakter der Leibniz-Frage beantwortet, die insbesondere in einem Sprung zu vollziehen ist:

Wenn wir uns aber durch den Augenschein nicht täuschen lassen, wird sich zeigen, daß diese Warumfrage als Frage nach dem Seienden als solchem im Ganzen allerdings aus aller Spielerei mit bloßen Worten herausführt [...] Hierbei wird uns die Erfahrung, daß diese ausgezeichnete Warumfrage ihren Grund hat in einem Sprung, durch den der Mensch einen Absprung aus aller vormaligen, sei es echten, sei es vermeintlichen Geborgenheit seines Daseins vollzieht. Das Fragen dieser Frage ist nur im Sprung und als Sprung und sonst überhaupt nicht.[83]

Eine solche Rechtfertigung der Leibniz-Frage angesichts ihrer Unbeantwortbarkeit findet sich allerdings nicht nur und nicht erst bei Heidegger. Schubbe et al. 2013 sprechen davon, dass die Frage im 19. Jahrhundert bei Schopenhauer eine *existenzielle Wendung* erfährt, die dann nicht nur von Heidegger, sondern bereits von Jaspers weitergeführt wurde.[84] Auch bei Wittgenstein lässt sich ein solcher Umgang mit der Leibniz-Frage feststellen, was gleich noch erläutert wird. Es ist interessant, zu sehen, dass bereits Schopenhauer – im Anschluss an die dritte Kantische Antinomie – die Sinnlosigkeit der Leibniz-Frage hervorgehoben hat, wenn man sie als Frage im Sinne der Wissenschaft versteht. Wie oben bei Heidegger zitiert, kann die

---

Konzepten, »[...] denn es bleibt unklar, *was* da unter dem Namen ›Sein‹ gedacht werden soll«, GA 40, S. 34, Hervorhebung im Original.
[82] GA 40, S. 6.
[83] GA 40, S. 7 f. Den Vollzug dieser Frage bezeichnet Heidegger auch als *Geschehnis*: »Dieses Fragen ist deshalb in sich kein beliebiger Vorgang, sondern ein ausgezeichnetes Vorkommnis, das wir ein Geschehnis nennen«, GA 40, S. 7. Mit einem ungewöhnlichen, aber für Heidegger typischen Wortspiel ist die Leibniz-Frage wegen dieses Sprungs nicht nur die weiteste und tiefste, sondern auch die ur*sprüng*lichste Frage: »Einen solchen, sich als Grund er-springenden Sprung nennen wir gemäß der echten Bedeutung des Wortes einen Ur-sprung [...]. Weil die Frage: ›Warum ist überhaupt Seiendes und nicht vielmehr Nichts‹ allem echten Fragen den Grund er-springt und so Ur-sprung ist, müssen wir sie als die ursprünglichste Frage anerkennen«, GA 40, S. 8. Was das Stellen dieser Frage mit dem »Erspringen« eines Grundes zu tun hat, wird unten anhand der Vorlesung *Der Satz vom Grund* erläutert.
[84] Schubbe et al. 2013, S. 15 f.

Wissenschaft den Grund von einzelnen Seienden angeben, wohingegen die Frage nach dem Grund des Seienden im Ganzen aus der Perspektive der Wissenschaft sinnlos ist.[85] Das heißt aber nicht, dass die Frage überhaupt sinnlos wäre, da man sie auch als existenzielle Frage nach dem Sinn auffassen kann,[86] was bei Schopenhauer auf die Frage nach der Haltung zum Willen zum Leben hinausläuft,[87] der laut Schopenhauer freilich verneint werden soll. Während Heidegger für das Erfassen des Ganzen des Seienden, des Nichts und des Dass des Seienden auf Stimmungen, Erfahrung und Vollzug verweist, kann die Grundlosigkeit der Welt laut Schopenhauer nur in der Kunst vergegenwärtigt werden.[88] Diese Parallelen können hier aber nur angedeutet und nicht näher untersucht werden.

Die Sinnlosigkeit der Leibniz-Frage, wenn man sie ohne existenziellen Bezug tatsächlich auf den Grund des Seienden im Ganzen richtet, wird im 20. Jahrhundert auch im Umkreis des *Logischen Empirismus* betont. Diese Kritik steht in einem dezidiert anti-religiösen Kontext, da die Leibniz-Frage einen engen Bezug zum kosmologischen Gottesbeweis hat, worauf im ersten Kapitel bereits hingewiesen wurde und was im nächsten Abschnitt noch genauer erläutert wird. Wenn Philosophen wie Bertrand Russell oder Carl Gustav Hempel von der Sinnlosigkeit der Leibniz-Frage sprechen, wird damit – ob

---

[85] Koßler 2013 resümiert Schopenhauer wie folgt: »Die Distanz zum Dasein, die die Frage, warum Etwas ist und nicht Nichts, erfordert, ist nur zu erlangen, wenn das Gebiet des Satzes vom Grunde, also alle nach ihm verfahrende Wissenschaft, verlassen wird. Damit wird aber auch die Angabe eines Grundes für die Welt unmöglich und die Frage selbst [...] in sich widersprüchlich und sinnlos [...]«, a.a.O., S. 192. Koßler macht auch auf die Verbindung zu den Kantischen Antinomien aufmerksam, vgl. a.a.O., S. 191.

[86] Im Resümee bei Koßler 2013: »Die bisherigen Betrachtungen haben gezeigt, dass die Welt nicht aus sich selbst zu begründen und zu rechtfertigen ist [...], denn jede metaphysische Begründung widerspricht sich nach Schopenhauer selbst. Dennoch verschwindet die Frage nicht; sie stellt sich aber nicht mehr als theoretische Frage nach den Gründen der Welt und des Daseins der Dinge, sondern als existenzielle Frage nach dem Sinn und Zweck des Lebens«, a.a.O., S. 199.

[87] Koßler 2013: »Diese Frage zielt nicht auf einen Grund der Welt, sondern auf die Haltung gegenüber der Welt, die sich in dem einzigen grundlosen Freiheitsakt der Entscheidung zwischen Bejahung und Verneinung des Willens zum Leben ausdrückt«, a.a.O., S. 199.

[88] Koßler 2013: »Was die Philosophie also nicht leisten kann, nämlich die Grundlosigkeit der Welt adäquat auszudrücken, ist der Kunst allein vorbehalten. [...] Man kann sogar sagen, dass auf diese Weise überhaupt erst die Welt als ein Ganzes erfasst wird [...]«, a.a.O., S. 195 f.

ausgesprochen oder nicht – auch die Sinnlosigkeit der Rede von Gott behauptet, die als die übliche Antwort auf diese Frage gilt.[89] Dagegen soll in dieser Arbeit anhand von Heidegger gezeigt werden, dass zwar die Leibniz-Frage tatsächlich in einer Weise sinnlos ist, andererseits aber in ihrer existenziellen Wendung zu einem neuen Verständnis der religiösen Rede von Gott beitragen kann, bei der dieser nicht als seiendes Wesen gedacht wird, sondern für die Grundlosigkeit des Seienden steht, also letztlich – entgegen dem Anliegen des kosmologischen Gottesbeweises – gerade für die Unbeantwortbarkeit der Leibniz-Frage. In dieser Lesart kann die atheistische Kritik sogar zu einer Vertiefung der Religiosität beitragen, was Russell sicher nicht beabsichtigt hat. Dieser machte 1949 in einer Radiodiskussion geltend, dass die Anwendung der Frage nach dem Grund auf die Welt im Ganzen auf einem Kategorienfehler beruhen würde,[90] was sich der Sache nach auch bei Schopenhauer und Heidegger findet, bei denen die Frage nach dem Grund unbeantwortbar wird, wenn man sie auf das Seiende im Ganzen bezieht. Gegen Russell ist die Leibniz-Frage bei ihnen aber dennoch berechtigt, da sie auf die Frage nach dem Sinn des Daseins (Schopenhauer) bzw. zu einer existenziellen Erschütterung des Fragenden führt, dem im Vollzug der Frage das Seiende ins Schwanken gerät (Heidegger). Kutschera 1990 spricht in diesem Zusammenhang von *Grenzfragen*. Einerseits kann man Grenzfragen abweisen, da sie keine Antwort zulassen: »Diese Grenzfragen sind nun keine Fragen, die sich jedermann stellen muß. Man kann sie vielmehr abweisen als Fragen, auf die es *per definitionem* keine zureichend

---

[89] Diese Antwort ist dabei nicht so einfach, wie es scheint, denn die Leibniz-Frage ist ursprünglich bei Leibniz keine metaphysische Frage, sondern eine theologische, bei der es darum geht, warum Gott die Welt erschaffen und es nicht beim Nichts belassen hat, wofür Leibniz kunstvolle Begründungen ersinnt, vgl. zum Beispiel Busche 2013. Dass Gott selbst als Seiender existiert, ist für Leibniz dagegen selbstverständlich, da Gott als notwendiges Wesen von der Warumfrage ausgenommen ist. Der hier diskutierte Sinn der Leibniz-Frage, nach dem sich auch Gott als *seiender* erster Grund diese Frage gefallen lassen müsste, und insbesondere ihre existenzielle Wendung hat daher mit Leibniz' eigentlichem Anliegen nichts zu tun.

[90] Weidemann 2013 fasst zusammen: »Russell behauptet, dass der Begriff der ›Ursache‹ (und damit auch ›Erklärung‹) nicht auf das Ganze der Wirklichkeit angewendet werden könne. Die Ansicht, das Universum müsse eine Ursache haben, beruhe auf einem Trugschluss: Die Anhänger einer solchen Position argumentieren wie jemand, der aus der Tatsache, dass jeder Mensch eine Mutter habe, schließe, dass auch die Menschheit eine Mutter haben müsse«, a. a. O., S. 287. Weidemann bestreitet allerdings diesen Einwand und will die Leibniz-Frage im Sinne des theistischen Realismus beantwortet wissen, vgl. dazu auch Weidemann 2007.

rationale Antwort gibt.«[91] Andererseits sind sie aber deswegen nicht sinnlos, da sie eine existenzielle Bedeutung haben können: »Niemand ist gezwungen, sich für Grenzfragen zu interessieren, schlechthin unvernünftig oder gar sinnlos sind sie aber jedenfalls nicht.«[92] Wie bereits im ersten Kapitel ausgeführt wurde, lässt sich aber offenbar nicht jeder von solchen Grenzfragen verunsichern. John Leslie Mackie zum Beispiel zeigt anhand der Widerlegung des kosmologischen Gottesbeweises die Grundlosigkeit der Welt auf, lässt sich davon aber nicht beeindrucken: »Nichts aber zwingt uns, dies für unbefriedigend zu halten.«[93]

Carl Gustav Hempel dagegen argumentiert für ein existenzielles Verständnis der Frage, wozu er auf Wittgenstein verweist. Zunächst macht auch Hempel klar, dass eine Antwort auf diese Frage nicht möglich ist, und zwar vor dem Hintergrund seines Modells des deduktiv-nomologischen Schemas der Erklärung, laut dem bei jeder Erklärung etwas Unerklärtes vorausgesetzt werden muss: »No theory, no conceptual scheme, can explain the existence of anything without assuming the existence of something.«[94] Da eine Antwort auf die Leibniz-Frage aber nichts voraussetzen kann, weil jede Voraussetzung als ein weiteres Etwas ebenfalls in Frage stünde, ist eine Antwort logisch unmöglich: »But what kind of an answer would be appropriate? What seems to be wanted is an explanatory account which does not assume the existence of something or other. But such an account, I would submit, is a logical impossibility.«[95] Selbst eine erste Ursache wäre immer noch etwas Seiendes, das seinerseits nach einer Erklärung verlangen würde, wenn es denn um die Frage nach dem Seienden überhaupt geht. Darin erinnert Hempels Kritik an die im ersten Kapitel zitierte Kritik am kosmologischen Gottesbeweis bei Hume, Kant und Mackie: »[…] an answer in terms of a *prima causa*, for example, presupposes the existence of that agency and thus the existence of something.«[96] Die Leibniz-Frage kann also aus logischen

---

[91] A. a. O., S. 201.
[92] A. a. O., S. 202.
[93] Mackie 1985, S. 137.
[94] Hempel 1973, S. 200.
[95] Ebd.
[96] Ebd. Auch wenn dieses Argument schlagend wirkt, gibt es die schon im ersten Kapitel genannten Ansätze der natürlichen Theologie und der analytischen Religionsphilosophie, die dennoch für einen ersten Grund argumentieren, bei dem es sich um einen theistisch verstandenen Gott handelt, den Heidegger nicht nur mit dem Kon-

Gründen nicht beantwortet werden, hat aber auch laut Hempel dennoch ihre Berechtigung, und zwar ganz im Sinne der besprochenen existenziellen Wendung dieser Frage. Hempel verweist dazu auf Wittgenstein und auf das Wundern über die Existenz der Welt:

Human concerns that are not of a purely empirical character are sometimes voiced in the form of questions of fact, and they may then take on the appearance of absolutely unsolvable riddles. This is true, I think, of the question »Why is there anything at all and not rather nothing?« Construed literally as requesting an explanation of something from nothing, the question is incoherent. But it may well be viewed instead as expressing a deep sense of wonder at the vast and endlessly diverse and complex universe in which we find ourselves. Such wonder is not, or not exclusively, a yearning for factual knowledge; it cannot be properly expressed as an empirical problem, and thus it does not admit of a scientific answer.

As Wittgenstein says: »We feel that even if *all possible* scientific questions be answered, the problems of life have still not been touched at all. Of course there is then no question left, and just this is the answer.«[97]

Dieses Wundern über das Dass des Seienden steht im Zentrum von Heideggers Philosophie der ontologischen Differenz, die mit der Leibniz-Frage noch einmal vertieft wird. Auch die Rede vom Sein artikuliert dieses »Wunder aller Wunder«, von dem auch Wittgenstein spricht, der zunächst ebenfalls auf die Sinnlosigkeit der Leibniz-Frage aufmerksam macht. Da die Nichtexistenz des Seienden gar nicht denkbar ist, ist die Rede vom Wunder der Existenz der Welt laut Wittgenstein streng genommen sinnlos: »If I say ›I wonder at the existence of the world‹ I am misusing language«[98] und »But it is nonsense to say that I wonder at the existence of the world, because I cannot imagine it not existing.«[99] Die Undenkbarkeit des Nichts wird

---

zept der Ontotheologie kritisiert, sondern indirekt bereits mit seiner Behandlung der Leibniz-Frage. Mit der hier wiedergegebenen Kritik Russells, Hempels, Wittgensteins und Heideggers wird auf eine eingehendere Auseinandersetzung mit den entsprechenden Gegenpositionen, zu denen auch die von Leibniz selbst gehört, verzichtet. Eine etwas anders gelagerte Kritik an der Leibniz-Frage als die hier angeführte liefert Maitzen 2012 aus der Perspektive der analytischen Philosophie. Überhaupt wurde die Leibniz-Frage in der letzten Zeit von der analytischen Philosophie entdeckt, vgl. Weidemann 2013 für einen Überblick.

[97] A. a. O., S. 201 f., Hervorhebung im Original. Bei dem Wittgensteinzitat handelt es sich um Satz 6.52 aus dem *Tractatus* Hempel hätte auch Satz 6.44 zitieren können: »Nicht *wie* die Welt ist, ist das Mystische, sondern *daß* sie ist.«

[98] Wittgenstein 1965, S. 8.

[99] A. a. O., S. 9.

auch von Heidegger thematisiert, der diesem Begriff aber, wie gezeigt, eine Bedeutung als Verweis auf das Dass des Seienden gibt.[100] Ohne diesen Bezug ist die Leibniz-Frage auch bei Heidegger sinnlos, was hier mit entsprechenden Zitaten aus den Privatschriften der späten dreißiger Jahre belegt sei:

Warum ist überhaupt Seiendes und nicht vielmehr nichts? […] So wurzelhaft diese Frage scheinen mag, sie hängt doch nur im Vordergrund des gegenständlich vorgestellten Seienden. Sie weiß nicht, was sie fragt; denn damit jenes wese, was sie als Gegenmöglichkeit zur Wirklichkeit des Seienden, zum Seienden als dem Wirklichen, noch kennt, nämlich das Nichts, das sie zu kennen meint, muß ja das Seyn wesen, das *einzig* stark genug ist, das Nichts nötig zu haben.[101]

Damit erhält diese Frage ihren Sinn als Verweis auf das Nichts und das Sein bzw. Seyn: »Die Frage [nach dem Warum des Seienden] verfehlt sich selbst. Sie stellt sich ins Aussichtslose, in dessen Umkreis alle nur möglichen Antworten im vorhinein zu kurz geraten«,[102] aber: »Das Seiende können wir nie begreifen durch Erklärung und Ableitung aus anderem Seienden. Es ist nur zu wissen aus seiner Gründung in der Wahrheit des Seyns.«[103] Das Sein steht für die im letzten Abschnitt zitierte Erfahrung des Wunders aller Wunder, dass Seiendes ist,[104] auf die nun auch Wittgenstein die Leibniz-Frage bezieht, nachdem er die Rede vom Wunder der Existenz zunächst als Nonsens bezeichnet hat: »And I will now describe the experience of wondering at the existence of the world by saying: it is the experience of seeing the world as a miracle.«[105] Zu klären bleibt freilich, welchen Status Heideggers Rede von der »Gründung in der Wahrheit des Seyns« hat,

---

[100] Dies wurde im letzten Abschnitt mit Zitaten aus *Was ist Metaphysik?* belegt. Auch in der hier diskutierten *Einführung in die Metaphysik* wird die Rede vom Nichts zunächst als sinnlos eingestuft: »Wer vom Nichts redet, weiß nicht, was er tut. Wer vom Nichts spricht, macht es durch solches Tun zu einem Etwas. Sprechend spricht er so gegen das, was er meint«, GA 40, S. 25, und: »Ein solches Reden über das Nichts besteht aus lauter sinnlosen Sätzen«, GA 40, S. 26. Wenn Heidegger dennoch vom Nichts spricht, räumt er entsprechend ein: »Das wahre Reden vom Nichts bleibt immer ungewöhnlich«, GA 40, S. 28.
[101] GA 66, S. 267, Hervorhebung im Original.
[102] GA 67, S. 238.
[103] GA 65, S. 231.
[104] Im Nachwort zu *Was ist Metaphysik?*, GA 9, S. 307.
[105] Wittgenstein 1965, S. 11. Zur Grundlosigkeit bei Heidegger und Wittgenstein vgl. auch Braver 2012 und zur Nähe von Heidegger und Wittgenstein allgemein Rentsch 2003a.

die den Eindruck erweckt, es gebe doch einen Grund des Seienden, nämlich dieses ominöse Seyn. So soll diese Rede aber nicht verstanden werden: »Und dennoch – das Sein bietet uns keinen Grund und Boden wie das Seiende, an das wir uns kehren, worauf wir bauen und woran wir uns halten. Das Sein ist die Ab-sage an die Rolle eines solchen Gründens, versagt alles Gründige, ist ab-gründig.«[106] Die These dieser Arbeit lautet, dass die Rede vom Sein nicht auf einen Grund verweist, sondern im Gegenteil eine weitere Möglichkeit darstellt, auf die Wittgensteinsche Erfahrung des Sehens der Welt als Wunder und damit auf die Grundlosigkeit der Welt aufmerksam zu machen. Heideggers künstliche Sprache von einem Sein, das nicht existiert, ist zwar streng genommen sinnlos, da ein solches Sein nicht denkbar ist. Dies entspricht aber der vordergründigen Sinnlosigkeit der Leibniz-Frage, bei der auch Wittgenstein davon spricht, dass die Sprache missbraucht würde. So wie diese buchstäblich sinnlose Frage auf den Gehalt des Wunders der Existenz bezogen werden kann,[107] lässt sich auch der buchstäblich sinnlosen Rede vom Sein bei Heidegger ein Sinn zuordnen. Dabei geht es nicht nur um eine existenzielle Wendung der Frage in dem Sinne, dass sie nonkognitivistisch als Ausdruck von besonderen Erfahrungen verstanden wird. Im Laufe der Arbeit wird vielmehr gezeigt, dass diese Frage mit dem Dass des Seienden einen kognitiven Gehalt hat, der die Existenz des Menschen in der Welt betrifft, und der auch mit der Rede vom Sein gemeint ist. Bei allen hier vorgestellten Varianten des Ausdrucks dieses Gehalts – Sein, Nichts, Dass des Seienden, Leibniz-Frage, Grundlosigkeit, Wunder der Existenz – scheint es sich zunächst um sinnlose Redeweisen zu handeln, die aber doch eine spezifische Bedeutung haben, die nur so ausgedrückt werden *kann*. Auch wenn es sich dabei laut Wittgenstein um einen Missbrauch der Sprache handelt, lässt sich dennoch verstehen, was gemeint ist, was im dritten Kapitel noch genauer erklärt wird.

Zur Vertiefung dieser Problemstellung sei hier weiterhin die Rede von der Grundlosigkeit diskutiert, die mit der zitierten »Gründung in der Wahrheit des Seyns« zu tun hat. Indirekt wird das Problem des Dass des Seienden von Heidegger nämlich noch einmal ausführlich in der Vorlesung aus dem Wintersemester 1955/56 über den *Satz vom*

---

[106] GA 6.2, S. 251 f.
[107] Eine analoge Behandlung der Leibniz-Frage gibt es neben Schopenhauer, Wittgenstein und Heidegger auch bei Jaspers, vgl. Schulz 2013.

Grund behandelt, in der er die Grundlosigkeit des Seienden aufzeigt und mit der Rede vom Sein akzentuiert. Die Leibniz-Frage wird dabei zwar nicht erwähnt, ist aber dennoch präsent, da mit dem Satz vom Grund, und zwar wiederum in der Fassung von Leibniz: »Nihil est sine ratione« bzw. »Nichts ist ohne Grund«,[108] die Frage nach dem Warum diskutiert wird, die auch bei der Leibniz-Frage zu den erläuterten Schwierigkeiten führt. Während in letzterer die Warumfrage auf das Ganze des Seienden bezogen wird, geht es hier um den Status dieser Frage selbst, die nämlich, wenn man sie gemäß des Satzes vom Grund absolut nimmt, unweigerlich in einen Regress führt und damit selbst sinnlos zu werden scheint.

Zunächst hält Heidegger in dieser Vorlesung fest, dass der Satz vom Grund unhinterfragt als gültig angenommen wird: »Wir stimmen dem Satz vom Grund zu, weil wir, wie man sagt, das sichere Gefühl haben, der Satz selber müßte stimmen.«[109] Die Selbstverständlichkeit der Annahme der Gültigkeit dieses Satzes wird dabei auf die Epoche seit der Neuzeit eingeschränkt, was hier aber nicht problematisiert werden soll, da der Satz vom Grund so oder so in Alltag und Wissenschaft verankert ist: »Es ist die neuzeitliche Denkweise, in der wir selbst uns tagtäglich aufhalten, ohne den Anspruch des Grundes auf Zustellung in allem Vorstellen noch eigens zu merken und zu vermerken.«[110] Diese selbstverständliche Denkweise wird nun von Heidegger in Frage gestellt, indem er die Aporien des Satzes vom Grund aufzeigt: »Wo hat der Satz vom Grund selber seinen Grund? Indem wir so fragen, streifen wir schon das Verfängliche und Rätselvolle dieses Satzes.«[111] Genauer macht Heidegger auf das Regressproblem aufmerksam, das sich aus dem Satz vom Grund er-

---

[108] GA 10, S. 3 f.
[109] GA 10, S. 16.
[110] GA 10, S. 50 f. In der 1938/39 entstandenen Privatschrift mit dem Titel *Besinnung* wird die selbstverständliche Gültigkeit des Satzes vom Grund kulturkritisch als Verfallssymptom ausgelegt: »Weshalb gewinnt nun aber die erklärende Warumfrage die Oberhand? Weil nach dem ersten Erstaunen das Seiende mehr und mehr die Befremdlichkeit verliert und sich in den Bezirk des Sichauskennens eindrängt und aus diesem die Formen seiner Bestimmbarkeit […] entnimmt. Das erste Erstaunen wird von der zunehmenden Bekanntheit des Seienden überwältigt, gibt dieser nach und gibt sich so selbst auf und vermischt sich mit dem bloßen Sichwundern über das Verwunderliche […]. Das erste Erstaunen vermag sich nicht in den eigenen Ursprung seiner selbst zurückzugründen und immer erstaunender zu werden«, GA 66, S. 273.
[111] GA 10, S. 7 f.

gibt, da jeder angegebene Grund selbst einen Grund haben muss, wenn denn *alles* einen Grund haben soll:

> Wohin geraten wir aber, wenn wir den Satz vom Grund bei seinem eigenen Wort nehmen und so auf den Grund des Grundes zugehen? Drängt der Grund des Grundes nicht über sich hinaus zum Grund des Grundes des Grundes? Wo ist, wenn wir in dieser Art zu fragen fortfahren, noch ein Halten und damit noch eine Aussicht auf Grund? Ginge das Denken diesen Weg zum Grund, dann müßte es doch unaufhaltsam ins Grundlose fallen.[112]

Ein besonderer Fall dieses Fragens nach dem Grund betrifft das Dass des Seienden im Ganzen, bei dem jeder *seiende* Grund seinerseits eines Grundes bedürfte, weshalb die Leibniz-Frage unbeantwortbar und daher zunächst sinnlos ist. Sie hat aber als Vergegenwärtigung der grundlosen Situation des Menschen dennoch ihren Sinn. Ähnliches gilt für den Satz vom Grund, der zwar in allen konkreten Kontexten fraglos gültig ist, bei konsequenter Anwendung aber ebenfalls zur Grundlosigkeit führt: »Nach der einen Hinsicht versteht man den Satz ohne weiteres und läßt ihn unbesehen gelten. Nach der anderen Hinsicht scheint der Satz unser Denken ins Grundlose zu stürzen, sobald wir in bezug auf den Satz selber mit dem Ernst machen, was er selbst sagt«[113] bzw. »Der Satz vom Grund wird von uns überall als Stütze und Stab benützt und befolgt; zugleich stürzt er uns aber, kaum daß wir ihm in seinem eigensten Sinne nachdenken, ins Grundlose.«[114] Wie die Leibniz-Frage führt der Satz vom Grund in unlösbare Regressprobleme, solange man nicht den Zirkel einer *causa sui* oder den Regress-Stopper einer *prima causa* akzeptiert, was beides für Heidegger nicht in Frage kommt. Stattdessen ist es Heideggers Anliegen, diese Grundlosigkeit ernst zu nehmen und mit der Rede vom Sein auf den Begriff zu bringen, was anhand der Leibniz-Frage schon erläutert wurde und auch für Heideggers Umgang mit dem Satz vom Grund gilt.

Zur Veranschaulichung der grundlosen Situation des Menschen zitiert Heidegger zwei Verse von Angelus Silesius, einem schlesischen Mystiker des 17. Jahrhunderts:

> Die Ros ist ohn warum; sie blühet, weil sie blühet,
> Sie acht nicht ihrer selbst, fragt nicht, ob man sie siehet.[115]

---

[112] GA 10, S. 17 f.
[113] GA 10, S. 18.
[114] GA 10, S. 20.
[115] GA 10, S. 53.

Diese Verse stammen aus dem *Cherubinischen Wandersmann,* und Heidegger weist darauf hin, dass Leibniz dieses Werk kannte und sogar positiv würdigte, wozu er aus einem Brief von Leibniz zitiert: »Bei jenen Mystikern gibt es einige Stellen, die außerordentlich kühn sind, voll von schwierigen Metaphern und beinahe zur Gottlosigkeit hinneigend, so wie ich Gleiches bisweilen in den deutschen – im übrigen schönen – Gedichten eines gewissen Mannes bemerkt habe, der sich Johannes Angelus Silesius nennt ...«, GA 10, S. 54. Die Tendenz der Mystik wie der negativen Theologie »beinahe zur Gottlosigkeit hinzuneigen«, wurde bereits im ersten Kapitel besprochen. Auch Heidegger tritt für eine vertiefte Religiosität ein, die er selbst »gottlos« nennt, und die aus der Perspektive von Leibniz ganz sicher gottlos ist. Leibniz steht explizit für einen theistischen Realismus mit Gott als erster Ursache des Seienden, was Heidegger, wie im nächsten Abschnitt über Ontotheologie und den kosmologischen Gottesbeweis noch einmal gezeigt wird, rundweg ablehnt.

Diese Verse werden dann so erläutert, dass der Satz vom Grund zwar einerseits auf die Rose zutrifft, sofern ihr Blühen in einem wissenschaftlichen Kontext untersucht wird, dass andererseits die Rose aber zuletzt einfach grundlos da ist, da man den Satz vom Grund nicht konsequent zu Ende denken kann. Der Satz vom Grund »[...] gilt *von* der Rose, aber nicht *für* die Rose; von der Rose, insofern sie Gegenstand unseres Vorstellens ist; nicht für die Rose, insofern diese in sich selber steht, einfach Rose ist.«[116] Laut Heidegger will Angelus Silesius mit diesen Versen letztlich darauf hinaus, dass auch der Mensch einfach grundlos da ist und erst dann richtig Mensch ist, wenn er diesen seinen Status einsieht: »Das Ungesagte des Spruches – und darauf kommt alles an – sagt vielmehr, daß der Mensch im verborgensten Grunde seines Wesens erst dann wahrhaft ist, wenn er auf seine Weise so ist wie die Rose – ohne Warum.«[117] Wie bei der ontologischen Differenz und der Leibniz-Frage muss der Gedanke der Grundlosigkeit aber auch vollzogen werden, weshalb Heidegger in einem seiner eigenwilligen Wortspiele den »Satz« des Satzes vom Grund als Sprung umdeutet, womit aus dem Satz vom Grund ein Sprung weg vom Grund wird.[118] Damit ist nicht gemeint, dass man

---

[116] GA 10, S. 58, Hervorhebungen im Original.
[117] GA 10, S. 57 f.
[118] Dies wird Vortrag *Grundsätze des Denkens,* den Heidegger 1957, also kurz nach dieser Vorlesung, gehalten hat, wie folgt auf den Punkt gebracht: »Wie sollen wir

gar nicht mehr nach Gründen fragen soll, sondern nur, dass der Satz vom Grund zwar in konkreten Kontexten seine Gültigkeit hat, aber nicht konsequent zu Ende gedacht werden kann. Man kann nach Gründen fragen, aber nicht nach einem *letzten* Grund, wie man bei der Leibniz-Frage für einzelnes Seiendes sinnvoll nach dem Warum fragen kann, nicht aber für das Seiende im Ganzen. An dieser Stelle bestätigt sich ein weiteres Mal die These dieser Arbeit, dass das Sein für die Grundlosigkeit des Seienden steht, in die hinein der Sprung als »Satz« vollzogen werden soll: »Die Erinnerung versammelt unseren Blick auf einen einfachen Sachverhalt, dessen Einheitlichkeit und Einzigkeit wir bedenken, wenn wir den Satz vom Grund als Satz in das Sein als solches denken, d. h. diesen ›Satz‹ vollziehen.«[119] Was dabei unter dem Sein verstanden werden soll, bleibt auch hier wieder offen. Die These dieser Arbeit dazu lautet, dass die Grundlosigkeit des Seienden genauso undenkbar ist, wie ein nichtseiendes Sein, und daher nur eine *weitere* Beschreibung der Situation des Menschen darstellt, die Heidegger auch mit der Rede vom Sein auf den Begriff zu bringen versucht. Das Denken des Seins muss wie der Sprung in die Grundlosigkeit vollzogen werden, wobei für die Undenkbarkeit dessen, wohin jeweils gesprungen wird, bei Heidegger das Bild stehen könnte, dass dieser Sprung in der Luft hängt: »Der Weg der vorausgegangenen Stunden führte uns auf und durch ein Feld, dessen der Sprung für den Absprung bedarf. Der Sprung selbst hängt in der Luft. In welcher Luft, in welchem Äther? Dies erfahren wir nur durch den Sprung.«[120]

---

dann aber Sätze, die das Denken an seinen Ab-grund führen, noch denken? In seinen Ab-grund gelangt das Denken nur, wenn es sich von jedem Grund absetzt, in welchem Ab-setzen sich bereits die Art des Setzens und des Satzes gewandelt haben. Satz heißt jetzt nicht mehr θέσις, sondern saltus. Der Satz wird zum Sprung. Grund-Sätze sind Sprünge, die sich von jedem Grund absetzen und in den Ab-grund des Denkens springen«, GA 79, S. 112. In diesem Sinne sind auch die *Grundsätze* des Vortragstitels zu verstehen, zu denen neben dem Satz vom Grund auch der Satz der Identität gehört.

[119] GA 10, S. 86. In *Grundsätze des Denkens* wird dies mit Bezug auf einen solchen Sprung weg vom Grund etwas akzentuierter so formuliert: »Erfahren können wir den Sprung nur im Springen, nicht durch Aussagen darüber«, GA 79, S. 151.

[120] GA 10, S. 79. Den Sprung in das Grund- und Bodenlose und damit in das Sein erläutert Heidegger bereits im Wintersemester 1942/43 in der *Parmenides*-Vorlesung, aus der in diesem Zusammenhang bereits im letzten Abschnitt zitiert wurde: »Dieses eigentliche Denken ist ›sprunghaft‹, denn es kennt nicht die Brücken und Geländer und Leitern des Erklärens, das je nur Seiendes aus Seiendem ableitet, weil es auf dem ›Boden‹ der ›Tatsachen‹ bleibt. Dieser Boden ist brüchig. Er trägt nie. Denn jedes Seiende, daran wir uns ausschließlich halten, trägt nur zufolge einer Vergessung

Das Verhältnis von Grund und Sein bestimmt Heidegger dann so, dass das Sein zwar als Grund *west*, selbst aber keinen Grund hat, was allerdings wie eine *causa sui* aussieht, die Heidegger eigentlich vermeiden möchte. Er windet sich hier in seinen Wortneuschöpfungen, mit denen er einerseits die Grundlosigkeit des Seienden auf den Begriff zu bringen versucht, wofür er aber andererseits auf die Rede von einem nicht seienden Sein zurückgreift, was doch den Eindruck erweckt, dieses *sei* ein Grund. In *Besinnung*, einer Privatschrift von 1938/39, heißt es unter anderem, dass das Sein gleichzeitig Grund und Ab-grund sei, und dabei auch noch das Nichts: »Als Ab-grund ›ist‹ das Sein das Nichts und der Grund zumal.«[121] Diese befremdliche Formulierung entspricht aber der hier vorgeschlagenen Interpretation, dass das Sein wie das Nichts für die Grundlosigkeit des Seienden steht, die auch als Ab-grund bezeichnet wird. All diese hypostasierenden Reden laden natürlich zu Missverständnissen ein, weshalb sich Heidegger um entsprechende Erläuterungen bemüht und zum Beispiel explizit festhält, dass das Sein keine oberste Ursache ist, sondern für ein Denken »ohne Warum« stehen soll:

Wird im Bereich des Erdenkens des Seyns die Warumfrage noch gestellt, dann kann sie nur als Übergangsfrage vollzogen werden. Die Beantwortung führt nicht mehr auf eine oberste Ursache, die alles zusammenhält und erledigt im Sinne des ersten vor-sehenden Technikers, sondern die Antwort weist in das Seyn derart, daß nun das Antwortende sogleich als das Fragwürdigste sich enthüllt, aber für ein Fragen, in dem jedes Warum zu kurz, ja überhaupt nicht mehr trägt.[122]

Das Seyn als Ab-grund wird in *Besinnung* ebenfalls auf das Dass des Seienden bezogen, was Heidegger an dieser Stelle in einer wieder sehr

---

des Seins, worin doch das Seiende west. Das Sein aber ist kein Boden, sondern das Boden-lose. Es heißt so, weil es anfänglich von einem ›Boden‹ und ›Grund‹ gelöst bleibt und seiner nicht bedarf. Das Sein, das ›es ist‹ eines Seienden, ist nie bodenständig im Seienden, gleich als könnte das Sein aus Seiendem erstellt und in diesem aufgestellt werden als auf seinen Grund. Boden-ständig ist nur Seiendes in bezug auf Seiendes. Das nie boden-ständige Sein ist das Boden-lose, was freilich nur vom Seienden aus gerechnet wie ein Mangel aussieht und als solches erscheint, worin wir, die wir nach Seiendem rennen, ohne Anhalt versinken. Wir fallen in der Tat auch in das Grundlose, wir finden keinen Grund, solange ›wir‹ einen Grund nur in der Gestalt eines Seienden kennen und suchen, also niemals den Absprung in das Sein vollziehen und aus der gewohnten Landschaft der Vergessenheit des Seins ausziehen. Dazu bedarf es keiner Weitläufigkeiten und keiner Umstände«, GA 54, S. 223.
[121] GA 66, S. 99.
[122] GA 66, S. 274 f.

ungewöhnlichen Sprache wie folgt formuliert: »Ab-grund ist nicht metaphysisch gemeint, die bloße *Ab*wesenheit des Grundes, sondern die Wesung der Not der Gründung, welche Not nie ein Mangel ist, aber auch kein Überfluß, sondern das beiden überlegene *Daß* des Seyns, des Seyns als des ›Daß‹ des ›ist‹«.[123] In dieser Schrift gibt es auch eine Antwort auf die oben zitierte Frage aus der *Einführung in die Metaphysik* nach dem Warum der Warumfrage, laut der diese Frage nämlich zum so verstandenen Seyn hinführen soll: »Warum denn das Warum? […] Die Antwort lautet: um des Seyns willen, damit seine Wahrheit, das ihm Gehörige, den Grund und die Stätte finde: im Da-sein.«[124]

Ähnlich gewunden wie in *Besinnung* wird das Verhältnis von Sein und Grund auch in der Vorlesung über den *Satz vom Grund* beschrieben, in der Heidegger das Sein ebenfalls als Grund und Abgrund zugleich bestimmt:

> Insofern Sein als Grund west, hat es selber keinen Grund. Dies jedoch nicht deshalb, weil es sich selbst begründet, sondern weil jede Begründung, auch und gerade diejenige durch sich selbst, dem Sein als Grund ungemäß bleibt. Jede Begründung und schon jeder Anschein von Begründbarkeit müßte das Sein zu etwas Seiendem herabsetzen. Sein bleibt als Sein grund-los. Vom Sein bleibt der Grund, nämlich als ein es erst begründender Grund, weg und ab. Sein: der Ab-Grund.[125]

Heidegger spricht auch hier hypostasierend vom Sein, das als Grund *west*, wobei diese Rede aber insofern wieder auf die Grundlosigkeit des Seienden bezogen ist, als das Sein auch als Ab-grund bestimmt wird. Außerdem kommt es wieder auf den Vollzug dieses Denkens an, das sich von der Vorstellung, es gebe einen letzten Grund,[126] lösen

---

[123] GA 66, S. 295, Hervorhebungen im Original.

[124] GA 66, S. 267.

[125] GA 10, S. 166. Eine ähnliche Erläuterung findet sich a. a. O., S. 76 f.

[126] Die Vorstellung eines letzten Grundes wird von Heidegger, mit leicht kulturkritischem Unterton, auch mit dem Wunsch nach einer Absicherung in Verbindung gebracht, wobei er daran erinnert, dass Leibniz nicht nur den Satz vom Grund aufgestellt und entsprechend die Frage nach dem Warum des Seienden (Leibniz-Frage) mit der letzten Ursache eines seienden Gottes beantwortet hat, sondern auch der Erfinder der Lebensversicherung war: »Unter dieser Gewalt des Anspruches festigt sich der Grundzug des heutigen menschlichen Daseins, das überall auf Sicherheit arbeitet. (Beiläufig gesagt: Leibniz, der Entdecker des Grundsatzes vom zureichenden Grund, ist auch der Erfinder der ›Lebensversicherung‹)«, GA 10, S. 182. Diesen Punkt macht Heidegger bereits in *Die Überwindung der Metaphysik* von 1938/39 geltend: »Die neuzeitliche Metaphysik (Leibniz) besagt *Sicherung* des Menschseins aus ihm selbst

und zu einem Denken des Seins finden soll, das ohne letzten Grund auskommt:

Denken wir dem nach und bleiben wir in solchem Denken, dann merken wir, daß wir aus dem Bereich des bisherigen Denkens abgesprungen und im Sprung sind. Aber fallen wir mit diesem Sprung nicht ins Bodenlose? Ja und Nein. Ja – insofern jetzt das Sein nicht mehr auf einen Boden im Sinne des Seienden gebracht und aus diesem erklärt werden kann. Nein – insofern Sein jetzt erst als Sein zu denken ist. [127]

Die Vorlesung schließt mit einem Verweis auf Fragment 52 von Heraklit, in dem dieser von einem spielenden Kind spricht, das laut Heidegger spielt, weil es spielt, so wie die Rose blüht, weil sie blüht. Beides soll für eine Weise des Daseins stehen, in der dieses seine eigene Grundlosigkeit im Denken vollzieht, wobei Heidegger in seiner späteren Philosophie diesen Vollzug nicht mehr mit dem Sein benennt, das in seiner hypostasierenden Beschreibung trotz aller Beteuerungen doch wie ein letzter Grund wirkt, sondern mit der Rede vom Ereignis, das sich ereignet. Diese neue Strategie der Vergegenwärtigung der grundlosen Situation des Menschen deutet sich mit dem Beispiel des spielenden Kindes bereits an, das den Abschluss der Vorlesung bildet und jetzt auch am Ende dieses Abschnitts stehen soll:

Warum spielt das von Heraklit [...] erblickte große Kind des Weltspieles? Es spielet, weil es spielet.

Das »Weil« versinkt im Spiel. Das Spiel ist ohne »Warum«. Es spielt, dieweil es spielt. Es bleibt nur Spiel: das Höchste und Tiefste.

Aber dieses »nur« ist Alles, das Eine, Einzige.

Nichts ist ohne Grund. Sein und Grund: das Selbe. Sein als gründendes hat keinen Grund, spielt als der Ab-Grund jenes Spiel, das als Geschick uns Sein und Grund zuspielt.

Die Frage bleibt, ob wir und wie wir, die Sätze dieses Spiels hörend, mitspielen und uns in das Spiel fügen. [128]

---

für es selbst. [...] So steht Leibniz in vielem noch ganz innerhalb der christlichen Welt und fern jeder Versetzung des Menschen ins Unbedingte. *Gleichwohl* ist er der Erfinder der ›Lebensversicherung‹. Diese Tatsache bringt mehr zur Aufhellung seiner Metaphysik bei als weitläufige Erörterungen über die Charakteristica universalis oder die praestabilierte Harmonie«, GA 67, S. 167, Hervorhebungen im Original. »Diese Tatsache« dürfte allerdings eher mit Leibniz' Arbeiten zur mathematischen Wahrscheinlichkeit zu tun haben als mit einem metaphysischem Sicherheitsbedürfnis.
[127] GA 10, S. 166.
[128] GA 10, S. 169.

2.3 Ontotheologie und kosmologischer Gottesbeweis

In diesem Kapitel wurde bisher gezeigt, dass Heidegger sowohl mit seiner Philosophie der ontologischen Differenz als auch in seinem Umgang mit der Leibniz-Frage und dem Satz vom Grund auf das unerklärbare Dass des Seienden aufmerksam macht. Sowohl der Begriff des Seins als auch der des Ereignisses stehen für dieses Dass des Seienden, dessen Unerklärbarkeit mit der Unbeantwortbarkeit der Frage nach dem Warum des Seienden bzw. nach einem letzten Grund noch vertieft wird. Heidegger spricht von der Bodenlosigkeit des Daseins, die er auch mit der Rede vom Sein als Grund *und* Ab-grund ausdrückt, und die zuletzt mit der Vorstellung zitiert wurde, der Mensch sei Teil eines Spiels, das »ohne Warum« einfach stattfindet und in das er sich »fügen« muss. Für diese Art des Daseins wurde außerdem die Metapher des Schwebens zitiert.

Im ersten Kapitel wurde darauf hingewiesen, dass die Einsicht in die Bodenlosigkeit des Daseins zu existenziellen Erschütterungen führen kann, für die hier stellvertretend noch einmal Nietzsche zitiert sei: »Stürzen wir nicht fortwährend? Und rückwärts, seitwärts, vorwärts, nach allen Seiten? Gibt es noch ein Oben und ein Unten? Irren wir nicht wie durch ein unendliches Nichts? Haucht uns nicht der leere Raum an? Ist es nicht kälter geworden?«[129] Heidegger macht in seiner Auseinandersetzung mit dem Satz vom Grund ebenfalls auf existenzielle Erschütterungen aufmerksam, denen er aber seine Konzeptionen des Seins und des Spiels entgegen stellt: »Wir scheinen durch diesen Satz ins Bodenlose zu stürzen. Doch anderes tritt ein.«[130] Man ist Teil eines Spiels, das einfach gespielt wird, bzw. eines Ereignisses, das sich ereignet, wie es später heißen wird. Dies bringt Heidegger mit dem Begriff der *Inständigkeit* zum Ausdruck, während für das Dasein »ohne Warum« die Haltung der *Gelassenheit* steht. Beide Begriffe gehen auf Meister Eckhart zurück, den Heidegger sehr gut kannte,[131] womit nun die religiöse Dimension von Heideggers Philosophie wieder in den Blick kommt. Für diese Dimension steht hier die Frage, wie man mit der Grundlosigkeit des Seienden umgeht, die in einer existenziellen Erschütterung erfahren wird. Während Tho-

---

[129] Aus dem Aphorismus über den *tollen Menschen* in der *Fröhlichen Wissenschaft*, KSA 3, S. 481.
[130] GA 10, S. 87.
[131] Zu Heidegger und Eckhart vgl. von Hermann 1995, Helting 1997 und Dobie 2005.

mas Nagel im ersten Kapitel damit zitiert wurde, dass Philosophen wie Russell und Mackie kein Gespür für die existenzielle Bedeutung dieses Problems haben, spricht Nagel selbst von einem »Gefühl des Absurden«. In den religiösen Traditionen dagegen scheint Gott einen festen Halt zu bieten und der kosmologische Gottesbeweis setzt entsprechend Gott an die Stelle des ersten Grundes. Im ersten Kapitel wurde aber die Kritik am kosmologischen Gottesbeweis von Hume, Kant und Mackie vorgestellt, nach der auch Gott einen Grund benötigen würde und als Regress-Stopper der Frage nach dem Warum nicht in Frage kommt. Eine ähnliche Kritik findet sich bei Russell, der behauptet, dass wenn es denn so etwas wie eine sich selbst verursachende Ursache *(causa sui)* gibt, die den kausalen Regress beenden könnte, dieser Regress-Stopper dann auch schon das Universum selbst als Ganzes sein könnte, das sich selbst verursachend einfach da wäre, wozu eine zusätzliche göttliche Entität dahinter nicht notwendig sei.[132] In der Tat könnte die Energie bzw. Materie, die laut erstem Hauptsatz der Thermodynamik weder vergehen noch entstehen kann, für die Rolle der *causa sui* in Frage kommen. Allerdings übersieht Russell, dass er damit zwar das Argument für die Existenz Gottes erfolgreich widerlegt hat, die Frage nach dem Grund des Seienden aber bestehen bleibt, da die *causa-sui*-Konzeption, die bereits von Hume und Kant für den Gott des kosmologischen Arguments als unzulässig durchschaut wurde, für das Universum als Ganzes ebenso unzulässig ist. Die Frage nach der Kontingenz des Seienden, ob mit einem seienden Gott oder ohne, wird so nicht beantwortet. Während Hume nicht im Verdacht steht, besonders religiös gewesen zu sein,[133] lässt sich Kant insofern in die Reihe der religionsinternen Religionskritik einordnen, als er selbst betont hat, das Wissen aufheben zu müssen, um zum Glauben Platz zu bekommen,[134] und die Religion, ganz grob und verkürzt gesagt, von einer theoretischen zu einer praktischen Angelegenheit macht. Dazu gehört auch seine Kritik an den Gottesbeweisen, die auf einer theoretischen Ebene widerlegt werden,

---

[132] So in der Schrift *Warum ich kein Christ bin,* vgl. Russell 1968.

[133] Russell 2013 liefert einen Überblick zum Thema und spricht von *Irreligiosität.* Allerdings heißt es in den *Dialogen* Humes auch: »Philosophischer Skeptiker zu sein, ist für den Gebildeten der erste und wichtigste Schritt auf dem Weg zu einem echten, gläubigen Christen«, Hume 1981, S. 142. Dies würde zu dem hier vertretenen Konzept einer post-theistischen Religiosität passen, die auf den Abgrund des skeptischen Regresses bezogen ist, was aber nicht genauer beurteilt werden kann.

[134] KrV B XXX.

was aber der praktischen Religiosität keinen Abbruch tut und diese im Gegenteil noch intensiviert, da so erst Platz für den »wahren« Glauben entsteht.[135] Kritiker wie Russell und Mackie dagegen scheinen in der Grundlosigkeit des Seienden kein Problem zu sehen und insbesondere kein »Gefühl des Absurden« zu verspüren.[136] Dies sei ihnen zugestanden und dennoch behauptet, dass Heideggers Philosophie zu einem besseren Verständnis des Religiösen beiträgt als deren Kritik, da Heidegger wie Kant den theoretisch verstandenen Gott ablehnt[137] und dennoch bzw. gerade davon ausgehend zu einer eigenen Form von Religiosität findet, die ein angemessenes Verhältnis zu der besagten Grundlosigkeit ermöglicht, und zu der der Durchgang einer existenziellen Erschütterung gehört, was im vierten Kapitel noch genauer erläutert wird. Er hat sich zwar vom Christentum gelöst, spricht aber dennoch von Gott und Göttern und verwendet mit den Begriffen der Inständigkeit und Gelassenheit Konzepte der religiösen Tradition, die nun aus der Perspektive seiner Philosophie ihrerseits besser verstanden werden können.

Zunächst lässt sich Heidegger insofern in die Tradition der religionsinternen Aufklärung einordnen, als er den Glauben an einen Gott kritisiert, der als erster Grund der Welt fungiert. So heißt es zum Beispiel in der Privatschrift über die *Geschichte des Seyns* von 1938/40: »Ein Gott, der über das Sein sich erheben möchte oder gar erhoben wird und zur Quelle (Ursache) des Seins (nicht nur des Seienden) gemacht wird, ›ist‹ kein Gott und kann kein Gott *sein*.«[138] Stattdessen spricht Heidegger zum Beispiel von einem göttlichen

---

[135] Dies ist stark vereinfacht und kann in dieser Arbeit nicht weiter ausgeführt werden. Insbesondere wäre hier der Status der Postulatenlehre zu diskutieren. Einen Überblick zu jüngeren Arbeiten über Kants Religionsphilosophie bietet Sommer 2007.

[136] Vgl. dagegen den bereits in einer Fußnote im ersten Kapitel genannten Text *A free man's worship* in Russell 1917, in dem Russell doch entsprechende Erfahrungen einräumt.

[137] Dies wird im Folgenden anhand seiner Ontotheologiekritik erläutert, die sich vor allem auf den kosmologischen Gottesbeweis und das Problem der Kausalität bezieht. In der *Nietzsche*-Vorlesung des Sommersemesters 1937 kritisiert er auch die Idee des Gottesbeweises ganz allgemein: »Ein Gottesbeweis z. B. kann mit allen Mitteln der strengsten formalen Logik aufgebaut sein, und er beweist doch nichts, weil ein Gott, der seine Existenz sich erst beweisen lassen muß, am Ende ein sehr ungöttlicher Gott ist und alle Betulichkeit des Beweises seiner Existenz höchstens auf eine Blasphemie hinauskommt«, GA 44, S. 112.

[138] GA 69, S. 132.

108

Gott, der nicht als Grund zu verstehen ist und gerade deswegen für eine vertiefte Form von Religiosität steht.[139] Die Kritik an einem als ersten Grund verstandenen Gott findet sich weiterhin in der oben diskutierten Vorlesung zur *Einführung in die Metaphysik* von 1935, in der es um die Leibniz-Frage geht, in deren Kontext Heidegger festhält:

Wem z. B. die Bibel göttliche Offenbarung und Wahrheit ist, der hat vor allem Fragen der Frage: »Warum ist überhaupt Seiendes und nicht vielmehr Nichts?« schon die Antwort: Das Seiende, soweit es nicht Gott selbst ist, ist durch diesen geschaffen. Gott selbst »ist« als der ungeschaffene Schöpfer.[140]

Diese Art des Glaubens an einen Gott als Antwort auf die Leibniz-Frage wird dann in heftiger Polemik als *Bequemlichkeit* und *Gleichgültigkeit* abgetan, da er den Ernst dieser Frage nicht erfassen würde:

Wer auf dem Boden solchen Glaubens steht, der kann zwar das Fragen unserer Frage [Leibniz-Frage] in gewisser Weise nach- und mitvollziehen, aber er kann nicht eigentlich fragen, ohne sich selbst als einen Gläubigen aufzugeben mit allen Folgen dieses Schrittes. Er kann nur so tun, als ob … Aber andererseits ist jener Glaube, wenn er sich nicht ständig der Möglichkeit des Unglaubens aussetzt, auch kein Glauben, sondern eine Bequemlichkeit und eine Verabredung mit sich, künftig an der Lehre als einem irgendwie Überkommenen festzuhalten. Das ist dann weder Glauben noch Fragen, sondern Gleichgültigkeit, die sich nunmehr mit allem, vielleicht sogar sehr interessiert, beschäftigen kann, mit dem Glauben ebenso wie mit dem Fragen.[141]

Einen solchen Glauben lehnt Heidegger offenbar genauso ab, wie eine Metaphysik, in der Gott die erste Ursache des Seienden ist. Eine solche Metaphysik nennt er *Ontotheologie*, und unter dieser Bezeichnung ist Heideggers Kritik sehr einflussreich geworden. Laut Barrón 2010 verwendet Heidegger diesen Begriff zum ersten Mal in der *Hegel*-Vorlesung im Wintersemester 1930/31,[142] und zwar zunächst neutral als Charakterisierung der Hegelschen Philosophie: »Die spe-

---

[139] GA 11, S. 77. Vgl. dazu Abschnitt 1.1 oben.

[140] GA 40, S. 8 f. Entsprechend heißt es in der *Nietzsche*-Vorlesung aus dem Sommersemester 1940: »Durch die von der Kirchenlehre als absolut verbindlich verkündete Offenbarungswahrheit ist jene Frage, was das Seiende sei, überflüssig geworden. Das Sein des Seienden besteht eben in seinem Geschaffensein durch Gott (omne ens est ens creatum)«, GA 48, S. 163.

[141] GA 40, S. 9.

[142] Vgl. Barrón 2010, S. 166. Zur Entwicklung der Ontotheologiekritik bei Heidegger vgl. neben Barrón 2010 auch Fehér 2000 und Brkic 1994, S. 145–232.

kulativ gefaßte und *also* begründete Interpretation des Seins ist *Ontologie*, aber so, daß das eigentlich Seiende das Absolute, θεός, ist. Von dessen Sein aus wird alles Seiende *und der* λόγος bestimmt. Die spekulative Interpretation des Seins ist *Onto-theo-logie*.«[143] In der *Schelling*-Vorlesung von 1936 wird dieser Begriff sogar positiv gebraucht, nachdem er ganz analog zur *Hegel*-Vorlesung neutral eingeführt wurde: »Jede Philosophie als Metaphysik ist Theologie in dem ursprünglichen und wesentlichen Sinne, daß das Begreifen (λόγος) des Seienden im Ganzen nach dem Grunde (d. h. der Ursache) des Seyns fragt und dieser Grund θεός, Gott, genannt wird.«[144] Mit dieser Verbindung von Ontologie und Theologie wird der Schellingschen Freiheitsschrift dann attestiert, »eines der tiefsten Werke der Philosophie« zu sein:

Theo-logie besagt hier, um es zu wiederholen, Fragen nach dem Seienden im Ganzen. Diese Frage nach dem Seienden im Ganzen, die theologische, kann nicht gefragt werden ohne die Frage nach dem Seienden als solchem, nach dem Wesen des Seins überhaupt. Das ist die Frage nach dem ὄν ἦ ὄν, »Ontologie«.

Das Fragen der Philosophie ist immer und in sich beides, onto-logisch und theo-logisch, im ganz weiten Sinne. Philosophie ist *Ontotheologie*. Je ursprünglicher sie beides in einem ist, um so eigentlicher ist sie Philosophie. Und die Schellingsche Abhandlung ist deshalb eines der tiefsten Werke der Philosophie, weil sie in einem einzigartigen Sinne ontologisch und theologisch zugleich ist.[145]

Bereits kurze Zeit später, in der als Privatschrift verfaßten Abhandlung *Besinnung* von 1938/39, wird die gerade noch positiv hervorgehobene Verbindung von Ontologie und Theologie nicht unter dem Begriff der Ontotheologie, aber der Sache nach heftig kritisiert.[146] Dabei geht es um die Auffassung Gottes als einer ersten Ursache, in der laut Heidegger die Kausalität »vergöttert« würde, und die sich vor allem im Christentum fände:

---

[143] GA 32, S. 141, Hervorhebungen im Original.

[144] GA 42, S. 87.

[145] GA 42, S. 88. Zu dieser positiven Verwendung des anschließend durchgehend pejorativ gebrauchten Begriffs bei Heidegger vgl. auch Barrón 2010, S. 180. Brkic 1994 spricht hier von der »[...] Zerrissenheit Heideggers, in der er sich im Jahre 1936 befand« und hält fest: »Als Heidegger diese Vorlesung vortrug (*SS* 1936), war für ihn noch alles offen«, a. a. O., S. 222.

[146] Der Begriff der Ontotheologie wird nur kurz erwähnt, vgl. GA 66, S. 374.

Der christlich-jüdische Gott ist die Vergötterung nicht irgend einer besonderen Ursache einer Bewirkung, sondern die Vergötterung des Ursacheseins als solchen, des Grundes des erklärenden Vorstellens überhaupt. In dieser feinsten Vergötterung der »Kausalität« als »Kausalität« liegt der Grund für den Anschein der überlegenen Geistigkeit des christlichen Gottes. In Wahrheit aber ist diese Vergötterung die Verklärung des gröbsten Erklärens.[147]

Die so kritisierte Auffassung von Gott als erster Ursache ist dann laut Heidegger auch gleich mitverantwortlich für die »Entgötterung«, womit wohl die atheistische Tendenz der europäischen Aufklärung gemeint ist: »Die Entgötterung ist das unausbleibliche Gegenspiel der *Erklärung* der Gottschaft der Götter, d. h. ihrer Herleitung aus einer Vergötterung.«[148] Diese Säkularisierungsthese soll hier aber

---

[147] GA 66, S. 240, Hervorhebung gelöscht. Ähnliche Formulierungen finden sich in den *Beiträgen zur Philosophie* aus den Jahren 1936/38, vgl. GA 65, S. 110 f., und in *Die Überwindung der Metaphysik* von 1938/39, vgl. GA 67, S. 94 f. Die Übernahme philosophischer Konzepte, wie hier der Kausalität, in die christliche Theologie, beschreibt Heidegger ganz allgemein in der oben zitierten *Schelling*-Vorlesung: »Die neuerdings oft gehörte Behauptung, die neuzeitliche Philosophie sei lediglich eine Verweltlichung der christlichen Theologie, ist nur sehr bedingt wahr und auch in der Einschränkung nur hinsichtlich der Übernahme der Seinsbereiche. Wahr ist vielmehr umgekehrt, daß die christliche Theologie die Verchristlichung einer außerchristlichen Philosophie ist und daß nur deshalb diese christliche Theologie auch wieder verweltlicht werden konnte. Alle Glaubenstheologie ist nur auf Grund der Philosophie möglich, auch dann, wenn sie die Philosophie als Teufelswerk zurückweist«, GA 42, S. 87 f.

[148] GA 66, S. 239, Hervorhebung im Original. Diese Diagnose wird auch Vortrag *Die Zeit des Weltbildes* von 1938 aufgestellt, vgl. GA 5, S. 76, und in *Besinnung* mit einer ressentimentgeladenen Kulturkritik akzentuiert: »Deshalb leistet jedoch die dieser Vergötterung entsprechende Entgötterung dem in der Neuzeit erst beginnenden Wandel der Erklärung in den planend-einrichtenden Betrieb alles Seienden und seines Vorstellens und Erlebens die besten Dienste. Das Christentum wird immer kulturfähiger und deckt sich schließlich trotz scheinbarer Abwehr mit allem, was an Betriebsamkeit des ›Erlebens‹ erfunden wird. Ja – es behält immer noch die Sicherung der Einrichtungen über ›das Leben‹ hinaus in der Hand kraft jener feinsten Vergötterung des Gröbsten, des Ursacheseins für Wirkungen, wie es in der ›Idee‹ des Schöpfergottes und der Auslegung des Seienden als ens creatum sich bekundet«, GA 66, S. 240. Bei der Diskussion des Antisemitismus in den *Schwarzen Heften* (GA 94 ff.) sollten Stellen wie diese berücksichtigt werden, in denen Heidegger den »planend-einrichtenden Betrieb« nicht dem Judentum, sondern dem Christentum zuschreibt. Überhaupt geht es Heidegger im Kern nicht um Antisemitismus, sondern um eine Kritik am vergegenständlichenden Denken, das mit Gott als erster Ursache seinen Abschluss findet, und das er neben dem Judentum und Christentum der ganzen abendländischen Geistesgeschichte mit Höhepunkten bei Descartes und Hegel vorwirft.

auf sich beruhen bleiben. Viel interessanter ist der systematische Punkt, mit dem Heidegger die Kritik an dieser Gottesvorstellung mit seiner Philosophie verbindet. Es wurde gezeigt, dass im Zentrum von Heideggers gesamtem philosophischen Projekt die Grundlosigkeit des Seienden bzw. die Unerklärbarkeit des Dass des Seienden steht, die im ersten Kapitel bereits mit der konventionellen Kritik am kosmologischen Gottesbeweis in Verbindung gebracht wurde, laut der auch Gott als erste Ursache wieder eine Ursache benötigen würde. Außerdem wurde gezeigt, dass Heidegger diese Unerklärbarkeit mit dem Konzept des Seins bzw. Seyns zum Ausdruck bringt. In *Besinnung* wird diese Unerklärbarkeit nun explizit mit der Kritik an einem Gott verbunden, der an der Grenze der Erklärbarkeit einfach als ein »höheres Seiendes« angesetzt wird. An dieser Stelle findet sich der erste Entwurf eines Gegenkonzepts, der auf die spätere Rede von einem göttlichen Gott vorausweist. Heidegger spricht hier davon, dass die *Gottschaft des Gottes* aus der *Wesung des Seyns* zu denken sei:

Sofern das Vor-stellen und Her-stellen an Grenzen kommt, nämlich an *seine*, die es zugleich als Grenzen des Seienden faßt, muß das Erklärbare, sofern es an das Un-erklärbare stößt, entweder verklärt oder durch das Unerklärbare selbst erklärt werden. Jedesmal kommt das Vor-stellen zur Ansetzung eines höheren Seienden oder eines Über-seienden. Niemals entspringt die Gottschaft des Gottes hier aus der Wesung des Seyns.[149]

Heideggers Rede von Seyn und Gott macht nun allerdings ihrerseits den Eindruck, als würde sie von einem Grund handeln. Dieses Problem wurde oben im Zusammenhang des Seins als Grund und Abgrund schon diskutiert und wird im nächsten Kapitel eingehender behandelt, in dem der Status dieser Sprache untersucht wird. Hier kann zunächst nur festgehalten werden, dass der aus der Wesung des Seyns verstandene Gott laut Heidegger explizit nicht als seiender Gott verstanden werden soll:

Der Gott ist niemals ein Seiendes, davon der Mensch bald so, bald anders Einiges weiß, dem er sich in verschiedenen Entfernungen nähert, sondern die Götter und ihre Gottschaft entspringen aus der Wahrheit des Seyns; d. h. jene dinghafte Vorstellung des Gottes und das erklärende Rechnen mit ihm, z. B. als dem Schöpfer, hat ihren Grund in der Auslegung der Seiendheit als hergestellter und herstellbarer Anwesenheit.[150]

---

[149] GA 66, S. 240, Hervorhebung im Original.
[150] GA 66, S. 235 f. Auch das »erklärende Rechnen« mit dem als erste Ursache verstandenen Schöpfergott wird kulturkritisch akzentuiert: »Wo die Götter nur von

Die Alternativkonzeption des Gottes aus der Wesung des Seyns hat wie der Gott des kosmologischen Beweises *auch* mit dem Dass des Seienden zu tun, für das das Seyn schließlich steht: »*Daß das Seyn ist* – diese verborgenste Herdglut entzündet die Geschichte als den Kampf des Seyns um die Entgegnung der Götter und des Menschen […].«[151] Dabei geht es aber *nicht* um die Erklärung des Dass des Seienden, sondern im Gegenteil gerade um den *Abgrund* der Unerklärbarkeit, für den das Sein, wie oben gezeigt wurde, steht:

Wie, wenn die Götter weder aus dem Seienden errechnet noch für das Seiende bestimmt sein könnten, wenn sie auch gar nie die Ursache des Seins (der Seiendheit) wären, sondern das Seyn als Ur-sprung ihr Grund? Dann könnte das Erdenken des Seyns doch dies Eine bringen, daß der Mensch zu ahnen lernt, warum ein langer Mißverstand über das Gotthafte ihm mißleitet, warum seit Jahrtausenden kein Gott mehr erscheint. Weil seit dieser Zeit von zwei Jahrtausenden schon und vielleicht zu Lasten des »göttlichen« Platon das Sein und seine Wahrheit der Verschüttung durch das aussagende Denken (λόγος) und durch die Vergegenständlichung in der ἰδέα preisgegeben wurde; weil dem Sein durch das Seiende verwehrt wurde, ein Abgrund zu werden […].[152]

Als nun eindeutig pejorative Bezeichnung für diese Auffassung von Gott als erster Ursache taucht der Begriff der Ontotheologie in der Schrift *Das Wesen des Nihilismus* auf, die zwischen 1946 und 1948 entstanden ist und vollständig erst 1999 in der Gesamtausgabe ver-

---

Gnaden solcher Vergötterung noch Gegenstand des Meinens und Besorgens sind, da muß es eines Tages zur Entgötterung kommen, zu jenem Zustand, wo die Götter und der (christliche) Gott, zu einem Mittel des Erklärens gemacht, als jene ›Instanz‹ auftreten, auf die man sich beruft, wenn man das ›Letzte‹ und Unerklärbare gerade noch braucht, um alle Erklärungen und die vollständige Erklärungsbetriebsamkeit zu retten«, GA 66, S. 239. Heidegger macht den als ersten Grund aufgefassten christlichen Gott – und, vgl. die Fußnote oben zu den *Schwarzen Heften*, an dieser Stelle nicht das Judentum – verantwortlich für eine säkularisierte »Betriebsamkeit«, die er in den *Beiträgen zur Philosophie* auch als *Machenschaft* bezeichnet: »In der Machenschaft liegt zugleich die *christlich-biblische* Auslegung des Seienden als *ens creatum*, mag dieses nun gläubig oder verweltlicht genommen werden«, GA 65, S. 132. Dazu Hemming 2004: »Heidegger's point is that something belonging to revelation, to faith as such, has now become operative in metaphysics, in such a way that it no longer matters whether faith is present, but remains at work even in an entirely secularised context«, a.a.O., S. 26.

[151] GA 66, S. 242, Hervorhebung im Original. Zwischen dem Dass des Seienden und dem Dass des Seyns soll hier nicht differenziert werden, man müsste sonst von einem Dass des Dass des Seienden sprechen.

[152] GA 66, S. 255.

öffentlicht wurde. In dieser Schrift ist in Bezug auf Nietzsche kurz vom »onto-theologischen Grundzug der Metaphysik« die Rede,[153] wobei diese Einschätzung der Metaphysik ohne diese Bezeichnung, aber der Sache nach in Heideggers Texten über Nietzsche aus den Jahren 1939 bis 1946 entwickelt wurde. In diesen Texten stellt Heidegger die entsprechende Nähe von natürlicher Theologie und Metaphysik heraus, und zwar ebenfalls eindeutig abwertend. Die natürliche Theologie wird dabei von der Theologie etwa des Alten Testaments abgegrenzt und auf die Aussage reduziert, die Welt habe eine erste Ursache: »Weil aber die natürliche Theologie als philosophische Disziplin als Quelle ihrer Wahrheiten nicht das Alte Testament gelten lassen kann, deshalb muß sich auch der Gehalt dieser Theologie auf die Aussage verdünnen, daß die Welt eine erste Ursache haben müsse.«[154] Dabei macht Heidegger geltend, dass es sich bei dieser Ursache nicht um einen Gott handeln müsse: »Damit ist nicht bewiesen, daß diese erste Ursache ein ›Gott‹ sei, gesetzt, daß ein Gott überhaupt zu einem Beweisgegenstand sich herabwürdigen läßt.«[155] Es ist tatsächlich fraglich, ob der philosophische Gott als erster Grund ohne weiteres mit dem Gott des gelebten Glaubens identifiziert werden kann. Entsprechend lautet die Fragestellung dieser Arbeit, wie die religiöse Rede von Gott zu verstehen ist, wenn sie sich *nicht* auf einen solchen philosophischen Gott bezieht. Dazu wird hier die Ontotheologiekritik von Heidegger nachvollzogen, der trotz des gerade genannten Einwands, dass der erste Grund nicht mit dem Gott des Glaubens identifiziert werden muss, die Metaphysik als theologisch bestimmt, da sie die Annahme einer ersten Ursache mit der natürlichen Theologie teilt: »Die Einsicht in das Wesen dieser rationalen Theologie ist deshalb von Wichtigkeit, weil die abendländische Metaphysik theologisch ist, auch dort, wo sie sich gegen die kirchliche Theologie absetzt.«[156] Im Text *Nietzsches Wort* »*Gott ist tot*« von 1943 kritisiert er diese ontotheologische Verbindung, wenn auch nicht unter diesem Namen. Sie wird dort zwar nicht für die oben zitierte Entgötterung verantwortlich gemacht, aber doch als *Schlag gegen Gott* gewertet, und es geht hier auch nicht um Gott als erste Ursache, sondern als obersten Wert, die Kritik ist aber ganz analog zu verstehen:

---

[153] GA 67, S. 214 ff.
[154] GA 6.2, S. 59.
[155] Ebd.
[156] Ebd.

Der letzte Schlag gegen Gott und gegen die übersinnliche Welt besteht darin, daß Gott, das Seiende des Seienden, zum höchsten Wert herabgewürdigt wird. Nicht daß Gott für unerkennbar gehalten, nicht daß Gottes Existenz als unbeweisbar erwiesen wird, ist der härteste Schlag gegen Gott, sondern daß der für wirklich gehaltene Gott zum obersten Wert erhoben wird. Denn dieser Schlag kommt gerade nicht von den Herumstehern [aus Nietzsches Aphorismus vom *tollen Menschen*], die nicht an Gott glauben, sondern von den Gläubigen und deren Theologen, die vom Seiendsten alles Seienden reden, ohne je sich einfallen zu lassen, an das Sein selbst zu denken, um dabei inne zu werden, daß dieses Denken und jenes Reden, aus dem Glauben gesehen, die Gotteslästerung schlechthin ist, falls sie sich in die Theologie des Glaubens einmischen.[157]

Auch hier wird die natürliche Theologie des philosophischen Gottes von der Theologie eines nicht ontotheologischen Glaubens unterschieden, wobei aber, wie das erste Kapitel gezeigt hat, nicht ganz klar ist, was Heidegger sich unter einer solchen Theologie vorstellt. Um eine Wissenschaft soll es sich jedenfalls nicht handeln, womit sie vom Vorwurf der Ontotheologie nicht betroffen zu sein scheint.[158] Wie oben zitiert, unterstellt er zwar dem Glauben, eine »Bequemlichkeit« zu sein, beschränkt dies aber auf einen Glauben, der Gott als Antwort auf die Leibniz-Frage versteht. Dagegen scheint er einen »richtigen« Glauben zu akzeptieren, in dem die Rede vom Schöpfergott *nicht* auf die Leibniz-Frage bezogen wird: »Mit diesem Hinweis auf die Geborgenheit im Glauben als einer eigenen Weise, in der Wahrheit zu stehen, ist freilich nicht gesagt, daß die Anführung der Bibelworte: ›Im Anfang schuf Gott Himmel und Erde usw.‹ eine Antwort auf unsere Frage [Leibniz-Frage] darstellt.«[159] Einen solchen Glauben grenzt er ganz von der Philosophie ab, selbst von seiner eigenen Philosophie des Seins, was zunächst gegen das Vorhaben dieser Arbeit zu sprechen scheint, mit Heideggers Philosophie ein neues Verständnis der Religiosität zu gewinnen: »Ganz abgesehen davon, ob dieser Satz der Bibel für den Glauben wahr oder unwahr ist, er kann überhaupt keine Antwort auf unsere Frage [Leibniz-Frage] darstellen, weil er auf diese

---

[157] GA 5, S. 259 f.
[158] In *Wissenschaft und Besinnung*, einem Vortrag von 1953, wird entsprechend eine metaphysische Theologie von einem nicht-metaphysischen Glauben abgegrenzt, so dass die Theologie eines *solchen* Glaubens dann wohl nicht ontotheologisch ist: »Das Wirkliche erscheint jetzt im Lichte der Kausalität der causa efficiens. Selbst Gott wird in der Theologie, nicht im Glauben, als causa prima, als die erste Ursache, vorgestellt«, GA 7, S. 44.
[159] GA 40, S. 9.

Frage keinen Bezug hat. Er hat keinen Bezug darauf, weil er einen solchen darauf gar nicht nehmen kann. Was in unserer Frage eigentlich gefragt wird, ist für den Glauben eine Torheit.«[160] Allerdings sind sich der religiöse Glaube und die Heideggerschen Konzepte sehr nahe und es wurde schon im ersten Kapitel angedeutet, wie sich mit Heideggers Ansatz eine post-theistische Lesart religiöser Rede entwickeln lässt. Zu diesem Ansatz gehört insbesondere die Heideggersche Ontotheologiekritik, die insofern gegen eine realistische Auffassung der religiösen Rede steht, als sie erstens die Verbindung der Metaphysik des ersten Grundes mit der theologischen Rede von Gott kritisiert, und zweitens in der Abweisung eines Gottes, der als erste Ursache der Welt gedacht wird, den Ausgangspunkt für eine vertiefte Religiosität sieht, für die bereits zitiert wurde, dass sie mit der Gottschaft eines Gottes zu tun haben soll, der aus der Wesung des Seyns entspringt. Diese Religiosität baut auf der Grundlosigkeit des Seienden auf, für die die Wesung des Seyns bei Heidegger steht, und wenn auch nicht ganz klar ist, wie Heidegger selbst das Verhältnis zum christlichen Glauben einschätzt, da er sich einerseits explizit und deutlich vom Christentum abwendet, andererseits aber einen gewissen Respekt vor der Theologie des Glaubens behält, soll hier doch versucht werden, diese Philosophie für ein angemessenes Verständnis des Glaubens fruchtbar zu machen.

Die Verbindung von Metaphysik und Theologie, die Heidegger angreift, findet sich zum Beispiel ganz eindeutig bei Leibniz, bei dem der Satz vom Grund zur Annahme eines Gottes gehört, der als erste Ursache der Welt gilt. In der oben besprochenen Vorlesung über den *Satz vom Grund* bringt Heidegger diese Leibnizsche Konzeption wie folgt auf den Punkt: »Alles Wirken verlangt jedoch (nach dem Satz vom Grund) eine Ursache. Die erste Ursache aber ist Gott.«[161] Dies wird mit einem Zitat von Leibniz belegt und kommentiert:

Es muß eine erste Ursache existieren. Dieses Existierende wird im folgenden Satz die ultima ratio Rerum genannt, der äußerste (höchste) seiende Grund aller Dinge. Leibniz fügt hinzu: et (nämlich illud Ens necessarium) uno vocabulo solet appellari DEUS, »und (jenes notwendig als der höchste Grund Seiende) pflegt mit einem Wort Gott genannt zu werden.«

Das Wesensganze des Seienden bis zur prima causa, zu Gott, ist vom

---

[160] Ebd. Darauf folgt die im ersten Kapitel zitierte Charakterisierung der christlichen Philosophie als »hölzernes Eisen«.
[161] GA 10, S. 43.

principium rationis durchwaltet. Der Geltungsbereich des Satzes vom Grund umfängt alles Seiende bis zu seiner ersten seienden Ursache, diese mit eingeschlossen.[162]

Bei Leibniz' rationalistischer Position handelt es sich tatsächlich um einen paradigmatischen Fall dessen, was Heidegger als Ontotheologie kritisiert, was hier aber nicht genauer untersucht werden soll.[163] In der Einleitung zu *Was ist Metaphysik?* von 1949 spricht Heidegger darüber hinaus ganz allgemein vom »onto-theologischen Wesen« der Philosophie, was als Verdikt vielleicht auf Leibniz zutrifft, aber sicher nicht auf die Philosophie als solche. Er behauptet: »Die Metaphysik ist in sich, und zwar weil sie das Seiende als das Seiende zur Vorstellung bringt, zwiefach-einig die Wahrheit des Seienden im Allgemeinen und im Höchsten. Sie ist ihrem Wesen nach zugleich Ontologie im engeren Sinne und Theologie.«[164] Diese Behauptung wird in der Schrift *Die onto-theo-logische Verfassung der Metaphysik* noch einmal bekräftigt. In diesem Text von 1957 bündelt Heidegger seine Ontotheologiekritik nach all den bis hier zitierten verstreuten Hinweisen noch einmal und stellt dabei die kaum haltbare Behauptung auf, *sämtliche* Metaphysik seit der Antike sei Ontotheologie: »Nun ist aber die abendländische Metaphysik seit ihrem Beginn bei den Griechen – und noch ungebunden an diese Titel – zumal Ontologie und Theologie.«[165] Diese Verbindung wird dann wieder so erläutert, wie es hier schon mehrfach zitiert wurde: »In der Antrittsvorlesung *Was ist Metaphysik?* (1929) wird daher die Metaphysik als die Frage nach dem Seienden als solchem *und* im Ganzen bestimmt. Die Ganzheit dieses Ganzen ist die Einheit des Seienden, die als der hervorbringende Grund einigt. Für den, der lesen kann, heißt dies: Die Metaphysik ist Onto-Theo-Logie.«[166] Weiterhin versucht Heidegger, einen systematischen Grund für diese Verbindung anzugeben, den er in einer gemeinsamen Fragestellung sieht:

Denn offenkundig handelt es sich nicht erst um einen Zusammenschluß zweier für sich bestehender Disziplinen der Metaphysik, sondern um die Einheit dessen, *was* in der Ontologik und Theologik befragt und gedacht wird: Das Seiende als solches im Allgemeinen und Ersten *in Einem mit*

---

[162] GA 10, S. 41.
[163] Zu Heidegger und Leibniz vgl. Cristin 2010.
[164] GA 9, S. 379.
[165] GA 11, S. 63.
[166] Ebd., Hervorhebung im Original.

dem Seienden als solchem im Höchsten und Letzten. Die Einheit dieses Einen ist von solcher Art, daß das Letzte auf seine Weise das Erste begründet und das Erste auf seine Weise das Letzte.[167]

Diese Erklärung wird mit der Frage »Wie kommt der Gott in die Philosophie?«[168] akzentuiert, zu deren Beantwortung Heidegger den Punkt geltend macht, dass die Annahme der Gültigkeit des Satzes vom Grund zwangsläufig zu einem ersten Grund führt, der hier als *causa sui* bezeichnet und direkt mit Gott identifiziert wird. Damit ist die Frage, wie Gott in die Philosophie kommt, auch schon beantwortet:

Die Sache des Denkens ist das Seiende als solches, d. h. das Sein. Dieses zeigt sich in der Wesensart des Grundes. Demgemäß wird die Sache des Denkens, das Sein als der Grund, nur dann gründ-lich gedacht, wenn der Grund als der erste Grund, πρώτη ἀρχή, vorgestellt wird. Die ursprüngliche Sache des Denkens stellt sich als die Ur-Sache dar, als die causa prima, die dem begründenden Rückgang auf die ultima ratio, die letzte Rechenschaft, entspricht. Das Sein des Seienden wird im Sinne des Grundes gründlich nur als causa sui vorgestellt. Damit ist der metaphysische Begriff von Gott genannt. Die Metaphysik muß auf den Gott hinaus denken, weil die Sache des Denkens das Sein ist, dieses aber in vielfachen Weisen als Grund [...] west.[169]

Damit wiederholt Heidegger im Wesentlichen das Argument des kosmologischen Gottesbeweises, das er aus der natürlichen Theologie in ein Problem der Philosophie überträgt, in der sich das Regressproblem des Satzes vom Grund ebenfalls stellt. Wenn man die Gültigkeit dieses Satzes annimmt, muss man entweder einen infiniten Regress von immer neuen Gründen, einen Begründungszirkel oder einen ersten Grund akzeptieren, wobei letzterer, wenn er als *causa sui* verstanden wird, selbst ein kleiner Zirkel ist. Dabei handelt es sich in der Tat um ein systematisches philosophisches Problem, was aber noch lange nicht heißt, die gesamte Geistesgeschichte würde von der Existenz eines ersten Grundes ausgehen. Im Gegenteil steht Heidegger mit seiner Ontotheologiekritik in einer langen Tradition, die er selbst auch gut kannte und von der er sogar zehrte. Mit Eckhart, Luther

---

[167] GA 11, S. 68, Hervorhebungen im Original. Analoge Erläuterungen finden sich a. a. O., S. 67 und 76.
[168] GA 11, S. 64.
[169] GA 11, S. 67. Dass das Sein hier als Grund west, hat mit Heideggers Konzeption der Seinsgeschichte zu tun, die im nächsten Abschnitt kurz erläutert wird.

und Kierkegaard war er bestens vertraut, er kannte die Arbeiten von Schleiermacher und Rudolf Otto und mit Bultmann hat er intensiv zusammengearbeitet. Es gibt natürlich auch einschlägige Beispiele tatsächlicher Ontotheologie, in denen Gott als erster Grund angesehen wird. Diese Auffassung findet sich etwa in der jüngeren analytischen Religionsphilosophie und auch Aristoteles und Leibniz können als Vertreter einer solchen Position angesehen werden. Aber schon bei Thomas von Aquin, dem geradezu kanonischen Protagonisten des kosmologischen Gottesbeweises, ist die Sache nicht so klar. Zwar verwendet er typische ontotheologische Begrifflichkeiten,[170] eine genauere Lesart könnte aber zeigen, dass es sich bei seiner *via secunda* ebenfalls um einen Verweis auf den Abgrund des Seienden handelt, der mit der Rede von Gott vergegenwärtigt wird, was auch ganz allgemein für die klassischen Gottesbeweise gelten könnte.[171] Allerdings kann diese Frage hier nicht eindeutig entschieden werden, da es auch Untersuchungen gibt, die Heideggers Lesart bestätigen.[172] Dies gilt auch für die Positionen von Descartes, Spinoza und Hegel, die Hei-

---

[170] Dazu heißt es zum Beispiel bei Westphal 2006: »It cannot be denied that Aquinas employs a vocabulary, especially in the immediately following questions on the existence and nature of God. There we encounter the Prime Mover, the First Cause, the Necessary Being, and the *Ens Realissimum* who is simple, perfect, infinte, omnipresent, omnipotent, immutable, eternal and one«, a. a. O., S. 184.

[171] So hält Westphal 2006 mit Bezug auf Heidegger fest: »[…] it becomes increasingly clear that classical theism in general and Aquinas in particular are already postmodern in the sense that they are already opponents of metaphysics in its onto-theological constitution, although not, of course, by name«, a. a. O., S. 174. Mit Thomas von Aquin lässt sich laut Westphal sagen, dass nur Gott selbst ein erfolgreicher Ontotheologe sein kann, a. a. O., S. 189, was gegen die Annahme des theistischen Realismus spricht. Auch Wucherer-Huldenfeld 1998 versucht, Heideggers Ontotheologievorwurf für Thomas von Aquin zu entkräften, und unternimmt eine »Relektüre metaphysischer Texte mit und gegen Heidegger«, a. a. O., S. 166 ff., die zeigt, dass zwar die Positionen von Duns Scotus und dem Skotismus als Ontotheologie angesehen werden müssen, S. 167 ff., nicht aber die Theologie des Thomas von Aquin, mit der es unvereinbar wäre, »[…] vom Göttlichen und von Gott wie von einem Seienden im eigentlichen Wortsinn zu sprechen«, S. 176. Er fasst zusammen: »Heideggers Vorwurf […] dürfte für die Rezeptionsgeschichte, aber kaum für Thomas zutreffend sein«, ebd. Auch die im ersten Kapitel erwähnte katholische Heideggerschule nimmt Thomas von Aquin vor Heideggers Vorwürfen in Schutz.

[172] Mit zahlreichen Belegen aus der Forschungsliteratur konstatiert Barrón 2010: »Trotz wiederholter Versuche, Thomas von Aquin vom Vorwurf der Ontotheologie zu befreien, ist nicht zu leugnen, daß er der Aristotelischen Lösung des Problems gefolgt ist und Gott als Gegenstand der Metaphysik im Sinne des *summum ens* betrachtet hat«, a. a. O., S. 175.

degger der Ontotheologie zuschlägt, und bei denen sich die Forschung über die Rechtmäßigkeit dieses Urteils ebenfalls nicht einig ist.[173] Zumindest sprechen diese drei von Gott als *causa sui*, was, wie oben zitiert, Heideggers Charakterisierung des Gottes der Ontotheologie ist. Da der *Begriff* der *causa sui* erstmals bei Plotin und dann erst wieder bei Descartes auftaucht, und zwar in der *dritten Meditation*, ist es eine nahezu triviale Feststellung, dass Heideggers Urteil nicht buchstäblich auf die gesamte abendländische Philosophiegeschichte zutreffen kann.[174] Der Sache nach lässt sich der Vorwurf der Ontotheologie aber dennoch auf zahlreiche Autoren beziehen, auch wenn sie nicht von einer *causa sui* sprechen, so zum Beispiel auf Aristoteles und sein Konzept des *unbewegten Bewegers*, von dem ausgehend Heidegger bereits im Sommersemester 1927, in der schon zitierten Vorlesung über die *Grundprobleme der Phänomenologie*, die antike Ontologie im Sinne des erst etliche Jahre später entwickelten Begriffs der Ontotheologie charakterisiert:

> Die antike Ontologie war in ihren Fundamenten und Grundbegriffen trotz anderer Ursprünge der christlichen Weltauffassung und Auffassung des Seienden als ens creatum gleichsam auf den Leib zugeschnitten. Gott ist als das ens increatum das herstellungsunbedürftige Seiende schlechthin und für alles andere Seiende die causa prima.[175]

Wenn dies auch auf Aristoteles zutreffen mag, ist aber bereits bei der Rede vom *Einen* in der neuplatonischen Henologie Vorsicht mit diesem Urteil geboten.[176]

---

[173] Mit Bezug auf die oben zitierte Heideggersche Charakterisierung der Ontotheologie, sie würde Gott als *causa sui* auffassen, kommt Peperzak 2003 zu dem Ergebnis: »With regard to the third point, concerning God as *causa sui*, I claim that a close reading of the passages in which Descartes, Spinoza, and Hegel call God *causa sui* shows that this name, in conjunction with the other names they use (›the infinite‹, *substantia*, *Geist*) does not justify Heidegger's interpretation«, a. a. O., S. 107. Auf der anderen Seite stellt Westphal 2006 diese drei Autoren auf eine Stufe mit der Ontotheologie des Aristoteles, a. a. O., S. 183 f., auch wenn Aristoteles nicht den Begriff der *causa sui* verwendet.

[174] Brkic 1994 hebt dies mit besonderer Betonung der Scholastik hervor, vgl. a. a. O., S. 205 f.

[175] GA 24, S. 168. Ähnlich können laut Barrón 2010 auch mittelalterliche Autoren eingeschätzt werden: »Im allgemeinen scheinen mir all die Versuche recht problematisch, einige mittelalterliche Autoren vom Ontotheologie-›Vorwurf‹ zu entlasten oder überhaupt den Anfang der Ontotheologie erst im Mittelalter anzusetzen«, a. a. O., S. 175.

[176] Kritisch, aber mit zahlreichen Belegen hält Barrón 2010 fest: »In der Neuplatonis-

Insgesamt ist Heideggers Urteil über die »abendländische Metaphysik seit ihrem Beginn bei den Griechen« ganz sicher zu pauschal, was bei einer derart starken These kaum überrascht. Eine eingehende Lektüre der einzelnen Autoren würde entsprechende Differenzierungen ergeben, was aber nicht der Anspruch dieser Arbeit ist. Außerdem hat Heidegger diese These ganz offenbar wider besseren Wissens aufgestellt, da er seine eigene, dem Anspruch nach nicht-ontotheologische Position mit ständigem Rückbezug auf die Tradition der religiösen Aufklärung entwickelt hat, für die einige exemplarische Namen oben genannt wurden. Zwar kam er aus einem traditionellen katholischen Umfeld und hat zunächst katholische Theologie studiert, in der Thomas von Aquin – zumindest zu Heideggers Zeiten – als kanonischer Autor ganz im Sinne der Ontotheologie galt.[177] Aber er hat dann nicht zuletzt in Marburg sehr eng mit Bultmann zusammengearbeitet, der ganz sicher nicht im Verdacht der Ontotheologie steht.[178] Das Verdikt der Ontotheologie trifft also sicher nicht die gesamte Philosophie und Theologie seit Platon, und Heidegger wusste das auch.

Dazu kommt, dass das Regressproblem des Satzes vom Grund nicht einmal notwendig zur Annahme eines ersten Grundes führen muss, wie es Heidegger nahelegt. Als Beispiel sei nur Kant erwähnt, der in seiner Antinomienlehre zeigt, dass weder die Grundlosigkeit noch ein erster Grund des Seienden denkbar ist, und der den kosmologischen Gottesbeweis entsprechend verwirft. Auch Hume wurde bereits mit seiner Kritik am kosmologischen Gottesbeweis zitiert, wo-

---

mus-Forschung ist man darauf erpicht, im bewußten, ja krassen Widerspruch zu Heideggers Auffassung der Geschichte der Philosophie diese philosophische Richtung vom Vorwurf der Seinsvergessenheit freizusprechen und die ›Henologie‹ als eine Art Überwindung der Metaphysik zu stilisieren«, a.a.O., S. 174.

[177] Dazu Hübner 1999: »Wenn Heidegger also wiederholt die christliche Auffassung vom *deus creator* als Ausdruck des metaphysischen Kausalitätsdenkens vehement, ja geradezu leidenschaftlich ablehnt, dann wird man ihm zunächst einmal zugute halten müssen, daß er aus seinem Theologiestudium die Verbindlichkeit auch der *via secunda* vor Augen hat«, a.a.O., S. 144.

[178] Zu Heideggers Urteil über die oben zitierte »christlich-jüdische Vergötterung des Ursacheseins als solchen« heißt es bei Hübner 1999 entsprechend: »Dies verwundert vor allem angesichts seines engen Kontakts mit dem evangelischen Theologen *Rudolf Bultmann* während seiner Marburger Lehrtätigkeit. Heidegger hat bei ihm ein theologisches Denken kennengelernt, das fern aller scholastischen Theologie steht. [...] Er hat Luther gut verstanden. Und dessen theologischer Ansatz steht bestimmt nicht in der Sphäre eines aristotelischen *causa*-Denkens im Blick auf den *deus creator*«, a.a.O., S. 145.

bei sich Heidegger allerdings nie über die empiristische Tradition geäußert hat. Im letzten Abschnitt über den Satz vom Grund und die Leibniz-Frage wurde aber auch anhand von Schopenhauer erläutert, dass der Satz vom Grund nicht sinnvoll auf das Ganze des Seienden angewendet werden kann. Dabei wurde insbesondere mit Russell und Hempel die Möglichkeit der Annahme eines ersten Grundes überhaupt verworfen, womit eine letzte Antwort auf die Warumfrage nicht einmal denkbar ist. Das Regressproblem des Satzes vom Grund kann demnach auch damit gelöst werden, dass die Gültigkeit dieses Satzes entsprechend eingeschränkt wird.

Vor diesem Hintergrund hat Heideggers Ontotheologiekritik nun aber doch ihre Berechtigung, da sie nämlich auf einen *anderen Sinn* der Warumfrage zielt. Es kann weder darum gehen, einen ersten Grund zu setzen, noch kann die Frage nach dem Grund als sinnlos abgetan werden. Stattdessen macht die Warumfrage auf die Unbegreiflichkeit des Dass des Seienden aufmerksam, was in Heideggers Worten heißt, dass sie inständig werden lässt in der Wahrheit des Seins. Aus dieser Perspektive ist die Antwort mit einem Gott als erstem Grund nicht nur verfehlt, sondern kann als die oben zitierte »Bequemlichkeit« angesehen werden, die nicht mehr nach dem Grund dieses Gottes fragt, auch wenn dies der feinsinnigen Argumentation von zum Beispiel Leibniz natürlich nicht gerecht wird. Mit seiner Ontotheologiekritik wendet sich Heidegger nicht nur gegen ein aus seiner Perspektive verfehltes Gottesverständnis, sondern macht auf das prinzipielle Problem der Grundlosigkeit des Seienden aufmerksam, das man, wie etwa Mackie, auf sich beruhen lassen kann,[179] das aber auch Anlass zu mindestens einem Wittgensteinschen Staunen oder tieferen existenziellen Verunsicherungen gibt, auf die Heidegger hinaus will. Dieser wahre Abgrund der Vernunft,[180] zu dem man sich angemessen verhalten muss, wird gar nicht erst wahrgenommen, wenn man als letzte Antwort auf die Warumfrage einen *causa-sui*-Gott annimmt,[181] und es ist wohl dieser fehlende existenzielle Ernst,

---

[179] Vgl. das Zitat aus dem letzten Abschnitt: »Nichts aber zwingt uns, dies für unbefriedigend zu halten«, Mackie 1985, S. 137.

[180] Kant, KrV B 641. In der Schrift *Kants These über das Sein* von 1961 diskutiert Heidegger auch Kants Widerlegung der Gottesbeweise, daran aber vor allem die These, dass das Sein kein Prädikat sei, vgl. GA 9, S. 445–480. In dieser Schrift findet sich eine weitere Fassung der bereits mehrfach zitierten Charakterisierung der Ontotheologie, vgl. GA 9, S. 449, und zu dieser Stelle auch Thomson 2000, S. 301.

[181] Man muss es nicht Bequemlichkeit nennen, kann aber doch sagen, dass eine ver-

den Heidegger an der folgenden vielzitierten Stelle mit der Rede vom
Singen und Tanzen meint: »Dies ist die Ursache als die Causa sui. So
lautet der sachgerechte Name für den Gott in der Philosophie. Zu
diesem Gott kann der Mensch weder beten, noch kann er ihm opfern.
Vor der Causa sui kann der Mensch weder aus Scheu ins Knie fallen,
noch kann er vor diesem Gott musizieren und tanzen.«[182] Zum Singen und Tanzen laden Heideggers Konzeptionen auch nicht ein, sie
machen aber auf eine *geheimnisvolle Ferne* aufmerksam, die sich auf
die Unerklärbarkeit des Dass des Seienden beziehen lässt, und die
Heidegger in der Schrift *Die Frage nach der Technik* von 1953 an
dem *causa-sui*-Gott vermisst:

So kann, wo alles Anwesende sich im Lichte des Ursache-Wirkung-Zusam-
menhangs darstellt, sogar Gott für das Vorstellen alles Heilige und Hohe,
das Geheimnisvolle seiner Ferne verlieren. Gott kann im Lichte der Kausalität zu einer Ursache, zur causa efficiens, herabsinken. Er wird dann
sogar innerhalb der Theologie zum Gott der Philosophen, jener nämlich,
die das Unverborgene und Verborgene nach der Kausalität des Machens
bestimmen, ohne dabei jemals die Wesensherkunft dieser Kausalität zu
bedenken.[183]

An dieser Stelle soll noch einmal betont werden, *warum* Heidegger
den Gott als *causa sui* ablehnt. Es geht ihm nicht einfach um die
Pascalsche Gegenüberstellung vom *Gott der Väter* und dem *Gott der
Philosophen*, wie es das Zitat mit dem Singen und Tanzen nahelegt.[184]

---

meintliche Absicherung mit einem göttlichen ersten Grund den Abgrund des Seienden übersieht, von dem auch ein seiender Gott betroffen wäre. Robbins 2002 spricht
in diesem Sinne von der *Zirkularität* der Ontotheologie: »Put bluntly, ontotheology's
problem is the simple realization that ontotheology does not recognize that it even has
a problem. It assumes that its beginning and end is secure, when in fact, by giving
thought to these conditions that make ontotheological thinking possible in the first
place, it becomes apparent that the ground is ungrounded, suspended over an abyss,
and that the height is forgetful of transcendence and oblivious to the ontological
difference, thus reinforcing the circle of the same«, a. a. O., S. 142.

[182] GA 11, S. 77.

[183] GA 7, S. 27.

[184] In Abschnitt 1.1 wurde bereits darauf aufmerksam gemacht, dass diese Kritik auch
nicht triftig wäre, was hier noch einmal mit Brkic 1994 betont sei: »Eine Ablehnung
der philosophischen Theologie, nur weil zu ihrem Gott der Mensch nicht beten und
musizieren kann, unterstellt dieser Theologie etwas, was sie überhaupt nicht in Anspruch nimmt«, a. a. O., S. 315. Es ist eine berechtigte Frage, »[…] ob die großen Vertreter der metaphysischen Theologie dies jemals im Sinn hatten, wogegen Heidegger
hier eintritt. Anders gesagt: Es muß die Frage gestellt werden, ob die philosophische
Theologie überhaupt den ontologisch gedachten Gott zum Gegenstand der kultisch

Stattdessen steht er mit seinem gesamten philosophischen Projekt gegen die Vorstellung eines letzten Grundes.[185] Das Seiende ist, mit seiendem Gott oder ohne, grundlos und »ohne Warum«, was als Einsicht zu einem neuen und tieferen Verständnis von Religiosität führt. Entsprechend lehnt Heidegger nicht, wie die atheistische Kritik des kosmologischen Gottesbeweises, die Rede von Gott ab, sondern bringt einen göttlichen Gott ins Spiel, der über den theistischen *causa-sui*-Gott hinausweist: »Demgemäß ist das gott-lose Denken, das den Gott der Philosophie, den Gott als Causa sui preisgeben muß, dem göttlichen Gott vielleicht näher.«[186] Damit rührt er aber auch an das grundsätzliche Problem der im ersten Kapitel besprochenen Tradition der religionsinternen Aufklärung, wie man die Rede von Gott verstehen soll, wenn man Gott nicht als Seiendes verstehen kann. In den Worten von Robbins 2002: »Here, Augustine's question, ›What do I love when I love my God?‹ becomes most important. The question manifests the ever-present temptation of religion by ontotheology.«[187] In dieser Frage hatte Heidegger mit seiner Ontotheologiekritik weitreichenden Einfluss, von dem eine postmoderne christliche Theologie ebenso zehrt, wie die Philosophie eines Derrida oder Marion. Heidegger entwickelt aber auch eine eigene nicht ontotheologische Rede von Gott. Er grenzt zwar seine Seinsphilosophie von der Theologie des Glaubens ab, was er in der *onto-theo-logischen Verfassung der Metaphysik* noch einmal damit bekräftigt, dass er von Gott schweigen möchte:

Wer die Theologie, sowohl diejenige des christlichen Glaubens als auch diejenige der Philosophie, aus gewachsener Herkunft erfahren hat, zieht es heute vor, von Gott im Bereich des Denkens zu schweigen. Denn der onto-theologische Charakter der Metaphysik ist für das Denken fragwürdig

---

praktizierenden Gläubigkeit machen will, und ob nicht gerade hier die Unterscheidung der Theologie des christlichen Glaubens [...] von der philosophischen Theologie [...] ihre Geltung hat«, a. a. O., S. 211, Hervorhebung gelöscht.

[185] In der Heideggerforschung wird nur selten nach den *Argumenten* gefragt, die Heidegger gegen den *causa-sui*-Gott vorbringt. Eine der wenigen Ausnahmen liefert Haeffner 1985, der die beiden gerade genannten Argumentationslinien nachzeichnet: Zum ersten die Pascalsche Gegenüberstellung des Gottes des gelebten Glaubens gegen den philosophischen Gott, und zum zweiten das Problem der Kausalität, vgl. a. a. O., S. 145 ff. Nach der hier vertretenen These ist der zweite Punkt entscheidend, da von diesem aus auch die Religiosität neu bestimmt werden kann.

[186] GA 11, S. 77.

[187] A. a. O., S. 145.

geworden, nicht auf Grund irgendeines Atheismus, sondern aus der Erfahrung eines Denkens, dem sich in der Onto-Theo-Logie die noch *ungedachte* Einheit des Wesens der Metaphysik gezeigt hat.[188]

Dennoch spricht er von einem göttlichen Gott, der nicht als Grund im Sinne der *causa sui* zu verstehen ist, sondern, wie schon das Sein, für die Grundlosigkeit des Seienden steht. Für diese Lesart spricht, dass Heideggers alternativer Gottesbegriff auf die Wahrheit des Seins bezogen ist, was im ersten Kapitel schon anhand des *Humanismusbriefs* belegt wurde, und was Heidegger an zahlreichen weiteren Stellen bestätigt, von denen in diesem Abschnitt zwei entsprechende Passagen aus *Besinnung* über das Entspringen der Gottschaft aus der Wesung bzw. Wahrheit des Seyns wiedergegeben wurden und von denen hier zum Abschluss eine weitere mit Bezug auf Nietzsche aus dem Jahr 1959 ausgewählt sei:

Der Gott als Wert gedacht, und sei er der höchste, ist kein Gott. Also ist Gott nicht tot. Denn seine Gottheit lebt. Sie ist sogar dem Denken näher als dem Glauben, wenn anders die Gottheit als Wesendes seine Herkunft aus der Wahrheit des Seins empfängt und das Sein als ereignender Anfang Anderes »ist« denn Grund und Ursache des Seienden.[189]

Die vorliegende Arbeit entwickelt eine Interpretation dieser religiösen Rede Heideggers, wozu bereits angedeutet wurde, dass es um die Grundlosigkeit des Seienden geht, die auch mit der Rede vom Sein thematisiert wird. Der Status dieser Rede und die Rolle der zugehörigen Erfahrungen werden in den nächsten beiden Kapiteln untersucht, worauf dann im fünften Kapitel genauer auf die religiöse Rede bei Heidegger eingegangen wird. Dabei wird insbesondere zu fragen sein, wieso Heidegger über das Sein hinaus überhaupt noch von einem Gott bzw. später sogar von Göttern spricht.

2.4 Ereignis und Geviert

In den Abschnitten 2.1 und 2.2 wurde gezeigt, wie Heidegger mit der ontologischen Differenz die Unerklärbarkeit des Dass des Seienden hervorhebt und mit seiner Behandlung der Leibniz-Frage und des Satzes vom Grund noch vertieft. Der letzte Abschnitt zeigte außer-

---

[188] GA 11, S. 63, Hervorhebung im Original.
[189] Aus den *Aufzeichnungen aus der Werkstatt*, GA 13, S. 154.

dem, dass Heidegger insbesondere einen *ersten* Grund ablehnt, der in der natürlichen Theologie mit Gott identifiziert wird, und der unter anderem bei Descartes, Spinoza und Hegel als *causa sui* bezeichnet wird. Dabei geht es aber nicht nur um ein angemessenes Verständnis der religiösen Rede, die nicht mit diesem *causa-sui*-Gott zu verbinden ist, wie es zumindest Heidegger behauptet, wenn er die natürliche Theologie von der Theologie des Glaubens abgrenzt und festhält, dass man vor dem *causa-sui*-Gott nicht Singen und Tanzen kann. Es geht darüber hinaus um die Situation des Menschen überhaupt, der sich, ob religiös oder nicht, zu der Grundlosigkeit des Seienden verhalten muss. Dazu gehört auch das Problem, wie diese Grundlosigkeit zu denken ist, die letztlich, wie Heideggers Rede von einem Sein, das kein Seiendes sein soll, buchstäblich verstanden sinnlos ist. Da jeder Grund des Seienden nur wieder als etwas Seiendes vorgestellt werden kann, lässt sich der Gedanke eines Grundes *alles* Seienden nicht konsistent denken, womit auch die Vorstellung der Grundlosigkeit ein Bild darstellt, das nicht buchstäblich funktioniert. Dennoch handelt es sich um eine bildliche Vergegenwärtigung der menschlichen Situation, die nur mit solchen Bilden verständlich gemacht werden kann. Es gibt keine »wahre« Beschreibung dieser Situation, die mit diesen Bildern nur stellvertretend erläutert würde, sondern diese Bilder beschreiben bereits diese Situation selbst, wobei bereits die Rede von einer Situation diesen bildlichen Charakter hat. Dies wird im dritten Kapitel noch genauer erläutert.

An der Undenkbarkeit der Grundlosigkeit arbeitet sich auch Heidegger ab, wenn er mit seiner Rede vom Sein an entsprechende Grenzen stößt, und stattdessen vom Ereignis bzw. später vom Geviert spricht, wobei auch diese Redeweisen als bildliche Vergegenwärtigungen der menschlichen Situation anzusehen sind. Die Probleme fangen bereits damit an, dass man sich das Ganze des Seienden nicht gegenständlich vorstellen kann, wie es in Abschnitt 2.1 im Zusammenhang mit dem Begriff des Nichts erläutert wurde. Dies betont Heidegger noch einmal im Vortrag *Die Zeit des Weltbildes* von 1938, in dem er dem Denken seit der Neuzeit unterstellt, sich in der Täuschung zu befinden, dies zu können. Heidegger spricht dort zunächst von der allgemeinen Tendenz der Vergegenständlichung: »Natur und Geschichte werden zum Gegenstand des erklärenden Vorstellens. Dieses rechnet auf die Natur und rechnet mit der Geschichte. Nur was dergestalt Gegenstand wird, *ist*, gilt als seiend. Zur Wissenschaft als Forschung kommt es erst, wenn das Sein des Seienden in solcher Gegenständlichkeit gesucht wird.«[190] Diese Tendenz begründet er mit einem Bedürfnis nach Sicherheit und Gewissheit des Menschen: »Diese Vergegenständlichung des Seienden vollzieht sich in einem Vor-stellen, das darauf zielt, jegliches Seiende so vor sich zu bringen, daß der rechnende Mensch des Seienden sicher und d. h. gewiß sein kann.«[191] Allerdings sind Vergegenständlichungen im Rahmen der Naturwissenschaften unproblematisch und sogar unvermeidbar. Problematisch wird es erst, wenn diese Vergegenständlichungen verabsolutiert und auf die Welt im Ganzen bezogen werden. Heidegger behauptet, dass die Vorstellung einer solchen Vergegenständlichung des Ganzen kennzeichnend für das Denken seit der Neuzeit wäre. Laut Heidegger gilt ganz allgemein, dass derartige Hintergrundannahmen das Denken grundlegend prägen: »Die Metaphysik begründet ein Zeitalter, indem sie ihm durch eine bestimmte Auslegung des Seienden und durch eine bestimmte Auffassung der Wahrheit den Grund seiner Wesensgestalt gibt. Dieser Grund durchherrscht alle Erscheinungen, die das Zeitalter auszeichnen.«[192] Für das Denken seit der Neuzeit sei dabei die Vorstellung prägend, man könne das Ganze des Seienden als Gegenstand denken, wofür laut Heidegger der Begriff des *Weltbildes* steht: Die Welt wird in einer solchen Vergegenständlichung als Bild vor den Menschen gestellt und damit so sichergestellt, wie die einzelnen Objekte der Naturwissenschaften:

Weltbild, wesentlich verstanden, meint daher nicht ein Bild von der Welt, sondern die Welt als Bild begriffen. Das Seiende im Ganzen wird jetzt so genommen, daß es erst und nur seiend ist, sofern es durch den vorstellend-herstellenden Menschen gestellt ist. Wo es zum Weltbild kommt, vollzieht sich eine wesentliche Entscheidung über das Seiende im Ganzen. Das Sein des Seienden wird in der Vorgestelltheit des Seienden gesucht und gefunden.[193]

Eine solche Vorstellung ist aber genauso unmöglich, wie einen ersten Grund zu denken. Es handelt sich letztlich um den Wunsch nach einer Gottesperspektive, nach einem *Blick von nirgendwo*, wie es Thomas Nagel auf den Punkt gebracht hat. Dieser Blick steht für den Wunsch nach der Sicherheit einer absoluten Objektivität, den Heidegger in *Die Zeit des Weltbildes* dem Denken seit der Neuzeit unterstellt,

---

[190] GA 5, S. 87, Hervorhebung im Original.
[191] Ebd.
[192] GA 5, S. 75.
[193] GA 5, S. 89 f.

und ist aber auch laut Nagel undenkbar, weshalb sich dieser Wunsch selbst untergräbt.[194] Dennoch versteht man, was mit dem Ausdruck des Blicks von nirgendwo gemeint ist, weshalb dieses Bild und der Hinweis auf die Unmöglichkeit, eine solche Außen- bzw. Gottesperspektive einzunehmen, als eine Beschreibung der endlichen Situation des Menschen angesehen werden kann. Auf diese Situation will auch Heidegger hinaus, wenn er die neuzeitliche Vorstellung des Weltbildes kritisiert und stattdessen von Sein und Ereignis spricht.

Weiterhin führt die Vergegenständlichung des Seienden im Ganzen zu der Frage nach dessen Grund, der ebenso undenkbar ist, wie man die Welt im Ganzen nicht als Gegenstand denken kann. Genauso, wie man nicht aus sich heraustreten kann, um die Welt als Ganzes in den Blick zu bekommen, lässt sich kein Grund denken, der nicht selbst wieder einen Grund hat, was oben bereits anhand der Vorlesung über den *Satz vom Grund* erläutert wurde, und was Heidegger in einem Vortrag über die *Grundsätze des Denkens* von 1957 wie folgt auf den Begriff bringt: »Wenn das Denken den Bezug zum Grund und den Grund als solchen bedenken soll, kann es sich nicht wieder an einen Grund halten, kann es nicht fernerhin ein Begründen sein wollen.«[195] Für diese Grundlosigkeit, auf die das Denken in seinem Versuch, einen Grund zu finden, stößt, verwendet Heidegger auch die Metapher des Schwebens: »Am Ab-Grund findet das Denken keinen Grund mehr. Es fällt ins Bodenlose, wo nichts mehr trägt. Aber muß das Denken notwendig getragen sein? [...] Keineswegs. Dergleichen wie das Denken kann getragen sein, indem es schwebt.«[196] Um beides, die Grundlosigkeit des Seienden im Ganzen

---

[194] Nagel 1992, S. 120. Die Argumentation Nagels in diesem Zusammenhang wird im dritten Kapitel über den Status der Sprache genauer ausgeführt.

[195] GA 79, S. 154.

[196] Ebd. Mit einem etwas kühnen Vergleich aus der Physik könnte man sogar sagen, dass das Fallen ins Bodenlose bereits das Schweben *ist* bzw. von diesem nur durch einen Aspektwechsel getrennt wird. Eine der Grundlagen von Einsteins Allgemeiner Relativitätstheorie ist das *starke Äquivalenzprinzip*, nach dem die *schwere Masse* eines Körpers dessen *träger Masse* entspricht. Das bedeutet insbesondere, dass sich der Zustand des freien Falls in einem Gravitationsfeld nicht vom Zustand der Schwerelosigkeit außerhalb jeglicher Gravitation unterscheiden lässt. Dieses Bild kann insofern auf Heideggers Bild des Schwebens übertragen werden, als der Blick in den Abgrund zunächst zum Zustand des freien Falls führt, der dann aber als die Schwerelosigkeit wahrgenommen werden kann, in der man sich schon immer befindet. Zwischen diesen beiden Erfahrungen liegt lediglich ein Wittgensteinscher Aspektwechsel. Allerdings kann man sich nicht endlos im Zustand des freien Falls befinden, ohne

und die Unmöglichkeit, dieses Ganze überhaupt zu denken, auf den Begriff zu bringen, spricht Heidegger vom Ereignis, zu dem ebenfalls die Metapher des Schwebens gehört: »Wie freilich das Denken zu schweben vermag, woher ihm das Schweben kommt, dies zu be-stimmen, bedarf es einer eigenen Erfahrung und Besinnung. Beide sind so eigenartig, daß sie vermutlich erst aus dem Ereignis gedeihen.«[197]

Heideggers Versuche, die Grundlosigkeit mit dem Begriff des Seins zu thematisieren, wurden in Abschnitt 2.2 diskutiert, in dem die Bestimmung des Seins als Grund und Abgrund zugleich wiedergegeben wurde. Heidegger hat diese Bestimmung, wie ebenfalls dort zitiert, in der Vorlesung über den *Satz vom Grund* mit einem Spiel verbunden, das »ohne Warum« einfach grundlos »spielt, dieweil es spielt.« Auch die Rede vom Ereignis läuft auf diese Grundlosigkeit hinaus, die Heidegger in diesem Fall so ausdrückt, dass sich das Ereignis ereignet. Die Konzeption des Ereignisses wird aber erst im Laufe der Zeit entwickelt und erstmals ausführlich in den 1936 bis 1938 als Privatschrift entstandenen *Beiträgen zur Philosophie* behandelt, die im Untertitel auch *Vom Ereignis* heißen. In diesem Text wendet sich Heidegger von der ontologischen Differenz wieder ab, indem er von der Unterscheidung zwischen Sein und Seiendem festhält, dass sie nur zu einer »ersten Klärung« dienen kann und anschließend zugunsten der Ereignisphilosophie übersprungen werden muss. Es gilt, »[…] *einmal* mit dieser Unterscheidung zur ersten Klärung einzusetzen und *dann* doch gerade diese Unterscheidung zu überspringen […] durch den Einsprung in das Ereignis des Da-seins.«[198] Allerdings stellt

---

psychischen Schaden zu nehmen, schließlich endet der freie Fall, um den Vergleich mit der Physik noch weiter zu treiben, mit dem Aufschlag auf das Gravitationszentrum, was auch die Äquivalenz und mithin die Schwerelosigkeit beendet. Es muss bei kurzen Blicken in den Abgrund bleiben, in denen man sich auf das schwerelose Schweben besinnt, auf das grundlose Getragensein, das uns immer schon trägt und auf das Heidegger hier hinaus will. Der Status dieser notwendig bildlichen Rede und die Rolle solcher Vergleiche wird im dritten Kapitel genauer untersucht.
[197] Ebd.
[198] GA 65, S. 251, Hervorhebungen im Original. Etwas ausführlicher und mit direktem Bezug zu *Sein und Zeit* wird dies auch in den Begriffen eines Übergangs von der *Leitfrage* zur *Grundfrage* beschrieben, der in einem Sprung zu vollziehen sei: »Von der Leitfrage zur Grundfrage gibt es nie einen unmittelbaren, gleichsinnigen, die Leitfrage noch einmal (auf das Seyn) anwendenden Fortgang, sondern nur einen Sprung, d. h. die Notwendigkeit eines *anderen* Anfangs. Wohl dagegen kann und muß durch die entfaltende Überwindung der Leitfragestellung und ihrer Antworten als solcher ein *Übergang* geschaffen werden, der den anderen Anfang vorbereitet und überhaupt sichtbar und ahnbar macht. Dieser Übergangsbereitung dient ›Sein und Zeit‹, d. h. es

er auch eine Verbindung zwischen dem inzwischen als Seyn geschriebenen Sein und dem Ereignis her: »Das Seyn west als das Ereignis«[199]
bzw. sogar »Das Seyn ist das *Er-eignis*.«[200] Später heißt es auch,
»[…] daß es gerade darum geht zu sehen, daß, indem das Sein als
das Ereignis in den Blick kommt, es als Sein verschwindet«[201] bzw.
»Sein verschwindet im Ereignis.«[202] Wenn auch nicht klar ist, wie
das im Einzelnen zu verstehen ist, versucht Heidegger mit seiner Er-
eigniskonzeption den hypostasierenden Charakter der Rede vom Sein
zu vermeiden, und trotzdem die Situation des Menschen zu erfassen.
Die Gefahr, dass das Sein als etwas Gegenständliches aufgefasst werden kann, beschreibt Heidegger in den *Beiträgen* so: »Sagen wir vom
Bezug des Menschen zum Seyn und umgekehrt des Seyns zum Menschen, dann klingt dies leicht so, als wese das Seyn für den Menschen
wie ein *Gegenüber* und Gegenstand.«[203] Um diesen Verdacht zu vermeiden, weicht er auf die Rede vom Ereignis aus: »Aber der Mensch
wird als Da-sein vom Seyn als dem Ereignis er-eignet und so zugehörig zum Ereignis selbst.«[204] Das Sein als Ereignis wird dann auch so
beschrieben, dass es nicht als Gegenstand zu denken ist, der etwa den
Menschen umfängt oder durchdringt, sondern als Ereignis den Menschen ereignet: »Das Seyn ›ist‹ weder um den Menschen herum, noch
schwingt es nur auch durch ihn hindurch als einen seienden. Vielmehr ereignet das Sein das Dasein und west so erst *als Ereignis*.«[205]
Allerdings wird das Problem damit nur verschoben, da die Rede von
einem Ereignis, von dem der Mensch ereignet wird, genauso hypostasierend ist, wie die Rede von einem nichtseienden Sein, weshalb
Heidegger auch hier wieder explizit sagt, dass das Ereignis kein Gegenstand ist: »Freilich darf das Ereignis nie unmittelbar gegenständlich vorgestellt werden«[206] bzw. genauer: »Vollends kann nun aber das
Ereignis nicht wie eine ›Begebenheit‹ und ›Neuigkeit‹ *vor*-gestellt
werden. Seine Wahrheit […] fordert deshalb die Inständigkeit des

---

steht eigentlich schon in der Grundfrage, ohne diese rein aus sich anfänglich zu entfalten«, GA 65, S. 76, Hervorhebungen im Original.
[199] GA 65, S. 10.
[200] GA 65, S. 470, Hervorhebung im Original.
[201] GA 14, S. 52.
[202] GA 14, S. 27.
[203] GA 65, S. 256, Hervorhebung im Original.
[204] Ebd.
[205] Ebd., Hervorhebung im Original.
[206] GA 65, S. 263.

Da-*seins*, das alle Scheinunmittelbarkeit des bloßen Vor-stellens verwirft.«[207] Wie bei der Rede vom Sein macht Heidegger auch bei der Rede vom Ereignis auf den Vollzug dieser Rede aufmerksam, wobei sogar die gerade zitierte Verbindung von Sein und Ereignis zu vollziehen ist.[208] Außerdem geht es beim Ereignis wie beim Sein um die Grundlosigkeit des Seienden, die auch in den *Beiträgen* mit der Rede vom Abgrund thematisiert wird. Heidegger unterscheidet hier zwischen Abgrund und Grundlosigkeit, was in etwa so verstanden werden kann, dass bei der Rede vom Abgrund die Undenkbarkeit der Grundlosigkeit bereits mitbedacht ist. Zumindest stellt sich das Problem des Grundes laut Heidegger nicht mehr für das Ereignis, das sich einfach ereignet, weshalb es, wie schon das Sein, als Ab-grund, also als frei von jedem Grund bestimmt wird: »Das Offene des Ab-grundes ist nicht grundlos. Abgrund ist nicht das Nein zu jedem Grund wie Grundlosigkeit, sondern das Ja zum Grund in seiner verborgenen Weite und Ferne«[209] und »Der Ab-grund ist so wenig ›negativ‹ wie die zögernde *Versagung*; […] Ursprünglicher begriffen west in ihr [der Versagung] freilich ein ›Nicht‹. Aber es ist das ursprüngliche Nicht, das zum Seyn selbst und somit zum Ereignis gehört.«[210] Eine etwas ausführlichere Bestimmung des Verhältnisses von Sein, Ereignis und Abgrund zu der Unmöglichkeit eines ersten Grundes liefert die folgende Passage:

Das Er-eignis und die Möglichkeit des Warum! Kann das Warum noch zu einem Gerichtshof gemacht werden, vor den das Seyn zu stellen ist? […]
	Warum Seiendes? Weil ein Höchstes Seiendes solches verursacht, herstellt?
	Aber ungeachtet des Ungemäßen der Verfertigung, das höchste Seiende, summum ens, gehört erst recht zum Seienden. Wie soll von daher das Warum beantwortet werden? Warum Seiendes? Warum? Weshalb? Inwiefern? Gründe! Grund und Ursprung des Warum. Jedesmal über das Seiende weg. Wohin? Weil Sein west. Warum Seyn? Aus ihm selbst. Aber was ist es selbst? Die Er-gründung des Seyns, seines Grundes, ist das Zwischen des Seyns als Ab-grund. Das abgründige Wissen als Da-sein. Da-sein als er-eignet. Grund-los; abgründig.[211]

---

[207] GA 65, S. 256, Hervorhebungen im Original.
[208] GA 65, S. 260.
[209] GA 65, S. 387.
[210] GA 65, S. 388, Hervorhebung im Original.
[211] GA 65, S. 508 f.

Ganz auflösen lassen sich diese eigenwilligen Formulierungen freilich nicht. Es handelt sich hier um eine Privatschrift, in der Heidegger mit diesen Fragen ringt und seine Begrifflichkeiten erst entwickelt, weshalb hier keine klaren Konzepte und fertige, belastbare Aussagen erwartet werden können, sondern nur Versuche, zu einer Klärung zu finden. Man kann von einem Blick in die Werkstatt sprechen, der aber dennoch die Verbindungen zwischen den verschiedenen Konzepten zeigt und vor allem, um welche Probleme es Heidegger geht. Offenbar versucht er, die Konsequenzen aus der Unmöglichkeit der Vergegenständlichung des Ganzen des Seienden und der Undenkbarkeit eines ersten Grundes zu ziehen, und eine Sprache zu finden, die diesen Befunden gerecht wird.

Einen ähnlichen Blick in die Werkstatt erlaubt eine weitere Privatschrift aus den Jahren 1941/42, in der es nicht nur um das Ereignis geht, sondern die auch *Das Ereignis* heißt. Während sich die obige Auseinandersetzung mit den *Beiträgen* vor allem auf den Grund bezieht, wird jetzt mit dem Dass des Seienden wieder ein Bezug zur Leibniz-Frage hergestellt. Wie schon das Sein steht auch das Ereignis für das unerklärbare Dass des Seienden: »Im reinen ›Daß‹ ist das anfängliche Ereignis. Dieses erfahren, heißt ohne Stütze und Anhalt am Seienden, das Sein, daß es sich lichtet, daß Lichtung west, in seiner abgründigen Abgeschiedenheit ertragen und ohne ein Sagen sein.«[212] Auch hier wendet sich Heidegger gegen eine Erklärung des Dass des Seienden in Begriffen von Ursache und Wirkung: »Weil das ›Daß‹ gleichsam verborgen bleibt in seiner Wahrheit, erscheint es als das *factum brutum* und das weiter nicht Befragbare, dessen sich dann die Erklärung aus der Verursachung bemächtigt, worin schon die Vorhabe des Daß als *Gewirktheit* sich ankündigt.«[213] Stattdessen sind Sein und Ereignis als grundlos anzusehen. Sie sind, indem sie sind: »Das Seyn ist grundlos und kennt deshalb kein Warum. Das Seyn ist, indem es ist: reines Er-eignis.«[214]

---

[212] GA 71, S. 68. Eine analoge Beschreibung findet sich auf S. 240.

[213] GA 71, S. 107, Hervorhebung im Original.

[214] GA 71, S. 121. In *Der Weg zur Sprache*, einem Vortrag aus dem Jahr 1959, heißt es dazu auch: »Es gibt nichts anderes, worauf das Ereignis noch zurückführt, woraus es gar erklärt werden könnte«, GA 12, S. 247. In den *Beiträgen* wird die Leibniz-Frage nach dem Dass des Seienden als *Übergangsfrage* bezeichnet, was wohl auf den Übergang zum Denken im Ereignis hinweisen soll, und mit der Metapher des Schwebens verbunden: »Die Übergangsfrage (warum ist überhaupt Seiendes und nicht vielmehr Nichts? [...]) fragt nach dem Seienden, [...] um unversehens vor einen wesentlichen

Im Vortrag *Zeit und Sein* aus dem Jahr 1962 beschreibt Heidegger das Verhältnis von Sein und Ereignis etwas elaborierter und weniger kryptisch als in den zitierten Texten aus der Werkstatt. Während er in *Sein und Zeit* versucht hat, die Frage nach dem Sinn von Sein aus der Zeitlichkeit des Daseins zu beantworten, stehen hier Zeit und Sein nebeneinander als gleichberechtigte Aspekte des Ereignisses. Heidegger spricht dabei nicht davon, dass Sein und Zeit *sind*, sondern dass *es* sie *gibt*, was zu den bereits im ersten Abschnitt dieses Kapitels genannten Strategien gehört, hypostasierendes Sprechen zu vermeiden. Diese Redeweise wird wieder mit einem Verweis auf das Spiel verbunden: »Das Sein eigens denken, verlangt, das Sein als den Grund des Seienden fahren zu lassen zugunsten des im Entbergen verborgen spielenden Gebens, d. h. des Es gibt.«[215] Und da die Rede von einem ominösen »Es«, das Zeit und Sein geben würde, ebenfalls hypostasierend ist, wird der Verdacht, es handle sich bei diesem Es um etwas Gegenständliches, wieder explizit ausgeräumt: »Es gibt Zeit. Es gibt Sein. Die Gefahr wächst, daß wir mit der Nennung des ›Es‹ willkürlich eine unbestimmte Macht ansetzen, die alles Geben von Sein und von Zeit bewerkstelligen soll.«[216] Das Es wird stattdessen als Ereignis bestimmt: »Was beide, Zeit und Sein, in ihr Eigenes, d. h. in ihr Zusammengehören, bestimmt, nennen wir: *das Ereignis*.«[217] Heidegger würde auch nicht davon sprechen, bei Zeit und Sein handele es sich um Aspekte des Ereignisses: »Ereignis ist nicht der umgreifende Oberbegriff, unter den sich Sein und Zeit einordnen ließen.«[218] Stattdessen belässt er es bei Bestimmungen wie: »Zeit und Sein ereignet im Ereignis.«[219]

Mit der Rede vom Ereignis soll ein Sprechen ermöglicht werden, das Heideggers Vorwurf entgeht, man würde das Seiende im Ganzen als Gegenstand zur Vorstellung bringen. Laut dem Ereignisdenken ist dagegen »[…] der Mensch in das Ereignis eingelassen. Daran liegt es, daß wir das Ereignis nie vor uns stellen können, weder als ein Gegenüber, noch als das alles Umfassende. Darum entspricht das vorstellend-begründende Denken so wenig dem Ereignis wie das nur aus-

---

Schritt zu stellen – die *Schwebung* des Seyns«, GA 65, S. 509, Hervorhebung im Original.

[215] GA 14, S. 10.
[216] GA 14, S. 22.
[217] GA 14, S. 24, Hervorhebung im Original.
[218] GA 14, S. 27.
[219] Ebd.

sagende Sagen.«[220] Aber wie die Rede vom Es auf der formalen Ebene von einem Gegenstand spricht, bleibt auch die Rede vom Ereignis vergegenständlichend, weshalb Heidegger explizit sagt, dass es sich nicht um einen Gegenstand handelt: »Doch, gelangen wir auf diesem Weg zu etwas anderem als zu einem bloßen Gedankengebilde? Aus dem Hinterhalt dieses Verdachtes spricht die Meinung, das Ereignis müßte doch etwas Seiendes ›sein‹. Indes: Das Ereignis *ist* weder, noch *gibt* es das Ereignis.«[221] Weder Sein, noch Es, noch Ereignis sollen etwas Seiendes sein. Was aber dann? Für das Ereignis weicht Heidegger auf eine tautologische Bestimmung aus: »Was bleibt zu sagen? Nur dies: Das Ereignis ereignet.«[222] Der besondere Status dieser Rede vom Ereignis wird im Vortrag *Der Satz der Identität* von 1957 etwas ausführlicher wie folgt erläutert:

Es gilt, dieses Eignen, worin Mensch und Sein einander ge-eignet sind, schlicht zu erfahren, d.h. einzukehren in das, was wir das *Ereignis* nennen. Das Wort Ereignis ist der gewachsenen Sprache entnommen. Er-eignen heißt ursprünglich: er-äugen, d.h. erblicken, im Blicken sich rufen, an-eignen. Das Wort Ereignis soll jetzt, aus der gewiesenen Sache her gedacht, als Leitwort im Dienst des Denkens sprechen. Als so gedachtes Leitwort läßt es sich sowenig übersetzen wie das griechische Leitwort λόγος und das chinesische Tao. Das Wort Ereignis meint hier nicht mehr das, was wir sonst irgendein Geschehnis, ein Vorkommnis nennen. Das Wort ist jetzt als Singulare tantum gebraucht. Was es nennt, ereignet sich nur in der Einzahl, nein, nicht einmal mehr in einer Zahl, sondern einzig.[223]

Heidegger grenzt seine Rede vom Ereignis also vom üblichen Gebrauch ab und macht es zu einem Wort mit einer einzigartigen Bedeutung, die, wie die von Nichts und Sein, im Vollzug des Denkens erfahren werden muss. Es handelt sich bei dieser Art des Sprechens um einen wesentlichen Bestandteil der Heideggerschen Philosophie, der in den nächsten beiden Kapiteln noch genauer untersucht wird. Dieses Sprachverständnis trägt auch zu einem Verständnis der religiösen Rede bei und betrifft darüber hinaus die Situation des Menschen überhaupt, der sich laut Heidegger erst in Bezug auf das sprachlich nur in dieser Weise erfassbare Ereignis richtig versteht,

---

[220] GA 14, S. 28.
[221] GA 14, S. 29, Hervorhebungen im Original.
[222] Ebd.
[223] GA 11, S. 45, Hervorhebung im Original. Heidegger liegt mit seinen Etymologien oft daneben, das Wort »Ereignis« hat aber tatsächlich einen Bezug zum Auge, vgl. zum Beispiel das *Etymologische Wörterbuch der deutschen Sprache* von Kluge.

was er in demselben Vortrag, wenn auch wieder in eher kryptischen Worten, ausführt: »Das Er-eignis ist der in sich schwingende Bereich, durch den Mensch und Sein einander in ihrem Wesen erreichen, ihr Wesendes gewinnen, indem sie jene Bestimmungen verlieren, die ihnen die Metaphysik geliehen hat.«[224] Bei der Rede vom Ereignis geht es um das Problem, das Ganze des Seienden nicht erklären, ja nicht einmal denken zu können, was aber auch das alltägliche Selbstverständnis des Menschen als Wesen in einer solchen nicht erfassbaren Welt betrifft. Man denkt beim kosmologischen Gottesbeweis vielleicht räumlich an einen Bereich jenseits des endlichen Universums, das sich seit dem Urknall ausdehnt, oder zeitlich an die Zeit vor dem Urknall. Stattdessen ist die Unmöglichkeit einer Vergegenständlichung der Welt im Ganzen, d. h. die Undenkbarkeit der Gottesperspektive, und die Grundlosigkeit des Seienden auch für das Selbstverständnis des konkreten Daseins im Hier und Jetzt relevant:

Es scheint, als gerieten wir jetzt in die Gefahr, unser Denken allzu unbekümmert in etwas abgelegenes Allgemeines zu richten, während sich uns doch mit dem, was das Wort Er-eignis nennen möchte, nur das Nächste jenes Nahen unmittelbar zuspricht, darin wir uns schon aufhalten. Denn was könnte uns näher sein als das, was uns dem nähert, dem wir gehören, worin wir Gehörende sind, das Er-eignis?[225]

Zum Verständnis des Ereignisses gehört wieder ein Sprung in den Abgrund, als der das Ereignis, wie zuvor das Sein, ebenfalls bestimmt wird: »Aus diesem Satz [Satz der Identität] im Sinne einer Aussage ist unterwegs ein Satz geworden von der Art eines Sprunges, der sich vom Sein als dem Grund des Seienden absetzt und so in den Abgrund springt. Doch dieser Abgrund ist weder das leere Nichts noch eine finstere Wirrnis, sondern: das Er-eignis.«[226] Bei diesem Sprung in den Abgrund geht es aber nicht um kosmologische Fernen, sondern um ein neues Verständnis dessen, was man schon ist, um ein verwandeltes Selbstverständnis, in dem man sich nicht mehr als Teil eines gegenständlich vorgestellten Universums denkt, sondern als Eingelassen in das, was Heidegger als Ereignis bzw. Sein bezeichnet: »Wohin springt der Absprung, wenn er vom Grund abspringt? Springt er in einen Abgrund? Ja, solange wir den Sprung nur vorstellen und zwar im Gesichtskreis des metaphysischen Denkens. Nein, insofern

---

[224] GA 11, S. 46.
[225] Ebd.
[226] GA 11, S. 48.

wir springen und uns loslassen. Wohin? Dahin, wohin wir schon eingelassen sind: in das Gehören zum Sein.«[227] Dass es dabei um ein
neues Selbstverständnis auch in der konkreten Alltäglichkeit geht,
versucht Heidegger schließlich dadurch klar zu machen, dass er das
Ereignis auch lebensweltlich bestimmt, und zwar als Geviert, das nun
zum Abschluss des Kapitels erläutert werden soll.

Eine von vielen Verbindungen von Ereignis und Geviert findet
sich im Protokoll zum oben diskutierten Vortrag *Zeit und Sein*, in
dem es heißt:

»Was bleibt zu sagen? Nur dies: das Ereignis ereignet.« Damit ist zunächst
nur abgewehrt, wie das Ereignis nicht zu denken ist. Positiv gewendet, stellt
sich aber die Frage: Was ereignet das Ereignis? Was ist das vom Ereignis
Ereignete? Und: Ist das Denken, das Ereignis denkend, das Bedenken des
vom Ereignis Ereigneten?

Darüber wird im Vortrag selbst, der nur ein Weg in das Ereignis sein
möchte, nichts gesagt. In anderen Schriften Heideggers ist jedoch schon
manches dazu gedacht.

So wird im Identitätsvortrag, wenn er von seinem Ende her gedacht
ist, gesagt, was das Ereignis ereignet, d. h. ins Eigene bringt und im Ereignis
behält: nämlich das Zusammengehören von Sein und Mensch. In diesem
Zusammengehören sind dann die Zusammengehörenden nicht mehr Sein
und Mensch, sondern – als Ereignete –: die Sterblichen im Geviert der
Welt.[228]

Interessant ist daran vor allem der Hinweis, dass es hier um die Welt
geht, die Heidegger schon vor dem Ereignis tautologisch bestimmt
hat: Während das Ereignis ereignet, *weltet* analog die Welt. Im
Kunstwerkaufsatz von 1935/36 wird das Welten der Welt ganz so
bestimmt, wie später das sich ereignende Ereignis,[229] nämlich als
etwas nicht gegenständlich Vorstellbares, in das man eingelassen ist
bzw. hier: dem man untersteht:

Welt ist nicht die bloße Ansammlung der vorhandenen abzählbaren oder
unabzählbaren, bekannten und unbekannten Dinge. Welt ist aber auch
nicht ein nur eingebildeter, zur Summe des Vorhandenen hinzu vorgestell-
ter Rahmen. *Welt weltet* und ist seiender als das Greifbare und Vernehm-
bare, worin wir uns heimisch glauben. Welt ist nie ein Gegenstand, der vor

---

[227] GA 11, S. 41.
[228] GA 14, S. 51.
[229] Das Ereignis ereignet nicht erst in *Zeit und Sein* von 1962, sondern bereits 1941 im
Text *Die Erinnerung an die Metaphysik*, GA 6.2, S. 485.

uns steht und angeschaut werden kann. Welt ist das immer Ungegenständliche, dem wir unterstehen [...].[230]

Dieser Gedanke zieht sich wie ein roter Faden durch Heideggers gesamte Philosophie. Die Vorgängigkeit der Welt und die Unmöglichkeit, diese als Gegenstand zu erfassen, wird bereits in der Vorlesung *Die Idee der Philosophie und das Weltanschauungsproblem* aus dem Kriegsnotsemester von 1919 beschrieben, in der sich ebenfalls schon die Unerklärbarkeit des Dass des Seienden findet, was oben im Abschnitt über die ontologische Differenz zitiert wurde. Das Welten der Welt erläutert Heidegger hier so, dass man in der Wahrnehmung der Umwelt nicht zuerst objektive Gegenstände erfasst, die dann mit einer Bedeutung versehen werden. In einer Welt zu leben heißt stattdessen, über solche Bedeutungen bereits zu verfügen, die der vergegenständlichenden Perspektive vorausgehen. Dies erläutert Heidegger in dieser Vorlesung am Beispiel des Katheders, der beim Betreten des Hörsaals nicht als Gegenstand wahrgenommen wird, der etwa aus zwei Kisten besteht, sondern gleich und direkt als Katheder:

Was sehe »ich«? Braune Flächen, die sich rechtwinklig schneiden? Nein, ich sehe etwas anderes. Eine Kiste, und zwar eine größere, mit einer kleineren daraufgebaut? Keineswegs, ich sehe das Katheder, an dem ich sprechen soll, Sie sehen das Katheder, von dem aus zu Ihnen gesprochen wird, an dem ich schon gesprochen habe.[231]

Diese Vorgängigkeit der Bedeutungen wird in einem Paragraphen mit dem weit vorausweisenden Titel *Vorgang und Ereignis*[232] näher bestimmt und zuvor mit der Wendung »es weltet« beschrieben:

In dem Erlebnis des Kathedersehens gibt sich *mir* etwas aus einer unmittelbaren Umwelt. Dieses Umweltliche [...] sind nicht Sachen mit einem bestimmten Bedeutungscharakter, Gegenstände, und dazu noch aufgefaßt als das und das bedeutend, sondern das Bedeutsame ist das Primäre, gibt sich mir unmittelbar, ohne jeden gedanklichen Umweg über ein Sacherfassen. In einer Umwelt lebend, bedeutet es mir überall und immer, es ist alles welthaft, »*es weltet*« [...].[233]

In *Sein und Zeit* wird mit der Frage nach dem Sinn von Sein ebenfalls die Unerklärbarkeit des Dass des Seienden thematisiert, das dort mit

---

[230] GA 5, S. 30, Hervorhebung im Original.
[231] GA 56/57, S. 71.
[232] GA 56/57, S. 73–76.
[233] GA 56/57, S. 72 f., Hervorhebungen im Original.

dem vorgängigen *In-der-Welt-sein* verbunden ist. Das In-der-Welt-sein entspricht dem Primat des Bedeutsamen in den frühen Vorlesungen, und diese Vorgängigkeit zieht sich durch alle Denkphasen Heideggers, unabhängig von allen Kehren.[234] So verbindet Heidegger in *Die Überwindung der Metaphysik*, einem Aufsatz, der zwischen 1936 und 1946 entstanden ist, die späte Philosophie des Seyns mit dem Begriff der Welt in *Sein und Zeit:* »Denn ›Welt‹ im seynsgeschichtlichen Sinne (vgl. bereits ›Sein und Zeit‹) bedeutet die ungegenständliche Wesung der Wahrheit des Seyns für den Menschen, sofern dieser dem Seyn wesenhaft übereignet ist.«[235] Bei der Seinsgeschichte geht es ebenfalls um die Vorgängigkeit von Bedeutungen bzw. etwas allgemeiner um die Vorgängigkeit unserer Grundannahmen, die ebenfalls mit der Rede vom Sein thematisiert wird. In den Worten von Angehrn 2003 ist die Seinsgeschichte nicht zu verstehen »[...] als die ›Naturwüchsigkeit‹ einer der Vernunft entgleitenden Eigenmacht der politischen, sozialen, ökonomischen Kräfte, sondern als grundsätzliche Vorgängigkeit einer dem subjektiven Schaffen und Denken vorausliegenden, es ermöglichenden ›Seinsgeschichte‹. Der Wandel der Theorien und Praxisformen ist nicht die Sukzession unterschiedlicher Weisen, die Welt zu beschreiben und zu gestalten, sondern variierender Formen der Selbstgestaltung, Selbstauslegung, Entbergung ›des Seins‹ selbst.«[236] Für Heidegger ist die Seins-

---

[234] Die Vorstellung, Heidegger hätte in einer Kehre eine grundsätzliche Änderung seiner Philosophie vollzogen, gehört zu den Gemeinplätzen der Heideggerliteratur und findet sich ungebrochen in Einführungen und Lehrbüchern. Dagegen zeigt die vorliegende Arbeit eine starke Kontinuität in zentralen Punkten des gesamten Denkwegs. Heidegger selbst hat die Idee einer solchen Kehre seines Denkens bereits im Moment ihres Entstehens kritisiert. Diese Idee geht im wesentlichen auf William Richardsons Einführungsbuch *Through Phenomenology to Thought* von 1963 zurück, in dem eine Trennung verschiedener Denkphasen in Heideggers Werk geltend gemacht und vorgeschlagen wird, zwischen einem Heidegger I und einem Heidegger II zu unterscheiden. Heidegger wurde um ein Vorwort gebeten, das er ganz offensichtlich dazu genutzt hat, diese Unterscheidung zu unterlaufen, wenn er schreibt: »The distinction you make between Heidegger I and II is justified only on the condition that this is kept constantly in mind: only by way of what Heidegger I has thought does one gain access to what is to-be-thought by Heidegger II. But (the thought of) Heidegger I becomes possible only if it is contained in Heidegger II«, Richardson 1963, S. xxii. Dies kommentiert Hemming 1998 wie folgt: »[...] his *Vorwort* is ironic and ambiguous. He is, in short, poking fun at Richardson's reading of his work«, a.a.O., S. 417.

[235] GA 7, S. 91.

[236] Angehrn 2003, S. 274.

geschichte als Ereignis zu verstehen, das nicht als historischer Ablauf darzustellen ist, sondern mit einer neuen Haltung verbunden ist, die zu der Einsicht in die Vorgängigkeit der Welt gehört, und zu der man in einer Wendung kommt, die im vierten Kapitel genauer erläutert wird: »Die Geschichte des Seins ist selbst Ereignis und alles in ihr ereignishaft. Sie kann nicht und soll auch nie dargestellt werden. Immer gilt nur die Hinweisung in sie als ein Versuch der Bereitung der Wendung vom Menschsein zum Da-sein.«[237] Die hypostasierende Rede vom Sein steht bei Heidegger für die Unerklärbarkeit des Dass des Seienden, die sich aus der Unmöglichkeit der Vergegenständlichung der Welt ergibt. Dieser Unmöglichkeit entspricht wiederum die Vorgängigkeit des grundlegenden Bezugs zur Welt und damit die Vorgängigkeit von Bedeutung. Das Ganze des Seienden ist gegenständlich nicht zu erfassen und das Dass des Seienden nicht zu erklären. Stattdessen weltet die Welt, was in Epochen gedacht bedeutet, dass sich das Sein jeweils anders *schickt*,[238] und was Heidegger schließlich, nicht auf Epochen bezogen, so fasst, dass sich das Ereignis ereignet.[239]

In den späten Vorträgen und Aufsätzen wird die ereignishafte Vorgängigkeit der bedeutungshaft strukturierten Welt als Geviert näher bestimmt,[240] das Heidegger in einer eigenwilligen privat-mythologischen Konzeption als Gegenüber von *Himmel* und *Erde* bzw. *Sterblichen* und *Göttlichen* ausbuchstabiert. Der Zusammenhang von Ereignis und Geviert wurde oben bereits zitiert, im Vortrag *Die Kehre* von 1949 findet sich eine entsprechende Verbindung des Gevierts mit der Wahrheit des Seins, mit der Welt und dem Spiel: »Die Wahrheit des Seins dachten wir im Welten von Welt als das Spiegel-Spiel des Gevierts von Himmel und Erde, Sterblichen und Göttlichen.«[241]

---

[237] GA 70, S. 173. Für einen Überblick zum Begriff der Seinsgeschichte bei Heidegger vgl. Guignon 2005.

[238] Vgl. zum Beispiel GA 14, S. 12 f.

[239] Laut Seubold 2003 ist die Konzeption des Ereignisses und des gleich zu erläuternden Gevierts nicht wie die Seinsgeschichte epochal gedacht: »Im Vergleich mit der Seinsgeschichte ist diese Konstellation [das Geviert] ungeschichtlich«, a. a. O., S. 304. Bei Heidegger heißt es dazu: »Dieses aber, das Schickende als das Ereignis, ist selbst ungeschichtlich, besser geschicklos«, GA 14, S. 50.

[240] Auf die Bedeutungsstruktur des Ereignisses macht Thurnher 1992 aufmerksam, allerdings ohne Bezug zum Geviert: »Wie sich bereits gezeigt hat, gehört zum Ereignis […] auch die Lichtung von Welt, und mit ihr die Eröffnung von bedeutungshaft gegliedertem Raum«, a. a. O., S. 108.

[241] GA 11 S. 121. Mit Seyn statt Sein findet sich diese Stelle auch in GA 79, S. 74.

Etwas ausführlicher und mit Bezug auf die gerade herausgestellte Unerklärbarkeit der Welt wird der Zusammenhang von Welt und Geviert im Vortrag *Das Ding* von 1950 erläutert:

> Wir nennen das ereignende Spiegel-Spiel der Einfalt von Erde und Himmel, Göttlichen und Sterblichen die Welt. Welt west, indem sie weltet. Dies sagt: das Welten von Welt ist weder durch anderes erklärbar noch aus anderem ergründbar. Dies Unmögliche liegt nicht daran, daß unser menschliches Denken zu solchem Erklären und Begründen unfähig ist. Vielmehr beruht das Unerklärbare und Unbegründbare des Weltens von Welt darin, daß so etwas wie Ursachen und Gründe dem Welten von Welt ungemäß bleiben. Sobald menschliches Erkennen hier ein Erklären verlangt, übersteigt es nicht das Wesen von Welt, sondern es fällt unter das Wesen von Welt herab. Das menschliche Erklärenwollen langt überhaupt nicht in das Einfache der Einfalt des Weltens hin. Die einigen Vier sind in ihrem Wesen schon erstickt, wenn man sie nur als vereinzeltes Wirkliches vorstellt, das durch einander begründet und aus einander erklärt werden soll.[242]

In *Die Überwindung der Metaphysik* von 1938/39 findet sich eine frühere Form des Gevierts, das an dieser Stelle wiederum mit dem Sein verbunden wird: »Als Ereignis (der Unter-*schied*) aber läßt das Seyn erst das Seiende auseinandertreten und so die Lichtung ›beziehen‹; der *Austrag* ist aber Aus-trag in das Sein *als* Gott und Mensch, als Welt und Erde.«[243] Ausführlicher wird die Verbindung von Sein, Geviert und Welt im Vortrag *Die Gefahr* von 1949 dargestellt:

> Das noch verborgene Spiegel-Spiel im Geviert von Erde und Himmel, Göttlichen und Sterblichen weltet als Welt. Die Welt ist die Wahrheit des Wesens von Sein.

Vom Spiel war schon in der Vorlesung über den *Satz vom Grund* die Rede (siehe Abschnitt 2.2), in den *Beiträgen* spricht Heidegger vom *Zeit-Spiel-Raum des Seyns*, GA 65, S. 408 und passim, und ein Bezug zum Spiel in *Zeit und Sein* wurde oben zitiert. Das Geviert schließlich bestimmt Heidegger, wie zitiert, als *Spiegel-Spiel*, wobei er diesen Begriff von Rilke übernommen hat, vgl. Egel 2013. Die Rede vom Spiel dürfte einen weiteren Versuch darstellen, auf die Grundlosigkeit des Seienden und der Welt hinzuweisen, wie es in Abschnitt 2.2 anhand der Vorlesung über den *Satz vom Grund* erörtert wurde.

[242] GA 7, S. 181. Die hier hergestellte Verbindung von Welt und Geviert kommentiert Anelli 2008 wie folgt: »Das Geviert ist die späte Gestalt der früheren Kategorie der Welt, wie Heidegger selbst andeutet«, a. a. O., S. 200. Anelli verweist dazu auch auf den Text *Die Sprache* von 1950, in dem es heißt: »Wir nennen das im Dingen der Dinge verweilte einige Geviert von Himmel und Erde, Sterblichen und Göttlichen: die Welt«, GA 12, S. 19. Zur Begriffsverschiebung von der Welt zum Geviert vgl. weiterhin GA 86, S. 752.

[243] GA 67, S. 77, Hervorhebungen im Original.

So kennzeichnen wir jetzt die Welt aus der Hinsicht auf das Sein. Welt ist, so vorgestellt, dem Sein unterstellt, während in Wahrheit das Wesen von Sein aus dem verborgenen Welten von Welt west. Welt ist nicht eine Weise des Seins und diesem botmäßig. Sein hat sein Wesen aus dem Welten von Welt zu eigen. Das deutet darauf, daß das Welten von Welt das Ereignen in einem noch unerfahrenen Sinn dieses Wortes ist. Wenn Welt erst sich eigens ereignet, entschwindet Sein, mit ihm aber auch das Nichts in das Welten.[244]

Warum das Sein verschwindet, wenn Welt sich ereignet, ist dabei genauso schwer rekonstruierbar, wie es wohl unklar bleiben muss, wie die Verbindung von Welt, Sein, Ereignis und Geviert im Einzelnen zu verstehen ist, zumal die Heideggerschen Konzepte einem ständigen Wandel unterliegen. Dennoch gibt es eine klare Kontinuität, in der Heidegger die Grundlosigkeit und Vorgängigkeit von Welt und Sein mit wechselnden Begriffen immer neu thematisiert. In diesem Sinne dürfte auch Crowe 2008 darin Recht zu geben sein, dass das Wohnen im Geviert die spätere Fassung desjenigen ist, was Heidegger in *Sein und Zeit* mit dem vorgängigen In-der-Welt-sein meint:

The »fourfold« […] is the later Heidegger's version of what he called »world« in *Being and Time*. That is, the »fourfold« is a nexus of meaningful relations, or »conditions« of meaning, that grounds the intelligibility of human practices and of the things with which human practices are engaged. […] Mortal dwelling »in« the »fourfold« is another way of describing what Heidegger calls »being-in-the-world« in *Being and Time*.[245]

Entsprechend wird hier die These vertreten, dass es Heidegger seit seinen philosophischen Anfängen um die Vorgängigkeit des Dass des Seienden und des zugehörigen In-der-Welt-seins geht, das insbesondere immer schon bedeutungshaft strukturiert ist. Das Welten von Welt und das Ereignis, das sich ereignet, bringt genau diese Vorgängigkeit und Unerklärbarkeit zum Ausdruck und wird mit der Rede vom Geviert wieder auf die konkrete Lebenswelt bezogen. 1919 musste dafür der Hörsaal samt Katheder herhalten, jetzt holt Heidegger weiter aus und spricht von ganzen Weltgegenden. Mit diesem Begriff fasst Bröcker 1977 die Bedeutung des Gevierts zusammen: »Die vier Weltgegenden sind eine schlichte Beschreibung der vorwissenschaftlichen Menschenwelt.«[246] Es handelt sich aber nicht nur um

---

[244] GA 79, S. 48 f.
[245] A. a. O., S. 124, vgl. auch S. 131 und Crowe 2007a, S. 232.
[246] A. a. O., S. 73.

eine *vorwissenschaftliche* Beschreibung, sondern genauer um den Versuch, die Welt zu beschreiben, ohne sie zu einem Gegenstand zu machen, der auf einem ersten Grund aufgebaut ist. Darin steckt die Auffassung der Welt als eines Ereignisses und damit auch die Ablehnung der ontotheologischen Metaphysik, weshalb man hier mit Vedder 2007 von einem *Gegen-Paradigma zur Ontotheologie* sprechen kann: »The fourfold functions as a counterparadigm to ontotheological thinking and its anthropocentric and subjectivistic forms.«[247] Das Konzept der vier Weltgegenden übernimmt Heidegger von Hölderlin[248] und geht laut Bröcker 1977 auf Homer zurück.[249] Aber nicht nur die antike Herkunft lässt es fraglich erscheinen, welche Lebenswelt hier gemeint ist,[250] in der es neben Erde, Himmel und Sterblichen nichts als die Göttlichen gibt. Vielleicht hätte man auch fünf oder mehr »Weltgegenden« beschreiben oder überhaupt die moderne, insbesondere urbane Lebenswelt berücksichtigen können, auf die Heideggers Einsichten ebenso zutreffen, da auch diese grundlos ist und sich als Ereignis ereignet. Stattdessen muss im Vortrag *Bauen, Wohnen, Denken* von 1951 als konkretes Beispiel für das Geviert ausgerechnet der Schwarzwaldhof herhalten.[251] In diesem Vortrag findet sich eine ausführliche Beschreibung des Gevierts in Heideggers Versuch einer poetischen Sprache, die hier vollständig wiedergegeben sei:

---

[247] A.a.O., S. 220.

[248] Dies erläutert Heidegger selbst vor allem im Vortrag *Hölderlins Erde und Himmel* vom 6. Juni 1959, in dem er das Geviert anhand von Hölderlins Texten entwickelt, vgl. GA 4, S. 170 ff. Die Konzeption des Gevierts entsteht aber in einem längeren Zeitraum und es ist zunächst auch von Welt, Erde, Mensch und Göttern die Rede, die in einer Grafik in den *Beiträgen* als Geviert angeordnet sind, vgl. GA 65, S. 310. Die Gegenüberstellung von Welt und Erde findet sich bereits im Kunstwerkaufsatz von 1935/36, vgl. GA 5, S. 35, 42 und 50 f., wobei dann später aber der Welt der Himmel wird, vgl. Strube 1994, S. 123, und aus Mensch und Gott bzw. Göttern die Sterblichen und die Göttlichen werden. Diese Wandlungen kommentiert Jäger 1989 wie folgt: »Auf Heidegges Denkweg handelt sich darin offenbar um eine metaphorische Unschärfe«, a.a.O., S. 54.

[249] Genauer finden sich die vier Weltgegenden bei Homer und das besondere Verhältnis zwischen Himmel und Erde bei Hesiod: »Heideggers Geviert ist eine homerisch-hesiodisch-katholische Mischbildung«, a.a.O., S. 75.

[250] Jäger 1989 schreibt dazu: »Der Gedanke des ›Gevierts‹ entwirft antizipatorisch ein neues Gefüge der Lebenswelt«, a.a.O., S. 54.

[251] GA 7, S. 162. Rentsch 1989 kommentiert die von Bröcker herausgestellte Verbindung zu Hesiod auch in Bezug auf Heideggers Kulturkritik: »Bereits Hesiod greift seinerseits auf vorgeschichtliche Mythen zurück, und er entwirft die erste große Verfallsgeschichte«, a.a.O., S. 216.

Die Erde ist die dienend Tragende, die blühend Fruchtende, hingebreitet in Gestein und Gewässer, aufgehend zu Gewächs und Getier. Sagen wir Erde, dann denken wir schon die anderen Drei mit, doch wir bedenken nicht die Einfalt der Vier.

Der Himmel ist der wölbende Sonnengang, der gestaltwechselnde Mondlauf, der wandernde Glanz der Gestirne, die Zeiten des Jahres und ihre Wende, Licht und Dämmer des Tages, Dunkel und Helle der Nacht, das Wirtliche und Unwirtliche der Wetter, Wolkenzug und blauende Tiefe des Äthers. Sagen wir Himmel, dann denken wir schon die anderen Drei mit, doch wir bedenken nicht die Einfalt der Vier.

Die Göttlichen sind die winkenden Boten der Gottheit. Aus dem heiligen Walten dieser erscheint der Gott in seine Gegenwart oder er entzieht sich in seine Verhüllung. Nennen wir die Göttlichen, dann denken wir schon die anderen Drei mit, doch wir bedenken nicht die Einfalt der Vier.

Die Sterblichen sind die Menschen. Sie heißen die Sterblichen, weil sie sterben können. Sterben heißt, den Tod *als* Tod vermögen. Nur der Mensch stirbt und zwar fortwährend, solange er auf der Erde, unter dem Himmel, vor den Göttlichen bleibt. Nennen wir die Sterblichen, dann denken wir schon die anderen Drei mit, doch wir bedenken nicht die Einfalt der Vier.

Diese ihre Einfalt nennen wir *das Geviert.* Die Sterblichen *sind* im Geviert, indem sie *wohnen.*[252]

Im Kontext der vorliegenden Arbeit ist daran vor allem der Bezug der Sterblichen zu den Göttlichen von Interesse, mit der eine religiöse Dimension in die als Ereignis aufgefasste Lebenswelt hineinkommt.[253] Die ganze Konzeption des Gevierts steht für die Grundlosigkeit der Welt, die als grundloses und nicht gegenständlich erfassbares Ereignis in dieser poetischen Sprache beschrieben werden kann, und innerhalb derer die Göttlichen noch einmal für diese Grundlosigkeit stehen könnten. In diesem Sinne ließe sich die Rede von den Göttlichen als Verweis auf eine *immanente Transzendenz* auffassen, die mitten im Ereignis für dessen Unhintergehbarkeit und Grundlosigkeit steht. Dies würde etwa dem Konzept der *kosmologischen Transzendenz* bei Rentsch 2005 entsprechen. Rentsch arbeitet mit Wittgenstein und Heidegger die religiösen Bezüge der Unfassbarkeit

---

[252] GA 7, S. 151 f., Hervorhebungen im Original. Neben dem Schwarzwaldhof findet sich dort auch das Beispiel der Brücke, vgl. GA 7, S. 154 ff. Diese Beschreibung des Gevierts trägt Heidegger mit kleinen Abweichungen bereits 1950 in *Das Ding* vor, vgl. GA 7, 179 f.

[253] In den Worten von Crowe 2008: »What is particularly significant about this notion of mortal dwelling in the ›fourfold‹ is that Heidegger incorporates a specifically *religious* dimension of meaning into what appears to be a generic account of the structure of human existence as such«, a. a. O., S. 132, Hervorhebung im Original.

des Dass des Seienden bzw. der Welt heraus, um die es auch Heidegger mit seiner ontologischen Differenz, seiner Rede vom Ereignis und seiner Kritik an der Ontotheologie geht, und spricht von einer »Transzendenz in der Immanenz« als dem »Transzendenzaspekt der Existenz der Welt«.[254] Auch Heidegger könnte diesen Transzendenzaspekt mit seiner Rede von den Göttlichen vor Augen haben, was im fünften Kapitel noch genauer untersucht wird. Vorher wird im dritten und vierten Kapitel der Status der Sprache und die Rolle der Erfahrung diskutiert. So beruht auch die Rede von Immanenz und Transzendenz auf räumlichen Metaphern, die man zwar genauso versteht, wie die Rede vom Blick von nirgendwo, die aber wie dieser streng genommen nicht konsistent gedacht werden können und im Vollzug erfahren werden müssen. Aufgrund des prinzipiell gleichen Status dieser Redeweisen könnte man auch direkt von den Göttlichen sprechen, bei denen es sich auch nicht um tatsächlich existierende Wesen handelt, selbst wenn Heidegger eine hypostasierende Sprache verwendet, die anderes vermuten lässt. Um den Status dieser Sprache geht es im nächsten Kapitel.

---

[254] A. a. O., S. 58 ff.

3. Der Status der Sprache

3.1 Negative Theologie

In den ersten beiden Kapiteln wurde immer wieder darauf hingewiesen, dass die Heideggerschen Begriffe des Seins und des Ereignisses keine Gegenstände bzw. überhaupt nichts Seiendes bezeichnen sollen, aber von Heidegger dennoch so verwendet werden, als referierten sie auf etwas Gegenständliches. Dieses Problem wirft auch Heidegger selbst immer wieder auf, so zum Beispiel in der *Grundbegriffs*-Vorlesung aus dem Sommersemester 1941, in der es heißt: »Zugleich aber entzieht sich uns das Sein, wenn wir versuchen, es eigens zu sagen. Wir beziehen uns dann nur auf Seiendes«[1] und »Das Sein wird von uns, indem wir von ihm sagen, zum ›Seienden‹ gemacht und so verworfen.«[2] Jedes Reden *über* das Sein spricht wie von einem Gegenstand, als den es Heidegger aber nicht verstanden wissen will, was auch für das Ereignis gilt, von dem er in den *Beiträgen* sagt: »Freilich darf das Ereignis nie unmittelbar gegenständlich vorgestellt werden.«[3] Mit diesem Sprachproblem ringt Heidegger in seinem gesamten philosophischen Projekt. Er kann vom Sein und Ereignis nur wie von Gegenständen sprechen und muss daher immer dazu sagen, dass es so nicht gemeint ist. In der zitierten Vorlesung wird diese Schwierigkeit als eine Ausweglosigkeit des menschlichen Denkens gegenüber dem Sein bestimmt, angesichts derer die Suche nach einem Ausweg sogar verfehlt wäre. Es kommt dagegen darauf an, auf die richtige Weise mit dieser Ausweglosigkeit umzugehen:

Das Sein wird jedesmal, bei jedem Versuch, es zu denken, in ein Seiendes verkehrt und so im Wesen zerstört; und das Sein läßt sich dennoch als das von allem Seienden Unterschiedene nicht verleugnen. Das Sein selbst hat

---

[1] GA 51, S. 89.
[2] GA 51, S. 82.
[3] GA 65, S. 263.

eben diese Wesensart, das menschliche Denken in diese Ausweglosigkeit zu bringen. [...] Wie, wenn das Ausweglose, in das uns das Sein, wenn wir es fassen wollen, versetzt, erst einmal als Wink vernommen werden müßte, der dahin zeigt, wohin wir schon im Grunde versetzt sind, da wir uns zu Seiendem verhalten?[4]

In diesem Kapitel wird der besondere Status der Rede von Sein und Ereignis analysiert, wozu vor allem die in diesem Zitat erläuterte Unvermeidbarkeit der vergegenständlichenden Rede zu diskutieren ist. Dazu wird zunächst an die Tradition der negativen Theologie erinnert, die es mit einem ganz ähnlichen Problem zu tun hat, wenn sie auf die Unangemessenheit der vergegenständlichenden Rede von Gott aufmerksam macht (Abschnitt 3.1). Die negative Theologie versteht sich dabei nicht als Theorie über das Wissen oder Nichtwissen von Gott, sondern als Weg zu einer neuen Weise, sich zur Welt zu verhalten, ganz so, wie Heidegger in obigem Zitat davon spricht, sich von der Ausweglosigkeit des Denkens in der rechten Weise in das Sein versetzen zu lassen. Anschließend wird Heideggers eigene Sprachphilosophie untersucht, in der sich auch unabhängig vom Seinsproblem Überlegungen zu einem vergegenständlichenden Sprechen über Nichtgegenständliches finden, was mit den entsprechenden sprachphilosophischen Überlegungen Wittgensteins ins Verhältnis gesetzt wird (Abschnitt 3.2). Weiterhin wird Heideggers Anspruch zu besprechen sein, dichterisch zu denken, wozu seine Aussagen zum Verhältnis von Dichten und Denken genauso erörtert werden, wie seine Aussagen zum Verhältnis von Dichtung und Sprache überhaupt. Die Frage dabei wird sein, ob Heidegger mit der Dichtung das Sprachproblem gegenüber dem, was er mit dem Sein meint, umgehen kann, oder ob man vielleicht umgekehrt sagen muss, dass auch das philosophische Sprechen, wenn es vergegenständlichend vom Sein spricht, selbst schon dichterischen Charakter hat. Die Einsicht in den so verstandenen dichterischen Status der philosophischen Sprache könnte zu der zitierten Weise gehören, mit der Ausweglosigkeit des Denkens gegenüber dem Sein angemessen umzugehen (Abschnitt 3.3). Diese

---

[4] GA 51, S. 82 f. Die »Versetzung in das Sein« wird genauer als Aufenthalt im und als Innewerden des Seins bestimmt: »Ja, sogar die Rede von der Versetzung in das Sein bleibt irreführend, weil sie unterstellt, wir seien noch nicht in das Sein versetzt, während doch das Sein das bleibt, was uns näher ist denn jedes Nächste und ferner denn alles Fernste. [...] Also auch nicht erst eine Versetzung in das Sein gilt es, sondern dies, daß wir unseres wesenhaften Aufenthaltes im Sein und so zuvor und eigentlich des Seins innewerden«, GA 51, S. 93.

Weise des dichterischen Sprechens wird schließlich mit Bultmanns Entmythologisierungsprogramm ins Verhältnis gesetzt und anhand von Blumenbergs Konzept der absoluten Metapher näher erläutert. Dabei wird gezeigt, wie sich Gehalte mit Bildern ausgedrücken lassen, die nicht konsistent gedacht und dennoch verstanden werden können (Abschnitt 3.4).

Was nun zunächst die negative Theologie betrifft, so ist Heidegger von deren Denken so stark beeinflusst, dass man hier nicht nur die Wurzeln seiner Ontotheologiekritik, sondern überhaupt seiner ganzen Seinsphilosophie vermuten darf.[5] Mit seiner Ontotheologiekritik bringt er den zentralen Gedanken der negativen Theologie auf den Punkt, dass man Gott nicht als seiendes Wesen denken kann. Dies wurde im zweiten Kapitel ausführlich diskutiert und soll hier nur kurz anhand der *Beiträge zur Philosophie* wiederholt werden. Dort wird das metaphysische Denken in Bezug auf Gott wie folgt kritisiert und mit dem Gegenbegriff des »Gotthaften des Gottes« konfrontiert:

In der *metaphysischen* Betrachtung muß der Gott als der Seiendste, als erster Grund und Ursache des Seienden, als das Un-bedingte, Un-endliche, Absolute vorgestellt werden. Alle diese Bestimmungen entspringen nicht dem Gotthaften des Gottes, sondern dem Wesen des Seienden als solchen, sofern dieses, als Beständig-Anwesendes, Gegenständliches, schlechthin an sich gedacht und im vor-stellenden Erklären das Klarste dem Gott als Gegen-stand zugesprochen wird.[6]

Ganz im Sinne der negativen Theologie wird dies mit dem Hinweis akzentuiert, »[...] daß alles Aussagen über ›Sein‹ und ›Wesen‹ der Götter von ihnen und d. h. jenem Zu-Entscheidenden nicht nur nichts sagt, sondern ein Gegenständliches vortäuscht, an dem alles Denken zuschanden wird, weil es sogleich auf Abwege gedrängt ist.«[7] Wie die negative Theologie angesichts ihres Sprachproblems gegenüber Gott mit Paradoxien arbeitet, hält auch Heidegger in den *Beiträgen* fest: »Der Gott ist weder ›seiend‹ noch ›unseiend‹, auch nicht gleichzusetzen mit dem *Seyn* [...].«[8] Zeitgleich zur Arbeit an den *Beiträgen* ist auch sein *Weltbildaufsatz* erschienen, in dem er zustimmend den ent-

---

[5] Zu den religiösen Wurzeln von Heideggers Philosophie vgl. Abschnitt 1.1 und 4.1. Aus der umfangreichen Sekundärliteratur sei nur eine Auswahl von Monographien genannt: Crowe 2006, Giannaras 2005, Helting 1997, Lotz 1975, Macquarrie 1994, Prudhomme 1997, Schalow 2001, Sacchi 2002, Sikka 1997 und Sinn 1991.
[6] GA 65, S. 438, Hervorhebung im Original.
[7] GA 65, S. 437 f.
[8] GA 65, S. 263.

sprechenden Satz des Protagoras zitiert: »Über die Götter freilich etwas zu wissen […] bin ich nicht imstande, weder daß sie sind, noch daß sie nicht sind, noch wie sie sind in ihrem Aussehen.«[9]

Damit verweist er nun selbst auf die lange Tradition dieses Gedankens, der sich nicht erst bei den Vorsokratikern findet, für die neben Protagoras auch die Religionskritik des Xenophanes einschlägig ist, sondern bereits im Bilderverbot des Alten Testaments. Ihre Blüte erlebte die negative Theologie in der Spätantike und im Mittelalter, während die Neuzeit eher von dem von Heidegger kritisierten metaphysischen Denken der natürlichen Theologie geprägt war.[10] In der Folge von Heideggers Ontotheologiekritik wurde dieses Denken aber für die Postmoderne wieder von Interesse, die auch – mehr oder weniger – explizit an ihre mittelalterlichen Vorgänger anschließt.[11] Wenn Heidegger davon spricht, als erster die Philosophie von ihrer Seinsvergessenheit befreien zu wollen, verschweigt er nicht nur seine ausgeprägten Kenntnisse dieser Tradition, sondern auch deren Einfluss auf sein Denken. Es finden sich in seinen veröffentlichten Texten nur wenige explizite Hinweise auf die negative Theologie, von denen hier drei genannt seien. So macht er in der Vorlesung zur *Phänomenologie der Religion* aus dem Wintersemester 1920/21 nicht nur auf den Vollzugscharakter des Glaubens aufmerksam, der in vergegenständlichender Sprache immer verfehlt wird, sondern auch auf die Nähe dieses Gedankens zur negativen Theologie: »Aus ähnlichen

---

[9] GA 5, S. 105.

[10] Für einen historischen Überblick vgl. Rentsch 1998, umfassendere Arbeiten zur negativen Theologie liefern die Monographien Hochstaffl 1976, Nientied 2010, Stolina 2000, Striet 2003, Theill-Wunder 1970, Turner 1995 und Westerkamp 2006.

[11] Laut J.-L. Marion bestreitet Derrida um der Originalität willen, seine Dekonstruktion sei ein Form negativer Theologie, vgl. Nientied 2010, S. 90. Tatsächlich kann aber die negative Theologie als Vorläufer der Dekonstruktion gelten, ebd. Ähnlich verhält es sich mit Heidegger, der zwar seine Quellen verdeckt hält, aber zentrale Gedanken der negativen Theologie übernimmt. Auch Lévinas lehnt die negative Theologie ab, verwendet aber zahlreiche ihrer Strategien, vgl. Nientied 2010, S. 228, und ähnelt darin Heidegger und Derrida. Westerkamp 2006 hält zusammenfassend fest: »Ganz offensichtlich suchen Derrida und Marion die Auseinandersetzung mit dem, was hier die *via negativa* der Exodus- und Anonymitätsmetaphysik genannt wurde und Derrida als (wie immer larvierte) Präsenzmetaphysik bezeichnet, während Lévinas und Putnam die *via negativa* der Tetragramm-Metaphysik rezipieren«, a.a.O., S. 185. Vgl. auch S. 185–218 für die postmoderne Rezeption der negativen Theologie und dazu auch Rubinstein 2003, insb. S. 391 f., mit dem Fazit: »The postmodern subject, having given up all possibility of God, self, author, and book, actually looks a good deal like the mystic«, a.a.O., S. 411.

Motiven des Jenseits von Ja und Nein erwuchs der Gedanke der negativen Theologie.«[12] In einem Text über Nietzsche aus der zweiten Hälfte der 30er Jahre schreibt er diesem eine negative Theologie in Bezug auf das Ganze der Welt zu:

> Das Wort »Chaos« nennt in Nietzsches Bedeutungsgebrauch eine abwehrende Vorstellung, der zufolge vom Seienden im Ganzen nichts ausgesagt werden kann. Das Weltganze wird so zum grundsätzlich Unansprechbaren und Unsagbaren – ein ἄρρητον. Was Nietzsche hier in bezug auf das Weltganze betreibt, ist eine Art »negativer Theologie«, die das Absolute auch dadurch möglichst rein zu fassen sucht, daß sie alle »relativen«, d. h. auf den Menschen bezüglichen Bestimmungen fernhält. Nur ist Nietzsches Bestimmung des Weltganzen eine negative Theologie ohne den christlichen Gott.[13]

Das kommt dem sehr nahe, was Heidegger in seiner Seinsphilosophie selbst unternimmt, die ebenfalls die Unbegreiflichkeit des Ganzen des Seienden thematisiert und dabei, wie im Folgenden gezeigt wird, Strategien negativer Theologie verwendet. Dass das Ganze der Welt nicht unmittelbar zu erfassen ist, wurde bereits in Abschnitt 2.1 anhand der Antrittsvorlesung *Was ist Metaphysik?* diskutiert, und wird außerdem in Abschnitt 3.4 mit dem Konzept der absoluten Metapher bei Blumenberg erläutert.

Ein dritter Verweis auf die negative Theologie findet sich schließlich im Vortrag *Zeit und Sein* von 1962. Dieser endet mit einer Reflexion über die Unangemessenheit und Unvermeidbarkeit des vergegenständlichenden Sprechens, das er zu überwinden sucht:

> Wenn eine Überwindung nötig bleibt, dann geht sie dasjenige Denken an, das sich eigens in das Ereignis einläßt, um Es aus ihm her auf Es zu – zu sagen.
> Es gilt unablässig, die Hindernisse zu überwinden, die ein solches Sagen leicht unzureichend machen.
> Ein Hindernis dieser Art bleibt auch das Sagen vom Ereignis in der Weise eines Vortrags. Er hat nur in Aussagesätzen gesprochen.[14]

In einem Seminar zu diesem Vortrag stellt Heidegger die Nähe seines Denkens zur negativen Theologie heraus, was im zugehörigen Protokoll wie folgt wiedergegeben ist:

---

[12] GA 60, S. 109.
[13] GA 6.1, S. 315.
[14] GA 14, S. 30.

Dieselbe Art der Bewegtheit, die in dem Schritt vom Anwesen zum Anwesenlassen liegt, zeigt sich im Übergang vom Anwesenlassen zum Entbergen, von diesem zum Geben. Jeweils geht das Denken den Schritt zurück. Somit könnte die Art des Vorgehens dieses Denkens in Analogie zur Methode einer negativen Theologie gesehen werden. Das zeige sich auch darin, daß und wie die in der Sprache gegebenen ontischen Modelle abgearbeitet und zerstört werden. Auffallend sei z. B. der Gebrauch von Verben wie ›reichen‹, ›schicken‹, ›vorenthalten‹, ›ereignen‹, die nicht nur als Zeitwörter überhaupt eine Zeitform, sondern zudem einen ausgesprochenen zeitlichen Sinn aufweisen für etwas, das nichts Zeitliches ist.[15]

Um diese Nähe besser einschätzen zu können, sollen im Folgenden einige Autoren der Tradition zu Wort kommen, wobei hier kein Anspruch auf einen umfassenden Überblick erhoben wird.[16] Es geht lediglich um den Aufweis einiger wesentlicher Strukturmomente, die sich auch in Heideggers Denken finden.

Zunächst kann mit Westerkamp 2006 festgehalten werden, dass Elemente negativer Theologie als wesentlicher Bestandteil zu den philosophischen Reflexionen der großen religiösen Traditionen gehören, die sich über die Unangemessenheit einer metaphysischen Rekonstruktion ihrer Glaubensinhalte im Klaren sind: »[…] die *via negativa* ist das zentrale Moment, das den jüdischen, islamischen und christlichen philosophischen Traditionen durchaus gemeinsam ist; sie alle entwerfen apophatische Formen eines paradoxen Sprechens über das Unsagbare.«[17] Mit ihrer Kritik an den überkommenen Dogmen des Glaubens stand die negative Theologie freilich auch immer im Verdacht der Häresie, wozu Jaeschke 2002 festhält, »[…] daß die negative Theologie im Kontext der christlichen Theologie fast stets mit gebotener Distanz behandelt und allenfalls in wohldosierten Portionen zugelassen worden ist.«[18] Von systematischem Interesse an dieser Feststellung ist die Frage, wie genau sich die negative Theologie zu den positiven Aussagen der affirmativen Theologie verhält. Da sich alle Vertreter der negativen Theologie ebenfalls affirmativ geäußert haben, scheint das drastische Urteil von Jaeschke in dieser Frage etwas voreilig zu sein: »Somit reinigt und ergänzt die negative Theologie

---

[15] GA 14, S. 57.
[16] Vgl. dazu die Literaturangaben in der Fußnote oben.
[17] Westerkamp 2006, S. 219. Zur zentralen Rolle der negativen Theologie in den monotheistischen Traditionen vgl. Baum 2014.
[18] A.a.O., S. 309.

nicht die affirmative, sondern vernichtet sie«[19] bzw. »Affirmative und negative Theologie können nicht in ›friedlicher Koexistenz‹ nebeneinander bestehen.«[20] Dieses Verdikt übersieht nicht nur die affirmativen Äußerungen der Vertreter der negativen Theologie, sondern auch das tieferliegende *Paradox der negativen Theologie*, dass die Aussage, man könne keine Aussagen über Gott treffen, selbst eine positive Aussage über Gott mit einem Wissensanspruch ist. Dieses Paradox betrifft den gesamten Ansatz der negativen Theologie, der offenbar und gegen Jaeschke ohne positive Aussagen gar nicht funktionieren würde. Die affirmativen Aussagen können sogar als konstitutiver Bestandteil der *via negativa* angesehen werden, was unten noch zu diskutieren ist.

Der Kern der negativen Theologie steckt in Aussagen wie *Si comprehendis non est Deus* und *Deus semper maior* (Augustinus[21]) oder *Quid est Deus nescimus* (Thomas von Aquin[22]). Die erste größere philosophische Ausarbeitung einer entsprechenden *negativen Henologie* findet sich in Platons *Parmenides*-Dialog, dessen Thesen über das *Eine* als Ursprung der *via negativa* gelten.[23] Platon spricht dem Einen Schritt für Schritt sämtliche Eigenschaften ab und hält zuletzt fest, dass das Eine nicht einmal *ist:* »Es ist also auch nicht so, daß das Eins ist.«[24] Dieser Erklärung des Nichtseins folgt die Feststellung der absoluten Unerkennbarkeit des Einen: »Also ist auch kein Wort für es, keine Erklärung davon, noch auch irgendeine Erkenntnis, Wahrnehmung oder Vorstellung.«[25] An dieser Stelle zeigt sich bereits das genannte Paradox der negativen Theologie, von dem auch Heideggers Rede von Sein und Ereignis betroffen ist. Es wird über ein etwas gesagt, dass man über es nichts sagen kann, was ein Widerspruch ist, der

---

[19] Ebd. Jaeschke ergänzt dieses Urteil mit dem Hinweis, dass die negative Theologie allein nicht als Grundlage für eine positive Religion dienen könne: »[…] aber die negative Theologie reduziert sich gleichsam auf diesen einen Satz, daß Gott unendlich und unfaßbar sei – einen vielleicht richtigen Satz, der aber als solcher weder eine Wissenschaft ausmacht noch auch – was gravierender ist – das gedankliche Fundament einer ›Volksreligion‹ bilden kann«, ebd. Das dürfte freilich auch nicht der Anspruch der negativen Theologie sein, die die positiven Volksreligionen nicht ersetzen, sondern richtig verstehen und von Selbstmissverständnissen befreien möchte.

[20] A.a.O., S. 310.

[21] *Sermones* 52 bzw. *Enarratio in Psalmum LXII*, 16.

[22] *Summa contra Gentiles*, I 30.

[23] Dies belegt zum Beispiel Le Moli 2008, S. 335.

[24] Platon, Parmenides, 141e, zitiert nach Wolf 2010, S. 114.

[25] Ebd., 142a.

tiefer liegt als die Beobachtung, dass die negativen Theologen auch affirmative Aussagen machen. Ein Hinweis zur Auflösung dieses Paradoxes findet sich bei Plotin, einem der großen Vertreter des Neuplatonismus, in dem die negative Henologie Platons vertieft wird. So heißt es bei ihm, dass man das Eine nicht einmal als ein »jenes« bezeichnen kann, was nicht dazu passt, dass dies eine Aussage gerade über ein solches »jenes« darstellt. Diese selbstwidersprüchliche Einschränkung verbindet er aber mit dem Hinweis, dass diese Weise des Sprechens einem besonderen *Erlebnis* Ausdruck verleihen soll:

Selbst »jenes« dürfen wir es [das Eine] im eigentlichen Sinne nicht nennen, wenn wir genau reden wollen, sondern das will nur die Auslegung dessen sein, was wir selbst, die wir das Erste gleichsam von außen umspielen, dabei erleben, indem wir ihm bald nahe sind, bald zurückgeworfen werden durch die Schwierigkeiten, die ihm anhaften.[26]

Dazu heißt es in Theill-Wunder 1970, dass »[…] Plotin das höchste Prinzip niemals endgültig als das ›Eine‹ definiert, sondern ausdrücklich betont, daß der Name allein eine Notlösung zur Ermöglichung einer Verständigung darstellt.«[27] Bei dieser Verständigung handelt es sich um die Beschreibung von Erfahrungen bzw. auch um den Versuch, bestimmte Erfahrungen hervorzurufen, wie es bei Plotin heißt:

[…] sondern wir reden und schreiben nur davon, um zu ihm hinzuleiten, aufzuwecken aus den Begriffen zum Schauen und gleichsam den Weg zu weisen, dem, der etwas sehen will; bis zum Weg und zur Reise reicht die Belehrung, die Schau ist aber Arbeit dessen, der sehen will.[28]

Es geht also in der negativen Theologie nicht darum, theoretische Aussagen über ein *etwas* zu machen, was zu dem besagten Paradox führen würde, sondern um eine neue Weise des In-der-Welt-seins, auf die auch Heidegger mit seiner Philosophie des Seins und des Ereignisses hinaus will. Wie im zweiten Kapitel erläutert, arbeitet sich Heidegger hauptsächlich an den Grenzen des Verstehens ab, die sich zum Beispiel an der Leibniz-Frage und am Satz vom Grund zeigen. In Abschnitt 2.1 wurde insbesondere gezeigt, wie Heidegger die Paradoxien des Begriffs des Nichts dadurch umgeht, dass er auf die Erfahrung des Nichts verweist, was dem zitierten Anspruch Plotins in Bezug auf das Eine entspricht. Heidegger versucht damit, einen an-

---

[26] Zitiert nach Theill-Wunder 1970, S. 98.
[27] A. a. O., S. 111.
[28] Zitiert nach Theill-Wunder 1970, S. 104.

gemessenen Umgang mit den Grenzen des Verstehens zu etablieren, und auch die negative Theologie möchte zu einer neuen *Haltung* des Nichtwissens führen. Versteht man die negative Theologie in diesem Sinne als eine Praxis und nicht als Theorie, ist das vermeintliche Paradox gelöst, wobei man genauer von einer theoretischen Praxis sprechen muss, da sich Theorie und Praxis nicht streng voneinander trennen lassen und, wie im Folgenden gezeigt wird, der Vollzug der *via negativa* auf das theoretische Sprechen bezogen bleibt. Die Verbindung zu den Fragen Heideggers findet sich zum Beispiel darin, dass die Rede von Gott in der Tradition als Antwort auf die Leibniz-Frage und den Satz vom Grund verstanden wird, etwa im kosmologischen Gottesbeweis. Wenn aber von dieser Antwort gesagt wird, dass sie wiederum unbegreiflich ist und man sich ihr nur im Modus des Nichtwissens nähern kann, könnte man mit Heidegger einen solchen Modus auch ohne die Rede von Gott thematisieren oder, anders gewendet, bereits die Rede von Gott als einen möglichen Umgang mit den Grenzen des Wissens verstehen.

Auch Pseudo-Dionysius Areopagita, ein weiterer wichtiger Vertreter der negativen Theologie, der wesentliche Gedanken der neuplatonischen negativen Henologie übernimmt und in einen christlichen Kontext stellt,[29] weist den Weg zu einer solchen Auflösung des Paradoxes, wenn er davon spricht, »[...] daß die wahre Erkenntnis (von Gott) das Nichterkennen Gottes ist«,[30] und dazu weiter ausführt:

Und wenn einer Gott geschaut haben will und versteht, was er geschaut hat, dann hat er ihn nicht selbst gesehen, sondern etwas von seinen Geschöpfen, die sind und erkannt werden können. Denn er selbst ist über dem Erkennen und über dem Sein, unerkennbar, nicht seiend, er ist überseiend, und wird erkannt auf eine Weise, die über dem Geiste ist. Die völlige Nichterkenntnis im höheren Sinne ist die wahre Erkenntnis, (denn sie ist Erkenntnis) dessen, der über allem Erkennbaren ist.[31]

---

[29] Zu den historischen Einzelheiten vgl. zum Beispiel Westerkamp 2006, Kapitel 1. Die Religiosität des Neuplatonismus auch ohne Christentum hebt Ebeling 1969 hervor: »Die hellenistische Zeit gibt keinen Anlaß, sie als Zeitalter des Atheismus zu prädizieren. Im Gegenteil nahm hier die Philosophie selbst eine immer stärker religiöse Wendung bis zum späten Neuplatonismus hin, der nach dem Wunsch Kaiser Julians an Stelle des Christentums die Reichsreligion hätte werden sollen«, a.a.O., S. 383.
[30] Zitiert nach Ivánka 2009, S. 101.
[31] Ebd. Analog auch a.a.O., S. 86, 93 und 97.

Auch dies klingt nach dem Paradox, dass von einem *etwas* gesagt wird, es existiere nicht, bzw., noch grundlegender, dass mit dem Anspruch, eine Erkenntnis zu formulieren, behauptet wird, es gebe hier keine Erkenntnis, was sich zugespitzt in der Gleichsetzung der »völligen Nichterkenntnis« mit der »wahren Erkenntnis« findet. Dies kann wiederum dadurch plausibilisiert werden, dass es nicht um eine theoretische Aussage geht, sondern um die Beschreibung und Vermittlung besonderer Erfahrungen. Pseudo-Dionysius bestimmt diese Erfahrungen zunächst als lichtmetaphorisch beschriebene Einigung mit Gott:

> […] und doch ist das göttlichste Wissen von Gott das, das in Unwissenheit erkennt, in der übergeistigen Einigung, wenn der Geist, von allem Seienden sich abwendend und sich selbst verlassend, geeint wird mit überhellen Strahlen, (die) von dorther (kommen), und dort erleuchtet wird von den unerforschlichen Tiefen der Weisheit.[32]

Genauer hält Hailer 2014 zu Pseudo-Dionysius fest, dass auch dieser seine Aussagen nicht als Theorie, sondern als Praxis versteht, die zu ihrem Verständnis vollzogen werden muss: »*Mit der Sprache* wird hier deutlich gemacht, dass die Sprache in Sachen Gott an ihre Grenzen kommt und kommen muss. Und das wird nicht als These so hingestellt, es wird im Vollzug *gezeigt*.«[33] Die *via negativa* stellt keine theoretische Behauptung dar, sondern ist sprachlich zu vollziehen: »Wieder wird die Unnennbarkeit Gottes nicht nur behauptet, sie wird sprachlich durchgeführt.«[34] Zu diesem Vollzug gehören Strategien wie zum Beispiel die des paradoxen Sprechens, die unten als *conceptual destabilization* näher bestimmt werden: »Die Wahrheit, um die es hier geht, kann nur mit Sprachverdrehungen ausgedrückt werden.«[35]

Mit den bis hier vorgestellten Belegen von Platon, Plotin und Pseudo-Dionysius Areopagita lassen sich bereits die wesentlichen Punkte der negativen Theologie diskutieren.[36] Zu diesen Punkten ge-

---

[32] Zitiert nach Ivánka 2009, S. 77.
[33] A. a. O., S. 45, Hervorhebungen im Original.
[34] Ebd.
[35] Ebd.
[36] Weitere Belege von unter anderen Proklos, Maximus Confessor, Johannes Damascenus, Johannes Scotus Eriugena, Abraham Ibn Daud, Maimonides, Thomas von Aquin, Meiter Eckhart oder Nikolaus von Kues finden sich zum Beispiel in Westerkamp 2006, gebündelt etwa auf den Seiten 145 f. Hier sei nur noch Clemens von Alexandria wiedergegeben: »Und wenn wir Ihm einen Namen geben, indem wir es, ohne es wahr zu bestimmen entweder Eines oder das Gute oder Einsicht oder das Sein

hört die Frage nach dem Status der religiösen Rede angesichts der Negationen der negativen Theologie. Diese Frage findet sich verdichtet im Paradox der negativen Theologie, mit dem Anspruch einer Erkenntnis jegliche Erkenntnis von Gott zu verneinen. Ein weiterer wesentlicher Punkt betrifft die Erfahrung, von der die negative Theologie spricht, die zu der Frage führt, ob man noch von einem Verstehen bzw. von einem kognitiven Gehalt sprechen kann, wenn es nicht um eine theoretische Erkenntnis, sondern um den Vollzug des Denkens und eine neue Haltung oder Stimmung geht.

Was zunächst das Paradox der negativen Theologie betrifft, so wird dies oft schon darin gesehen, dass die Vertreter der negativen Theologie trotz ihrer Verneinungen dennoch positive Aussagen über Gott oder das Göttliche treffen. Auf diese – wie sich zeigen wird: vermeintliche – Inkonsequenz macht zum Beispiel Putnam anhand von Maimonides aufmerksam. Zunächst hält Putnam als Kernaussage der negativen Theologie fest: »There are no ›propositions‹ about God that are adequate to God – that is what one is committed to if one bravely follows out the line of negative theology to the end, as Maimonides did.«[37] Trotz dieser Einsicht in die Unmöglichkeit, über Gott Aussagen zu machen, schreibt Maimonides Gott Eigenschaften zu, zum Beispiel die der Güte, wie Putnam konstatiert:

And yet, Maimonides does not tell us to stop talking about God or to talk about God only by way of negations. Indeed, he even tells us how to talk; we can, indeed we must, say that God is good. [...] Moreover, Maimonides advises us not only to apply »attributes of action« to God, but even attributes of character (to think of God as the supreme intellect, for example).[38]

Diese Inkonsequenz findet sich bei allen in diesem Abschnitt genannten Vertretern der negativen Theologie.[39] Mit Bezug auf Pseudo-Dio-

---

selbst oder Vater oder Gott oder Schöpfer oder Herrscher rufen, so bringen wir mit solchen Ausdrücken nicht seinen Namen vor, sondern verwenden wegen unserer Schwierigkeit, unserer Hilflosigkeit, schöne Namen, damit sich unser Denken darauf stützen kann und nicht auf anderes abirrt, denn keiner von ihnen kann Gott aufdecken, sondern sie geben alle zusammen einen Hinweis auf die Macht des Allmächtigen«, zitiert nach Theill-Wunder 1970, S. 135. Wenn Heidegger in seinen späteren Arbeiten selbst von den Göttlichen im Geviert spricht und deren Sprache als *Wink* charakterisiert, muss er doch ganz ähnlich einräumen: »Doch auch die Rede von einem Wink wagt schon zuviel«, GA 12, S. 111.

[37] Putnam 1997, S. 412, Hervorhebung gelöscht.
[38] Ebd.
[39] Wenn sich Derrida mit seiner Philosophie von der negativen Theologie distanziert,

nysius Areopagita, der trotz seiner zitierten starken Position innerhalb der negativen Theologie ebenfalls zahlreiche positive Aussagen
über Gott macht, erwägt Kreiner 2006 eine »psychologisierende Erklärung«[40] dahingehend, dass »Mystiker [...] immer wieder unter
Verdächtigungen, Repressionen und Verfolgungen zu leiden [hat-
ten]«[41] und daher aus Vorsicht auch positive Aussagen zugelassen
haben. Diese These kann hier nicht beurteilt werden. Putnam versteht diese Inkonsequenz dagegen so, dass die negative Theologie
des Maimonides angesichts seiner positiven Äußerungen bedeutet,
man könne durchaus positiv von Gott sprechen, müsse sich dabei aber
über die Unangemessenheit dieses Sprechens im Klaren sein: »What
concerns Maimonides is not that we speak of God, but that we tend to
fall into idolatry by forgetting how hopelessly inadequate that speaking must be.«[42] Das Bewusstsein von dieser Unangemessenheit gehört laut Putnam zu fast allen religiösen Traditionen: »[...] it is part
of almost all religious forms of life to say that God, or whatever may
be of ultimate concern in the particular religious form of life, is not

---

geht es ihm laut Rubinstein 2003 genau um das Problem, dass die negative Theologie
mit ihren positiven Aussagen trotz allem der Ontotheologie verhaftet bliebe: »Now
we can ask the question (again): does negative theology escape ontotheological deter-
minations? Derrida says ›no‹, because all negative theologies ultimately posit a hyper-
essence beyond essence: the apophatic denial is merely transitory, always in service to
the cataphatic affirmation of what is ›proper‹ to God. For Derrida, negative theologies
ultimately reserve space for a super-essential concept of the divine«, a.a.O., S. 391.
Dagegen steht zum Beispiel die Lesart von Marion, der die negative Theologie nicht
als Ontotheologie auffasst: »The strongest voice against this position has been Jean-
Luc Marion, who reads Pseudo-Dionysius as particularly resistant to the constraints
of ontotheology. Contra Derrida, he maintains that Dionysius does *not* cling to a
super-being beyond Being«, a.a.O., S. 392, Hervorhebung im Original. Auch in der
vorliegenden Arbeit wird die These vertreten, dass die negative Theologie nicht als
Ontotheologie anzusehen ist, was hier mit dem Verweis auf den Vollzug der *via negativa* begründet wird, die sich nicht als theoretische Aussage versteht. Laut Rubinstein 2003 unterscheiden sich die Interpretationen von Derrida und Marion dagegen
vor allem in ihrer Interpretation des Begriffs der *hyperousias:* »The disagreement
between Derrida and Marion on this matter hinges upon their different readings of
the word ›hyperousias‹ in Dionysius: Derrida reads it as ›hyperessentiality‹, so that
any God without Being is merely a Being beyond Being, whereas Marion renders
hyperousias as ›otherwise than being‹, operating according to a Levinasian understanding of the word ›without‹«, S. 392.
[40] A.a.O., S. 66f.
[41] A.a.O., S. 66.
[42] Putnam 1997, S. 413.

properly conceptualizable by us.«[43] Der Status dieses Sprechens im Bewusstsein seiner Unangemessenheit ist aber noch genauer zu diskutieren. Schließlich gibt es neben dem Problem der Inkonsequenz der Vertreter der negativen Theologie auch das tieferliegende Paradox, dass die Aussage, man könne keine Aussage über Gott machen, eine solche Aussage darstellt, und damit selbstwidersprüchlich ist. Dies bringt Kreiner 2006 auf den Punkt, wenn er zu der Behauptung, dass auf Gott kein Begriff zutrifft, festhält: »Diese These scheint nichts anderes zu sein als […] eine Behauptung, die zudem noch den gravierenden Nachteil hat, selbstwidersprüchlich und daher falsch zu sein.«[44]

Zur Auflösung dieses Paradoxes wurde bereits angedeutet, dass die negative Theologie keine theoretische Erkenntnis ausdrücken will, sondern sich stattdessen als Beschreibung von Erfahrungen versteht, zu denen sie als *via* negativa auch führen soll. Es geht um den Vollzug des Denkens und die Erfahrung mit den oben zitierten Sprachverdrehungen. Während Kreiner 2006 dieser Möglichkeit als »instrumentalistische Deutung«[45] des Paradoxes lediglich zugesteht, dass »[sie] sich nicht von vornherein von der Hand weisen [lässt]«,[46] bringt Hans Blumenberg diese Auflösung des Paradoxes unübertrefflich wie folgt zum Ausdruck:

Die negative Theologie der Spätantike und des Christentums, wo es neuplatonische Prägung hat, machte eine neue Sprache notwendig. Freilich kann man sagen, daß eine Theologie, die über Gott überhaupt nichts ausmachen zu können glaubt, im Grunde gar keine Sprache brauche. Aber zwischen Stummheit und Verstummen soll hier gerade eine wesentliche Differenz gesehen werden; es ist das, was die *docta ignorantia* meint. Die negative Theologie stellt nicht einen Wissensstatus dar, sondern sie ist ein Weg, eine Praxis, eine Methode zu einem Modus des Sichverhaltens.[47]

Diese Praxis des Übergangs von vergeblicher Sprache zum Verstummen und zu einem Modus des Sichverhaltens soll nun genauer diskutiert werden. So analysiert Kobusch 2002 diesen Übergang anhand von Proklos, Pseudo-Dionysius Areopagita und vor allem anhand von Damaskios. Zunächst spricht er von dem Konzept einer Bewusst-

---

[43] A.a.O., S. 410.
[44] A.a.O., S. 72.
[45] A.a.O., S. 67 ff.
[46] A.a.O., S. 69.
[47] Blumenberg 1998, S. 179.

seinsänderung bei Proklos: »Der Begriff des ›Aufweckens‹, den Proklos in diesem Zusammenhang öfter gebraucht, soll andeuten, daß es hier um eine Bewußtseinsänderung, um eine Art der Metamorphose geht.«[48] Und für Pseudo-Dionysius Areopagita wird das oben bereits zitierte Ziel des Nichtwissens gegenüber Gott hervorgehoben: »Dionysius Areopagita hat diese überintellektuelle Einigung als die wahre Erkenntnis des Göttlichen begriffen, in der freilich nichts Bestimmtes erkannt wird. Das wahre Wissen von Gott ist die Unwissenheit. Belehrte Unwissenheit – das ist es, worauf die neuplatonische Lehre von der Gotteserkenntnis hinausläuft.«[49] In der Idee der belehrten Unwissenheit steckt aber auch der Selbstwiderspruch, der hier als das Paradox der negativen Theologie bezeichnet wurde. Auf dieses Problem macht auch Kobusch aufmerksam: »Doch der Ausdruck der belehrten Unwissenheit, wie es Augustinus und später der Cusaner nennen, oder der Erkenntnis durch das Unwissen, wie die griechischen Neuplatoniker sagen, ist nicht einfach zu verstehen.«[50] Diese paradoxe Bestimmung erläutert Kobusch anhand von Damaskios: »Niemand hat um das rechte Verständnis dieser Paradoxie so gerungen wie Damaskios, das letzte Schulhaupt der Akademie.«[51] Dieser erläutert das Paradox mit der Situation eines Blindgeborenen, der nicht weiß, was eine Farbe ist, und diese Unkenntnis in Negationen ausdrückt.[52] Die Auflösung des Paradoxes des wissenden Nichtwissens soll dann laut Kobusch darin bestehen, dass es sich nicht um negative Aussagen über ein Objekt handelt, sondern um den Ausdruck der eigenen Unwissenheit, was von der Situation des Blindgeborenen auf die Situation der negativen Theologie übertragen wird: »So auch will die endliche Vernunft, die das Eine das Unerkennbare nennt, nicht einem erkannten Objekt eine Bestimmung beilegen, sondern eine Aussage über sich selbst, über ihren Zustand machen.«[53] Als Fazit bestimmt Kobusch die neuplatonische negative Theologie in diesem Sinne als eine *praktische Metaphysik*:

So ist die neuplatonische negative Theologie weder ein bloßes Spiel mit Worten noch eine Form rein theoretischer Metaphysik, sondern eine Meta-

---

[48] A. a. O., S. 197.
[49] A. a. O., S. 198.
[50] Ebd.
[51] Ebd.
[52] Vgl. a. a. O., S. 199.
[53] Ebd.

physik des Subjekts, eine praktische Metaphysik, in der und durch die die menschliche Seele sich zu ihrem wahren Selbst durcharbeitet.[54]

Dies entspricht der Einschätzung Blumenbergs, dass es sich bei der *via negativa* um einen »Weg, eine Praxis, eine Methode zu einem Modus des Sichverhaltens« handelt, was auch oben schon anhand von Plotin aufgezeigt wurde, und was zu der von Kobusch herausgestellten Bewusstseinsänderung bei Proklos passt. So lässt sich das Paradox tatsächlich auflösen: Es wird kein theoretischer Anspruch erhoben, sondern eine solche Bewusstseinsänderung beschrieben bzw. im Vollzug des Denkens herbeigeführt. Allerdings ist noch mehr dazu zu sagen, worum es bei dieser Bewusstseinsänderung geht und wie genau sie erreicht werden soll. Dass sich »die menschliche Seele zu ihrem wahren Selbst durcharbeitet« ist etwas unbestimmt, zumal es dabei um die Rede von Gott bzw. dem Einen geht.

Zur Erläuterung dieser Bewusstseinsänderung und ihres Bezugs zur Sprache, sei hier mit Rubinstein 2003 an die übliche Unterscheidung zwischen den sprachlichen Strategien der negativen Theologie und der tatsächlichen *via negativa* erinnert: »It is common to distinguish negative theology, a set of discursive / philosophical / linguistic strategies, from the *via negativa*, a lived / experienced / practiced ›mystical‹ ascent towards the divine.«[55] Rubinstein kritisiert diese Unterscheidung mit der Behauptung, dass die *via negativa* nur mit dem Vollzug dieser sprachlichen Strategien erfahren werden kann, ja *in diesem Vollzug besteht*. Sprache und Erfahrung können demnach nicht getrennt werden:

Moreover, the linguistic tactics of negative theology only operate as a means toward »mystical union«, which, in turn, is impossible without conceptual destabilization. The un-saying of negative theology, in other words, performs the *via negativa* – the way »out« *is* the way »up«, and the way up is at once discursive and experienced.[56]

Diese Untrennbarkeit von Sprache und Erfahrung und mithin der performative Charakter der *via negativa* wird dann mit der *docta ignorantia* der Tradition verbunden: »For Dionysius and Eckhart, unknowing does not function in place of, but *within* intellect. [...] The ineffable union of human and divine, the ›mystical experience‹ of

---

[54] A. a. O., S. 200.
[55] A. a. O., S. 394.
[56] A. a. O., S. 394 f., Hervorhebung im Original.

unknowing, is thus thoroughly noetic; one could say that negative theology is not sheer *ignorantia*, but *docta ignorantia*.«[57] Für die Auflösung des Paradoxes der negativen Theologie bedeutet das, dass es hier nicht um eine Erfahrung geht, die losgelöst von den sprachlichen Äußerungen stattfindet: »The ›negative theology‹ invoked here does *not* designate a way of ›thinking‹ that stands in opposition to (or at all independently of) ›experience‹.«[58] Stattdessen handelt es sich um eine Erfahrung *mit* den paradoxalen Strukturen des apophatischen Sprechens, es geht um eine *conceptual destabilization*, die *mit* und *in* der Sprache vollzogen und in diesem Sinne *performativ erfahren* wird. Die *via negativa führt* nicht zu einer Erfahrung, sondern *ist* schon diese Erfahrung selbst. Der Vollzug ist dabei nicht als das aktive Handeln eines Subjekts zu verstehen, das die entsprechende Erfahrung selbst herbeiführt, sondern als ein *Geschehen* zwischen Aktivität und Passivität, was im vierten Kapitel noch genauer erläutert wird, in dem auch die Untrennbarkeit von Sprache und Erfahrung und der Vorgang der sprachlichen Irritation zu diskutieren ist. Der Hinweis auf den Vollzug in der Sprache findet sich bereits bei Fichte, dessen späte *Wissenschaftslehre* »[...] mit Grund als ›negative Theologie‹ und sogar als ›Mystik‹ bezeichnet worden ist.«[59] Jaeschke 2002 rekonstruiert Fichtes Argument wie folgt:

> Fichte geht zwar aus vom begreifenden Wissen, doch wird für ihn das Absolute nur dann berührt, wenn diese begreifende Erkenntnis sich »vernichtet« – und mit dieser Rhetorik der Vernichtung verschärft er sogar noch das Negationsverfahren der negativen Theologie. [...] Es komme darauf an, im Versuch des Begreifens die Erfahrung seines Scheiterns zu machen und aus ihr die Einsicht in die Unbegreifbarkeit des Absoluten zu gewinnen.[60]

Auch für Fichte führt die *via negativa* nicht erst zu einer Erfahrung, sondern besteht bereits in der performativen *conceptual destabilization*, wobei dieser bei Fichte die *Vernichtung des Begriffs* entspricht. Dies wirft ein neues Licht auf das Paradox der negativen Theologie, dessen Auflösung nicht nur darin besteht, dass keine Wissensansprüche erhoben und stattdessen eine Erfahrung erzielt werden soll. Darüber hinaus ist für diese Erfahrung konstitutiv, dass es zunächst positive Aussagen gibt, die dann negiert werden. Die Erfahrung besteht

---

[57] A. a. O., S. 395, Hervorhebungen im Original.
[58] A. a. O., S. 394, Hervorhebung im Original.
[59] Jaeschke 2002, S. 313.
[60] A. a. O., S. 313 f.

im Vollzug der Negation, für die die positiven Begriffe zunächst gesetzt werden müssen. Die affirmativen Äußerungen sind daher nicht als Inkonsequenz zu verstehen, sondern gehören essentiell zur *via negativa* dazu, in den Worten Fichtes: »Soll das absolut Unbegreifliche, als allein für sich bestehend, einleuchten, so muß der Begriff vernichtet, und damit er vernichtet werden könne, gesetzt werden; denn nur an der Vernichtung des Begriffs leuchtet das Unbegreifliche ein.«[61] Das Paradox der negativen Theologie macht diese überhaupt erst zur *via* negativa, die Erfahrung, um die es geht, besteht gerade *im Vollzug dieses Paradoxes.*

Ohne religionswissenschaftliche Absicherung sei hier behauptet, dass sich diese Erfahrung in vielen religiösen Traditionen findet, und unter anderem als *Henosis, Unio mystica, Nirvana, Satori, Epoché* oder einfach *Schau Gottes* bezeichnet wird. So wurde oben Pseudo-Dionysius damit zitiert, dass die *via negativa* zur »übergeistigen Einigung mit Gott« führe. Le Moli 2008 spricht vom Erblicken absoluter Transzendenz, das sich, ganz im Sinne der hier vertretenen Lesart, im Vollzug des Paradoxes, oder, in den Worten von Le Moli, im Augenblick der Bewegung des Geistes durch die Aporie ereignet: »Seine eigene kritische Bewegung lässt ihn [den menschlichen Geist] immer wieder in den Abgrund der Aporie stürzen; und es ist gerade in dieser Bewegung, und zwar in dem Augenblick zwischen Aufstieg und Absturz, dass das Denken die absolute Transzendenz des Ersten ›erblicken‹ kann.«[62]

Dieser Vollzug des Paradoxes ist allerdings nicht wieder sprachlich artikuliert und wird, auch wenn er in der sprachlich verfassten *conceptual destabilization* bzw. *Vernichtung des Begriffs* besteht, schweigend erlebt. Im vierten Kapitel wird die Untrennbarkeit von Verstehen und Erfahrung noch genauer herausgearbeitet, wobei der hier gemeinte Vorgang als gleichzeitige *Änderung* von Verstehen und Stimmung bestimmt werden kann. Zum Vollzug der destabilisierenden Rede – im Sprechen oder Denken – gehört eine Änderung von Verstehen und Stimmung, die zwar von dieser Rede ausgeht, selbst aber nicht sprachlich verfasst ist. Es wird nicht erst gesprochen und dann geschwiegen, sondern der Erlebnisgehalt der Änderung, um den es hier geht, wird nichtsprachlich in der Rede erfahren. Wenn also in diesem Zusammenhang auf das Schweigen verwiesen wird, ist dieses

---

[61] Aus der *Wissenschaftslehre* von 1804, zitiert nach Fichte 1986, S. 36.
[62] A. a. O., S. 334.

nicht einfach leer, sondern gehört zum sprachlich verfassten, aktiv-passiven Geschehen der gleichzeitigen Änderung von Verstehen und Stimmung, was auch Blumenberg in obigem Zitat mit dem Unterschied zwischen Stummheit und Verstummen und dem Hinweis auf die *docta ignorantia* andeutet. Heidegger spricht in diesem Zusammenhang von einem *sagenden Nichtsagen*,[63] das über das bloße Schweigen hinausgeht. Allerdings übergeht er die lange Tradition der negativen Theologie, wenn er die Frage stellt, ob ein solches sagendes Nichtsagen möglich sei:

> Das Schwierige liegt in der Sprache. Unsere abendländischen Sprachen sind in je verschiedener Weise Sprachen des metaphysischen Denkens. Ob das Wesen der abendländischen Sprachen in sich nur metaphysisch und darum endgültig durch die Onto-Theo-Logik geprägt ist, oder ob diese Sprachen andere Möglichkeiten des Sagens, d. h. zugleich des sagenden Nichtsagens, gewähren, muß offen bleiben.[64]

Zu diesem Zitat hält Nientied 2010 fest, dass entgegen Heideggers Suggestion der Anspruch des sagenden Nichtsagens bereits in der negativen Theologie des Mittelalters eingelöst wird,[65] die Heidegger gut kannte. Und entgegen dieser Suggestion, die sich in seinem Text zur *onto-theo-logischen Verfassung der Metaphysik* von 1956/57 findet, hat er selbst in den *Beiträgen zur Philosophie*, die zwischen 1936 und 1938 entstanden sind, unter dem Begriff der *Sigetik* den Versuch unternommen, das Sein zu *erschweigen*.[66] Außerdem wurde oben bereits Heideggers Bemerkung von 1941 über die Ausweglosigkeit des Denkens gegenüber dem Sein zitiert, die als Wink auf dem Weg zu einem neuen Weltverhältnis beschrieben wurde, was an den Vollzug des hier besprochenen scheiternden Denkens der *conceptual destabilization* erinnert. Und nicht zuletzt findet sich im *Humanismusbrief* von 1946 ein Hinweis auf ein solches scheiterndes Denken, der zu der hier vertretenen Lesart negativer Theologie passt:

> Darum ist das »Philosophieren« über das Scheitern durch eine Kluft getrennt von einem scheiternden Denken. Wenn dieses einem Menschen glücken dürfte, geschähe kein Unglück. Ihm würde das einzige Geschenk, das dem Denken aus dem Sein zukommen könnte.[67]

---

[63] GA 11, S. 78.
[64] GA 11, 78 f.
[65] A. a. O., S. 28.
[66] GA 65, S. 78 ff., vgl. dazu auch Law 2000, S. 145 f., und Abschnitt 3.4 unten.
[67] GA 9, S. 343.

Zum sagenden Nichtsagen, der gelehrten Unwissenheit bzw. dem Erschweigen gehört ein Sprechen, das in die Aporie bzw. in das Paradox der negativen Theologie führt, das dann als scheiterndes Denken im Vollzug – schweigend – erfahren wird, wobei es sich um das aktiv-passive Geschehen einer gleichzeitigen Änderung von Verstehen und Stimmung handelt. Dieser Vollzug wird im vierten Kapitel noch genauer erläutert und der Status der dazu gehörenden aporetischen und damit unsinnigen Sätze im weiteren Verlauf dieses Kapitels, wozu eine Verbindung zu Wittgenstein hergestellt wird, die bereits an dieser Stelle mit Westerkamp 2006 eröffnet sei:

Nicht nur haben die verschiedenen Traditionen der negativen Theologie die Grenze der prädikativen Sprache als das Schweigen *(sigê)* und ihren Gegenstand als das Unsagbare bestimmt, sondern auch die negativ-theologischen Urteile gleichsam als jene notwendig unsinnigen Sätze aufgefaßt, von denen Wittgenstein spricht.[68]

Westerkamp spielt damit auf den Schluss des *Tractatus* an, der der hier aufgezeigten Struktur des aporetischen Sprechens mit seinem unsagbaren Vollzug entspricht:

Meine Sätze erläutern dadurch, daß sie der, welcher mich versteht, am Ende als unsinnig erkennt, wenn er durch sie – auf ihnen – über sie hinausgestiegen ist. (Er muß sozusagen die Leiter wegwerfen, nachdem er auf ihr hinaufgestiegen ist.)
Er muß diese Sätze überwinden, dann sieht er die Welt richtig.
Wovon man nicht sprechen kann, darüber muß man schweigen.[69]

Allerdings wird im nächsten Abschnitt gezeigt, dass die Sätze, die dem Schweigen vorausgehen, nicht gänzlich unsinnig sind, da sie über ihre Funktion als Leiter hinaus auch etwas zu verstehen geben, das trotz der aporetischen Struktur, zu der sie führen, verstanden

---

[68] A. a. O., S. 223.
[69] *Tractatus*, Sätze 6.54 und 7. Die Wittgensteinsche Leiter entspricht dem buddhistischen Floß, das nach der Überfahrt zur Erkenntnis nicht mehr gebraucht wird, und nicht zuletzt findet sich auch bei Heidegger dieser Gedanke der Leiter: »Und der, der es einstmals begreifen wird, braucht ›meinen‹ Versuch nicht; denn er muß selbst den Weg dahin sich gebahnt haben«, GA 65, S. 8. Die Nähe des *Tractatus* zur negativen Theologie hebt Rentsch 2000 hervor: »Ebenso enthält der *Tractatus* gegen Ende konventionelle Elemente negativer Theologie: das dort angezeigte Unsagbare, das ›Mystische‹, ist Gott. Und der ganze Aufbau des siebenstufigen Werkes kann als *via negativa* zur eigentlichen Wahrheit mystagogisch und sogar hierarchologisch-doxologisch aufgefaßt werden, so wie die für das christliche Abendland paradigmatische Form negativer Theologie bei Pseudo-Dionysius Areopagita«, a. a. O., S. 329.

werden kann. Dieser »Sinn« der unsinnigen Sätze wird anhand von Heideggers und Wittgensteins Sprachphilosophie genauer bestimmt, wobei eher der Wittgenstein der *Philosophischen Untersuchungen* als der des *Tractatus* herangezogen wird. Ohne diesen Sinn wäre der alte Verdacht gegen die negative Theologie berechtigt, leer und nichtssagend zu sein. Dass es sich um ein *sagendes* Nichtsagen, um eine *docta* ignorantia handelt, muss dagegen erst gezeigt werden. Der gegenteilige Verdacht wird exemplarisch von David Hume formuliert, der in den *Dialogen über natürliche Religion* die bereits in Abschnitt 1.2 zitierte Frage stellt: »Oder wie unterscheidet ihr Mystiker, die ihr die absolute Unbegreiflichkeit der Gottheit behauptet, euch von Skeptikern oder Atheisten, die erklären, daß die erste Ursache aller Dinge unbekannt und unerkennbar sei.«[70] Auch Feuerbach wurde bereits damit zitiert, die negative Theologie sei »ein subtiler, verschlagener Atheismus.«[71] Dass die negative Theologie letztlich leer sei, unterstellt auch Jaeschke 2002, der dieses Ergebnis als den *Paralogismus der Negativen Theologie*[72] bezeichnet:

Denn worin besteht diese Erkenntnis des Unerkennbaren, wenn nicht in der Erkenntnis, daß hier nichts zu erkennen sei? Die Annahme, daß solches Scheitern der Erkenntnis nicht bloß negativ sei, sondern in ihm eine neue, überlegene Positivität aufgehe, daß in der Vernichtung der Endlichkeit die Unendlichkeit beginne, könnte man geradezu als den »Paralogismus der Negativen Theologie« bezeichnen. Denn was berechtigt zu der Annahme, daß im Scheitern des Begreifens das Unbegreifliche als solches begriffen sei – daß das angeblich jenseits der Grenzen des Begreifens angesiedelte Unbegreifliche nicht vielmehr eben das sei, als das es im scheiternden Versuch des Begreifens schon rein sprachlich mehrfach apostrophiert wird: »Nichts«?[73]

Dieser Verdacht betrifft das Zentrum der vorliegenden Arbeit, in der im Anschluss an Heidegger und Wittgenstein das Konzept einer posttheistischen Religiosität vertreten wird. Die Protagonisten der negativen Theologie wollen natürlich nicht auf ein Nichts hinaus, sondern auf Gott,[74] den sie aber gleichwohl nicht als Gegenstand verstanden

---

[70] Zitiert nach Hume 1981, S. 45.

[71] Feuerbach 1971, S. 56.

[72] A.a.O., S. 314.

[73] Ebd.

[74] So heißt es zum Beispiel bei Law 2000: »It might seem from this process of negation that the *via negativa* involves the utter abandonment of God and ultimately leaves us standing before sheer nothingness. For the negative theologians, however,

wissen wollen, sondern tatsächlich, wie zitiert, als nicht seiend, was am Ende doch nichts anderes zu sein scheint, als eben nichts. In dieser Arbeit soll dagegen gezeigt werden, dass die Rede von Gott auch ohne Gegenstandsbezug, also insbesondere in einer nicht-theistischen Interpretation, etwas aussagt, das im Vollzug der *via negativa* nicht nur erlebt, sondern auch verstanden werden kann. Die aktiv-passive Änderung von Verstehen und Stimmung betrifft die Situation des Menschen, die genauso unbegreiflich ist, wie der Gott, mit dem diese Unbegreiflichkeit vergegenwärtigt wird. Bei der *conceptual destabilization* und der Vernichtung des Begriffs handelt es sich nicht um leere Spielereien einer sprachlichen Verwirrung, die zu nonkognitivistisch interpretierbaren Gefühlszuständen führen, sondern um das Scheitern des Verstehens der menschlichen Situation, wobei man analog zu Fichte sagen kann, dass die Unbegreiflichkeit der menschlichen Situation in diesem Scheitern einleuchtet bzw. erfahren wird. Die Einsicht in diese Unbegreiflichkeit ist nicht leer, sondern sagt etwas aus über die – nicht nur zeitliche – Endlichkeit des Menschen. Den Blick in den Abgrund der Unbegreiflichkeit der menschlichen Situation bezeichnet Le Moli 2008 als Erkenntnis absoluter Transzendenz und hält mit Bezug auf die oben erläuterte aporetische Struktur der negativen Theologie fest:

Bezogen auf das Denken ist die Aporie ein Zeichen: und zwar weder für eine defektive Denkeinstellung noch für einen Misserfolg der Vernunft, vielmehr ist die Aporie das Zeichen der Zugehörigkeit des Denkens zu seiner eigensten Dimension: eines Denkens, das an seine eigene Grenze gekommen ist und gerade aus dieser Tatsache heraus die absolute Transzendenz des Prinzips erkennen muss. Gerade dieser Gang an die Grenzen des Denkbaren muss gefordert werden, damit es in einem radikal kritischen Versuch gelingen kann, die letzten Grenzen des Denkens zu ziehen und eine neue Art des Schauens zu eröffnen.[75]

---

it is precisely negation that enables us to sweep aside the impediments that stand in the way of the soul's ascent to an ultimate union with the transcendent, super-essential Godhead«, a. a. O., S. 144.

[75] A. a. O., S. 334. Diese Schau wird auf die *Henosis* der negativen Henologie bezogen: »Das Eine ist das Erste und Letzte und bleibt unaussagbar. Das Schweigen, das die Schau *(theoria)* des Einen vollendet, vernichtet alle Negationen, weil es alle Gegensätze und Negationen negiert, um in die *henosis* zu führen«, a. a. O., S. 343. Vgl. dazu auch die obige Behauptung, dass es sich bei *Unio mystica, Nirvana, Satori, Epoché* und *Schau Gottes* um ganz ähnliche Erfahrungen handelt.

Im nächsten Abschnitt soll mit Wittgenstein gezeigt werden, dass die Rede von Gott, absoluter Transzendenz und selbst der Endlichkeit zu den unsinnigen Sätzen gehört, die man erfahren muss, die aber auch etwas zu verstehen geben, das sie in ihrem Scheitern zu einem *sagenden* Nichtsagen macht. Auch Heideggers Rede von Sein und Ereignis hat, wie in den beiden ersten Kapiteln bereits erläutert wurde, diesen schwierigen Status zwischen Sinn und Unsinn, insofern sie, wie die Rede von Gott in der negativen Theologie, vergegenständlichend ist, aber keinen seienden Gegenstand bezeichnet. Die in den ersten beiden Kapiteln vorgeschlagenen alternativen Formulierungen als Verweis auf das Dass des Seienden oder als Grundlosigkeit haben ebenfalls diesen Status. Der Sache nach geht es um die von Le Moli 2008 thematisierten Grenzen des Denkens, die sich zum Beispiel an der Unbeantwortbarkeit der Leibnizfrage oder am unabweisbaren Regress des Satzes vom Grund zeigen, und die über die vermeintliche Leere der negativen Theologie ebenso hinausgehen, wie über die non-kognitivistische Interpretation der religiösen Rede.

Bereits auf der äußerlichen Ebene der sprachlichen Strategien der *via negativa*, die hier als Formen der *conceptual destabilization* bestimmt wurden, können zahlreiche Ähnlichkeiten zu Heideggers Bestimmungen des Seins festgestellt werden, auf die Heidegger, wie oben zitiert, im Seminar zu *Zeit und Sein* auch selbst aufmerksam macht. So stellt Ullrich 1996 als wesentliche Bestandteile der negativen Theologie Oxymora und Paradoxa heraus und zeigt, dass Heidegger in Bezug auf das Sein ausgiebigen Gebrauch von diesen Mitteln macht.[76] Dies wird mit einigen Passagen aus der bereits am Anfang des Abschnitts zitierten *Grundbegriffs*-Vorlesung aus dem Sommersemester 1941 belegt, von denen hier nur eine wiedergegeben sei:

Ist »das Sein« nur das Leerste, gemessen an jedem jeweils so und so bestimmten Seienden? Oder ist das Sein der Überfluß für alles Seiende, hinter dem jegliches Seiende jedesmal unendlich zurückbleibt? Oder ist das Sein vielleicht gar beides, sowohl dieses Leerste als auch der Überfluß? Das Sein wäre dann in seinem eigensten Wesen zugleich das Gegenteil seiner selbst.[77]

Auch die in den ersten beiden Kapiteln erläuterten tautologischen Bestimmungen von Sein und Ereignis gehören in diesen Kontext.

---

[76] Vgl. a.a.O., S. 85 ff. Zu diesem Schluss kommt auch Law 2000: »This methodological principle [der ungewöhnlichen Sprache der *Beiträge*] bears some resemblance to negative or apophatic theology«, a.a.O., S. 140.

[77] GA 51, S. 49.

Die Welt weltet, das Nichts nichtet, die Sprache spricht, das Sein ist es selbst und das Ereignis ereignet. Damit entzieht sich das Sein wie der Gott der negativen Theologie der begrifflichen Bestimmbarkeit, wie es bei Law 2000 heißt: »Like the God of the negative theologians, then, Being is a highly elusive concept. It is indefinable and can be spoken of only by falling silent.«[78] Das heißt aber nicht, dass es sich um einen leeren Begriff handelt, wie Law unterstellt: »[…] Heidegger leaves us ultimately with nothing. His concept of Being is the emptiest of all.«[79] Dagegen soll im Folgenden gezeigt werden, dass Heidegger mit seiner Seinsphilosophie die unbegreifliche Situation des Menschen beschreibt, die zwar zuletzt im Scheitern des Denkens erfahren werden muss, deren Beschreibung aber dennoch nicht einfach sinnlos ist. Wie die Rede von Gott nicht-theistisch verstanden werden kann, lässt sich die Rede vom Sein nicht-metaphysisch verstehen, und in beiden Fällen handelt es sich nicht um leere Konzepte, sondern um die Vergegenwärtigung der Situation des Menschen.

Zum Abschluss dieses Abschnitts sei kurz die kryptische Rede vom Vorbeigang des letzten Gottes in den *Beiträgen zur Philosophie* zitiert, in der die Rede vom Ereignis mit der von Gott verbunden wird. In seiner eigenwilligen Sprache bringt Heidegger hier das Scheitern des Denkens als *Verweigerung* und *Sichverbergen* zum Ausdruck, das gleichzeitig eine *Offenbarkeit* darstellt, für deren Erfahrung der Vorbeigang des letzten Gottes steht, der als treffendes Bild die Erfahrung des Vollzugs des scheiternden Denkens beschreibt, in dem »das Unbegreifliche einleuchtet«:

Die Verweigerung ist der höchste Adel der Schenkung und der Grundzug des Sichverbergens, dessen Offenbarkeit das ursprüngliche Wesen der Wahrheit des Seyns ausmacht. So allein wird das Seyn die Befremdung selbst, die Stille des Vorbeigangs des letzten Gottes.[80]

3.2 Heidegger und Wittgenstein

Das Paradox der negativen Theologie wurde im letzten Abschnitt insofern aufgelöst, als die Negationen nicht als theoretische Aussagen über einen theistisch zu verstehenden Gott angesehen werden, son-

---

[78] A.a.O., S. 146.
[79] A.a.O., S. 152.
[80] GA 65, S. 406. Der letzte Gott wird im fünften Kapitel noch näher erläutert.

dern als eine *conceptual destabilization*, die im Vollzug der *via negativa* erlebt werden muss. Dies führt zu dem Verdacht, dass dieses Erlebnis nichts weiter als das Resultat sprachlicher Irritationen ist, bei denen es letztlich um nichts geht; so dass dieses Erlebnis nonkognitivistisch als Gefühlszustand interpretiert werden kann, dem kein kognitiver Gehalt entspricht. Dieser Verdacht wurde bereits in Abschnitt 2.2 formuliert, in dem gezeigt wurde, dass die Leibniz-Frage nach dem Warum des Seienden keine Antwort zulässt und daher streng genommen sinnlos ist. Dort wurde aber ebenfalls gezeigt, dass Heidegger dennoch an dieser Frage festhält und sie mit seinem Konzept des Seins verbindet. Das Sein ist wie der Gott der negativen Theologie kein Gegenstand, wird aber dennoch wie ein Gegenstand bezeichnet, wobei Heidegger zur Erläuterung dieses Problems ganz in der Tradition der negativen Theologie darauf verweist, dass das Gemeinte erfahren werden muss, wobei er das Sein mit dem Begriff des Nichts verbindet und beides mit der Stimmung der Angst. Auch hier steht der Verdacht im Raum, dass es um nonkognitivistisch interpretierbare Gefühlszustände geht, die von einer sinnlosen Frage ausgehen und daher nichts weiter bedeuten.

Dieser Verdacht soll im vorliegenden Abschnitt mit Heideggers und Wittgensteins Sprachphilosophie entkräftet werden, was im nächsten Abschnitt über das Verhältnis von Dichten und Denken noch vertieft wird. Dass es nicht einfach um nichts geht, macht Wittgenstein in einer mündlichen Äußerung gegenüber Friedrich Waismann geltend, in der er – zur Überraschung des Wiener Kreises – sein Verständnis für Heideggers Philosophie zum Ausdruck bringt:

Ich kann mir wohl denken, was Heidegger mit Sein und Angst meint. Der Mensch hat den Trieb, gegen die Grenzen der Sprache anzurennen. Denken Sie z. B. an das Erstaunen, daß etwas existiert. Das Erstaunen kann nicht in Form einer Frage ausgedrückt werden, und es gibt auch gar keine Antwort. Alles, was wir sagen mögen, kann a priori nur Unsinn sein. Trotzdem rennen wir gegen die Grenzen der Sprache an.[81]

Diese Einschätzung entspricht ganz der Lesart dieser Arbeit, in der gezeigt wurde, dass es bei den Begriffen des Seins und des Nichts um das unbegreifliche Dass des Seienden geht, das letztlich nur in besonderen Stimmungen, wie zum Beispiel der Angst, erfahren werden kann. Hier soll nun nochmals der Einwand diskutiert werden,

---

[81] Zitiert nach McGuinnes 1967, S. 68.

dass das Problem des Dass des Seienden gar kein Problem darstellt, da diesem keine Frage entspricht, auf die sich sinnvoll antworten ließe, weshalb auch die entsprechende Stimmung zwar von einer sprachlichen Verwirrung herkommen mag, der aber nichts Gehaltvolles zu entsprechen braucht. Dies gibt auch Wittgenstein in obigem Zitat zu bedenken: »Das Erstaunen kann nicht in Form einer Frage ausgedrückt werden, und es gibt auch gar keine Antwort. Alles, was wir sagen mögen, kann a priori nur Unsinn sein.« Dies entspricht Satz 6.5 in Wittgensteins *Tractatus:* »Zu einer Antwort, die man nicht aussprechen kann, kann man auch die Frage nicht aussprechen. *Das Rätsel* gibt es nicht. Wenn sich eine Frage überhaupt stellen läßt, so *kann* sie auch beantwortet werden.«[82] Mit Bezug auf das Waismann-Zitat diskutiert Rentsch 2000 die Frage, worum es bei dem dort genannten Erstaunen geht:

Daß überhaupt etwas ist, ist Grund eines sprachlich zunächst nicht weiter bestimmbaren Sich-Wunderns oder Staunens. Man kann eigentlich nicht *darüber* reden, weil ein unterscheidbares Etwas, ein Darüber der Rede oder des Staunens nicht benannt werden kann. *Daß* alles ist – das »Sein des Seienden« – ist selbst keine innerweltlich auf der Ebene normaler Tatsachen anzusiedelnde, aber z.B. nur »sehr große« Tatsache. *Daß* die Welt ist, *daß* jeder einzelne von uns existiert, das ist keine irgend kommensurable Tatsache in der Welt oder in unserem Leben.[83]

Ganz ähnlich wurde in Abschnitt 2.2 gezeigt, dass die Leibniz-Frage, buchstäblich verstanden, tatsächlich sinnlos ist, da eine Antwort nicht gedacht werden kann. Das, worum es hier geht, liegt nicht auf der Ebene normaler Tatsachen, weshalb die Frage berechtigt ist, ob es überhaupt um eine Tatsache geht. Dazu sei wieder auf das Zitat von Wittgenstein verwiesen, in dem er zwar sagt, dass es sich hier a priori nur um Unsinn handeln kann, aber auch davon spricht, dass man trotzdem gegen die Grenzen der Sprache anrennt. Dies entspricht dem gesamten philosophischen Anliegen Heideggers, der fortwährend mit seinem Konzept des Seins und des Ereignisses gegen diese Grenzen anrennt und trotz der – wie gezeigt auch von Heidegger herausgestellten – vordergründigen Sinnlosigkeit der Frage nach einem letzten Warum die Leibniz-Frage ernst nimmt und als Anlass zu einer existenziellen Wandlung auffasst, was sich ebenfalls in Abschnitt 2.2 andeutete. In Heideggers Terminologie bedeutet das, dass

---

[82] A. a. O., Hervorhebungen im Original.
[83] A. a. O., S. 324, Hervorhebungen im Original.

die Frage verfehlt ist, wenn sie nach einem seienden Grund des Seienden fragt, aber berechtigt, wenn man sie als Frage nach dem Sein versteht:

Wir bedenken die Frage, die hier »Warum?« fragt, genauer im Hinblick auf das, was sie befragt und wonach sie fragt. Sie befragt das Seiende als solches im Ganzen, warum das Seiende sei, und fragt als diese metaphysische Frage nach dem Seienden, das der Grund sein könnte für das, was ist und wie es ist. [...] Fehlt es nur an der Antwort auf diese Frage? Oder fehlt es etwa an der Frage selbst? Fehlt die Frage selbst als die Frage, die sie ist? Fragend fehlt sie, insofern sie, nach dem seienden Grund des Seienden fragend, am Sein selbst und seiner Wahrheit vorbeifragt, dieses ausläßt. Die Frage ist schon als Frage, nicht erst deshalb, weil ihr die Antwort fehlt, verfehlt.[84]

Das Sein, auf das diese Frage, recht verstanden, verweist, steht, wie gezeigt, für das Dass bzw. die Grundlosigkeit des Seienden, auf die man sich laut Heidegger in einer existenziellen Wandlung einlassen soll. Diese Wandlung könnte nun aber wiederum nonkognitivistisch auf der Ebene subjektiver Zustände verortet werden, die von letztlich leeren sprachlichen Irritationen zum Beispiel über die Grundlosigkeit des Seienden verursacht werden, die schließlich genauso wenig denkbar ist, wie ein erster Grund, und genauso sinnlos, wie die unbeantwortbare Frage nach dem Dass des Seienden. Dies ist der zitierte Unsinnsverdacht von Wittgenstein, den er in der *Lecture on ethics* mit folgenden Worten noch vertieft:

I see now that these nonsensical expressions were not nonsensical because I had not yet found the correct expressions, but that their nonsensicality was their very essence. For all I wanted to do with them was just *to go beyond* the world and that is to say beyond significant language. My whole tendency and I believe the tendency of all men who ever tried to write or talk Ethics or Religion was to run against the boundaries of language. This running against the walls of our cage is perfectly, absolutely hopeless.[85]

Allerdings räumt Wittgenstein nicht nur ein, dass er dieses hoffnungslose Anrennen gegen die Grenzen der Sprache respektiert: »But it [das Anrennen] is a document of a tendency in the human mind which I personally cannot help respecting deeply and I would not for my life ridicule it.«[86] Er spricht darüber hinaus im weiteren Verlauf des am Anfang genannten Zitats davon, dass das vordergründig sinn-

---

[84] GA 67, S. 237 f.
[85] Wittgenstein 1965, S. 11 f., Hervorhebung im Original.
[86] Wittgenstein 1965, S. 12.

lose Anrennen gegen die Grenzen der Sprache bei aller Hoffnungslosigkeit doch auf etwas hindeutet: »Aber die Tendenz, das Anrennen, *deutet auf etwas hin*. Das hat schon der heilige Augustin gewußt, wenn er sagt: Was, du Mistviech, du willst keinen Unsinn reden? Rede nur einen Unsinn, es macht nichts!«[87] Die Frage ist aber, was es bedeutet, »einen Unsinn zu reden« und damit dennoch auf etwas hinzudeuten. Worum geht es bei diesem »etwas« und welchen Status haben die unsinnigen Sätze? Kann es ein sagendes Nichtsagen mit einem Gehalt geben, der über eine nonkognitivistische Interpretation hinausgeht?

Diese Fragen sollen in diesem Abschnitt mit einigen grundsätzlichen Überlegungen aus Heideggers und Wittgensteins Sprachphilosophie angegangen und in den nächsten beiden Abschnitten über das Verhältnis von Dichten und Denken und über absolute Metaphern vertieft werden. Sowohl Heidegger als auch Wittgenstein wenden sich gegen eine referenzsemantische Sprachkonzeption, was für die Frage nach einem sagenden Nichtsagen fruchtbar gemacht werden kann. So argumentiert Wittgensteins Sprachphilosophie vor allem gegen die Vorstellung, die Sprache würde grundsätzlich auf der Bezeichnung von Gegenständen mit Wörtern beruhen. Es gibt zwar Kontexte, in denen es sinnvoll ist, zur Erklärung und zur Vermeidung von Missverständnissen auf konkrete Gegenstände zu referieren, solche Referenzen sind aber nicht die Grundlage der Sprache, die stattdessen auf dem praktischen Gebrauch innerhalb geteilter Lebensformen beruht, durch den die Wörter ihre Bedeutung erhalten. Dies findet sich in den Paragraphen 43 und 23 der *Philosophischen Untersuchungen* gebündelt:

Man kann für eine *große* Klasse von Fällen der Benützung des Wortes »Bedeutung« – wenn auch nicht für *alle* Fälle seiner Benützung – dieses Wort so erklären: Die Bedeutung eines Wortes ist sein Gebrauch in der Sprache.

Und die *Bedeutung* eines Namens erklärt man manchmal dadurch, daß man auf seinen *Träger* zeigt.[88]

Das Wort »Sprach*spiel*« soll hier hervorheben, daß das *Sprechen* der Sprache ein Teil ist einer Tätigkeit, oder einer Lebensform.[89]

In den Gebrauchskontexten konkreter Lebensformen wird Sprache insbesondere auch dann verstanden, wenn sie zwar vergegenständ-

---

[87] Zitiert nach McGuinnes 1967, S. 69, Hervorhebung im Original.
[88] PU, § 43, Hervorhebungen im Original.
[89] PU, § 23, Hervorhebungen im Original.

lichend ist, den sprachlichen Gegenständen aber kein tatsächlicher Gegenstand entspricht – nur *manchmal* ist es hilfreich, auf den Träger eines Namens zu zeigen. Die Möglichkeit des sinnvollen vergegenständlichenden Sprechens ohne Gegenstandsbezug wird in Wittgensteins Ausführungen zur Bedeutung des Wortes »Schmerz« im Rahmen der Privatsprachenargumentation in den *Philosophischen Untersuchungen* genauer erläutert. So stellt sich die Rekonstruktion der Bedeutung dieses Wortes als Verweis auf eine private Schmerzempfindung bei näherer Betrachtung als unhaltbar heraus, da sich eine solche private Empfindung als bloße Chimäre erweist, die für die Funktion der Sprache keine Rolle spielt: »Wenn man die Grammatik des Ausdrucks der Empfindung nach dem Muster von ›Gegenstand und Bezeichnung‹ konstruiert, dann fällt der Gegenstand als irrelevant aus der Betrachtung heraus.«[90] Damit ist aber nicht gesagt, dass es keine Schmerzempfindung gibt, sondern nur, dass diese zwar in der Sprache wie ein Gegenstand thematisiert wird, aber nicht gegenständlich gedacht werden kann. Dies gipfelt in der berühmten Feststellung über den Status dieser Empfindung: »Sie ist kein Etwas, aber auch nicht ein Nichts!«[91] Man kann und muss sogar über Schmerzen sprechen, als handele es sich um einen Gegenstand, wie zum Beispiel in »Ich *habe* Zahnschmerzen«, darf das aber nicht als buchstäblichen Verweis auf einen tatsächlichen Gegenstand verstehen, wie zum Beispiel in »Ich habe Zähne«. Wittgenstein wendet damit den Vorwurf ab, er würde behavioristisch die Existenz von Schmerzen leugnen, richtet sich aber dennoch gegen die Vorstellung eines gegenständlich verstandenen Schmerzes, auf den das Wort »Schmerz« einfach referieren würde. Schneider 2014 erläutert diese Art der Rede mit Wittgensteins Begriff der *grammatischen Fiktion*[92] und überträgt diesen Ansatz auf die religiöse Rede: »Es gibt ›Gegenstände der Rede‹, die weder im körperlich-dinglichen Sinne, noch im Sinne einer die ›transzendenten Dinge‹ behandelnden Metaphysik Gegenstände sind, sondern nur Gegenstände im grammatischen Sinn.«[93]

---

[90] PU, § 293.
[91] PU, § 304.
[92] PU, § 307.
[93] A.a.O., S. 50. Der Zusammenhang zwischen Wittgensteins Privatsprachenargumentation und dem Status der religiösen Rede wird ganz ähnlich in Schneider 2008 erläutert, vgl. S. 78–92. Hailer 2014 greift Wittgenstein und Schneider auf und ergänzt das Beispiel der Liebe, die ebenfalls kein Gegenstand ist, auch wenn man so

Dazu passt, dass Heidegger in *Sein und Zeit* seine Sprachnot gegenüber dem Sein hervorhebt und von fehlender Grammatik spricht: »[…] ein anderes ist es, über *Seiendes* erzählend zu berichten, ein anderes, Seiendes in seinem *Sein* zu fassen. Für die letztgenannte Aufgabe fehlen nicht nur meist die Worte, sondern vor allem die ›Grammatik‹.«[94] Während der frühe Heidegger in diesem Zusammenhang die formale Anzeige ins Spiel bringt und der späte Heidegger das mythisch-poetische Sprechen, findet sich eine entsprechende Reflexion auf die Sprache auch in Heideggers Sprachphilosophie, in der er geltend macht, dass die Sprache grundlegend nicht nach dem Muster von »Gegenstand und Bezeichnung« funktioniert. So heißt es über das »Verhältnis des Wortes zum Ding«:[95] »Dieses Verhältnis aber ist nicht eine Beziehung zwischen dem Ding auf der einen und dem Wort auf der anderen Seite. Das Wort selber ist das Verhältnis, das jeweils in sich das Ding so einbehält, daß es ein Ding ›ist‹.«[96] Laut Heidegger gibt das Wort dem Ding erst sein Sein,[97] was dann näher so erläutert wird, dass die Sprache als *Sage* in ihren Modi des *Dichtens* und *Denkens* überhaupt erst die Welt eröffnet, in der der Mensch sich sprechend befindet: »Dichten und Denken sind Weisen des Sagens. Die Nähe aber, die Dichten und Denken in die Nachbarschaft zueinander bringt, nennen wir die Sage. In dieser vermuten wir das Wesen der Sprache. Sagen, *sagan* heißt zeigen: erscheinen lassen, lichtend-verbergend frei-geben als dar-reichen dessen, was wir Welt nennen.«[98] Während laut Wittgenstein Sprache nur innerhalb einer geteilten Praxis in konkreten Lebensformen verstanden wird, gibt es auch laut Heidegger einen konstitutiven Zusammenhang zwischen der Sprache und der jeweiligen Welt, in der sie verwendet wird, womit sich Sprache und Welt sowohl bei Wittgenstein als auch bei Heidegger gegenseitig bedingen, was aber bei beiden ein vorgängiger und letztlich unerklärlicher Zusammenhang bleibt. Wittgenstein verweist auf den rätselhaften Status des Schmerzes als »kein Etwas, aber auch nicht ein Nichts«, und Heidegger kann über das genaue Verhältnis

---

von ihr spricht. Damit gilt: »Offenkundig gibt es eine Vielzahl von x, aber es ›gibt‹ diese x nicht so, wie es Bleistifte, Häuser und Planeten gibt«, a. a. O., S. 199.
[94] GA 2, S. 52, Hervorhebungen im Original.
[95] GA 12, S. 159.
[96] Ebd.
[97] Vgl. GA 12, S. 182.
[98] GA 12, S. 188, Hervorhebung im Original. Das Verhältnis von Dichten und Denken wird im nächsten Abschnitt besprochen.

von Wort und Ding nur sagen: »Sage und Sein, Wort und Ding gehören in einer verhüllten, kaum bedachten und unausdenkbaren
Weise zueinander.«[99]

In diesem Zusammenhang wendet sich Heideggers Sprachphilosophie wie Wittgensteins Privatsprachenargumentation insbesondere gegen die Vorstellung, die Sprache würde ein irgendwie vorhandenes Innenleben des Menschen zum Ausdruck bringen. Dazu heißt
es bei Wittgenstein: »Der Eindruck, als wollten wir etwas leugnen,
rührt daher, daß wir uns gegen das Bild vom ›innern Vorgang‹ wenden«[100] und entsprechend bei Heidegger: »Die Vorstellung von der
Sprache als einer Äußerung ist die geläufigste. Sie setzt schon die
Vorstellung eines Inneren voraus, das sich äußert.«[101] Noch grund-
legender wenden sich beide gegen die Vorstellung, die Sprache würde
als Mittel des Übertragens bzw. Ausdrucks von Gedanken dem Menschen zur Verfügung stehen. Zu dem vermeintlichen Paradox, der
Schmerz sei kein Etwas, aber auch nicht ein Nichts, erläutert Wittgenstein: »Das Paradox verschwindet nur dann, wenn wir radikal mit
der Idee brechen, die Sprache funktioniere immer auf *eine* Weise,
diene immer dem gleichen Zweck: Gedanken zu übertragen – seien
diese nun Gedanken über Häuser, Schmerzen, Gut und Böse oder was
immer.«[102] Gegen die so kritisierte Auffassung der Sprache als Instrument bringt Heidegger die eigenwillige Formulierung ins Spiel, die
Sprache selbst würde sprechen:

[W]ir blieben […] jedoch überall in die Vorstellung von der Sprache ge-
bannt, die seit Jahrtausenden herrscht. Darnach ist die Sprache der vom
Menschen vollzogene Ausdruck innerer Gemütsbewegungen und der sie
leitenden Weltansicht. Läßt sich der Bann dieser Vorstellung über die Sprache brechen? Weshalb sollte er gebrochen werden? Die Sprache ist in ihrem
Wesen weder Ausdruck, noch eine Betätigung des Menschen. Die Sprache
spricht.[103]

---

[99] GA 12, S. 224.
[100] PU, §305.
[101] GA 12, S. 12.
[102] PU, §304, Hervorhebung im Original.
[103] GA 12, S. 16. Vgl. dazu auch die folgende Bemerkung aus dem *Humanismusbrief*:
»Die Sprache ist in ihrem Wesen nicht Äußerung eines Lebewesens. Sie läßt sich
daher auch nie vom Zeichencharakter her, vielleicht nicht einmal aus dem Bedeutungscharakter wesensgerecht denken. Sprache ist lichtend-verbergende Ankunft des Seins
selbst«, GA 9, S. 326. Die Bestimmung der Sprache als »lichtend-verbergende Ankunft des Seins« passt zu der oben zitierten Charakterisierung der Sprache als »lichtend-verbergend[es] frei-geben als dar-reichen dessen, was wir Welt nennen«, GA 12,

Diese Vorgängigkeit der Sprache (»die Sprache spricht« bzw. genauer »Die Sprache spricht, nicht der Mensch. Der Mensch spricht nur, indem er geschickt der Sprache entspricht«[104]), in der zum Beispiel vom Schmerz wie von einem inneren Gegenstand gesprochen wird, ohne dass es sich um einen Gegenstand handelt, gilt nun nicht nur für die Alltagssprache, sondern auch für die Philosophie. So verwendet Heidegger die Begriffe des Seins und des Nichts in der bereits mehrfach dargelegten, von der Tradition abweichenden Weise und erläutert deren Grammatik beinahe mit den Worten Wittgensteins: »Das Nichts ist niemals nichts, es ist ebensowenig ein Etwas im Sinne eines Gegenstandes; es ist das Sein selbst, dessen Wahrheit der Mensch nur dann übereignet wird, wenn er sich als Subjekt überwunden hat, und d. h., wenn er das Seiende nicht mehr als Objekt vorstellt.«[105] Diese Wahrheit des Seins mit ihrer Überwindung des Subjekt-Objekt-Dualismus hat offenbar mit dem zu tun, was auch Wittgenstein meint, wenn er gegen die Vergegenständlichung von Schmerzempfindungen argumentiert. Während aber für Wittgenstein diese Vergegenständlichungen auf der sprachlichen Ebene unvermeidbar sind, kämpft Heidegger dagegen an und kann doch immer wieder nur das Scheitern dieser Bemühungen konstatieren, wie es sich gebündelt in folgendem Zitat findet:

Das Sein *ist nicht* und gleichwohl können wir es nicht dem Nichts gleichsetzen [im Gegensatz zu obigem Zitat, aber:] Aber wir müssen uns andererseits dazu entschließen, das Seyn als das Nichts zu setzen, wenn »Nichts« besagt das Nicht-Seiende. Das Seyn aber »ist« über solches »Nichts« hinaus

---

S. 188. Die Kontinuität der Begriffe Sein, Welt und Ereignis wurde im zweiten Kapitel erläutert und die Sprache als Teil des Ereignisses wird unten noch diskutiert. Die Bestimmung der Sprache als *Haus des Seins* soll hier dagegen nur erwähnt werden. Sie findet sich unter anderem im *Humanismusbrief:* »Allein die Sprache ist nicht bloß Sprache, insofern wir diese, wenn es hochkommt, als die Einheit von Lautgestalt (Schriftbild), Melodie und Rhythmus und Bedeutung (Sinn) vorstellen. […] [S]o verdeckt die metaphysisch-animalische Auslegung der Sprache deren seinsgeschichtliches Wesen. Diesem gemäß ist die Sprache das vom Sein ereignete und aus ihm durchfügte Haus des Seins. Daher gilt es, das Wesen der Sprache aus der Entsprechung zum Sein, und zwar als diese Entsprechung, das ist als Behausung des Menschenwesens zu denken. Der Mensch aber ist nicht nur ein Lebewesen, das neben anderen Fähigkeiten auch die Sprache besitzt. Vielmehr ist die Sprache das Haus des Seins, darin wohnend der Mensch ek-sistiert, indem er der Wahrheit des Seins, sie hütend, gehört«, GA 9, S. 333.

[104] GA 10, S. 143.
[105] GA 5, S. 113.

nun nicht wieder »Etwas«, solches, wobei als einem Vorfindlichen wir, es vorstellend, ausruhen könnten. Wir sagen: das Seyn west, und nehmen dabei doch wieder eine Nennung in Anspruch und Gebrauch, die sprachlich dem Seienden zugehört.[106]

Diese Art des vergegenständlichenden Sprechens ohne Gegenstands-bezug erinnert einerseits an die oben erläuterten Methoden der nega-tiven Theologie, ist aber andererseits nichts Besonderes, da bereits in der Alltagssprache solche scheinbaren Vergegenständlichungen ver-wendet werden. Was für die Rede vom Einen und von Gott in der negativen Theologie und von Nichts und Sein bei Heidegger gilt, gilt bereits für die Alltagssprache, die ebenfalls nicht auf dem referenzse-mantischen Verweis auf Gegenstände basiert, sondern Bedeutungen herstellt, die auch ohne konkreten Gegenstandsbezug verständlich sind. Bei allen Unterschieden ihrer sprachphilosophischen Ansätze ist die Sprache letztlich laut Heidegger und Wittgenstein auf grund-legender Ebene nicht referentiell und basiert nicht auf dem Schema von Gegenstand und Bezeichnung, sondern beruht auf der geteilten Praxis in konkreten Lebensformen bzw. eröffnet überhaupt erst die sprachlich verfasste gemeinsame Welt.[107] Sowohl Heidegger als auch Wittgenstein waren mit der negativen Theologie vertraut, die ihre sprachphilosophischen Ansätze insofern fundiert, als die Sprache nicht nur nicht auf dem Bezug auf Gegenstände beruht, sondern da-rüber hinaus sogar vergegenständlicht, wo es, wie bei Wittgensteins Schmerzen oder Heideggers Sein und Nichts, keine Gegenstände gibt, weshalb die Alltagssprache denselben Status hat wie die philosophi-sche Rede Heideggers und die Rede von Gott in der negativen Theo-logie. In diesem Sinne kann nicht nur ein sagendes Nichtsagen ge-dacht werden, das sinnvoll von Dingen spricht, die es nicht gibt, sondern man kann bereits in der Alltagssprache Momente eines sol-chen sagenden Nichtsagens aufzeigen. Aus einer referenzsemanti-schen Perspektive handelt es sich zwar um Unsinn, der aber in einer geteilten Praxis dennoch verstanden wird und als sprachliche Praxis

---

[106] GA 65, S. 286, Hervorhebung im Original.

[107] Heidegger teilte Gerd Haeffner 1971 in einem Gespräch mit, er hätte den *Tractatus* wieder weggelegt und die *Philosophischen Untersuchungen* »ein wenig durchforstet, aber nicht gründlich«, vgl. Haeffner 2007, S. 397. Wittgenstein dagegen hat sich 1929 gegenüber Friedrich Waismann in den oben zitierten Worten zustimmend zu *Sein und Zeit* geäußert und damit für eine gewisse Irritation innerhalb des Wiener Kreises gesorgt, vgl. McGuinness 1967, S. 68 f. Zu Heidegger und Wittgenstein vgl. auch Rentsch 2003a.

funktioniert. Man *muss* sogar oft vergegenständlichend sprechen, darf daraus aber keine falschen Schlüsse über Schmerzen oder Gott bzw. bei Heidegger zunächst über Sein und Nichts ziehen: Es wäre *tatsächlich* Unsinn, diese als Gegenstände aufzufassen. Ein besonders eindringliches Beispiel für solche Fehlschlüsse ist Wittgensteins Bemerkung, man könne zwar sinnvoll vom Auge Gottes sprechen, nicht aber von Gottes Augenbraue.[108]

Wie bereits angedeutet, versucht Heidegger dennoch, jegliche vergegenständlichende Sprache zu überwinden. Auch wenn man mit Wittgenstein bereits Teile der Alltagssprache als sagendes Nichtsagen auffassen kann, hält Heidegger die Sprache der Metaphysik bzw. überhaupt die Sprache in Aussagesätzen für ungeeignet, um das Anliegen der Seinsphilosophie auszudrücken. Im letzten Abschnitt wurden die entsprechenden Schlussworte des Vortrags *Zeit und Sein* zitiert, in denen er zu bedenken gibt, »nur« in Aussagesätzen gesprochen zu haben.[109] Der *Humanismusbrief* wird sogar eröffnet mit einer Fußnote, in der Heidegger konstatiert: »Der Brief spricht immer noch in der Sprache der Metaphysik [d. h. im wesentlichen: in Aussagesätzen], und zwar wissentlich. Die andere Sprache bleibt im Hintergrund.«[110] Diese andere Sprache, an der Heidegger in seinen erst postum veröffentlichten Privatschriften[111] gearbeitet hat, unterliegt dabei aber letztlich derselben Einschränkung, was Heidegger zum Beispiel in *Das Wesen des Nihilismus* eingesteht, einer Schrift, die zur Zeit der Veröffentlichung des *Humanismusbriefes* entstanden ist: »Das Denken des Seins ist im metaphysischen Denken des Seienden

---

[108] Wittgenstein 1994, S. 100.

[109] In diesem Vortrag erläutert Heidegger auch die Grammatik von Aussagesätzen, die zum Beispiel bei dem Satz »Es gibt Sein« nahelegen würde, es gäbe ein »Es«, das dann auch noch das Sein gibt. Diese Konsequenz des Satzbaus versucht er durch immer neue metaphorische Ansätze zu überwinden: »Angesichts dessen, daß es sich im Sagen: ›Es gibt Sein‹, ›Es gibt Zeit‹ nicht um Aussagen über Seiendes handelt, der Satzbau der Sätze jedoch ausschließlich im Hinblick auf solche Aussagen durch die griechisch-römischen Grammatiker vermittelt wurde, achten wir zugleich auf die Möglichkeit, daß es sich im Sagen ›Es gibt Sein‹, ›Es gibt Zeit‹ entgegen allem Anschein nicht um Aussagen handelt, die stets in den Satzbau der Subjekt-Prädikat-Beziehung verfestigt sind. Wie anders sollen wir jedoch das im genannten Sagen ›Es gibt Sein‹, ›Es gibt Zeit‹ gesagte ›Es‹ in den Blick bringen? Einfach so, daß wir das ›Es‹ aus der Art des Gebens her denken, das zu ihm gehört: das Geben als Geschick, das Geben als lichtendes Reichen. Beide gehören zusammen, insofern jenes, das Geschick, in diesem, dem lichtenden Reichen beruht«, GA 14, S. 24.

[110] GA 9, S. 313.

[111] Vgl. vor allem GA 65 ff.

als solchen so entschieden befangen, daß es seinen Weg nur mit Stab und Stecken bahnen und gehen kann, die der Metaphysik entliehen sind.«[112] Mit den obigen Überlegungen Wittgensteins gilt aber, dass das Denken nicht nur »noch« in der Metaphysik befangen ist, sondern in dem, worum es Heidegger geht, gar nicht anders kann, als Unsinn zu reden. Es bleibt einem nichts, als der Empfehlung von Wittgensteins Augustinus nachzukommen, wobei sogar gezeigt wurde, dass bereits die Alltagssprache einen solchen Status haben kann, weshalb es hier nicht einmal um etwas Außergewöhnliches geht und diese Empfehlung bedenkenlos umgesetzt werden könnte. Dennoch versucht sich Heidegger in den besagten Schriften an einer *anderen* Sprache, lässt aber schließlich doch die Frage nach der Möglichkeit einer solchen Sprache offen, so zum Beispiel im Protokoll zu *Zeit und Sein:*

Aber auch abgesehen davon, daß die Sprache nicht nur ontisch, sondern von vornherein ontisch-ontologisch ist, läßt sich fragen, ob es nicht eine Sprache des Denkens geben könne, die das Einfache der Sprache so spricht, daß die Sprache des Denkens gerade die Begrenztheit der metaphysischen Sprache sichtbar mache. Darüber aber kann man nicht reden. Es entscheidet sich daran, ob ein solches Sagen glückt oder nicht. Was schließlich die natürliche Sprache anbetrifft, so ist nicht erst sie metaphysisch. Vielmehr ist unsere Interpretation der gewöhnlichen Sprache metaphysisch, an die griechische Ontologie gebunden. Das Verhältnis des Menschen zur Sprache könnte sich aber analog dem Wandel des Verhältnisses zum Sein verwandeln.[113]

Mit Wittgenstein gilt dagegen, dass es mehr als ein Anrennen gegen die Grenzen der Sprache nicht geben kann, was sich in dem besagten Unsinn ausdrückt, der sich immerhin als *sagendes* Nichtsagen ansehen lässt. Die *prima facie* sinnlose Rede von Sein und Nichts ist zwar nicht referenzsemantisch zu verstehen, hat aber als Teil einer philosophischen Sprachpraxis ihre Berechtigung. Schließlich macht auch Heidegger von dieser Sprachpraxis ausgiebigen Gebrauch, selbst wenn er immer wieder mit neuen Wortschöpfungen dagegen ankämpft. Wie in der Alltagssprache von Schmerzen gesprochen wird, ohne dass es um einen Gegenstand im Innern des Menschen geht, kann in der Philosophie vom Sein gesprochen werden, dem ebenfalls kein Gegenstand entspricht. Beide Begriffe gewinnen ihre Bedeutung als Teil einer Sprachpraxis. Sie bezeichnen dabei »kein Etwas, aber

---

[112] GA 67, S. 255.
[113] GA 14, S. 61.

auch nicht ein Nichts« und sind in diesem Sinne ein sagendes Nicht-sagen, als das auch die Rede von Gott in der negativen Theologie begriffen wird bzw. als das man die religiöse Rede überhaupt auffassen kann. So führt Wittgenstein aus, dass die religiöse Rede nicht als Aussage über ein Etwas und insbesondere nicht als Theorie zu verstehen ist, sondern zur religiösen *Praxis* gehört und aus dieser ihre Bedeutung erlangt:

> Das Wesen der Religion kann offenbar nicht damit etwas zu tun haben, daß geredet wird, oder vielmehr: wenn geredet wird, so ist das selbst ein Bestandteil der religiösen Handlung und keine Theorie. Es kommt also auch gar nicht darauf an, ob die Worte wahr oder falsch oder unsinnig sind. Die Reden der Religion sind auch kein *Gleichnis;* denn sonst müsste man es auch in Prosa sagen können. Anrennen gegen die Grenzen der Sprache? Die Sprache ist ja kein Käfig.[114]

Die Bedeutung der religiösen Rede erschließt sich nur im Vollzug der religiösen Praxis, so wie sich die Bedeutung des Wortes »Schmerz« innerhalb einer geteilten Alltagspraxis ergibt. In beiden Fällen handelt es sich insofern um ein sagendes Nichtsagen, als zwar etwas kognitiv Gehaltvolles ausgedrückt wird, das aber nicht als Referenz auf Objekte zu verstehen ist. Bemerkenswert an obigem Zitat ist weiterhin, dass Wittgenstein mit dem Verweis auf den vermeintlichen Käfig der Sprache auch seine eigene philosophische Erläuterungssprache in diese Betrachtung mit einbezieht. Auch die vielzitierte metaphorische Rede vom Anrennen gegen die Grenzen der Sprache kann nicht wörtlich verstanden werden, da die Sprache kein Käfig etwa aus Metall ist. Verstanden wird diese Beschreibung dennoch, und zwar nicht als Gleichnis, das für etwas anderes steht, sondern ganz direkt als das, was sie – wenn auch bildlich – sagt, wie eine Schmerzensäußerung. Darüber hinaus ist das Bild vom Käfig nicht nur eine Metapher, die nicht wörtlich verstanden werden kann, da es wie bei der Leibniz-Frage vielmehr grundsätzlich sinnlos ist, von einer Grenze der Sprache zu reden, weil das Bild der Grenze eine andere Seite der Grenze impliziert, die es nicht gibt. Dies erläutert Wittgenstein im Vorwort des *Tractatus*, in dem er festhält, dass man zwar von einer Grenze sprechen kann, diese aber nicht buchstäblich zu verstehen ist, da ein Jenseits der Grenze nicht mehr gedacht werden kann:

---

114 Zitiert nach Waismann 1965, S. 14, Hervorhebung im Original.

Das Buch will also dem Denken eine Grenze ziehen, oder vielmehr – nicht dem Denken, sondern dem Ausdruck der Gedanken: Denn um dem Denken eine Grenze zu ziehen, müßten wir beide Seiten dieser Grenze denken können (wir müßten also denken können, was sich nicht denken läßt).

Die Grenze wird also nur in der Sprache gezogen werden können und was jenseits dieser Grenze liegt, wird einfach Unsinn sein.[115]

Auch wenn ein Jenseits der Grenze undenkbar ist, was dieses Bild streng genommen sinnlos macht, weiß man, was mit dem Bild der Grenze gemeint ist. Dies wird im nächsten Abschnitt noch genauer mit Blumenbergs Konzept der *absoluten Metapher* erläutert. Im Bild der Grenze geht es um das unvordenkliche Dass der Sprache und der Welt, und damit um einen sinnvollen Gehalt. Dabei ist die Rede von einem unvordenklichen Dass auf der Ebene von Tatsachen selbst wieder sinnlos, genauso wie die Heideggerschen Konzepte des Seins, Ereignisses, Entzugs und der Verweigerung. Auch Erläuterungsbegriffe wie Unhintergehbarkeit, Grundlosigkeit und Grenze haben den Status eines sagenden Nichtsagens, dem zwar kein sinnvoller Gehalt auf der Ebene von Gegenständen oder Tatsachen entspricht, die aber dennoch verstanden werden. Selbst der klassische Begriff der Endlichkeit ist streng genommen sinnlos, da er zu seinem Verständnis auf eine Vorstellung des Unendlichen angewiesen ist, deren Selbstverständlichkeit Heidegger am Ende des *Kantbuches* in Frage stellt: »Läßt sich aber die Endlichkeit im Dasein auch nur als Problem entwickeln ohne eine ›vorausgesetzte‹ Unendlichkeit? Welcher Art ist überhaupt dieses ›Voraus-setzen‹ im Dasein? Was bedeutet die so ›gesetzte‹ Unendlichkeit?«[116] Dennoch wird auch dieser Begriff verstanden, genauso, wie die Rede vom Schmerz, da er, wie alle genannten Redeweisen, zwar nicht auf etwas gegenständlich Vorstellbares referiert, aber zu einer sprachlichen Praxis gehört, in der es Bedeutungen auch unabhängig von Gegenstandsbezügen gibt. Man kann in der Philosophie genauso sinnvoll über Grenze, Endlichkeit, Sein und Nichts sprechen, wie man im Alltag über Schmerzen spricht.

Entsprechend verwendet Wittgenstein trotz seiner bzw. gerade mit seinen Reflexionen über den Status dieser Rede die Begriffe der Grenze und des Anrennens. Heidegger versucht dagegen, das Problem des vergegenständlichenden Sprechens durch immer neue

---

[115] *Tractatus*, Vorwort S. 7.
[116] GA 3, S. 246.

Wortschöpfungen zu überwinden,[117] und räumt dann immer wieder das Scheitern dieser Versuche ein. Trotz des Versuchs, eine andere Sprache zu entwickeln, bleibt es zuletzt auch bei Heidegger bei einer bildlich-vergegenständlichenden Sprache, die immer falsch, nämlich wörtlich, verstanden werden kann. Heidegger bringt aber über Wittgenstein hinaus den Aspekt der Erfahrung und des Vollzugs des Denkens ins Spiel, der im Abschnitt über die negative Theologie bereits diskutiert wurde. Zum Verständnis seiner Grenzreflexionen gehört der Vollzug des scheiternden Denkens, der zu einer neuen Haltung führt, die in der Tradition zum Beispiel als *docta ignorantia* bezeichnet wird. Dieser Erfahrungsaspekt wird allerdings erst im nächsten Kapitel näher untersucht, während es hier, darum geht, zu zeigen, dass diese Grenzreflexionen keine leeren Spielereien darstellen, sondern als ein *sagendes* Nichtsagen zu verstehen sind. Bei der *conceptual destabilization* der *via negativa* geht es nicht um nichts, sondern um die bildlich-vergegenständlichend thematisierbaren Grenzen des Verstehens und damit um die endliche Situation des Menschen, was als kognitiver Gehalt angesehen werden kann, und zwar trotz des Verdachts auf Unsinn, der auch die hier verwendeten Begriffe der Grenze und der Endlichkeit betrifft. Nicht zuletzt ist auch die Rede von einer Situation ein räumliches Bild.

Das Problem des sagenden Nichtsagens kann mit Heideggers expliziten Bemerkungen über die Sprache noch einmal vertieft werden,

---

[117] Das macht Heideggers Sprache und Stil auch so schwer verständlich. Wenn Adorno ihn zwar gegen die »Positivisten« in Schutz nimmt, muss er doch zurecht festhalten, dass sich Heidegger selbst gegen eine Verständlichkeit zu wehren scheint, wenn er jedes metaphysische oder ontische Verständnis ablehnt. So heißt es im *Jargon der Eigentlichkeit*: »Keineswegs ist Heidegger unverständlich, wie Positivisten ihm rot an den Rand schreiben; aber er legt um sich das Tabu, ein jegliches Verständnis fälsche ihn sogleich. [...] Es weist jeden Inhalt von sich, gegen den zu argumentieren wäre; Metaphysik verfehle es ebenso wie die Übersetzung in ontische Behauptungen«, Adorno 1997, S. 72. Tatsächlich macht Heidegger in den *Beiträgen* geltend: »Das Sichverständlichmachen ist der Selbstmord der Philosophie«, GA 65, S. 435. Dies wird aber in *Die Überwindung der Metaphysik* von 1938/39 etwas versöhnlicher formuliert: »Aber das Denken darf *sich* nicht verständlich machen, sondern muß die Verständigen zu Fragen umzwingen durch das Zwang-lose des einfach Gesagten – ins Ungehörte gesagten Wortes«, GA 67, S. 119, Hervorhebung im Original. Wie gezeigt, geht es Heidegger um eine Weise des sagenden Nichtsagens, was Adorno zu übersehen scheint, der seinerseits in der *Negativen Dialektik* mit seinem Konzept des *Nichtidentischen* etwas ganz ähnliches anstrebt, und darin Heidegger und Wittgenstein viel näher ist, als es gemeinhin wahrgenommen wird, vgl. dazu Rentsch 2014, S. 73 f.

wobei diese Sprachphilosophie hier insbesondere auf Heideggers eigene philosophische Sprache bezogen wird. Auch die Sprache kann nur vergegenständlichend erfasst werden, ohne ein Gegenstand zu sein, was Heidegger zu vermeiden versucht, indem er die Sprache als Teil des im zweiten Kapitel besprochenen Ereignisses bestimmt, was aber, wie ebenfalls bereits im zweiten Kapitel hervorgehoben wurde, seinerseits eine vergegenständlichende Redeweise bleibt, die nicht als Referenz auf einen Gegenstand zu verstehen ist. Als Ergebnis des vorliegenden Abschnitts kann man sagen, dass diese Art des Sprechens weder vermeidbar noch überhaupt problematisch ist. Solange man sich nicht zu Fehlschlüssen wie dem von Gottes Augenbraue verleiten lässt, ist diese Art der Rede berechtigt und mit Blick auf ähnliche Fälle in der Alltagssprache auch nicht ungewöhnlich.

Was nun Heideggers Überlegungen zur Sprache betrifft, wurde bereits gezeigt, dass es ihm grundsätzlich darum geht, ein neues Verhältnis zur Welt als Ereignis zu etablieren. Davon ist insbesondere auch das Verhältnis zur Sprache betroffen, die als Teil des unhintergehbaren Ereignisses selbst unhintergehbar ist, und die damit laut Heidegger wie das Ereignis in ihrem Wesen zuletzt nur *erfahren* werden kann: »Statt die Sprache als dieses und jenes zu erklären und so von der Sprache wegzuflüchten, möchte der Weg zu ihr die Sprache als die Sprache erfahren lassen.«[118] An der Grenze des Sprechens über die Sprache steht mithin eine Erfahrung, die aber nicht leer ist, sondern zum Beispiel mit dem Bild der Grenze erläutert werden kann. Mit dieser Erfahrung soll ein neues, gelassenes Verhältnis zur Sprache gefunden werden, das Heidegger als *Wohnen* bezeichnet: »Nichts liegt daran, eine neue Ansicht über die Sprache vorzutragen. Alles beruht darin, das Wohnen im Sprechen der Sprache zu lernen.«[119] Dies betrifft auch Heideggers eigenes Sprechen in der philosophischen Reflexion, wobei sich das Verhältnis von Heideggers Sprachphilosophie zu seiner philosophischen Sprache auf zweierlei Weise näher bestimmen lässt.

Zum einen verwendet Heidegger seine philosophische Sprache ganz im Sinne seiner Sprachphilosophie, wenn er bei der Rede von Sein und Ereignis immer mitbedenkt, dass hier vergegenständlichend gesprochen wird, wo es keine Gegenstände gibt. Entscheidend ist dabei, dass er diese Sprache trotz aller Reflexionen auf deren Grenzen

---

[118] GA 12, S. 239.
[119] GA 12, S. 30.

und trotz aller Versuche ihrer Überwindung dennoch einsetzt. Damit steht er ganz in der Tradition der negativen Theologie, mit dieser aber auch auf dem Boden seiner eigenen Sprachphilosophie, die, wie diejenige Wittgensteins, geltend macht, dass auch die Alltagssprache bereits grundlegend nicht referenziell funktioniert und zum Beispiel vergegenständlichend von Schmerzen spricht, ohne dass es einen gegenständlichen Schmerz irgendwo im Innern des Menschen geben würde, etwa in den C-Fasern, die in der Philosophie des Geistes in diesem Zusammenhang gern genannt werden. Allerdings ist das Verstehen der Rede von Sein und Ereignis wie alles Verstehen auf eine bereits sprachlich erschlossene Welt angewiesen, weshalb Heideggers diesbezügliche Sprache zwar – welterschließend – zu einem neuen Selbst- und Weltverhältnis führen soll, aus diesem heraus aber auch erst richtig zu verstehen ist. Wie die Rede von Gott von einem Gläubigen sicher anders verstanden wird als von einem Außenstehenden, kann das volle Verständnis der Rede von Sein und Ereignis und ein entsprechendes neues Weltverhältnis nur wechselseitig durch einen *Sprung* in einen neuen Modus des Daseins erlangt werden, den Heidegger in den *Beiträgen zur Philosophie* auch in diesem Sinne diskutiert,[120] und der im nächsten Kapitel wieder aufgegriffen wird.

Zum Verhältnis zwischen Heideggers philosophischer Sprache und Sprachphilosophie lässt sich zum anderen sagen, dass Heidegger auch seine sprachphilosophischen Reflexionen in vergegenständlichender Sprache formuliert, was wiederum eigens thematisiert wird. Genauso wenig, wie man über das Sein sprechen kann, ohne es zu vergegenständlichen, lässt sich über die Sprache sprechen, ohne sie zu einem Gegenstand zu machen: »Schwerer wiegt ein anderes: ob es nämlich je ein Sprechen über die Sprache gibt. […] Ein Sprechen *über* die Sprache macht sie fast unausweichlich zu einem Gegenstand. […] Wir haben uns über die Sprache gestellt, statt *von* ihr zu hören.«[121] Auch die Bestimmung der Sprache als *Sage* unterliegt diesem Vorbehalt: »Die Sage – laufen wir nicht doch Gefahr, wenn wir aus ihr das Sprachwesen zu denken versuchen, daß wir die Sprache zu einem phantastischen, an sich bestehenden Wesen hinaufsteigern, das wir nirgendwo finden, solange wir nüchtern der Sprache nachsinnen?«[122] Ganz ähnlich heißt es in *Grundsätze des Denkens*:

---

[120] Vgl. GA 65, S. 225–289.
[121] GA 12, S. 141, Hervorhebungen im Original.
[122] GA 12, S. 244. Allerdings versteht Heidegger die Sage auch als eine Alternative zu

Inzwischen hat sich gewiß schon das Bedenken festgesetzt, hier werde die Sprache, oder doch ihr Wesen verabsolutiert. So sieht es in der Tat aus, solange wir, im Vorstellen beharrend, das Sprachwesen wie etwas Vorhandenes und Vorgegebenes nehmen, statt in das Verhältnis einzuspringen, das die Sage als der Bereich *ist*, in welches Verhältnis wir selbst einbehalten sind.[123]

Ganz wie beim Seins- und Ereignisdenken kann zwar verständlich von der Sage wie von einem Gegenstand gesprochen werden, es handelt sich aber um keinen Gegenstand. Dennoch versteht man, was gemeint ist, und dieses sagende Nichtsagen führt zuletzt, wie in der *via negativa*, zu Erfahrungen, die in diesem Sinne nicht leer sind. Heidegger spricht von Erfahrungen *mit* der Sprache und davon, dass man *von* der Sprache hören soll: »In Erfahrungen, die wir *mit* der Sprache machen, bringt sich die Sprache selbst zur Sprache. Man könnte meinen, das geschähe doch jederzeit in jedem Sprechen. Allein, wann immer und wie immer wir eine Sprache sprechen, die Sprache selber kommt dabei gerade nie zum Wort.«[124] Wie nun Sein und Ereignis vor allem im Scheitern des Versuchs des begrifflichen Verstehens erfahren werden, was Heidegger etwa in den *Beiträgen zur Philosophie* als die Verweigerung des Ereignisses beschreibt, für dessen höchste Form die am Ende des letzten Abschnitts zitierte Erfahrung des Vorbeigangs des letzten Gottes steht, wird auch das Wesen der Sprache dann erfahren, wenn man in der Sprache scheitert. Dies gilt laut Heidegger nicht nur für das Scheitern des Versuchs, die Sprache begrifflich zu erfassen, sondern bereits für das alltägliche Phänomen des fehlenden rechten Wortes:

Wo aber kommt die Sprache selber als Sprache zum Wort? Seltsamerweise dort, wo wir für etwas, was uns angeht, uns an sich reißt, bedrängt oder befeuert, das rechte Wort nicht finden. Wir lassen dann, was wir meinen, im Ungesprochenen und machen dabei, ohne es recht zu bedenken, Augenblicke durch, in denen uns die Sprache selber mit ihrem Wesen fernher und flüchtig gestreift hat.[125]

---

der Sprache in Aussagen, und zwar als »die Weise, in der das Ereignis spricht«: »Die im Ereignis beruhende Sage ist als das Zeigen die eigenste Weise des Ereignens. Dies klingt wie eine Aussage. Vernehmen wir nur sie, dann sagt sie nicht das zu-Denkende. Die Sage ist die Weise, in der das Ereignis spricht«, GA 12, S. 255. Das Verhältnis der Sprache zum Ereignis wird gleich erläutert.

[123] GA 79, S. 174 f., Hervorhebung im Original.
[124] GA 12, S. 151, Hervorhebung im Original.
[125] Ebd.

Wie das Ereignis in seiner Verweigerung im Vorbeigang des letzten Gottes erfahren wird, wird man in der Erfahrung des fehlenden Wortes vom Wesen der Sprache gestreift, wobei es in beiden Fällen nicht um einen Gegenstand geht, der buchstäblich an einem vorbeigeht, sondern um die Erfahrung der Grundlosigkeit von Seiendem und Sprache in einem kurzen Augenblick. Auch wenn zur Erläuterung Bilder verwendet werden, denen kein Gegenstand entspricht, wie hier das der Grundlosigkeit, ist die zugehörige Erfahrung nicht leer. Diese Erfahrung wird in Bezug auf das Scheitern des begrifflichen Erfassens der Sprache ganz analog als Verweigerung beschrieben:

> Manches spricht dafür, daß das Wesen der Sprache es gerade verweigert, zur Sprache zu kommen, nämlich zu der Sprache, in der wir über die Sprache Aussagen machen. Wenn die Sprache überall ihr Wesen in diesem Sinne verweigert, dann gehört diese Verweigerung zum Wesen der Sprache. [...] Demgemäß bringt sich das Wesen der Sprache auf seine eigenste Weise doch zur Sprache.[126]

Das Wesen der Sprache, das Heidegger zwar als die welterschließende Sage bestimmt, zeigt sich letztlich doch erst in der Verweigerung als Scheitern des Versuchs, das Wesen der Sprache sprachlich zu erfassen, womit aber immerhin eine welterschließende Erfahrung, nämlich in Bezug auf die Sprache selbst, gemacht wird. Wie das Sein gerade in seinem Entzug und das Ereignis in seiner Verweigerung erfahren wird, zeigt sich das Wesen der Sprache ebenfalls im scheiternden Denken, das aber aufgrund des Gehalts dieses Denkens nicht leer ist, auch wenn sich dieser Gehalt nur bildlich vermitteln lässt.[127]

Eine entsprechende Ähnlichkeit zwischen Sprache und Sein bzw. Ereignis findet sich bei Heidegger auch in den analogen tautologischen Bestimmungen. So heißt es zum Beispiel im *Humanismusbrief:* »Doch das Sein – was ist das Sein? Es ›ist‹ Es selbst.«[128] und in *Zeit und Sein:* »Was bleibt zu sagen? Nur dies: Das Ereignis ereignet.«[129] Beide Formulierungen verweisen auf das Dass bzw. die Grundlosigkeit des Seienden, die mit solchen zirkulären Bestimmun-

[126] GA 12, S. 175.
[127] Wie bereits in Abschnitt 3.1 zitiert, verwendet Heidegger den Begriff des scheiternden Denkens in einem ähnlichen Kontext und nicht nur auf die Sprache bezogen im *Humanismusbrief*, vgl. GA 9, S. 343. Eine ausführliche Diskussion des scheiternden Denkens findet sich in seiner *Schelling*-Vorlesung, vgl. GA 42, S. 169, was in Abschnitt 4.3 aufgegriffen wird.
[128] GA 9, S. 331.
[129] GA 14, S. 29.

gen auf den Begriff gebracht werden soll, und zu der ein angemessenes Verhältnis zu finden ist.[130] Genauso gilt es auch, ein neues Verhältnis zur ebenfalls grundlosen, nämlich sprachlich nicht noch einmal einzuholenden Sprache zu gewinnen, wozu es ganz analog heißt: »Die Sprache selbst ist die Sprache. [...] Die Sprache ist Sprache, wie soll dies uns weiterbringen? Wir wollen jedoch nicht weiterkommen. Wir möchten nur erst einmal eigens dorthin gelangen, wo wir uns schon aufhalten.«[131] Es geht hier um ein neues, angemesseneres Verhältnis zur Sprache, »[...] weil wir dort, wo wir schon sind, auf solche Weise sind, daß wir zugleich nicht dort sind [...].«[132]

Das Problem des neuen Verhältnisses zum Ereignis und der Erfahrungsaspekt von Heideggers Philosophie wird im nächsten Kapitel ausführlicher erläutert. Das Verhältnis von Sprachphilosophie und philosophischer Sprache bei Heidegger lässt sich hier zunächst damit zusammenfassen, dass die Sprache als *Sage* Teil des Ereignisses ist und ihr Wesen in der Verweigerung als Teil des Ereignisses erfahren werden kann, womit ihr allgemein welterschließender Charakter auch sie selbst, als Teil der als Ereignis aufgefassten Welt, betrifft: »Das Ereignis läßt in der brauchenden Vereignung die Sage zum Sprechen gelangen. Der Weg zur Sprache gehört zu der aus dem Ereignis bestimmten Sage. In diesem Weg, der zum Sprachwesen gehört, verbirgt sich das Eigentümliche der Sprache. Der Weg ist ereignend.«[133] Bei all diesen vergegenständlichenden Erläuterungen geht

---

[130] Die Grundlosigkeit, Unerklärbarkeit und Unvorstellbarkeit des Ereignisses erläutert Heidegger auch im Kontext seiner Sprachphilosophie: »Was das Ereignis durch die Sage ergibt, ist nie die Wirkung einer Ursache, nicht die Folge eines Grundes. Das erbringende Eignen, das Ereignen, ist gewährender als jedes Wirken, Machen und Gründen. Das Ereignende ist das Ereignis selbst – und nichts außerdem. Das Ereignis, im Zeigen der Sage erblickt, läßt sich weder als ein Vorkommnis noch als ein Geschehen vorstellen, sondern nur im Zeigen der Sage als das Gewährende erfahren«, GA 12, S. 247, und »Das Ereignis ist das Unscheinbarste des Unscheinbaren, das Einfachste des Einfachen, das Nächste des Nahen und das Fernste des Fernen, darin wir Sterblichen uns zeitlebens aufhalten. Das in der Sage waltende Ereignis können wir nur so nennen, daß wir sagen: Es – das Ereignis – eignet«, ebd.

[131] GA 12, S. 10.

[132] GA 12, S. 188. Diesen Wandel in Bezug auf die Sprache diskutiert Heidegger auch anhand der Bestimmung der Sprache als das *Haus des Seins:* »Die Sprache wurde das ›Haus des Seins‹ genannt. [...] Haus des Seins ist die Sprache, weil sie als die Sage die Weise des Ereignisses ist. Um dem Sprachwesen nachzudenken, ihm das Seine nachzusagen, braucht es einen Wandel der Sprache, den wir weder erzwingen noch erfinden können«, GA 12, S. 255.

[133] GA 12, S. 249.

es um die Unerklärbarkeit der Sprache und ein entsprechendes, neues Verhältnis zur Sprache als Ereignis: »Der Wandel ergibt sich nicht durch die Beschaffung neu gebildeter Wörter und Wortreihen. Der Wandel rührt an unser Verhältnis zur Sprache. [...] Unser Verhältnis zur Sprache bestimmt sich aus der Weise, nach der wir als die Gebrauchten in das Ereignis gehören.«[134]

Wie Wittgenstein auf die Unhintergehbarkeit der Alltagssprache aufmerksam macht, zeigt Heidegger, dass wir immer schon in das Ereignis der Sprache eingelassen sind, das wir nicht noch einmal sprachlich auf den Begriff bringen können: »Wir sprechen und sprechen von der Sprache. Das, wovon wir sprechen, die Sprache, ist uns stets schon voraus. Wir sprechen ihr ständig nur nach. So hängen wir fortwährend hinter dem zurück, was wir zuvor zu uns eingeholt haben müßten, um davon zu sprechen.«[135] Etwas pointierter sagt Wittgenstein: »Ich kann mit der Sprache nicht aus der Sprache heraus«[136] – und laut Heidegger kommt es gerade darauf an, das zu verstehen:

Weil wir Menschen, um die zu sein, die wir sind, in das Sprachwesen eingelassen bleiben und daher niemals aus ihm heraustreten können, um es noch von anderswoher zu umblicken, erblicken wir das Sprachwesen stets nur insoweit, als wir von ihm selbst angeblickt, in es vereignet sind. Daß wir das Sprachwesen nicht wissen können – nach dem überlieferten, aus dem Erkennen als Vorstellen bestimmten Begriff des Wissens – ist freilich kein Mangel, sondern der Vorzug, durch den wir in einen ausgezeichneten Bereich vorgezogen sind, in jenen, darin wir, die zum Sprechen der Sprache Gebrauchten, als die *Sterblichen* wohnen.[137]

Wie im zweiten Kapitel gezeigt wurde, versteht sich der Mensch laut Heidegger erst dann angemessen selbst, wenn er sich als Teil eines unbegreiflichen Ereignisses weiß, was nun insbesondere für das Verhältnis zur Sprache gilt, die dem Menschen unbegreiflich gegeben ist

---

[134] GA 12, S. 255 f.
[135] GA 12, S. 168 f.
[136] Wittgenstein 1981, S. 54.
[137] GA 12, S. 254 f., Hervorhebung im Original. In den *Freiburger Vorträgen* von 1957 wird dieser Vorzug sogar zum Anlass zum Jubel erhoben: »Das Verhältnis von Denken, Sein und Sprache liegt uns also nicht gegenüber. Wir sind selber in es einbehalten. Wir können es weder überholen, noch auch nur einholen, weil wir selbst die in dieses Verhältnis Eingeholten sind. [...] Dies gibt indes kein Recht zu einem Jammer über das Elend des Menschen, ist jedoch ein Anlaß zum Jubel über die Fülle der Rätsel, die dem Denken aufgespart bleiben«, GA 79, S. 165.

und allem Verstehen immer schon vorausgeht.[138] Und so, wie man vom unbegreiflichen Ereignis trotz allem sprechen kann, lassen sich auch die Grenzen der Sprache durchaus *in* der Sprache thematisieren, wie es hier mit Heidegger und Wittgenstein gezeigt wurde, auch wenn dazu das Bild der Grenze bzw. des Käfigs benutzt wird, das nicht wörtlich zu verstehen ist. Wie bereits die Alltagssprache vergegenständlichend ist, wird auch die philosophische Rede von der Grenze oder auch die religiöse Rede von Gott in geteilter Praxis verstanden.

Wenn sich also die Grenzen des Verstehens von Sein, Ereignis und Sprache in vergegenständlichender Sprache bildlich thematisieren lassen, müssen dagegen die Versuche scheitern, die so thematisierbaren Grenzen tatsächlich zu überschreiten, wobei aber gerade dieses Scheitern analog zur *via negativa* zu Erfahrungen führt, in denen man »[...] wie in einem Vorbeigang davon gestreift [wird], daß Sein west«[139] bzw. »[...] in denen uns die Sprache selber mit ihrem Wesen fernher und flüchtig gestreift hat.«[140] In beiden Fällen wird mit vergegenständlichenden Begriffen, wie Ereignis bzw. Sage, auf die Grundlosigkeit des Seienden bzw. der Sprache verwiesen, die man so durchaus verstehen kann, und mit der mehr gemeint ist, als nur eine subjektive Erfahrung, die man aber – in besonderen Augenblicken – auch erfahren muss, um zu ihr ein angemessenes Verhältnis, zum Beispiel in der Haltung der Gelassenheit oder des Wohnens, gewinnen zu können. Das Verstehen ist immer auf eine sprachlich erschlossene Welt angewiesen, die im Falle der Grenzen des Verstehens aber ihrerseits begrenzt ist, weshalb man, bei allem Verständnis der genannten Erläuterungsbegriffe, in die neue Haltung ausgehend von diesen Erfahrungen zuletzt nur springen kann. Wenn es Heidegger darum geht, die metaphysisch-vergegenständlichende Sprache zu überwinden, können nur Erfahrungen gemeint sein, zu der seine Sprache führen soll, bzw. genauer, die man *mit* der Sprache machen kann. Es kann hier insbesondere nicht um eine *andere* Sprache gehen, sondern nur um ein anderes *Verhältnis* zur üblichen Sprache, die man nicht los wird. Während Heidegger immer wieder versucht, die Sprache zu überwinden, hat schon der frühe Wittgenstein in einem Brief lakonisch festgehalten: »Und es ist so: Wenn man sich nicht bemüht

---

[138] Das Verhältnis des Ereignisses der Sprache bei Heidegger zum theologischen Verständnis von Offenbarung diskutiert Schaeffler 1988, S. 306.
[139] GA 67, S. 214.
[140] GA 12, S. 151.

das Unaussprechliche auszusprechen, so geht *nichts* verloren. Sondern das Unaussprechliche ist, – unaussprechlich – in dem Ausgesprochenen *enthalten!*«[141]

Das Unaussprechliche im Ausgesprochenen entspricht dem sagenden Nichtsagen, das in diesem Abschnitt erläutert wurde und im nächsten Abschnitt noch vertieft wird. Der Aspekt der Erfahrung, den Heidegger darüber hinaus ins Spiel bringt, wird im nächsten Kapitel näher bestimmt. Zunächst geht es darum, zu zeigen, dass diese Erfahrungen nicht leer sind, sondern tatsächlich von einem *sagenden* Nichtsagen ausgehen. Dazu wurde geltend gemacht, dass die Sprache bei Wittgenstein ein Teil von Lebensformen und bei Heidegger ein Teil des Ereignisses ist, dass sie also bei beiden als ein vorgängiges Geschehen verstanden wird, das man nicht sprachlich einholen kann, sondern in dem man sich immer schon befindet. Dabei kann die Sprache insbesondere ohne Gegenstandsbezug Bedeutungen herstellen und damit auch von Dingen sprechen, die auf einer buchstäblichen Ebene sinnlos sind. Diese Bedeutungen werden als Teil einer Sprachpraxis oder, mit Heidegger, als Teil des Ereignisses der Sprache verstanden, und sie sagen etwas aus, das nur so gesagt werden kann. Dies findet seine Entsprechung in der Alltagssprache, in der man vom Schmerz ebenfalls nur wie von einem Gegenstand sprechen kann, auch wenn kein Gegenstand gemeint ist. Die *conceptual destabilization* im Vollzug der *via negativa* ist also keine leere Spielerei, sondern hat mit den Grenzen des Verstehens und daher mit der endlichen Situation des Menschen zu tun, die zwar nur bildlich-vergegenständlichend zum Beispiel mit den Bildern der Grenze und der endlichen Situation erfasst werden können, was damit aber tatsächlich in einem sagenden Nichtsagen als Gehalt innerhalb einer Sprachpraxis zu verstehen ist. Auf diese Weise kann auch die Rede von Nichts, Sein und Gott plausibilisiert werden, und es ist bemerkenswert, dass die negative Henologie der Spätantike für den Status der Rede über das Eine und die negative Theologie des Mittelalters für den Status der Rede von Gott zu Schlüssen gekommen sind, die im 20. Jahrhundert für den Status der Sprache ganz allgemein geltend gemacht wurden.[142]

---

[141] Brief vom 9.4.1917 an Paul Engelmann, zitiert nach Somavilla 2006, S. 100, Hervorhebungen im Original.

[142] Rubinstein 2003 erklärt die spätantiken und mittelalterlichen Autoren damit zu Proto-Postmodernen, vor allem S. 396 und 411, vgl. dazu auch Abschnitt 3.1 oben. Was diese Autoren aber zu sagen hatten, ist gerade nicht postmodern beliebig, sondern betrifft die universale Situation des Menschen in seiner Begrenztheit.

Der Status des sagenden Nichtsagens soll nun in den nächsten beiden Abschnitten anhand des Verhältnisses von Dichten und Denken und mit dem Konzept der absoluten Metapher noch weiter untersucht werden.

3.3 Dichten und Denken

Das Verhältnis von Dichten und Denken, Mythos und Logos oder Poesie und Philosophie ist ein altes Problem. Exemplarisch sei nur an Platon erinnert, der einerseits die überkommenen Mythen kritisiert, andererseits aber selbst von mythischen Narrationen in seiner Philosophie Gebrauch macht, wobei hier nicht nur etwa an die Insel der Seligen im *Gorgias* oder die Kugelmenschen im *Symposium* gedacht ist, sondern auch an so zentrale Erzählungen wie die vom Höhlengleichnis bzw. überhaupt an die Dialogform seiner Philosophie.[143] Das *älteste Systemprogramm des deutschen Idealismus* fordert *expressis verbis* eine Verbindung von Mythologie und Vernunft: »Zuerst werde ich hier von einer Idee sprechen, die, soviel ich weiß, noch in keines Menschen Sinn gekommen ist – wir müssen eine neue Mythologie haben, diese Mythologie aber muß im Dienste der Ideen stehen, sie muß eine Mythologie der *Vernunft* werden.«[144] Auch Nietzsche macht sich in seinem Frühwerk zur *Geburt der Tragödie* stark für einen philosophischen Mythos, indem er einen mit Mythen umstellten Horizont fordert: »Ohne Mythus aber geht jede Cultur ihrer

---

[143] In Hailer 2014 heißt es dazu: »Der platonische Sokrates entwickelt nicht eine Theorie, sondern wechselt am Gipfelpunkt seiner Argumentation ins Medium der Erzählung und des Gleichnisses. Das geschieht an entscheidenden Argumentationsstellen im Werk Platons öfter und ist also kein Zufall«, a. a. O., S. 32. Zu Platons dichterischer Philosophie hält Heidegger fest: »Durch das Gespräch zwischen Sokrates und seinem jungen Freund Phaidros spricht Platon selber. Er, der dichtende Meister des denkenden Wortes, spricht hier zwar nur von der Schrift, deutet aber zugleich an, was ihn auf seinem ganzen Denkweg immer wieder neu überfiel, daß nämlich das im Denken Gedachte sich nicht aussagen läßt. Doch wäre es übereilt, zu folgern, also sei das Gedachte unsagbar. Vielmehr wußte Platon dies, daß es die Aufgabe des Denkens sei, durch ein Sagen das Ungesagte dem Denken nahe zu bringen und zwar als die zu denkende Sache. So ist denn auch in dem von ihm Geschriebenen nie unmittelbar zu lesen, was Platon dachte, wenngleich es geschriebene Gespräche sind, die wir nur selten in die reine Bewegung eines gesammelten Denkens befreien können, weil wir zu gierig und irrig nach einer Lehre suchen«, GA 79, S. 132 f.
[144] Hegel 1986, S. 265, Hervorhebung im Original.

gesunden, schöpferischen Naturkraft verlustig: erst ein mit Mythen umstellter Horizont schließt eine ganze Culturbewegung zur Einheit ab.«[145] Und nicht zuletzt spricht Wittgenstein davon, dass man Philosophie eigentlich nur dichten dürfe:

Ich glaube meine Stellung zur Philosophie dadurch zusammengefaßt zu haben, indem ich sagte: Philosophie dürfte man eigentlich nur *dichten*. Daraus muß sich, scheint mir, ergeben, wie weit mein Denken der Gegenwart, Zukunft, oder der Vergangenheit angehört. Denn ich habe mich damit auch als einen bekannt, der nicht ganz kann, was er zu können wünscht.[146]

Wie sich Dichten und Denken zueinander verhalten, kann hier freilich nicht geklärt werden. Zum genaueren Verständnis der Sprache des sagenden Nichtsagens ist aber ein Blick auf dieses Verhältnis hilfreich. Dabei geht es vor allem um das Problem, wie man eine Redeweise verstehen kann, bei der das Gesagte nicht konsistent denkbar ist. Ein solches Verstehen wurde in dieser Arbeit schon oft geltend gemacht, etwa wenn es um die Heideggerschen Begriffe des Nichts oder des Seins geht oder um den Status der Rede von Gott aus der Perspektive der negativen Theologie. Es wurde dabei auf Erfahrungen verwiesen, die mit dem Vollzug dieses Denkens zu tun haben. Wenn es bei diesem Vollzug um mehr gehen soll, als um leere sprachliche Spielereien, muss gezeigt werden, wie hier trotz allem von einem Gehalt gesprochen werden kann. Im letzten Abschnitt wurde dazu mit Wittgenstein und Heidegger herausgearbeitet, dass diese Art der Rede als Teil der Sprachpraxis in konkreten Lebensformen verständlich ist, was bereits von der Alltagssprache gilt, die insbesondere vergegenständlichend über Nichtgegenständliches spricht und damit Bedeutungen herstellt, die nicht wörtlich zu verstehen sind und dennoch verstanden werden. Hier soll nun mit Bezug auf die Dichtung genauer analysiert werden, wie ein solches Sprechen funktioniert. Wie kann man Bilder verstehen, die nicht konsistent denkbar sind?

Dazu sollen zunächst Heideggers explizite Bestimmungen des Verhältnisses von Dichten und Denken kurz ausgeführt werden. Wenn Wittgenstein die Ansicht vertritt, man dürfe Philosophie eigentlich nur dichten, so geht auch Heidegger von einer wesentlichen Nähe von Philosophie und Poesie aus. So hält er zum Beispiel in

---

[145] KSA 1, S. 145.
[146] Aus den *Vermischten Bemerkungen*, zitiert nach Wittgenstein 1984, S. 483, Hervorhebung im Original.

einem Text über das *Wesen der Philosophie* aus den vierziger Jahren fest: »Das Wesen der Philosophie erfahren heißt, daß wir uns auf das Verhältnis der Philosophie zur Poesie einlassen.«[147] Ebenfalls in den vierziger Jahren, im Nachwort zu *Was ist Metaphysik?*, stellt Heidegger Dichten und Denken gleichberechtigt nebeneinander und lässt ihr genaues Verhältnis offen: »Man kennt wohl manches über das Verhältnis der Philosophie und der Poesie. Wir wissen aber nichts von der Zwiesprache der Dichter und Denker, die ›nahe wohnen auf getrenntesten Bergen‹.«[148] Etwas ausführlicher heißt es an derselben Stelle dazu:

Der Denker sagt das Sein. Der Dichter nennt das Heilige. Wie freilich, aus dem Wesen des Seins gedacht, das Dichten und das Danken und das Denken zueinander verwiesen und zugleich geschieden sind, muß hier offenbleiben. Vermutlich entspringen Danken und Dichten in verschiedener Weise dem anfänglichen Denken, das sie brauchen, ohne doch für sich ein Denken sein zu können.[149]

Damit sind sich Dichten und Denken zwar nahe und haben denselben Ursprung, bleiben aber doch verschieden. Diese Nähe wird dann in *Das Wesen der Sprache* von 1957/58 als *Sage* bezeichnet, die wiederum das Wesen der Sprache ausmachen soll: »Dichten und Denken sind Weisen des Sagens. Die Nähe aber, die Dichten und Denken in die Nachbarschaft zueinander bringt, nennen wir die Sage. In dieser vermuten wir das Wesen der Sprache.«[150] In *Der Weg zur Sprache* dagegen, einem Text von 1959, geht Heidegger über die bloße Nähe hinaus und setzt Dichten und Denken gleich: »Alles sinnende Denken ist ein Dichten, alle Dichtung aber ein Denken. Beide gehören zueinander aus jenem Sagen, das sich schon dem Ungesagten zugesagt hat, weil es der Gedanke ist als der Dank.«[151] Während in obigem Zitat lediglich von einem gemeinsamen Ursprung die Rede war, der auch hier wieder geltend gemacht wird, werden Dichten und Denken nun offenbar als identisch angesehen. Man könnte grob zusammen-

---

[147] Nicht in der Gesamtausgabe, zitiert nach Heidegger 1987, S. 23.
[148] GA 9, S. 312, Heidegger spielt hier auf Hölderlins *Patmos*-Hymne an: »[...] und die Liebsten / Nah wohnen, ermattend auf / Getrenntesten Bergen [...].« Thomä 2003a spricht davon, dass sich das Verhältnis von Poesie und Philosophie für Heidegger im Verhältnis von Hölderlin und Heidegger »inkarnieren« würde, a.a.O., S. 316. Zu Heideggers Hölderlin-Interpretationen vgl. auch Abschnitt 5.3.
[149] GA 9, S. 312.
[150] GA 12, S. 188.
[151] GA 12, S. 256.

fassen, dass Heidegger durchgehend von einer Nähe von Dichten und Denken ausgeht, sie aber zunächst auf »getrenntesten Berge« verortet und dagegen in späteren Texten miteinander identifiziert.

Allerdings soll hier, wie bereits in anderen Fällen, keine klare Position aus den verschiedenen Texten rekonstruiert werden. Das ist nicht der Anspruch dieser Arbeit und vielleicht auch überhaupt unmöglich, da Heideggers Philosophie ständig im Fluss ist. Heideggers explizite Äußerungen über das Verhältnis von Dichten und Denken sollen daher hier auf sich beruhen bleiben. Interessanter sind Heideggers Überlegungen über das Verhältnis von Dichtung und Sprache ganz allgemein. In dieser Frage macht Heidegger den bemerkenswerten Punkt, dass jegliche Sprache im Kern Dichtung sei. Dies deutet sich an der gerade zitierten Stelle aus *Das Wesen der Sprache* an, wenn dieses Wesen dort in der Nähe von Dichten und Denken gesehen wird. Dass Sprache darüber hinaus überhaupt Dichtung sei, wird bereits im *Kunstwerkaufsatz* von 1935/36 behauptet:

Die Sprache ist Dichtung im wesentlichen Sinne. Weil nun aber die Sprache jenes Geschehnis ist, in dem für den Menschen jeweils erst Seiendes als Seiendes sich erschließt, deshalb ist Poesie, die Dichtung im engeren Sinne, die ursprünglichste Dichtung im wesentlichen Sinne. Die Sprache ist nicht deshalb Dichtung, weil sie die Urpoesie ist, sondern die Poesie ereignet sich in der Sprache, weil diese das ursprüngliche Wesen der Dichtung verwahrt.[152]

Der Gedanke der Sprache als Dichtung wird in den späteren Texten immer weiter entwickelt und präzisiert. Im Vortrag *Hölderlin und das Wesen der Dichtung* von 1936 wird die Dichtung zunächst als »worthafte Stiftung des Seins«[153] bestimmt, was dann auf die Sprache als solche übertragen wird:

Dichtung ist das stiftende Nennen des Seins und des Wesens aller Dinge – kein beliebiges Sagen, sondern jenes, wodurch erst all das ins Offene tritt, was wir dann in der Alltagssprache bereden und verhandeln. Daher nimmt die Dichtung niemals die Sprache als einen vorhandenen Werkstoff auf, sondern die Dichtung selbst ermöglicht erst die Sprache. […] Also muß umgekehrt das Wesen der Sprache aus dem Wesen der Dichtung verstanden werden.[154]

---

[152] GA 5, S. 62.
[153] GA 4, S. 41.
[154] GA 4, S. 43.

Dem entspricht schließlich die folgende Bestimmung aus dem Text *Die Sprache* von 1950, in der diese als ein »vergessenes und darum vernutztes Gedicht« beschrieben wird: »Eigentliche Dichtung ist niemals nur eine höhere Weise (Melos) der Alltagssprache. Vielmehr ist umgekehrt das alltägliche Reden ein vergessenes und darum vernutztes Gedicht, aus dem kaum noch ein Rufen erklingt.«[155]

Das wirft allerdings die Frage auf, was Heidegger unter Dichtung versteht. Es geht hier offenbar nicht um eine besondere *Form* der Sprache, die sich etwa durch Versmaß, Metrum und Rhythmus auszeichnet. Wenn er von der »worthaften Stiftung des Seins« spricht, scheint etwas allgemeineres gemeint zu sein. In der Vorlesung über *Hölderlins Hymnen »Germanien« und »Der Rhein«* aus dem Wintersemester 1934/35 stellt er diese allgemeinere Bedeutung heraus, indem er zunächst festhält, was er *nicht* unter Dichtung versteht:

Aber bis jetzt sagen wir nur immer verneinend, abweisend: 1. Das Gedicht ist nicht das nur vorhandene sinn- und schönheitsbehaftete Sprachgebilde. 2. Dichtung ist nicht der seelische Vorgang der Anfertigung von Gedichten. 3. Dichtung ist nicht der sprachliche »Ausdruck« seelischer Erlebnisse. Gedicht und Dichtung sind wohl all das eben Genannte auch, und doch verfehlt diese Auffassung grundsätzlich das Wesen. Aber worin besteht nun das Wesen der Dichtung? Wann sagen wir das endlich positiv? Sagen läßt es sich nicht in einer Definition. Es muß erst erfahren werden.[156]

Heidegger belässt es aber nicht bei diesem Verweis auf die Erfahrung, sondern bestimmt in derselben Vorlesung das »Dichten als Sagen in der Art des weisenden Offenbarmachens«,[157] was der »worthaften Stiftung des Seins« entsprechen dürfte. In beiden Fällen geht es um die Eröffnung von Sinnhorizonten durch die dichterische Sprache. Der Gedanke, dass die Sprache Sinnbezüge herstellt und in diesem Sinne die Welt überhaupt erst eröffnet, wurde bereits im letzten Abschnitt diskutiert, in dem auch schon die folgende Passage aus *Das Wesen der Sprache* zitiert wurde, in der dieses Wesen als die Nähe von Dichten und Denken bestimmt wird, die Heidegger als Sage bezeichnet, und von der er festhält: »In dieser vermuten wir das Wesen der Sprache. Sagen, *sagan* heißt zeigen: erscheinen lassen, lichtend-

---

[155] GA 12, S. 28.
[156] GA 39, S. 28 f.
[157] GA 39, S. 30. Das »Dichten als Aufnehmen der Winke der Götter und Weiterwinken in das Volk«, GA 39, S. 31, soll hier dagegen auf sich beruhen bleiben. Heideggers »Hölderlintheologie« wird in Abschnitt 5.3 diskutiert.

verbergend frei-geben als dar-reichen dessen, was wir Welt nennen.«[158] Offenbar geht es also bei der Dichtung nicht um eine bestimmte Form der Sprache, sondern um deren welterschließenden Charakter. Dieser wurde im letzten Abschnitt auch anhand von Wittgenstein erläutert, laut dem Sprache immer Teil einer Lebensform ist. Insbesondere wurde dort gezeigt, dass die Sprache nach Wittgenstein bereits im Alltag vergegenständlichend von Nichtgegenständlichem spricht, was nun mit Heidegger auch als dichterisches Sprechen bezeichnet werden kann. Die Alltagssprache ist »ein vergessenes und darum vernutztes Gedicht«, da sie wie ein Gedicht Bedeutungen herstellt, ohne sich dabei auf konkrete Gegenstände beziehen zu müssen. Die Sprache ist konstitutiv mit der Welt bzw. mit Lebensformen verbunden und erschließt diese überhaupt erst, wobei sie insbesondere Bedeutungen herstellen kann, ohne immer nur auf Gegenstände zu referieren. Diese Eigenschaften machen für Heidegger den dichterischen Status der Sprache aus.

Von der Möglichkeit der Bedeutungserzeugung ohne Gegenstandsbezug macht Heidegger in seiner philosophischen Sprache ausgiebigen Gebrauch, wenn er zum Beispiel vom Nichts spricht, das nun wirklich kein Gegenstand ist. In der Vorlesung zur *Einführung in die Metaphysik* aus dem Sommersemester 1935 erläutert er diese Möglichkeit des Sprechens mit einem expliziten Verweis auf dessen dichterischen Charakter. Dazu grenzt er die Rede vom Nichts zunächst vom wissenschaftlichen Denken ab:

Man kann in der Tat nicht über das Nichts reden und verhandeln, als sei dies ein Ding wie draußen der Regen oder ein Berg oder überhaupt irgendein Gegenstand. Das Nichts bleibt grundsätzlich aller Wissenschaft unzugänglich. Wer vom Nichts wahrhaft reden will, muß notwendig unwissenschaftlich werden.[159]

Gegen das wissenschaftliche Denken bringt Heidegger das philosophische Denken ins Spiel, das dem wissenschaftlichen Denken sogar vorgeordnet sei. Wie die Alltagssprache ein vergessenes Gedicht ist, geht das wissenschaftliche Denken aus dem philosophischen hervor, das wiederum in die Nähe zur Dichtung gebracht wird. Diese Verbindung stellt Heidegger in der Fortsetzung der gerade zitierten Passage her:

---

[158] GA 12, S. 188, Hervorhebung im Original.
[159] GA 40, S. 28.

Aber dies bleibt nur solange ein großes Unglück, als man der Meinung ist, wissenschaftliches Denken sei das einzige und eigentliche strenge Denken, es allein könne und müsse zum Maßstab auch des philosophischen Denkens gemacht werden. Die Sache liegt aber umgekehrt. Alles wissenschaftliche Denken ist nur eine abgeleitete und als solche dann verfestigte Form des philosophischen Denkens. Philosophie entsteht nie aus und nie durch Wissenschaft. Philosophie läßt sich nie den Wissenschaften gleichordnen. Sie ist ihnen vielmehr vorgeordnet und das nicht etwa nur »logisch« oder in einer Tafel des Systems der Wissenschaften. Die Philosophie steht in einem ganz anderen Bereich und Rang geistigen Daseins. In derselben Ordnung ist die Philosophie und ihr Denken nur mit der Dichtung.[160]

Dem wird die Bemerkung angeschlossen: »Aber Dichten und Denken sind wiederum nicht das gleiche«,[161] was zu den oben zitierten Überlegungen aus den vierziger Jahren passt, in denen Dichten und Denken bei aller Nähe noch nicht, wie in den späteren Texten, miteinander identifiziert werden. Aber unabhängig davon, wie das Verhältnis von Dichten und Denken genau zu verstehen ist, kann das Nichts philosophisch-dichterisch thematisiert werden, und zwar in dem welterschließenden Sinne, dass im Dichten »das Seiende erstmals aus- und angesprochen« wird, was auch für das nicht seiende Nichts gelten soll:

Vom Nichts zu reden, bleibt für die Wissenschaft allezeit ein Greuel und eine Sinnlosigkeit. Dagegen vermag dies außer dem Philosophen der Dichter – und zwar nicht deshalb, weil es in der Dichtung nach der Meinung des Alltagsverstandes weniger streng zugeht, sondern weil in der Dichtung (gemeint ist nur die echte und große) eine wesenhafte Überlegenheit des Geistes gegenüber aller bloßen Wissenschaft waltet. Aus solcher Überlegenheit spricht der Dichter immer so, als werde das Seiende erstmals aus- und angesprochen.[162]

Diese Rede vom Nichts hat nun zwar tatsächlich insofern dichterischen Charakter, als hier von etwas Nichtseiendem wie von einem Seienden gesprochen wird. Dennoch kann diese Rede keinen sprach-

---

[160] Ebd.
[161] Ebd.
[162] GA 40, S. 28 f. Heidegger spricht in diesem Kontext auch vom *Zeigen*, was an die Unterscheidung von Sagen und Zeigen in Wittgensteins *Tractatus* erinnert: »Das wahre Reden vom Nichts bleibt immer ungewöhnlich. Es läßt sich nicht gemein machen. Es zerrinnt freilich, wenn man es in die billige Säure eines nur logischen Scharfsinnes bringt. Das Sagen vom Nichts kann daher auch nie unvermittelt anheben wie z. B. die Beschreibung eines Bildes. Aber auf die Möglichkeit solchen Sagens vom Nichts läßt sich hinzeigen«, GA 40, S. 29.

lichen Sonderstatus beanspruchen, da bereits in der Alltagssprache vergegenständlichend von Nichtgegenständlichem gesprochen wird. In diesem Sinne bestimmt Heidegger den dichterisch-welterschließenden Charakter der Sprache ganz allgemein, mit dem auch die Alltagssprache ein »vergessenes Gedicht« ist. Wenn man Dichtung in diesem allgemeinen Sinne versteht und von formalen Bestimmungen, wie Versmaß, Metrum oder Rhythmus, absieht, kann man tatsächlich sagen, dass bereits das alltägliche Sprechen einen solchen dichterischen Charakter hat. Dazu gehört auch der im letzten Abschnitt diskutierte Punkt, dass die Sprache nicht mit der Sprache erfasst werden kann und den Sprechern in diesem Sinne immer entzogen ist. Die Sprache ist kein Instrument, das dem Menschen zur Verfügung steht, sondern dieser »entspricht« der Sprache, wie es oben zitiert wurde: »Die Sprache spricht, nicht der Mensch. Der Mensch spricht nur, indem er geschickt der Sprache entspricht.«[163] Was man üblicherweise von der Poesie sagen würde, gilt demnach

---

[163] GA 10, S. 143. Mit der Forderung, der Mensch solle der Sprache entsprechen, rechtfertigt Heidegger auch seine notorischen Etymologisierungen, die für ihn ein Hören auf die Sprache darstellen, was er in *Bauen Wohnen Denken* festhält, wo seine etymologischen Erläuterungen mit den Worten eingeleitet werden: »Hören wir noch einmal auf den Zuspruch der Sprache«, GA 7, S. 150. Dass Heideggers Etymologisierungen oftmals daneben gehen und seine ohnehin oft unklar formulierten Gedanken nicht klarer machen, wurde ihm oft vorgeworfen, mit erfrischender Polemik zum Beispiel von Henscheid 1997. Beierwaltes 1995 kritisiert besonders eindringlich Heideggers Umgang mit den griechischen Begrifflichkeiten, was hier kurz wiedergegeben sei: »Heideggers Festlegungen einer sogenannten ursprünglichen Wortbedeutung verfahren meist autoritär-willkürlich, ohne Argumente, ohne Erwägung von Alternativen, ohne Vergleich mit anderem Sprachmaterial, wie es das Lexikon [...] bereitstellen würde, natürlich auch ohne Hinweis auf dieses selbst (dies wäre vielleicht schon ›Wissenschaft‹), um die *Unmittelbarkeit* der Einsicht in's griechisch(er) gedachte Griechische zu suggerieren. In den meisten Fällen ergibt sich für Heidegger eine willkommene Wahl einer Bedeutung, die dann mit Assoziationen im Deutschen zusammen [...] eine festgefügte Fuge von Grundworten ergibt, die freilich keine ›Begriffe‹ sein sollen«, a. a. O., S. 18, Hervorhebung im Original. Die unsägliche Verteidigung gegen Beierwaltes von Gennaro 2000 sei hier nur erwähnt und stattdessen Heidegger selbst das Wort erteilt und damit dieses Kapitel wieder beschlossen: »Zu meinen, wir betrieben eine sogenannte ›Wortphilosophie‹, die alles aus bloßen Wortbedeutungen herausklaubt, ist freilich eine sehr bequeme Meinung, aber auch eine so oberflächliche, daß sie nicht einmal mehr als falsche Meinung bezeichnet werden kann. Was wir die Grundbedeutung der Wörter nennen, ist ihr Anfängliches, was nicht zuerst, sondern zuletzt erscheint, und auch dann nie als ein abgelöstes und präpariertes Gebilde, das wir für sich vorstellen könnten. Die sogenannte Grundbedeutung waltet verhüllt in allen Sageweisen der jeweiligen Worte«, GA 54, S. 31 f.

für jede Verwendung der Sprache, deren Unverfügbarkeit nicht nur den Dichter betrifft, sondern jeden Sprecher. Bei Heidegger findet sich sowohl eine Auszeichnung der Dichtung, etwa bei der gerade zitierten Erläuterung der Rede vom Nichts, als auch der Hinweis auf den dichterischen Charakter *jeder* Sprache, weshalb der letztgenannte Punkt hier *mit* Heideggers Sprachphilosophie *gegen* Heideggers Privilegierung des Dichters hervorgehoben sei.

Für das sagende Nichtsagen der negativen Theologie bedeutet das, dass die religiöse Rede einerseits scheinbar sinnlos von nichtexistenten Gegenständen spricht, dass aber andererseits die Alltagssprache genauso funktioniert und Bedeutungen herstellen kann, die zwar auf nichts referieren, aber dennoch verstanden werden. Damit ist das sagende Nichtsagen insbesondere nicht sinnlos, sondern gehört zum normalen Gebrauch der Sprache, die daher dichterisch genannt werden kann. Strhan 2011 hält in diesem Sinne fest, dass die religiöse Rede nicht nur keinen poetischen Sonderstatus hat, sondern sogar insofern typisch für die Sprache überhaupt ist, als sie exemplarisch und besonders deutlich den dichterischen Charakter jedes Sprechens und die Entzogenheit jeder Sprache zeigt:

The second way in which previous conceptions of religious language as poetry have been misguided is that they assume that religious language belongs in a special category of language as an attempt to speak at the limits of language. This view is problematic because it rests on the assumption that »everyday« language operates as straightforward signification, word signifying thing or idea of thing. On this view, religious language is problematic because the signified is absent, or not at all obvious. Therefore it needs to be seen as different, »poetic« rather than »prosaic«, placed within its own language game. If we reject this view and follow Heidegger, we see that religious language is not different from other language, but rather the very essence of language itself, as words reveal their very opacity and thereby reveal what is otherwise concealed.[164]

Damit bringt Strhan die These dieses Kapitels auf den Punkt: Auch die Alltagssprache kann als sagendes Nichtsagen aufgefasst werden und jede Sprache ist den Sprechern entzogen und stellt Bedeutungen her, die nicht nur auf dem Verweis auf Gegenstände beruhen. Insbesondere gehört die Entzogenheit der Sprache zu jeder Rede, nicht nur zur destabilisierenden Rede der negativen Theologie. Auch die

---

[164] A.a.O., S. 931.

Erfahrung der Entzogenheit kann sich in jedem Sprechen einstellen, dafür braucht es weder den Dichter noch den negativen Theologen. Dazu noch einmal Strhan 2011:

And furthermore, it should be emphasised that according to Heidegger, all language, and not just religious language, could be seen as in essence poetic. So religious language is not a particular type very imprecise language: all language bears the trace of what cannot be said or thought.[165]

Es gibt natürlich wesentliche Unterschiede zwischen den verschiedenen Sprachformen. Narrativer Mythos unterscheidet sich von Poesie, der mit Versmaß, Metrum, Rhythmus und selbst dem Schriftbild ganz andere Mittel zur Verfügung stehen. Ein Gebet ist etwas anderes als Alltagssprache und einen wieder anderen Status hat die Sprache der Philosophie.[166] Aber man kann diese Sprachformen nicht absolut voneinander trennen und alle Sprachspiele haben grundlegend insofern denselben Status, als sie zu ihrem Verständnis auf eine Praxis in Lebensformen angewiesen sind. Außerdem ist *jede* Sprache in dem Sinne dem Sprecher entzogen, dass man sie *in* der Sprache nicht einholen und absichern kann: »all language bears the trace of what cannot be said or thought.« Strhan wendet sich damit gegen die Auffassung, dass die Grenzen der Sprache nur in der religiösen oder dichterischen Sprache präsent wären. Stattdessen kann man sie an jeder Form von Sprache thematisieren und erfahren.

Allerdings hat die Auffassung über den poetischen Sonderstatus der religiösen Rede, gegen die Strhan sich mit Heideggers Sprachphilosophie wendet, eine lange Tradition, die teilweise wiederum von Heidegger selbst ausging. So wurde Heidegger eingeladen, auf einer kleinen Tagung protestantischer Theologen im April 1964 an der *Drew University* in Madison, New Jersey, den Eröffnungsvortrag zu halten. Der Titel der Tagung lautete »The Second Consultation on Hermeneutics, Devoted to the Problem of Non-Objectifying Thin-

---

[165] A.a.O., S. 936.

[166] Dabei ist insbesondere mit Stoellger 2014 zu betonen, dass auch Sprachformen sinnvoll sein können, die nicht in grammatisch vollständigen Sätzen formuliert sind: »Ein Satz ohne korrekte Grammatik oder mit sinnwidriger Semantik mag grammatisch oder semantisch sinnlos sein – aber darum noch nicht sinnlos in jeder möglichen Hinsicht. Die Poesie ist ja voll davon, die religiöse Rede auch, und die sprachlichen Konvulsionen Liebender oder Hassender nicht weniger. Es fehlt im analytischen Gebrauch des Prädikats ›sinnlos‹ ein ›Sinn für‹ etwa für rhetorische Wendungen (Oxymora, Paradoxa, kalkulierte Absurditäten) oder für Performanz, ergo für das Nichtpropositionale in vermeintlich sinnlosen Sätzen«, a.a.O., S. 168.

king and Speaking in Contemporary Theology«,[167] und man versprach sich von Heidegger und seiner Philosophie Möglichkeiten, das vergegenständlichende Sprechen in der Theologie zu überwinden. Es wäre seine erste und einzige Reise in die USA gewesen, aber der 74-jährige Heidegger hat die Einladung aus gesundheitlichen Gründen nicht angenommen. Er hat aber einen kleinen Brief mit dem Titel »Einige Hinweise auf Hauptgesichtspunkte für das theologische Gespräch über ›Das Problem eines nichtobjektivierenden Denkens und Sprechens in der heutigen Theologie‹«[168] geschrieben, der bei der Tagung vorgelesen werden sollte.[169] Dieser Brief steht in der Rezeption üblicherweise dafür, dass sich Heidegger für ein poetisches Sprachverständnis in der Theologie einsetzt, um damit den objektivierenden Charakter der Sprache zu überwinden. So heißt es exemplarisch bei Crowe 2007b:

In the appendix to this essay,[170] a letter written in 1964 to a group of theologians at Drew University, Heidegger suggests that poetry is a potentially powerful resource for the theological project of articulating Christian faith without importing foreign categories. Referring to the 1946 essay »Wozu Dichter?« Heidegger suggests that poetry is capable of expressing the elusive, nonobjective, nonempirical presence of God in faith.[171]

Diese Idee einer Verbindung von Theologie und Poesie wurde in den USA schulbildend. Es entwickelte sich das Programm einer *Theopoetics*, das poetische Analyse, Prozesstheologie, narrative Theologie und postmoderne Philosophie miteinander verbindet. Als Grundlagenwerk gilt Wilder 1976 und zu dieser Richtung gehören Vertreter

---

[167] Vgl. Woessner 2011, S. 112 ff.

[168] GA 9, S. 68–78.

[169] Stattdessen wurde Hans Jonas, der zu dieser Zeit an der New School in New York unterrichtete, für den Eröffnungsvortrag gewonnen – und nutze die Gelegenheit für eine Abrechnung mit Heidegger und einer Warnung an die Theologen vor dessen Werk, was für einen kleinen Skandal sorgte, der der sonst unscheinbaren Tagung in einer Kleinstadt eine Schlagzeile in der *New York Times* einbrachte, vgl. Woessner 2011, S. 112. Jonas ging auf Heideggers Verstrickung in den Nationalsozialismus ein und kritisierte Heideggers Philosophie als heidnisch, was bereits in Abschnitt 1.1 zitiert wurde: »Meinen theologischen und christlichen Freunden möchte ich zurufen: Seht ihr nicht, womit ihr zu tun habt? Fühlt ihr nicht den tief heidnischen Charakter von Heideggers Denken?«, Jonas 1967, S. 327.

[170] Der Brief erschien in der Gesamtausgabe als Anhang zum Vortrag *Phänomenologie und Theologie* von 1927.

[171] A. a. O., S. 195. Crowe verbindet diese Überlegung mit der Lyrik Hölderlins, die in Abschnitt 5.3 als Heideggers »Hölderlintheologie« wieder aufgegriffen wird.

wie John D. Caputo und Catherine Keller, wobei letztere heute an der *Drew University* unterrichtet.

Nun wurde hier aber mit Strhan 2011 gegen die Vorstellung argumentiert, die theologische Sprache habe einen poetischen Sonderstatus. Die Kritik an dieser Vorstellung kann dabei jetzt ausgerechnet mit dem Text Heideggers vertieft werden, der als einer der Ausgangspunkte der Verbindung von Theologie und Poesie gilt. Der *Brief über das nichtobjektivierende Denken und Sprechen in der heutigen Theologie* stellt nämlich den objektivierenden Charakter des normalen Sprechens in Frage, um dann zu zeigen, dass die Theologie *keiner* besonderen, nichtobjektivierenden Sprache bedürfe.[172] Heidegger eröffnet die Problemstellung mit der Frage, was überhaupt mit nichtobjektivierendem bzw. objektivierendem Sprechen gemeint sei,[173] und gibt zu bedenken, dass nicht jedes Denken und Sprechen als solches objektivierend sein muss: »Es ist die weitverbreitete, ungeprüft übernommene Meinung, jedes Denken sei als Vorstellen, jedes Sprechen sei als Verlautbarung schon ›objektivierend‹.«[174] Dem folgt eine Kurzfassung von Heideggers Sprachphilosophie mit der hier besonders hervorgehobenen Pointe, dass die Sprache nicht dem Menschen zur Verfügung steht, sondern dass umgekehrt der Mensch, solange er spricht, immer schon Teil einer vorgängigen Sprache ist:

Denn das Geheimnis der Sprache, worin sich die ganze Besinnung versammeln muß, bleibt das denk- und fragwürdigste Phänomen, vor allem dann, wenn die Einsicht erwacht, daß die Sprache kein Werk des Menschen ist: Die Sprache spricht. Der Mensch spricht nur, indem er der Sprache entspricht. Diese Sätze sind nicht die Ausgeburt einer phantastischen »Mystik«. Die Sprache ist ein Urphänomen, dessen Eigenes sich nicht durch Tatsachen beweisen, das sich nur erblicken läßt in einer unvoreingenommenen Spracherfahrung. Der Mensch kann künstlich Lautbilde und Zeichen erfinden, aber kann solches nur machen im Hinblick auf eine schon gesprochene Sprache und aus dieser her.[175]

---

[172] Die Frage nach dem Status der Theologie lässt Heidegger dabei aber offen, was im ersten Kapitel bereits diskutiert wurde. So beschließt er den Brief mit der in Abschnitt 1.1 zitierten Frage, »[...] ob die Theologie noch eine Wissenschaft sein kann, weil sie vermutlich überhaupt nicht eine Wissenschaft sein darf«, GA 9, S. 77.

[173] GA 9, S. 68.

[174] GA 9, S. 71.

[175] GA 9, S. 72. Dem entsprechen die folgenden rhetorischen Fragen: »Ist die Sprache denn nur ein Instrument, das wir zur Bearbeitung von Objekten benützen? Steht die Sprache überhaupt in der Verfügungsgewalt des Menschen? Ist die Sprache nur ein Werk des Menschen? Ist der Mensch dasjenige Wesen, das die Sprache in seinem Be-

Für das Problem des objektivierenden Sprechens und Denkens macht Heidegger dann geltend, dass man von Objektivierung nur im Bereich von Naturwissenschaft und Technik sprechen könne: »Das Denken ist nicht notwendig ein Vorstellen von etwas als Objekt. Objektivierend ist nur das naturwissenschaftliche Denken und Sprechen«[176] bzw. ausführlicher:

> Denken und Sprechen sind objektivierend, d. h. Gegebenes als Objekt setzend, im Felde des naturwissenschaftlich-technischen Vorstellens. Sie sind es hier notwendig, weil dieses Erkennen im voraus sein Thema als einen berechenbaren, kausal erklärbaren Gegenstand, d. h. als Objekt im definierten Sinne Kants ansetzen muß. Außerhalb dieses Feldes sind Denken und Sprechen keineswegs objektivierend.[177]

Diese Bestimmung des objektivierenden Sprechens als zugehörig zu den Methoden der Naturwissenschaften greift freilich zu kurz. Das Problem, um das es hier geht, und das auch das Thema der theologischen Tagung an der *Drew University* war, ist vielmehr die Frage, ob bzw. inwiefern man von Gott wie von einem *seienden* Wesen sprechen kann. Auch wenn in dieser Arbeit vom vergegenständlichenden Sprechen die Rede ist, steht diese grundlegende Fragestellung im Hintergrund. Heidegger selbst wurde hier oft damit zitiert, dass er das Sein zu einem Seienden macht, sobald er davon spricht.[178] In dieser Hinsicht konnte bereits gezeigt werden, dass auch die Alltagssprache vergegenständlichend von Nichtgegenständlichem spricht und dennoch in geteilter Praxis verstanden wird, womit die religiöse Rede keinen Sonderstatus beanspruchen kann. In seinem Brief an die *Drew University* scheint Heidegger ebenfalls diesen Gedanken vor Augen zu haben, allerdings formuliert er ihn hier etwas irreführend damit, dass die Alltagssprache *nicht* objektiviert, womit er hier aber meint,

---

sitz hat? Oder ist es die Sprache, die den Menschen ›hat‹, insofern er in die Sprache gehört, die ihm erst Welt eröffnet und zugleich damit sein Wohnen in der Welt?«, GA 9, S. 74 f.

[176] GA 9, S. 74.

[177] GA 9, S. 75 f. Daran wird die kulturkritische Diagnose angeschlossen, dieses technische Denken und Sprechen beherrsche zunehmend andere Bereiche des Lebens: »Aber heute besteht und wächst die Gefahr, daß die wissenschaftlich-technische Denkweise auf alle Gebiete des Lebens sich ausbreitet. Dadurch verstärkt sich der falsche Schein, als sei alles Denken und Sprechen objektivierend«, GA 9, S. 76.

[178] So zum Beispiel im letzten Abschnitt: »Wir sagen: das Seyn west, und nehmen dabei doch wieder eine Nennung in Anspruch und Gebrauch, die sprachlich dem Seienden zugehört«, GA 65, S. 286.

dass sie die Dinge, von denen sie spricht, nicht zu Objekten im Sinne der *Naturwissenschaft* macht.[179] Gegen Heidegger muss hier festgehalten werden, dass sie sie gleichwohl wie *seiende* Dinge behandelt. So ist in der folgenden längeren Passage zunächst von der Rose im Garten die Rede, die nicht unmittelbar als Gegenstand der Naturwissenschaften wahrgenommen wird. Dann spricht Heidegger aber auch vom Rot der Rose, von dem ebenfalls sinnvoll gesprochen werden kann, ohne dass es überhaupt ein Gegenstand wäre: Im Gegensatz zur Rose schwankt das Rot etwa nicht im Wind hin und her. Hier muss aber differenziert werden. Einerseits macht man in der Rede von diesem Rot dieses nicht zu einem Objekt im Sinne der Naturwissenschaften. Dennoch redet man aber von diesem Rot *wie von einem Seienden* – und macht es in diesem (schwachen) Sinne *doch* zu einem Objekt. Wenn Heidegger geltend macht, dass die Alltagssprache üblicherweise *nicht* objektiviert, so kann das nur so verstanden werden, dass sie zwar vergegenständlichend vom Rot der Rose spricht, das, wie der Schmerz im Beispiel Wittgensteins, kein Gegenstand ist, dass es dabei aber nicht um ein Objekt im Sinne der Naturwissenschaften geht. Genauer müsste man sagen, dass das Rot zwar kein *Etwas* im Sinne der Naturwissenschaften ist, aber – hier *gegen* Heidegger – doch auch nicht ein Nichts. In diesem schwachen Sinne ist das Sprechen vom Rot der Rose – gegen Heidegger – *doch* objektivierend, was aber ein ganz normaler Vorgang in der Alltagssprache ist, mit dem auch die religiöse Rede besser verstanden werden kann:

Die alltägliche Erfahrung der Dinge im weiteren Sinne ist weder objektivierend noch eine Vergegenständlichung. Wenn wir z. B. im Garten sitzen und uns an den blühenden Rosen erfreuen, machen wir die Rose nicht zu einem Objekt, nicht einmal zu einem Gegenstand, d. h. zu etwas thematisch Vorgestelltem. Wenn ich gar im stillschweigenden Sagen dem leuchtenden Rot der Rose hingegeben bin und dem Rotsein der Rose nachsinne, dann ist dieses Rotsein weder ein Objekt, noch ein Ding, noch ein Gegenstand wie die blühende Rose. Diese steht im Garten, schwankt vielleicht im Wind hin

---

[179] Dies wird am Beispiel einer Statue des Apollon noch einmal deutlich gemacht: »Die Statue des Apollon im Museum zu Olympia kann ich zwar als ein Objekt naturwissenschaftlichen Vorstellens betrachten, kann den Marmor physikalisch hinsichtlich seines Gewichtes berechnen; ich kann den Marmor nach seiner chemischen Beschaffenheit untersuchen. Aber dieses objektivierende Denken und Sprechen erblickt nicht den Apollon, wie er sich in seiner Schönheit zeigt und in dieser als Anblick des Gottes erscheint«, GA 9, S. 73 f. Aber auch wenn man nicht auf die chemische Zusammensetzung des Marmors achtet, betrachtet man die Statue doch als ein Seiendes.

203

und her. Dagegen steht das Rotsein der Rose weder im Garten, noch kann es im Wind hin und her schwanken. Gleichwohl denke ich es und sage von ihm, indem ich es nenne. Es gibt demnach ein Denken und Sagen, das in keiner Weise objektiviert noch vergegenständlicht.[180]

Dagegen ist dieses Rotsein im kontemplativen Gartenbesuch zwar kein Objekt im Sinne der Naturwissenschaften, es wird aber doch, sobald es angesprochen wird, als ein Seiendes angesprochen – zumindest nicht als ein Nichts. Wenn Heidegger sagt: »Gleichwohl denke ich es und sage von ihm, indem ich es nenne«, zeigt sich bereits, dass auch das Rot nicht ein Nichts ist, auch wenn es kein Etwas ist. Auflösen lässt sich diese Verwirrung vielleicht mit dem Hinweis, dass die Sprache zwar, in Heideggers Worten, nicht notwendig immer naturwissenschaftlich *über* Objekte spricht und in diesem Sinne tatsächlich nichtobjektivierend sein kann, aber dass sie auch dann, wenn sie, wieder in Heideggers Worten, *von* den Dingen spricht, diese zu Objekten in dem schwachen Sinne macht, dass sie überhaupt ein Seiendes sind bzw., in den Worten Wittgensteins, nicht ein Nichts:

Aber das Sagen der Sprache ist nicht notwendig ein Aussprechen von Sätzen *über* Objekte. Sie ist in ihrem Eigensten ein Sagen *von* dem, was sich dem Menschen in mannigfaltiger Weise offenbart und zuspricht, sofern er sich nicht, durch die Herrschaft des objektivierenden Denkens auf dieses sich beschränkend, dem, was sich zeigt, verschließt.[181]

Die Pointe, auf die es hier ankommt, ist nicht, wie Heidegger in diesem Brief geltend macht, dass die Alltagssprache nicht notwendig objektivierend ist, sondern im Gegenteil, dass bereits die Alltagssprache vergegenständlichend von Nichtgegenständlichem sprechen kann, das kein Etwas, aber auch nicht ein Nichts ist. Man kann, mit etwas hermeneutischem Wohlwollen, Heideggers Brief in diesem Sinne verstehen, da er hier das Objektivieren auf die Naturwissenschaften beschränkt[182] und zeigt, wie man *von* »Dingen« wie dem Rotsein der Rose sinnvoll sprechen kann.

---

[180] GA 9, S. 73.

[181] GA 9, S. 76, Hervorhebungen im Original.

[182] Womit Heideggers Pointe, dass nämlich die Theologie keine Naturwissenschaft sei, geradezu trivial wird. Er reformuliert die eigentliche Fragestellung um zu dem »Problem eines nichtnaturwissenschaftlich-technischen Denkens und Sprechens in der heutigen Theologie«, GA 9, S. 77, und hält zu *diesem* Problem fest: »Aus dieser sachgerechten Umformung ist leicht zu ersehen: Das gestellte Problem ist insofern kein echtes Problem, als sich die Problemstellung an einer Voraussetzung orientiert,

Allerdings schließt der Brief tatsächlich mit einem Verweis auf die Dichtung: »Als Beispiel eines ausgezeichneten nichtobjektivierenden Denkens und Sagens kann die Dichtung dienen.«[183] Dies wird anhand von Rilkes *Sonetten an Orpheus* erläutert,[184] die als »dichtendes Sagen« bestimmt werden, das insbesondere nicht objektiviert: »In solchem Sagen wird nicht etwas gesetzt und vorgestellt als Gegenstand und als Objekt. Hier findet sich nichts, was ein zugreifendes oder umgreifendes Vorstellen sich entgegenstellen könnte.«[185] Dabei handelt es sich aber lediglich um ein *ausgezeichnetes* nichtobjektivierendes Denken und Sagen, da man, wie Heidegger selbst hervorhebt, bereits in der Alltagssprache vom Rotsein der Rose sprechen kann, ohne damit auf einen Gegenstand zu referieren. Auch hier kann man *mit* Heideggers Sprachphilosophie *gegen* Heideggers Privilegierung des Dichters argumentieren.

3.4 Entmythologisierung und absolute Metaphern

Damit ist die These dieses Kapitels über den Status der religiösen Rede hinreichend belegt: Wie die Alltagssprache kann die religiöse Rede Bedeutungen ohne Gegenstandsbezug herstellen, womit die *conceptual destabilization* im Vollzug der *via negativa* keine leere Spielerei ist, sondern von gehaltvollen Aussagen über die endliche Situation des Menschen ausgeht. Zur Vertiefung dieser These soll in diesem Abschnitt noch etwas genauer analysiert werden, wie die Bedeutungen dieses sagenden Nichtsagens in alltäglicher, philosophischer oder religiöser Rede zustande kommen. Wie kann es sein, dass man etwas versteht, das eigentlich nicht konsistent gedacht werden kann, was bereits bei der Rede vom Schmerz beginnt, der nicht als Objekt im Innern des Menschen zu verstehen ist? Dazu sei an das obige Zitat von Wittgenstein erinnert, in dem dieser von seiner eigenen philosophischen Sprache sagt, sie sei nicht buchstäblich zu verstehen: »Anrennen gegen die Grenzen der Sprache? Die Sprache ist ja kein Käfig.«[186] Die philosophische Sprache ist genauso wie die alltäg-

---

deren Widersinn jedermann einleuchtet. Die Theologie ist keine Naturwissenschaft«, ebd.
[183] GA 9, S. 78.
[184] Ebd.
[185] Ebd.
[186] Zitiert nach Waismann 1965, S. 14.

liche und die religiöse Rede auf Bilder angewiesen, und es wurde bereits im letzten Abschnitt kurz erläutert, dass diese nicht immer für etwas anderes stehen. In manchen Fällen lassen sich die Bilder nicht auflösen und sagen direkt, was sie sagen – und wenn sie auch nicht buchstäblich zu verstehen sind, werden sie doch in gemeinsamer Praxis verstanden. So heißt es bei Wittgenstein an anderer Stelle über die Aussage »Wir werden uns vielleicht nach dem Tode wiedersehen«, sie sei nicht bloß bildlicher Ausdruck einer besonderen Haltung, die *eigentlich* mit dieser Redeweise gemeint sei, sondern dass von ihr gilt: »Es sagt, was es sagt. Warum solltest du in der Lage sein, es durch etwas anderes zu ersetzen?«[187] Es handelt es sich laut Wittgenstein nicht um uneigentliche Rede oder indirekte Mitteilung, sondern um einen Sprachgebrauch, der wie die Alltagssprache zum Beispiel über Schmerzen direkt zu verstehen ist.

Zu einem ganz ähnlichen Urteil kommt Heidegger in Bezug auf seine Rede vom Sein bzw. Seyn: »Das Sagen ›des‹ Seyns ist trotz des gegenteiligen und für das alltägliche Vorstellen und Mitteilen unausrottbaren Anscheins kein Aussagen über Vorfindliches, sondern das aus dem Seyn selbst als dem Ereignis ereignete Ersagen seiner Wesung«,[188] was aber trotz des phänomenologischen Anspruchs, direkt aus dem Seyn bzw. Ereignis heraus zu sprechen, letztlich doch nur heißt, dass das Sein zu einem Seienden vergegenständlicht wird, wie es Heidegger immer wieder selbst einräumt. So spricht er etwa in *Die Überwindung der Metaphysik* bei der Unterscheidung von Sein und Seiendem, also bei der ontologischen Differenz, diesbezüglich von einer *Verlegenheit* und einem *Verhängnis*:

Beim Versuch, die Unterscheidung zu denken und d. h. zunächst die Unterschiedenen, das Seiende und das Sein, vorzustellen, ergibt sich eine Verlegenheit und ein Verhängnis. Die Verlegenheit besteht darin, daß das Sein unvorstellbar bleibt, wobei Vorstellen meint, sich ein Bild machen und im Grunde als ein Seiendes vor sich haben, das Sein somit anzutreffen geradezu wie ein irgendwo vorhandenes Ding. [...] Das Verhängnis aber besteht darin, daß im vorhinein schon aus der Absicht des Vor-stellens das Sein dem Seienden gleichgeordnet und so vor dem Vollzug und durch ihn bereits auf die Unterscheidung verzichtet wird.[189]

---

[187] Wittgenstein 1994, S. 99.
[188] GA 66, S. 268.
[189] GA 67, S. 74. Ganz ähnlich heißt es vom Ereignis: »Und so stark die neue Gefahr wird, daß jetzt das Ereignis sogleich nur ein Name und handlicher Begriff wird, aus

Auch wenn anderes gemeint ist, kann letztlich vom Sein nur wie von einem Seienden gesprochen werden, so wie Wittgenstein für sein Anliegen die Vorstellung der Sprache als Käfig verwendet. Allerdings ist es auch schon verfehlt, zu sagen, es wäre hier eigentlich etwas anderes gemeint, da es sich, wie bei Wittgenstein, explizit nicht um eine Rede in Gleichnissen handelt:[190] »Das Sagen der Denker redet nicht in ›Bildern‹ und ›Zeichen‹ und ›Chiffern‹, versucht sich nicht in mittelbaren Umschreibungen, die alle gleich untriftig sein müßten. Das Sein selbst ist gesagt.«[191] Den Status dieser Rede kennzeichnet Heidegger als *Erschweigung*, die aber nicht schweigt, sondern redet, und dabei, wie bei Wittgenstein, nicht für anderes steht, sondern sagt, was sie sagt: »Das Sagen als Erschweigen gründet. Nicht etwa ist sein Wort nur ein Zeichen für ganz Anderes. Was es nennt, ist gemeint.«[192] Dabei geht es nicht um das Wittgensteinsche Schweigen am Ende des *Tractatus*. Wenn Heidegger unter dem Begriff der *Sigetik* den Versuch unternimmt, das Sein zu erschweigen,[193] handelt es sich um das Reden, das zu der oben erläuterten *conceptual destabilization* im Vollzug der *via negativa* gehört, und das hier als sagendes Nichtsagen bestimmt wurde.[194]

Bei diesem sagenden Nichtsagen handelt es sich zwar um Metaphern, die aber den besonderen Status haben, nicht *für* etwas anderes zu stehen, sondern direkt verstanden werden zu können, insbesondere da das, was sie sagen, nicht konsistent gedacht werden kann, was für die Heideggerschen Begriffe des Seins und des Ereignisses ebenso

---

dem anderes ›deduziert‹ werden möchte, muß doch von ihm gesagt werden«, GA 65, S. 352.

[190] Allerdings sagt Wittgenstein auch: »Was ich erfinde, sind neue *Gleichnisse*«, aus den *Vermischten Bemerkungen*, zitiert nach Wittgenstein 1984, S. 476, Hervorhebung im Original, wobei hier aber offen bleibt, ob diese für etwas anderes oder – in obigem Sinne – für sich stehen.

[191] GA 67, S. 135.

[192] GA 65, S. 80.

[193] GA 65, S. 78 ff.

[194] An anderer Stelle spricht Heidegger davon, dass jegliche Begriffe überhaupt verfehlt seien: »Vielleicht denken wir erst dasjenige recht, dem wir den Begriff fernhalten«, GA 75, S. 77. Davon kann aber beim Erschweigen keine Rede sein, bei dem schließlich die Begriffe des Seyns und des Ereignisses verwendet werden. Über die in Abschnitt 3.1 erläuterte konstitutive Rolle des Sprechens für das Schweigen hinaus weist Stoellger 2014 darauf hin, dass das Schweigen allein nicht weiter führt: »[D]as zeitweise Verharren und Verweilen im Nichtsprechen, in reiner Negativistik, kann kathartische Funktion haben und eine asketische Tugend des Denkens und Sprechens sein; aber auf Dauer ist das weder nötig noch wünschenswert«, a. a. O., S. 180.

gilt, wie für die oben erläuterten Beispiele der Grenze und des Unendlichen. Ebenso wurde bereits die formale Sinnlosigkeit der Leibniz-Frage und der Rede von der Grundlosigkeit betont. So suggerieren etwa die bildlichen Redeweisen von der Entzogenheit, Unhintergehbarkeit, Grundlosigkeit oder Negativität ein fehlendes Positives, das aber nicht gedacht werden kann, was der religiösen Rede vom *deus absconditus* entspricht, der ebenfalls unbegreiflich ist. Diese religiöse Redeweise hat daher prinzipiell denselben Status, wie die erstgenannten philosophischen Reformulierungen. Diese mögen zeitgemäßer sein und eine säkulare Fassung desselben Gedankens ausdrücken, sind aber der Sache nach genauso ein Augustinischer Unsinn, wie die Rede von einem verborgenen Gott – und werden dennoch genauso verstanden. Nicht zuletzt können auch die philosophischen Begriffe eines Tages zu Dogmen erstarren, so dass neue Möglichkeiten des Ausdrucks gesucht werden müssten, oder sie, wie die Rede von Gott, als vielleicht nicht mehr zeitgemäße Möglichkeiten des Ausdrucks dennoch weiterhin akzeptiert würden.

Insgesamt wird hier die These vertreten, dass die verschiedenen Traditionen, ob religiös, mythisch oder philosophisch, mit je eigenen Worten die endliche Situation des Menschen vergegenwärtigen, und zwar mit der Rede von Gott, in Schöpfungsmythen oder mit Begriffen wie Sein oder Grundlosigkeit, und wenn diese Varianten auch nicht eins zu eins ineinander übersetzbar sind, so handelt es sich zumindest um Familienähnlichkeiten. Auch die hier verwendete Rede von der endlichen Situation ist ein solches sagend-nichtsagendes Bild. Das Verständnis der Endlichkeit setzt ein Verständnis der unbegreiflichen Unendlichkeit voraus, und die Situation ist eine räumliche Metapher des Orts, der in diesem Fall auch nicht gedacht werden kann.

Heidegger behauptet allerdings, *keine* Metaphern zu verwenden, wie es oben zitiert wurde: »Das Sagen der Denker redet nicht in ›Bildern‹.«[195] Dies macht er auch im *Humanismusbrief* deutlich: »Die Rede vom Haus des Seins ist keine Übertragung des Bildes vom ›Haus‹ auf das Sein, sondern aus dem sachgemäß gedachten Wesen des Seins werden wir eines Tages eher denken können, was ›Haus‹ und ›wohnen‹ sind.«[196] In *Sein und Zeit* findet sich ebenfalls eine Ablehnung bildlichen Sprechens: »Die Charakteristik des Gewissens als Ruf ist keineswegs nur ein ›Bild‹, etwa wie die *Kantische* Gerichts-

---

[195] GA 67, S. 135.
[196] GA 9, S. 358.

hofvorstellung vom Gewissen.«[197] In der Vorlesung *Hölderlins Hymne »Andenken«* aus dem Wintersemester 1941/42 wehrt sich Heidegger auch gegen ein metaphorisches Verständnis seiner Hölderlin-Interpretationen:

> Wir sollen jetzt nur darauf merken, daß der Hauptschlüssel aller »Poetik«, die Lehre vom »Bild« in der Dichtung, von der »Metapher«, im Bereich der Hölderlinschen Hymnendichtung keine einzige Tür öffnet und uns nirgends ins Freie bringt. Es genügt hier, nur dies Eine zu bedenken: Auch die »Dinge selbst« sind schon, bevor sie zu sogenannten »Symbolen« werden, jedesmal gedichtet. Die Frage bleibt nur, in welchem Wesensbereich und aus welcher Wahrheit des Dichtens.[198]

Hier klingt die im letzten Abschnitt erläuterte Nähe von Alltagssprache und Dichtung an, was die Frage aufwirft, ob Heideggers dichtendes Denken nicht doch als metaphorisch angesehen werden muss. In dem kleinen Text *Winke*, ebenfalls von 1941, erhebt er den Anspruch, ohne Bilder zu philosophieren, räumt aber ein, dass dies nicht immer gelingt: »Das Sagen des Denkens ist im Unterschied zum Wort der Dichtung bildlos. Und wo ein Bild zu sein scheint, ist es weder das Gedichtete einer Dichtung noch das Anschauliche eines ›Sinnes‹, sondern nur der Notanker der gewagten, aber nicht geglückten Bildlosigkeit.«[199] Dagegen wird hier behauptet, dass es sich nicht nur um einen Notanker handelt, sondern um einen wesentlichen Bestandteil von Heideggers Philosophie, was auch in der Forschung gegen Heideggers Selbstverständnis geltend gemacht wird.[200] Zur Klärung kann hier Blumenbergs Konzept der *absoluten Metaphern* beitragen, die nicht aufgelöst werden können und trotzdem funktionieren und etwas Gehaltvolles aussagen.[201] Offenbar hat Heidegger bei der Ablehnung von Metaphern ein klassisches Verständnis vor Augen, nach dem die bildliche Rede für etwas steht, was sich auch in Prosa sagen lässt. Wenn Metaphern als Stilmittel rhetorischer Rede aufgefasst werden, die einen Sachverhalt in Form eines Gleichnisses zum Ausdruck bringen, besteht Heidegger zu Recht darauf, dass seine Philosophie nicht metaphorisch ist. Mit Blumenbergs Konzept der absoluten Metapher

---

[197] GA 2, S. 360.
[198] GA 52, S. 40.
[199] GA 13, S. 33.
[200] Vgl. zum Beispiel Stellardi 2000 und Mende 2003.
[201] Blumenberg 1998, S. 11, vgl. auch Blumenberg 2007.

dagegen lässt sich Heideggers Philosophie durchaus als metaphorisch bezeichnen. Entsprechend bringt Mende 2003 Heideggers Sprache mit Blumenbergs Theorie der *Unbegrifflichkeit* in Verbindung,[202] laut der in absoluten Metaphern etwas gesagt wird, was sich nur bildlich ausdrücken lässt, was also insbesondere nicht für etwas anderes steht. Blumenbergs Beispiele sind das Ganze der Welt, das Ganze der Geschichte oder auch der Mensch,[203] und ganz explizit auch Heideggers Begriff des Seins.[204] Im zweiten Kapitel wurde erläutert, dass es Heidegger mit diesem Begriff um die Unbegreiflichkeit des Dass des Seienden geht, wobei dieses Dass, wie es in diesem Kapitel noch einmal anhand von Wittgenstein diskutiert wurde, selbst keine normale Tatsache ist, die aber trotzdem sprachlich ausgedrückt werden kann. In einem ganz ähnlichen Kontext spricht Blumenberg davon, dass man das Ganze des Seienden nicht konsistent denken kann und es sich aber dennoch in Bildern vergegenwärtigen lässt:

> Obwohl es seit Kants Antinomien müßig ist, über das Ganze der Welt theoretische Aussagen zu machen, ist es doch keineswegs gleichgültig, nach den Bildern zu fahnden, die dieses als Gegenständlichkeit unerreichbare Ganze »vertretend« vorstellig machen.[205]

Dabei werden mit Bildern Bedeutungen hergestellt, die nicht wörtlich zu verstehen sind, und dennoch verstanden werden. Die Rede vom Dass des Seienden, von der Grundlosigkeit oder vom Sein ist inkonsistent, wenn man sie als theoretische Aussagen auffasst, als Bilder aber versteht man sie dennoch. Dieses Problem erläutert auch Thomas Nagel, laut dem das berühmt gewordene Bild vom *Blick von nirgendwo* genau diesen Status hat. Dieser Blick steht für den Anspruch einer absoluten Objektivität, die aber nicht einmal denkbar ist:

> Wie oft wir auch immer aus uns herauszutreten versuchen mögen, wird irgend etwas sich allemal noch hinter dem Objektiv befinden müssen, irgendetwas in uns selbst wird das resultierende Bild determinieren, und dies wird es dann auch sein, was uns jederzeit Grund gibt, zu zweifeln, daß wir uns der eigentlichen Realität wirklich zu nähern beginnen.

Der Gedanke der Objektivität untergräbt sich offenbar auf diese Weise selbst. Sein Ziel ist eine Realitätsbeschreibung, die uns selbst und unseren

---

[202] A. a. O., S. 251.
[203] Blumenberg 1988, S. 75 f.
[204] A. a. O., S. 92.
[205] Blumenberg 1998, S. 25.

Blick auf die Dinge zum Gegenstand hat, aber offenbar kann dasjenige, was sich diese Auffassung jeweils bildet, in ihr prinzipiell nicht vorkommen.[206]

Das bedeutet für den Status des Bildes vom Blick von nirgendwo, dass dieses für den Anspruch absoluter Objektivität steht, die sich zwar »[...] auf natürliche Weise in Gestalt eines Bildes [Blick von nirgendwo] ausdrücken läßt, das allerdings unverständlich wird, wenn man der Gefahr erliegt, es für bare Münze zu nehmen.«[207] Das Bild funktioniert, auch wenn man es nicht für bare Münze nehmen kann, und steht damit genau für den hier diskutierten Fall einer bildlichen Vergegenwärtigung, die zwar nicht konsistent denkbar ist, wie auch ein nicht seiendes Sein oder die Grundlosigkeit des Seienden nicht gedacht werden können, die aber dennoch verstanden wird, und dabei insbesondere nicht für ein geheimnisvolles Unsagbares steht, sondern als absolute Metapher selbst und direkt sagt, was sie sagt. Bemerkenswert an diesem Beispiel ist weiterhin seine Nähe zur religiösen Rede, da der Blick von nirgendwo der klassischen Idee der Gottesperspektive entspricht, die genauso wenig konsistent gedacht werden kann, wie dieser Blick, als Bild aber dennoch verständlich ist.

Zu einem ähnlichen Schluss über den Status solcher Bilder kommt Ernst Bloch angesichts der Frage nach dem Dass des Seienden. In *Das Prinzip Hoffnung* bezeichnet er in einem Abschnitt zum »Dunkel des gelebten Augenblicks«[208] diese Frage als die »Gestalt der unkonstruierbaren Frage«, was Safranski 2001 mit indirektem Bezug zu Heidegger wie folgt erläutert:

Im Staunen über das rätselhafte »Daß da überhaupt etwas ist« lebt eine Fraglichkeit, die von keiner möglichen Antwort gestillt werden kann, denn jede Antwort, die das »Daß« mit einem »Warum« erklärt, gerät ja in den infiniten Regreß: an jedes »Warum« läßt sich ein nächstes »Warum« knüpfen. Und weil keine Antwort möglich ist, so läßt sich das, wonach gefragt

---

[206] Nagel 1992, S. 120. Dies erinnert an Wittgensteins Beispiel von Gesichtsfeld und Auge im *Tractatus*: Das Auge, mit dem man die Welt sieht, kann man selbst *nicht* sehen. In den Worten Wittgensteins: »Aber das Auge siehst du wirklich *nicht*. Und nichts *am Gesichtsfeld* lässt darauf schließen, daß es von einem Auge gesehen wird«, a.a.O., Satz 5.633, Hervorhebungen im Original. Nagel verabschiedet damit die Idee der absoluten Objektivität und Wittgenstein deutet im nächsten Satz entsprechende skeptische Konsequenzen an: »Alles, was wir sehen, könnte auch anders sein«, a.a.O., Satz 5.634.

[207] Nagel 1992, S. 119.

[208] Bloch 1985, S. 343–368.

wird beim Rätsel des »Daß«, eigentlich auch gar nicht formulieren.[209] Deshalb hat Ernst Bloch, der auch hier am verwandten Problem arbeitete, diese Staunen die »Gestalt der unkonstruierbaren Frage« genannt. Und er war klug genug, im entscheidenden Moment, wenn es gilt, dieses Staunen selbst nachvollziehbar und erlebbar zu machen, das Wort dem Poeten zu überlassen.[210]

Mit dem Poeten ist Knut Hamsun gemeint, den Safranski dann ebenfalls zitiert. Allerdings hat, wie hier erläutert wurde, bereits die Frage selbst insofern dichterischen Charakter, als sie eigentlich »unkonstruierbar« ist, aber dennoch verstanden wird, ganz so, wie die Dichtung welterschließend ist und Bedeutungen auch ohne Gegenstandsbezug herstellt, was auch für die Sprache allgemein gilt, die in diesem Sinne ebenfalls dichterisch ist. So bringt die unkonstruierbare Frage etwas über die Situation des Menschen zum Ausdruck, das nur auf eine solche Weise gesagt werden kann, und das ganz ähnlich auch von Heideggers Seinsbegriff oder der klassischen Rede vom Schöpfergott erfasst wird.

Die Kritik an einem theistischen Verständnis dieses Schöpfergottes kann an dieser Stelle noch einmal mit Hans Blumenberg erläutert werden. So wurde in diesem Kapitel gezeigt, dass die religiöse Rede prinzipiell denselben Status hat, wie die hier vorgeschlagenen philosophischen Reformulierungen mit den Bildern der Grundlosigkeit und Unhintergehbarkeit, die als absolute Metaphern nicht wörtlich zu verstehen sind. Mit Wittgenstein kann man sagen, dass theistische Positionen das religiöse Sprachspiel in das philosophische Sprachspiel übertragen und die Rede von einem Schöpfergott als Verweis auf eine erste Ursache verstehen statt als Ausdruck der Unbegreiflichkeit des Dass des Seienden. In den Begriffen von Blumenberg bedeutet dies nun, dass eine absolute Metapher buchstäblich verstanden wird, was zu der von Heidegger kritisierten Metaphysik führt: »Metaphysik erwies sich uns oft als beim Wort genommene Metaphorik.«[211] Dagegen lässt sich das, worum es in der religiösen Rede

---

[209] Dies entspricht dem bereits in Abschnitt 3.2 zitierten Satz 6.5 in Wittgensteins *Tractatus* über die nichtaussprechbare Frage in Fällen, in denen es keine Antwort gibt.

[210] A.a.O., S. 126.

[211] Blumenberg 1998, S. 142. Stoellger 2014 erläutert dies mit konkreten Beispielen und weist auf die Gefahr des Fundamentalismus hin, die sich ergibt, wenn die religiösen absoluten Metaphern wörtlich verstanden werden: »Es wäre beim Wort genommene Metaphorik (Jungfrauengeburt, Sühneopfer, Auferstehung), die im Modus be-

geht, nur mit Hilfe absoluter Metaphern verstehen, weshalb Blumenberg ergänzt: »[D]er Schwund der Metaphysik ruft die Metaphorik wieder an ihren Platz.«[212]

Damit wendet sich Blumenberg insbesondere gegen Bultmanns Programm der *Entmythologisierung*,[213] gegen das sich einwenden lässt, dass es keine absolute Sprache einer philosophischen Reformulierung gibt. Jedes Vergegenwärtigen des hier intendierten Sachverhalts hat einen bildlichen Status, was zum Beispiel Jaspers mit seinem Begriff der *Chiffern* geltend macht, die ebenfalls als absolute Metaphern angesehen werden können. In diesem Sinne kritisiert Blumenberg das Programm von Bultmann: »Die Entmythologisierung ist zu einem großen Teil nichts anderes als eine Remetaphorisierung: das punktuelle Kerygma strahlt auf einen Hof von Sprachformen aus, die nun nicht mehr beim Wort genommen zu werden brauchen.«[214] Allerdings muss hier genauer zwischen Mythos und Metapher differenziert werden, was mit Körtner 2014 kurz ausgeführt sei. Dieser stellt die Frage, »[...] inwiefern eine bestimmte, allerdings auch in mythischen Erzählungen auftauchende oder mit mythischen Themen und Vorstellungen verbundene Sprache das notwendige Ausdrucksmedium jeder religiösen Weltauffassung und auch des christlichen Glaubens ist.«[215] Diese Frage erläutert er wie folgt:

Beantworten läßt sich diese Frage nur, wenn zwischen mythischem Denken und metaphorischem Reden begrifflich klarer unterschieden wird als dies bei Bultmann oder auch manchen seiner Kritiker der Fall ist. Die begriffliche Verwirrung ist offenkundig, wenn Bultmann gelegentlich seinen Gesprächspartnern unterstellt, sie redeten mythisch, wo diese mit Recht einwenden könnten, dass Bultmann die Sprache des Mythos ebenso metaphorisch gebraucht, wenn dieser seinerseits bestreitet, daß die Rede vom Handeln Gottes mythisch sei. Die Rede vom Handeln Gottes ist nach Bultmann nämlich kein mythologischer Rest in seiner existentialen Interpretation, sondern eine zugegebenermaßen anthropomorphe Redeweise von Gott, die aber nur dem Ungläubigen wie ein Mythos vorkomme, tat-

---

haupteten Wissens zur Metaphysik wird, und im Modus der wörtlichen Bejahung zum Fundamentalismus«, a. a. O., S. 159.

[212] Ebd.

[213] Der Begriff der Entmythologisierung stammt nicht von Bultmann, sondern wurde von Hans Jonas als Bezeichnung von Bultmanns Programm eingeführt, vgl. Körtner 2014, S. 113.

[214] Blumenberg 1988, S. 87.

[215] A. a. O., S. 113.

sächlich aber eine Form der Analogie sei. Anthropomorphes Reden zeichnet freilich gerade den Mythos im religionswissenschaftlichen Wortsinn aus.[216]

Dass Bultmann auf die Rede vom Handeln Gottes angewiesen bleibt, zeigt die Unvermeidbarkeit des Gebrauchs absoluter Metaphern in diesem Kontext, die in dieser Arbeit auch mit Heidegger geltend gemacht wurde. Wie im letzten Abschnitt zitiert, hat für Heidegger bereits die Alltagssprache dichterischen Charakter, was sich mit Blumenbergs Konzept der absoluten Metapher verbinden lässt, da auch in der Alltagssprache Bedeutungen ohne Gegenstandsbezug hergestellt werden. Bultmann dagegen erhebt den Anspruch, ganz ohne mythisch-dichterische Sprache auszukommen, wie Körtner 2014 weiter ausführt: »So steht hinter Bultmanns Entmythologisierungsprogramm eigentlich die Frage, ob religiöse Sätze meinen, was sie sagen, bzw. ob es möglich ist, unmetaphorisch, d. h. univok von Gott zu reden. Bultmann ist allerdings der Auffassung, daß der Mythos als Sprache – das heißt aber im Grunde auch das metaphorische Reden von Gott – für den christlichen Glauben prinzipiell entbehrlich ist.«[217] Oben wurde darauf hingewiesen, dass auch Heidegger den Anspruch erhebt, ohne Metaphern zu philosophieren. Dagegen wurde eingewandt, dass Heidegger ein klassisches Verständnis des Begriffs der Metapher zugrunde legt und im Sinne von Blumenbergs Konzept der absoluten Metapher dennoch in Bildern philosophiert. Dieser Einwand kann mit Körtner 2014 auch gegen Bultmann erhoben werden. Während der Begriff des Mythos hier nicht genauer bestimmt werden soll, muss beim Begriff der Metapher zwischen der klassischen Verwendung und seiner Bedeutung bei Blumenberg unterschieden werden. Im Sinne von Blumenberg bleibt auch Bultmann auf Metaphern angewiesen:

Während sich hinter dem Mythosbegriff mancher Kritiker Bultmanns ein Verständnis des Metaphorischen verbirgt, das in den poetologischen Metapherntheorien Paul Ricœurs oder Hans Blumenbergs Unterstützung findet, entspricht Bultmanns Interpretation mythologischer Rede dem auf Aristoteles zurückzuführenden rhetorischen Metaphernbegriff. Ihm zufolge sind Metaphern uneigentliche Rede und lediglich ein Stilmittel der Rhetorik. Dieses Metaphernverständnis stößt jedoch bei der Rede vom Handeln Gottes, an der Bultmann festhalten will, an seine Grenzen. Die Aporie, in wel-

---

[216] Ebd.
[217] A. a. O., S. 114.

che Bultmann an dieser Stelle gerät, läßt sich mit Hilfe einer Theorie der absoluten Metapher auflösen.[218]

Mit Blumenberg lässt sich daher gegen Heidegger und Bultmann einwenden, dass sie gegen ihren Anspruch mit Metaphern arbeiten, wobei dieser Anspruch in ihrem klassischen Metaphernverständnis begründet ist. Gegen die Verwendung absoluter Metaphern im Sinne Blumenbergs hätten sie nichts einzuwenden, da sie schließlich von diesen ausgiebig Gebrauch machen. Wie in diesem Kapitel gezeigt wurde, kommt man bei der religiösen oder philosophischen Vergegenwärtigung der menschlichen Situation nicht ohne solche Metaphern aus, zu denen bereits die Rede von der menschlichen Situation gehört.

Mit Stanley Cavell kann nun noch genauer nachvollzogen werden, wie absolute Metaphern funktionieren. Dabei geht es insbesondere um das Problem, dass sie mit Bildern arbeiten, die nicht konsistent gedacht aber dennoch verstanden werden können. Cavell erläutert im Kontext des Skeptizismus, wie der Skeptiker seine skeptischen Szenarien entwirft, und spricht dabei von *Projektionen* der Sprache:[219] Der Skeptiker überträgt seine Szenarien aus Situationen, in denen sie buchstäblich verstanden werden können, auf neue Kontexte, in denen sie nicht mehr buchstäblich funktionieren, aber dennoch zu verstehen sind, wenn man mit dem ursprünglichen Kontext vertraut ist:

Aber wir kennen die Quelle der Verständlichkeit: die Worte selbst, die Tatsache, dass *sie* verständlich sind, also in manchen Kontexten ihre volle Bedeutung tragen. [...] Nun wird der Einwand kommen: Der Skeptiker benutzt die Worte in einer Form, die in bestimmten Kontexten vollkommen sinnvoll ist, wendet sie dann aber auf einen Fall an, in dem sie nicht mehr sinnvoll ist. Er sucht sich einen Kontext, in dem die Rückseite eines Gegenstandes tatsächlich nicht sichtbar ist, und benutzt ihn als allgemeines Modell für das Sehen von Gegenständen.

---

[218] Ebd. Die Theorie der absoluten Metapher erläutert Körtner mit Verweis auf Blumenberg wie folgt: »Im Anschluß an die Metapherntheorien Ricœurs und Blumenbergs können derartige Sprachgebilde als absolute Metaphern bezeichnet werden. Sie zeichnen sich dadurch aus, daß sie begrifflich nicht auflösbar sind, ihrerseits aber sprachbildend wirken. Absolute Metaphern im Sinne Blumenbergs sind nicht ein Stilmittel der Rhetorik oder zu Begriffen verblaßte Bilder, sondern ein ›Modell in pragmatischer Funktion, an dem eine Regel der Reflexion gewonnen werden soll‹«, Körtner 2014, S. 115, mit Verweis auf Blumenberg 1998, S. 10.
[219] Cavell 2002, S. 203 ff.

Dieser Einwand ist aber zweischneidig. Er zeigt, dass der Skeptiker den Kontext wechselt, zeigt aber auch, warum das, was er sagt, *verständlich* ist. (Wenn nicht ganz, so doch zumindest nicht überhaupt nicht.) Dass seine Worte normalerweise in solchen Kontexten nicht benutzt werden, heißt nicht, dass sie nicht auf natürliche Weise in ihnen Anwendung finden können. (Der Gebrauch von Sprache ist abhängig von diesem Vermögen, in neuen Kontexten eine Anwendung für sie zu finden.)[220]

Cavell nennt hier den Kontext, in dem eine bildliche Redeweise buchstäblich funktioniert, ein *Modell*, und macht geltend, dass ein solches Modell auch in Kontexten verstanden wird, in denen es *nicht* mehr buchstäblich angewendet werden kann. Außerdem verweist er darauf, dass die Sprache ganz grundsätzlich so funktioniert, dass immer wieder Begriffe auf andere Kontexte projiziert werden, wobei neue Bedeutungen entstehen, die aufgrund des ursprünglichen Kontextes verstanden werden.[221] Ganz ähnlich spricht nun auch Heidegger von Modellen, die unvermeidlich zum Denken dazu gehören, von denen man sich aber »abstoßen« muss, um »den Übergang in das Spekulative zu vollziehen.«[222] Dies kann mit Cavell auch so verstanden werden, dass die Modelle von einem – bei Heidegger: *ontischen* – Kontext, in dem sie als Bild buchstäblich zu verstehen sind, in einen weiteren Kontext übertragen werden, in denen sie nicht mehr konsistent gedacht werden können, aber dennoch etwas – wenn auch »Spekulatives« – zu verstehen geben. Der Protokollant des Seminars zu *Zeit und Sein* hat dazu festgehalten:

Die in einer früheren Sitzung vorgebrachte Rede von ontischen Modellen – z. B. das Reichen, Gabe, usw. als ontische Vorgänge in der Zeit – wurde erneut aufgegriffen. Ein Denken, das in Modellen denkt, ist darum nicht unmittelbar als ein technisches Denken zu kennzeichnen, weil Modell dabei nicht im technischen Sinne als Wiedergabe oder Entwurf von etwas im ver-

---

[220] Cavell 2002, S. 54, Hervorhebungen im Original. Mit Bezug auf Wittgenstein bezeichnet Schneider 2014 diesen Vorgang der Übertragung von Bildern in neue Kontexte auch als *metaphorische Ausdehnung:* »Wittgenstein macht sich durchaus verständlich, und zwar dadurch, dass er bekannte Worte benutzt, die er über ihren alltäglichen Gebrauch hinaus ausdehnt«, a.a.O., S. 55. Auch dies wird insofern als absolute Metapher rekonstruiert, als sich die Bedeutung nicht wörtlich formulieren lässt: »Solche metaphorischen Ausdehnungen sind uns aus den natürlichen Sprachen gut vertraut. Und vom Fall der Metapher wissen wir auch, dass der Sinn der so möglichen Aussagen nicht daran hängt, dass sie sich in wörtliche Redeweisen übersetzen lassen«, a.a.O., S. 56.

[221] Vgl. a.a.O., S. 203 ff.

[222] GA 14, S. 60.

kleinerten Maßstabe zu verstehen ist. Modell ist vielmehr das, wovon das Denken als der natürlichen Voraussetzung sich notwendig abstoßen muß, so nämlich, das dieses Wovon zugleich das Womit des Sichabstoßens ist. Die Notwendigkeit für das Denken, Modelle zu gebrauchen, hängt mit der Sprache zusammen. Die Sprache des Denkens kann nur von der natürlichen Sprache ausgehen. Diese aber ist im Grunde geschichtlich-metaphysisch. In ihr ist also bereits eine Ausgelegtheit – in der Weise des Selbstverständlichen – vorgegeben. Von hier aus gesehen, gibt es für das Denken nur die Möglichkeit, nach Modellen zu suchen, um sie abzuarbeiten und so den Übergang in das Spekulative zu vollziehen.[223]

Wenn hier auch nicht ganz das gleiche gemeint ist, wie bei Cavell, lässt sich doch auf diese Weise verstehen, wie die Metaphern funktionieren, die nicht konsistent denkbar und doch verstehbar sind. Sie gehen von Kontexten aus, in denen sie konsistent sind, und werden auf neue Kontexte übertragen, in denen sie stattdessen etwas »Spekulatives« ausdrücken, das aber aufgrund des ursprünglichen Kontextes dennoch verstanden wird. Dies gilt für das Dass des Seienden ebenso wie für die Rede von der Grundlosigkeit oder auch von Nichts, Sein oder Ereignis. Für alle diese Redeweisen lassen sich sinnvolle Kontexte finden, in denen sie buchstäblich funktionieren. Erinnert sei nur an Heideggers im zweiten Kapitel zitiertes Beispiel der Reblaus, mit dem er seine Erläuterung des Satzes vom Grund beginnt. Da man für das Vorkommen eines einzelnen Seienden sinnvoll nach seinem Grund fragen kann, *versteht* man auch die Frage nach dem Grund des Seienden überhaupt, auch wenn diese Frage nicht mehr im gleichen Sinne sinnvoll ist.[224] Nicht zuletzt setzt auch jede Vorstellung von Gott unvermeidlich bei einem seienden Wesen an, die dann auf die Vorstellung eines »Überseienden« übertragen werden muss, wofür die Tradition der *via eminentiae* steht.

So kann man verstehen, wie die absoluten Metaphern des sagenden Nichtsagens funktionieren – die aber letztlich doch ein *Nichtsagen* sind: Es kommt zuletzt auf die Erfahrung der *conceptual destabilization* im Vollzug der *via negativa* an, die aber, was hier gezeigt wurde, nicht von einer leeren sprachlichen Spielerei ausgeht, sondern

---

[223] Ebd. Auch in der Metapherntheorie der Wissenschaftsphilosophie gibt es das Konzept der Modelle, die als heuristische Metaphern ebenfalls neue, in diesem Fall aber tatsächlich naturwissenschaftlich-technische Kontexte erschließen können, vgl. Black 1962 und Hesse 1963. In diesem Sinne spricht auch Paul Ricœur in seiner Metapherntheorie von Modellen, vgl. Ricœur 1991.
[224] GA 40, S. 30.

von gehaltvollen Bildern, die, wie erläutert, in der Lage sind, die endliche Situation des Menschen zu vergegenwärtigen. Die Rolle der Erfahrung, die zu dieser Vergegenwärtigung gehört, wird im nächsten Kapitel untersucht, und sei hier abschließend mit Heidegger als Blick in den Abgrund charakterisiert, der sich im letztlichen Scheitern des Sagens auftut:

Hieraus können wir, auch schon bei einem ungefähren Wissen von der Geschichte des Seyns, entnehmen, daß das Seyn gerade niemals endgültig und deshalb auch nie nur »vorläufig« sagbar ist, wie es jene Auslegung (die das Seyn zum Allgemeinsten und Leersten macht) vortäuschen möchte.

Daß das Wesen des Seyns nie endgültig sagbar ist, bedeutet keinen Mangel, im Gegenteil: das nichtendgültige Wissen hält den *Abgrund* und damit das Wesen des Seyns gerade fest. Dieses Festhalten des Abgrundes gehört zum Wesen des Da-seins als der Gründung der Wahrheit des Seyns.[225]

---

[225] GA 65, S. 460, Hervorhebung im Original.

4. Die Rolle der Erfahrung

4.1 Stimmung und Vollzug

Im ersten Kapitel wurde das Konzept einer post-theistischen Religiosität vorgestellt, nach dem die religiöse Rede weder als theistischer Realismus noch im Sinne des Nonkognitivismus zu verstehen ist. Sie würde damit nicht auf einen irgendwo existierenden Gott referieren und doch mehr sein, als der Ausdruck von Gefühlszuständen. Im zweiten Kapitel wurde Heideggers Seins- und Ereignisphilosophie in dieser Hinsicht untersucht und gezeigt, dass die Rede vom Dass bzw. von der Grundlosigkeit des Seienden, für die bei Heidegger die Begriffe des Seins, Nichts und Ereignisses stehen, einen ganz ähnlichen Status haben. Buchstäblich verstanden sind diese Redeweisen sinnlos, sie geben aber doch etwas über die Situation des Menschen zu verstehen. Dabei wurde immer wieder darauf verwiesen, dass zum vollen Verständnis dieser Gehalte auch deren gedanklicher Vollzug gehört bzw. bestimmte Erfahrungen, die man mit diesen Gehalten macht. Im dritten Kapitel konnten die Gehalte der religiösen Rede genauer als bildliche Beschreibung der menschlichen Situation rekonstruiert werden, wobei ebenfalls stets betont wurde, dass diese Bilder nicht buchstäblich zu verstehen sind, sondern, mit dem Begriff Hans Blumenbergs, als absolute Metaphern angesehen werden müssen, die nicht in Prosa reformulierbar sind und deren Aussagen zwar verstanden, aber nicht konsistent gedacht werden können. Die Spannung zwischen der Möglichkeit, den Bildern spezifische Gehalte zuzuordnen, und der Unmöglichkeit, diese Bilder konsistent zu denken, wurde schließlich damit erläutert, dass die metaphorischen Beschreibungen bestimmten Kontexten entnommen werden, in denen sie buchstäblich funktionieren, und dann in Kontexte übertragen werden, in denen man sie zwar aufgrund des ursprünglichen Kontextes noch versteht, in denen sie aber nicht mehr konsistent sind.

Zum vollen Verständnis dieser bildlichen Gehalte gehört daher auch ihre Negation, das heißt die Einsicht in ihre Undenkbarkeit. Diese Einsicht vollzieht sich offenbar in besonderen Erfahrungen. So wurden mit Rubinstein 2003 die Strategien der negativen Theologie als *conceptual destabilization* bestimmt, die zu einem Scheitern im Denken führt, das auch erfahren werden muss. Wenn man auch die bildlich ausgedrückten Gehalte als Beschreibungen der menschlichen Situation verstehen kann, hat man diese vollständig erst dann verstanden, wenn man den besonderen Status dieser Gehalte in deren Negation auch erfährt, wobei Verstehen und Erfahrung miteinander verschmelzen. Dazu heißt es bei Rubinstein: »[T]he way up is at once discursive and experienced.«[1] Dies führt zu dem im zweiten Kapitel immer wieder diskutierten performativen Aspekt der religiösen Rede zurück, der nun in diesem Kapitel im Mittelpunkt stehen wird. Die religiöse Erfahrung der *via negativa* kann nicht vom verstehenden Vollzug der Negation getrennt werden, weshalb die Fragen, um die es in diesem Kapitel gehen soll, das Verhältnis von Verstehen und Erfahrung betreffen: Was kann es heißen, etwas in einer Erfahrung zu verstehen, und was bedeutet es, eine solche Erfahrung, etwa im scheiternden Denken, zu haben?

Im Folgenden wird mit Heidegger gezeigt, dass sich insofern *alles* Verstehen in Erfahrungen vollzieht, als jedes Verstehen in einer jeweiligen Stimmung geschieht und Verstehen und Stimmung immer zusammen gehören. Demnach gibt es gar kein Verstehen ohne Erfahrung und die religiöse Erfahrung der *via negativa* ist nur ein besonderer Fall eines erfahrenden Verstehens, das anders gar nicht möglich ist. Die Vorstellung eines rein theoretischen Verstehens *ohne* jegliche Stimmung ist nicht haltbar, was sich in letzter Zeit in der *Phenomenology of Cognitive Experiences* bestätigt findet. Während es sich dabei aber um eine vergleichsweise junge Forschungsrichtung in der Philosophie des Geistes handelt,[2] gehört das Problem des Verhältnisses von Verstehen, Erfahrung und Vollzug zu den durchgehenden Fragestellungen in Heideggers gesamter Philosophie. Wie im Folgenden gezeigt wird, geht Heidegger auch in dieser Frage von der religiösen Tradition aus, wobei vor allem die Ablehnung des theistischen Realismus im Hintergrund steht, die für Heideggers Denkweg entscheidend war, und die man mit seinem philosophischen Ansatz wiederum besser verstehen kann. Wenn im dritten Kapitel mit

---

[1] A.a.O., S. 335.
[2] Vgl. zum Beispiel O'Brien/Matthew 2009 und Crane 2014.

Bezug auf die negative Theologie festgehalten werden konnte, dass sie – in ihrem Kontext – zentrale Einsichten der jüngeren Sprachphilosophie vorweggenommen hat, so wird in diesem Kapitel weiter gezeigt, dass diese Tradition auf den Vollzug des Denkens verweist, der in der Philosophie ebenfalls erst deutlich später in den Blick gekommen ist. Aber erst mit dieser philosophischen Reflexion kann gezeigt werden, wie die religiöse Rede zwischen Theismus und Nonkognitivismus verstanden werden kann, was in der religions*internen* Ablehnung eines theistischen Realismus verlangt wird. Für das Verständnis dieser Zwischenposition spielt die Frage nach dem Verhältnis von Verstehen und Erfahrung eine entscheidende Rolle.

Heidegger wurde auf die Rolle der Erfahrung für das Denken vor allem durch diejenigen religiösen Autoren aufmerksam, die den Glauben nicht als das Fürwahrhalten bestimmter Aussagen verstehen, sondern als eine besondere Einstellung bzw. Haltung, die mit religiösen Erfahrungen verbunden ist. Diese Lesart wurde bereits im ersten Kapitel vorgestellt und wenn sie auch sicher nicht auf alle Spielarten religiösen Glaubens zutrifft, findet sie sich doch zum Beispiel im Standardlexikon *Religion in Geschichte und Gegenwart*, in dessen Artikel »Glaube« es heißt: »Der G[laube] besteht darum im demütigen und sehnsüchtigen Willen und Gebet, das zu haben, was Gott nach seinem Wort in Gebot und Verheißung geben will; er ist eine Haltung des Herzens und ein Prozeß des Lebens.«[3] In einer solchen Haltung sind Verstehen und Erfahrung offenbar miteinander verbunden, was im Folgenden genauer zu untersuchen ist. Für diese Auffassung des Glaubens als einer Haltung steht vor allem die protestantische Tradition, man denke nur an Luther und Schleiermacher. Sie findet sich aber auch in der Mystik und der negativen Theologie und Heidegger bezieht sich konfessionsübergreifend auf zahlreiche entsprechende Quellen. Diese Einflüsse auf seine Philosophie wurden bereits umfassend in der Sekundärliteratur gewürdigt, aus der hier daher nur kursorisch zitiert sei.

Für diese Einflüsse gilt insgesamt, dass Heidegger seine Quellen verdeckt hält und fast ausschließlich in privaten Gesprächen offen-

---

[3] Van Ruler 1958, Sp. 1599. Mit der Betonung des religiösen Lebens gegenüber der Metaphysik stellt Westphal 2007 Heidegger neben Kant und verbindet beide mit neueren Ansätzen zum Beispiel von Marion und Milbank, vgl. a.a.O., S. 253. Außerdem versteht auch Westphal den Glauben als Lebenseinstellung: »Faith is thus the life of faith, the form and foundation of the whole of life«, S. 254.

legt. So stellt zum Beispiel Meister Eckhart einen wichtigen, aber im Werk kaum benannten Einfluss auf Heideggers Denken dar, wozu Wolz-Gottwald 1997 festhält: »Es sind dann aber bezeichnenderweise vor allem in privaten Kreisen gefallene Äußerungen, in welchen Heidegger die Bedeutung des mittelalterlichen Meisters für sein Denken nennt.«[4] So hebt Heidegger die Bedeutung Eckharts in einem Brief an Jaspers aus dem August 1949 hervor, in dem er schreibt, Eckhart begleite ihn bereits seit 1910.[5] Den Einfluss der Mystik auf Heideggers Denken und seine Auseinandersetzung mit Eckhart stellt auch Vedder 2007 heraus, der dies mit Heideggers Ansatz der Überwindung der Metaphysik in Verbindung bringt: »Mysticism thus helped Heidegger rise above classical metaphysics.«[6] Ganz grob und vereinfacht gesagt, stellt Heidegger ausgehend von solchen Einflüssen und gegen die Metaphysik den Vollzug des Lebens in den Mittelpunkt, wozu er zunächst an die Phänomenologie seines Lehrers Edmund Husserl anknüpft – »Rejecting metaphysical speculation, Heidegger utilizes instead Husserl's *epoché*, the method of phenomenological reduction«[7] –, die er aber im Zuge seiner Auseinandersetzung mit der den Vollzug betonenden religiösen Auffassung des Glaubens und ihrem Verweis auf die religiöse Erfahrung weiterentwickelt. Die religiöse Erfahrung wird nicht nur in der Mystik, sondern vor allem auch von Schleiermacher hervorgehoben, der bei Heideggers Weiterentwicklung der Phänomenologie eine entscheidende Rolle spielte, und zu dem Heidegger laut Vedder 2007 über die mystische Tradition gefunden hat: »It was this involvement in mysticism that led Heidegger to Schleiermacher's concept of religion.«[8] Dabei geht es nicht nur um eine Kritik an verfehlten, nämlich theistisch-vergegenständlichenden Auffassungen der religiösen Rede, sondern um ein neues Verständnis von Philosophie, die ebenfalls nicht *über* besondere Gegenstände sprechen, sondern bestimmte Erfahrungen *mit* ihren Gegenständen vermitteln soll. Wie im zweiten Kapitel gezeigt wurde, gehört zum Verständnis der Rede über Sein, Nichts und Ereignis der Vollzug die-

---

[4] A.a.O., S. 68.
[5] Biemel/Saner 1990, S. 181 f.
[6] A.a.O., S. 18. Zu Heidegger und der mystischen Tradition vgl. auch Caputo 1978.
[7] Vedder 2007, S. 24.
[8] A.a.O., S. 25. Die Mystik begleitete ihn neben Schleiermacher weiterhin: »Alongside his study of Schleiermacher, Heidegger continued his research in medieval mysticism«, ebd.

ses Denkens mit entsprechenden Stimmungen bzw. Erfahrungen. Heideggers Akzentuierung des Denkvollzugs hat seine Wurzeln in negativer Theologie, Mystik und überhaupt in der Betonung des Erfahrungscharakters des Glaubens, den Heidegger unter anderem bei Schleiermacher gefunden hat: »For Heidegger, the primary importance of this point was to explicate the specific character of religion over and against the modern misunderstanding of it as an origin of a moral and metaphysical worldview. Through Schleiermacher, this possibility was opened up for him.«[9] Diese Glaubensauffassung wurde grundlegend für Heideggers philosophische Entwicklung, in der er auch die religiöse Erfahrung philosophisch-phänomenologisch zu erfassen suchte, was mit der Weiterentwicklung von Husserls Phänomenologie begann: »Thus an interpretation of Schleiermacher, Heidegger sought to reformulate pious feeling in terms of phenomenology.«[10] Es geht hier aber nicht nur um die religiöse Erfahrung, sondern um die Rolle des Vollzugs für das Denken ganz allgemein. Diesen allgemeineren Einfluss Schleiermachers auf Heideggers Phänomenologie bringt Fehér 2007 wie folgt auf den Punkt:

Heideggers lebensphilosophische Uminterpretation der Phänomenologie Husserls orientiert sich vor allem am religiösen Erleben. Religion besagt ebenso beim jungen Hegel wie dann auch bei Dilthey und Heidegger nicht so sehr Theologie, d. h. Theorie, Doktrin oder Lehre, sondern vielmehr Leben, Erleben bzw. Erlebnis. Ähnliches gilt von Schleiermacher, dessen Deutung der Religion – nicht als Metaphysik und Moral, sondern vielmehr als Anschauung des Universums und Gefühl der schlechthinnigen Abhängigkeit – sich ebensosehr in diese Tendenz einfügt, und auf den der junge Heidegger ausdrücklich zurückgegriffen hat.[11]

So betont Heidegger den Vorrang des religiösen Erlebens vor dessen metaphysischer Grundlegung in einem Vortrag über Schleiermachers *Reden über die Religion* Anfang August 1917 im privaten Kreis, in dem er vor allem die zweite Rede in den Mittelpunkt gestellt hat.[12] Laut Fischer 2013 steht Schleiermacher auch im Hintergrund der folgenden Passage aus einem Brief an Elisabeth Blochmann vom 7. November 1918: »Was Sie suchen, finden Sie in sich selbst, vom religiösen Urerlebnis führt ein Weg zur Theologie, er muß aber nicht

---

[9] Vedder 2007, S. 23.
[10] Vedder 2007, S. 26.
[11] A. a. O., S. 181.
[12] Vgl. Pöggeler 2009, S. 62, zur zweiten Rede vgl. auch GA 60, S. 319 ff.

von der Theologie zum religiösen Bewußtsein u. seiner Lebendigkeit leiten.«[13] Diese Betonung des Erlebens und des Vollzugs überträgt Heidegger aus dem religiösen Kontext in die Philosophie. Etwas verkürzt könnte man sagen, dass Heidegger sich in seinen frühen Freiburger Vorlesungen gegen die Husserlsche Konzeption der phänomenologischen Reduktion wendet, die dazu führen soll, dass ein letztlich weltloses transzendentales Subjekt der Welt gegenüber steht. Gegen diese kartesianische Konzeption betont der frühe Heidegger den Vollzug des Lebens, in dem der Mensch immer in die Welt verstrickt ist, aus der er nicht als externer Zuschauer heraustreten kann: »Ich bin nicht der Zuschauer und am allerwenigsten gar der theoretisierend Wissende meiner selbst und meines Lebens in der Welt.«[14] Dieser Vollzug bewegt sich in vorgängigen Sinnstrukturen, die Heidegger mit dem Begriff der Welt verbindet,[15] und die die Philosophie hermeneutisch erfassen soll, weshalb Heidegger die Phänomenologie zu einer phänomenologischen Hermeneutik erweitert,[16] die mit der Methode der *formalen Anzeige* auf die faktische Lebenserfahrung und ihren Vollzug bezogen ist, weshalb Heidegger auch von einer phänomenologischen Hermeneutik der Faktizität spricht.[17] Hinter diesem philosophischen Ansatz in den frühen Freiburger Vorlesungen stehen die zitierten religiösen Einflüsse. So macht Fischer 2013 nicht nur den Einfluss Schleiermachers auf die gerade zitierte Briefpassage geltend, sondern sieht in dieser bereits eine »Vorwegnahme der formalen Anzeige.«[18] Auch Blok 2011 stellt die Verbindung der phänomenologisch-hermeneutischen Analyse des Lebensvollzugs beim frühen Heidegger zum nicht-metaphysischen Verständnis des Glaubens her, der sich unter anderem bei Schleiermacher findet.[19] Blok verweist dabei auch auf die folgende Äußerung Heideggers, der im Rückblick von 1953/54 auf seine frühen Arbeiten festhält: »Der Titel ›Hermeneutik‹ war mir aus meinem Theologiestudium her geläufig. […] Später fand ich den Titel ›Hermeneutik‹ bei Wilhelm Dilthey in seiner Theorie der historischen Geisteswissenschaften wieder. Dilthey

---

[13] Storck 1989, S. 10, vgl. dazu Fischer 2013, S. 74.
[14] GA 58, S. 39.
[15] Vgl. zum Beispiel GA 58, S. 107.
[16] GA 56/57, S. 131 und GA 61, S. 187.
[17] GA 62, S. 365.
[18] A. a. O., S. 74.
[19] A. a. O., S. 209 ff.

war die Hermeneutik aus der selben Quelle her vertraut, aus seinem Theologiestudium, insbesondere aus seiner Beschäftigung mit Schleiermacher.«[20]

Dieser seltene Verweis auf die Quellen erinnert daran, dass Heideggers Philosophie nicht so einzigartig ist, wie sie sich gibt, sondern in den Kontext einer langen Tradition von Philosophie und Theologie gehört, die zwar von Heidegger weitergebracht wird, aus der heraus er aber überhaupt erst zu verstehen ist. Für das Verständnis des Verhältnisses von Verstehen und Erfahrung soll dieser religiöse Hintergrund von Heideggers Philosophie noch weiter vertieft werden. Dabei geht es vor allem um den Primat des Erlebens, der sich laut Fehér 2007 nicht erst bei Heidegger findet, sondern zu dieser langen Tradition gehört:

Angesichts der hier geltend gemachten Religionsauffassung, der gemäß das Wesen der Religion weniger in einer theoretischen Weltansicht oder einem Lehrsystem als vielmehr und vor allem in religiöser Aktivität als Erleben und Geschichte, in einem ganz bestimmt religiös ausgerichteten Leben erblickt wird, sei angemerkt, daß sie tiefe Wurzeln in der deutschen – entscheidend durch die Reformation geprägten – philosophisch-theologischen Tradition hat.[21]

---

[20] GA 12, S. 91 f.

[21] A. a. O., S. 180. Dazu verweist Fehér auf folgendes Resümee von Herman Nohl: »Die deutsche Philosophie hat sich im Unterschied von der romanischen und angelsächsischen immer wieder aus der Theologie entwickelt. Das gilt für unsere klassische Zeit von Leibniz bis Fichte, Hegel und Schleiermacher wie für die Gegenwart seit Troeltsch, Heinrich Scholz, Heidegger und Romano Guardini. Wie ein tiefer Orgelpunkt geht das durch alle ihre Werke und gibt ihnen das Untergründige und Halbdunkle. Auch die, die nicht ursprünglich mit der Theologie begannen, wie Scheler, Jaspers, Gerhard Krüger und Löwith, können sich diesem deutschen Wesen schwer entziehen. Im positivistischen 19. Jahrhundert ist es vor allem Wilhelm Dilthey, der so, aus der Theologie kommend, den stillen, aber zähen philosophischen Kampf seines Lebens führt«, Nohl 1970, S. 310. Dies passt zu der bekannten Tirade Nietzsches: »Unter Deutschen versteht man sofort, wenn ich sage, dass die Philosophie durch Theologen-Blut verderbt ist. Der protestantische Pfarrer ist der Großvater der deutschen Philosophie, der Protestantismus selbst ihr peccatum originale. [...] Man hat nur das Wort ›Tübinger Stift‹ auszusprechen, um zu begreifen, was die deutsche Philosophie im Grunde ist – eine hinterlistige Theologie«, KSA 6, S. 176, Hervorhebungen im Original. Allerdings wird Nietzsche von Heidegger auch selbst als »der leidenschaftlich den Gott suchende letzte deutsche Philosoph«, GA 16, S. 111, bezeichnet, was im nächsten Abschnitt noch genauer untersucht wird. Im nächsten Kapitel wird auch der Tübinger Stift eine Rolle spielen, da sich Heidegger stark an Hölderlins Dichtung orientiert und Hölderlin ein ausgebildeter Theologe war.

Fehérs Hinweis auf die Reformation entsprechend steht auch Luther für den Vorrang des Glaubensvollzugs vor der Metaphysik und forderte eine entsprechende Theologie der Erfahrung,[22] worin er neben Schleiermacher eine wichtige Figur für Heidegger wurde: »Turning to Luther and Schleiermacher (particularly the second of his *Speeches*), Heidegger sought to recover *religion* from its theoretical sedimentation in both scholastic theology and ›philosophy of religion‹.«[23] In diesem Sinne verweist Heidegger in *Sein und Zeit* auf Luther, was zu den wenigen Stellen gehört, an denen er seine Quellen explizit macht.[24] Außerdem nennt Heidegger im Vorwort zur Vorlesung *Ontologie – Hermeneutik der Faktizität* aus dem Sommersemester 1923 seine Quellen, zu denen neben Luther auch Kierkegaard gehört: »Begleiter im Suchen war der junge *Luther* und Vorbild *Aristoteles*, den jener haßte. Stöße gab *Kierkegaard*, und die Augen hat mir *Husserl* eingesetzt.«[25]

Auch Rudolf Ottos Studie über *Das Heilige* war Heidegger bekannt. Husserl hatte ihm 1917 ein Exemplar zur Rezension geschickt, das Heidegger mit Begeisterung gelesen und zu dem er zwar eine Rezension vorbereitet, aber nicht fertig gestellt hat.[26] Die Vorarbeiten wurden im Rahmen der ebenfalls nur vorbereiteten und nicht gehaltenen Vorlesung über die *Philosophischen Grundlagen der mittelalterlichen Mystik* von 1918/19 in Band 60 der Gesamtausgabe veröffentlicht. Heidegger schreibt in diesen Vorarbeiten über den Begriff des Heiligen bei Rudolf Otto ganz im Sinne der hier schon mehrfach

---

[22] So heißt es bei Schrimm-Heins 1991: »Nach Luther macht ›allein die Erfahrung zum Theologen‹. Weil Theologie also auf Erfahrung beruht, ist sie praktisch. Diese Einschätzung entspringt Luthers persönlicher Erfahrung. Von Anfechtungen und Gewissenszweifeln in seiner Mönchszeit geplagt, versteht er diese existenzielle Erfahrung als Grundbedingung für rechte theologische Erkenntnis«, a.a.O., S. 206. Luthers Anfechtungen werden in den Abschnitten 4.2 und 4.3 wieder aufgegriffen.

[23] Smith 1999, S. 24.

[24] Vgl. GA 2, S. 13 f. Diese Stelle wurde bereits in einer Fußnote in Abschnitt 1.1 zitiert. Vedder 2007 hält zu dieser Stelle fest: »In the theoretical approach to religion and to god, the factical was displaced and concealed in the form of questioning after a metaphysic entity. Against this, Heidegger considered his own phenomenological approach to be pious and religious«, a.a.O., S. 31. Demnach geht es hier nicht nur um ein angemessenes Verständnis des Glaubens und der Theologie, sondern um den Einfluss der Religion auf Heideggers gesamte Philosophie, zu dem insbesondere auch Luther gehört. Mit Luther beschäftigte sich Heidegger zum Beispiel in einem Seminar bei Rudolf Bultmann in Marburg im Wintersemester 1923, vgl. Vedder 2007, S. 30.

[25] GA 63, S. 5.

[26] Vgl. Crowe 2008, S. 75.

herausgestellten, auf den Glaubensvollzug verweisenden Lesart des Religiösen: »Das Heilige darf nicht als theoretisches Noema – auch nicht als irrational theoretisches – zum Problem gemacht werden, sondern als Korrelat des Aktcharakters ›Glauben‹, welcher selbst nur aus dem grundwesentlichen Erlebniszusammenhang des historischen Bewußtseins heraus zu deuten ist.«[27] Als weitere wichtige Quellen Heideggers in dieser Hinsicht können unter anderem noch Franz Overbeck und Ernst Troeltsch genannt werden,[28] er zieht aber auch klassische Autoren wie Augustinus für diese Auffassung des Religiösen heran. So argumentiert Heidegger in der Vorlesung über *Augustinus und den Neuplatonismus* aus dem Sommersemester 1921 mit Augustinus gegen die Verdinglichung Gottes und betont stattdessen wiederum den Vollzug des Glaubens:

Fides ist ein Vollzugszusammenhang von Vertrauen und Liebe, die erwartende Haltung muß da sein. Jede kosmisch-metaphysische Verdinglichung des Gottesbegriffs, auch als irrationaler Begriff, ist abzuwehren. Die facies cordis (Innerlichkeit) muß man sich selbst aneignen. Gott wird im inneren Menschen gegenwärtig sein, wenn wir […] den Sinn der Unendlichkeit Gottes für das Denken des Herzens verstehen. […] Das alles [die klassischen Attribute Gottes] ist nicht als objektive Symbolik zu verstehen, sondern zurückbezogen auf den Vollzugssinn des inneren Lebens.[29]

Zu diesem Vollzugssinn des inneren Lebens heißt es bereits in der Vorlesung über die *Grundprobleme der Phänomenologie* aus dem Wintersemester 1919/20: »Religiöse Lebenserfahrung erfaßt mich in meinem innersten Selbst, die Erfahrung tritt in die unmittelbare Nähe meines Selbst, ich *bin* sozusagen diese Erfahrung.«[30] Der Vollzug des Glaubens wird dann anhand der Paulinischen Briefe in der Vorlesung zur *Einleitung in die Phänomenologie des religiösen Lebens* aus dem Wintersemester 1920/21 genauer analysiert, in der sich dieses Glaubensverständnis auf seinen philosophischen Ansatz überhaupt überträgt. Heidegger erweitert hier mit dem Verweis auf die faktische Lebenserfahrung die Phänomenologie Husserls in dem Sin-

---

[27] GA 60, S. 333. Vedder 2007 kommentiert diese Stelle mit Bezug auf Schleiermacher: »Religion here is, therefore, as an historical event, a mystical moment of unarticulated unity between contemplation and feeling, which withdraws from all conceptual analyses that metaphysical theology might attempt«, a. a. O., S. 27.

[28] Vedder 2007 hebt hervor, dass Heidegger mit Otto und Troeltsch Erlebnis und Vollzug des Glaubens betont, a. a. O., S. 90, zu Troeltsch vgl. auch GA 60, S. 19–26.

[29] GA 60, S. 290.

[30] GA 58, S. 208, Hervorhebung im Original.

ne, dass er neben dem Vollzug des Glaubens auch auf den Vollzug des Lebens ganz allgemein aufmerksam macht. Genauso wie der Vollzug des Glaubens nicht angemessen erfasst wird, wenn man ihn vergegenständlicht, wird man auch dem Vollzug des Lebens nicht gerecht, wenn man ihn objektiv zu erfassen versucht. Heidegger entwickelt hier vor dem Hintergrund seiner religiösen Quellen eine neue Art des Philosophierens, die seinen Ansatz bis zuletzt bestimmen wird, und die er hier anhand von Paulus und dem Glauben des Urchristentums entwickelt.[31] Es geht dabei um den Anspruch, die Vollzüge des Lebens philosophisch zu erfassen, ohne sie zu vergegenständlichen, was Heidegger zunächst mit der Methode der formalen Anzeige unternimmt, die auf die bei ihm so genannte faktische Lebenserfahrung bezogen ist. Burch 2009 verbindet diese Betonung des Vollzugs in der Methode der formalen Anzeige des frühen Heidegger wiederum mit der *indirekten Mitteilung* Kierkegaards, bei dem es sich um einen weiteren religiösen Gewährsmann Heideggers handelt:

Heidegger's method of »formal indication« – a method designed to bring the reader to an encounter with the structure of her own existence – can be seen as a phenomenological refinement of Kierkegaard's approach. His theme is the structure of human existence in general – the experience of the »I am« and the conditions of its possibility. And, like Kierkegaard, Heidegger strives with formal indication to grasp the structures of this experience from within his own existence in a way that brings the reader to see the same structures from her own point of view. Since the reader must be able to see the matter from the first-person perspective as that which she herself *is*, Heidegger cannot simply »report his findings.« He must, rather, indicate it formally to show the reader his own mode of access to the experience so that she can achieve this access for herself. Heidegger must see existence as it is for himself and communicate that experience in such a way that the reader comes to see the same thing – yet independently.«[32]

---

[31] Seine Lesart des Urchristentums verdankt er wiederum Schleiermacher, über den es in der Vorlesung zur *Phänomenologie und transzendentalen Wertphilosophie* aus dem Sommersemester 1919 heißt: »Schleiermacher sah zum ersten Mal das Eigensein und den Eigenwert der Gemeinschaft und des Gemeinschaftslebens und das Eigentümliche des christlichen Gemeindebewußtseins, er entdeckte das Urchristentum und beeinflußte in entscheidender Weise Hegels Jugendarbeiten über die Geschichte der Religion und indirekt Hegels ganze spezifisch philosophische Systematik, in der sich überhaupt die entscheidenden Ideen der deutschen Bewegung als ihrem Höhepunkt zusammendrängten«, GA 56/57, S. 134. Zu den Einflüssen der religiösen Tradition auf die deutsche Philosophie vgl. auch die Fußnote oben.

[32] A. a. O., S. 222 f., Hervorhebung im Original. Dass Heideggers Daseinshermeneutik von Luther und Kierkegaard beeinflusst ist, zeigt unter anderen auch Caputo 1993:

Dieser Ansatz einer Philosophie, die dem Leser bzw. Hörer keine Ergebnisse präsentiert, sondern besondere Erfahrungen vermitteln soll, und die sich zuerst im Kontext der frühen Paulus-Interpretationen findet, wird noch 1962 im Protokoll des Seminars zum Vortrag *Zeit und Sein* vertreten, wenn es dort heißt, dass es nicht darum geht, eine Reihe von Aussagesätzen mitzuteilen, sondern darum, aus besonderen Erfahrungen heraus diese Erfahrungen auch bei den Teilnehmern des Seminars hervorzurufen. Dies entspricht ganz dem Anliegen der formalen Anzeige des frühen Heidegger und auch dem der indirekten Mitteilung Kierkegaards, und findet sich nicht nur, wie in Abschnitt 3.1 zitiert, in der negativen Henologie Plotins, sondern bereits in Platons siebtem Brief. So heißt es im besagten Protokoll:

Dessen Wagnis [Wagnis des Vortrags *Zeit und Sein*] liegt darin, daß er in Aussagesätzen von etwas spricht, dem diese Weise des Sagens wesensmäßig unangemessen ist. Allerdings ist zu beachten, daß es sich nicht um bloße Aussagen handelt, sondern um ein durch Fragen vorbereitetes Antworten, das dem Sachverhalt, um den es geht, sich anzumessen versucht; bei all dem – Aussagen, Fragen und Antworten – ist *die Erfahrung der Sache selbst* vorausgesetzt.

Das Versuchhafte des Seminars war also ein Zwiefaches: einerseits, daß es auf eine Sache, die sich dem mitteilenden Aussagen aus ihr selbst versagt, weisend hinzeigen wollte; zum anderen, daß es versuchen mußte, aus einer Erfahrung heraus bei den Teilnehmern die eigene Erfahrung des Gesagten vorzubereiten, die Erfahrung von etwas, das nicht offen an den Tag gebracht werden kann. Der Versuch also, von etwas zu sprechen, das nicht kenntnismäßig, aber auch nicht nur fragemäßig vermittelt werden kann, das vielmehr erfahren sein muß, – der Versuch davon zu sprechen in der Absicht, diese Erfahrung vorzubereiten, machte wesentlich das Gewagte des Seminars aus.[33]

»It is no exaggeration to say that Heidegger's attempt to formulate a ›hermeneutics of facticity‹, or what came to be called in *Being and Time* an ›existential analytic‹ […], which would mark out the distinctive traits of ›factical life‹ – of Dasein – was inspired by Luther's critique of medieval metaphysical theology and Kierkegaard's critique of Hegelian speculative Christianity«, a.a.O., S. 273.

[33] GA 14, S. 33, Hervorhebung im Original. Bei Platon heißt es ganz analog: »Soviel kann ich aber über alle, welche geschrieben haben und noch schreiben werden, indem sie das zu wissen behaupten, worauf mein Bestreben gerichtet ist, ob nun, als haben sie es von mir oder von andern gehört, oder auch selbst ausgesonnen, sagen, daß sie meiner Meinung nach nichts von der Sache verstehen. Von mir selbst wenigstens gibt es keine Schrift über diese Gegenstände, noch dürfte eine erscheinen; läßt es sich doch in keiner Weise, wie andere Kenntnisse, in Worte fassen, sondern indem es, vermöge der langen Beschäftigung mit dem Gegenstande und dem Sichhineinleben, wie ein

Bemerkenswert ist hier der Hinweis, dass die Erfahrung nicht nur vorbereitet werden soll, sondern für das Verstehen der Aussagesätze bereits vorausgesetzt wird. Wer also die gemeinte Erfahrung nie gemacht hat, dem bleibt laut Heidegger auch der Sinn der Gehalte letztlich verschlossen. Eine analoge Behauptung findet sich in Rudolf Ottos religionsphänomenologischer Schrift über das Heilige, in der Otto von dem, worum es ihm dort geht, schreibt, es sei »[...] nicht im strengen Sinne lehrbar sondern nur anregbar, erweckbar«,[34] was so weit geht, dass er dem Leser, der die entsprechenden Erfahrungen nicht kennt, gleich zu Beginn seiner Schrift von deren weiterer Lektüre abrät: »Wer das nicht kann oder wer solche Momente überhaupt nicht hat, ist gebeten nicht weiter zu lesen.«[35] Auch Wittgenstein vertritt die Ansicht, dass seine Philosophie nachvollzogen werden muss und nicht einfach in der Form theoretischer Aussagen mitgeteilt werden kann. Während Heidegger immer neue Sprachschöpfungen für sein im dritten Kapitel erläutertes dichterisches Philosophieren entwirft, arbeitet Wittgenstein mit konkreten Beispielen, an denen er seine philosophischen Grenzreflexionen vorführt, die man aber nur versteht, wenn man in der Lage ist, sie nachzuvollziehen, was nicht notwendig gelingen muss: »Das Buch muß automatisch die Scheidung derer bewirken, die es verstehen und die es nicht verstehen.«[36] Diesen Satz kommentiert Koritensky 2008 mit einer entsprechenden Einschätzung von Wittgensteins philosophischem Vorgehen:

Es drängt sich die Frage auf, warum der existentiell-praktische und damit der religiöse Aspekt so wenig hinter der sprachanalytischen Fassade sichtbar wird. Zum einen ist Wittgenstein der Ansicht, daß sich das Anliegen seiner Philosophie in der Arbeit am konkreten Fall *ausdrücken* soll. Seine an-

---

durch einen abspringenden Feuerfunken plötzlich entzündetes Licht in der Seele sich erzeugt und dann durch sich selbst Nahrung erhält«, *Siebter Brief*, 341c und d, zitiert nach Wolf 2010, S. 545 f. Platon hält außerdem fest, dass die Einsicht, um die es ihm geht, nicht mehr vergessen wird, wenn man sie einmal verstanden hat: Es »[...] ist doch nicht zu besorgen, daß jemand es, hat er es einmal im Geiste aufgefasst, vergesse«, a.a.O., 344d und e, zitiert nach a.a.O., S. 549. Die negative Henologie Plotins wurde in Abschnitt 3.1 mit den Worten zitiert: »[...] wir reden und schreiben nur davon [vom Einen], um zu ihm hinzuleiten, aufzuwecken aus den Begriffen zum Schauen und gleichsam den Weg zu weisen, dem, der etwas sehen will; bis zum Weg und zur Reise reicht die Belehrung, die Schau ist aber Arbeit dessen, der sehen will«, zitiert nach Theill-Wunder 1970, S. 104.

[34] Otto 2004, S. 7.

[35] Otto 2004, S. 8.

[36] MS 109, S. 208.

gemessene *Beschreibung* findet das Anliegen in diesem Ausdruck und nicht durch eine Darstellung auf der Metaebene [...]. Denn auch die Veränderung der Denkweise, die diese Philosophie intendiert, kann nur durch die Betrachtung konkreter Fälle eingeübt werden und nicht durch die Mitteilung einer theoretischen Lösung. Wittgensteins Schriften erfordern den subjektiven Nachvollzug und erhalten dadurch einen esoterischen Charakter.[37]

Mit der Veränderung der Denkweise kommt nun ein weiterer wesentlicher Aspekt von Heideggers Philosophie ins Spiel. Wenn er auch andere Strategien als Wittgenstein einsetzt, geht es ihm in seinem gesamten philosophischen Anliegen ebenso um eine Veränderung der Denkweise, die ebenfalls nicht in einer Metaebene dargestellt werden kann, sondern selbst nachvollzogen werden muss und erst aus einer entsprechenden Verwandlung heraus zu verstehen ist. Wenn Heidegger im Ausgang von der religiösen Tradition den Vollzugscharakter des Denkens und die Verbindung von Denken und Erfahrung ganz allgemein herausarbeitet, so betrifft dies im Besonderen mögliche *Änderungen* im Verstehen, die ebenfalls in Stimmungen erfahren werden. Mit der Metanoia hat auch der Aspekt der Veränderung der Denkweise eine religiöse Wurzel und diese Veränderung wird mit ihren religiösen Quellen im nächsten Abschnitt genauer untersucht. Dass Heidegger mit seiner ganzen Philosophie auf eine solche Änderung in Verstehen und Stimmung hinaus will, auf eine »Verwandlung des menschlichen Daseins«, und dass seine Philosophie überhaupt erst aus einer solchen Verwandlung heraus zu verstehen ist, spricht er zum Beispiel in der Vorlesung über die *Grundbegriffe der Metaphysik* aus dem Wintersemester 1929/30 klar aus:

Wenn das Philosophieren aber ausgesprochen ist, dann ist es der Mißdeutung preisgegeben, nicht etwa nur jener, die in der relativen Vieldeutigkeit und Unbeständigkeit aller Terminologie liegt, sondern jener wesentlichen *sachlichen Mißdeutung*, auf die der *vulgäre Verstand* zwangsläufig verfällt, indem er alles, was ihm als philosophisch ausgesprochen entgegenkommt, *wie etwas Vorhandenes* erörtert, es von vornherein, zumal da es wesentlich zu sein scheint, in derselben Ebene nimmt wie die Dinge, die er alltäglich betreibt, und nicht bedenkt und auch nicht verstehen kann, daß *das, wovon die Philosophie handelt, überhaupt nur in und aus einer Verwandlung des menschlichen Daseins sich aufschließt.*[38]

---

[37] A.a.O., S. 289, Hervorhebungen im Original. Zu den antiken bzw. spätantiken Vorläufern dieses ganzen Ansatzes vgl. die Fußnote oben zu Platon und Plotin.
[38] GA 29/30, S. 422 f., Hervorhebungen im Original.

Hier wird neben der Verwandlung des Daseins, auf die Heidegger hinaus will, ein weiteres Mal ganz allgemein der Vollzug der Philosophie betont, der in einer rein theoretischen Ebene nicht erfasst wird. Diesen Primat des Vollzugs entwickelt Heidegger, wie oben bereits erläutert, im Anschluss an die religiöse Tradition zuerst in seinen frühen Vorlesungen zur *Einleitung in die Phänomenologie der Religion* aus dem Wintersemester 1920/21, in der er sich von der Phänomenologie seines Lehrers Husserl abwendet und gegen dessen Unternehmen der Erfassung der Phänomene aus der Perspektive eines transzendentalen Subjekts den Vollzug des Lebens in den Mittelpunkt stellt. In seiner Interpretation des zweiten Briefs des Paulus an die Thessalonicher schreibt Heidegger über die Antwort des Paulus auf die Frage nach dem Wann der Parusie: »Paulus denkt gar nicht daran, die Frage nach dem Wann der Parusie zu beantworten. Das Wann ist bestimmt durch das Wie des Sich-Verhaltens, dies ist bestimmt durch den Vollzug der faktischen Lebenserfahrung in jedem ihrer Momente.«[39] Es geht Paulus laut Heidegger nicht um eine theoretische Aussage, sondern um den Verweis auf ein neues Verhalten, das nur aus seinem Vollzug heraus verstanden werden kann. Dazu gehört bereits die Situation des Paulus selbst, deren Vollzug ebenfalls zum Verständnis seiner Aussagen gehört, wie Heidegger mit Bezug auf den Römerbrief herausstellt: »Auch der angeblich dogmatische Lehrgehalt des Römerbriefs ist nur verständlich aus dem Vollzug, in dem Paulus steht, in dem er an die Römer schreibt.«[40] Aber dieser Vollzug kann nicht direkt thematisiert werden, sondern muss für seinen Nachvollzug selbst vollzogen werden: »Aber das Vollzughafte ist nur im Vollzug selbst mitgehabt, kann nicht für sich vergegenständlicht werden.«[41]

Daraus ergibt sich dann für Heidegger eine neue Aufgabe der Philosophie bzw. Phänomenologie. Sie muss, etwa mit der Methode der formalen Anzeige, diesen Vollzug nachvollziehbar und das heißt erfahrbar machen. Zentral ist dabei der Begriff der faktischen Lebenserfahrung, die durch diese philosophische Methode thematisiert werden soll.[42] Heidegger will aber nicht nur auf das faktische Leben ver-

---

[39] GA 60, S. 106.

[40] GA 60, S. 112.

[41] GA 60, S. 109.

[42] Auf die religiösen Quellen der Philosophie der faktischen Lebenserfahrung weist auch Schalow 2001 hin: »The appeal to factical life as a definitive guideline for reas-

weisen, sondern seine Philosophie als eine *Umwendung* in Bezug auf die faktische Lebenserfahrung verstanden wissen, die der eben zitierten Verwandlung entspricht. Als Beispiel für die Anwendung seiner Methode analysiert er die Briefe des Paulus, in denen er bemerkenswerterweise eine ganz ähnliche Umwendung findet, allerdings im spezifischen Kontext des Urchristentums in Form der Metanoia. Es ist erstaunlich und auch etwas irritierend, dass Heidegger zu Beginn der Vorlesung seine Methode des Nachvollzugs und der Umwendung erläutert, um dann in ihrer Anwendung, die mit der formalen Anzeige die faktische Lebenserfahrung des Paulus nachvollziehbar machen soll, in der Interpretation der Paulustexte die für seinen eigenen Ansatz zentralen Elemente des Nachvollzugs und der Umwendung wiederzufinden. Dies zeigt in aller Deutlichkeit, wie stark die Entwicklung von Heideggers Philosophie von der religiösen Tradition bestimmt wird. Genauer beschreibt Heidegger seinen philosophischen Ansatz wie folgt: »Bisher waren die Philosophen bemüht, gerade die faktische Lebenserfahrung als selbstverständliche Nebensächlichkeit abzutun, obwohl doch aus ihr gerade das Philosophieren entspringt, und in einer – allerdings ganz wesentlichen – Umkehr wieder in sie zurückspringt.«[43] So wie das religiöse Leben nicht theistisch zu verstehen ist, soll die Philosophie die faktische Lebenserfahrung ganz allgemein nicht vergegenständlichen, sondern neu zu ihr hinführen, womit die Philosophie selbst zu einer quasi-religiösen Praxis würde. Eine solche Bestimmung der Philosophie findet sich auch in *Sein und Zeit*, wo es heißt: »Philosophie ist universale phänomenologische Ontologie, ausgehend von der Hermeneutik des Daseins, die als Analytik der *Existenz* das Ende des Leitfadens alles philosophischen Fragens dort festgemacht hat, woraus es *entspringt* und wohin es *zurückschlägt*.«[44] Im Vortrag *Phänomenologie und Theologie*, der 1927 im Umfeld von *Sein und Zeit* entstanden ist, heißt es ganz analog über die Theologie: »Alle theologische Erkenntnis ist in ihrer sachhaltigen Rechtmäßigkeit auf den Glauben selbst gegründet, sie entspringt aus ihm und springt in ihn zurück.«[45] Diese analoge Rolle von Entspringen und Zurückspringen bzw. -schlagen in Phi-

---

king the question of being – the inaugural move of hermeneutics – radicalizes a strategy which is implied in the adjacent field of speculative theology«, a. a. O., S. 26.
[43] GA 60, S. 15. Diese Umkehr bezeichnet Heidegger auch als Umwendung bzw. Umwandlung, vgl. GA 60, S. 10.
[44] GA 2, S. 51, Hervorhebungen im Original.
[45] GA 9, S. 61.

losophie und Theologie kommentiert Fehér 2000 wie folgt: »Die Theologie verhält sich dementsprechend so zum Glauben wie die Philosophie zur faktischen Lebenserfahrung.«[46] Die Theologie ist auf den Glauben bezogen und die Philosophie auf die faktische Lebenserfahrung, und in beiden Fällen geht es um eine Betonung des Vollzugs gegen vergegenständlichende Ansätze und darüber hinaus um eine »Verwandlung des menschlichen Daseins«, die in der Tradition Metanoia heißt und beim frühen Heidegger Umkehr, Umwendung und Umwandlung.

Diese Verwandlung stellt dabei einen besonderen Aspekt des Vollzugs dar, da nicht nur das Verstehen allgemein in Stimmungen erlebt und vollzogen wird, sondern im Besonderen auch Änderungen im Verstehen, was in den nächsten beiden Abschnitten genauer diskutiert wird. Die allgemeine Frage nach dem Verhältnis von Erfahrung und Verstehen wurde bisher insofern beantwortet, als es Heidegger in seiner frühen Philosophie um den Nachvollzug der faktischen Lebenserfahrung geht, wobei Erfahrung und Verstehen im Nachvollzug miteinander verbunden sind. In *Sein und Zeit* verbindet Heidegger Erfahrung und Verstehen mit einem etwas anderen Akzent und betont weniger das Vollzugsmäßige des Lebens, als vielmehr den Umstand, dass jedes menschliche Verhalten *gestimmt* ist und dass *daher* das Verstehen nicht von der Erfahrung getrennt werden kann. So hält Heidegger in *Sein und Zeit* ganz allgemein fest, »[…] daß das Dasein je schon immer gestimmt ist.«[47] Nicht nur das Verstehen, sondern *alle* Vollzüge finden jeweils in einer besonderen Stimmung statt, die Heidegger auch Befindlichkeit nennt: »Was wir *ontologisch* mit dem Titel Befindlichkeit anzeigen, ist *ontisch* das Bekannteste und Alltäglichste: die Stimmung, das Gestimmtsein.«[48] In *Sein und Zeit* gehört die Befindlichkeit zu den *Existenzialien*, wobei zu der Erschlossenheit der Welt neben der Befindlichkeit auch das Existenzial des Verstehens gehört: »Die fundamentalen Existenzialien, die das Sein des Da, die Erschlossenheit des In-der-Welt-seins

---

[46] A. a. O., S. 210. In diesem Zusammenhang hält Fehér zu der erstaunlichen Nähe von Philosophie und Theologie bei Heidegger außerdem fest: »In dem soeben angedeuteten Sinne […] kann man wohl sagen, daß Heideggers Denkbemühungen zeit seines Lebens nicht lediglich philosophisch, sondern auch und gerade theologisch waren«, a. a. O., S. 212.

[47] GA 2, S. 179.

[48] GA 2, S. 178, Hervorhebungen im Original.

konstituieren, sind Befindlichkeit und Verstehen.«[49] Mit dem In-der-Welt-sein ist jedes Verhalten des Menschen gestimmt, was mit dem Vollzugscharakter der faktischen Lebenserfahrung beim frühen Heidegger verbunden werden kann, und was Heidegger in der Abhandlung über das *Wesen der Wahrheit* von 1930 betont: »Jedes Verhalten des geschichtlichen Menschen ist, ob betont oder nicht, ob begriffen oder nicht, gestimmt und durch diese Stimmung hineingehoben in das Seiende im Ganzen.«[50] In dieser Abhandlung wird die Stimmung auch von bloßen Gefühlen abgehoben. So führt Heidegger aus, dass es sich bei der Stimmung und dem Gestimmtsein um eine grundlegende Haltung handelt, in der es dann *auch noch* Gefühle geben kann:

Die Gestimmtheit (Stimmung) läßt sich jedoch nie als »Erlebnis« und »Gefühl« fassen, weil sie dadurch nur um ihr Wesen gebracht und aus solchem her (dem »Leben« und der »Seele«) gedeutet wird, was ja selbst nur den Schein eines Wesensrechtes behaupten kann, solange es die Verstellung und Mißdeutung der Gestimmtheit in sich trägt. Eine Gestimmtheit, d. h. eine ek-sistente Ausgesetztheit in das Seiende im Ganzen, kann nur »erlebt« und »gefühlt« werden, weil der »erlebende Mensch«, ohne das Wesen der Stimmung zu ahnen, je in eine das Seiende im Ganzen entbergende Gestimmtheit eingelassen ist.[51]

---

[49] GA 2, S. 213, vgl. auch »Befindlichkeit und Verstehen charakterisieren als Existenzialien die ursprüngliche Erschlossenheit des In-der-Welt-seins«, GA 2, S. 196, bzw. »Zur ontologischen Struktur des Daseins gehört Seinsverständnis. Seiend ist es ihm selbst in seinem Sein erschlossen. Befindlichkeit und Verstehen konstituieren die Seinsart dieser Erschlossenheit«, GA 2, S. 242.

[50] GA 9, S. 192. Vgl. auch: »Nicht sind die Stimmungen in das Subjekt oder in die Objekte gelegt, sondern wir sind, in eins mit dem Seienden, in Stimmungen ver-setzt. Die Stimmungen sind das durchgreifend umfangende Mächtige, die in eins über uns und die Dinge kommen«, GA 39, S. 89.

[51] GA 9, S. 192. In der Vorlesung über die *Grundfragen der Philosophie* aus dem Wintersemester 1937/38 wird dies noch ausführlicher wie folgt erläutert: »Die Not, die gemeint wird, bestimmt den Menschen, indem sie ihn *durchstimmt*, wobei freilich sogleich wieder das Mißverständnis sich einschleicht, als seien die Stimmungen solches, was der Mensch ›hat‹ und was nun entweder von äußeren Begebenheiten und Umständen oder von inneren Leibzuständen abhängig ist, während in Wahrheit, will sagen aus dem Wesen des Seyns (als Ereignis) begriffen, die Stimmungen den Menschen haben und ihn demzufolge je verschieden auch in seiner Leiblichkeit bestimmen. Die Stimmung kann den Menschen in seine Leiblichkeit wie in ein Gefängnis einsperren. Sie kann ihn aber auch durch die Leiblichkeit als eine ihrer Ausschwingungsbahnen hindurchtragen. Jedesmal wird dem Menschen die Welt anders *zugetragen*, jedesmal ist sein Selbst anders erschlossen und entschlossen zum Seienden. Noch wesentlicher ist zu sagen: Die Stimmung ist nicht, wie die bisherige, d. h. biologische

Entscheidend für die Frage dieses Abschnittes ist nun, dass Verstehen und Befindlichkeit laut *Sein und Zeit gleichursprünglich* sind: »Die Befindlichkeit ist *eine* der existenzialen Strukturen, in denen sich das Sein des ›Da‹ hält. Gleichursprünglich mit ihr konstituiert dieses Sein das *Verstehen*.«[52] Das bedeutet, dass zu jedem Verstehen eine Stimmung gehört – »Verstehen ist immer gestimmtes«[53] – und jede Stimmung aber auch einen verstehenden Charakter hat: »Jedes Verstehen hat seine Stimmung. Jede Befindlichkeit ist verstehend.«[54] Entsprechend spricht Heidegger von »befindlicher Verständlichkeit«[55] und von »befindlichem Verstehen«.[56] Verbunden sind Befindlichkeit und Verstehen durch das ebenfalls gleichursprüngliche Existenzial der Rede: »Befindlichkeit und Verstehen sind gleichursprünglich bestimmt durch die *Rede*.«[57] Für die Frage nach dem Verhältnis von Erfahrung und Verstehen heißt das, dass man Erfahrung und Verstehen nicht voneinander trennen kann und dass beide im sprachlich-gedanklichen Vollzug der Rede immer miteinander verbunden sind, ohne dass man sagen könnte, eines würde dem anderen vorausgehen. Gleichursprünglichkeit bedeutet, dass Befindlichkeit, Verstehen und Rede nicht aufeinander zurückgeführt werden können, sondern nur wechselweise zu begreifen sind. Demnach gibt es kein »reines Verstehen« ohne eine Stimmung, weshalb nicht nur die besonderen Gehalte der negativen Theologie, sondern überhaupt *alle* Gehalte auch erfahren werden müssen bzw. immer auch erfahren werden.

---

und psychologische Auffassung des Menschen das jetzt Gesagte noch mißdeuten könnte, ein sehr wichtiges und vielleicht bisher nicht genug eingeschätztes und gedeutetes Vermögen des Menschen, sondern die recht verstandene Stimmung führt zu einer Überwindung der bisherigen Auffassung des Menschen. Wir sagen gewöhnlich: ›Wir werden in die und die Stimmung versetzt‹. In Wahrheit, d. h. aus dem ursprünglichen Wesen des Seins begriffen, ist es umgekehrt: die Stimmung versetzt uns je so und so in diesen und jenen Grundbezug zum Seienden als solchem. Genauer: *die Stimmung ist dieses Ver-setzende*, das dergestalt versetzt, daß es den Zeit-Raum der Versetzung selbst mitgründet«, GA 45, S. 153 f., Hervorhebung im Original.
[52] GA 2, S. 190, Hervorhebung im Original.
[53] GA 2, S. 190.
[54] GA 2, S. 444.
[55] »Die befindliche Verständlichkeit des In-der-Welt-seins spricht sich als Rede aus«, GA 2, S. 214, Hervorhebung gelöscht.
[56] »Das Dasein wird konstituiert durch die Erschlossenheit, das ist durch ein befindliches Verstehen«, GA 2, S. 346.
[57] GA 2, S. 177, Hervorhebung im Original. Vgl. auch: »Die Rede ist mit Befindlichkeit und Verstehen existenzial gleichursprünglich«, GA 2, S. 213, Hervorhebung gelöscht.

Für die Fragestellung dieser Arbeit heißt dies insbesondere, dass die Trennung, die von der Alternative von Theismus und Nonkognitivismus nahegelegt wird, von vornherein nicht haltbar ist. Man kann weder von theistischen Gehalten sprechen, ohne die Befindlichkeit des Glaubens zu berücksichtigen, noch den Glauben auf bloße Befindlichkeiten reduzieren. Wenn man die Position von Heidegger in *Sein und Zeit* auf dieses Problem überträgt, bedeutet das, dass eine dritte Position zwischen der scheinbaren Alternative von Theismus und Nonkognitivismus nicht nur möglich, sondern der Sache sogar einzig angemessen ist. Mit Bezug auf die Gleichursprünglichkeit von Verstehen und Befindlichkeit bei Heidegger wird dies zum Beispiel von Thurnher 1992 vertreten, der diese Gleichursprünglichkeit wie folgt auf den Punkt bringt: »Die allem logosmäßigen Bestimmen vorausgehende Eröffnung vollzieht sich nach Heidegger in der *Befindlichkeit*. [...] Alles Verstehen und Auslegen bewegt sich bereits auf dem Boden des durch die Befindlichkeit primär zugänglich Gemachten.«[58] Als Zwischenposition empfiehlt Thurnher deshalb eine »Hermeneutik der Befindlichkeit gegenüber dem Theion«: »Wir müssen bei Heidegger, statt nach einer The*ologik*, als nach einem Zusammenhang von Aussagen *über* Gott, zu suchen (was gänzlich erfolglos wäre), unseren Blick auf eine *Hermeneutik der Befindlichkeit gegenüber dem Theion* richten.«[59] Mit Verweis auf die Gleichursprünglichkeit von Verstehen und Befindlichkeit kann Thurnher dann den Vorwurf abweisen, es handle sich dabei im Sinne des Nonkognitivismus um eine »irrationalistische Gefühlstheologie«:[60] Es »[...] könnte mit dem Ausdruck ›Gefühlstheologie‹ nur dann ein berechtigter Einwand vorgebracht worden sein, wenn von vornherein feststünde, daß Befindlichkeiten bezüglich der Erschließung des Seienden notwendig blind oder verstellend sind. Das Gegenteil ist für Heidegger der Fall.«[61] Wenn Thurnher aber von einem »Theion« spricht, auf den sich die Hermeneutik der Befindlichkeit richten soll, stellt sich wieder die Frage, wie diese Redeweise zu verstehen ist, wenn sie sich nicht auf ein existierendes Wesen bezieht. Der Status dieser Rede wurde im dritten Kapitel erläutert, in dem auch die Gehalte herausgearbeitet wurden, die mit dieser Rede verbunden werden können. Dort wurde

---

[58] A. a. O., S. 96, Hervorhebung im Original.
[59] A. a. O., S. 97, Hervorhebungen im Original.
[60] A. a. O., S. 97.
[61] Ebd.

darauf hingewiesen, dass diese Gehalte nur mit entsprechenden Erfahrungen zu verstehen sind, was nun laut *Sein und Zeit* für *alle* Gehalte gilt. Was aber die im dritten Kapitel spezifizierten Gehalte der religiösen Rede betrifft, in denen es zum Beispiel um die unbegreifliche Vorgängigkeit des Dass des Seienden geht, so werden diese von Heidegger mit *besonderen* Stimmungen verbunden. Eine Hermeneutik der Befindlichkeit gibt es bei Heidegger als die oben zitierte phänomenologische Hermeneutik zwar nicht nur in Bezug auf den Glauben, sondern überhaupt für die faktische Lebenserfahrung. Diesen Ansatz hat er aber im Kontext der religiösen Tradition entwickelt, und so bezieht er nun die Gleichursprünglichkeit von Verstehen und Befindlichkeit, die zwar allgemein für *jedes* Verstehen und *jede* Befindlichkeit gilt, auch auf diejenigen Gehalte, um die es in der religiösen Tradition geht.

So spricht Heidegger in *Sein und Zeit* von der »Grundbefindlichkeit der Angst« als einer »ausgezeichneten Erschlossenheit des Daseins«,[62] in der das Dass des Seienden erfahren wird. Verstehen und Befindlichkeit gehen zwar immer zusammen, in der Stimmung der Angst wird aber die grundsätzliche Erfahrung gemacht, dass überhaupt Seiendes ist, was nur in dieser Erfahrung zu verstehen ist: »Alles Verstehen ist befindliches. Die Stimmung bringt das Dasein vor die Geworfenheit seines ›daß-es-da-ist‹. Die Befindlichkeit aber, welche die ständige und schlechthinnige, aus dem eigensten vereinzelten Sein des Daseins aufsteigende Bedrohung seiner selbst offen zu halten vermag, ist die Angst.«[63] Dabei bringt Heidegger auch den Begriff des Nichts ins Spiel, da in der Stimmung der Angst sowohl das Nichts als auch die Welt als solche erfahren wird: »Im Wovor der Angst wird das ›Nichts ist es und nirgends‹ offenbar. Die Aufsässigkeit des innerweltlichen Nichts und Nirgends besagt phänomenal: das Wovor der Angst ist die Welt als solche.«[64] Es handelt sich bei der Angst insofern um eine Grundbefindlichkeit, als in ihr das In-der-Welt-sein überhaupt erfahren wird, das sonst unthematisch bleibt und erst in der Stimmung der Angst bemerkt wird: »Wenn sich demnach als das Wovor der Angst das Nichts, das heißt die Welt als solche herausstellt, dann besagt das: wovor die Angst sich ängstet, ist das In-der-Welt-sein selbst. Das Sichängsten erschließt ursprünglich und di-

---

[62] GA 2, Titel von §40.
[63] GA 2, S. 352, Hervorhebung gelöscht.
[64] GA 2, S. 248, Hervorhebung gelöscht.

rekt die Welt als Welt.«[65] Diese Verbindung von Angst, Nichts und
Welt als solcher wurde bereits ausführlich in Abschnitt 2.1 anhand
der Freiburger Antrittsvorlesung *Was ist Metaphysik?* von 1929 diskutiert, laut der die Welt als die Offenheit des Seienden bzw. als das
Seiende im Ganzen mit dem Nichts in der Angst erfahren wird: »In
der hellen Nacht des Nichts der Angst ersteht erst die ursprüngliche
Offenheit des Seienden als eines solchen: daß es Seiendes ist – und
nicht Nichts«[66] und »[D]as Nichts begegnet in der Angst in eins mit
dem Seienden im Ganzen.«[67] Allerdings spricht Heidegger in seiner
Freiburger Vorlesung aus dem Wintersemester 1929/30 über die
Grundbegriffe der Metaphysik auch ausführlich von der Grundstimmung der Langeweile,[68] die dann als erfahrungsmäßige Grundlage
des metaphysischen Fragens angesehen wird.[69] Überhaupt ist das, worum es Heidegger geht, neben der Angst auch in zahlreichen weiteren
Stimmungen zu erfahren, so zum Beispiel in Erschrecken, Verhaltenheit und Scheu in den *Beiträgen zur Philosophie*,[70] in Erstaunen,
Sichwundern, Erschrecken, Danken und Scheu als Grundstimmun-
gen der Seynsgeschichte in *Das Ereignis*[71] und später auch in Inständigkeit und Gelassenheit. In *Was ist Metaphysik?* wird neben die
Langeweile sogar die Freude gestellt, worauf in Abschnitt 2.1 hingewiesen wurde: »Diese Langeweile offenbart das Seiende im Ganzen.
Eine andere Möglichkeit solcher Offenbarung birgt die Freude an der
Gegenwart des Daseins – nicht der bloßen Person – eines geliebten
Menschen.«[72] In Abschnitt 2.2 wurde dazu auch der Jubel des Herzens aus der *Einführung in die Metaphysik* zitiert: »In einem Jubel
des Herzens ist die Frage da, weil hier alle Dinge verwandelt und wie
erstmalig um uns sind, gleich als könnten wir eher fassen, daß sie
nicht sind, als daß sie sind und so sind, wie sie sind.«[73] Das Verhältnis
von positiven und negativen Stimmungen und ihre Rolle im Vorgang
der Umwendung wird in den folgenden Abschnitten dieses Kapitels
genauer diskutiert.

---

[65] GA 2, S. 249, Hervorhebung gelöscht.
[66] GA 9, S. 114.
[67] GA 9, S. 113.
[68] GA 29/30, §§ 19–38.
[69] GA 29/30, §§ 39–41.
[70] GA 65, S. 14 und passim.
[71] GA 71, S. 222.
[72] GA 9, S. 110.
[73] GA 40, S. 3.

Zum Nichts und zum Dass des Seienden gehört auch das Sein, dessen Erfahrung Heidegger lichtmetaphorisch auch als »Lichtung des Seins« bezeichnet, so vor allem im *Humanismusbrief*.[74] Mit Bezug auf *Was ist Metaphysik?* spricht Thurnher 1992 davon, dass die Stimmungen nicht als Gegenbegriff zum Denken zu verstehen sind und dieses etwa ablenken oder irritieren, sondern im Gegenteil zu jedem Denken gehören, was dann in Heideggers Lichtmetaphorik als Grundlage für das »Lichtungsgeschehen« ausbuchstabiert wird: »Heidegger sieht in den Stimmungen nicht länger eine bloße Irritation des Denkens. Er deutet die Befindlichkeit vielmehr als das ursprünglichste und alles tragende Moment des Lichtungsgeschehens.«[75] An diese Lichtmetaphorik knüpft auch Caputo 1977 an, der auf den phänome-

---

[74] In diesem Kontext steht ebenfalls Heideggers Wahrheitsbegriff, den er vom griechischen ἀλήθεια ableitet, das er mit Unverborgenheit übersetzt. Dieser Wahrheitsbegriff wurde prominent von Tugendhat 1970 vor allem dafür kritisiert, dass man damit nicht zwischen wahr und falsch unterscheiden könne, vgl. dazu auch Dahlstrom 2009. In der Tat muss man das, was Heidegger mit Lichtung und Unverborgenheit meint, nicht mit dem Begriff der Wahrheit verbinden, und umgekehrt muss man vorsichtig sein mit Schlüssen aus der Etymologie: »Das Wort [ἀλήθεια] bedeutet Wahrheit, Aufrichtigkeit, Wirklichkeit, doch Heidegger verwendet es in seiner etymologischen Grundbedeutung von Unverborgenheit, was ungefähr so sinnvoll ist, wie wenn einer bei Erwähnung von ›Begreifen‹ an die Hand denken wollte«, Wokart 2004, S. 375, vgl. dazu auch die Fußnote in Abschnitt 3.3 mit der Kritik von Werner Beierwaltes an Heideggers Etymologien. In einer in diesem Zusammenhang bisher wenig beachteten Passage in der Schrift *Das Ende der Philosophie und die Aufgabe des Denkens* von 1964 räumt Heidegger selbst ein, den etymologischen Hintergrund falsch eingeschätzt zu haben: »Der natürliche Begriff von Wahrheit meint nicht Unverborgenheit, auch nicht in der Philosophie der Griechen. Man weist öfter und mit Recht darauf hin, daß schon bei Homer das Wort ἀληθής immer nur von den verba dicendi, vom Aussagen und deshalb im Sinne der Richtigkeit und Verläßlichkeit gebraucht werde, nicht im Sinne von Unverborgenheit. Allein dieser Hinweis bedeutet zunächst nur, daß weder die Dichter noch der alltägliche Sprachgebrauch, daß nicht einmal die Philosophie sich vor die Aufgabe gestellt sehen zu fragen, inwiefern die Wahrheit, d. h. die Richtigkeit der Aussage nur im Element der Lichtung von Anwesenheit gewährt bleibt. Im Gesichtskreis dieser Frage muß anerkannt werden, daß die Ἀλήθεια, die Unverborgenheit im Sinne der Lichtung von Anwesenheit sogleich und nur als ὀρθότης, als die Richtigkeit des Vorstellens und Aussagens erfahren wurde. Dann ist aber auch die Behauptung von einem Wesenswandel der Wahrheit, d. h. von der Unverborgenheit zur Richtigkeit, nicht haltbar. Statt dessen ist zu sagen: Die Ἀλήθεια, als Lichtung von Anwesenheit und Gegenwärtigung im Denken und Sagen, gelangt sogleich in den Hinblick auf ὁμοίωσις und adaequatio, d. h. in den Hinblick auf Angleichung im Sinne der Übereinstimmung von Vorstellen und Anwesendem«, GA 14, S. 87.

[75] A. a. O., S. 85.

nologischen Charakter der Seinsphilosophie aufmerksam macht und die Erfahrung des Seins in den besagten Stimmungen mit Heideggers Lichtmetaphorik verbindet:

But because Heidegger's approach was at the outset ›phenomenological‹, and because this was later transmuted into a *Seinserfahrung,* an experience of Being, Heidegger's understanding of Being was quite different. For him Being is experientially encountered and it is from this standpoint that he speaks of it as a rising up into presence, an emergence into the light *(phos, phainomenon),* a surging up into the ›clear‹ *(Lichtung).*[76]

Die Erfahrung des Seins hebt Heidegger vor allem in den *Beiträgen zur Philosophie* hervor, wo es zum Beispiel, wie bereits in Abschnitt 2.1 zitiert, heißt: »Die völlige Ungewöhnlichkeit des Seyns gegenüber allem Seienden muß der Mensch ›erfahren‹, von ihr in die Wahrheit des Seyns er-eignet werden.«[77] Dabei knüpft er an *Sein und Zeit* und *Was ist Metaphysik?* an, wenn er wieder von der Angst und dem Nichts spricht, und diese Erfahrung mit dem zum Ent-setzen verfremdeten Entsetzen verbindet:

Das Seyn ent-setzt, indem es das Da-sein ereignet. Dieses Ent-setzen ist ein Stimmen, ja der ursprüngliche Aufriß des Stimmungshaften selbst. Die Grundstimmung der Angst steht das Ent-setzen aus, sofern dieses Ent-setzen in ursprünglichem Sinn nichtet, das Seiende als solches ab-setzt, d. h. dieses Nichten ist kein Verneinen, sondern, wenn es überhaupt aus dem stellungnehmenden Verhalten gedeutet werden dürfte, ein Bejahen des Seienden als solchen als des Ab-gesetzten.[78]

---

[76] A. a. O., S. 90.

[77] GA 65, S. 480.

[78] GA 65, S. 483. Während Heidegger den Begriff der Metaphysik 1929 in *Was ist Metaphysik?* noch neutral verwendet, wird er später pejorativ gebraucht. So auch in den *Beiträgen zur Philosophie,* in denen Heidegger die Verbindung von Nichts und Angst von der Metaphysik abgrenzt und die Rolle der Erfahrung für das Verständnis seines Anliegens etwas ausführlicher und polemisch wie folgt beschreibt: »Und wiederum die Nichtung des Seyns im Ent-zug, durch und durch durchstrahlt vom Nichts west das Seyn. Und erst wenn wir uns freigemacht haben von der Mißdeutung des Nichts aus dem Seienden, erst wenn wir aus der Nichtung des Nichts und von da die ›Metaphysik‹ bestimmen, statt umgekehrt aus der Metaphysik und dem in ihr geltenden Vorrang des Seienden das ›Nichts‹ herabsetzen zum bloßen Nein der *Bestimmtheit* und *Vermittelung* des Seienden wie Hegel und alle Metaphysiker vor ihm, erst dann werden wir ahnen, welche Kraft der Inständigkeit in das Menschsein einschießt aus dem ›Entsetzen‹, jetzt als Grundstimmung der ›Er-fahrung‹ des Seyns gemeint. Durch die Metaphysik, und das besagt zugleich durch das Christentum, sind wir mißleitet und gewöhnt, im ›Entsetzen‹, zu dem die Angst gehört wie das Nichts zum Seyn, nur das Wüste und Grausige zu vermuten, statt die Bestimmung in die Wahr-

Auch in der Abhandlung *Das Ereignis* von 1941/42 spricht Heidegger davon, dass das Sein erfahren werden muss, wobei hier zu der Angst der »seynsgeschichtliche Schmerz« tritt: »Alles über die ›Stimmungen‹ zu Denkende muß aus der Erfahrung des Seyns und seiner Fragwürdigkeit und d. h. vom seynsgeschichtlichen Schmerz her gedacht werden.«[79] Außerdem wird hier Stimmung und Befindlichkeit noch einmal ganz allgemein auf das Dasein bezogen, diesmal aber in etwas anderen Worten als in *Sein und Zeit:* »Sofern ›die Stimmung‹ in ›Sein und Zeit‹ als ›Befindlichkeit‹ begriffen ist, sagt das, sie muß aus dem Da-sein erfahren werden, ›Befindlichkeit‹ meint hier nicht das psychologisch-zuständliche ›Wohl‹- und ›Schlecht‹-befinden. ›Befinden‹ sagt hier das ekstatische Sich-be-finden im Da als der Ortschaft des unheimischen Zeit-tums des Da-seins.«[80] Nicht zuletzt muss laut diesem Text nicht nur das Sein, sondern auch das Ereignis erfahren werden: »Hier in der Wesung des Ereignisses muß die Einzigkeit der *Auszeichnung des Menschen* erfahren werden. In dieser Erfahrung entspringt das Wissen vom Da-seyn.«[81]

Ganz grundsätzlich wird die Untrennbarkeit von Denken und Erfahrung noch einmal im Protokoll des Seminars über den Vortrag *Zeit und Sein* von 1962 erläutert. Während der frühe Heidegger in seiner Paulus-Interpretation auf den Vollzug der faktischen Lebenserfahrung hinweist, auf den die Philosophie bezogen sei und in dem das Verstehen nicht von der Erfahrung zu trennen ist, hat er in *Sein und Zeit* die Gleichursprünglichkeit von Verstehen und Befindlichkeit aufgezeigt, die ganz allgemein und insbesondere auch für Heideggers Begriffe wie Nichts und Sein gilt. Im Protokoll des Seminars zu *Zeit und Sein* wird auch die Rede vom Ereignis mit der Erfahrung verbunden, wobei noch einmal das Verhältnis von Denken und Erfahrung erläutert und die Notwendigkeit, Denken und Erfahrung nachzuvollziehen, hervorgehoben wird. Dazu meint Heidegger aber, nur den »Versuch einer Vorbereitung des Denkens« beisteuern zu können. Da es sich dabei um die zentralen Fragen dieses Abschnitts handelt, wird diese Passage zum Abschluss ausführlich wiedergegeben:

---

heit des Seyns zu erfahren und aus ihr dessen Wesung inständlich zu wissen«, GA 65, S. 483, Hervorhebungen im Original.
[79] GA 71, S. 218.
[80] Ebd.
[81] GA 71, S. 181, Hervorhebung im Original.

Im Verlauf des Seminars war des öfteren vom Erfahren die Rede. So wurde u. a. gesagt: Das Entwachen in das Ereignis muß erfahren, es kann nicht bewiesen werden. Eine der letzten Fragen, die gestellt wurden, betraf den Sinn dieses Erfahrens. Sie fand einen gewissen Widerspruch darin, daß das Denken zwar das Erfahren des Sachverhalts selbst sein soll, es zum anderen aber erst die Vorbereitung der Erfahrung ist. Also – so wurde geschlossen – ist das Denken (mithin auch das Denken, das im Seminar selbst versucht wurde) noch nicht die Erfahrung. Was ist aber dann diese Erfahrung? Ist sie das Abdanken des Denkens?

In der Tat können jedoch Denken und Erfahren nicht in der Art einer Alternative gegeneinandergestellt werden. Was im Seminar geschehen ist, bleibt ein Versuch einer Vorbereitung des Denkens, also des Erfahrens. Diese Vorbereitung aber geschieht schon denkend, sofern das Erfahren nichts Mystisches, kein Akt der Illumination ist sondern die Einkehr in den Aufenthalt im Ereignis. So bleibt das Entwachen in das Ereignis zwar etwas, das erfahren werden muß, als solches aber gerade etwas, das zunächst notwendig verbunden ist mit dem Erwachen aus der Seinsvergessenheit zu ihr. Es bleibt also zunächst ein Geschehnis, das gezeigt werden kann und muß.

Daß das Denken im Stadium der Vorbereitung ist, besagt nicht, daß die Erfahrung anderen Wesens sei als das vorbereitende Denken selbst. Die Grenze des vorbereitenden Denkens liegt anderswo. Einmal darin, daß möglicherweise die Metaphysik im Endzustand ihrer Geschichte so bleibt, daß das andere Denken gar nicht zum Vorschein kommen kann – und dennoch *ist*.[82]

Zusammenfassend kann hier festgehalten werden, dass Heidegger den Erfahrungsaspekt seines Denkens von der religiösen Tradition übernommen hat. Während in dieser gegen die theistischen Konzeptionen der natürlichen Theologie der Glaube als Vollzug bestimmt wird, macht Heidegger auf den Vollzugscharakter des Lebens überhaupt aufmerksam, den die Philosophie zur Darstellung zu bringen habe. Allerdings ergibt sich die Frage, wie man die Erfahrung dieses Vollzugs vermitteln kann. Dies versucht der frühe Heidegger mit der Methode der formalen Anzeige zu lösen, während der späte Heidegger von *Zeit und Sein* davon spricht, die entsprechenden Erfahrungen nur vorbereiten zu können. Dabei geht es sowohl dem frühen als auch dem späten Heidegger nicht nur um das Nacherleben des Lebensvollzugs, sondern auch um eine Umkehr, zu der die Philosophie führen soll, was an den religiösen Vorgang der Metanoia erinnert und im Protokoll zu *Zeit und Sein* als »Entwachen in das Ereignis« bezeichnet wird. Mit Heidegger wurde hier gezeigt, dass es kein Verstehen

---

[82] GA 14, S. 63, Hervorhebung im Original.

ohne Stimmung gibt, womit sich diese Umwendung genauer als der Vorgang einer gleichzeitigen *Änderung* von Verstehen und Stimmung rekonstruieren lässt.

Als Ergebnis dieses Abschnitts kann zum Verhältnis von Verstehen und Erfahrung gesagt werden, dass jedes Verstehen gestimmt ist und Verstehen und Erfahrung nicht getrennt werden können. Wenn es in den vorhergehenden Kapiteln hieß, zum vollständigen Verstehen müssten die betreffenden Gehalte auch erfahren werden, so kann jetzt ergänzt werden, dass es ganz allgemein kein Verstehen ohne Erfahrung gibt. Dies steckt in der Betonung des Vollzugs der faktischen Lebenserfahrung beim frühen Heidegger und findet sich explizit als Gleichursprünglichkeit von Befindlichkeit, Verstehen und Rede in *Sein und Zeit*. Diese Gleichursprünglichkeit bedeutet, dass Verstehen und Erfahrung im Vollzug des Denkens nicht zu trennen sind, was die eingangs genannte *Phenomenology of Cognitive Experiences* inzwischen detaillierter untersucht. Außerdem wird dieser Vollzug nicht aktiv von einem Subjekt vollzogen, sondern ereignet sich, in den Worten des späten Heidegger, als Ereignis, was zwar vorbereitet, aber nicht herbeigeführt werden kann. Wie Rudolf Ottos Religionsphänomenologie und Wittgensteins Philosophie hat Heideggers Ansatz insofern einen esoterischen Charakter, als seine Aussagen nur dann verstanden werden können, wenn man ihren Gehalt in einer zugehörigen Erfahrung selbst nachvollzieht, was Platons Selbstauskunft zu seiner Lehre im siebten Brief entspricht und ebenso für die negative Henologie Plotins gilt. Diesen Nachvollzug kann man aber nicht erzwingen. Er muss stattdessen, bei aller Vorbereitung, von selbst geschehen. Eine entsprechende Verbindung von Aktivität und Passivität wird in Abschnitt 4.4 mit dem Begriff der Gnade ins Verhältnis gesetzt.

Während in diesem Abschnitt gezeigt wurde, dass jedes Verstehen in besonderen Stimmungen erfahren wird, soll es in den nächsten beiden Abschnitten um die gleichzeitige *Änderung* von Verstehen und Stimmung gehen, die sich sowohl in der religiösen Tradition als auch bei Wittgenstein und bei Heidegger als Metanoia bzw. Umwendung findet (Abschnitt 4.2). Dabei kommen die im dritten Kapitel erläuterten Negationen ins Spiel, in denen die bildlichen Gehalte, mit denen die Situation des Menschen vergegenwärtigt wird, in Form einer *conceptual destabilization* destruiert werden (Abschnitt 4.3). Die Gehalte der religiösen Rede und von Heideggers Philosophie des Seins, Nichts und Ereignisses sagen zwar etwas Gehaltvolles über diese Situation aus, sind dabei aber auf Bilder angewiesen, die man einerseits verstehen kann, da sie alltäglichen Kontexten entnommen sind, die aber andererseits nicht konsistent gedacht werden können, da sie in ihren neuen Kontexten nicht buchstäblich funktionieren. Bei der nun zu thematisierenden Umwendung geht es um die Erfahrung des entsprechenden scheiternden Denkens, das als eine Änderung von Verstehen und Stimmung aufgefasst wird, bei der es um die Grenzen des Verstehens geht, die aber in einem Verstehen des Nichtverstehens durchaus erfasst werden können. Zu diesem Verstehen des Nichtverstehens gehören wie zu jedem Verstehen bzw. genauer wie zu jeder Änderung des Verstehens entsprechende Erfahrungen, die im nächsten Abschnitt untersucht werden. Das Verstehen des Nichtverstehens ist auf Irritationen in Bezug auf das Ganze der Welt bezogen, um die es in Abschnitt 4.3 gehen wird, und entspricht außerdem einer Haltung des grundlosen Vertrauens, die abschließend in Abschnitt 4.4 zu diskutieren ist.

4.2 Umwendung und Metanoia

Der letzte Abschnitt hat gezeigt, dass *jedes* Verstehen gestimmt ist und erfahren werden muss. In diesem Abschnitt soll es um die besonderen Stimmungen gehen, die mit den religiösen Gehalten und mit denen von Heideggers Philosophie verbunden sind, für die Begriffe wie Sein, Nichts und Ereignis stehen. Außerdem soll die Erfahrung der *Änderung* von Verstehen und Stimmung untersucht werden, bei der es sich in verschiedenen Kontexten um eine Verwandlung, Umkehr oder Transformation handelt, um die es sowohl der religiösen Tradition als auch Heidegger geht. Diese Erfahrung der Wandlung soll auf das eben erläuterte Verstehen des Nichtverstehens bezogen werden und scheint vor allem mit negativen Stimmungen verbunden zu sein. Im letzten Abschnitt wurden in diesem Zusammenhang Angst, Schmerz und Entsetzen genannt. Es wurde ebenfalls darauf hingewiesen, dass eine solche Verwandlung auch in positiven Stimmungen möglich ist, wie etwa der Freude oder der vielleicht wenigstens neutralen Langeweile. Hier wird dagegen der Schwerpunkt auf den negativen Stimmungen liegen, die bei Heidegger und in der religiösen Tradition im Mittelpunkt stehen. Dies alles wird vor dem Hintergrund der Fragestellung dieser Arbeit nach der Möglichkeit einer post-theistischen Lesart der Religiosität untersucht. Was dieses Problem betrifft, kritisiert Heidegger in seiner Vorlesung über die *Grundbegriffe der Metaphysik* aus dem Wintersemester 1929/30 grundsätzlich den verdinglichenden Theismus der klassischen Metaphysik in Bezug auf das »Übersinnliche« und macht dagegen geltend, dass es dabei nicht um theoretische Aussagen gehen kann, sondern um grundsätzliche Haltungen. Außerdem bringt er gegen die klassische metaphysische Bestimmung des »Übersinnlichen« im Sinne eines theistischen Realismus den Gedanken der Umwendung innerhalb der Philosophie ins Spiel:

Das Ganze aber – dieses Übersinnliche und das Sinnliche – ist in gewisser Weise *gleichmäßig vorhanden.* Das Erkennen beider bewegt sich – unbeschadet relativer Unterschiede – in *derselben alltäglichen Haltung* des Erkennens und des Beweisens von Dingen. Schon allein die Tatsache der Gottesbeweise – ganz abgesehen von ihrer Beweiskraft – dokumentiert diese Haltung solcher Metaphysik. Es verschwindet hier völlig, daß das Philosophieren eine *eigenständige Grundhaltung* ist. Metaphysik ist nivelliert und veräußerlicht in die alltägliche Erkenntnis, nur daß es sich dabei um das Übersinnliche handelt, das überdies durch die Offenbarung und Lehre der Kirche erwiesen ist. Das μετά, als Anzeige eines Ortes des Übersinnlichen, enthüllt gerade nichts von der eigentümlichen Umwendung, die am Ende das Philosophieren in sich schließt.[83]

Diese Umwendung wird in der *Schelling*-Vorlesung aus dem Sommersemester 1936 als Verwandlung wieder aufgegriffen und dann genauer als eine Umstimmung charakterisiert, bei der es nicht nur darum geht, die im dritten Kapitel erläuterten Gehalte in einer jeweiligen Stimmung nachzuvollziehen, sondern dabei im Prozess des Verstehens auch in eine *andere* Stimmung zu geraten. Im Hintergrund steht hier die Gleichursprünglichkeit von Stimmung und Verstehen, die nun für den Vollzug des Denkens bedeutet, dass sich in diesem Vollzug mit dem Verstehen auch die Stimmung verändert:

Auch dieser Nachvollzug ist nicht gemeint als bloßes Nach-»denken« in der Einbildung, sondern als eine Verwandlung unseres wirklichen Denkens und Fragens. Diese Verwandlung ist in sich – und nicht erst in der Folge – eine *Umstimmung* in eine ursprüngliche Grundstimmung. Aber Stimmungen im wesentlichen Sinne werden nicht, indem man darüber berichtet, sondern werden *nur im Handeln,* hier in der Denkhandlung. Auch die Handlung kann die Stimmung nicht machen, sondern sie nur rufen. So kehrt die alte, dem Menschen niemals überwindliche Schwierigkeit wieder, daß wir *nur im Vollzug* das erringen, was zum Vollzug schon gewonnen sein muß. Das

---

[83] GA 29/30, S. 66, Hervorhebungen im Original.

bedeutet: Der erste Versuch des Mitvollziehens der Seynsbewegung selbst verlangt aus sich die Wiederholung; das will sagen: das Verweilen in der Bewegung des Fragens.[84]

Wegen der Gleichursprünglichkeit von Stimmung und Verstehen können sich Stimmung und Verstehen nur wechselweise im Vollzug des Denkens verändern, und es geht Heidegger nicht nur um das Verstehen in besonderen Stimmungen, sondern auch um eine *Veränderung* der Grundhaltung des Philosophierens, um eine *wesentliche Umstimmung* in eine neue *große Grundstimmung*, wie er weiter erläutert:

Wozu diese Bemerkungen hier? Um anzudeuten, daß wesentliche Bedingungen bestehen für den Nachvollzug der Hauptuntersuchung, daß wir zum mindesten gefaßt sein müssen auf die Notwendigkeit einer wesentlichen Umstimmung in eine große Grundstimmung, daß all dieses uns aber nicht durch »Sentimentalitäten« wird, sondern nur in der Härte und Einfachheit des Fragens und wirklichen Denkens, das sich vom Gängelband der gemeinen »Logik« frei gemacht hat, um sich an eine ursprünglichere und damit strengere zu binden.[85]

Um diese große Umstimmung bzw. Verwandlung, die man laut Heidegger *mit* seiner Philosophie und *im Vollzug* des Philosophierens durchzumachen hat, und um die entsprechenden Stimmungen soll es im Folgenden gehen. In den *Beiträgen* fordert Heidegger eine »große Umkehrung«, in der sich die Bezüge zum Seienden und zum Sein gemäß seines im zweiten Kapitel vorgestellten philosophischen Ansatzes ändern sollen:

Jetzt aber ist not die *große Umkehrung*, die jenseits ist aller »Umwertung aller Werte«, jene Umkehrung, in der nicht das Seiende vom Menschen her, sondern das Menschsein aus dem Seyn gegründet wird. Dieses aber bedarf einer höheren Kraft des Schaffens und Fragens, zugleich aber der tieferen Bereitschaft zum Leiden und Austragen im Ganzen eines völligen Wandels der Bezüge zum Seienden und zum Seyn.[86]

Diese Umkehrung erfordert eine »völlige Verwandlung des Menschen«,[87] die in den *Beiträgen* auch drastisch als Sturz oder Umsturz bzw. als »Umwerfung des bisherigen Menschen«[88] bestimmt wird,

---

[84] GA 42, S. 183, Hervorhebungen ergänzt.
[85] GA 42, S. 183 f.
[86] GA 65, S. 184, Hervorhebung im Original.
[87] GA 65, S. 113.
[88] GA 65, S. 248.

und die in den Begrifflichkeiten dieser Denkphase mit der *Wahrheit des Seyns* verbunden ist:

Da-sein nicht solches, was am vorhandenen Menschen einfach vorfindbar sein könnte, sondern der aus der Grunderfahrung des Seyns als Ereignis ernötigte Grund der *Wahrheit* des Seyns, durch welchen Grund (und dessen Gründung) der Mensch von Grund aus gewandelt wird.

Jetzt erst der Sturz des *animal rationale*, in das wir kopfüber erneut zurückzufallen dabei sind, überall dort, wo weder der erste Anfang und sein Ende noch die Notwendigkeit des anderen Anfangs gewußt wird.

Der Sturz des bisherigen »Menschen« nur möglich aus einer ursprünglichen Wahrheit des Seyns.[89]

Dieser Sturz wird in den *Beiträgen* einerseits kulturkritisch gegen *Machenschaft* und *Erleben* ins Feld geführt, wobei es nicht immer leicht ist, zu entscheiden, ob es Heidegger um eine individuelle Transformation oder eine neue Menschheitsepoche geht. Dieser politische Aspekt soll hier aber auf sich beruhen bleiben und nur die individuelle Wandlung betrachtet werden.[90] Andererseits wird dieser Sturz mit der Verweigerung des Seins in Verbindung gebracht und gehört daher auch zur Seins- und Ereignisphilosophie, die im zweiten Kapitel erläutert wurde:

Nur durch große Ein- und Umstürze des Seienden kommt das in die Machenschaft und das Erleben verzwungene und zum Unseienden schon erstarrte Seiende ins Weichen vor dem Seyn und damit in dessen Wahrheit.

Jedes schwächliche Vermitteln und Retten verfängt das Seiende nur noch mehr in die Seinsverlassenheit und macht die Seinsvergessenheit zur einzigen Form der Wahrheit, nämlich der Unwahrheit des Seyns.

Wie sollte da die Ahnung noch den geringsten Raum gewinnen, *daß die Verweigerung die erste höchste Schenkung des Seyns, ja dessen anfängliche Wesung selbst ist.* Sie ereignet sich als der Entzug, der einbezieht in die Stille, in der die Wahrheit ihrem Wesen nach neu zur Entscheidung kommt, ob sie als die Lichtung für das Sichverbergen gegründet werden kann. Dies Sichverbergen ist das Entbergen der Verweigerung, das Zugehörenlassen in das Befremdliche eines anderen Anfangs.[91]

Aus der Umwendung bzw. Umstimmung sind hier große Ein- und Umstürze geworden, die aber mit denselben Gehalten rund um den Begriff des Seins zu tun haben. Diese Gehalte, die hier mit den Hin-

---

[89] GA 65, S. 294.

[90] Der politische Aspekt wird in den Abschnitten 5.2 und 5.3 kurz wieder aufgegriffen.

[91] GA 65, S. 241, Hervorhebung im Original.

weisen auf den Entzug des Seyns und die Dialektik von Ver- und Entbergung ins Spiel gebracht werden, sind in einer Verwandlung zu
erfahren, wobei in dieser Verwandlung Stimmung und Verstehen
nicht getrennt werden können. Diese Verwandlung hat, wie bereits
der im letzten Abschnitt diskutierte Zusammenhang von Stimmung
und Denken ganz allgemein, offenbar religiöse Quellen. So erinnert
insbesondere der oben zitierte andere Anfang in den *Beiträgen* an das
klassische Konzept der Metanoia, worauf zum Beispiel Caputo 1993
hinweist: »He called in quasi-prophetic terms for an ›other beginning‹
that resembled a kind of *metanoia* (conversion) and the coming of the
kingdom, or even of the Second Coming.«[92] Wolz-Gottwald 1997
stellt dagegen eine Verbindung von Heideggers Umwendung zur
Mystik her: »Sowohl die philosophische Mystik als auch die Philosophie Heideggers arbeiten jedoch gemeinsam an einer Philosophie der
existenziellen Transformation.«[93] Demnach geht es bei der philosophischen Mystik als transformativer Philosophie um einen »existenziellen Wandel«,[94] um »einen transformativen Wandel, der die ganze
Person umfaßt«,[95] und der sich auch bei Heidegger finden würde,[96]
wobei insbesondere auf den unten noch zu diskutierenden *Sprung* in
den *Beiträgen* verwiesen wird.[97] Vor diesem Hintergrund würden
sich etliche Unverständlichkeiten in Heideggers Spätphilosophie klären lassen:

---

[92] A.a.O., S. 280. Über die individuelle Konversion hinaus macht Caputo auf die Nähe des Denkens des anderen Anfangs zur christlichen Heilsgeschichte aufmerksam:
»But it is clear to everyone but Heidegger's most fanatic disciples that he is clearly
Hellenizing and secularizing a fundamentally biblical conception of the history of
salvation. He was in the most literal sense building a rival *Heilsgeschichte* to the
biblical one that he had discovered in his New Testament studies«, ebd. Die vorliegende Untersuchung beschränkt sich aber auf den individuellen Aspekt der Metanoia und
lässt Heideggers prophetische Aussagen zur Menschheitsgeschichte außer acht.
Caputo kritisiert Heideggers alternative Heilsgeschichte als bloßen Mythos, der dem
historischen Mythos um nichts voraus sei: »One might object to this interpretation
that Heidegger was simply demythologizing the history of salvation and giving it an
ontological sense, which is no different from what he was doing in *Being and Time*.
The difference, on my view, is that the later ›history of Being‹ is every bit as mythological and just as much in need of demythologizing as the history of salvation it
would purport to demythologize«, ebd.
[93] A.a.O., S. 78.
[94] A.a.O., S. 72.
[95] A.a.O., S. 74.
[96] A.a.O., S. 74ff.
[97] A.a.O., S. 75f.

Philosophische Mystik wird hier aus der Perspektive einer transformativen Philosophie gesehen, wie sie bei den christlichen Autoren des Hoch- und Spätmittelalters ihren Niederschlag gefunden hat. Von hier erscheint es als möglich, [...] die Mystik der Denk-Wege Heideggers als die transformativen Momente seiner Philosophie zu verstehen und so auch das »Unverständliche« insbesondere des Spätwerks in seinem spezifischen Horizont aufzuzeigen.[98]

Ganz allgemein macht Hailer 2014 geltend, das Religiosität mit einer grundlegenden Verwandlung einher geht. In diesem Sinne erläutert Hailer auch religiöse Wahrheitsansprüche vor dem Hintergrund eines Perspektivwechsels: »Sie [religiöse Wahrheitsansprüche] zeigen sich nicht als ›Wissen über höhere Gegenstände‹, sondern als grundlegende Perspektivwechsel auf die (scheinbar) vertraute Welt.«[99] Genauer heißt es mit Rekurs auf Wittgenstein und dessen Analysen zum *Gestaltwandel:* »Vielmehr ist der Transzendenzbezug – in sich nicht gegenständlich – von der Art, dass die zuvor vertraute Welt zu einer anderen Welt wird. Religiös sein heißt vor allem, zu einer neuen und anderen Sicht der Welt zu gelangen.«[100]

Zu den Anliegen dieser Arbeit gehört es, Heideggers Philosophie in einen angemessenen Kontext zu stellen und dadurch verständlich zu machen, wozu bereits im letzten Abschnitt gezeigt wurde, dass es Heidegger in seinen frühen Vorlesungen um eine Umwendung geht, die sich nicht nur in der Mystik findet, sondern, mit Hailer 2014, in zahlreichen religiösen Traditionen, und die der frühe Heidegger anhand der Paulinischen Briefe herausgearbeitet hat. Außerdem konnte im letzten Abschnitt gezeigt werden, wie Heidegger nicht nur das Konzept der Umwendung mit Paulus entwickelt, sondern den Sinn seiner Philosophie in einer solchen Umwendung sieht. Was in den *Beiträgen* drastisch als große Ein- und Umstürze beschrieben wird, findet sich beim frühen Heidegger als eine Neubestimmung der Phänomenologie, die es mit einer Umwendung zu tun hat, die von der faktischen Lebenserfahrung mit einer Verwandlung zu dieser zurückführen soll. Laut der Rekonstruktion von Guidi 2014 wird die Phänomenologie in dieser Neubestimmung zu einer philosophischen Praxis, in der es um eine *immanente Transformation* geht.[101] Aber eine

---

[98] A.a.O., S. 65.
[99] A.a.O., S. 197.
[100] A.a.O., S. 207, Hervorhebung gelöscht.
[101] Guidi 2014 verbindet Heideggers Radikalisierung der Husserlschen Phänomenologie mit dem Konzept der Performativität und bestimmt sie damit als *negative Per-*

solche Umwendung bzw. Transformation findet sich nicht nur beim frühen und mittleren Heidegger, sondern auch in den späten Vorträgen und Aufsätzen. So macht Heidegger 1951 im Zürcher Seminar ganz im Sinne der hier vertretenen Interpretation explizit geltend, dass es ihm mit seiner ganzen Philosophie um eine Wende zu einem neuen Selbst- und Weltverhältnis geht, für das hier das Verhältnis zum Sein steht: »Es gilt, in ein neues Verhältnis zum Sein zu kommen. Und die Wende in dieses Verhältnis denkend vorzubereiten (nicht das Verhältnis zu verkünden im Sinne eines Propheten), das ist der unausgesprochene Sinn meines ganzen Denkens.«[102] In den Begriffen des Spätwerks bedeutet dies zum Beispiel, dass es darauf ankommt, das Wohnen im Geviert erst zu lernen: »Die eigentliche Not des Wohnens beruht darin, daß die Sterblichen das Wesen des Wohnens immer erst wieder suchen, daß sie *das Wohnen erst lernen müssen.*«[103] Auch dies kann als eine immanente Transformation verstanden werden, die von der faktischen Lebenserfahrung des Wohnens auf der Erde zu dieser Erfahrung zurückführt, in der dieses Wohnen sich aber verändert und zum Aufenthalt im Geviert wird.[104] Eine solche Verwandlung findet sich dabei nicht nur in den besagten religiösen Traditionen, sondern auch in der Philosophie. So spricht etwa Schweidler 2008 von einem »metanoietischen Aspekt des Philosophierens« nicht nur bei Heidegger, sondern auch bei Fichte, Schelling, Kierkegaard und Wittgenstein[105] und bereits bei Sokrates,[106] wobei freilich zumindest die erstgenannten wiederum von der religiösen Tradition beeinflusst waren.

---

formativität. Die immanente Transformation bezieht sich dabei auf die Gehalte der unbegreiflichen Situation des Menschen, da diese Gehalte, wie bereits die Rede von der unbegreiflichen Situation selbst, auch – performativ – vollzogen werden müssen. Die Transformativität dieses Vollzugs erläutert Guidi zum Beispiel an einem neuen Verhältnis zur Rede, das in einem *Betonungswechsel* vom Was der Rede zu ihrem unbegreiflichen und vorgängigen Dass besteht, wobei dieser Vorgang nicht von einem handelnden Subjekt aktiv herbeigeführt wird, sondern zwischen Aktivität und Passivität mit einem geschieht, was unten wieder aufgegriffen wird.

[102] GA 15, S. 429.
[103] GA 7, S. 163, Hervorhebung im Original.
[104] In diesem Sinne wurde das Geviert in Abschnitt 2.4 erläutert.
[105] A.a.O., S. 13. Auf Schelling und Kierkegaard wird unten noch eingegangen und der auf eine solche Umwendung bezogene esoterische Aspekt in Wittgensteins Philosophie wurde im letzten Abschnitt kurz erläutert.
[106] A.a.O., S. 25.

Diese Umwendung bzw. Verwandlung des Menschen ist nun mit den erwähnten negativen Stimmungen verbunden, zu denen die Angst aus *Sein und Zeit* und *Was ist Metaphysik?* ebenso gehört, wie das Erschrecken und Entsetzen in den *Beiträgen zur Philosophie*, aus denen oben schon die Forderung nach einer »tieferen Bereitschaft zum Leiden« zitiert wurde. Im nachgelassenen Text *Das Ereignis* von 1941/42 wird ein Bezug zur Angst aus *Was ist Metaphysik?* hergestellt, die dort zu der Erfahrung des Nichts gehört und jetzt weiter als Schmerz ausbuchstabiert wird:

Die Angst des Nichts ist *die Angst des Schmerzes* der Fragwürdigkeit des Seins. [...] *Die Angst des Schmerzes* ist in ihrem Wesen selbst der Schmerz der Fragwürdigkeit des Seins in seiner eigenen Gegenwendigkeit. Die Angst des Schmerzes ist nicht Angst »vor« dem Schmerz, sondern die aus dem Schmerz entspringende Angst, als Erfahrung des Nichts.[107]

In *Besinnung*, einem Text von 1938/39, geht es statt um die Erfahrung des Nichts um die *Abgründigkeit des Seyns*, die in der Grundstimmung des Entsetzens wahrgenommen wird:

Die Kraft zur Verehrung des Fragwürdigsten entspringt dem Ent-setzen, welche Grundstimmung den Menschen in die Freiheit zu allem nur Seienden versetzt und die Abgründigkeit des Seyns um ihn wirft, dem zugewiesen ein Wesen nur als dieses Zugehörige bestehen kann, wenn es in der Entsetzung die Würdigung des Abgrundes vermag, welche Würdigung nur Bestand hat in der verehrenden Hinkehr zur Gründung der Wahrheit des verborgenen Grundes. Diese wankungslose Zukehr aber ist das Fragen nach dem Fragwürdigsten. Diese – rechnerisch gedacht – ungewisse »Gewißheit« liegt außerhalb der Reichweite jeder Wissenschaft.[108]

Die Gehalte von Nichts und Seyn, um die es hier geht, werden im nächsten Abschnitt noch einmal besprochen und sind offenbar in Angst und Schrecken zu erfahren. Allerdings macht Heidegger auch positive Momente in dieser Erfahrung aus, wenn er in *Das Ereignis* von der Wonne spricht: »Die Erfahrung ist der Schmerz des Abschieds, welcher Schmerz in die Verwindung des Seyns gehört und als verwundener erst die Wonne und den Schrecken zumal entfaltet.«[109] Diese Verbindung von Schrecken und Wonne erinnert an die Religionsphänomenologie von Rudolf Otto, bei dem es neben dem

---

[107] GA 71, S. 219 f., Hervorhebungen im Original.
[108] GA 66, S. 229. Die ungewisse Gewissheit wird in Abschnitt 4.4 mit dem traditionellen Konzept der *certitudo* im Gegensatz zur *securitas* der Wissenschaft verbunden.
[109] GA 71, S. 233, Hervorhebung gelöscht.

mysterium tremendum auch das *mysterium fascinans* gibt. In den Begriffen von Otto wird diese Verbindung zum Beispiel von Hailer 2014 erläutert, der zunächst das *mysterium tremendum* wie folgt beschreibt: »Otto zitiert als Beispiele vor allem christliche und islamische Mystiker, die anhand unterschiedlicher Erfahrungen beschreiben, dass der Zugang zum Heiligen nicht ›einfach so‹ geschieht, sondern das Moment des Erschreckens in sich birgt.«[110] Zu diesem Schrecken gehört aber auch das *mysterium fascinans*: »Das gilt freilich nicht ohne das Gegenstück des mysterium fascinans: Die Begegnung mit dem ganz anderen Heiligen ist nicht nur, aber auch hinreißend, verzückend, ja manchmal richtiggehend rauschvoll.«[111] Hailer beschreibt die Verbindung von Schrecken und Wonne bei Otto schließlich als komplementär: »Die beiden Momente der Erfahrung des Heiligen sind komplementär, so dass sich mit Otto sagen lässt, dass religiöse Erfahrungen sehr reichhaltig möglich sind, keine Einzelerfahrung dabei aber das Recht bekommt, für gleichsam alles stehen zu dürfen.«[112] Diese Verbindung von negativer und positiver Stimmung, die in Abschnitt 4.4 noch genauer erläutert wird, stellt Heidegger auch in den *Beiträgen* her, wenn er dort die Haltung der Inständigkeit als Gleichzeitigkeit von Schrecken und Begeisterung bestimmt: »Die Ahnung legt die anfängliche In-ständigkeit in das Da-sein. Sie ist in sich Schrecken und Begeisterung zugleich – gesetzt immer, daß sie hier als Grundstimmung die Erzitterung des Seyns im Da-sein als Da-sein anstimmt und be-stimmt.«[113] Bei allen positiven Aspekten bleibt aber der negative Teil in der Inständigkeit erhalten: »Der seynsgeschichtliche Schmerz ist unaufhebbar; er ist der

---

[110] A. a. O., S. 98.
[111] Ebd.
[112] Ebd.
[113] GA 65, S. 22. Die Metaphern der Erzitterung und Zerklüftung des Seyns in den *Beiträgen* dürften für die Erfahrung der Grundlosigkeit des Seienden stehen, die ein Spiel zwischen dem vermeintlichen Haben eines Grundes und dem Blick in den Abgrund des Regresses ist. Dabei ist, wie erläutert, auch die Rede von der Grundlosigkeit bildlich, und sagt aber nicht nur etwas aus, wie es im dritten Kapitel erläutert wurde, sondern muss auch erfahren werden, worum es in diesem Kapitel geht. Dies gilt auch für die etwas kühneren Metaphern Heideggers wie Erzitterung und Zer- bzw. Erklüftung: »Die Er-eignung in ihrer Kehre ist weder im Zuruf noch in der Zugehörigkeit allein beschlossen, in keinem von beiden und doch beides er-schwingend, und das Erzittern dieser Er-schwingung in der Kehre des Ereignisses ist das verborgenste Wesen des Seyns«, GA 65, S. 342, und »Da-sein ist das Geschehnis der Erklüftung der Wendungsmitte der Kehre des Ereignisses«, GA 65, S. 311.

Schmerz der Fragwürdigkeit und so die Ferne zur Nähe der einzigen Würde des Seyns. Der seynsgeschichtliche Schmerz ist die Gestimmtheit des inständlichen Denkens.«[114] Die neue Grundstimmung besteht dennoch in einer Verbindung von negativen und positiven Stimmungen, was in Abschnitt 4.4 zu untersuchen ist, während der Übergang eher negativ zu bleiben scheint. So hält Esposito 1995 zum Erschrecken in den *Beiträgen*[115] fest: »Allein in dieser Stimmung kann sich der Übergang vom ersten zum anderen Anfang vollziehen.«[116] Fraglich ist allerdings, ob man auf diese Weise zwischen Übergang und Ergebnis trennen kann, wogegen das Bild der Erzitterung zu sprechen scheint. Dieses Problem wird ebenfalls in Abschnitt 4.4 wieder aufgegriffen.

Nicht unerwähnt bleiben soll in diesem Zusammenhang, dass Heidegger entsprechende Erfahrungen gemacht zu haben scheint, auch wenn er nicht öffentlich darüber spricht. In seinem Rückblick *Mein bisheriger Weg* von 1937/38 deutet er solche Erfahrungen an und begründet aber auch sein öffentliches Schweigen darüber:

Wer nicht wahrhaft verwurzelt war und zugleich vom Fragen gestoßen wurde, wie mag der die Entwurzelung wirklich erfahren? Und wie kann einer, der diese Erfahrung nicht aussteht, von Grund aus auf eine neue Gründung sich besinnen, die keine bloße Abkehr vom Alten und Gier nach Neuem ist, aber noch weniger eine schwächliche Vermittlung und Ausgleichung, sondern eine schaffende Verwandlung, in der alles Anfängliche in die Höhe seiner Gipfel hinaufwächst?

Aber weil die innersten Erfahrungen und Entscheidungen das Wesentliche bleiben, deshalb müssen sie aus der Öffentlichkeit herausgehalten werden.[117]

In einem Brief vom 12. September 1929 an Elisabeth Blochmann findet sich dagegen ein Hinweis auf ein solches persönliches Erlebnis. Heidegger schreibt dort über ihren gemeinsamen Besuch einer nächtlichen Andacht, der Komplet, in der Abteikirche des Klosters Beuron, und verbindet die Erinnerung an seine dortige Erfahrung mit einer Kritik an den traditionellen Religionen und einem Ausblick auf seinen eigenen Umgang mit der Religiosität: »So muß uns der heutige Katholizismus und dergleichen, der Protestantismus nicht minder,

---

[114] GA 71, S. 276.
[115] Vgl. zum Beispiel GA 65, S. 14 f.
[116] A. a. O., S. 43.
[117] GA 66, S. 416.

ein Greuel bleiben – und doch wird ›Beuron‹ wenn ich es kurz so nenne – als ein Samenkorn für etwas Wesentliches sich entfalten.«[118] 1929 entstand auch der Vortrag *Was ist Metaphysik?* mit seiner Verbindung der Philosophie des Nichts und des Seins mit der Stimmung der Angst, in der das Dass des Seienden erfahren wird, was bereits im zweiten Kapitel und oben in Abschnitt 4.1 zitiert wurde: »In der hellen Nacht des Nichts der Angst ersteht erst die ursprüngliche Offenheit des Seienden als eines solchen: daß es Seiendes ist – und nicht Nichts.«[119] Safranski 2001 macht auf die Nähe von Heideggers Beschreibungen seines Beuroner Erlebnisses mit der Nacht-und-Angst-Philosophie in *Was ist Metaphysik?* aufmerksam: »Der METAPHYSIK-Vortrag ist eine Paraphrase des Erlebnisses bei der nächtlichen Andacht in Beuron«,[120] wozu Safranski aus dem besagten Brief zitiert: »Daß der Mensch täglich in die Nacht hineinschreitet, ist dem Heutigen eine Banalität … In der Complet ist noch da die mythische und metaphysische Urgewalt der Nacht, die wir ständig durchbrechen müssen, um wahrhaft zu existieren. Denn das Gute ist nur das Gute des Bösen.«[121]

Mit dieser nächtlichen Erfahrung im Kontext des Beuroner Klosters liegen ein weiteres Mal die religiösen Quellen des Erlebnis- und Erfahrungscharakters von Heideggers Philosophie zutage, bei denen es nicht nur um den Gedanken des Vollzugs ganz allgemein geht, sondern auch im die negativen Stimmungen, mit denen die Umwendung verbunden ist, um die es Heidegger zu tun ist. So wird etwa im Lexikon zur *Religion in Geschichte und Gegenwart* die wichtige Rolle der Stimmung des Erschreckens hervorgehoben:

Die Reformatoren meinten, daß vor allem die erschrocknen Gewissen das Evangelium recht erfassen. Der selbstsichere Mensch, der sich nicht selbst zur Frage geworden ist, versteht das Evangelium nicht. Das heißt nicht, daß von der existentiellen Erfahrung der Fragwürdigkeit des Daseins ein selbstverständlicher und direkter Weg zur Anerkennung des Evangeliums führt.[122]

In einem ganz ähnlichen Sinne – und in einem ähnlichen polemischen Tonfall – kritisiert Heidegger den selbstsicheren Menschen,

---

[118] Storck 1989, S. 32.
[119] GA 9, S. 114.
[120] A. a. O., S. 208.
[121] Ebd.
[122] Graß 1958, Sp. 1607.

der sich nie zur Frage geworden ist und der nie solche negativen Stimmungen erlebt hat, als robusten Alleswisser:

Soll es anders geschehen, dann muß erst die Götterlosigkeit des ganzen geschichtlichen Daseins erfahren, d. h. dieses muß solcher Erfahrung offen sein und, wenn es verschlossen ist, aufgeschlossen werden, und zwar durch diejenigen, die solches Fliehen der Götter wahrhaft durchdauern. Das sind die Zweifelnden, ihnen dämmert die Sage vom Gewesenen um das Haupt, und sie sind jene, deren keiner weiß, wie ihm geschieht, während die selbstsicheren und robusten Alleswisser auch immer wissen, was ihnen geschieht, da sie rechtzeitig dafür sorgen, daß ihnen überhaupt nichts geschehen kann.[123]

Hinter dieser Polemik steht der Gedanke, dass erst eine existenzielle Erschütterung zum Glauben bzw. bei Heidegger zur Haltung der Gelassenheit führt, um die es der religiösen Tradition in der Metanoia und Heidegger in der Umwendung geht. Der Verweis auf eine existenzielle Verunsicherung findet sich dabei nicht erst bei den Reformatoren, sondern in zahlreichen anderen religiösen Traditionen. So macht Fehér 2000 mit Bezug auf die Umwendung in Heideggers frühen Vorlesungen auf Augustinus aufmerksam: »Die an den frühen Vorlesungen zur grundsätzlichen Charakterisierung der Philosophie in Anspruch genommene Haltung, nämlich Beunruhigung des eigenen Daseins, geht auf Augustinus' *inquietum cor nostrum* zurück.«[124] Konzeptualisiert wurde diese Verunsicherung von Jaspers mit seinem Begriff der Grenzsituation, der auch Heidegger bekannt war, und für den Jaspers als Beispiel den Tod anführt: »Durch das Werk von Jaspers wurde für Heidegger die Lehre von den Grenzsituationen wichtig. Noch *Sein und Zeit* kulminiert im Aufweis der Grenzsituation des Vorlaufens zum Tod und der Verschuldung des Daseins, das sich nicht selbst ins Leben rufen kann.«[125] Außerdem war Nietzsche für Heidegger ein exemplarischer Vertreter des ernsthaften Zweifelns, das zu der von Heidegger intendierten Verunsicherung und einem entsprechenden Übergang führen soll. Nietzsche steht damit im Gegensatz zu den selbstsicheren Alleswissern, deren Not darin besteht, die existenzielle Ungewissheit, in der sie sich eigentlich befinden, nicht wahrzunehmen, wie Heidegger wiederum

---

[123] GA 39, S. 100.
[124] A. a. O., S. 220.
[125] Pöggeler 2009, S. 67.

polemisch überspitzt in der Vorlesung zu den *Grundfragen der Philosophie* aus dem Wintersemester 1937/38 festhält:

Nach Nietzsche erst und in gewisser Weise mit durch ihn (denn als wahrhaftes Ende ist er zugleich Übergang) kommt die andere Not ins Spiel, und dies wieder nur wie im ersten Anfang für Wenige und Seltene, denen die Kraft zum Fragen und zum Untergang im Übergang beschieden ist.

Die andere und – wenn wir es sagen dürften – unsere Not hat das Eigene, daß sie als Not nicht erfahren wird. Alles ist berechenbar und in dieser Weise verständlich geworden. Es gibt keine Schranken mehr in der Beherrschung des Seienden, wenn nur der Wille groß und beständig genug ist. Jene Durchsichtigkeit des hintergrundlosen immer Selbstverständlichen gibt eine Helle, in der das Auge des Wissens geblendet wird bis zur Verblendung.[126]

Anhand von Nietzsche, aber auch Hölderlin und Kierkegaard, steigert Heidegger die Übergangserfahrung des Schreckens und Entsetzens bis zum geistigen Zusammenbruch. In den *Beiträgen* heißt es an einer Stelle, die geistige Umnachtung der Genannten wäre ein Resultat ihrer besonderen Sensibilität für die Abgründe ihres Zeitalters:

Keiner sei heute so vermessen und nehme es als bloßen Zufall, daß diese drei, die je in ihrer Weise zuletzt die Entwurzelung am tiefsten durchlitten haben, der die abendländische Geschichte zugetrieben wird, und die zugleich ihre Götter am innigsten erahnt haben, frühzeitig aus der Helle ihres Tages hinweg mußten.[127]

In diesem Kontext ist die von Heidegger überlieferte Bemerkung »Nietzsche hat mich kaputtgemacht« interessant, die er laut Hermann Heidegger bis zu seinem Lebensende immer wieder wiederholte.[128] Es kann hier freilich nur spekuliert werden, was damit gemeint ist, aber Fehér 2007 vermutet zum Beispiel, dass Heidegger hier eine ähnliche Verunsicherung erfahren hat, wie er es den drei eben genannten zuschreibt, so dass man neben der Erfahrung von Beuron auch ein grundsätzliches Erschrecken bei Heidegger angesichts des Nichts des Nihilismus vermuten darf:

---

[126] GA 45, S. 196.
[127] GA 65, S. 204.
[128] Vgl. Gadamer/Dottori 2002, S. 144. Laut Pöggeler 2009 geht diese Bemerkung auf das Jahr 1938 zurück, vgl. a. a. O., S. 127, das Pöggeler als entscheidendes Wendejahr Heideggers bestimmt, das nicht nur mit dem Abfall von Hitler und einer Lebenskrise verbunden sei, vgl. S. 205 f., sondern auch mit Selbstmordgedanken, vgl. S. 126. Außerdem ändert sich in diesem Jahr Heideggers Verhältnis zu Nietzsche: »In den Nietzsche-Vorlesungen wendet sich der positive Bezug zu Nietzsche ins Gegenteil«, ebd.

Könnte Nietzsche Heidegger nicht in dem Sinne »kaputtgemacht« haben, daß der junge Theologiestudent und gleichzeitig Apologet des katholischen Glaubens bald selber in seinem Wesen von Grund auf durch das erschüttert werden sollte, wogegen er hier noch sein Zeitalter und seine Mitmenschen hatte verteidigen und schützen wollen – der Heraufkunft des Nihilismus?[129]

Diese biographischen Spekulation sollen hier aber nicht weiter verfolgt werden. Stattdessen sei zu den Stimmungen der Umwendung eine längere Passage aus Schellings später Philosophie zitiert, in der die Übergangserfahrung in der Stimmung des Erschreckens und Entsetzens mit erheblichem existenzialistischen Furor beschrieben wird. Heidegger bezieht sich in seiner *Schelling*-Vorlesung auf diese Stelle und bemerkt mit Bezug auf den letzten Satz: »Schelling hat diesen Schritt mehrmals getan.«[130]

Hier muß alles Endliche, alles, was noch ein Seyendes ist, verlassen werden, die letzte Anhänglichkeit schwinden; hier gilt es alles zu lassen – nicht bloß, wie man zu reden pflegt, Weib und Kind, sondern was nur Ist, selbst Gott, denn auch Gott ist auf diesem Standpunkt nur ein Seyendes. [...] Also selbst Gott muß der lassen, der sich in den Anfangspunkt der wahrhaft freien Philosophie stellen will. Hier heißt es: Wer es erhalten will, der wird es verlieren, und wer es aufgibt, der wird es finden.[131] Nur derjenige ist auf den Grund seiner selbst gekommen und hat die ganze Tiefe des Lebens erkannt, der einmal alles verlassen hatte, und selbst von allem verlassen war, dem alles versank, und der mit dem Unendlichen sich allein gesehen: ein großer Schritt, den Platon mit dem Tode verglichen. Was Dante an der Pforte des Infernum geschrieben seyn läßt, dieß ist in einem andern Sinn auch vor den Eingang zur Philosophie zu schreiben: »Laßt alle Hoffnung fahren, die ihr eingeht«. Wer wahrhaft philosophiren will, muß aller Hoffnung, alles Verlangens, aller Sehnsucht los seyn, er muß nichts wollen, nichts wissen, sich ganz bloß und arm fühlen, alles dahingehen, um alles zu gewinnen. Schwer ist dieser Schritt, schwer, gleichsam noch vom letzten Ufer zu scheiden.[132]

Aber nicht nur Schelling, auch Heidegger dürfte diesen Schritt mehrmals getan haben, wofür die Bemerkung, Nietzsche hätte ihn kaputt gemacht, ebenso stehen könnte, wie seine Abwendung erst vom Ka-

---

[129] A.a.O., S. 166.

[130] GA 42, S. 11.

[131] Dies ist eine Anspielung auf Matthäus 16,25: »Denn wer sein Leben erhalten will, der wird es verlieren. Wer aber sein Leben verliert um meinetwillen, der wird es finden.«

[132] Aus den *Erlanger Vorträgen – Über die Natur der Philosophie als Wissenschaft*, SW IX, S. 217f.

tholizismus und dann von der christlichen Religion überhaupt. Um diese Abwendungen aber als einen solchen Schritt verstehen zu können, ist zu bedenken, dass es beim »Selbst Gott muss der lassen« nicht um Atheismus geht, sondern eher um die im ersten Kapitel vorgestellte post-theistische Religiosität. Die These der vorliegenden Arbeit lautet, dass diese Religiosität nicht nur mit der Abwendung von theistischen Vorstellungen zu tun hat, sondern dass diese Abwendung nur dann zu einer solchen Religiosität führt, wenn sie in Form der hier thematisierten Verwandlungen vollzogen wird und nicht einfach als Abfall vom Glauben hin zu einem konventionellen Atheismus. Mit Bezug auf Schelling heißt es dazu bei Fehér 2007:

> Seine Forderung, »selbst Gott zu lassen«, bringt ebenfalls einen Heidegger naheliegenden prinzipiellen Atheismus zum Ausdruck, der schon deswegen nicht als Atheismus im landläufigen Sinne mißverstanden werden sollte, da er die Forderung eines Philosophen darstellt, der in seiner Berliner Periode jahrelang über die Philosophie der Offenbarung las.[133]

Wie hier inzwischen hinreichend dargelegt wurde, hat Heidegger den Gott des theistischen Realismus zugunsten einer anderen Form von Religiosität hinter sich gelassen, deren Erfahrungsaspekt in diesem Kapitel zur Debatte steht. So schreibt Fehér 2007 zu der gerade zitierten Schelling-Passage mit Bezug auf Heideggers frühe Philosophie, auch Heidegger musste

> […] erfahren, was es heißt, Gott lassen zu müssen. Somit wurde er ebensowenig wie Schelling (oder Fichte oder Hegel, die ebenso des Atheismus bezichtigt wurden) zu einem Atheisten im geläufigen, gängigen Sinne. […] Auch er mußte den »Anfangspunkt der wahrhaft freien Philosophie« aufsuchen, und er fand ihn in seinen frühen Vorlesungen in seiner Hermeneutik der Faktizität, die Gott (Gott in einem metaphysisch-theologischen Sinne) ebenso aufgibt und aufgeben muss, wie Schelling es in dem genannten Zitat für eine ›wahrhaft freie Philosophie‹ reklamiert hatte.[134]

Bei dieser anderen Form von Religiosität, die sich bereits in der frühen Hermeneutik der Faktizität mit ihren Bezügen zu Paulus andeutet, spielt die hier diskutierte Erfahrung des existenziellen Übergangs in der Stimmung des Schreckens eine wesentliche Rolle. Dies bringt Heidegger mit Bezug auf Nietzsche auf den Punkt, bei dem die Aussage des tollen Menschen, »Gott ist tot«, von Heidegger als eine sol-

---

[133] A. a. O., S. 188 f.
[134] A. a. O., S. 189.

che Erfahrung im Sinne Schellings gedeutet wird. Diese Aussage ist daher nicht im üblichen Sinne atheistisch, sondern steht gerade im Gegenteil für den größten Ausdruck einer Religiosität ohne theistischen Realismus, die den Gott der Metaphysik als grundlosen Grund durchschaut hat und im Entsetzen angesichts dieses Abgrunds nach dem wahren Gott geradezu schreit: »Der tolle Mensch dagegen ist eindeutig nach den ersten Sätzen, eindeutiger noch für den, der hören mag, nach den letzten Sätzen des Stückes derjenige, der Gott sucht, indem er nach Gott schreit. Vielleicht hat da ein Denkender wirklich de profundis geschrieen?«[135] Etwas ausführlicher wird dies in der Vorlesung über *Hölderlins Hymnen »Germanien« und »Der Rhein«* aus dem Wintersemester 1934/35 erläutert. Hier greift Heidegger wieder die Kritik an den selbstsicheren Alleswissern auf, um sie der echten Religiosität der Zweifelnden gegenüber zu stellen, was, wie oben zitiert, auch zur religiösen Tradition unter anderem bei Augustinus und den Reformatoren gehört:

Wer im Ernst sagt »Gott ist tot« und ein Leben daran setzt wie Nietzsche, der ist kein A-theist. Das meinen nur jene, die mit ihrem Gott verfahren und umgehen wie mit einem Taschenmesser. Wenn dieses verloren ist, ist es eben weg. Aber den Gott verlieren heißt etwas anderes, und das nicht nur deshalb, weil Gott und Taschenmesser inhaltlich verschiedene Dinge sind. So hat es denn überhaupt mit dem Atheismus eine eigene Bewandtnis; denn viele, die im Käfig eines überlieferten Bekenntnisses sitzen, das sie noch nie umgeworfen hat, weil sie entweder zu bequem oder zu geschickt sind, sind atheistischer als die großen Zweifler. Das Verzichtenmüssen auf die alten Götter, das Ertragen dieses Verzichtes ist das *Bewahren* ihrer Göttlichkeit.[136]

---

[135] GA 5, S. 267. Vgl. dazu auch GA 67, S. 193, und ausführlich GA 67, S. 178 ff. Der Aphorismus vom tollen Menschen wurde in einer Fußnote in Abschnitt 1.3 und kurz in Abschnitt 2.3 zitiert.

[136] GA 39, S. 95, Hervorhebung im Original. Dass Nietzsches Proklamation des Todes Gottes nicht als Atheismus zu verstehen ist, erläutert Heidegger auch in der *Nietzsche*-Vorlesung vom Wintersemester 1936/37: »Die gewöhnliche Auslegung des Wortes ›Gott ist todt‹ lautet: Nietzsche sagt hier ganz unzweideutig: Der einzig mögliche Standpunkt ist heute nur noch der Atheismus. Aber genau das Gegenteil und noch einiges mehr ist die wahre Meinung Nietzsches. Die Grundstellung, aus der heraus er zum Seienden stand, war das Wissen, daß ein geschichtliches Dasein ohne den Gott und ohne die Götter nicht möglich ist. Aber der Gott ist nur der Gott, wenn er kommt und kommen muß, und das ist nur möglich, wenn ihm die schaffende Bereitschaft und das Wagnis aus dem Letzten entgegengehalten wird, aber nicht ein übernommener und nur noch überkommener Gott, zu dem wir nicht gedrungen und von dem wir nicht gezwungen sind. Der Satz ›Gott ist todt‹ ist keine Verneinung, sondern das innerste Ja zum Kommenden«, GA 43, S. 191.

Zu den großen Zweiflern gehört auch der exemplarische Reformator Luther, zumindest in dem Sinne, dass er von Anfechtungen geplagt wurde, die auch Heidegger mit seinen Erfahrungen des Erschreckens und Entsetzens meint, und zu denen auch der von Schelling beschriebene existenzielle Durchgang gehören dürfte. Zu der Angst, als die Heidegger diese Erfahrung ebenfalls beschreibt, hält Paul Tillich in seiner Schrift über den *Mut zum Sein* mit Bezug auf Luther und auch Nietzsche fest:

Einem endlichen Wesen ist es unmöglich, die nackte Angst länger als einen Augenblick zu ertragen. Menschen, die solche Augenblicke erlebt haben wie gewisse Mystiker in ihren Visionen von der »Nacht der Seele« oder Luther in der Verzweiflung über dämonische Anfechtungen oder Nietzsche-Zarathustra in der Erfahrung des »großen Ekels«, haben uns von ihrem unvorstellbaren Entsetzen berichtet.[137]

Dabei beschreibt Luther laut Tillich seine Erfahrungen ganz ähnlich, wie es eben bei Schelling zitiert wurde, womit er die analogen Beschreibungen des Existenzialismus vorwegnehmen würde:

Luther durchlebte in dem, was er Anfechtungen nannte, die Drohungen vollkommener Sinnlosigkeit. Alles wurde ihm in diesen Augenblicken fragwürdig: sein christlicher Glaube, das Vertrauen in sein Werk, die Reformation, die Vergebung seiner Sünden. Alles brach in diesen Augenblicken der Verzweiflung zusammen, und vom Mut zum Sein war nichts mehr übrig. In diesen Erfahrungen und in den Beschreibungen, die er von ihnen gibt, nahm Luther voraus, was der Existentialismus später beschrieben hat.[138]

4.3 Destruktion und Irritation

Diese starken Erlebnisse bei Schelling und Luther erinnern an die Beschreibung der von Heidegger intendierten Umwendung als große Ein- und Umstürze. Aus philosophischer Perspektive handelt es sich bei diesen Erfahrungen um mehr oder weniger starke Störungen des vertrauten Lebens, die sich bis zu großen Zusammenbrüchen auswachsen können. Diese Störungen führen zu einer Änderung des Verstehens, die mit einer Änderung der Stimmung einhergeht, und nach der das vertraute Leben auf eine andere Weise erscheint. Nach einer solchen existenziellen Beunruhigung, die in den Worten des

---

[137] Tillich 1991, S. 37.
[138] Tillich 1991, S. 126 f.

frühen Heidegger von der faktischen Lebenserfahrung in einer Umwendung zu dieser zurückführt, versteht man auf eine andere Weise, worin man sich die ganze Zeit schon befunden hat. So lässt es sich jedenfalls mit Günter Figal beschreiben, der festhält, dass die Erfahrung der Offenheit schon in *Sein und Zeit* an negative Erfahrungen gebunden ist: »Erst die Unbrauchbarkeit, das Fehlen oder Stören von etwas im Zusammenhang der Gebrauchsdinge, des ›Zeugs‹, läßt die alltägliche und selbstverständliche Umwelt ausdrücklich werden.«[139] Wenn sich eine solche Störung auf das Ganze der Welt bezieht, wird laut Figal in der Angst der Sinnzusammenhang der Welt eröffnet.[140] Allerdings kann eine solche Störung in Bezug auf das Ganze nicht nur zur Angst führen, sondern auch zu den eben diskutierten starken Erfahrungen, die eher an einen Zusammenbruch erinnern. Entsprechend macht Burch 2009 geltend, dass die Zusammenhänge des Lebens auch phänomenologisch erst aus der Erfahrung eines solchen Zusammenbruchs heraus angemessen verstanden werden können, wobei er diesen starken Begriff etwas relativiert, indem er von einer Spanne von kleinen Störungen bis zu einem kompletten Verlust des Selbstverständnisses spricht:

Life compels such an interpretation – the explicit grasping of what is always implicitly at work – when it breaks down. A breakdown occurs when my pretheoretical understanding of the world fails, i.e., when I fail to understand some aspect of the world and myself in it. Such a breakdown or failure ranges from the momentary disruption of a project to the complete failure of my everyday self-understanding. And, since my existence matters to me, in the face of such failure I am compelled to explicitly come to terms with and in some way rectify what has broken down. […] What comes to light in these moments of breakdown is the very evidence that the phenomenologist relies on when characterizing the conditions for the possibility of his own experience.[141]

In Abschnitt 4.1 wurde erläutert, dass es Heidegger darum geht, seinen Lesern und Hörern solche Erfahrungen zu vermitteln. Er versteht die Philosophie als Praxis einer solchen Umwendung, wozu bereits zitiert wurde, »[…] daß das, wovon die Philosophie handelt, überhaupt nur in und aus einer Verwandlung des menschlichen Da-

---

[139] Figal 2000, S. 181.
[140] A.a.O., S. 182. In Figals Lesart gibt dann der Heideggersche letzte Gott den Verstehensraum bzw. Sinnhorizont zu verstehen, S. 185, und auch im nächsten Kapitel wird der letzte Gott als Ausdruck für die hier diskutierten Erfahrungen interpretiert.
[141] Burch 2009, S. 226.

seins sich aufschließt.«[142] Während der späte Heidegger zum Beispiel den Weg in das Wohnen im Ereignis bzw. Geviert weisen möchte, der Heidegger der *Beiträge* von großen Umstürzen und Inständigkeit spricht, der Heidegger von *Sein und Zeit* und *Was ist Metaphysik?* die Angst und das Nichts betont, die zum Verstehen des Seins und einem dann angemessenen In-der-Welt-sein gehören, versucht der frühe Heidegger, eine entsprechende Umwendung mit der Methode der formalen Anzeige zu thematisieren, für deren Nähe zu Kierkegaards indirekter Mitteilung bereits in Abschnitt 4.1 auf Burch 2009 verwiesen wurde. Burch führt die Nähe von Kierkegaard und Heidegger nun genauer dahingehend aus, dass diese mit ihrer jeweiligen Methode einen *breakdown* beim Leser verursachen wollen, wobei es sich aber auch um kleinere Irritationen handeln kann. Im Besonderen unterstellt Burch sowohl Heidegger als auch Kierkegaard, sie würden solche Irritationen allein schon mit ihrem Stil hervorzurufen versuchen, der *deshalb* so schwer verständlich sei:

Since this reflection is only possible in the face of a breakdown, the author who strives to engage his reader in such reflection must somehow evoke such a breakdown in his reader. This need to break the reader out of her absorption in the everyday world accounts for the terminological and stylistic difficulties that encounters in Kierkegaard and Heidegger. They are difficult to read primarily because they employ ordinary terms in unconventional ways, and they do this because their task is to deal with the familiar in a way that defamiliarizes it for the reader so that she can grasp it in light of a new perspective.[143]

Dabei wendet sich laut Burch auch Kierkegaard gegen den selbstsicheren Alleswisser, um auf eine tiefere Religiosität zu verweisen, die mit den Erfahrungen des Zweifels zu tun hat, zu dem solche – großen oder kleinen – Zusammenbrüche gehören: »Kierkegaard wants to present faith in all its difficulty to the happy-go-lucky ›Christian‹ who takes her eternal happiness to be a right conferred by baptism. He wants to reveal the difficult task that faith presents – the task of appropriation or taking responsibility for one's faith – and to accomplish this he must first break the reader from her complacent sense that salvation is already guaranteed.«[144] Dies sei ebenfalls das Anliegen Heideggers, der den Leser durch die Provokation eines Zu-

---

[142] GA 29/30, S. 423, Hervorhebung gelöscht.
[143] Burch 2009, S. 226 f.
[144] Burch 2009, S. 227.

sammenbruchs oder zumindest einer Störung auf eine andere Weise in seine alltägliche Lebenserfahrung zurückführen will: »Similarly, Heidegger wants to break the reader from the pretheoretical life in which she is completely absorbed in order to call her attention to the task of coming to terms with her self-interpretation and the manner in which she carries out her life.«[145] Als Beispiel für einen solchen *breakdown*, der als Umwendung beim frühen Heidegger mit der formalen Anzeige herbeigeführt werden soll, führt Burch das *Vorlaufen zum Tode* aus *Sein und Zeit* an: »Being-towards-death, according to Heidegger, is a unique instance of such a breakdown because it is total«,[146] bzw. genauer: »Being-towards-death is the formally indicative concept designed to point the reader towards this encounter with his own autonomy and the fact that nothing but his own free anxious concern (or care) sustains his everyday self-understanding.«[147] Heidegger thematisiert die Umwendung aber nicht nur mit dem Vorlaufen zum Tode, sondern auf viele andere Weisen, wenn er zum Beispiel vom Sturz des Menschen oder einer neuen Weise, im Ereignis zu wohnen, spricht. Der Gedanke der Verwandlung zieht sich durch seinen gesamten Denkweg und wurde, wie hier gezeigt, stark von der religiösen Tradition geprägt. Zu fragen ist allerdings, inwiefern diese Thematisierungen eine solche Umwendung auch selbst herbeiführen können. Laut Burch liegt der Anspruch von Heideggers Philosophie nicht nur darin, die Situation des Menschen mit dem Hinweis zu verstehen zu geben, dass man dieses Verstehen auch nachvollziehen muss. Darüber hinaus soll sie offenbar auch selbst direkt zum Nachvollzug des Verstehens dieser Situation führen, weshalb Heideggers philosophischer Ansatz auch nur aus einer entsprechenden Verwandlung heraus verstanden werden kann. Dieser Anspruch wurde bereits in Abschnitt 4.1 aus dem Protokoll des Seminars zu *Zeit und Sein* zitiert und findet sich zum Beispiel auch explizit in *Besinnung*, wo Heidegger von seiner Philosophie behauptet, sie sei nicht ohne weiteres mitzuteilen und verständlich zu machen, sondern müsse als Mitwissen gestiftet werden von denjenigen, die die entsprechenden Erfahrungen kennen:

Daher ist für den Übergang das unausweichlich Schwerste und in seiner Schwere nirgends Abzumindernde, daß jedes Müssen unter dem Stoß des

---

[145] Ebd.
[146] A. a. O., S. 228.
[147] A. a. O., S. 230.

Seyns sich nie unmittelbar verständigen kann und darf. Dies bedeutet jedoch nicht Abschließung von jedem Mitwissen. Im Gegenteil – das Mitwissen muß gestiftet werden, in solchen, die selbst ihre Art aus der Stimmung prägen, die eine Ent-setzung aus dem Seienden durchstimmt und die Versetzung in das Fragen des Fragwürdigsten trägt und lenkt.[148]

Heidegger verfolgt offenbar mit seiner Philosophie das Ziel, ein solches Mitwissen zu stiften. Ob ihm dies aber gelingt und ob und wie so etwas überhaupt möglich ist, soll hier nicht weiter diskutiert werden. Philosophie wäre dann eine Art *Performance*, als die sie in bestimmten Spielarten der französischen Postmoderne bzw. Dekonstruktion tatsächlich aufgefasst wurde,[149] und würde nicht nur über eine Verwandlung schreiben, sondern diese auch selbst hervorrufen wollen. In *dieser* Arbeit soll aber vor allem *über* diese Verwandlung geschrieben werden, obwohl dabei durchaus die These vertreten wird, dass man sie ganz nur in ihrem persönlichen Nachvollzug verstehen kann. Mit dem immer wieder vorgebrachten Hinweis, dass die hier verwendete Erläuterungssprache, wie zum Beispiel von der Situation des Menschen oder der Grundlosigkeit des Seienden, streng genommen sinnlos ist und nur im Vollzug erfahren werden kann, hat aber letztlich auch diese Arbeit einen performativen Aspekt. Der Gedanke des Nachvollzugs wurde in Abschnitt 4.1 auch anhand von Wittgenstein erläutert, dessen Philosophie zum vollständigen Verstehen ebenfalls nachvollzogen muss, was ihr, wie der Philosophie Heideggers, einen esoterischen Anstrich verleiht. Zusätzlich wird im nächsten Abschnitt hervorgehoben, dass dieser Nachvollzug auch nicht selbst herbeigeführt werden kann, sondern zwischen Aktivität und Passivität von allein geschieht, was sich mit dem Konzept der Gnade verbinden lässt.[150]

---

[148] GA 66, S. 245.

[149] Man denke nur an die späteren Texte des stark von Heidegger beeinflussten Derrida. Erinnert sei auch an das in der Fußnote oben zitierte Konzept der *negativen Performativität*, das Guidi 2014 anhand von Heideggers früher Phänomenologie entwickelt.

[150] Wie es in der Geistesgeschichte eine lange Tradition der Kritik an der christlichen Gnadenvorstellung gab und gibt, wird auch der esoterische Charakter von Heideggers Philosophie oft kritisiert. So heißt es zum Beispiel bei Schaeffler 2006: »Durch sein Verständnis der ontologischen Differenz entzieht Heidegger sich selbst alle Möglichkeit der Abwägung von Argumenten und Gegenargumenten. Wer bestreitet, daß das Seiende uns unter seinen Anspruch stellt, wertet damit das Seiende als solches ab. Er kann dann das Seiende und seinen Anspruch nicht mehr als die Erscheinungsgestalt begreifen, an deren korrekter Beschreibung sich jede Aussage über den Bedeutungs-

Die anvisierte Verwandlung kann nun offenbar die Form großer Zusammenbrüche annehmen, wie es bei Schelling zitiert wurde, aber auch von kleinen Irritationen im Alltag ausgehen. Dies kann hier kurz mit Wittgenstein erläutert werden, der in einem seiner zahlreichen Beispiele aus der konkreten Alltagspraxis in *Über Gewißheit* auch einen Bezug zur Religiosität herstellt. Wenn ein Kaufmann auf den Gedanken verfällt, sich seiner Äpfel zu versichern, könnte er bemerken, dass er streng genommen auch die Untersuchung der Äpfel untersuchen müsste. Damit würde er sofort in einen skeptischen Regress geraten, der die Objektivität des Blicks von nirgendwo verlangt, die aber wörtlich verstanden nicht sinnvoll denkbar ist. Wenn er schließlich aus diesem Blick in den Abgrund des Regresses zurück zu seinen Äpfeln findet, hat sich sein Verhältnis zu ihnen laut Wittgenstein verändert. Man könnte sagen, dass er ihre Gegenwart einfach anerkennen muss, was man auch als eine Haltung des grundlosen Vertrauens charakterisieren könnte, die der Haltung des religiösen Glaubens nahekommt: »Wenn der Kaufmann jeden seiner Äpfel ohne Grund untersuchen wollte, um ja recht sicherzugehen, warum muß er (dann) nicht die Untersuchung untersuchen? Und kann man nun hier von Glauben reden (ich meine, im Sinne von religiösem Glauben, nicht von Vermutung)?«[151] Weiterhin wird in Abschnitt 5.4 ein Verweis auf die konkrete Alltäglichkeit auch bei Heidegger zitiert, der mit Bezug auf ein Fragment des Heraklit erläutert, inwiefern sich das Göttliche als Verweis auf das Unbegreifliche Dass des Seienden auch am wärmenden Backofen zeigt. Man kann hier von einem Gradualismus von mehr oder weniger starken Erfahrungen der Irritation sprechen, in denen man sich und die Welt auf eine neue Weise versteht und in diesem Sinne verwandelt wird. Diese Änderung des Ver-

---

gehalt, den Anspruch des Seins, bewähren muß. Wenn er dann aber gleichzeitig den Anspruch erhebt, einen unmittelbaren Bezug zum Sein erreicht zu haben, seinen Anspruch und seine Gunst zu ›sehen‹, hat er keine Möglichkeit mehr, die Berechtigung dieses Anspruchs, den er erhebt, durch Argumente zu überprüfen. Dann aber muß auch der Leser auf jede eigene Verantwortung verzichten. Denn wer den Anspruch erhebt, das Wahre unmittelbar ›gesehen‹ zu haben, erweckt den Anschein: Wer die Wahrheit des so gesprochenen Wortes nicht auch seinerseits ›sieht‹ und deshalb nach Gründen verlangt, beweist nur, daß er für diese Wahrheit des Seins ›blind‹ ist«, a. a. O., S. 111. Es ist zwar ein stichhaltiger Vorwurf, dass Heidegger nicht argumentiert, aber es kommt dennoch auf den persönlichen Nachvollzug des Denkens und den entsprechenden Übergang von Stimmung und Verstehen an, für den man tatsächlich auf eine Art Gunst angewiesen ist.
[151] ÜG, §459.

stehens geht immer einher mit einer Änderung der Stimmung und durchläuft dabei die negativen Stimmungen der Angst, des Erschreckens oder Entsetzens, wobei im nächsten Abschnitt gezeigt wird, dass das Ergebnis dieser Wandlung mit positiven Stimmungen wie der der Gelassenheit oder des Getragenseins verbunden ist. Da es überdies fraglich ist, ob man hier von einem Prozess mit einem Ergebnis sprechen kann, wird dort auch der Primat der negativen Stimmungen kritisch zu hinterfragen sein.

Gegen die Auffassung der Verwandlung als eines Prozesses spricht, dass sie in allen Fällen als etwas Momenthaftes beschrieben wird, weshalb, streng genommen, in diesem Moment das Ergebnis bereits vorliegt und nicht von einem Vorgang zu trennen ist. Außerdem kann das Ergebnis nur in Bezug auf den Vorgang verstanden werden, was im nächsten Abschnitt noch genauer erläutert wird. Es handelt sich zwar nicht um einen einmaligen Vorgang, da solche Umwendungen offenbar in stärkerer oder schwächerer Ausprägung immer wieder vorkommen können, es geht aber jedes mal um eine plötzliche Veränderung, da sich Stimmung und Verstehen gleichzeitig in einem Augenblick ändern. So spricht Tillich in der oben zitierten Passage von den *Augenblicken* des Schreckens bei Luther und Burch 2009 hält zu der Transformation als zentraler christlicher Konzeption fest: »Essential to the Christian concept of a person is the capacity to be transformed – to change from a sinner to a believer – in a moment, or in Paul's famous phrase, in ›the twinkling of an eye‹.«[152] William James bezeichnet diese Transformation als eine *zweite Geburt*, die ebenfalls in einem Augenblick stattfindet, wie Schneider 2014 erläutert: »Bei denjenigen, die James als ›zweimal geboren‹ bezeichnet, ist die Gewinnung dieser Sehweise oft plötzlich, von der Art eines Gestaltwandels, nach dem die Welt in einem ganz anderen Licht erscheint als vorher, obwohl sich in den Einzelheiten nichts verändert hat.«[153]

---

[152] A. a. O., S. 219. Burch bezieht sich hier auf den ersten Brief des Paulus an die Korinther, in dem es in der Übersetzung von Luther heißt: »Wir werden aber alle verwandelt werden; und das plötzlich, in einem Augenblick, zur Zeit der letzten Posaune«, 1. Korinther 15, 51 f. Im nächsten Kapitel wird gezeigt, dass dieser Augenblick bei Heidegger nicht mit der letzten Posaune, sondern mit dem letzten Gott verbunden ist.

[153] A. a. O., S. 54, Hervorhebung gelöscht. Darüber hinaus sieht James im hier beschriebenen Übergang einer existenziellen Verunsicherung zu einem neuen Vertrauen das Zentrum des Religiösen überhaupt: »Zwar vernichten sich die sich bekriegen-

Auch die Verwandlung, die Heidegger intendiert, findet in besonderen Augenblicken statt. So spricht er etwa im *Kantbuch* davon, »[…] daß die höchste Form der Existenz des Daseins sich nur zurückführen läßt auf ganz wenige und seltene Augenblicke der Dauer des Daseins zwischen Leben und Tod, daß der Mensch nur in ganz wenigen Augenblicken auf der Spitze seiner eigenen Möglichkeit existiert, sonst aber inmitten seines Seienden sich bewegt.«[154] Aber auch in der Antrittsvorlesung *Was ist Metaphysik?* wird das Augenblickhafte der Verwandlung betont, wenn es dort heißt: »Dieses Geschehen ist möglich und auch wirklich – wenngleich selten genug – nur für Augenblicke in der Grundstimmung der Angst.«[155] Dort wird auch genauer diskutiert, was mit diesem Augenblick gemeint ist: »Doch was heißt es: diese ursprüngliche Angst geschieht nur in seltenen Augenblicken? Nichts anderes als: das Nichts ist uns zunächst und zumeist in seiner Ursprünglichkeit verstellt.«[156] Heidegger geht es in seiner Umwendung um ein neues Verhältnis zur faktischen Lebenserfahrung, die dem Menschen so geläufig ist, dass ihm das, was in der Umwendung erlebt wird, also etwa dessen Faktizität, die, wie im zweiten Kapitel erläutert, mit der Rede vom Nichts thematisiert wird, in den normalen Lebensvollzügen nicht auffällt. Dabei ist dem Menschen sein Dasein in *jedem* Moment unbegreiflich gegeben, und in diesem Sinne nichtet das Nichts ständig. Aber nur in besonderen Augenbli-

---

den Götter und Formeln der verschiedenen Religionen gegenseitig, aber es gibt dennoch eine gewisse einheitliche Botschaft, in der sich alle Religionen zu treffen scheinen. Sie besteht aus zwei Teilen: 1. einem Unbehagen, und 2. der Befreiung von ihm. 1. Das Unbehagen besteht, auf die einfachste Formel gebracht, aus dem Gefühl, daß mit uns in unserem natürlichen Zustand *irgend etwas nicht stimmt*. 2. Die Befreiung besteht aus dem Gefühl daß wir *von der Unstimmigkeit geheilt* werden, wenn wir mit den höheren Mächten in die richtige Verbindung treten«, James 1997, S. 487, Hervorhebungen im Original. Ob man dabei mit höheren Mächten in Verbindung tritt oder sich grundlos getragen weiß, läuft auf dasselbe hinaus, da es sich in beiden Fällen im Sinne von Abschnitt 3.4 um absolute Metaphern handelt, die die Situation des Menschen vergegenwärtigen. Außerdem macht James an dieser Stelle auf die auch hier herausgearbeitete Gleichzeitigkeit von Irritation und grundlosem Vertrauen aufmerksam: »Insofern der Einzelne an der Unstimmigkeit leidet und sie kritisiert, ist er in seinem Denken schon über sie hinaus und in zumindest potentieller Berührung mit etwas Höherem«, ebd.

[154] GA 3, S. 290. Diese Stelle bezieht Safranski 2001 auf das oben zitierte nächtliche Erlebnis Heideggers im Kloster Beuron: »Ein solcher Augenblick war für Heidegger der Besuch der nächtlichen Messe in der Klosterkirche von Beuron«, a. a. O., S. 216.

[155] GA 9, S. 111.

[156] GA 9, S. 116.

cken wird diese Faktizität erfahren: »Das Nichts nichtet unausgesetzt, ohne daß wir mit dem Wissen, darin wir uns alltäglich bewegen, um dieses Geschehen eigentlich, wissen.«[157] Genauer spricht Heidegger von der »[…] ständige[n] und freilich verdunkelte[n] Offenbarkeit des Nichts, das ursprünglich nur die Angst enthüllt. Darin liegt aber: diese ursprüngliche Angst wird im Dasein zumeist niedergehalten. Die Angst ist da. Sie schläft nur. Ihr Atem zittert ständig durch das Dasein.«[158] Mit der Metapher des *Schwebens*, die ebenfalls schon im zweiten Kapitel besprochen wurde, benennt Heidegger schließlich die Haltung nach dem existenziellen Durchgang der Angst, nach dem man in einer anderen Weise, nämlich schwebend, zur faktischen Lebenserfahrung zurückfindet. Zu diesem Schweben kommt man aber nur in besonderen und seltenen Augenblicken:

Die ursprüngliche Angst kann jeden Augenblick im Dasein erwachen. Sie bedarf dazu keiner Weckung durch ein ungewöhnliches Ereignis. Der Tiefe ihres Waltens entspricht das Geringfügige ihrer möglichen Veranlassung. Sie ist ständig auf dem Sprunge und kommt doch nur selten zum Springen, um uns ins Schweben zu reißen.[159]

Mit der Metapher des Springens ist ein weiterer Aspekt der Wandlung angesprochen, die sich nicht nur in einem Augenblick vollzieht, sondern dabei auch diskontinuierlich ist. Die gleichzeitige Änderung von Verstehen und Stimmung geschieht in einem Sprung. Diese Metapher hat eine lange Geschichte im Zusammenhang mit religiösen Konversionen. So spricht bereits Lessing von einem Sprung über den »garstigen, breiten Graben«, es gibt den »salto mortale« bei Jacobi und die Kritik von Kant an diesem Konzept.[160] In der Schelling-Forschung wird die Wende von negativer zu positiver Philosophie ebenfalls als Sprung bezeichnet,[161] der Sprung spielt bekanntlich bei Kierkegaard eine entscheidende Rolle und findet sich ebenfalls bei Jaspers, und im nächsten Abschnitt wird aus dem Römerbriefkommentar Karl Barths zitiert, der Glaube sei ein Sprung ins Ungewisse. Heidegger

---

[157] GA 9, S. 116.
[158] GA 9, S. 117.
[159] GA 9, S. 118. Die Seltenheit dieses Durchgangs wird unter anderem auch in den *Beiträgen* betont: »Die völlige Ungewöhnlichkeit des Seyns gegen alles Seiende verlangt denn auch die Ungewöhnlichkeit des ›Erfahrens‹ des Seyns; die Seltenheit solchen Erfahrens und Wissens ist daher auch nicht erstaunlich. Solches Wissen läßt sich nicht geradehin bewerkstelligen«, GA 65, S. 481.
[160] Zu diesen Beispielen vgl. Scholtz 1967, S. 215 ff.
[161] Vgl. Scholtz 1967, S. 224

erläutert den Sprung besonders ausführlich in den *Beiträgen*.[162] In der Schrift *Das Ereignis* von 1941/42 wird die Vorbereitung des Übergangs – hier in die Wahrheit des Seyns – als Schritt an den Abgrund charakterisiert, der dann selbst nur im Sprung zu erreichen ist:

Das wesentliche Denken erklärt nicht, sondern versetzt in die Wahrheit des Seyns; genauer: es bereitet diese Versetzung vor, indem es in das Fragen entrückt, welche Entrückung eine stimmend-gestimmte ist. Das Fragen aber ist Er-fragen der Wahrheit des Seyns. Dieses Er-fragen ist jedesmal der Schritt an den Ab-grund des Da-seins, das nur im Sprung erreicht wird.[163]

Hier geht es sowohl um die Stimmung, als auch um das Verstehen, zu dem das Fragen und die Rede vom Abgrund und von der Versetzung in die Wahrheit des Seins gehört. Die gleichzeitige Änderung von Verstehen und Stimmung geschieht laut Heidegger offenbar diskontinuierlich in einem Sprung. In den *Beiträgen* macht Heidegger darüber hinaus geltend, dass dieser Sprung kein aktiver Vollzug eines Subjekts ist, sondern sich von selbst ereignet, der Sprung wird in diesem Sinne als ein geworfener Entwurf charakterisiert: »Der Sprung (der geworfene Entwurf) ist der Vollzug des Entwurfs der Wahrheit des Seyns im Sinne der Einrückung in das Offene, dergestalt, daß der Werfer des Entwurfs als geworfener sich erfährt, d. h. er-eignet durch das Seyn.«[164] Dieses passive Moment der Verwandlung macht Hailer 2014 ganz allgemein für religiöse Umwendungen geltend, die er, wie bereits oben erläutert, mit dem Begriff des Gestaltwandels bei Wittgenstein zitiert: »Weitgehend einig ist sich die Debatte, dass Erfahrungen des Gestaltwandels nicht willentlich erzeugt werden können. Sie sind ein Ereignis des Passivs und also ein Widerfahrnis.«[165] Der Aspekt der Passivität wird im nächsten Abschnitt noch genauer besprochen und mit der theologischen Konzeption der Gnade in Verbindung gebracht.

Zu der Passivität der sprunghaften Verwandlung gehört auch, dass nicht klar ist, wohin sie führt, da die gleichzeitige Änderung

---

[162] GA 65, S. 227–289.

[163] GA 71, S. 309.

[164] GA 65, S. 239, Hervorhebung gelöscht. Dazu gehört auch die vielzitierte Bemerkung über den Status des Sprechens vom Ereignis, das ebenfalls als geworfener Entwurf bestimmt wird: »Indem der Werfer entwirft, ›vom Ereignis‹ denkerisch sagt, enthüllt sich, daß er selbst, je entwerfender er wird, um so geworfener schon der Geworfene ist«, ebd.

[165] A. a. O., S. 209.

von Verstehen und Stimmung in einem Augenblick kein kontrollierter Vorgang ist, sondern aktiv-passiv mit einem geschieht: »Das Denken springt nicht in etwas schon Gegebenes […], sondern sein Sprung selbst läßt erst den Bereich entspringen, in den man springt.«[166] Dennoch ist die sprung- und augenblickshafte Änderung von Stimmung und Verstehen nicht beliebig, sondern steht für etwas, das sich durchaus sagen lässt. So wurde bereits mehrfach zitiert, dass es um Zweifel und Irritationen geht, um mehr oder weniger große Störungen des Selbst- und Weltverständnisses, die bis zu dem großen Schritt Schellings führen können, bei dem »man selbst Gott lassen muss«. Zu diesem großen Schritt kann im Anschluss an das zweite und dritte Kapitel gesagt werden, dass es Heidegger hier um das Dass des Seienden und dessen Grundlosigkeit geht, wobei der Status dieser Konzepte bereits als bildlich analysiert wurde. Buchstäblich können diese Redeweisen genauso wenig verstanden werden, wie die Rede von Sein, Nichts, Ereignis oder eben Gott. Dennoch veranschaulichen sie auf je ihre Weise die endliche Situation des Menschen, wobei auch *diese* Redeweise nur ein weiteres Bild darstellt. Wie zu jedem Verstehen gehört zum Verstehen dieser Gehalte eine Stimmung. Bei der Umwendung in den mehr oder weniger großen Schritten handelt es sich aber zusätzlich noch um eine gleichzeitige *Änderung* von Verstehen und Stimmung, die mit dem im dritten Kapitel diskutierten Vollzug der *via negativa* zu tun hat. Davon ausgehend kann man die Umwendung so interpretieren, dass in ihr die buchstäblichen Bedeutungen dieser Gehalte destruiert werden, was in einem sprunghaften Augenblick sowohl verstanden als auch in einer Stimmungsänderung erfahren wird. Diese Destruktion des buchstäblichen Gehalts findet sich in Schellings großem Einbruch ebenso wie in Luthers Anfechtungen, in denen jeweils das Verständnis für das Ganze des Daseins fragwürdig wird, das nur mit solchen bildlichen Gehalten zu erfassen ist, die dann aber auch noch als inkonsistent erfahren werden. Diese Erfahrung, die als Blick in den Abgrund des Regresses mit starken Erschütterungen einhergehen kann, führt zu dem in Abschnitt 4.1 kurz genannten Verstehen des Nichtverstehens, bei dem es sich um ein neues, verwandeltes Welt- und Selbstverhältnis handelt, das im nächsten Abschnitt noch genauer diskutiert wird.

Zu diesen bildlichen Gehalten gehören auch das Sein, das Nichts und das Ereignis, die für das Dass des Seienden und dessen Grund-

---

[166] Esposito 1995, S. 47.

losigkeit stehen, und die laut Heidegger ebenfalls eine solche Destruktion durchlaufen müssen, da diese Begriffe, wie er immer wieder betont, nicht buchstäblich aufgefasst werden können. Auch diese Destruktion, mit der man etwa das Sein nicht mehr als etwas Seiendes begreift, geschieht in einem Sprung: »Die Selbstüberwindung des Denkens des Seins im Sinne des Vorstellens der Seiendheit bedeutet nichts Geringeres als Aufgeben *dieses* Denkens im Einsprung in ein ganz anderes.«[167] Dabei geht es um ein neues Denken jenseits der klassischen Metaphysik, die ebenfalls nur in einem Sprung verlassen werden kann:

> Wie sehr dabei noch das Fragen »nach« dem Sein des Seienden auf Grund der Vormacht des Seienden ein Anlaß zur Seinsfrage überhaupt bleiben mag, das andere Fragen »des« Seyns ist durch einen Abgrund vom metaphysischen Fragen geschieden, weshalb nur ein »Sprung« hier ins Fragen verhilft, der ein Abschied von aller Metaphysik ist.[168]

Allerdings wurde im dritten Kapitel erläutert, dass man die Metaphysik insofern nicht verlassen kann, als auch Heidegger immer auf bildliche Redeweisen angewiesen bleibt, die von Gegenständen sprechen, wo es keine Gegenstände gibt. Selbst die Rede von der Grundlosigkeit oder dem Dass des Seienden, um die es bei diesem »Fragen des Seyns« geht, hat diesen Status. Man versteht diese Gehalte dennoch, wozu aber auch der persönliche Nachvollzug ihrer Destruktion gehört, die in Angst, Schrecken und Entsetzen geschieht und zu einem Verstehen des Nichtverstehens führt. So verbindet Heidegger zum Beispiel in der Vorlesung über die *Grundfragen der Philosophie* aus dem Wintersemester 1937/38 das Dass des Seienden *ex negativo* mit der Stimmung des Erschreckens:

> Das Seiende macht sich als das Seiende breit und ist vom Seyn doch verlassen. Diese als solche überdies nicht erkannte Not der Seinsverlassenheit kommt zur Nötigung in der Grundstimmung des *Erschreckens*. Nicht mehr kann begegnen das Wunder des Seienden: daß es ist. Denn solches ist längst selbstverständlich geworden. Wohl aber öffnet sich der Abgrund dessen, daß das Seiende noch und scheinbar so wirklichkeitsnah wie nie bisher für seiend gehalten werden kann und das Sein und die Wahrheit des Seyns vergessen sind.[169]

---

[167] GA 66, S. 212, Hervorhebung im Original.
[168] GA 66, S. 352.
[169] GA 45, 196 f.

Außerdem wird das Erschrecken dort auf die Grundlosigkeit des Seienden bezogen: »Das andere Fragen kommt aus dem Erschrecken vor der Grundlosigkeit des Seienden: daß ihm kein Grund gegründet, ja die Gründung für überflüssig gehalten ist.«[170] Neben der Grundlosigkeit gibt es noch andere Möglichkeiten, den Gehalt dessen, worum es hier geht, bildlich auszudrücken und mit Stimmungen zu verbinden. Schleiermacher zum Beispiel wendet sich gegen eine metaphysische Glaubensauffassung und bestimmt die Religion dagegen als »Sinn und Geschmack fürs Unendliche«,[171] wobei auch das Unendliche unvorstellbar und nur als Bild anzusehen ist, das wie die Grundlosigkeit nicht buchstäblich verstanden werden kann. Dennoch akzentuiert das Bild der Unendlichkeit als Gegenbegriff zur Endlichkeit das Bild der endlichen Situation des Menschen, und mit der Rede von Sinn und Geschmack wird ebenfalls ein gestimmtes Verstehen dieses Bildes angedeutet. Dieser Sinn und Geschmack kann sich dabei bis zu der Stimmung des Erschreckens ausweiten und auch auf die von Heidegger und den Religionen intendierte Umwendung bezogen werden. So gehört zu Schellings Verwandlungserlebnis, dass er sich »mit dem Unendlichen allein gesehen« hat, wozu hier der Aphorismus *Im Horizont des Unendlichen* aus Nietzsches *Fröhlicher Wissenschaft* zitiert sei, der ebenfalls die Schrecken des Unendlichen ausmalt und bemerkenswerterweise unmittelbar vor dem Aphorismus steht, in dem der tolle Mensch den Tod Gottes proklamiert und daran verzweifelt:

Wir haben das Land verlassen und sind zu Schiff gegangen! Wir haben die Brücke hinter uns – mehr noch, wir haben das Land hinter uns abgebrochen! Nun, Schifflein! sieh dich vor! Neben dir liegt der Ocean, es ist wahr, er brüllt nicht immer, und mitunter liegt er da wie Seide und Gold und Träumerei der Güte. Aber es kommen Stunden, wo du erkennen wirst, dass er unendlich ist und dass es nichts Furchtbareres giebt, als Unendlichkeit. Oh des armen Vogels, der sich frei gefühlt hat und nun an die Wände dieses Käfigs stösst! Wehe, wenn das Land-Heimweh dich befällt, als ob dort mehr Freiheit gewesen wäre, – und es giebt kein »Land« mehr![172]

Es geht hier aber nicht nur um das erschreckende Bild des Unendlichen oder der Grundlosigkeit selbst, sondern auch um die Einsicht in die Unmöglichkeit dieser Bilder. In der *via negativa* werden auch

---

[170] GA 45, S. 198.
[171] Schleiermacher 2003, S. 36.
[172] KSA 3, S. 480, Hervorhebung gelöscht.

diese Bilder zurückgenommen und als inkonsistent, aber unvermeidbar destruiert. Zu dieser Destruktion gehört eine Änderung der Stimmung, die mit dem Übergang von einem vermeintlichen Verstehen zu einem Nichtverstehen und einer dem Nichtverstehen angemessenen neuen Haltung einhergeht, die im nächsten Abschnitt als grundloses Vertrauen näher bestimmt wird. Die Angst in Bezug auf das Nichts wird verwandelt mit der Einsicht in den Status der Rede vom Nichts, die wie alle Einsichten als ein *neues* Verstehen auch mit einer *neuen* Stimmung verbunden ist. Sowohl Schellings großer Schritt als auch Luthers Anfechtungen können als eine solche Änderung vom Verstehen zum Verstehen des Nichtverstehens mit einer entsprechenden Änderung der Stimmung aufgefasst werden. Es handelt sich um das Scheitern des Versuchs, die unbegreifliche Situation des Menschen zu durchschauen. Dieses Scheitern ist eine besondere Weise der oben diskutierten Irritationen, die das Ganze der Welt betrifft. Auch diese Form der Irritation kann in verschieden starken Ausprägungen auftreten und durchaus zu den großen Zusammenbrüchen führen, die oben erwähnt wurden. Heidegger spricht in seiner *Schelling*-Vorlesung positiv von einem solchen Scheitern, das zu einer neuen Haltung bzw. zu einem neuen Anfang führt. Diese positive Rolle des Scheiterns findet sich in folgender Passage, deren Zitat Guagliardo 1989 mit Bezug auf den Zusammenbruch großer Denker wie folgt einleitet: »Heidegger, who was no stranger in his study to the phenomenon of great thinkers who endured breakdowns, e. g. Schelling, Nietzsche, Hölderlin – and St. Thomas – further remarks:«[173]

Schelling aber mußte – wenn das gesagt werden darf – am Werk scheitern, weil die Fragestellung bei dem damaligen Standort der Philosophie keinen inneren Mittelpunkt zuließ. Auch der einzige wesentliche Denker nach Schelling, Nietzsche, ist an seinem eigentlichen Werk, dem »Willen zur Macht«, zerbrochen, und das aus dem gleichen Grunde. Aber dieses zweimalige große Scheitern größter Denker ist kein Versagen und nichts Negatives, im Gegenteil. Das ist das Anzeichen des Heraufkommens eines ganz Anderen, das Wetterleuchten eines neuen Anfangs. Wer den Grund dieses Scheiterns wahrhaft wüßte und wissend bewältigte, müßte zum Gründer des neuen Anfangs der abendländischen Philosophie werden.[174]

Heidegger hat sich offenbar als einen solchen Gründer gesehen und übergeht dabei seine zahlreichen Quellen, zu denen auch die Mystik

---

[173] A. a. O., S. 442.
[174] GA 42, S. 5.

gehört, in der laut Wolz-Gottwald 1997 das Scheitern des Denkens eine ganz ähnliche, nämlich transformative Rolle spielt: »Heidegger meint gerade im Unvermögen des Erklärens, das Denken vor die Sache zu bringen, um die es ihm letztlich geht. Und auch in der Mystik bedeutet denkende Reflexion die Einübung dieses Unvermögens.«[175] Im weiteren Verlauf der Vorlesung erläutert Heidegger noch allgemeiner die Rolle des Scheiterns in der Philosophie, das nämlich in den Worten dieser Denkphase zum Vollzug der Offenbarkeit des Seyns führt und damit zu der im nächsten Abschnitt zu diskutierenden neuen Haltung:

[…] denn *jede* Philosophie scheitert, das gehört zu ihrem Begriff. Der gemeine Verstand freilich folgert daraus: also lohnt es sich nicht!, weil ihm ja nur das als etwas gilt, was greifbar sich lohnt. Der Philosoph folgert umgekehrt daraus die unzerstörbare Notwendigkeit der Philosophie, und dieses nicht in der Meinung, als könnte eines Tages doch dieses Versagen überwunden und die Philosophie »fertig« gemacht werden. Vollendet ist die Philosophie immer dann, wenn ihr Ende das wird und bleibt, was ihr Anfang ist, die Frage. Denn nur indem die Philosophie wahrhaft im Fragen stehen bleibt, zwingt sie das Frag-würdige in den Blick; indem sie aber dieses der höchsten Frage Würdigste eröffnet, wirkt sie mit am Vollzug der Offenbarkeit dessen, was von Grund aus das Nichts und das Nichtige überwindet und übersteigt, am Vollzug der Offenbarkeit des Seyns.[176]

Zum Abschluss dieses Abschnitts sei der Gedanke des scheiternden Denkens auf Stanley Cavells Umgang mit dem Skeptizismus bezogen, der von einem skeptischen Durchgang spricht, der die Welt unheimlich und unvertraut erscheinen lässt, weshalb es gilt, ein neues Vertrauen zur Welt zu gewinnen, die nach einer skeptischen Beunruhigung nicht mehr die gleiche ist:

Die Wiederkehr dessen, was wir als Welt akzeptieren, wird sich dann als eine Wiederkehr des Vertrauten darstellen, wird also wiederkehren unter dem begrifflichen Banner des Unheimlichen, von dem Freud gesprochen hatte. Dass das Vertraute Produkt eines Gefühls des Unvertrauten und einer Wiederkehr ist, bedeutet, dass das, was nach dem Durchgang durch den Skeptizismus zurückkehrt, niemals (schlicht) gleich ist.[177]

---

[175] A.a.O., S. 77, der Hinweis in Wolz-Gottwald 1997 auf die existenzielle Transformation in der Mystik wurde oben bereits zitiert.
[176] GA 42, S. 169, Hervorhebung im Original.
[177] Cavell 2002, S. 93.

Dies erinnert an die hier besprochene Verwandlung, die ebenfalls angesichts eines scheiternden Denkens zu einem neuen Verhältnis zur Welt führt, wobei die Unheimlichkeit bei Cavell auf das Erschrecken bei Heidegger bezogen werden kann. In beiden Fällen geht es um eine Irritation in Bezug auf die Kontingenz und die Endlichkeit des Daseins, die laut Hunziker 2014 auch hinter Cavells Lesart des Skeptizismus steht.[178] Außerdem ist ein solcher skeptischer Durchgang keine einmalige Angelegenheit einer großen Bekehrung, was im nächsten Abschnitt auch für die mehr oder weniger großen Störungen oder Zusammenbrüche geltend gemacht wird, sondern findet immer wieder statt, etwa anhand kleiner Irritationen in der Alltagspraxis, wofür oben der Kaufmann bei Wittgenstein zitiert wurde, dessen Äpfel ihm plötzlich fragwürdig erscheinen. Die kleinen Schritte solcher Einsichten und Wandlungen pointiert Davide Sparti mit Bezug auf Cavell wie folgt:

Die Wiederentdeckung des Gewöhnlichen stellt sich somit nicht als einmalige Reise dar, sondern als unzählige kleine Übergänge, die durch wiederholtes Sichverlieren und Sichwiederfinden veranlaßt sind, als eine Reihe von Übergängen, durch die eben diese Gewöhnlichkeit, Normalität oder Allgemeinheit ihrerseits wiederaufgenommen und wiederhergestellt, akzeptiert und gemeinsam gelebt werden muß.[179]

Wie Heidegger auf eine verwandelte Weise zur faktischen Lebenserfahrung zurückführen will, geht es bei Cavell um die Wiederentdeckung des Gewöhnlichen, das im skeptischen Durchgang unheimlich wird, und zu dem daher ein *neues* Vertrauen herzustellen ist, und zwar immer wieder. Die zugehörige Verwandlung hat eine starke Ähnlichkeit zur klassischen Metanoia. Sie geschieht in den Stimmungen des Erschreckens und Entsetzens in schmerzvollen Grenzsituationen, die von kleinen Irritationen bis zu schweren Zusammenbrüchen reichen können. Außerdem passiert sie sprunghaft in einer Mischung aus Aktivität und Passivität in einem Moment und hat mit Grenzreflexionen in Bezug auf das Dass bzw. die Grundlosigkeit des Seien-

---

[178] »Cavell lanciert die Skeptizismusdebatte auf neue Weise. Seiner Auffassung nach lassen sich beide, sowohl der Skeptiker wie der Anti-Skeptiker von diesem Schrecken über die Kontingenz und Endlichkeit unseres Sprechens und Handelns bestimmen. [...] Auch wenn der Skeptiker unser Nicht-Wissen betont und der Anti-Skeptiker unser Wissen, beide sind vom metaphysischen Impuls bestimmt, dass unser Sprechen und Handeln auf mehr gegründet sein muss, als auf jenem wirbelnden Organismus, den Wittgenstein ›Lebensform‹ nennt«, a.a.O., S. 196.
[179] Sparti 1998, S. 235.

den zu tun. Dabei geht es insbesondere um die Destruktion auch noch dieser bildlichen Ausdrücke, deren Inkonsistenz es ebenfalls zu erfahren gilt. Die entsprechende Verwandlung wurde als eine gleichzeitige Änderung von Verstehen und Stimmung rekonstruiert, die zu einem Verstehen des Nichtverstehens führt, das in der Haltung eines grundlosen Vertrauens erfahren wird. Dabei deutete sich bereits an, dass dieses Ergebnis der Verwandlung nicht vom Vorgang der Änderung getrennt werden kann, da diese Haltung nur in Bezug auf die Destruktion des vermeintlichen Begreifens zu verstehen ist. Dies wird zu berücksichtigen sein, wenn es nun im nächsten Abschnitt um diese neue Haltung geht.

4.4 Gelassenheit und grundloses Vertrauen

Die vorliegende Arbeit sieht den Kern des religiösen Glaubens in einer besonderen Haltung zur Welt, bei der es nicht um das Fürwahrhalten metaphysischer Aussagen geht, sondern um die Erfahrung einer Umwendung, auf die der Glaube bezogen bleibt. Wenn dies auch nicht auf alle Spielarten des religiösen Glaubens zutrifft und diesen auch nicht vollständig erfasst, handelt es sich bei diesem Ansatz doch um eine Möglichkeit, den Glauben nicht theistisch zu verstehen, was in vielen religiösen Traditionen, wie etwa der negativen Theologie oder der Mystik, angelegt ist. Auch Heideggers Alternativkonzeptionen der Inständigkeit, Verhaltenheit und Gelassenheit können als grundlegende Haltungen angesehen werden, die ebenfalls aus einer Umwendung hervorgehen, und in denen die Welt als grundloses Ereignis aufgefasst wird, in der man inne steht, wie man laut Meister Eckhart in Gott steht,[180] womit nach der hier vertretenen Linie auch Eckhart auf die Grundlosigkeit der Welt verweist. Diese Grundlosigkeit wird in Augenblicken des Erschreckens erfahren, was als Umwendung zu einer Haltung des grundlosen Vertrauens führt, die hier als der Kern des Glaubens verstanden wird. Die Haltung des grundlosen Vertrauens soll in diesem Abschnitt genauer untersucht werden.

Dazu wird in einem ersten Schritt die Annahme diskutiert, Metanoia und Umwendung würden in einem einmaligen Durchgang zu einem neuen Weltverhältnis führen, das dann endgültig und ein für

---

[180] Largier 2008, S. 20f.

alle Male etabliert wäre. Dagegen spricht die einfache Überlegung, dass die Umwendung von Irritationen des Selbst- und Weltverständnisses ausgeht und auch die neue Haltung zum Vollzug einer konkreten Störung gehört und daher nicht als Dauerzustand verstanden werden kann. Dies erläutert Heidegger zum Beispiel in *Besinnung*, wenn er dort davon spricht, dass auch das von ihm intendierte seinsgeschichtliche Denken auf die eigentlich zu überwindende Seinsvergessenheit bezogen bleibt:

Im seynsgeschichtlichen Denken wird nur die Oberflächlichkeit der Seinsvergessenheit durchbrochen, niemals jedoch die *Vergessenheit* selbst überwunden, sondern »nur« in ihre Abgründigkeit eröffnet. Diese Vergessenheit gehört zur Inständigkeit in der *Lichtung* des Seienden.[181]

Wie bei Cavell geht es um die Wiederentdeckung des Gewöhnlichen, das in einer Störung unheimlich wird und zu dem es ein neues Vertrauen zu gewinnen gilt, das aber als *neues* Vertrauen nur in Bezug auf diese Störung zu verstehen ist. Ohne solche Störungen ist es sinnlos, von einem neuen Vertrauen zu sprechen, weshalb auch die Inständigkeit auf die Seinsvergessenheit bezogen bleibt. Wenn auch Erfahrungen mit solchen Erlebnissen einen Menschen dauerhaft verändern und – mit einem Begriff von Thomas von Aquin – zu einem neuen *Habitus* führen können,[182] lässt sich die hier zu besprechende Haltung eines grundlosen Vertrauens nur im Zusammenhang des Vollzugs einer konkreten Störung denken. So ist bereits das Bild der Grundlosigkeit, auf das sich die Rede von einem grundlosen Vertrauen bezieht, streng genommen sinnlos, wie das dritte Kapitel gezeigt hat, kann aber zu einer Störung des Weltverhältnisses führen, die in einer gleichzeitigen Änderung von Verstehen und Stimmung erlebt wird, zu der ein entsprechendes Vertrauen gehört. Dieses neue Weltverhältnis bleibt aber auf solche Störungen bezogen und muss ihnen immer wieder abgerungen werden. Eine Umwendung ist demnach

---

[181] GA 66, S. 219, Hervorhebungen im Original.

[182] Dies erläutert zum Beispiel Hailer 2014: »Die hier gegebenen Beispiele lassen an kurzzeitige Ereignisse denken, aber es sollte klar sein, dass Wahrnehmungsveränderungen auch über lange Zeiträume geschehen. Grundlegende Einstellungen sind vermutlich von der Art, dass sie sich nur ganz selten in einem Nu ändern. Das jedenfalls legt auch die auf Thomas von Aquin [...] zurückgehende Tradition nahe, die diese Basiseinstellungen *habitus* nennt und annimmt, Gottes Einfluss auf sie sei etwas, was das ganze Leben lang anhält und nicht nur momenthaft ist«, a.a.O., S. 209. Wie im Folgenden gezeigt wird, kann aber auch eine dauerhafte Änderung nur von einzelnen, momenthaften Irritationen ausgehen.

kein einmaliger Vorgang einer endgültigen Veränderung, sondern kann nur als Reaktion auf kleinere oder größere Störungen verstanden werden, in die man immer wieder gerät und zu denen man sich immer wieder verhalten muss. Ganz in diesem Sinne ist eine Passage aus Heideggers Vorlesung zu den *Grundfragen der Philosophie* aus dem Wintersemester 1937/38 zu verstehen, in der statt von Gelassenheit noch von Verhaltenheit als der neu zu erreichenden Grundstimmung die Rede ist.[183] Diese verdankt sich zwar einem Übergang in Schrecken und Scheu, kann aber ohne diesen Übergang nicht gedacht werden und schließt immer auch Schrecken und Scheu mit ein:

> Diese Grundstimmung *der* Philosophie, d.h. der *künftigen* Philosophie, nennen wir, wenn davon überhaupt unmittelbar etwas gesagt werden darf: die *Verhaltenheit*. In ihr sind ursprünglich einig und zusammengehörig: das *Erschrecken* vor diesem Nächsten und Aufdringlichsten, daß Seiendes ist, und zugleich die *Scheu* vor dem Fernsten, daß im Seienden und vor jedem Seienden das Seyn west. Die Verhaltenheit ist jene Stimmung, in der jenes Erschrecken nicht überwunden und beseitigt, sondern durch die Scheu gerade bewahrt und verwahrt ist. Die Verhaltenheit ist die *Grundstimmung des Bezuges zum Seyn*, in welchem Bezug die Verborgenheit des Wesens des Seyns das Fragwürdigste wird.[184]

In *Das Ereignis*, einem Text von 1941/42, findet sich eine ganz ähnliche Überlegung, die in etwas umständlicher Sprache in der Erfahrung des Dass des Seins zugleich Schrecken und Wonne sieht:

> Statt dessen muß die ereignishafte Erfahrung das Seyn in seiner abgründigen Wahrheit bewahren. Das entbindet nicht von der Notwendigkeit, das Eine dieser Einheit, als das Eigentum sich ereignet, in der einzigen anfanghaften Erfahrung zu fassen. Das ist die Erfahrung, die sich in den Schmerz der ereignishaften anfänglichen Geschiedenheit stellt, in der das Daß des

---

[183] Die Kontinuität dieser Begriffe betont zum Beispiel Klun 2006: »Man könnte die Verhaltenheit als eine Denkfigur auf dem Weg zur Grundhaltung in den späteren Schriften, nämlich zur Gelassenheit, betrachten«, a.a.O., S. 537, Hervorhebung gelöscht.

[184] GA 45, S. 2, Hervorhebungen im Original. Daran schließt Heidegger noch einmal die schon diskutierte Überlegung an, dass die Erfahrung dieser Grundstimmung nicht in Worten zu vermitteln ist und nur nachvollzogen werden kann: »Nur wer sich in das verzehrende Feuer des Fragens nach diesem Fragwürdigsten stürzt, hat ein Recht, von dieser Grundstimmung mehr als nur dies hinweisende Wort zu sagen. Wenn er dieses Recht errungen hat, wird er es nicht gebrauchen, sondern schweigen. Niemals aber darf die angezeigte Grundstimmung der Gegenstand eines Geredes werden, etwa nach jener beliebten und schnellfertigen Art, die jetzt feststellt, hier werde eine Philosophie der Verhaltenheit gelehrt«, ebd.

Seyns sich lichtet. In diesem »*Daß das Sein ist*« geht das Seyn untergänglich auf aus dem anfänglichen Nichts der Versagung des Anfangs. Diesem Daß des Seyns gehört aus dem anfanghaften Schmerz des Austrags, der die Verwindung des Seyns zum Ereignis in die Anfängnis des Anfangs verwahrt, gleichursprünglich der Schrecken des Abgrundes und die Wonne des Abschieds.[185]

In der Sprache dieses Textes kann man das Sein in seiner abgründigen Wahrheit nur bewahren, wenn man immer wieder solche Augenblicke der Irritation erlebt, da nur in diesen die Rede von einem Abgrund überhaupt sinnvoll ist. Das Bild des Abgrunds gehört zu den destabilisierenden Strategien der *via negativa* und erfüllt sich erst im Augenblick des scheiternden Denkens, in dem das Unbegreifliche in einem gleichzeitigen Wechsel von Stimmung und Verstehen einleuchtet, wie Fichte das Verstehen des Nichtverstehens charakterisiert. Eine neue Haltung bleibt daher auf die Erfahrung solcher Augenblicke bezogen, ohne die es keine neue Haltung gäbe. Dies spricht insbesondere gegen die Vorstellung einer einmaligen großen Konversion. Stattdessen gibt es einen Gradualismus von mehr oder weniger starken Irritationen, die immer wieder auftreten können, dabei aber immer in einem Augenblick erlebt werden. Darunter können natürlich auch große Erlebnisse sein, die einen Saulus vom Pferd stürzen und zum Paulus werden lassen. Aber auch diese Konversion verblasst, wenn sie nicht durch weitere Irritationen erhalten wird, was unten noch anhand von Luther erläutert wird. Nach der hier vertretenen theoretischen Linie kann eine neue Haltung nur in Bezug auf die Momente scheiternden Denkens verstanden werden, und auch Heidegger macht geltend, dass solche Erfahrungen immer wieder gemacht werden müssen:

Zum künftigen Denker taugt nur, wer solche verschwiegene lange Bahnen immer wieder zu durchschreiten vermag. Wer dahin nie vorgedrungen ist und nie auf der Verwandlungsschwelle des Menschen in das Da-sein für die kurze Zeit starker Erschütterungen aller Wesenszeiträume gestanden hat, weiß nicht, was *denken* ist.[186]

Was im Besonderen die Rede vom Abgrund betrifft, auf die sich die Haltung des grundlosen Vertrauens bezieht, so wurden in Abschnitt 4.2 bereits die Bilder der Erzitterung und der Zerklüftung aus den *Beiträgen* zitiert, die die Dynamik in der Erfahrung des Seins

---

[185] GA 71, S. 169 f.
[186] GA 66, S. 41, Hervorhebung im Original.

als Grund und Abgrund zum Ausdruck bringen. Die Rede von Grund und Abgrund wird in dieser Arbeit als metaphorische Vergegenwärtigung der endlichen Situation des Menschen betrachtet, wobei diese Rede aber letztlich nur in ihrem Vollzug zu verstehen ist. Bei diesem Vollzug geht es insbesondere um die Destruktion der Vorstellungen von Grund und Abgrund, für die diese Begriffe zunächst einmal gesetzt werden müssen. Das erfahrungsmäßige Verstehen der Rede von Grund und Abgrund ist damit ein Spiel zwischen dem Setzen und Zerstören der Vorstellung eines Grundes und zittert damit tatsächlich zwischen dieser Vorstellung und ihrer Zerstörung hin und her, was man auf das Bild des Grundes bezogen mit Heidegger auch als die Zerklüftung dieses Grundes beschreiben kann. Bei Brkic 1994 heißt es dazu: »Diese ›Zerklüftung‹ besagt, daß das Sein Grund und Abgrund zugleich ist. So wie der Grund zum Ereignis gehört, so gehört auch der Abgrund zu diesem.«[187] Dabei geht es aber nicht um ontologische Bestimmungen von Sein und Ereignis in Bezug auf einen Grund, sondern um die Beschreibung eines verstehenden Erfahrens, in dem bestimmte Begriffe negiert werden, die damit für diese Erfahrung konstitutiv sind. Ganz ähnlich ist auch die schon mehrfach zitierte Dialektik bei Heidegger zu verstehen, nach der sich das Sein gerade in seinem Entzug zeigt. Es gibt nicht ein irgendwo existierendes Sein, das sich manchmal zeigt und manchmal entzieht, sondern vom Sein kann nur im Zusammenhang mit seinem Entzug gesprochen werden, der der Negation einer inkonsistenten Vorstellung entspricht, die aber dennoch zum Verstehen des Seins zunächst angenommen werden muss. In diesem Sinne kann die folgende Passage aus den *Beiträgen* verstanden werden:

Demnach ist streng genommen die Rede vom Bezug des Da-seins zum Seyn irreführend, sofern die Meinung nahe gelegt wird, als wese das Seyn »für sich« und das Da-sein nehme die Beziehung zum Seyn auf.

Der Bezug des Da-seins *zum* Seyn gehört in die Wesung des Seyns selbst, was auch so gesagt werden kann: das Seyn braucht das Da-sein, west gar nicht ohne diese Ereignung.

So befremdlich ist das Er-eignis, daß es *durch* den Bezug zum Anderen erst er-gänzt zu werden scheint, wo es doch von Grund aus nicht anders west.

Die Rede vom Bezug des Da-seins zum Seyn macht das Seyn zweideutig, zum Gegenüber, was es nicht ist, sofern es je *das, dem* es als Gegenüber

---

[187] A. a. O., S. 281.

wesen soll, selbst erst er-eignet. Daher ist auch dieser Bezug ganz unvergleichbar mit der Subjekt-Objekt-Beziehung.[188]

Die hier verwendete Metapher der Wesung des Seins kann auf die Dialektik des verbergenden Entbergens des Seins bezogen werden, da die Rede vom Sein nur in der Erfahrung einer *conceptual destabilization* zu verstehen ist, in der sich ein Begriff entzieht und gerade dadurch etwas zu verstehen gibt. Wenn aus dem Umgang mit solchen Erfahrungen die positive Haltung der Gelassenheit erwächst, bleibt auch diese auf die negativen Erfahrungen des Entzugs und der entsprechenden Irritation bezogen. Entsprechend sind die in Abschnitt 4.2 zitierten Äußerungen Heideggers zu verstehen, in denen er den Schmerz mit der Wonne und den Schrecken mit der Begeisterung verbindet. Diese Verbindung wurde dort mit den klassischen Begriffen des *mysterium tremendum* und *mysterium fascinans* aus der Religionsphänomenologie von Rudolf Otto ins Verhältnis gesetzt, was auch von Splett 1971 nahegelegt wird: »In dieser Doppelung von Entzug und Gewährung erscheint so noch einmal, nun ganz in die ruhende Stille der Gelassenheit gesammelt, das berühmte Begriffspaar Rudolf Ottos.«[189] Heidegger spricht dabei auch von der Haltung der Inständigkeit, die in ihrem Namen den Bezug zu ihrer Herkunft aus der Erfahrung erkennen lässt, an einem grundlosen Ereignis, in dem man steht, teilzuhaben, wobei diese räumlichen Metaphern zu ihrem vollständigen Verständnis destruiert und auch diese Destruktion erfahren werden muss. Man kann das Sein nie als Gegenstand begreifen, weshalb Heidegger auf das Ereignis verweist, für das aber, wie im dritten Kapitel gezeigt, dieselbe Einschränkung gilt: »Das seynsgeschichtliche Denken des Seyns ist vom Seyn als das ihm ganz Fremde er-eignet und in die Wahrheit des Seyns zu deren Gründung gewiesen. Das Seyn ist nie Gegenstand, sondern das Er-eignis, in dessen zu ihm gehöriger Lichtung das Denken inständig wird.«[190] Hei-

---

[188] GA 65, S. 254, Hervorhebungen im Original.

[189] A. a. O., S. 182. Neben der Wonne und der Begeisterung bringt Heidegger in diesem Zusammenhang auch die Stimmung der Heiterkeit ins Spiel, die ebenfalls den Schrecken der Umwendung in sich aufnimmt: »Die Zuversicht ist nicht an das Vorhandene gekettet und auf kein Seiendes gebaut. Vom Seyn wird sie ereignet als die stets anfängliche und nie in eine Gewöhnung hinabfallende Heiterkeit des langen Mutes zur Wächterschaft über die Bereitung zum Ereignis. Diese Heiterkeit ist stark genug, auch noch das Erschrecken vor der Seinsverlassenheit des Seienden in das Wesen der Zuversicht aufzunehmen«, GA 69, S. 212.

[190] GA 66, S. 210.

degger bezieht das Innestehen im Ereignis auch auf das Denken, das sich nicht selbst einholen kann und als Ereignis, in dem man steht, aufgefasst werden muss, was als das Eingeständnis eines Rätsels bezeichnet wird:

Das ist das harrende Innestehen inmitten der selbst verhüllten Wahrheit des Seins. Denn aus der Inständigkeit allein vermag sich der Mensch als der Denkende in seinem Wesen aufzuhalten. Wenn das Denken sich anschickt zu denken, steht es schon im Eingeständnis des Rätsels der Seinsgeschichte. Denn sobald es denkt, hat sich ihm das Sein schon zugedacht.[191]

Dieses Eingeständnis des Rätsels in der Inständigkeit korrespondiert mit der Offenheit für das Geheimnis, mit dem die Gelassenheit in einem Vortrag von 1955 verbunden wird. In diesem Vortrag, der auch den Titel *Gelassenheit* trägt, geht es um den Umgang mit der Technik, und entgegen weitverbreiteter Meinung hängt Heidegger keineswegs einer konventionellen Technikkritik an, sondern betrachtet auch die Technik als Teil des Ereignisses, in dem der Mensch sich befindet, und was es auf die rechte Weise zu verstehen gilt. Dazu führt er aus, dass man die Technik benutzen kann, ohne sie zu verabsolutieren: »Wir lassen die technischen Gegenstände in unsere tägliche Welt herein und lassen sie zugleich draußen, d. h. auf sich beruhen als Dinge, die nichts Absolutes sind, sondern selbst auf Höheres angewiesen bleiben.«[192] Dazu gehört eine Auffassung der Technik als eines vorgängigen Geschehens, das dem Menschen entzogen bleibt, und in demselben Sinne als Geheimnis bezeichnet werden kann, in dem die Seinsgeschichte im Zitat oben als Rätsel charakterisiert wurde:

Der Sinn der technischen Welt verbirgt sich. Achten wir nun aber eigens und stets darauf, daß uns überall in der technischen Welt ein verborgener Sinn anrührt, dann stehen wir sogleich im Bereich dessen, was sich uns verbirgt und zwar verbirgt, indem es auf uns zukommt. Was auf solche Weise sich zeigt und zugleich sich entzieht, ist der Grundzug dessen, was wir das Geheimnis nennen. Ich nenne die Haltung, kraft deren wir uns für den in der technischen Welt verborgenen Sinn offenhalten: *die Offenheit für das Geheimnis.*[193]

---

[191] GA 67, S. 240.
[192] GA 16, S. 527.
[193] GA 16, S. 527 f., Hervorhebungen im Original. Eine entsprechende positive Bestimmung des Geheimnisses findet sich bereits in der *Hölderlin*-Vorlesung aus dem Wintersemester 1934/35: »Das Geheimnis ist nicht eine jenseits der Wahrheit liegende Schranke, sondern ist selbst die höchste Gestalt der Wahrheit; denn um das Ge-

Diese Haltung wird genauer als ein gleichzeitiges Ja und Nein zur Technik bestimmt und schließlich als Gelassenheit bezeichnet: »Ich möchte diese Haltung des gleichzeitigen Ja und Nein zur technischen Welt mit einem alten Wort nennen: *die Gelassenheit zu den Dingen.*«[194] Als eine solche Haltung wird die Gelassenheit außerdem mit der Offenheit für das Geheimnis und beides mit einer Verwandlung des Weltverhältnisses verbunden: »Die Gelassenheit zu den Dingen und die Offenheit für das Geheimnis gehören zusammen. Sie gewähren uns die Möglichkeit, uns auf eine ganz andere Weise in der Welt aufzuhalten.«[195] Die Konzeption des gleichzeitigen Ja und Nein zu den technischen Dingen stammt offenbar wieder aus einer religiösen Quelle, was hier kurz anhand der frühen Vorlesung zur *Phänomenologie des religiösen Lebens* gezeigt werden soll, in der es um das *os me*, das *als ob nicht* des Paulus geht. In dieser Vorlesung wird der Glaube des Urchristentums ganz im Sinne dieser Arbeit wie folgt als eine grundlegende Haltung charakterisiert, die auf momenthaften Erfahrungen beruht: »Die christliche faktische Lebenserfahrung ist dadurch historisch bestimmt, daß sie entsteht mit der Verkündigung, die den Menschen in einem Moment trifft und dann ständig mitlebendig ist im Vollzug des Lebens.«[196] Diese religiöse Haltung des Mitlebendigseins der Verkündigung im Vollzug des Lebens unterscheidet Heidegger von dem Fürwahrhalten metaphysischer Aussagen, indem er von den »Lehrstücken des Paulus« sagt: »[S]ie sind und bleiben eingespannt in das Wie, in das Leben; es handelt sich nicht um eine spezifisch theoretische Lehre.«[197] Wie im *Gelassenheitsvortrag* die technischen Herausforderungen nicht geleugnet werden, sondern als zu bewältigende Probleme bestehen bleiben, die lediglich einer anderen, nämlich gelassenen Einstellung bedürfen, so heißt es ganz entsprechend über das Leben der urchristlichen Gemeinde: »Die Bedeutsamkeiten des Lebens bleiben bestehen, aber ein neues Verhalten entsteht.«[198] Dieses neue Verhalten betrifft den alltäglichen Vollzug des Lebens, der im Urchristentum in der Haltung des Glaubens immer auf Gott bezogen ist: »Alle primären Vollzugs-

---

heimnis wahrhaft sein zu lassen, was es ist – verbergende Bewahrung des eigentlichen Seyns –, muß das Geheimnis als ein solches offenbar sein«, GA 39, S. 119.
[194] GA 16, S. 527, Hervorhebung im Original.
[195] GA 16, S. 528.
[196] GA 60, S. 116 f.
[197] GA 60, S. 116.
[198] Ebd.

zusammenhänge laufen auf Gott zusammen und vollziehen sich vor Gott.«[199] Damit ist in religiöser Sprache die Bezogenheit auf das Geheimnis ausgesprochen, die Heidegger auch im *Gelassenheitsvortrag* geltend macht. Dass die religiöse Rede von Gott von einer solchen Haltung ihren Ausgang nimmt und erst verstehbar wird, wenn man eine solche Haltung zugrunde legt, deutet Heidegger ebenfalls bereits in dieser frühen Vorlesung an: »Erst aus diesen Vollzugszusammenhängen kann der Sinn des Seins Gottes bestimmt werden. Sie zu durchlaufen ist die Vorbedingung.«[200] Schließlich spricht Heidegger in seiner Paulus-Interpretation auch von der Notwendigkeit für die Mitglieder der urchristlichen Gemeinde, sich zu Umwelt und Mitwelt zu verhalten, wobei das besagte neue Verhalten ins Spiel kommt, von dem es heißt: »Die zwar daseienden Bedeutsamkeiten des wirklichen Lebens werden gelebt ὡς μή, als ob nicht.«[201] Dabei bezieht sich Heidegger auf den ersten Brief des Paulus an die Korinther, in dem gefordert wird, man solle die Welt gebrauchen, als brauchte man sie nicht.[202]

Die Grundhaltung der Gelassenheit mit ihrem Ja und Nein zu den technischen Gegenständen ist also offensichtlich in Heideggers Paulus-Interpretation mit dem Vollzugscharakter des Glaubens des Urchristentums und dessen praktischem Lebensvollzug im Modus des *os me*, des *als ob nicht*, vorgeformt. Damit zeigt sich nicht nur die religiöse Dimension von Heideggers Gelassenheitskonzept, sondern es wird ebenfalls deutlich, dass diese Konzeption auch innerhalb von Heideggers eigenem Denkweg bereits in einem explizit religiösen Rahmen vorliegt. Auch die Bezeichnung dieser Haltung als Gelassenheit hat mit der mittelalterlichen Mystik einen religiösen Vorläufer, worauf zum Beispiel Caputo 1993 hinweist: »Instead of willing, Heidegger spoke of ›letting be‹, using at this point the word *Gelassenheit,* one of the oldest and most revered parts of the vocabulary of the Rhineland mystics, in particular Meister Eckhart.«[203] Außerdem lässt

---

[199] GA 60, S. 117. Die Bedeutung des Vollzugs für den Glauben wird auch im Lexikon zur *Religion in Geschichte und Gegenwart* hervorgehoben, wo es heißt: »Das neue Leben und die guten Werke sind nicht nur eine Frucht des G[laube]ns, sondern gehören zu seinem Vollzug, in ihnen bewährt und übt sich der G[laube]«, Graß 1958, Sp. 1610.
[200] Ebd.
[201] Ebd.
[202] Vgl. 1. Korinther 7. 29–31.
[203] A. a. O., S. 281 f. Neben den hier vorgebrachten christlichen Bezügen sieht Caputo

sich eine Verbindung von Heideggers Konzeption einer gelassenen bzw. inständigen Haltung angesichts des Rätsels oder Geheimnisses des Seins zur christlichen Theologie insbesondere Luthers herstellen. In Abschnitt 4.2 wurde Tillichs Beschreibung von Luthers Anfechtungserlebnissen zitiert. Diesen fügt Tillich die Bemerkung an, dass Luther in diesen Anfechtungen nicht versunken ist, sondern zu seinem Glauben zurückfand, wobei Tillich auf das erste Gebot verweist, auf das Luther sich dabei besonnen hätte:

> Aber für Luther war dies nicht das Endgültige; das Endgültige für ihn war das erste Gebot, die Aussage, daß Gott Gott ist. Es gemahnte ihn an das unbedingte Element in der menschlichen Erfahrung, das uns selbst im Abgrund der Sinnlosigkeit bewußt sein kann. Und dieses Bewußtsein rettete ihn.[204]

Ganz ähnlich betont Heidegger, dass es beim Übergang in Schrecken und Scheu darauf ankommt, nicht in Verzweiflung zu versinken, sondern zu einer neuen Haltung zu finden. Während diese bei Luther auf den Gott des ersten Gebotes bezogen ist, geht es laut Heidegger in der folgenden Passage darum, das »Maß des Daseins im Sein zu finden«, was nur heißen kann, dass man sich auf die Grundlosigkeit des Seins vertrauend einlässt und sich so grundlos getragen weiß, wie man immer schon grundlos getragen wird. In diesem Sinne wurde bereits in Abschnitt 1.3 aus den *Beiträgen* zitiert: »Nur wer zu kurz, d.h. nie eigentlich *denkt*, bleibt dort, wo eine Versagung und Verneinung andrängt, haften, um daraus den Anlaß zur Verzweiflung zu nehmen. Dies aber ist immer ein Zeugnis, daß wir noch nicht die volle Kehre des Seyns ermessen haben, um darin das Maß des Da-seins zu finden.«[205] Auch wenn man durch die irritierenden Fragen den Boden

---

dabei auch eine Nähe zum Buddhismus: »In fact, Heidegger's later writings are more suggestive of a kind of Buddhism, a kind of meditative, silent world reverencing, than of Judaism or Christianity«, S. 283f.

[204] Tillich 1991, S. 126.

[205] GA 65, S. 412, Hervorhebung im Original. Dies wendet sich offenbar gegen existenzialistische Positionen, die bei der Verzweiflung stehen bleiben und nicht weitergehen zum grundlosen Vertrauen, was ebenfalls bereits in Abschnitt 1.3 angedeutet wurde. Dort wurde auch auf die Verzweiflung bei Cioran, den Ekel bei Sartre, den Trotz bei Camus und die Ironie bei Rorty verwiesen. Darüber hinaus kann man aber auch in einem psychopathologischen Sinne in solchem Zweifel versinken, worauf Michael Theunissen in seinem Buch über die *Negative Theologie der Zeit* aufmerksam macht, in dem er aus Krankenakten von Patienten zitiert, die eine gestörte Wahrnehmung der Zeit haben und *nicht* mehr zu einem normalen Zeitverständnis zurückfinden, vgl. Theunissen 1991. Damit wird der unten noch zu diskutierende Gedanke,

unter den Füßen verliert, kann man zu einem grundlosen Vertrauen finden, das Heidegger auch als Schweben bezeichnet, so zum Beispiel in der *Einführung in die Metaphysik* aus dem Sommersemester 1935, was schon in Abschnitt 2.2 zitiert wurde: »Indem das Seiende innerhalb der weitesten und härtesten Ausschlagsmöglichkeit des ›Entweder Seiendes – oder Nichts‹ ins Schwanken gerät, verliert das Fragen selbst jeden festen Boden. Auch unser fragendes Dasein kommt in die Schwebe und wird gleichwohl in diesem Schweben von sich selbst gehalten.«[206] Am Ende von Abschnitt 2.2 wurde auch auf Heraklit und das spielende Kind verwiesen, das für ein positives Verhältnis zur Grundlosigkeit steht, in welchem man sich zum Beispiel grundlos getragen in das Spiel des Daseins fügt: »Sein als gründendes hat keinen Grund, spielt als der Ab-Grund jenes Spiel, das als Geschick uns Sein und Grund zuspielt. Die Frage bleibt, ob wir und wie wir, die Sätze dieses Spiels hörend, mitspielen und uns in das Spiel fügen.«[207]

Die These dieser Arbeit über die Konzeption einer post-theistischen Religiosität lautet, dass auch der religiöse Glaube im Kern als eine Haltung des grundlosen Getragenseins verstanden werden kann. Demnach steht auch die Rede von Gott für den Abgrund des Dass des Seienden, zu dem man sich im Glauben vertrauend verhält. Man befindet sich immer schon in der faktischen Lebenserfahrung, die in einer Irritation etwa des Gedankens eines Abgrunds fragwürdig wird, und zu der man in einer vertrauenden Haltung zurückfindet, die aber, wie erläutert, auf diese Irritation bezogen bleibt: Die Rede von einem grundlosen Getragensein ist nur sinnvoll in Bezug auf die Vorstellung eines Abgrunds. Wenn hier auch die Rede von Gott mit solchen Irritationen verbunden wird, finden sich Ansätze dazu unter anderem bei Luther, der seine von Tillich angeführten Reflexionen zum ersten

---

der Schritt zurück zum Leben in einem grundlosen Vertrauen würde von einem Akt der Gnade abhängen, sehr heikel. Auch Heideggers oben zitierter Verdacht, Hölderlin, Nietzsche und Kierkegaard hätten aufgrund solcher Irritation frühzeitig die »Helle ihres Tages« verloren, gehört zu diesem Punkt. Wenn aber das Thema dieser Arbeit damit auch Aspekte der Psychopathologie berührt, können diese hier nicht weiter vertieft werden.

[206] GA 40, S. 32. Erinnert sei hier auch an den Vergleich mit dem Äquivalenzprinzip in Einsteins Allgemeiner Relativitätstheorie in der entsprechenden Fußnote in Abschnitt 2.4. Wie sich der freie Fall physikalisch nicht vom Zustand der Schwerelosigkeit unterscheiden lässt, ist der Fall ins Bodenlose nur durch einen Aspektwechsel vom schwerelosen Schweben getrennt, in dem das Dasein von sich selbst gehalten wird.

[207] GA 10, S. 169.

Gebot mit dem Hinweis auf ein Vertrauen verbindet, das dann wiederum auf die Rede von Gott bezogen wird:

> Du sollt nicht andere Gotter haben. Das ist, Du sollt mich alleine fur Deinen Gott halten. Was ist das gesagt und wie verstehet man's? Was heißt ein Gott haben oder was ist Gott? Antwort: Ein Gott heißet das, dazu man sich verstehen soll alles Guten und Zuflucht haben in allen Nöten. Also daß ein Gott haben nichts anders ist, denn ihm von Herzen trauen und gläuben, wie ich oft gesagt habe, daß alleine das Trauen und Gläuben des Herzens machet beide Gott und Abegott. Ist der Glaube und Vertrauen recht, so ist auch dein Gott recht, und wiederümb, wo das Vertrauen falsch und unrecht ist, da ist auch der rechte Gott nicht. Denn die zwei gehören zuhaufe, Glaube und Gott. Worauf Du nu (sage ich) Dein Herz hängest und verlässest, das ist eigentlich Dein Gott.[208]

Diese Stelle und ihre hier vertretene Interpretation kann mit einem weiteren Vertreter der protestantischen Theologie erläutert werden. Wenn nämlich in dieser Arbeit von der endlichen Situation des Menschen die Rede ist, der sich selbst nicht absichern kann und auf ein grundloses Vertrauen angewiesen ist, das ihn immer schon trägt und das ihm in Momenten der Irritation bewusst wird, so erinnert dies an die Rede von der *Grundsituation* des Menschen in der Theologie von Gerhard Ebeling, der diese Grundsituation unter anderem auf die gerade zitierte Stelle bei Luther bezieht, in der von der Angewiesenheit auf Vertrauen die Rede ist:

> Diese Grundsituation, die Luther zugleich als Notsituation und als Glaubenssituation charakterisiert, wird außerordentlich treffend gekennzeichnet durch »sein Herz hängen an«. Der Mensch kann gar nicht in sich selbst und aus sich selbst bestehen. [...] Er ist überhaupt nur in der Weise, daß und wie er sich auf anderes verlässt.[209]

---

[208] Aus den *Bekenntnisschriften der evangelisch-lutherischen Kirche* (BSLK), S. 560.
[209] Ebeling 1969, S. 297, vgl. dazu auch Bühler 2010, S. 81 ff. In einem entsprechenden Sinne ist auch in Rentsch 2003a von der Grundsituation des Menschen die Rede, die dann ebenfalls für eine nicht-metaphysische Religionsauffassung herangezogen wird. In dieser geht es im gleichen Sinne um ein grundloses Vertrauen, das mit dem Verweis auf die Unverfügbarkeit und Unerklärlichkeit des »Sinns der Welt und des Lebens im ganzen« bestimmt wird. Diese Unverfügbarkeit zeigt sich, wie auch hier erläutert, bereits in Irritationen der alltäglichen Praxis, womit jeder Lebensvollzug zum Mysterium werden kann, zu dem man sich grundlos-vertrauend verhalten muss: »Die religiöse Grundeinsicht besteht in der Einsicht in die Unverfügbarkeit und unerklärliche, ungeschuldete Gegebenheit des Sinns der Welt und des Lebens im ganzen. Alles im Leben sich Zeigende kann hier zum (›existentiellen‹) Paradigma des Mysteriums werden. An allen Zügen unseres Lebens kann sich die sinnkonstitutive Un-

Ebeling macht auch darauf aufmerksam, dass sich dieses Vertrauen immer wieder bewähren muss und nicht ein für alle Male erlangt wird, was zu der hier vertretenden Linie passt, gemäß der von einem solchen Vertrauen überhaupt nur in Bezug auf Momente der Irritation gesprochen werden kann. Es lassen sich zwar Erfahrungen mit solchen Momenten sammeln, was zu einem entsprechenden Habitus im Sinne von Thomas von Aquin führen kann, muss sie aber, wie es auch Heidegger betont, immer wieder durchlaufen, was nun auch Ebeling mit Bezug auf Luther festhält: »Solange das Leben währt, kommt diese Bewegung des Sich-hängens-an und des Sich-Verlassens-auf nicht zur Ruhe.«[210] Diese Bemerkung Ebelings kommentiert Bühler 2010 wie folgt: »Deshalb steht das Herz ununterbrochen in der Auseinandersetzung zwischen Vertrauen und Misstrauen, zwischen Glauben und Unglauben, der hier als Zweifeln und Verzweifeln bestimmt wird.«[211] Vor dem Hintergrund der hier vertretenen Lesart bedeutet dies, dass es überhaupt nur sinnvoll ist, von einer Haltung

---

verfügbarkeit und Unerklärlichkeit zeigen. Diese Bemerkungen führen zur Konzeption einer Religionsphilosophie als Phänomenologie des Unerklärlichen und der Unverfügbarkeit der menschlichen Grundsituation, in der das sich ereignende Leben – das Ereignis des Lebens – als die Transzendenz in der Immanenz und dessen existentiale und grammatische Züge als Transzendenz-Aspekte der menschlichen Situation beschrieben werden müßten«, a.a.O., S. 465, Hervorhebungen gelöscht. Zum Begriff der Grundsituation vgl. auch a.a.O., S. 381 ff., und zum Ansatz einer solchen Religionsphilosophie Rentsch 2005.

[210] Ebeling 1969, S. 298.

[211] A.a.O., S. 83. Ebeling analysiert Gott- und Weltvertrauen auch anhand von Psalm 23, vgl. Bühler 2010, S. 84 ff., der in der Übersetzung Luthers mit den Worten beginnt: »Der Herr ist mein Hirte, mir wird nichts mangeln. Er weidet mich auf einer grünen Aue und führet mich zum frischen Wasser. Er erquicket meine Seele.« Dies erinnert an die Szenerie in Heideggers Geviert, das ebenso auf die Grundlosigkeit des Seins verweist, wie der Psalm mit dem Bezug auf den Herrn. Eine Theologie des Vertrauens findet sich u.a. auch bei Wolfhart Pannenberg, die in Lassak 2010 wie folgt charakterisiert wird: »Vertrauen steht für ein das Wagnis – aufgrund des faktischen Nichtwissens und Nichtverfügens – positiv in sich aufnehmendes, dem Leben und der Wahrheit angemessenes ›Sichverhalten‹, das dem neuzeitlichen Versuch der ›Sicherstellung‹ gegenüber gestellt wird«, a.a.O., S. 115. Die Gegenüberstellung von Vertrauen und Sicherstellung wird unten kurz anhand des Begriffspaars *certitudo* vs. *securitas* diskutiert, wo auch auf den Begriff des Wagnisses bei Karl Barth verwiesen wird. Auf die Begriffe des Vertrauens und des Wagnisses in der evangelischen Theologie macht auch das Lexikon zur *Religion in Geschichte und Gegenwart* aufmerksam: »Die klassische ev[angelische] Theologie bevorzugte den Begriff des Vertrauens zur Kennzeichnung des G[laube]nsaktes, während sich heute die Begriffe des Gehorsams und des Wagnisses in den Vordergrund geschoben haben«, Graß 1958, Sp. 1608.

des grundlosen Vertrauens zu sprechen, wenn man die bildliche und streng genommen sinnlose Rede von der Grundlosigkeit in der Destruktion ihrer Gehalte in einem erschreckenden Durchgang erfährt. Eine solche Haltung zu haben, *kann* daher nur bedeuten, sich »ununterbrochen in der Auseinandersetzung zwischen Vertrauen und Misstrauen« zu befinden.

Das heißt wiederum nicht, sich ständig im Zustand der Verzweiflung befinden zu müssen, der, wie im letzten Abschnitt erläutert, nur in besonderen Augenblicken auftritt. Gegen die Vorstellung eines ständigen Verzweifelns bringt Heidegger in *Was ist Metaphysik?* folgende rhetorische Fragen ins Spiel:

Allein jetzt muß endlich ein allzu lange zurückgehaltenes Bedenken zu Wort kommen. Wenn das Dasein nur im Sichhineinhalten in das Nichts zu Seiendem sich verhalten, also existieren kann und wenn das Nichts ursprünglich nur in der Angst offenbar wird, müssen wir dann nicht ständig in dieser Angst schweben, um überhaupt existieren zu können? Haben wir aber nicht selbst zugestanden, diese ursprüngliche Angst sei selten? Vor allem aber, wir existieren doch alle und verhalten uns zu Seiendem, das wir nicht selbst und das wir selbst sind – ohne diese Angst. Ist sie nicht eine willkürliche Erfindung und das ihr zugesprochene Nichts eine Übertreibung?[212]

Gegen diese Bedenken argumentiert Heidegger mit dem schon im letzten Abschnitt zitierten Hinweis, das Nichts würde zwar tatsächlich ständig nichten, was sich so verstehen lässt, dass sich der Mensch immer in der ungesicherten Grundsituation befindet. Dieser Schwebezustand wird ihm aber nur in besonderen und seltenen Augenblicken bewusst: »Die ursprüngliche Angst kann jeden Augenblick im Dasein erwachen. [...] Sie ist ständig auf dem Sprunge und kommt doch nur selten zum Springen, um uns ins Schweben zu reißen.«[213] Dies führt zur Eingangsfrage dieses Abschnitts zurück: Bei der Haltung des grundlosen Vertrauens geht es einerseits mit dem gerade vorgebrachten Zitat nicht um den Dauerzustand einer Irritation. An-

---

[212] GA 9, S. 115 f.

[213] GA 9, S. 118. An anderer Stelle verwendet Heidegger dafür das Bild, dass man sich bei Tage in die Tiefe eines Brunnens begeben müsse, um die Sterne sehen zu können: »Sterbliches Denken muß in das Dunkel der Brunnentiefe sich hinablassen, um bei Tag den Stern zu sehen«, GA 79, S. 77. So wie das Nichts ständig nichtet, stehen die Sterne auch tagsüber am Himmel, sind aber nur zu sehen, wenn man aus einem tiefen Brunnen heraus in den Himmel sieht, wie das Nichts nur in der hellen Nacht der Angst erfahren wird.

dererseits mögen solche irritierenden Augenblicke zwar zu einer dauerhaften Einstellung des Schwebens bzw. des grundlosen Vertrauens im Sinne eines Habitus führen, der aber nur von solchen Augenblicken her verstanden werden kann und daher auf das immer neue Erleben von Störungen und Irritationen bezogen bleibt. In diesem Sinne ist auch die oben zitierte Bemerkung Ebelings zu verstehen, die Bewegung des Vertrauens käme nicht zur Ruhe. Man ist zwar nicht dauerhaft in einem Zustand des Zweifelns, aber ohne den Vollzug des scheiternden Denkens ist es sinnlos, von einem grundlosen Vertrauen überhaupt zu sprechen. Die Haltung des grundlosen Vertrauens ist immer nur momenthaft zu verstehen und kann aber zu einem neuen, dauerhaften Habitus führen, der aus Erfahrungen mit zahlreichen Momenten der Irritation erwächst.

Ein solcher – bildlich gesprochen – Schwebezustand des grundlosen Vertrauens gehört nun auch zum Glauben, der im hier vertretenen post-theistischen Religionsverständnis als Haltung auf die ungesicherte Grundsituation des Menschen bezogen ist, die mit der Rede von Gott vergegenwärtigt wird. Ein solches Religionsverständnis findet sich auch bei Paul Tillich, der gegen den Glauben an einen theistisch verstandenen Gott einen *absoluten Glauben* ins Spiel bringt, der auf einen *Gott über Gott* bezogen ist, der aber nicht mehr als Gegenstand verstanden wird: »Der Inhalt des absoluten Glaubens ist der ›Gott über Gott‹. Der absolute Glaube und das, was aus ihm entspringt: der Mut, der den radikalen Zweifel, den Zweifel an Gott, in sich hineinnimmt, transzendieren die theistische Gottesidee.«[214] Der so verstandene Glaube ist dann nicht mehr auf theoretische Aussagen bezogen, sondern als ein besonderer Zustand zu verstehen: »Der Glaube ist nicht die theoretische Annahme von etwas, das erkenntnismäßig zweifelhaft ist, sondern er ist die existenzielle Bejahung von etwas, das alle gegenständliche Erfahrung transzendiert. Er ist keine Meinung, sondern ein Zustand.«[215] Dieser Zustand kann als das hier erläuterte grundlose Vertrauen verstanden werden, da Tillich ausführt, im absoluten Glaube wisse man sich bejaht, ohne das man von jemandem oder von etwas bejaht würde: »Der Theismus in allen seinen Formen wird in der Erfahrung transzendiert, die wir absoluten Glauben genannt haben. Er ist das Bejahen des Bejahtseins

---

[214] Tillich 1991, S. 134. Tillichs Gott über Gott und Mut zum Sein sind laut Schrag 1999 von Heidegger inspiriert, vgl. a. a. O., S. 73.
[215] A. a. O., S. 128.

ohne jemanden oder etwas, das uns bejaht.«[216] Dabei macht er den interessanten Punkt geltend, dass dieses Bejahtsein bereits in der radikalen Negation angelegt ist, die ohne das Setzen eines Positiven nicht denkbar wäre: »Das Paradoxe in jeder radikalen Negation ist, daß sie sich als lebendigen Akt bejahen muß, um imstande zu sein, radikal zu verneinen. Es gibt in jeder Verzweiflung ein Element verborgener Lust, das von dem Paradox der Verzweiflung Zeugnis ablegt. Das Negative lebt von dem Positiven, das es negiert.«[217] Übertragen auf die hier gewählte Bildlichkeit bedeutet dies, dass man sich im Moment der Irritation, in der etwa die Grundlosigkeit des Seienden in Angst und Schrecken erfahren wird, nur darauf zu besinnen braucht, dass man immer schon grundlos getragen einfach da ist. Man schwebt immer schon grundlos und realisiert dies nur selten in Momenten des Schreckens, der sich aber mit der Einsicht überwinden lässt, dass man sich nicht theoretisch absichern kann und dies auch nicht braucht, da man trotzdem getragen wird, wie es immer schon der Fall ist. Das steckt hinter Heideggers Umwendung, die von der faktischen Lebenserfahrung ausgeht und auf eine andere Weise zu ihr zurückführt, und ebenso hinter Cavells Wiederentdeckung des Gewöhnlichen, das in Momenten der skeptischen Beunruhigung unheimlich wird. Allerdings könnte man den Eindruck gewinnen, es handele sich bei Tillichs Rede vom Paradox der Verzweiflung um ein Argument zur Widerlegung des Zweifels, mit dem man sich doch auf theoretischer Ebene selbst absichern kann. So ist es aber bei Tillich sicher nicht gemeint, der eine solche Selbstabsicherung gerade ausschließt und stattdessen auf ein unbegreifliches Bejahtwerden verweist. Darin steckt ein Moment der Gnade, der unten ebenso noch erläutert wird, wie der Begriff der *certitudo*, der als Verweis auf das unbegreifliche Bejahtwerden zum Beispiel bei Luther gegen die vermeintliche Selbstabsicherung der *securitas* steht.

Es ginge freilich zu weit, auch Luther zum Protagonisten einer

---

[216] A. a. O., S. 136. Tillich ist freilich nicht ganz konsequent mit diesem Ansatz, wenn er dennoch von einem Gott über Gott bzw. von der »Macht des Seins-selbst«, a. a. O., S. 137, spricht. Im dritten Kapitel wurde jedoch gezeigt, dass solche bildlichen Vergegenwärtigungen mit einer post-theistischen Religiosität, wie sie offenbar auch Tillich vertritt, vereinbar sind. Eine entsprechende Reflexion auf die Sprache findet sich bei Tillich nur in Ansätzen, wenn er seine Begriffe als symbolisch bezeichnet, a. a. O., S. 133, was aber zu den in dieser Arbeit vorgebrachten Überlegungen zum Status dieser Sprache passt.

[217] A. a. O., S. 130.

post-theistischen Religiosität machen zu wollen. Aber der Schritt, mit dem Tillich über Luther hinaus geht, war bei diesem bereits angelegt, was zum Beispiel Welz 2010 hervorhebt: »Zunächst sieht es so aus, als folge Tillich getreu der lutherischen Tradition. Dann aber wird deutlich, dass er sich vom Theismus und Personalismus verabschiedet hat und einen ›absoluten Glauben‹ vertritt, der sich auch von dem Gott losgelöst hat, mit dem Luther noch per Du war. In gewissem Sinne ist diese Bewegung bei Luther selbst angelegt.«[218] Dazu wird auf die oben zitierte Passage Luthers verwiesen – »Worauf Du nu (sage ich) Dein Herz hängest und verlässest, das ist eigentlich Dein Gott« –, die Welz wie folgt kommentiert: »Dies impliziert die Möglichkeit, dass man sein Herz auch an etwas anderes hängen kann als an den biblischen Gott. Wenn man sein Vertrauen auf dieses Andere setzt, fungiert dieses Andere als Gott.«[219] Mit dieser Redeweise muss man aber sehr vorsichtig sein, denn an ein *Etwas* hängt man sein Herz beim grundlosen Vertrauen gerade nicht. Zwar kommen weder Heidegger noch Tillich davon los, auf ein Etwas zu verweisen, wie etwa auf das Sein (Heidegger) oder die Macht des Seins-selbst (Tillich). Im dritten Kapitel wurde aber gezeigt, dass diese vergegenständlichenden Redeweisen als unvermeidliche bildliche Vergegenwärtigungen der Situation des Menschen angesehen werden können, die dabei gerade nicht auf ein Etwas referieren.

Ganz ohne Bezug zu dieser Situation, aber auch ohne religiösen Kontext findet sich die Idee des grundlosen Getragenseins bei Otto Friedrich Bollnow, der dies allein mit den entsprechenden Stimmungen entwickelt.[220] Mit einem verkürzten, allein auf *Sein und Zeit* bezogenen Heideggerverständnis fasst Giammusso 2010 zusammen: »Bollnow setzt also der Heideggerschen existenziellen Entschlossenheit die Getragenheit in den gehobenen Stimmungen entgegen.«[221] Dabei geht es ebenfalls um eine Form der hier erläuterten Gelassenheit, die Bollnow laut Giammusso 2010 phänomenologisch neutral aufweist:

Die Mystiker aller Traditionen haben seit je gewusst, worum es hier geht. Bollnows Verdienst aber ist es, einen säkularisierten Zugang zum Phänomen gesucht zu haben, der die im Leben gegebene Schicht eines radikalen

---

[218] A.a.O., S. 105.
[219] Ebd.
[220] Zum Beispiel in Bollnow 1979.
[221] A.a.O., S. 36.

Seinsvertrauens auf phänomenologisch neutrale Weise aufweist. Die so verstandene Gelassenheit ist eine Stimmung und zur gleichen Zeit eine Haltung, das heißt ein komplexes, mehrdimensionales Phänomen. Sie ist eine Lebensform, die in ihrer dynamischen Ruhe sich aus dieser Ruhe heraus gelassen zur Welt verhält, kurz: eine mediale Form der aktiven Passivität und passiven Aktivität.[222]

Wenn diese Gelassenheit auch nicht religiös eingebettet werden muss, fehlt ihr dennoch Entscheidendes, wenn sie nicht zumindest auf die Situation des Menschen bezogen wird. Bollnow arbeitet ausschließlich mit Stimmungen und kann daher der Position des Nonkognitivismus zugeordnet werden, die hier genauso wie der theistische Realismus abgelehnt wird. Allein mit einem Verweis auf das Leben als Ganzes geht Bollnow über den Nonkognitivismus hinaus: »Dass man diesem Gefühl eine religiöse Wendung gibt, ist für Bollnow sekundär; er neigt vielmehr dazu, säkularisiert zu denken und die Ehrfurcht als Gefühl des Bezugs zum Leben als Ganzem zu fassen.«[223] Dagegen soll mit Schulz 1957 noch einmal akzentuiert werden, dass das grundlose Getragensein bei Heidegger vom Scheitern des Verstehens der menschlichen Situation ausgeht und damit kognitiv auf diesen Gehalt bezogen werden kann: »[D]er Mensch verzichtet auf seinen Willen zum Begründen und erfährt in eben diesem Verzicht, daß

---

[222] A. a. O., S. 37. Die mediale Form zwischen Aktivität und Passivität wird gleich noch anhand des Konzepts der Gnade erläutert.

[223] A. a. O., S. 34. Giammusso 2010 macht dagegen auf eine Nähe des späten Bollnow zum Zen-Buddhismus aufmerksam: »Die evozierende Beschreibung wirkt also selber wie ein Koan, das verstandesmäßig nie zu lösende Paradox, das in der Tradition des Rinzai Zen dazu gebraucht wird, um eine Krise in der mitgebrachten, alltäglich verwurzelten Ich-Einstellung hervorzurufen. Die Überwindung dieser Krise führt zu einem Zustand der Erleuchtung, der das Ich entthronisiert und ein Transzendieren alles vorgepackten Wissens bewirkt«, a. a. O., S. 47. Dies erinnert an die hier diskutierten Störungen und Irritationen, die zu einem neuen Weltverhältnis des grundlosen Vertrauens führen, und die wie im Zen an alltäglichen Vorgängen ansetzen können: »Als der Mönch den Meister fragte, was Satori sei, antwortete der Meister: ›Geh' und wasch' Deine Schüssel.‹ Hier wird eine ganz konkrete Antwort angegeben, die die Identität des Absoluten und des Relativen performativ zeigt. Es gibt keine wirkliche Erleuchtung, die sich nicht auch in den kleinen Dingen des Alltags ausweisen würde«, a. a. O., S. 48. Trotz aller kulturellen Unterschiede gibt es gewisse Ähnlichkeiten zwischen dem buddhistischen Satori, der christlichen Metanoia und Heideggers Umwendung, die alle für eine Transformation in einem Augenblick stehen. Außerdem handelt es sich beim Buddhismus von vornherein um eine *nicht*-theistische Religiosität, als die der christliche Glaube erst zu bestimmen ist, weshalb hier von *post*-theistischer Religiosität gesprochen wird.

er selbst schon immer unvordenklich getragen ist.«[224] In einem ähnlichen Kontext macht Long 1999 für die Erfahrung des Getragenseins oder, in einem anderen Bild, des grundlosen Schwebens geltend, dass sie, wie die entsprechende Angst, nicht auf ein bestimmtes Objekt bezogen ist. Dennoch kann sie laut Long als grundloses Vertrauen mit einer Dankbarkeit einhergehen, die sich von einem Sein geschenkt weiß, das hier über Long hinaus als Verweis auf die menschliche Situation verstanden wird.[225] Neben dem Verweis auf diese »kosmische Dankbarkeit«[226] diskutiert Long 1999 auch die religiösen Bezüge eines solchen Grundvertrauens. Während es das Anliegen dieser Arbeit ist, zu zeigen, dass der religiöse Glaube in einer post-theistischen Auffassung von Religiosität im wesentlichen als ein solches grundloses Vertrauen verstanden werden kann, wozu die entsprechenden Konzeptionen Heideggers, wie Inständigkeit und Gelassenheit, herangezogen wurden, verweist Long auf den *philosophischen Glauben* bei Karl Jaspers.[227]

Jaspers' philosophischer Glaube kann entsprechend als eine weitere Position einer post-theistischen Religiosität angesehen werden, die in wesentlichen Zügen dem Mut zum Sein bei Paul Tillich entspricht, aber nicht, wie bei diesem, aus der Theologie kommt, sondern mit philosophischen Begriffen entwickelt wird, zu denen insbesondere der des *Umgreifenden* gehört, der eine weitere Möglichkeit darstellt, bildlich die Situation des Menschen zu vergegenwärtigen. Auch der philosophische Glaube lässt sich im Kern als ein grundloses Vertrauen rekonstruieren, da er insbesondere, in den Worten von Jaspers, keinen Halt gibt, sondern sich auf das Bewusstsein des Sichgeschenktwerdens vom Umgreifenden beschränkt: »Aber im Philosophieren gibt es solchen Halt nicht. Halt im Philosophieren heißt Sichbesinnen, Atemschöpfen in der Vergegenwärtigung des Umgreifenden, Sichgewinnen im Sichgeschenktwerden. Der philosophische Glaube sieht sich preisgegeben, ungesichert, ungeborgen.«[228]

---

[224] A.a.O., S. 52. Mit Verweis auf Heideggers religiösen Hintergrund diskutiert Schulz dann die Frage, S. 52 f., ob dies nicht eine »säkularisierte Form der christlichen Bekehrung«, S. 52, sei. Die Nähe von Heideggers Umwendung zur Metanoia wurde auch hier herausgestellt.

[225] A.a.O., S. 62. Zu diesen Überlegungen gehört auch die in letzter Zeit viel diskutierte Theologie der Gabe, vgl. zum Beispiel Hoffmann 2013.

[226] Ebd.

[227] Ebd.

[228] Jaspers 2012, S. 22. Heidegger kannte die Arbeiten von Jaspers und macht in seiner

Dieses Sichgeschenktwerden des philosophischen Glaubens bzw. der Haltung des grundlosen Vertrauens kann auch mit dem klassischen Begriff der Gnade näher erläutert werden. So wird im Lexikon zur *Religion in Geschichte und Gegenwart* der Glaube als ein Geschenk der Gnade bestimmt, das dem Menschen gerade dann zufällt, wenn er, wie im Schellingzitat aus Abschnitt 4.2, alles aufgibt:

Es würde der Gottheit Gottes und dem Geschenkcharakter der Gnade widersprechen, wollte der Mensch seinen G[laube]n als Bedingung der Rechtfertigung darbringen. Er kann sich die Gerechtigkeit nur schenken lassen. Dieses Sich-schenken-lassen, in dem der Mensch sich mit all seinem Vermögen und allen seinen Leistungen preisgibt, ist der G[laube].[229]

Dies führt zum passiven Charakter des grundlosen Vertrauens zurück, das wie der Glaube nicht selbst hergestellt werden kann. Die Rückkehr zur faktischen Lebenserfahrung nach einer existenziellen Beunruhigung muss sich von selbst einstellen und kann nicht erzwungen werden. Selbst wenn sich wie in Tillichs scheinbarem Argument das Getragensein auf einer theoretischen Ebene verstehen lässt, kann man von einer Haltung des grundlosen Getragenseins erst dann sprechen, wenn die dazugehörige Umwendung auch auf der Ebene der Stimmung erfolgt ist, was man aber nicht in der Hand hat. Die gleichzeitige Änderung von Verstehen und Stimmung in einem Augenblick ist ein Geschehen zwischen Aktivität und Passivität, was der folgenden Verbindung von Glaube und Gnade im besagten Lexikon entspricht:

Der Glaubende weiß, daß er seinen G[laube]n nicht sich selbst verdankt, weder seinem Streben noch seiner Reue und Verzweiflung. Würde er ihn sich selbst verdanken, dann stünde er selbst noch im Mittelpunkt, aus dem ihn das »allein aus Gnaden« des Evangeliums gerade herauswerfen will.[230]

Phänomenologie des religiösen Lebens aus dem Wintersemester 1920/21 mit Verweis auf Jaspers darauf aufmerksam, dass auch der christliche Glaube, recht verstanden, keinen Halt liefert, was zu der hier vorgelegten Interpretation des Glaubens als einer Haltung des grundlosen Vertrauens passt: »Der Christ findet nicht in Gott seinen ›Halt‹ (vgl. Jaspers). Das ist eine Blasphemie! Gott ist nie ein ›Halt‹. Sondern ein ›Halt haben‹ wird immer vollzogen im Hinblick auf eine bestimmte Bedeutsamkeit, Einstellung, Weltbetrachtung, insofern beim Haltgeben und Haltgewinnen Gott das Korrelat einer Bedeutsamkeit ist«, GA 60, S. 122. Um die »Haltlosigkeit des In-der-Weltseins«, GA 27, S. 337, geht es auch in der *Einleitung in die Philosophie* aus dem Wintersemester 1928/29: »Das In-der-Welt-sein des Daseins, seine Transzendenz, bekundet sich uns als Halt-losigkeit«, ebd.

[229] Graß 1958, Sp. 1609.
[230] A.a.O., Sp. 1607.

Paul Tillich spricht auch selbst davon, dass der Mut zum Sein, trotz der oben zitierten Argumentation, die vom Paradox des Verzweifelns auf eine Selbstabsicherung zu schließen scheint, nicht selbst herbeigeführt werden kann, sondern ein Geschenk der Gnade ist: »[D]er Mut zum Sein kann nicht befohlen und nicht durch Gehorsam gegen ein Gebot gewonnen werden. Religiös gesprochen: er ist ein Geschenk der Gnade.«[231] Dies kommentiert Welz 2010 wie folgt: »Den Mut zum Sein kann er [der Mensch] demnach nicht aus sich selbst heraus hervorbringen. Vielmehr entspringt dieser allein daraus, dass sich der Mensch von Gott angenommen fühlt.«[232] Auch Welz stellt dann die Verbindung des Muts zum Sein mit der Gnade her[233] und beschreibt einen analogen existenziellen Durchgang durch die Negativität, der zu einem neuen Vertrauen führt, bei Kierkegaard.[234] Bei Heidegger schließlich findet sich der Aspekt der Gnade zum Beispiel in *Was ist Metaphysik?*, wo es über die Erfahrung des Nichts heißt: »So endlich sind wir, daß wir gerade nicht durch eigenen Beschluß und Willen uns ursprünglich vor das Nichts zu bringen vermögen. So abgründig gräbt im Dasein die Verendlichung, daß sich unserer Freiheit die eigenste und tiefste Endlichkeit versagt.«[235] Später ist in den *Beiträgen* davon die Rede, dass die dem Sein gemäße Grundstimmung zwar in einer Besinnung vorbereitet werden kann, sich dann aber von selbst einstellen muss, wie der Glaube dem Menschen laut obigem Zitat aus *Religion in Geschichte und Gegenwart* geschenkt wird, was Heidegger mit dem Wortspiel des Zu-falls zum Ausdruck bringt:

---

[231] Tillich 1991, S. 69.

[232] A. a. O., S. 94.

[233] A. a. O., S. 95. Zum Verhältnis der existenziellen Angst zum Mut zum Sein vgl. auch a. a. O., S. 89 ff.

[234] A. a. O., S. 96 ff. Dass auch die Wiederentdeckung des Gewöhnlichen bei Cavell in diesen Kontext gehört, deutet Hunziker 2011 an: »Einiges spricht meines Erachtens dafür, dass dort, wo Cavell in existenziell-praktischer Weise vom Zweifel spricht, die Sphäre dessen, was Kierkegaard mit Verzweiflung meint, zumindest berührt [wird]«, a. a. O., S. 105.

[235] GA 9, S. 118. Im selben Jahr, in dem Heidegger die Antrittsvorlesung *Was ist Metaphysik?* in Freiburg gehalten hat, schreibt er auch in einem Brief an Elisabeth Blochmann über die Bedeutung der Gnade: »Denn die Wahrheit unseres Daseins ist kein einfach Ding. Ihr entsprechend hat die innere Wahrhaftigkeit ihre eigene Tiefe und Vielfältigkeit. Sie besteht nicht allein aus den zurechtgelegten rationalen Überlegungen. Sie bedarf ihres Tages und der Stunde, in der wir das Dasein ganz haben. Dann erfahren wir, daß unser Herz in allem seinem Wesentlichen sich der Gnade offenhalten muß. Gott – oder wie Sie es nennen – ruft jeden mit anderer Stimme«, aus dem Brief vom 12. September 1929, zitiert nach Storck 1989, S. 31 f.

Jede Besinnung auf diese Grundstimmung ist stets nur eine sachte Zurüstung auf den stimmenden Einfall der Grundstimmung, die von Grund aus ein Zu-fall bleiben muß. Die Zurüstung auf solchen Zu-fall kann freilich gemäß dem Wesen der Stimmung nur in der übergänglichen denkerischen Handlung bestehen; und diese muß aus dem eigentlichen Wissen (der Verwahrung der Wahrheit des Seyns) aufwachsen.[236]

Außerdem wird in den *Beiträgen* betont, dass die oben zitierte »Umwerfung des bisherigen Menschen« nicht von selbst herbeizuführen ist, sondern in einer Besinnung zwar vorbereitet werden kann, dann aber vom Ereignis selbst ereignet werden muss:

Ob diese Umwerfung des bisherigen Menschen, d. h. zuvor die Gründung der ursprünglicheren Wahrheit in das Seiende einer neuen Geschichte glückt, ist nicht zu errechnen, sondern Geschenk oder Entzug der Ereignung selbst, auch dann noch, wenn die Wesung des Seyns bereits in der jetzigen Besinnung voraus gedacht und in den Grundzügen gewußt ist.[237]

Etwas ausführlicher erläutert Heidegger diesen Gnadencharakter seiner Konzeption des Übergangs in eine neue Grundstimmung in der Vorlesung über die *Grundbegriffe der Metaphysik* aus dem Wintersemester 1929/30, in der er ebenfalls davon spricht, dass dem Menschen diese Stimmung zufallen muss:

Die Weckung der Grundstimmung im ersten Teil der Vorlesung sowohl wie der zuletzt vollzogene Rückgang von der λόγος-Struktur in das Grundgeschehen dienen beide dem einen: vorzubereiten das Eingehen in das Geschehen des Waltens der Welt. Dieser philosophierende Ein- und Rückgang des Menschen in das Dasein in ihm kann immer nur vorbereitet, nie erwirkt werden. Das Erwecken ist eine Sache jedes einzelnen Menschen, nicht seines bloßen guten Willens oder gar seiner Geschicklichkeit, sondern seines Geschickes, dessen, was ihm zufällt oder nicht zufällt. Alles Zufällige aber wird für uns nur fällig und fällt, wenn wir darauf gewartet haben und warten können. Die Kraft des Wartens aber gewinnt nur, wer ein Geheimnis

---

[236] GA 65, S. 22, Hervorhebung gelöscht.
[237] GA 65, S. 248. Mit Bezug zum letzten Gott heißt es in den *Beiträgen* auch: »Im Da-sein und *als* Da-sein er-eignet sich das Seyn die Wahrheit, die selbst es als die Verweigerung offenbart, als jenen Bereich der Winkung und des Entzugs – der Stille –, worin sich erst Ankunft und Flucht des letzten Gottes entscheiden. *Dazu* vermag der Mensch nichts zu leisten und dann am wenigsten, wenn ihm die Vorbereitung der Gründung des Da-seins aufgegeben ist, so zwar, daß diese Aufgabe das Wesen des Menschen wieder anfänglich bestimmt«, GA 65, S. 20, Hervorhebungen im Original. Zu dieser Stelle heißt es bei Hübner 1998: »Fast klingt es theologisch nach Gnade«, a. a. O., S. 155.

verehrt. Diese Verehrung ist in diesem metaphysischen Sinne das Hinein-handeln in das Ganze, das uns je durchwaltet.[238]

Die »Weckung der Grundstimmung« ist somit weder ein aktives Handeln des Menschen, noch reine Passivität, da man sie in der Ver-ehrung des Geheimnisses immerhin vorbereiten kann. Diese »media-le Form der aktiven Passivität und passiven Aktivität«, die oben be-reits für den Ansatz Otto Friedrich Bollnows zitiert wurde, verbindet Caputo 1993 vor dem Hintergrund von Heideggers Philosophie mit dem Begriff der Gnade:

> Thinking is a gift or a grace, an event that overtakes us, an address visited upon us. The role of human beings is not, however, one of utter passivity but one of cooperation with and remaining ›open‹ to being's advent. The work that man can do is not to will but to notwill, to prepare a clearing and opening in which being may come. This is not quietism, but ascetism, the hard work of a kind of poverty of spirit.[239]

Auch im letzten Abschnitt war bereits die Rede davon, dass die Um-wendung bei Heidegger weder rein aktiv noch rein passiv zu verste-hen ist. Die Haltung der Gelassenheit, zu der diese Umwendung führt, wird auch von Heidegger selbst ganz entsprechend außerhalb von Aktivität und Passivität verortet: »Demnach liegt die Gelassen-heit, falls man hier von einem Liegen sprechen darf, außerhalb der Unterscheidung von Aktivität und Passivität.«[240] Zu den störenden Irritationen kann man zwar durch den fragenden Nachvollzug des scheiternden Denkens kommen, wofür Heideggers Begriff der Besin-nung steht. Dass man davon aber wieder – umgewendet – zur fak-tischen Lebenserfahrung zurückfindet und sich in der Gelassenheit als grundlos getragen erfährt, kann man nicht erzwingen, sondern muss von selbst passieren, was in klassischer Terminologie als Akt der Gnade bezeichnet wird. In den letzten beiden Abschnitten war von einer gleichzeitigen Änderung von Verstehen und Stimmung

---

[238] GA 29/30, S. 510, Hervorhebung gelöscht.
[239] A.a.O., S. 281f. Das schwierige Verhältnis zwischen Aktivität und Passivität bei Heidegger erläutert Caputo auch mit der klassischen Frage nach dem Verhältnis von *vita activa* und *vita contemplativa:* »A debate began that continues to now about the place of ›action‹ and ethics in Heidegger's thought, a debate that replays disputes in the classical literature on mysticism and ethical action, which itself goes all the way back to the biblical story of Mary and Martha and the medieval disputes about the relative merits of the *vita activa* and the *vita contemplativa*«, a.a.O., S. 282.
[240] GA 77, S. 109. Zur Rolle der Passivität in Heideggers Philosophie vgl. auch Schif-fers 2014.

die Rede, die man nicht vollständig in der Hand hat, sondern die in einem Augenblick in einem diskontinuierlichen Sprung mit einem geschieht. Ganz ähnlich verhält es sich auch mit dem Glauben, der einem nur im Akt der Gnade geschenkt werden kann.

Dafür steht nicht zuletzt der Begriff der *certitudo*, der von Schrimm-Heins 1991 so erläutert wird, dass laut Luther die rechte Haltung des Christen durch göttliche Gnade gewährt wird, was im Gegensatz zu dem Versuch steht, sich selbst abzusichern, wofür Luther den Begriff der *securitas* verwendet.[241] Genauer wird der Begriff der *certitudo* von Luther aufgefasst als die »[...] im Glauben gewährte und allein in Christus und seinem Wort gründende Gewißheit persönlichen Heils und persönlicher Rettung.«[242] Dagegen steht die *securitas*, die von Luther bestimmt wird als der »[...] Versuch des Menschen, das Fundament für sein Heil und die Gewißheit in irgendeinem Wert innerhalb seines eigenen Verfügungsbereichs zu finden, und die aus diesem Versuch entspringende Haltung der superbia, der Selbstsicherheit.«[243] Dazu hält Schrimm-Heins fest, dass Luther die Vorstellung der Selbstsicherheit ablehnt und den Gnadencharakter des Glaubens mit dem Begriff der *certitudo* betont: »Die Verwerfung der Selbstsicherheit, bezeichnet mit ›securitas‹, hält sich in Luthers ganzem Werk durch. Sein Kampf gilt stets einer falsch verstandenen, auf eigene Kraft und Werke vertrauenden Gewißheit.«[244] Die Heilsgewissheit der *certitudo* bleibt dabei ebenso auf die Furcht bezogen, wie die Haltung des grundlosen Vertrauens auf die Erfahrung des erschreckenden existenziellen Durchgangs. Die *certitudo* kann wie das grundlose Vertrauen nur in Bezug auf diesen Durchgang verstanden werden: »Wie in der katholischen Tradition so ist auch für Luther Heilsgewißheit stets mit Furcht verknüpft; denn sie zerschlägt die Sicherheit und weist zum wahren Glauben. Dadurch stärkt sie wiederum die dem Glauben eigene Gewißheit.«[245] Entsprechend ist die richtige Haltung bei Luther weder Sicherheit noch Verzweiflung, sondern eine Haltung *zwischen* Furcht und Hoffnung,[246] was der oben diskutierten Verbindung von positiven und negativen Stimmungen in Heideggers Inständigkeit bzw. Gelassenheit entspricht.

---

[241] A.a.O., S. 212.
[242] A.a.O., S. 208.
[243] Ebd.
[244] Ebd.
[245] Ebd.
[246] A.a.O., S. 211.

Eine einseitige Betonung der Furcht klingt bei Karl Barth an, wenn er in seinem Kommentar zum Römerbrief den Glauben als »das Wagnis aller Wagnisse«[247] und als Sprung ins Ungewisse bestimmt: »Glaube ist darum nie fertig, nie gegeben, nie gesichert, er ist, von der Psychologie aus gesehen, immer und immer aufs neue der Sprung ins Ungewisse, ins Dunkle, in die leere Luft.«[248] Dagegen macht Graß 1958 im Lexikon zur *Religion in Geschichte und Gegenwart* geltend, dass man zwar ins Ungewisse springt, aber dann getragen wird, weshalb Barth mit den drastischen Worten des Sprungs ins Dunkle den *certitudo*-Aspekt des Glaubens übersehen würde:

Das Wagnis des G[laube]ns ist nicht richtig verstanden, wenn man es als Sprung ins Ungewisse beschreibt und in der Grundlosigkeit des G[lauben]s sein wahres Wesen zu finden meint. So gewiß der G[laube] nicht Sicherheit (securitas) verleiht, so wenig ist er einfach radikale Entsicherung der Existenz. Das Wagnis des G[laube]ns darf nicht in die Nähe des existenzphilosophischen Wagnisses auf das »Nichts« geraten. Es war eine Grunderkenntnis der Reformatoren, daß G[laube] Gewißheit [certitudo] schenkt, weil Gott in seiner Gnadenzusage wahrhaftig und treu ist.[249]

In diesem Sinne kann auch Heideggers Gelassenheit als eine Haltung *zwischen* Furcht und Hoffnung angesehen werden, die positive und negative Stimmungen in sich vereint. So heißt es an einer Stelle, bei der vorbereitenden Besinnung solle man sich nicht ein konkretes *Etwas* bewusst machen, was noch dem Wunsch nach *securitas* entsprechen würde. Stattdessen geht es um eine absolute Fragwürdigkeit, zu der man sich dennoch, im Sinne der *certitudo*, gelassen verhalten kann: »Sich auf den Sinn einlassen, ist das Wesen der Besinnung. Dies meint mehr als das bloße Bewußtmachen von etwas. Wir sind noch nicht bei der Besinnung, wenn wir nur bei Bewußtsein sind. Besinnung ist mehr. Sie ist die Gelassenheit zum Fragwürdigen.«[250]

Schrimm-Heins 1991 macht auch darauf aufmerksam, dass selbst Descartes, der vermeintliche Verfechter selbstgemachter *secu-*

---

[247] Barth 2010, S. 139.
[248] A. a. O., S. 138.
[249] A. a. O., Sp. 1609.
[250] GA 7, S. 63. Der Sache nach verwirft Heidegger den Wunsch nach *securitas* in *Besinnung* auch als »rechnende Anklammerung an das Seiende«: »Eine Leerstelle nennen meint hier aber, denkend einen Bereich der Fragwürdigkeit einräumen, welches Denken zugleich aber schon gestimmt sein muß durch eine Stimmung, die den Menschen jeder rechnenden Anklammerung an das Seiende entsetzt«, GA 66, S. 249.

ritas,[251] von Selbstgewissheit nur mit Transzendenzbezug sprechen kann. Erst Gott ist Garant von Gewissheit,[252] womit Descartes den christlich-theologischen *certitudo*-Begriff säkularisiert hätte[253] – am Ende des Zweifels steht bei Descartes bekanntlich der ontologische Gottesbeweis. Außerdem macht sie geltend, dass Descartes eigentlich sagt »Dubito ergo sum, vel, quod idem est: Cogito ergo sum«,[254] weshalb es bei Descartes eine »enge Verknüpfung von Zweifel und Selbstgewißheit«[255] gäbe: »Nur durch den Zweifel kann die Gewißheit der eigenen Existenz gewonnen werden.«[256] Dies passt zu der hier vertretenen Lesart, eine Störung des Selbst- bzw. Weltverständnisses, zum Beispiel im Zweifel, führe auf eine neue Weise zum faktischen Leben zurück, wobei das grundlose Vertrauen als Gewissheit im Sinne der *certitudo* verstanden werden kann. Bei Wittgenstein heißt es pointiert zum Descartschen *cogito*: »Cogito ergo sum! – das könnte man wirklich das Symptom einer Denkkrankheit nennen. Denke, es sagte mir einer die Konklusion ›ich bin.‹ Wem sagt er's wozu? … nun beruhigt er sich. Man könnte da sagen: Gott sei Dank! Er hat sich wieder beruhigt!«[257] Nach dem Descartschen Zweifel ist man zwar tatsächlich in dem Sinne einfach wieder da, dass man sich wieder beruhigt hat. Gegen Wittgenstein muss hier aber geltend gemacht werden, dass man dann auf eine *andere* Weise da ist, wie in Heideggers Umwendung in Bezug auf die faktische Lebenserfahrung.

---

[251] So zum Beispiel Heidegger im Seminar in Le Thor von 1968: »Was ist also die treibende Kraft der Subjekt-Objekt-Entzweiung? Es ist die Suche nach der absoluten Gewißheit. Diese Suche, die einer Auslegung der Wahrheit als Gewißheit entspringt, tritt historisch mit der ersten ›Meditation‹ von Descartes auf. Mit Descartes wird der Mensch als ego cogito das ausgezeichnete ὑποκείμενον, das subjectum (im mittelalterlichen Sinne), – das fundamentum inconcussum«, GA 15, S. 292. Heidegger schreibt selbst Luther eine solche Suche nach Gewissheit zu: »Als historisches Vorspiel zu diesem Umbruch läßt sich dartun, daß die Suche nach der Gewißheit zuerst im Bereiche des Glaubens auftritt, als Suche nach der Heilsgewißheit (Luther), dann in dem der Physik, als Suche nach der mathematischen Gewißheit der Natur (Galilei)«, ebd., Hervorhebung gelöscht. Dagegen wurde oben gezeigt, dass Luther gerade nicht nach einer *securitas* im Sinne der Naturwissenschaft strebt, sondern für die gelassene Haltung der *certitudo* steht, um die es auch Heidegger geht.

[252] A. a. O., S. 138.

[253] A. a. O., S. 147.

[254] A. a. O., S. 127.

[255] A. a. O., S. 128.

[256] Ebd.

[257] Notiz vom 2. 4. 1947 aus dem handschriftlichen Nachlass, zitiert nach Schweidler 2008, S. 229.

Was Wittgenstein als Denkkrankheit bezeichnet, ist für diese Umwendung entscheidend, da erst der skeptische Durchgang, eine Störung in Bezug auf das ganze Leben bzw. das Scheitern des Versuchs
einer Selbstabsicherung zur Gelassenheit des grundlosen Vertrauens
führt. Ohne Fall keine Erlösung. Gegen Wittgensteins Intention ist
auch das »Gott sei Dank« ernst zu nehmen, da diese Gelassenheit
nicht selbst herbeigeführt werden kann, sondern in einem Akt der
Gnade geschenkt wird. Während Schrimm-Heins hervorhebt, dass
auch für Descartes erst Gott Garant von Gewissheit ist, kann hier
mit Nietzsche darüber hinaus betont werden, dass selbst des *cogito* –
gegen den auf der Hand liegenden Anschein – keine letzte Absicherung darstellt. Auch das *Ich denke* ist nicht sicher und lässt sich nach
einer skeptischen Irritation immer nur grundlos vertrauend erfahren,
wobei sich die Wittgensteinsche Beruhigung in einem Akt der Gnade
aktiv-passiv von selbst einstellen muss. So argumentiert also Nietzsche gegen die unmittelbare Gewissheit des *cogito*:

[D]er Philosoph muß sich sagen: wenn ich den Vorgang zerlege, der in dem
Satz »ich denke« ausgedrückt ist, so bekomme ich eine Reihe von verweg-
nen Behauptungen, deren Begründung schwer, vielleicht unmöglich ist, –
zum Beispiel, daß ich es bin, der denkt, daß überhaupt ein Etwas es sein
muß, das denkt, daß Denken eine Tätigkeit und Wirkung seitens eines Wesens ist, welches als Ursache gedacht wird, daß es ein »Ich« gibt, endlich,
daß es bereits feststeht, was mit Denken zu bezeichnen ist – daß ich weiß,
was Denken ist.[258]

Zusammenfassend kann festgehalten werden, dass Heidegger mit seinem gesamten philosophischen Ansatz auf ein neues Weltverhältnis
hinaus will, das sich diskontinuierlich in einem Augenblick in einer
gleichzeitigen Änderung von Stimmung und Verstehen einstellt, die
weder aktiv noch passiv verstanden werden kann, was sich mit dem
theologischen Konzept der Gnade verbinden lässt. Dieses neue Weltverhältnis kann als ein grundloses Vertrauen bestimmt werden, womit bildlich ein Gehalt ausgedrückt wird, der in den Stimmungen der
Umwendung auch erfahren werden muss. Diese Umwendung geht
von Störungen im Selbst- und Weltverhältnis aus, durch die man
auf eine andere Weise zu den Vollzügen des Lebens zurückfindet.

---

[258] KSA 5, S. 29 f. Eine ähnliche Kritik am *Cogito*-Argument findet sich bei Jean-Luc
Marion, laut dem das Subjekt in diesem Argument verobjektiviert und damit als Subjekt gerade verfehlt würde, vgl. Kosky 2014, S. 122. Diesen Punkt nimmt Nietzsche
hier offenbar schon vorweg.

Bei Heidegger und der religiösen Tradition geht es dabei um Irritationen in Bezug auf das Ganze der Welt, wobei insbesondere die vergegenständlichenden Vorstellungen von diesem Ganzen in der *via negativa* destruiert werden. Die Haltung des grundlosen Vertrauens, die hier als ein wesentlicher Bestandteil des Glaubens in der posttheistischen Lesart der Religiosität bestimmt wurde, kann dabei in ihrem bildlichen Gehalt nur in Bezug auf diese Destruktionen verstanden werden, die immer wieder, in seltenen Augenblicken, durchlaufen werden. Man befindet sich zwar immer grundlos vertrauend in der ungesicherten, endlichen Situation des Menschen und kann dies mit diesen Bildern auch zum Ausdruck bringen, erfährt dies aber nur im Erlebnis einer Umwendung. Selbst die Rede von der endlichen Situation muss zu ihrem vollen Verständnis in einer Umwendung erfahren werden, da diese Rede, auch wenn sie, wie im dritten Kapitel erläutert wurde, etwas kognitiv Gehaltvolles zu verstehen gibt, buchstäblich verstanden sinnlos ist.

Mit den Ausführungen zum Status der Sprache und zur Rolle der Erfahrung im dritten und vierten Kapitel konnte anhand von Heideggers Philosophie das Konzept einer post-theistischen Religiosität zwischen Nonkognitivismus und theistischem Realismus entwickelt werden. Die religiöse Rede stellt demnach eine bildliche Beschreibung der Situation des Menschen dar und kann darüber hinaus in ihrer Destruktion zu dem verstehenden Nichtverstehen der Haltung eines grundlosen Vertrauens führen, als das der Glaube hier im wesentlichen verstanden wird. Dieser Ansatz wird nun im fünften Kapitel auf die quasi-religiösen und privat-mythologischen Äußerungen in Heideggers Spätwerk bezogen, die damit als Ausdruck einer solchen post-theistischen Religiosität rekonstruiert werden.

5. Heideggers Götter

5.1 Phänomenologische Hermeneutik von Negativität

In diesem Kapitel werden die bisherigen Überlegungen zum Status der Sprache und zur Rolle der Erfahrung auf die quasi-mythischen bzw. quasi-religiösen Aussagen im Spätwerk Martin Heideggers bezogen. Es wird gezeigt, dass Heideggers Redeweisen als Ausdruck einer post-theistischen Religiosität aufgefasst werden können, wie sie in den letzten Kapiteln entwickelt wurde. Demnach ist eine religiöse Haltung nicht auf einen theistisch verstandenen Gott gerichtet, sondern als grundloses Vertrauen auf die Grundlosigkeit des Seienden. Dabei können aber selbst diese erläuternden Reformulierungen letztlich nur in einem Vollzug verstanden werden, der von einer Störung des alltäglichen Selbst- und Weltverständnisses ausgeht und auf eine andere Weise zu diesem zurückführt. Diese neue Weise ist nur vor dem Hintergrund einer solchen Störung zu verstehen und bleibt daher auf sie bezogen. Da es in einer solchen Störung um das Dass bzw. die Grundlosigkeit des Seienden geht, handelt es sich nicht um einen Zustand im Sinne des Nonkognitivismus. Die Rede von der Grundlosigkeit kann zwar ohne die entsprechenden Erfahrungen nicht angemessen verstanden werden, bringt aber mit diesen Erfahrungen etwas Gehaltvolles zum Ausdruck.

Zu Heideggers quasi-mythischen bzw. quasi-religiösen Aussagen könnte man etwas vereinfachend sagen, dass die Philosophie des Seins und des Ereignisses, die im zweiten Kapitel vorgestellt wurde, die *Gehalte* rund um die Einsicht in die unbegreifliche Grundlosigkeit thematisiert, die Rede von Gott und Göttern dagegen für die *Erfahrung* dieser Grundlosigkeit steht. Wenn allerdings auch der Status der Sprache und die Rolle der Erfahrung in einzelnen Kapiteln behandelt wurden, wurde dabei doch gezeigt, dass Sprache und Erfahrung nicht getrennt werden können. So kann auch die Rede von Sein und Ereignis nur mit den entsprechenden Erfahrungen verstanden werden, und die Rede von Gott und Göttern ist auf die Gehalte der Grundlosigkeit bezogen, was in den Abschnitten dieses Kapitels noch genauer gezeigt wird. Entsprechend lässt sich das Verhältnis von Sein und Gott bei Heidegger nicht einfach als Verweis auf den Gehalt auf der einen bzw. als Verweis auf die Erfahrung auf der anderen Seite verstehen. Dazu kommt, dass Heideggers Aussagen zu diesem Verhältnis nicht eindeutig sind. Die philologische Situation ist schwierig, da Heidegger sich oft unterschiedlich äußert und keine klare Position bezieht. Dies wurde bereits in den Abschnitten 1.2 und 2.3 diskutiert und wird in den Abschnitten 5.2 und 5.4 wieder aufgenommen. Dass er über das Sein hinaus überhaupt noch Gott und Göttliche ins Spiel bringt, wird hier so interpretiert, dass damit der Erfahrungsaspekt, der bereits in der Seinsphilosophie enthalten ist, noch deutlicher akzentuiert werden soll. Damit ist die vereinfachende Zuordnung dahingehend zu präzisieren, dass die Philosophie des Seins *vor allem* für die Gehalte und die Rede von Gott *vor allem* für die Erfahrung steht, beides aber nicht zu trennen ist. Heidegger artikuliert sein zentrales Anliegen einer Umwendung zu einem neuen Weltverhältnis mit allen Mitteln und betont den Erfahrungsaspekt dieser Umwendung mit der quasi-religiösen Rede von Göttern und Göttlichen. Dies gilt in besonders starkem Maße für die Rede vom letzten Gott, um den es im nächsten Abschnitt gehen wird, da dessen Vorbeigang eindeutig auf die Erfahrung der Grundlosigkeit bezogen werden kann, was bereits am Ende von Abschnitt 3.1 angedeutet wurde. Die Verbindung der Erfahrung des Seins, das für das unbegreifliche Dass des Seienden steht, mit der Rede von Gott findet sich auch in zahlreichen weiteren Texten Heideggers, von denen in Abschnitt 1.2 der *Humanismusbrief* und das *Zürcher Seminar* zitiert wurden, in denen er die Rede von Gott auf die Wahrheit des Seins[1] und die Erfahrung Gottes auf die Dimension des Seins[2] bezieht. Heideggers Rede von Gott lässt sich aber auch mit der besagten Grundlosigkeit ins Verhältnis setzen, was sich zum Beispiel in der Schrift über die *onto-theo-logische Verfassung der Metaphysik* zeigt, in der, wie bereits in Abschnitt 2.3 zitiert, die Ablehnung des *causa-sui*-Gottes, der einen ersten Grund darstellen würde, zu der Rede von einem *göttlichen Gott* führt.[3]

Die Rede von Gott und Göttlichen in den späten Texten Heideg-

---

[1] GA 9, S. 351.
[2] GA 15, S. 437.
[3] GA 11, S. 77.

gers lässt sich also auf die Gehalte des Dass des Seienden und auf dessen Grundlosigkeit beziehen, und vor allem auf die Erfahrungen, in denen diese Gehalte verstanden werden. Wie im vierten Kapitel gezeigt, lassen sich Verstehen und Erfahrung nicht trennen, weshalb Heidegger auch von einer phänomenologischen Hermeneutik spricht, was in Abschnitt 4.1 wiedergegeben wurde. Dort wurde auch Thurnhers Vorschlag referiert, Heideggers Gottesrede als eine »Hermeneutik der Befindlichkeit gegenüber dem Theion«[4] zu betrachten. Als neuen Ansatz einer philosophischen Theologie im Ausgang von Heidegger entwirft Anelli 2008 entsprechend das Konzept einer *Phänomeneutik* als Symbiose aus Phänomenologie und Hermeneutik, das bereits in Abschnitt 1.1 vorgestellt wurde. Auch hier geht es um das Problem des Grundes und der Grundlosigkeit, die »phänomeneutisch« erfasst und dann auf die Rede von Gott bezogen werden soll. Mit der Verbindung von Erfahrung und Verstehen können in der Tat etwa die religionsphänomenologischen Analysen von William James und Rudolf Otto mit einer Hermeneutik in Bezug auf die Grundlosigkeit des Seienden kombiniert werden. Heideggers quasi-religiöse Begrifflichkeiten lassen sich bereits als ein solcher Ansatz interpretieren, da sie auf die Grundlosigkeit und das Dass des Seienden bezogen sind. Im vierten Kapitel wurde gezeigt, dass die Erfahrung einer Umwendung und ein grundloses Vertrauen von mehr oder weniger großen Störungen in alltäglichen Situationen ausgehen können. Statt von Grundlosigkeit und Dass des Seienden könnte man daher allgemeiner von *Negativität* sprechen, die für alle Momente einer Irritation steht, die zu einer Umwendung und zu einem grundlosen Vertrauen angesichts der unbegreiflichen Situation des Menschen führen.[5] In diesem Sinne soll hier vorgeschlagen werden, dass es sich bei Heideggers Gottesrede um eine *phänomenologische Hermeneutik von Negativität* handelt.

Eine entsprechende Verbindung von Phänomenologie und Hermeneutik entwickelt zum Beispiel Figal 2009, der anhand des frühen Heidegger die folgende Behauptung erläutert: »As soon as herme-

---

4 Thurnher 1992, S. 97. Dieser Vorschlag wurde kurz in Abschnitt 1.1 und ausführlicher in Abschnitt 4.1 erläutert.
5 Zum Begriff der Negativität und seinem Bezug zur religiösen Rede vgl. auch Rentsch 2011. Rentsch bezieht den Begriff der Negativität auf den der Transzendenz, bei dem es sich aus der Perspektive der vorliegenden Arbeit um ein weiteres räumliches Bild handelt, das als Überstieg buchstäblich verstanden genauso sinnlos ist, wie die Rede von Entzug oder Unhintergehbarkeit, für die das Bild der Negativität steht.

neutics became philosophical it also became phenomenology.«[6] Diese Verbindung vertieft er mit dem Verweis auf »Gadamer's conception of hermeneutic experience«[7] und der Bemerkung, dass laut Gadamer jedes Verstehen ein Moment der Erfahrung beinhalten würde: »Understanding, as Gadamer conceives it, is an event of evidence.«[8] In Abschnitt 4.1 wurde auch anhand von Heidegger gezeigt, dass jedes Verstehen gestimmt ist und erfahren wird, weshalb hier von einer phänomenologischen Hermeneutik gesprochen werden soll. Dabei handelt es sich aber nicht um eine Methode, die sich gezielt einsetzen ließe, da Phänomenologie und Hermeneutik trotz allem zu verschieden sind, was etwa Philipse 2003 feststellt, laut dem es sich um zwei »schwer zu vereinbarende Methoden«[9] handelt. Heideggers späte Gottesrede hat entsprechend auch keinen streng methodischen Charakter, sondern findet sich in zahlreichen und ganz verschiedenen Formen, worauf Philipse ebenfalls hinweist: »In seiner späteren Philosophie gibt Heidegger die phänomenologische und die hermeneutische Methode auf, und die systematische Darstellungsweise von *Sein und Zeit* macht anderen, impressionistischeren Formen wie Essays, Dialogen, Lyrikinterpretationen, Gelegenheitsvorträgen und Briefen Platz.«[10] Außerdem findet sich die Gottesrede bei Heidegger vor allem in mythisch-poetischen Äußerungen, die er nicht als methodische Analysen durchführt, sondern anhand von Lyrikinterpretationen insbesondere Hölderlins und Auslegungen vorsokratischer Autoren wie Parmenides und Heraklit, was in den Abschnitten 5.3 und 5.4 noch genauer untersucht wird. Aber auch ohne systematischen Charakter können selbst diese mythisch-poetischen Äußerungen als eine phänomenologische Hermeneutik von Negativität angesehen werden, die darin zum Beispiel in der Nachfolge der formalen Anzeige stehen, worauf Schalow 2001 hinweist: »Mythic expressions re-emerge as a vehicle of formal indication – as Heidegger had initially recognized in appealing to primal Christianity – which can evoke the hidden dimensions of our experience of being.«[11] Wie es in dieser Arbeit schon öfter betont wurde, gibt es viele verschiedene Möglichkeiten, Grundlosigkeit und deren Erfahrung auszudrücken.

---

[6] A.a.O., S. 255.
[7] A.a.O., S. 256.
[8] Ebd.
[9] A.a.O., S. 572.
[10] A.a.O., S. 573.
[11] A.a.O., S. 77.

Wenn etwa die hier vor allem verwendete Bildlichkeit des Grundes einen theoretisch solideren Eindruck macht als der Verweis auf einen letzten Gott, so ist auch diese Bildlichkeit nicht buchstäblich zu verstehen und muss wie die Rede vom letzten Gott in einer Erfahrung vollzogen werden. Auch die traditionelle religiöse und mythische Rede hat diesen Status, und wenn auch alle diese verschiedenen Ausdrucksweisen dessen, was hier als Grundlosigkeit bezeichnet wird, nicht in einer geschlossenen und systematisch vorgehenden Methode gebündelt werden können, lässt sich doch sagen, dass es sich dabei um verschiedene Formen einer phänomenologischen Hermeneutik von Negativität handelt, wobei die Rede von einer Negativität ebenso bildlich ist, wie die von der Grundlosigkeit. Wie bereits in Abschnitt 4.3 angedeutet wurde, kann eine solche phänomenologische Hermeneutik nur performativ vollzogen werden, und Heidegger wurde in Abschnitt 4.1 damit zitiert, mit seiner Philosophie entsprechende Erfahrungen hervorrufen zu wollen.

Für die im Folgenden zu untersuchenden mythischen und poetischen Sprechweisen Heideggers bedeutet das, dass sie im Sinne einer solchen phänomenologischen Hermeneutik von Negativität als Verweis auf Erfahrungen verstanden werden, die auf die Gehalte des Dass des Seienden und dessen Grundlosigkeit bezogen sind. Es handelt sich dabei um einige von zahlreichen Möglichkeiten, diese Erfahrungen und Gehalte auszudrücken, zu denen die für diese Arbeit gewählte Bildlichkeit des Grundes ebenso gehört, wie die traditionellen mythischen Narrationen und religiösen Sprechakte. Gegen den oft geäußerten Verdacht der Unverständlichkeit[12] haben Heideggers späte Texte damit doch ihren Sinn, auch wenn sie in einem äußerst sper-

---

[12] Mit Bezug auf den letzten Gott betont zum Beispiel Prudhomme 1993 die Unmöglichkeit einer Reformulierung von Heideggers mythisch-poetischer Sprache in einer *clear second language*. Dagegen wurde hier gezeigt, dass es eine solche klare Reformulierung gar nicht geben kann, da alle alternativen Formulierungen nur als weitere Ansätze einer phänomenologischen Hermeneutik von Negativität verstanden werden können, die immer auch vollzogen werden müssen: »The danger here, however, is that either his own discourse about the God and the gods will tacitly devolve back into the metaphysical doctrine of entity, or we are left with a mytho-poietic discourse. The problem with the former has been dealt with here; the problem with the latter is that it does not offer a clear second language with which to interpret the poetic language of the gods. So long as we refrain from drawing a systematic connection of the language of God and the gods to the reflection on being-itself, we remain unable to say in reflective terms what the mytho-poietic formulations really mean, that is unless we are to give them a metaphysical reading. We could go on simply repeating the poetic

rigen und kaum zugänglichen Stil verfasst sind. Diese sperrigen Texte werden in den folgenden Abschnitten genauer in den Blick genommen. Im nächsten Abschnitt wird Heideggers Rede vom letzten Gott analysiert, der für die im vierten Kapitel erläuterte Übergangserfahrung steht. Während Heidegger in diesem Zusammenhang die zugehörigen Gehalte in einer zwar metaphorisch kühnen, aber doch eher philosophischen Sprache beschreibt, verbleiben die in den Abschnitten 5.3 und 5.4 zu behandelnden Texte in einem mythisch-poetischen Diskurs, der aber als eine von vielen möglichen Formen der hier vorgeschlagenen phänomenologischen Hermeneutik von Negativität anzusehen ist. Nicht zuletzt lässt sich zwischen den verschiedenen Formen auch keine scharfe Trennung ziehen, da zum Beispiel die eher philosophische Sprache um den letzten Gott stark von den mythisch-poetischen Sprechweisen um Hölderlin und die Vorsokratiker geprägt ist, was an den entsprechenden Stellen aufgezeigt wird.

5.2 Der Vorbeigang des letzten Gottes

Vom letzten Gott spricht Heidegger vor allem in den *Beiträgen zur Philosophie* und in einigen weiteren Privatschriften aus dieser Zeit.[13] In den *Beiträgen* gibt es einen eigenen Abschnitt über den letzten Gott, der aber, gegen den Anschein, nicht bloß als besonderer Aspekt der in den *Beiträgen* verhandelten Philosophie des Ereignisses anzusehen ist, sondern als deren Krönung und Abschluss. So steht dieser Abschnitt zumindest in Heideggers Typoskript am Ende der *Beiträge*. Der Herausgeber der *Beiträge*, Friedrich-Wilhelm von Herrmann, hat sich aber aufgrund einer kleinen und uneindeutigen Notiz Heideggers entschieden, die Reihenfolge zu ändern und den Abschnitt über das Seyn ans Ende zu stellen, wozu insbesondere die Nummerierung der 281 aphoristischen Kurzabschnitte ab dem 50sten geändert wurde.[14] Die Frage, ob dieser in bester Absicht vorgenommene Eingriff in Heideggers Sinne war, darf zumindest gestellt werden. Heidegger hat die Herausgabe seines Nachlasses gründlich vorbereitet, wobei er die massiven Eingriffe der Herausgeber der Werke

---

or religious language about the gods, but we would remain unable to say what it is we understand in that language«, a. a. O., S. 453.

[13] Vgl. GA 65 ff.

[14] Vgl. Nachwort des Herausgebers, GA 65, S. 514 f.

Nietzsches vor Augen hatte, und an der Reihenfolge der Abschnitte des 1939 erstellten Typoskripts bis zu seinem Tod 1976 festgehalten.[15] Allerdings bezeichnet Heidegger die Abschnitte der *Beiträge* auch als *Fugen* und je nach Interpretation dieses Begriffs könnte man sagen, dass die Abschnitte ohnehin gleichberechtigt nebeneinander stehen. Außerdem geht es beim letzten Gott um die Akzentuierung des Erfahrungsaspekts der Ereignisphilosophie, der von den in den anderen Fugen diskutierten Gehalten ohnehin nicht zu trennen ist. Dennoch finden diese Gehalte in der mit dem letzten Gott verbundenen Erfahrung ihren Abschluss, weshalb dieser tatsächlich eher an das Ende der Abhandlung gehört.

Bei diesen Gehalten handelt es sich vor allem um die im zweiten Kapitel diskutierte Philosophie des Seins und des Ereignisses, und so wird denn auch in der Forschung hauptsächlich das Verhältnis des letzten Gottes zu Sein und Ereignis untersucht. Zu diesem Verhältnis wird hier die These vertreten, dass Heideggers Rede von Gott auf das Dass bzw. die Grundlosigkeit des Seienden bezogen ist, für die sowohl das Sein als auch das Ereignis stehen. Genauer wird im Verlauf dieses Abschnitts gezeigt, dass der letzte Gott für die *Erfahrung* dieser Gehalte steht. Bereits der frühe Heidegger verbindet die Rede von Gott mit dem Nichts, das, wie im zweiten Kapitel gezeigt wurde, ebenfalls auf das Dass und die Grundlosigkeit des Seienden verweist. In der Vorlesung über die *Grundprobleme der Phänomenologie* aus dem Sommersemester 1927 setzt er sich mit dem Gottesbegriff bei Thomas von Aquin auseinander und parallelisiert dabei Hegel und Eckhart in Bezug auf das Nichts:

So ist Gott für sich selbst sein Nicht, d. h. er ist als das allgemeinste Wesen, als die reinste noch unbestimmte Möglichkeit alles Möglichen, das reine Nichts. Er ist das Nichts gegenüber dem Begriffe aller Kreatur, gegenüber allem bestimmten Möglichen und Verwirklichten. Auch hier finden wir wieder eine merkwürdige Parallele zu der Hegelschen Bestimmung des Seins und der Identifizierung mit dem Nichts. Die Mystik des Mittelalters, genauer gesprochen die mystische Theologie ist nicht mystisch in unserem Sinne und im schlechten Sinne, sondern in einem ganz eminenten Sinne begrifflich.[16]

---

[15] Vgl. dazu auch Babich 2009, S. 183 ff.
[16] GA 24, S. 128. In seiner Schrift über *Glaube und Wissen* vermittelt der frühe Hegel das Absolute im Denken durch den *Abgrund des Nichts*, vgl. Schmidt 2003, S. 22.

Während hier aber zusätzlich noch das Problem des Möglichen und Wirklichen eine Rolle spielt, findet sich eine eindeutigere Verbindung der Rede von den Göttern zu der besagten Grundlosigkeit in *Besinnung*, einer Privatschrift, die nach den *Beiträgen* 1938/39 entstanden ist:

Allein, solange der Mensch nicht zuvor von der Wesung des Seyns und seiner Ent-setzung allem Seienden der Seiendheit entrissen und in die Grundlosigkeit der Wahrheit des Seyns versetzt ist und aus dieser Versetzung erst wieder die Lichtung ermißt, in der sich ihm eine Verweigerung eröffnet, die der Wink des Seyns selbst ist, das ihn so bereits ereignet hat, solange können die Götter nicht zur Sprache kommen, weil jeder Zeit-Raum für ihre Gottschaft verschüttet ist.[17]

Die Wesung bzw. Wahrheit des Seins steht auch in den *Beiträgen* für das Dass bzw. die Grundlosigkeit des Seienden und wird dort mit der Rede vom letzten Gott verbunden. So spricht Heidegger zum Beispiel vom Ereignis »[...] als der Wesung der Wahrheit des Seyns in der Gestalt des letzten Gottes.«[18] Dies klingt allerdings so, als würde Heidegger das Ereignis bzw. das Sein mit dem letzten Gott identifizieren. Heideggers Metaphorik ist in dieser Hinsicht nicht sehr scharf und lässt, wenn man nur auf diesen Text sieht und das in der vorliegenden Arbeit aufgezeigte Gesamtanliegen Heideggers nicht im Blick hat, Interpretationen zu, die dieser Metaphorik erliegen und die Rede von Gott buchstäblich verstehen. Während Heideggers Rede vom letzten Gott in dieser Arbeit als eine phänomenologische Hermeneutik von Negativität mit besonderem Akzent auf dem Aspekt der Erfahrung gelesen wird, findet sich eine eher buchstäbliche Interpretation bzw. bloße Wiedergabe der quasi-religiösen Aussagen in den *Beiträgen* zum Beispiel bei Colony 2008, was hier kurz nachvollzogen werden soll.

Colony hält zunächst fest, dass man den letzten Gott sowohl als im Sein enthalten als auch von diesem radikal verschieden verstehen kann: »Heidegger's last god appears to be both entirely contained within and wholly other to being.«[19] Dies wird dann so interpretiert, dass der letzte Gott zwar vom Sein zu unterscheiden ist, sich in diesem aber manifestiert: »When Heidegger speaks of being as the origin of the last god what he is speaking of is not the god itself, but

---

[17] GA 66, S. 237.
[18] GA 65, S. 96.
[19] A.a.O., S. 189.

rather, the manifestation of the god in being.«[20] Genauer fungiert das Sein dabei als das Medium des letzten Gottes: »Rather than framing being as a determination of the last god, I argue that being must be understood on the model of a medium via which the god touches the sphere of phenomenality and yet remains entirely undetermined by its manifestation in being.«[21] Bei diesem Erscheinen im Medium des Seins würde der letzte Gott überdies eine Spur hinterlassen: »Rather than treating being as a predicate which is applicable to the last god itself, Heidegger understands being as a medium via which the last god leaves a trace within the sphere of human intelligibility. However, with respect to its coming to manifestation within being, the god itself remains wholly and incomparably other.«[22] Mit dieser Lesart des letzten Gottes, der vom Sein verschieden ist, sich in diesem als seinem Medium manifestiert und dabei eine Spur hinterlässt, erhebt Colony den Anspruch, die komplizierte Metaphorik der *Beiträge* auflösen zu können: »Moreover, this division, between being as a medium for the god's self-deployment and the proper mystery of the god itself, provides a framework for approaching one of Contributions' most challenging and disturbing passages.«[23]

Mit leicht verschobenem Akzent argumentiert Vedder 2007, dass der letzte Gott zwar vom Sein verschieden ist, dieses aber nicht wie bei Colony für seine Manifestation benötigt, stattdessen aber dazu, er selbst zu werden: »With regard to the relation of being and god, being is never a determination of god himself, but is that which god needs in order to become itself. In this way, god is completely distinguished from being.«[24] Schließlich spricht aber auch Vedder davon, der letzte Gott wäre weder Sein noch Seiendes, würde aber im Sein erscheinen:

---

[20] A. a. O., S. 187.
[21] Ebd.
[22] A. a. O., S. 189.
[23] A. a. O., S. 194. Colony bezieht sich hier auf die in der Tat rätselhafte Passage in den *Beiträgen*, in denen Heidegger von einem Netz spricht, in dem sich der letzte Gott verfangen würde. Es ist nicht der Anspruch dieser Arbeit, alle Bilder Heideggers aufzulösen, und dieses zum Beispiel muss für sich stehen bleiben: »Das Er-eignis und seine Erfügung in der Abgründigkeit des Zeit-Raumes ist das Netz, in das der letzte Gott sich selbst hängt, um es zu zerreißen und in seiner Einzigkeit enden zu lassen, gottlich und seltsam und das Fremdeste in allem Seienden«, GA 65, S. 263.
[24] A. a. O., S. 165.

In thinking from the perspective of the ontological difference, from the difference of being and entities, the last god is not an entity, not even the highest one. Nor is it being itself, nor the truth of being in its being as an event of enowning. The god that is thought within ontological difference is different from being. Nevertheless, this god appears within being as an event of enowning and within its truth. This could be called the »theological difference« of god and the truth of being.[25]

Diesen Interpretationen bzw. Zusammenfassungen von Heideggers Bildern gelingt es offenbar nicht, sich von den vergegenständlichenden Redeweisen zu lösen. Selbst wenn von einem Gott außerhalb des Seins gesprochen wird, ist doch wie von einem seienden Wesen die Rede, das gelegentlich im Sein erscheint. Heidegger spricht zwar selbst immer wieder auf diese Weise, wenn es aber darum geht, diese Redeweise zu interpretieren, genügt es nicht, sie einfach zu wiederholen. Stattdessen wurde im Verlauf dieser Arbeit gezeigt, wie der Status dieser Rede zu verstehen ist. Es handelt sich um unvermeidliche Vergegenständlichungen und Bilder, mit denen – in einem *anderen* Bild gesprochen – die Grundlosigkeit des Seienden vergegenwärtigt wird, wobei diese Vergegenwärtigung verstanden und erfahren werden muss, was hier als phänomenologische Hermeneutik von Negativität konzeptualisiert wird.

Vor diesem Hintergrund dürfte klar sein, dass Heideggers letzter Gott nicht als ein seiendes Wesen verstanden werden kann, auch wenn er in vergegenständlichender Sprache als ein solches erscheint. Diesem Schein erliegen die genannten Interpretationen, die die Spannung zwischen der vergegenständlichenden Rede und der Aussage, der letzte Gott wäre weder Sein noch Seiendes, nicht angemessen auflösen. Neben dieser Wiederholung des vergegenständlichenden Sprechens wird der Gott bei Heidegger von zahlreichen Interpreten aber auch direkt mit dem Sein verbunden, wobei zum Beispiel Schalow 2001 darauf hinweist, dass sich Heidegger dieser Gefahr bewusst war: »While Jean-Luc Marion and others criticize Heidegger for ›ontologizing‹ the divine by privileging the question of being, he clearly saw the danger of doing so.«[26] Dazu verweist Schalow auf folgende Stelle in den *Beiträgen*:

---

[25] A.a.O., S. 187.
[26] A.a.O., S. 159. Beispiele für entsprechende »ontologisierende« Lesarten finden sich etwa in Prudhomme 1997, Law 2000, Brito 2003, Ionescu 2002 oder Polt 2006.

Doch die Rede von den »Göttern« meint hier nicht die entschiedene Behauptung eines Vorhandenseins einer Vielzahl gegenüber einem Einzigen, sondern bedeutet den Hinweis auf die Unentschiedenheit des Seins der Götter, ob eines Einen oder Vieler. Diese Unentschiedenheit begreift in sich die Fragwürdigkeit, ob überhaupt dergleichen wie Sein den Göttern zugesprochen werden darf, ohne alles Gotthafte zu zerstören.[27]

Bereits in den ersten beiden Kapiteln wurde ausführlich darauf hingewiesen, dass Heidegger bei allen vergegenständlichenden Redeweisen Gott weder als Sein noch als seiendes Wesen versteht, am wenigsten im Sinne des Theismus, was er zum Beispiel im *Humanismusbrief* deutlich macht:

Doch mit diesem Hinweis möchte sich das Denken, das in die Wahrheit des Seins als das zu Denkende vorweist, keineswegs für den Theismus entschieden haben. Theistisch kann es so wenig sein wie atheistisch. Dies aber nicht auf Grund einer gleichgültigen Haltung, sondern aus der Achtung der Grenzen, die dem Denken als Denken gesetzt sind, und zwar durch das, was sich ihm als das Zu-denkende gibt, durch die Wahrheit des Seins.[28]

Andererseits sind seine vergegenständlichenden Redeweisen nicht ganz eindeutig und können tatsächlich zu den oben genannten unkritischen Paraphrasierungen führen. So heißt es in den *Beiträgen* zum Beispiel sehr missverständlich: »Der letzte Gott ist nicht das Ereignis selbst, wohl aber seiner bedürftig als jenes, dem der Dagründer zugehört.«[29] Damit lässt sich die zitierte Interpretation rechtfertigen, der letzte Gott bräuchte das Ereignis bzw. das Sein, um in ihm er selbst zu werden. In den auf die *Beiträge* nachfolgenden Privatschriften wird einerseits die folgende Aussage wie ein Mantra wiederholt: »Alles Seiende mögt ihr durchstreifen, nirgends zeigt sich die Spur des Gottes.«[30] Andererseits heißt es dort auch ganz explizit: »Die Göt-

---

[27] GA 65, S. 437.
[28] GA 9, S. 352.
[29] GA 65, S. 409.
[30] GA 66, S. 353 und GA 69, S. 59, S. 105 und S. 211. Etwas ausführlicher und mit Verweis auf die Fragwürdigkeit des Dass des Seienden, für die die Rede von Gott bei Heidegger steht, heißt es in *Die Geschichte des Seyns* auch: »Alles Seiende könnt ihr umordnen, nie trefft ihr auf eine freie Stelle für die Behausung des Gottes. Über euer Seiendes dürft ihr sogar hinausgehen und ihr findet nur die Seiendheit dessen noch einmal, was euch schon als das Seiende galt. Ihr erklärt nur und alles Erklären ist der Rückfall in die Berufung auf das zuvor Fraglose, was im Grunde jedoch alle Fragwürdigkeit in sich verschließt«, GA 69, S. 59.

ter wesen unmittelbar im Seienden als Seiende.«[31] Als mögliche Seinsweisen des letzten Gottes werden auch die Metaphern des Vorbeigangs und des Winkes angeführt, die Heidegger verwendet. Heidegger spricht tatsächlich so, als würde sich der letzte Gott in einem Wink manifestieren: »Seine Wesung hat er im Wink.«[32] Klun 2006 verweist in diesem Zusammenhang auf Hölderlin und erläutert die Schwierigkeit, die Seinsweise von Heideggers letztem Gott zu verstehen:

Zusammen mit dem Wort »Vorbeigang« verwendet Heidegger auch die von Hölderlin stammende Figur des Winkes (beziehungsweise der Winke) des letzten Gottes. Ähnlich wie der Begriff der Spur *(trace)* bei Lévinas und Derrida drückt der Wink die paradoxe »Seinsweise« aus, die weder eine Anwesenheit noch eine völlige Abwesenheit bedeutet. Im Wink ist der Gott sowohl fern als auch nahe.[33]

Auf diese Mischung aus An- und Abwesenheit des letzten Gottes mit Bezug auf die Bilder des Vorbeigangs und des Winkes macht auch Vedder 2007 aufmerksam: »Passing-by – and not presence, nor arrival – is the being of the last god. This means that the last god does not manifest himself, he is present only as a hint. The innermost finitude of be-ing reveals itsels in the hint of a last god.«[34] Aber auch wenn man von den paradoxen Seinsweisen des Vorbeigangs oder Winkes spricht, erliegt man letztlich doch der vergegenständlichenden Redeweise Heideggers. Bereits in Abschnitt 1.2 wurde im Zusammenhang mit der Diskussion der *analogia-entis*-Lehre geltend gemacht, dass Gott entweder ist oder nicht. Und da Heidegger zu Recht sämtliche theistischen Konzeptionen verwirft, gibt es für ihn auch keinen seienden Gott, auch wenn er paradox oder nur analog seiend wäre oder sein Sein im Vorbeigang hätte. Die Rede von Gott muss *anders* verstanden werden – und sie *kann* anders verstanden werden, wie es der Ansatz einer phänomenologischen Hermeneutik von Negativität zeigt, mit dem die religiösen Redeweisen hier im Sinne einer posttheistischen Religiosität interpretiert werden. In dieser Lesart bezieht sich die Rede von Gott auf Gehalte, die sich zum Beispiel als Grundlosigkeit reformulieren lassen, und die, wie auch die Rede von der Grundlosigkeit, erfahren werden müssen. Dabei steht laut der Inter-

---

[31] GA 71, S. 239.
[32] GA 65, S. 409.
[33] A.a.O., S. 543.
[34] A.a.O., S. 184.

pretation dieser Arbeit die Rede von Gott bei Heidegger nicht nur für diese Gehalte, sondern vor allem für die zugehörige Erfahrung, was unten noch genauer ausgeführt wird. Dazu gehören entsprechende Stimmungen, wie zum Beispiel Verhaltenheit, Erschrecken und Scheu, die Heidegger auch dem letzten Gott zuordnet: »Die Nähe zum letzten Gott ist die Verschweigung. Diese muß im Stil der Verhaltenheit ins Werk und Wort gesetzt werden«[35] und »Die Verhaltenheit, die stimmende Mitte des Erschreckens und der Scheu, der Grundzug der Grundstimmung, in ihr stimmt sich das Da-sein auf die Stille des Vorbeiganges des letzten Gottes.«[36]

Dass es sich um keinen *seienden* Gott handelt, wird auch an dem Motto des Abschnitts über den letzten Gott deutlich, in dem Heidegger diesen vom christlichen Gott absetzt: »Der ganz Andere gegen die Gewesenen, zumal gegen den christlichen.«[37] Dazu muss man allerdings wissen, dass Heidegger unter dem christlichen Gott den Gott des Theismus versteht, wie es in den ersten beiden Kapiteln erläutert wurde. Diese Unterstellung findet sich auch in der folgenden Passage aus den *Beiträgen*, in der der letzte Gott von einem solchen theistischen Gott eindeutig abgegrenzt wird:

Der letzte Gott hat seine einzigste Einzigkeit und steht außerhalb jener verrechnenden Bestimmung, was die Titel »Mono-theismus«, »Pan-theismus« und »A-theismus« meinen. »Monotheismus« und alle Arten des »Theismus« gibt es erst seit der jüdisch-christlichen »Apologetik«, die die »Metaphysik« zur denkerischen Voraussetzung hat. Mit dem Tod dieses Gottes fallen alle Theismen dahin. Die Vielheit der Götter ist keiner Zahl unterstellt, sondern dem inneren Reichtum der Gründe und Abgründe in der Augenblicksstätte des Aufleuchtens und der Verbergung des Winkes des letzten Gottes.[38]

Dieser Gott steht auch in Bezug auf seine Charakterisierung als *letzter* Gott »außerhalb jener verrechnenden Bestimmung«, wie es weiterhin in den *Beiträgen* erläutert wird:

Der letzte Gott, wenn wir hier rechnerisch denken und dies »Letzte« nur als Aufhören und Ende nehmen statt als die äußerste und kürzeste Entscheidung über das Höchste, dann freilich ist alles Wissen von ihm unmöglich. Doch wie sollte man im Denken des Gottwesens rechnen wollen, statt sich

---

[35] GA 65, S. 12.
[36] GA 65, S. 17, Hervorhebung gelöscht.
[37] GA 65, S. 403.
[38] GA 65, S. 411.

umzubesinnen auf die Gefahr eines Befremdlichen und Unberechen-baren?[39]

Prudhomme 1993 hält dazu fest, dass Heidegger den letzten Gott nicht als den letzten in einer Reihe versteht, sondern eher als »God of God«: »The last God is not the final deity in the sense of the end appearance at the close of the historical series of deities, but is, strictly speaking, the God of God.«[40] Laut Prudhomme versucht Heidegger damit auch, den letzten Gott von einem theistischen Gott abzugren-zen, wobei Prudhomme davon spricht, dass Heidegger hier das Sein dieses Gottes in einer nicht-metaphysischen Weise charakterisieren würde: »The notion of the last or ultimate God is thus nothing other than a way to speak of the being of God, and to do so in a way which in its very unconventional character, might lead one to think of the being of God no longer in the conventional terms of metaphysics.«[41] Diese nicht-metaphysische Bestimmung des Seins des letzten Gottes wird laut Prudhomme von Heidegger auch damit akzentuiert, dass es sich dabei nicht um einen Gott, sondern abstrakt um eine Gottheit handeln würde, die dann allerdings auch alle Möglichkeiten des Gött-lichen beinhalten soll: »The final God is the God of God (in more traditional terms, the Godhead or the divinity of God) in the sense that it gathers together all the possibilities of the deity; it shows what it means for God to be God; it is the being of God.«[42] Dagegen wurde oben eingewandt, dass man mit allen Verweisen auf eine Seinsweise als Vorbeigang, Wink oder jetzt eben Gottheit noch nicht konsequent genug den Status dieser Redeweisen bedenkt. Entweder ist Gott oder nicht, und gemäß der hier vertretenen Linie gibt es keinen Gott im

---

[39] GA 65, S. 406 f.

[40] A. a. O., S. 450.

[41] Ebd.

[42] Ebd. Dies passt zu der folgenden Bemerkung Heideggers: »Der letzte Gott ist nicht der übrig gebliebene ›restliche‹ Gott und das bloße Ende, sondern der erstanfängliche und höchste Gott; alle Gewesenen wesen mit ihm, indem er ›ist‹ – der anfänglich nie Wirkende«, GA 71, S. 230. Allerdings spricht Heidegger auch von einem neuen »We-sen der Gottschaft« und von anderen Göttern: »Nicht nur treten andere Götter an die Stelle der alten, sondern das Wesen der Gottschaft ist ein anderes«, GA 70, S. 131, und »Die Gottschaft im anderen Anfang entstammt dem Eigentum des Seyns der Wahrheit, d. h. dem untergänglichen Wesen des Anfangs (Der ›letzte Gott‹ ist der Gott der Anfängnis)«, ebd. Den Begriff der Gottheit erläutert Heidegger auch in Be-zug auf Meister Eckhart: »Daher spricht Meister Eckhart meist von dem ›überwesent-lichen Wesen‹, d. h. ihn interessiert nicht eigentlich Gott – Gott ist für ihn noch ein vorläufiger Gegenstand –, sondern die Gottheit«, GA 24, S. 127.

Sinne des Theismus, sondern nur religiöse Redeweisen, die sich auf Gehalte wie das der Grundlosigkeit beziehen lassen. Man kann zwar sinnvoll von Gott sprechen, zum Beispiel innerhalb religiöser Sprechakte wie Liturgie oder Gebet, darf das aber nicht im Sinne des Theismus buchstäblich verstehen. Auch wenn sie nicht auf ein seiendes Wesen verweist, ist die Rede von Gott nicht sinnlos, zumal die Rede von der Grundlosigkeit insofern den gleichen Status hat, als auch sie nicht buchstäblich zu verstehen ist. Eine Interpretation der religiösen Rede ohne diese Zusatzbemerkung greift aber zu kurz, wozu an die bereits im dritten Kapitel zitierte Bemerkung Wittgensteins erinnert sei, man könne zwar sinnvoll vom Auge Gottes sprechen, nicht aber von Gottes Augenbraue.[43] Zum Verständnis der religiösen Rede gehört daher die ebenfalls im dritten Kapitel erläuterte Destruktion der Begriffe, die auch erfahren werden muss. So spricht zwar auch Heidegger vergegenständlichend vom letzten Gott wie von einem seienden Wesen, kann hier aber nicht buchstäblich verstanden werden, auch nicht mit der Einschränkung, es handele sich um eine paradoxe Seinsweise oder eine Gottheit. Stattdessen steht der letzte Gott gerade für die Erfahrung eines scheiternden Denkens, als das die Destruktion der Begriffe im dritten Kapitel ebenfalls bestimmt wurde. Dort wurde Fichte damit zitiert, dass das Unbegreifliche nur an der Vernichtung des Begriffs einleuchten würde, was sich nun auf Heideggers letzten Gott beziehen lässt.

Für dieses Scheitern im Denken steht bei Heidegger die Verweigerung des Ereignisses, und für das Einleuchten des Unbegreiflichen die Schenkung, die zu dieser Verweigerung gehört, bzw. eine Offenbarkeit gerade *in* der Verbergung. Im Moment des Umschlags der Verbergung in die Offenbarkeit geht der letzte Gott vorbei:

Die Verweigerung ist der höchste Adel der Schenkung und der Grundzug des Sichverbergens, *dessen* Offenbarkeit das ursprüngliche Wesen der Wahrheit des Seyns ausmacht. So allein wird das Seyn die Befremdung selbst, die Stille des Vorbeigangs des letzten Gottes.[44]

Bei dieser Verbindung der Verweigerung des Ereignisses mit dem letzten Gott handelt es sich laut dem folgenden Zitat um eine Erfahrung aus dem Wesen des Seins. Da dieses, wie im zweiten Kapitel gezeigt wurde, für das Dass bzw. für die Grundlosigkeit des Seienden

[43] Wittgenstein 1994, S. 100.
[44] GA 65, S. 406, Hervorhebung im Original.

steht, kann der ganze Vorgang auf die Erfahrung der Grundlosigkeit im scheiternden Denken bezogen werden. Das Denken kann sich weder Grund noch Grundlosigkeit vorstellen, erfährt aber die Gehalte dieser Metaphern im Scheitern des Versuchs des Verstehens. Für den Moment dieser Erfahrung steht der letzte Gott:

> Die größte Nähe des letzten Gottes ereignet sich dann, wenn das Ereignis als das zögernde Sichversagen zur Steigerung in die Verweigerung kommt. Dies ist etwas wesentlich anderes als die bloße Abwesenheit. Verweigerung als zugehörig zum Ereignis läßt sich nur erfahren aus dem ursprünglicheren Wesen des Seyns, wie es im Denken des anderen Anfangs aufleuchtet.[45]

Zum Konzept des scheiternden Denkens passt das Bild des Vorbeigangs des letzten Gottes in ganz besonderer Weise. Man scheitert im Versuch, einen Grund zu denken, wobei man im Moment des Scheiterns kurz einen vermeintlichen Grund vor Augen hat, der aber wieder in den Abgrund entschwindet, was als Bewegungsmoment so wirkt, als wäre dem Denken ein »etwas« entglitten. In Heideggers diesmal wirklich großartiger Metaphorik ist in diesem Moment der letzte Gott vorbeigegangen als unbegreiflicher Grund und Abgrund zugleich. Damit wird auf treffende Weise in einem Bild die Erfahrung der Destruktion der Begriffe beschrieben, die man erst in der Erfahrung ihrer Destruktion versteht. Der Gehalt der Grundlosigkeit ist zwar undenkbar, kann aber im Moment des scheiternden Denkens erfahren werden, der mit dem Bild des Vorbeigangs des letzten Gottes erfasst wird. Solche bildlichen Beschreibungen von Erfahrungen und Gehalten eines scheiternden Denkens sollen hier als phänomenologische Hermeneutik von Negativität angesehen werden.

In den *Beiträgen* gibt es auch einen expliziten Hinweis auf die Grundlosigkeit, auf die das scheiternde Denken als Verweigerung des Ereignisses hier bezogen wird, wenn Heidegger dort zum Beispiel vom »[...] abgründige[n] Grund der Grund-losigkeit der Götter«[46] spricht. Außerdem verbindet er in der Schrift *Besinnung* von 1938/ 39 das Sein mit dem Nichts und dem Abgrund und diesen mit der »Gottfähigkeit des Menschen«, was an das oben angeführte Zitat über Gott, Nichts und Sein des frühen Heidegger erinnert: »Der Spruch [Das Seyn ist das Nichts] versetzt die Besinnung in das Krücken- und Stützenlose und sagt von der Freiheit zur Befreiung in den

---

[45] GA 65, S. 411.
[46] GA 65, S. 472.

Ab-grund als der Not des zu gründenden Wesens der Wahrheit des Seyns, ohne welche dem Menschen die Gottfähigkeit versagt bleibt.«[47] Die »Versetzung in das Krücken- und Stützenlose« kann wiederum als Verweis auf ein scheiterndes Denken angesehen werden, in dem der letzte Gott erfahren wird. Dazu passt außerdem der im letzten Kapitel angeführte Punkt, dass der so verstandene Gott keinen Halt bietet, sondern eher mit einem Blick in den Abgrund des Regresses zu tun hat, in Bezug auf den man zwar von einem grundlosen Getragensein sprechen kann, das aber immer mit dem Schrecken des Abgrunds verbunden bleibt. In diesem Sinne lassen sich auch die folgenden drastischen Bemerkungen Heideggers über den letzten Gott verstehen: »Der letzte Gott verteilt keine Tröstungen«[48] und »Das Rechnen auf die Rettung der Seele verzwingt in jenes daseinslose ›Erleben‹, dem der letzte Gott so entfernt bleibt, daß er sich von den Bezirken und Gemächten solchen ›Lebens‹ nicht einmal erst abkehrt.«[49] Auch die Rede von der Not der Seinsverlassenheit gehört in diesen Kontext. Diese Not muss erfahren werden und führt dann aber durch den schreckenvollen Durchgang der Umwendung sogar zu einem Jubel des Seins:

Die Nähe [des letzten Gottes] aber klingt an im Anklang des Seyns aus der Erfahrung der Not der Seinsverlassenheit. Diese Erfahrung jedoch ist der erste Aufbruch zum Sturm in das Da-sein. Denn nur wenn der Mensch aus dieser Not herkommt, bringt er die Notwendigkeiten zum Leuchten und mit diesen erst die Freiheit der Zugehörigkeit zum Jubel des Seyns.[50]

Eine weitere bildliche Erläuterung der Gehalte, auf die die Rede vom letzten Gott bezogen ist, findet sich in der in diesem Zitat genannten Nähe des letzten Gottes, die Heidegger mit seiner Ferne in Verbindung bringt, was der Erfahrung des scheiternden Denkens entspricht, in dem sich der letzte Gott zeigt, gerade indem er sich entzieht, was auch in dem Bild des Vorbeigangs steckt. Die Grundlosigkeit, um die es hier geht, kann nicht konsistent gedacht, aber gerade im Scheitern des Versuchs erfahren werden, einen Grund oder die Grundlosigkeit zu denken. Im Moment des Scheiterns ist die Grundlosigkeit fern und entzogen, schließlich scheitert man im Versuch, sie zu verstehen.

---

[47] GA 66, S. 58.
[48] GA 69, S. 211.
[49] GA 69, S. 212.
[50] GA 65, S. 412. Zur Verbindung von negativen und positiven Stimmungen vgl. Abschnitt 4.4 oben.

Gleichzeitig versteht man aber gerade in diesem Scheitern, was mit der Grundlosigkeit gemeint ist, weshalb sie in diesem Moment auch nah ist. Für all das steht auch die gleichzeitige Nähe und Ferne des letzten Gottes: »Die äußerste Ferne des letzten Gottes in der Verweigerung ist eine einzigartige Nähe, ein Bezug, der durch keine ›Dialektik‹ verunstaltet und beseitigt werden darf.«[51] Diese Verbindung von Nähe und Ferne findet sich auch in der oben erwähnten Metapher des Winkes, die Heidegger wiederum der zu erfahrenen Not der Seinsverlassenheit zuordnet: »Im Wesen des Winkens liegt das Geheimnis der Einheit innigster Näherung in der äußersten Entfernung, die Ausmessung des weitesten Zeit-Spiel-Raumes des Seyns. Dieses Äußerste der Wesung des Seyns fordert das Innerste der Not der Seinsverlassenheit.«[52] Wie der Vorbeigang kann auch das Winken des letzten Gottes als ein Bild für das scheiternde Denken verstanden werden, das im Moment des Scheiterns etwas versteht, das dennoch entzogen bleibt. Der Wink ist hierfür ebenfalls ein treffendes Bild, wenn man den Wink als ein Zeichen von jemandem auffasst, der dabei ist, sich zu entfernen, zumal dieses Zeichen gestisch und nicht sprachlich verfasst ist, was zu der nicht-sprachlichen Erfahrung des scheiternden Denkens passt. Es handelt sich hier um ein weiteres Beispiel einer gelungenen phänomenologischen Hermeneutik von Negativität.

Im scheiternden Denken wird auch die Not der Seinsverlassenheit erfahren, die sonst als Not der Notlosigkeit nicht bemerkt wird.[53] Zu diesem kulturkritischen Vokabular passt auch Heideggers Rede von einem Untergang, die sich ebenso auf eine solche Erfahrung des scheiternden Denkens beziehen lässt, das außerdem in plötzlichen Momenten geschieht und nicht erzwungen, sondern nur vorbereitet werden kann: »Der höchste Anfang verschließt in sich und fängt daher an den tiefsten Untergang. In diesem ersteht der letzte Gott. Weil

---

[51] Ebd. Der klassische Ort der Verbindung von Nähe und Ferne Gottes findet sich laut Fischer 2009 bei Augustinus: »Die Rede von der ›Nähe‹ und ›Ferne‹ Gottes deutet auf eine uralte Thematik, die Augustinus klassisch und exemplarisch zum Ausdruck gebracht hat; Augustinus sagt (vgl. *an. quant.* 78): ›quo nihil sit secretius, nihil praesentius, qui difficile invenitur, ubi sit, difficilius, ubi non sit.‹ Nichts ist nach diesem Text für uns unzugänglicher und weiter von uns fern als Gott; nichts aber auch gegenwärtiger als er: schwer sei zu finden, wo er ist, schwieriger aber noch, wo er nicht ist«, a.a.O., S. 23.
[52] GA 65, S. 408.
[53] Vgl. zum Beispiel GA 65, S. 11 und passim.

Er der Seltenste ist, gehört ihm die längste Zeit der Vorbereitung und die unvordenkliche Plötzlichkeit seiner Nähe.«[54] Das Erstehen des letzten Gottes im Untergang ist ein weiteres Bild für die positive Erfahrung des scheiternden Denkens, wenn es auch etwas drastischer ist als die Bilder des Winkes und des Vorbeigangs.

Die hiermit vorgelegte Interpretation der Rede vom letzten Gott als Ausdruck des erfahrenden Verstehens im scheiternden Denken im Sinne einer phänomenologischen Hermeneutik von Negativität soll nun zu anderen in der Forschung vertretenen Lesarten ins Verhältnis gesetzt werden. Oben wurden bereits einige Arbeiten zitiert, die sich im bloßen Paraphrasieren und Sortieren von Heideggers Metaphorik erschöpfen. Wie bereits erläutert, wird der Status der Sprache nicht angemessen reflektiert, wenn Heideggers vergegenständlichende Redeweisen übernommen werden und der Eindruck entsteht, es handle sich beim letzten Gott um ein existierendes Wesen, das sich gelegentlich im Sein manifestiert. Allerdings kann zum Beispiel der oben in diesem Sinne zitierten Arbeit von Colony 2008 zugute gehalten werden, dass sie den letzten Gott gegen den Anschein nicht als seiendes Wesen versteht, sondern als Ausdruck für die unbegreifliche Göttlichkeit als solche: »Rather than framing being as a determination of the divine, Heidegger's thought of the last god can be seen as an attempt to release what is ownmost to the god from ontological determination and back into a more adequate account of the sense of mystery proper to the divine as such.«[55] Dabei wird aber weder geklärt, worum es sich bei dieser Göttlichkeit handelt, noch wird die in dieser Hinsicht durchaus weiterführende Metaphorik Heideggers gewürdigt. Mit dem hier vertretenen Ansatz einer phänomenologischen Hermeneutik von Negativität lässt sich dagegen nicht nur die Rede von der Göttlichkeit als Ausdruck einer post-theistischen Religiosität verstehen. Darüber hinaus können auch Heideggers Bilder um den letzten Gott fruchtbar gemacht werden, wenn man sie als Beispiele einer solchen phänomenologischen Hermeneutik von Negativität auffasst.

Auch für Figal 2000 gehört der letzte Gott zum Problem des Verstehens. Zunächst wird der Vorbeigang des letzten Gottes als »Möglichkeit einer Theophanie«[56] bezeichnet. Genauer greift Figal eine Er-

---

[54] GA 66, S. 253.
[55] A.a.O., S. 192.
[56] A.a.O., S. 176.

läuterung des Begriffs des Winkes in Heideggers Vorlesung über das *Wesen der Wahrheit* aus dem Wintersemester 1931/32 auf, in dem Heidegger den Wink – in Figals Worten – als Eröffnung eines Verstehensraums bestimmt.[57] Vor diesem Hintergrund hält Figal mit Verweis auf den so gelesenen Wink fest: »Was der letzte Gott zu verstehen gibt, ist in der zitierten ersten Charakterisierung, die Heidegger von ihm gibt, als Verstehensraum oder Sinnhorizont gut erkennbar.«[58] Dies lässt sich zu dem hier vertretenen Ansatz einer phänomenologischen Hermeneutik von Negativität insofern ins Verhältnis setzen, als der letzte Gott auch in dieser Hermeneutik für die Erfahrung eines Verstehens steht, das dann genauer mit Momenten der Entzogenheit verbunden wird. Dieser Aspekt der Negativität findet sich auch bei Figal, laut dem der letzte Gott als Grund des Verstehens entzogen bleibt: »Was zu verstehen ›gibt‹, den Horizont oder Spielraum des Verstehens eröffnet, steht dann erst recht jenseits des Verstehens; es kann selbst nicht verstanden werden, und umgekehrt gibt nur das zu verstehen, was sich selbst dem Verstehen entzieht. Was zu verstehen gibt, ist Sich-Entziehendes und kann als das Göttliche gedeutet werden.«[59] In Bezug auf das Problem des Verstehens lässt sich damit die Rede vom letzten Gott auch in Figals Analyse als eine phänomenologische Hermeneutik von Negativität ansehen. Die Unbegreiflichkeit des Verstehens kann als eine Erfahrung des Göttlichen aufgefasst werden, und Figal liest den letzten Gott in dieser Hinsicht als entzogenen Grund des Verstehens und damit als Ausdruck für die Entzogenheit des Verstehens selbst: »Und als das Göttliche zu erfahren ist nunmehr das, was zu verstehen gibt: der letzte Gott. Damit ist nun auch direkt zu sagen, was der letzte Gott selbst ist: eben der die offene Zeit, den Zeitraum des Daseins und Seins zu verstehen Gebende.«[60] Auch wenn dies immer noch nach einem Wesen klingt, das irgendwo existiert und etwas tut, lässt sich diese Charakterisierung des letzten Gottes ganz im Sinne dieser Arbeit als Ausdruck der Grundlosigkeit, und zwar hier der Grundlosigkeit des Verstehens, begreifen. Nicht zuletzt macht auch Figal auf den »negativistischen« Charakter des letzten Gottes aufmerksam, der nicht als

---

[57] Vgl. GA 34, S. 18.
[58] A. a. O., S. 185.
[59] Ebd.
[60] A. a. O., S. 186.

konkrete Gestalt auftritt und sich anschließend entzieht, sondern dessen Erscheinen in diesem Entzug besteht:

Der letzte Gott manifestiert sich in keiner individuellen Gestalt, er wird nicht das Zentrum eines Kultes oder Glaubens, um sich dann, nach kürzerer oder längerer Weile, zu entziehen und in den Kreis der gewesenen Götter zu treten. Seine Verweigerung ist keine der Epiphanie nachfolgende, sondern, als »negativistisch« zu fassende, gleichbedeutend mit dieser, weshalb sie auch die »höchste« Gestalt der Verweigerung heißen kann.[61]

Vedder 2007 spricht dagegen zunächst ganz allgemein davon, dass der letzte Gott für die Erfahrung des Ereignisses bzw. der Wahrheit des Seins steht: »The last god is connected to the experience of being as an event of enowning, that is, with the unfolding of the truth of being.«[62] Dies wird dann genauer ausbuchstabiert als die Erfahrung einer neuen Weise, das Sein zu verstehen, da sich im Vorbeigang des letzten Gottes das Verstehen des Seins verändern würde: »Because of the mystifying aspects of this text, it is not always clear what Heidegger means by ›the last god‹. I understand this notion as an indication of the passing moment, in which a decision about being and the coming of god takes place. […] In passing, the last god effects a change in the understanding of being to the perspective of the other beginning.«[63] Dabei soll es sich laut Vedder aber um die Eröffnung neuer Möglichkeiten des Seins handeln, wobei unklar bleibt, worin diese Möglichkeiten bestehen: »The notion of the last god refers to a moment of decision in which the experience of the last god's passing-by opens the room for other possibilities of being«[64] bzw. »Every moment of the passing-by of the god is a moment to see something new, a different possibility, one that is other to the realized and actualized possibility of the first beginning.«[65] Mit der hier vorgetragenen Lesart des letzten Gottes verbindet diese Einschätzung, dass mit diesem eine besondere Erfahrung in Bezug auf das Sein ausgedrückt wird. Während die Rede vom Sein in dieser Arbeit aber auf Bilder wie das der Grundlosigkeit bezogen wird, spricht Vedder von einem Möglichkeitsraum, der nicht weiter erläutert wird. Schließlich verbindet Vedder die Rede vom letzten Gott auch mit dem Verweis auf den Tod, was

---

[61] A.a.O., S. 186.
[62] A.a.O., S. 174.
[63] A.a.O., S. 160.
[64] A.a.O., S. 175.
[65] A.a.O., S. 179.

ebenfalls als eine phänomenologische Hermeneutik von Negativität angesehen werden kann: »For Heidegger, the gods are an expression of human finitude, just as death is. [...] ›Through death‹ means that they appear not in the process of deceasing, but by the fact that death inheres in Dasein«[66] bzw. »The finitude of being is the true issue in the lastness of the god. The last god is marked by death.«[67] In den *Beiträgen* ist zwar auch vom Tod die Rede, wenn es zum Beispiel heißt: »Der Tod ist als das Äußerste des Da zugleich das Innerste einer möglichen völligen Verwandlung. Und darin liegt zugleich der Hinweis in das tiefste Wesen des Nichts.«[68] Aber der Tod steht nur in einem indirekten Verhältnis zum letzten Gott, womit Vedders Interpretation nicht unmittelbar nahegelegt wird: »Wenn wir schon den ›Tod‹ in seinem Äußersten so wenig begreifen, wie wollen wir dann schon dem seltenen Wink des letzten Gottes gewachsen sein?«[69]

Weiterhin kann der letzte Gott auch vor dem Hintergrund der Theologie der Gabe interpretiert werden. In dieser wird Gott als ein Schenkender aufgefasst, der sich aber um des Gabecharakters der Gabe willen vollständig entzieht. Eine Gabe ist eine richtige Gabe erst dann, wenn sich der Schenkende nicht zu erkennen gibt. Dies erläutert Klun 2006 mit Bezug auf Heidegger wie folgt: »Gerade diese Verborgenheit, das Sichentziehen, ermöglicht im positiven Sinne den Geschenkcharakter jeglicher Unverborgenheit. Die ›Logik‹ des Schenkens liegt darin, daß sich der Schenkende entzieht, damit sich das Geschenk als völlige Freigabe ohne Grund und Begründung als solches allererst konstituieren kann.«[70] Wie der letzte Gott bei Figal einen Verstehensraum eröffnet und sich dabei selbst entzieht, also das Verstehen im Sinne einer echten Gabe schenkt, kann der Vorbeigang des letzten Gottes über das Verstehen hinaus ganz allgemein auf den Geschenkcharakter der Gabe bezogen werden:

In order to maintain itself as gift, a gift must constantly be in *delay*; it must incessantly delay its own being received. The gift continues to be undermined by its being received. The gift exceeds both its deliverance and its reception. Therefore, the last god – as that who is nothing but its continual

---

[66] A.a.O., S. 184.
[67] A.a.O., S. 185.
[68] GA 65, S. 325.
[69] GA 65, S. 405.
[70] A.a.O., S. 540. Zur Theologie der Gabe vgl. auch Hoffmann 2013. Die Phänomenologie der Gabe im Ausgang von Marion wird in Gabel/Joas 2007 diskutiert. Ursprünglich geht sie auf den Soziologen Marcel Mauss zurück.

passing by or coming to pass – expresses precisely this character of the gift: that it is always that which is its own by-passing, that which can never be pointed down, bounded, that which always just *comes to pass*. The inherent character of delay pertaining to the gift is made possible by the *passing by* of the last god.[71]

Dies lässt sich mit der hier vertretenen Lesart verbinden, nach der der Vorbeigang des letzten Gottes für die Erfahrung eines scheiternden Denkens steht, in dem etwas verstanden wird, das sich nur bildlich sagen lässt und daher entzogen bleibt. Streng genommen kann nicht einmal von einem »etwas« gesprochen, sondern nur auf den Vollzug des Denkens verwiesen werden, was als Vorgang mit dem Phänomen der Gabe erläutert werden kann, das dann als entsprechende Veranschaulichung ebenfalls als eine phänomenologische Hermeneutik von Negativität anzusehen ist. Der letzte Gott würde, wie bei Figal, die Gabe eines Verstehens überreichen, das vor allem auf das Verstehen von Negativität bezogen ist. Bei diesem Überreichen bliebe der letzte Gott entzogen, womit dieses Verstehen zu einer Gabe im erläuterten Sinne würde. Die Gabe besteht hier sogar *in* diesem Entzug, da dieser Entzug in der Form des scheiternden Denkens gerade *als* Entzug etwas zu verstehen gibt, das sich als Negativität bezeichnen lässt.[72]

Prudhomme 1993 akzentuiert darüber hinaus den wichtigen Punkt, dass der letzte Gott in einem Augenblick erfahren wird. Laut Prudhomme besteht das Sein Gottes im Moment des Vorbeigangs, was eine Lesart der religiösen Rede von Gott jenseits der klassischen Metaphysik der Präsenz eröffnen würde. Gott ist nicht ständig anwesend, sondern existiert nur in kurzen Augenblicken des Vorbeigangs. Dies könnte zu einem modernen Bewusstsein passen, das Gott nicht mehr als ständige Anwesenheit erfährt: »The rash moment of the passing-by shows what it means for God to be God. This gives a way

---

[71] Ionescu 2002, S. 93, Hervorhebungen im Original.

[72] In diesem Sinne kann auch die folgende Erläuterung aus *Was heißt Denken?* verstanden werden, in der Heidegger von einer gleichzeitigen Ab- und Zuwendung spricht: »Das, was uns eigentlich zu denken gibt, hat sich nicht irgendwann zu einer historisch datierbaren Zeit vom Menschen abgewendet, sondern das zu-Denkende hält sich von einsther in solcher Abwendung. Allein, Abwendung ereignet sich nur dort, wo bereits eine Zuwendung geschehen ist. Wenn das Bedenklichste sich in einer Abwendung hält, dann geschieht das bereits und nur innerhalb seiner Zuwendung, d. h. so, daß es schon zu denken gegeben hat. Das zu-Denkende hat bei aller Abwendung sich dem Wesen des Menschen schon zugesprochen«, GA 7, S. 132.

to think of the being of God which takes into account the absence of the divine as a recognizable presence within modern consciousness.«[73] Unabhängig von der Frage nach dem modernen Bewusstsein wurde im vierten Kapitel gezeigt, dass die Rede von Gott auf Augenblicke der Irritation zu beziehen ist. Gegen Prudhomme kann also nicht das *Sein* Gottes als Vorbeigang verstanden, sondern nur der Status der Rede von Gott erläutert werden, die auch ohne auf ein seiendes Wesen zu referieren, das etwa in einem Augenblick vorbeigeht, einen sinnvollen Gehalt hat, wenn man sie zum Beispiel auf das Dass oder die Grundlosigkeit des Seienden bezieht. Die Rede von der Grundlosigkeit ist aber nur vor dem Hintergrund eines scheiternden Denkens zu verstehen, das sich in einem Augenblick vollzieht, und das sich, wie oben ausgeführt, bildlich sehr gut mit der Rede vom Vorbeigang des letzten Gottes vergegenwärtigen lässt. Prudhomme bestimmt Heideggers Rede vom Vorbeigang in einem Augenblick als eine neue Möglichkeit, das Sein Gottes in der Moderne zu verstehen, was sich insofern mit dem hier vertretenen Ansatz verbinden lässt, alsdas Sein Gottes zwar nicht als Vorbeigang verstanden wird, aber die Rede von Gott auf Augenblicke von Störungen bezogen werden kann, für deren Erfahrung das Bild des Vorbeigangs steht. In diesem Sinne kann man tatsächlich wie Prudhomme im folgenden Zitat davon sprechen, dass Gott nicht als ständige Anwesenheit präsent ist, sondern in Augenblicken des Vorbeigangs, die hier aber über Prudhomme hinaus als Momente der Irritation aufgefasst werden:

Within this situation Heidegger also indicates how it is possible to think of the divine. If the temporality of the divine (the eternal) is thought of as the temporality of passing-by, of the sudden moment of the passing-by (or passing-over) which is only really recognized as such when it is past, then the absence of the divine which is characteristic of modernity no longer stands as an obstacle or hinderance to theology. Heidegger, following Hölderlin, thinks of the being of God as »passing-by«, and no longer as the constant presence of an entity, not even of the supreme or highest entity. But if the being of God lies in passing-by, then the absence of God in modernity can be read as the presence of God as having-gone-by. God is present, God is around not as an object of theoretical cognition in the frozen moment of the now, but God is around as the one who is passing by, and who is recognizable as always already having passed by.[74]

---

[73] A.a.O., S. 451.
[74] A.a.O., S. 451.

Klun 2006 macht schließlich geltend, dass die Erfahrung des letzten Gottes mit einer Verwandlung des Menschen einher geht. Wie im vierten Kapitel ausführlich gezeigt wurde, geht es Heidegger im Kern seiner Philosophie um eine Umwendung, von der aus man diese Philosophie überhaupt erst versteht. Dies gilt laut Klun insbesondere für die Erfahrung des letzten Gottes: »Im Vorbeigang der Götter oder des Gottes ›erzittert‹ das Ereignis und zugleich erscheint alles (Seiende) in einem neuen Licht (im Sinne der Wahrheit des Seins)«[75] und »Der Vorbeigang des letzten Gottes bringt eine Verwandlung der Welt mit sich: Das Seiende wird nun von der Wahrheit des Seyns her verstanden und nicht umgekehrt.«[76] Das scheiternde Denken, dessen Erfahrung nicht nur mit der Rede vom Vorbeigang des letzten Gottes, sondern, wie im vierten Kapitel erläutert, auch mit dem Bild der Erzitterung des Ereignisses passend beschrieben wird,[77] führt in einer Verwandlung zu der ebenfalls im vierten Kapitel diskutierten Haltung eines grundlosen Vertrauens. Diese Haltung geht von mehr oder weniger großen Irritationen im alltäglichen Leben aus und kann auch nur in Bezug auf solche Irritationen verstanden werden, in denen man verwandelt und auf die Grundlosigkeit des Seienden verwiesen wird, für die bei Heidegger die Wahrheit des Seins steht. Allerdings erliegt auch Klun 2006 einer zu buchstäblichen Lesart, wenn er die Verweigerung als das *Sein* der Götter bestimmt: »Bei den Göttern, die nie im Seyn erscheinen können (im Sinne der Anwesenheit), wird die Verweigerung zu *der* Weise ›zu sein‹.«[78] Dagegen wird in dieser Arbeit nicht ein vermeintliches Sein der Götter diskutiert, sondern der bildliche Status der Rede von Gott, der ein Gehalt auch ohne Referenz auf seiende Götter zugewiesen werden kann. Damit lässt sich die hier schon mehrfach zitierte Schwierigkeit vermeiden, den Göttern eine paradoxe oder analoge Seinsweise zuzuschreiben, in der sie zwar wie seiende Wesen agieren und zum Beispiel in die Wahrheit des Seins eintreten, aber doch nicht als seiend verstanden werden sollen, wie es auch Klun wieder beschreibt: »Dennoch aber können die Götter nicht im bloßen Entzug ausharren, sondern sie müssen in die Wahrheit des

---

[75] Klun 2006, S. 541.
[76] A. a. O., S. 543.
[77] Vielleicht lässt sich auf eine ähnliche Weise auch das in der Fußnote oben zitierte »Netz, in das der letzte Gott sich selbst hängt, um es zu zerreißen«, GA 65, S. 263, verstehen, was hier aber nicht versucht werden soll.
[78] A. a. O., S. 541, Hervorhebung im Original.

Seins eintreten, ohne dadurch seiend zu werden.«[79] Hier soll dagegen darauf bestanden werden, dass Götter nicht sind und auch nichts machen, sondern dass die Rede von ihnen auf den Gehalt der Grundlosigkeit des Seienden verweist, der im scheiternden Denken zu vollziehen ist, das durch eine Verwandlung zu einer neuen Haltung führt. Als Bild für diese Erfahrung kann man durchaus an den Vorbeigang eines letzten Gottes denken, bei dem es aber gerade darauf ankommt, diesen *nicht* als tatsächlich seiendes Wesen zu verstehen, das dann auch noch vorbeigeht.

Zum Abschluss dieses Abschnitts sei noch erwähnt, dass es Heidegger bei der Rede vom Vorbeigang des letzten Gottes nicht nur um die individuelle Erfahrung einer Transformation geht, sondern auch um einen menschheitsgeschichtlichen Epochenwandel. So heißt es zum Beispiel in den *Beiträgen:* »Die einfachsten, aber äußersten Gegensätze wird dieser Gott über seinem Volk aufrichten als die Bahnen, auf denen es über sich hinauswandert, um sein Wesen einmal noch zu finden und den Augenblick seiner Geschichte auszuschöpfen.«[80] Nach allem, was in dieser Arbeit bisher gezeigt wurde, kann die Umwendung, um die es Heidegger geht, aber nur individuell vollzogen werden, da jeder für sich im Denken scheitern muss. So spricht Heidegger auch davon, dass nur Einzelne die Erfahrung des letzten Gottes machen: »Nur die großen und verborgenen Einzelnen werden dem Vorbeigang des Gottes die Stille schaffen und unter sich den verschwiegenen Einklang der Bereiten.«[81] Offenbar hat Heidegger dabei aber keine mehr oder weniger großen Irritationen im alltäglichen Leben vor Augen, die jedem passieren können, sondern denkt an eine auserwählte Elite, wie Klun 2006 festhält: »Wer aber sind diejenigen, die für den Vorbeigang des letzten Gottes bereit sind? Das sind nach Heidegger die Zukünftigen des letzten Gottes,[82] und wenngleich Hölderlin der ›zukünftigste Dichter‹ genannt wird,[83] erinnert Heideggers Pathos eher an Nietzsche und seinen Elitismus.«[84] Dieses Pathos findet sich in Passagen wie diesen:

---

[79] Ebd.
[80] GA 65, S. 399.
[81] GA 65, S. 414.
[82] GA 65, S. 399.
[83] GA 65, S. 401.
[84] A. a. O., S. 544.

Heute sind schon Wenige dieser Zukünftigen. Ihr Ahnen und Suchen ist kaum kenntlich für *sie* selbst und ihre echte Unruhe; diese Unruhe aber das ruhige Beständnis der Zerklüftung. Sie trägt eine Gewißheit, die vom scheuesten und fernsten Wink des letzten Gottes getroffen ist und auf den Einfall des Ereignisses zugehalten wird.[85]

Wenn Heidegger auch darin zuzustimmen ist, dass die Erfahrung des letzten Gottes jeweils von Einzelnen zu vollziehen ist, muss gegen Heideggers Auszeichnung einer Elite und gegen das Pathos der wenigen Zukünftigen betont werden, dass diese Erfahrung jedem zustoßen und bereits von kleinen Irritationen des Alltags ausgehen kann. Außerdem muss hier offen bleiben, wie es zu verstehen ist, dass Heidegger die individuelle Umwendungserfahrung auch auf Menschheitsepochen bezieht. Dazu kann nur angedeutet werden, dass man von einer individuellen Transformation insofern nicht sprechen kann, als sie immer in einer geteilten Lebenswelt stattfindet und es in diesem Sinne keine isolierten Einzelnen gibt. Inwiefern sich aber mit dieser Einsicht die individuelle Transformation zu einem Wandel in der Menschheitsgeschichte ins Verhältnis setzen lässt, soll hier nicht mehr diskutiert werden.[86] Klun 2006 spricht davon, dass es Heidegger auch um die Gründung einer neuen Religiosität gehen könnte: »In

---

[85] GA 65, S. 400, Hervorhebung im Original.

[86] Die politische Dimension von Heideggers Philosophie steht besonders seit der Veröffentlichung der *Schwarzen Hefte* im Zentrum der Debatte. Den epochalen Aspekt in Heideggers Philosophie erläutert zum Beispiel Jäger 1988, vgl. vor allem S. 50 ff., der dabei auf den Einfluss des Konzepts der konservativen Revolution verweist: »Auf Oswald Spenglers Spuren entpuppt sich Heidegger [...] als Denker des epochalen Untergangs, der im Zeichen des Nihilismus für das Abendland und für das Seinsgeschick nur noch weiteren Niedergang erwartet«, a.a.O., S. 52. Es zeigt sich jetzt aber immer deutlicher, wie sehr Heidegger der Ideologie des Nationalsozialismus anhing. Im Zuge der Debatte um die *Schwarzen Heften* steht sogar die Vermutung im Raum, dass in der Gesamtausgabe in dieser Frage entscheidende Passagen gekürzt oder verändert wurden. Hier muss abgewartet werden, was die weiteren Forschungen zum bisher unveröffentlichten Nachlass ergeben. Unabhängig davon macht Jäger auf eine Parallele in Heideggers Denken zur Heilgeschichte aufmerksam: »Die Grundtendenz im Seinsgeschick ist auf eschatologisches Heil hin angelegt. Auch bei Heidegger wird gefragt werden müssen, aus welchen Motiven ihm dieser universale Optimismus jenseits der Apokalypse zukommt«, a.a.O., S. 53. Wenn man Heideggers Philosophie nicht als Entwurf für die Menschheitsgeschichte auffasst, sondern auf individuelle Transformationen bezieht, lässt sich dieser Optimismus als die Möglichkeit der Haltung des grundlosen Getragenseins verstehen, die im vierten Kapitel erläutert wurde. Das epochale Denken dagegen ließe sich zum Beispiel auch zu Hegel ins Verhältnis setzen, laut dem sich der Weltgeist in der Menschheitsgeschichte entfaltet. Dieses spekulative Denken soll hier aber nicht aufgegriffen werden.

der Offenheit des Daseins kann der Vorbeigang der Götter geschehen; somit aber kann das Dasein zum ›Gründer‹ – wagen wir es auszusprechen – einer neuen Religiosität werden.«[87] Heidegger wendet sich aber nicht nur gegen den Begriff der Religion, den er mit dem zu überwindenden metaphysischen Denken verbindet,[88] sondern auch gegen die Stiftung einer solchen:

> So wenig in solchem Nennen unversehens neue Götter eingeführt oder gar eine Religion gestiftet werden soll, so wenig läßt sich dieses fragende Erdenken der Gottschaft und des Menschentums aus dem Wesen des Seyns gleichsetzen mit einer zwar kirchen- und kultlosen, aber doch nicht »atheistischen« Gläubigkeit, etwa im Sinne eines aufgeklärten Pantheismus und dergleichen; denn all dieses gehört in den Umkreis der Metaphysik. Hier aber gilt die Besinnung auf das Vorläufigste aller Vorbereitung, auf den Einsprung des Menschen in die Gründung einer Wahrheit des Seyns ohne den Behelf des Seienden, aber auch ohne Herabsetzung des Seienden zu einer Verunstaltung des Seyns.[89]

Die in dieser Arbeit entwickelte post-theistische Religiosität gehört freilich nicht »in den Umkreis der Metaphysik.« Auch wenn Heidegger sich gegen diese Bezeichnung wehren würde, zeigt die vorliegende Arbeit, dass sich mit seiner Philosophie das Konzept einer posttheistischen Religiosität plausibilisieren lässt, die zum Beispiel mit den Bildern um den letzten Gott ausgedrückt werden kann.

5.3 Hölderlintheologie

Das Verhältnis von Dichten und Denken wurde bereits in Abschnitt 3.3 diskutiert, in dem gezeigt wurde, dass es viele Möglichkeiten der Artikulation dessen gibt, was hier etwa mit dem Bild der Grundlosigkeit intendiert wird. Da dieses Bild nicht buchstäblich zu verstehen ist, hat es in dieser Hinsicht den gleichen Status wie narrative Mythen, Poesie oder die Rede in religiösen Praktiken wie Liturgie oder Gebet. Mit all diesen sehr verschiedenen Sprachspielen lässt sich die menschliche Situation in Metaphern vergegenwärtigen, die zwar buchstäblich genommen sinnlos sind, aber dennoch verstanden werden.

---

[87] A.a.O., S. 541.
[88] Zum Beispiel in GA 66, S. 243, ausgehend von etymologischen Überlegungen.
[89] GA 66, S. 249.

In diesem Abschnitt geht es um die Rede vom Göttlichen in der Poesie, insbesondere in der Poesie Hölderlins, wobei zu zeigen sein wird, inwiefern auch diese auf das Bild der Grundlosigkeit bezogen werden kann. Genauer wird Heideggers Interpretation von Hölderlins Dichtung untersucht, die nicht nur im Hintergrund zentraler Konzepte der im letzten Abschnitt diskutierten Philosophie des Göttlichen bzw. des letzten Gottes steht, sondern auch selbst in der Lage ist, die menschliche Situation zu vergegenwärtigen. So spricht Heidegger in den *Beiträgen* davon, dass er mit seinen Hölderlin-Interpretationen die »Fragwürdigkeit des Seyns« thematisieren will, die, wie im zweiten Kapitel erläutert, für die endliche Situation des Menschen steht: »Die geschichtliche Bestimmung der Philosophie gipfelt in der Erkenntnis der Notwendigkeit, Hölderlins Wort das Gehör zu schaffen. Das Hören-können entspricht einem Sagen-können, das aus der Fragwürdigkeit des Seyns spricht.«[90] Allerdings legt Heidegger dabei nicht einfach Interpretationen vor, sondern erhebt den im vierten Kapitel besprochenen Anspruch, mit diesen Interpretationen besondere Erfahrungen hervorzurufen oder zumindest in entsprechende Stimmungen zu versetzen: »›Auslegung‹ meint hier allerdings nicht: ›verständlich‹ machen, sondern den Entwurf der Wahrheit seiner Dichtung in die Besinnung und Stimmung gründen, in denen das künftige Da-sein schwingt.«[91] Diese Stimmung verbindet Heidegger im Kontext Hölderlins vor allem mit dem Begriff des Heiligen. So spricht er zunächst ganz allgemein davon, dass die Rede von den Göttern bei Hölderlin nur in Bezug auf die Heiligkeit von Hölderlins Dichtung zu verstehen sei: »Alles stürzt sich jetzt auf ›die Götter‹. Wir sind zwar in den Hinweisen auf den Dichter [Hölderlin] dazu genötigt, nach seinem Wort von den ›Göttern‹ zu reden. Aber wir müssen hier wie überall wissen, daß doch unser Reden nur erst ein aufmerkendes Hören sein kann auf den Bereich der noch nicht erfahrenen Wahrheit (Heiligkeit) dieser Dichtung.«[92] Während dabei aber unklar bleibt, was Heidegger genau unter Heiligkeit versteht, findet sich ein Hinweis dazu in einer Rede, die Heidegger unter dem Titel »*Wie wenn am Feiertage ...*« in den Jahren 1939 und 1940 mehrfach gehalten hat. In dieser Rede bespricht Heidegger das gleichnamige Gedicht Hölderlins und verbindet dabei das Heilige mit dem im vier-

---

[90] GA 65, S. 422.
[91] Ebd.
[92] GA 71, S. 89.

ten Kapitel diskutieren Übergang in einem Augenblick des Entsetzens, was mit dem von Heidegger dabei verwendeten Wortspiel des
Ent-setzens zeigt, dass es auch beim Heiligen um die Erfahrung der
Grundlosigkeit des Seienden geht: »Das Heilige als das Un-nahbare
wirft jeden unmittelbaren Zudrang des Mittelbaren aus seinem Vorhaben ins Vergebliche. Das Heilige setzt alles Erfahren aus seiner
Gewöhnung heraus und entzieht ihm so den Standort. Also ent-set-
zend ist das Heilige das Entsetzliche selbst.«[93] Wenn Heidegger das so
verstandene Heilige mit Hölderlins Rede von den Göttern verbindet,
wehrt er auch in diesem Kontext ein theistisches Verständnis dieser
Götter ab, für das bei ihm, wie gezeigt, die christliche Theologie steht.
So heißt es in der Vorlesung über *Hölderlins Hymne »Andenken«*
aus dem Wintersemester 1941/42: »Aber dieses Heilige ist nicht einfach das Göttliche einer gleichfalls vorhandenen ›Religion‹, hier der
christlichen. Das Heilige läßt sich überhaupt nicht ›theologisch‹ ausmachen, denn alle ›Theologie‹ setzt den θεός, den Gott, schon voraus
und dieses so gewiß, daß immer dort, wo die Theologie aufkommt,
der Gott schon die Flucht begonnen hat.«[94] Bei Heideggers Hölderlin-
Interpretationen ist zu bedenken, dass Hölderlin ausgebildeter Theologe war, was aber nicht heißen muss, dieser hätte einen theistischen
Realismus vertreten. So weist etwa Crowe 2007a darauf hin, dass
Hölderlin zwar der christlichen Tradition treu geblieben sei, dabei
aber zumindest in seiner Dichtung die Grenzen eines orthodoxen
Verständnisses überschritten hat: »Hölderlin's poetry has an obvious
religious pathos to it, a pathos similar in many ways to that which
animates Heidegger's own work. While Hölderlin clearly was willing
to transgress the boundaries of orthodoxy in his poetry, he maintained a profound reverence for the Christian tradition. This is most
evident in his later hymns.«[95] Auch wenn dies auf der anderen Seite
nicht bedeutet, dass Hölderlin einen theistischen Realismus ablehnen
würde, spricht Crowe Hölderlin eine religiöse Sensibilität zu, die auch
für Heidegger gelte, und die sich, wie im Folgenden gezeigt werden
soll, mit dem hier vertretenen Konzept einer post-theistischen Religiosität verbinden lässt: »Thus, despite the fact that he was willing to

---

[93] GA 4, S. 63. Der Begriff des Heiligen in Heideggers Hölderlin-Interpretationen
kann hier nicht weiter untersucht werden. Eine Phänomenologie des Heiligen im
Ausgang von Hölderlin und Heidegger liefert Helting 1997.
[94] GA 52, S. 132 f.
[95] A. a. O., S. 196.

sit loose with respect to orthodoxy, Hölderlin nevertheless expresses a profoundly religious sensibility. Heidegger, no doubt, saw his own mixture of passion and disease with religion reflected in the works of his predecessor.«[96] Im Rahmen dieses Abschnitts können allerdings nur wenige, ausgewählte Aspekte von Heideggers umfangreichen Hölderlin-Interpretationen in dieser Hinsicht berücksichtigt werden. Dabei betont Heidegger außerdem, in seinen Interpretationen keine philologisch korrekte Lesart zu bieten, sondern mit dem Dichter weiterzudenken, weshalb alle im Folgenden zu untersuchenden Aussagen Heideggers zwar von Hölderlin ausgehen, dann aber eigenständige Züge annehmen.[97] Hier wird zunächst die Frage nachvollzogen, welchen Status die Dichtung selbst hat, dann folgen einige Überlegungen zum Vorbeigang und Fehl Gottes und schließlich zu Heideggers Interpretation der ersten Zeilen der *Patmos*-Hymne.

Den Status von Hölderlins Dichtung erläutert Heidegger anhand von dessen – dichterischen – Aussagen über das Dichten, wobei von vornherein ein Bezug zu Gott und Göttern hergestellt wird, der im Sinne der in dieser Arbeit vertretenen Linie interpretiert werden kann. Insbesondere lassen sich dabei einige der zentralen Punkte der letzten Kapitel wiederfinden. So ist vom Gewitter und Blitz des Gottes die Rede, was auf den Augenblickscharakter der Umwendungserfahrung verweist, aus der heraus es gilt, eine angemessene Sprache für das in der Umwendung Erfahrene zu finden. Dies ist die Aufgabe einer phänomenologischen Hermeneutik von Negativität, die Heidegger hier dem Dichter zuschreibt, der den Blitzstrahl des Gottes »ins Lied gehüllt« zum Ausdruck bringen soll. So zitiert er Hölderlin mit den folgenden Versen:

---

[96] Ebd.

[97] In einem anderen Zusammenhang macht Heidegger den Anspruch geltend, mit den von ihm behandelten Autoren in ein »denkendes Zwiegespräch« einzutreten, was mehr wäre als »historische Philologie«. So hält er 1950 im Vorwort zur zweiten Auflage der Abhandlung *Kant und das Problem der Metaphysik* fest: »Unablässig stößt man sich an der Gewaltsamkeit meiner Auslegungen. Der Vorwurf des Gewaltsamen kann an dieser Schrift gut belegt werden. Die philosophiehistorische Forschung ist mit diesem Vorwurf sogar jedesmal im Recht, wenn er sich gegen Versuche richtet, die ein denkendes Gespräch zwischen Denkenden in Gang bringen möchten. Im Unterschied zu den Methoden der historischen Philologie, die ihre eigene Aufgabe hat, steht ein denkendes Zwiegespräch unter anderen Gesetzen«, GA 3, S. XVII. Zu Heideggers entsprechendem Umgang mit Hölderlin vgl. auch Lüders 2004, S. 40 ff.

Doch uns gebührt es, unter Gottes Gewittern,
Ihr Dichter! mit entblösstem Haupte zu stehen,
Des Vaters Stral, ihn selbst, mit eigner Hand
Zu fassen und dem Volk ins Lied
Gehüllt die himmlische Gaabe zu reichen.[98]

Dabei geht es nicht um die bloße Wiedergabe von religiösen Gefühlen im Sinne des Nonkognitivismus, sondern um den kognitiven Gehalt der oben erläuterten Negativität, die sich nach den Untersuchungen des dritten Kapitels nur dichterisch-bildlich ausdrücken lässt. Heidegger betont dies, indem er Hölderlins mythisch-dichterische Sprache aufnimmt und in dieser Sprache festhält, dass der Dichter nicht nur seelische Erlebnisse beschreibt, sondern tatsächlich »unter Gottes Gewittern« steht: »Der Dichter zwingt und bannt die Blitze des Gottes ins Wort und stellt dieses blitzgeladene Wort in die Sprache seines Volkes. Der Dichter bearbeitet nicht seine seelischen Erlebnisse, sondern steht ›unter Gottes Gewittern‹ – ›mit entblösstem Haupte‹, schutzlos preis- und von sich weggegeben.«[99] Dazu zitiert Heidegger aus einem Brief Hölderlins an dessen Freund Böhlendorff, in dem Hölderlin von Erlebnissen berichtet, die Heidegger mit dem Stehen im Gewitter Gottes verbindet.[100] Allerdings soll hier nicht der Versuchung nachgegeben werden, über die Ursache von Hölderlins geistiger Umnachtung zu spekulieren. Stattdessen können solche Erlebnisse auf die im vierten Kapitel erläuterte Erfahrung der Umwendung bezogen werden, die von kleinen oder großen Störungen ausgeht und tatsächlich in negativen Stimmungen erlebt wird, für die hier das Gewitter Gottes steht. Heidegger dagegen erliegt dieser Versuchung und hält fest:

Der Dichter ist ausgesetzt den Blitzen des Gottes. [...] Und ein Jahr später, nachdem Hölderlin als ein vom Wahnsinn Getroffener in das Haus der Mutter zurückgekehrt ist, schreibt er an denselben Freund [Böhlendorff] aus der Erinnerung an den Aufenthalt in Frankreich: »Das gewaltige Element, das Feuer des Himmels und die Stille der Menschen, ihr Leben in der Natur, und ihre Eingeschränktheit und Zufriedenheit, hat mich ständig ergriffen, und wie man Helden nachspricht, kann ich wohl sagen, daß mich Apollo geschlagen.« Die übergroße Helle hat den Dichter in das Dunkel gestoßen.[101]

---

[98] Aus der Hymne *Wie wenn am Feiertage*, zitiert nach GA 39, S. 30.
[99] Ebd.
[100] GA 39, S. 31.
[101] GA 4, S. 44.

Die biographische Spekulation des letzten Satzes soll hier auf sich beruhen bleiben[102] und stattdessen noch einmal die Struktur des Vorgangs der Umwendung erläutert werden, zu der vor allem ihre Plötzlichkeit gehört, die mit der Rede vom Blitz hervorgehoben wird: »Nun trifft jedoch der heilige Strahl den Dichter plötzlich. In einem Nu beglückt ihn göttliche Fülle.«[103] Wenn es dann weiterhin heißt, diese Blitze seien bereits die Sprache der Götter, lässt sich dies so verstehen, dass die Negativität nur in Bezug auf die mit ihr einhergehenden Erfahrungen verstanden werden kann, weshalb alles Reden davon und alles Verstehen dieser Rede auf solche – plötzlichen – Erfahrungen angewiesen ist: »Gewitter und Blitz sind die Sprache der Götter, und der Dichter ist der, der diese Sprache ohne Ausweichen auszuhalten, aufzufangen und in das Dasein des Volkes zu stellen hat.«[104] Außerdem betont Heidegger auch in diesem Kontext den im vierten Kapitel besprochenen Punkt, dass solche Erfahrungen nicht erzwungen werden können, sondern sich zwischen Aktivität und Passivität von selbst einstellen, was im vierten Kapitel mit dem Konzept der Gnade verbunden wurde. Dies erläutert Heidegger in einer an Hölderlin angelehnten mythisch-poetischen Sprache wie folgt:

Denn mag auch die Seele des Dichters still die Gegenwart des Kommenden in sich verwahren, der Dichter vermag dennoch nie von sich aus unmittelbar das Heilige zu nennen. Die in der Seele des Dichters still gehegte Glut des Lichten bedarf der Entzündung. Stark genug dazu ist nur ein Lichtstrahl, der wieder vom Heiligen selbst entsandt wird. Also muß ein Höherer, der dem Heiligen näher und gleichwohl stets noch unter ihm ist, ein Gott, den Blitz der Entzündung in die Seele des Dichters werfen. Damit nimmt der Gott Jenes, was »über« ihn ist, das Heilige, auf sich und bringt es gesammelt in eine Schärfe und in den einen Schlag des einzigen Strahls, durch den er auf den Menschen »angewiesen« wird, um ihn zu beschenken.[105]

Diese Passage liefert nicht nur einen Verweis auf die aktive Passivität des Dichtens, sondern stellt fast einen eigenen Mythos dar, mit dem Heidegger die Umwendungserfahrung beschreibt, und der hier nicht

---

[102] Zum psychopathologischen Aspekt der Umwendungserfahrung vgl. die Fußnote dazu in Abschnitt 4.4. Zu Hölderlins geistiger Umnachtung vgl. auch GA 52, S. 44–48.
[103] GA 4, S. 69.
[104] GA 39, S. 31.
[105] GA 4, S. 68.

vollständig interpretiert werden kann. Als Deutung sei lediglich vorgeschlagen, dass es zum Beispiel beim Heiligen um die Erfahrung der
Grundlosigkeit geht, die mit der Rede von einem Gott noch akzentuiert wird. In diesem Sinne könnte es sich dabei um ein weiteres Beispiel einer phänomenologischen Hermeneutik von Negativität handeln. Es soll hier aber nicht der Anspruch erhoben werden, mit
diesem Ansatz wirklich *alle* mythischen Aussagen Heideggers erfassen zu können. Stattdessen werden einige weitere Aspekte erläutert,
die zu dieser Lesart passen.

So hat das im letzten Abschnitt bereits erläuterte Bild von den
Winken des letzten Gottes seine Quelle in Hölderlin, in dessen Gedicht *Rousseau* von den Winken der Götter die Rede ist.[106] Die Rede
von einem Wink wurde im letzten Abschnitt als gelungenes Beispiel
einer phänomenologischen Hermeneutik von Negativität interpretiert, da es auf die Erfahrung einer Grundlosigkeit verweist, die auch
die Unvorstellbarkeit dieser Grundlosigkeit beinhaltet. Die Grundlosigkeit kann nicht gedacht werden, lässt sich aber in einem Augenblick erfahren, in dem man die Entzogenheit des Grundes im Moment
des Entzugs versteht, was mit dem Bild des Winkes zum Ausdruck
gebracht wird. Auch die Rede von Grund und Entzogenheit ist eine
bildliche Formulierung, und wenn Heidegger von Gott und Göttern
spricht, lässt sich das auf das Bild der Grundlosigkeit übertragen, da
diese Götter explizit nicht gegenständlich zu denken sind, sondern als
Moment des Winkens:

… und Winke sind
Von Alters her die Sprache der Götter.

Die Dichtung ist das Weiterwinken dieser Winke in das Volk, oder
von diesem her gesehen, Dichtung ist: das Dasein des Volkes in den
Bereich dieser Winke stellen, d.h. ein Zeigen, ein Weisen, in welcher
Weisung die Götter offenbar werden, nicht als irgendetwas Gemein-
tes und Betrachtbares, sondern in ihrem Winken.[107]

Die ersten beiden Zeilen stammen aus Hölderlins *Rousseau*-Ge-
dicht, und Heidegger hat zwar die Sprache der Götter bereits als Gewitter und Blitz beschrieben, übernimmt aber auch dieses Hölderlin-
sche Bild und bestimmt Sein und Sprache der Götter zusätzlich als

---

[106] Vgl. zum Beispiel GA 4, S. 46 ff.
[107] GA 39, S. 32.

Wink: »Die Götter winken aber einfach, indem sie *sind*. Aus der Entsprechung zu diesem Wesen des Winkens und seiner wesentlichen Abwandlungen müssen wir das Winken als Sprache der Götter verstehen und demzufolge die Dichtung als das in das Wort gehüllte Winken.«[108] Dies lässt sich in der erläuterten Weise als phänomenologische Hermeneutik von Negativität interpretieren. Akzentuiert wird die Rede von den Winken weiterhin damit, dass der die Winke aufnehmende Dichter zwischen Menschen und Göttern steht, was wiederum auf die Struktur des Erlebnisvorgangs zwischen Aktivität und Passivität bezogen werden kann: »So ist das Wesen der Dichtung eingefügt in die auseinander und zueinander strebenden Gesetze der Winke der Götter und der Stimme des Volkes. Der Dichter selbst steht zwischen jenen – den Göttern, und diesem – dem Volk. Er ist ein Hinausgeworfener – hinaus in jenes Zwischen, zwischen den Göttern und den Menschen.«[109] Es ist nicht immer leicht, die hier vorgeschlagene Interpretation durchzuhalten, da Heidegger sich immer wieder ganz in seiner mythisch-poetischen Sprache verliert, und die Versuchung groß ist, diese buchstäblich aufzufassen. So schreibt etwa Figal 2000 über die *Beiträge* mit Bezug auf die Winke des letzten Gottes in dieser Hinsicht nicht ganz eindeutig: »Wo man sich weniger an der geschichtlichen ›Situation‹ des Buches als an den in ihm aufgezeigten Strukturen orientiert, läßt Heideggers Erörterung sich als Klärung des ›Zwischen‹ von Gott und Mensch verstehen.«[110] Dass es dabei um die Struktur einer aktiven Passivität geht, kann hier als Interpretation nur vorgeschlagen werden. In den *Beiträgen* ist nicht nur von einem Zwischenbereich zwischen Menschen und Göttern die Rede, sondern sogar von einem Zusammenstoß von Mensch und Gott:

Herkünftig aus einer durch die »Metaphysik« bestimmten Stellung zum Seienden werden wir nur schwer und langsam das Andere wissen können, daß weder im »persönlichen« noch im »massenweisen« »Erlebnis« der Gott noch erscheint, sondern einzig in dem abgründigen »Raum« des Seyns selbst. Alle bisherigen »Kulte« und »Kirchen« und solches überhaupt kann nicht die wesentliche Bereitung des Zusammenstoßes des Gottes und des Menschen in der Mitte des Seyns werden.[111]

---

[108] Ebd., Hervorhebung im Original.
[109] GA 4, S. 46 f.
[110] A.a.O., S. 189.
[111] GA 65, S. 416.

Einzig der Verweis auf die Mitte des Seyns deutet an, dass es hier nicht um einen buchstäblichen Zusammenstoß existierender Wesen geht, sondern um die Erfahrung des Dass bzw. der Grundlosigkeit des Seienden, wofür die Rede vom Sein steht, wie es im zweiten Kapitel gezeigt wurde. Vor diesem Hintergrund kann auch der Status des Dichters, der zwischen Menschen und Göttern steht, als Verweis auf diese Erfahrung zwischen Aktivität und Passivität verstanden werden.

Den Status des Dichters zwischen Menschen und Göttern akzentuiert Heidegger weiterhin an Hölderlin angelehnt mit der Rede von Halbgöttern: »Dürfen wir – nach all dem, was bisher über den Dichter und was über Götter und Menschen gesagt wurde – vermuten, daß der Dichter in seiner Art des Hörens zwischen den Göttern und Menschen steht, dort am Ort der Halbgötter?«[112] Dies wird laut Colony 2008 wiederum mit der Mitte des Seins verbunden, was eine Interpretation in Bezug auf die Erfahrung des Dass bzw. der Grundlosigkeit des Seienden ermöglicht: »The reading of Hölderlin which Heidegger develops in these lecture courses is based upon an understanding of Hölderlin's poetry as an attempt to articulate, and be defined by, being understood as a daimonic middle between humans and the gods. In these lecture courses the middle of being is understood in terms of the being proper to the demi-god.«[113] In der folgenden Passage über den Halbgott findet sich mit der Rede von Furchtbarkeit und Leiden ein Bezug zu der im vierten Kapitel diskutierten Übergangserfahrung, und das »standhaltende Hören« lässt sich als ein weiterer Hinweis auf die aktive Passivität dieser Erfahrung lesen. Auch hier gilt die Einschränkung, dass diese Interpretation nicht *alle* mythischen Redeweisen Heideggers erfassen kann. Die mythisch-poetische Sprache ist zwar prinzipiell gerechtfertigt, da auch die Rede vom Dass des Seienden und von dessen Grundlosigkeit einen ähnlichen Status hat, kann aber nicht bruchlos philosophisch reformuliert werden. Dennoch finden sich die genannten Indizien für eine solche Reformulierung:

Der Dichter aber, da er kein Gott ist, kann den Ursprung nicht freigeben, sein Hören kann kein Erhören sein. Der Dichter aber, da er auch nicht bloß ein Mensch ist, wie man eben so alltäglich Mensch ist, kann auch nicht in der Weise der Sterblichen hören, d. h. er kann den Ursprung nicht überhören wollen. Sein Hören hält der Furchtbarkeit des gefesselten Ursprungs

---

[112] GA 39, S. 199.
[113] A. a. O., S. 189.

stand. Dieses standhaltende Hören ist Leiden. Leiden aber ist das Sein des Halbgottes.[114]

Als weiteres Indiz kann auch der Verweis auf das Heilige in der nächsten Passage auf die Stimmung der Übergangserfahrung bezogen werden, aus der heraus die Rede von den Göttern überhaupt erst sinnvoll ist. In diesem Sinne könnte es zu verstehen sein, dass das Heilige über den Göttern steht. Die Rede davon, dass das Wohnen des Menschen in sein Wesen zu bringen sei, lässt sich ebenfalls auf diese Übergangserfahrung beziehen:

Das in der Hymnendichtung zu Sagende ist das Heilige, das *über* den Göttern die Götter selbst bestimmt und zugleich als das zu-dichtende »Dichterische« das Wohnen des geschichtlichen Menschen in sein Wesen bringt. Der Dichter solcher Dichtung steht deshalb notwendig zwischen den Menschen und den Göttern. Er ist nicht mehr bloß Mensch. Er ist deshalb aber auch noch nicht und noch nie ein Gott. Der Dichter ist von diesem »Zwischen« zwischen Menschen und Göttern aus gesehen ein »Halbgott«. Wenn Hölderlin das Wesen des Dichters dichtet, muß er das Wesen des Halbgottes denken.[115]

Die letzte Bemerkung wird dann sogar dahingehend gesteigert, dass Hölderlin nicht nur das Wesen des Halbgottes denken muss, sondern als »Dichter des Dichters«[116] selbst ein Halbgott zwischen Göttern und Menschen *ist*.[117] Allerdings wird auch Dionysos als Halbgott bezeichnet[118] und mit Rhein, Donau und Ister zuletzt sogar Flüsse: »Die Ströme sind Halbgötter.«[119] In einer Wendung, die hier schließlich nicht mehr interpretiert werden kann, identifiziert Heidegger Fluss und Dichter, und verweist dabei aber immerhin noch auf das »Offene des Zwischen als Heiliges«, was sich, wenn auch nicht ganz eindeutig, auf die hier vorgeschlagene Interpretation beziehen lässt, es handle sich dabei um eine gestimmte Umwendungserfahrung in Bezug auf das Dass und die Grundlosigkeit des Seienden: »Der Dichter ist der Strom. Und der Strom ist der Dichter. Beide sind dasselbe auf dem Grunde ihres einzigen Wesens, Halbgötter zu sein, im Zwischen zwischen den Göttern und den Menschen zu sein. Das Offene dieses

---

[114] GA 39, S. 201, Hervorhebung gelöscht.
[115] GA 53, S. 173, Hervorhebung im Original.
[116] GA 4, S. 47.
[117] Ebd.
[118] GA 39, S. 188 ff.
[119] GA 53, S. 174.

Zwischen ist offen in das Heilige, das über den Göttern und Menschen west.«[120]

Ebenso an der Grenze des redlich zu Interpretierenden ist Heideggers Rede vom Brautfest, die er ebenfalls von Hölderlin übernimmt und eigenständig weiterführt: »Dann feiern das Brautfest Menschen und Götter.«[121] Darin steckt zum einen der Verweis auf die Stimmung, in diesem Falle auf eine positive, nämlich festliche Stimmung, und zum anderen auf die aktive Passivität der gestimmten Erfahrung, die weder allein von den Göttern noch von den Menschen ausgeht: »Das Fest ist das Ereignis des Entgegenkommens der Götter und Menschen. Das Festliche des Festes ist der Grund dieses Ereignisses, das weder von Göttern verursacht noch von Menschen gemacht werden kann.«[122] Außerdem weist Heidegger mitten in seinem mythisch-poetischen Sprechen darauf hin, dass dieses nicht buchstäblich zu verstehen sei: »Freilich dürfen wir uns die Götter und die Menschen nicht vorstellen als vorhandene Wesen, die neben anderem auch vorkommen, um zuweilen in einem leeren, an ihnen selbst unbeteiligten Zeit-Raum einander zu begegnen.«[123] Innerhalb der mythischen Sprache werden aber die Halbgötter offenbar in diesem Brautfest von Menschen und Göttern gezeugt, wobei es sich bei diesen Halbgöttern um Flüsse, Zeichen und Dichter handelt: »Das Brautfest ist das Begegnen jener Menschen und Götter, dem die Geburt derjenigen entstammt, die zwischen den Menschen und den Göttern stehen und dieses ›Zwischen‹ ausstehen. Das sind die Halbgötter, die Ströme, die zum Zeichen sein müssen. Diese Zeigenden sind die Dichter.«[124] Als Interpretation sei hier ein weiteres Mal vorgeschlagen, dass es um eine Umwendungserfahrung geht, in der in diesmal positiver Stimmung auf das Dass bzw. die Grundlosigkeit des Seienden gezeigt wird bzw. diese in dieser Erfahrung verstanden werden. Wenn der Dichter diesen Vorgang – zeigend – zur Sprache bringt, handelt es sich um eine erfolgreiche phänomenologische Hermeneutik von Negativität, die aber in einer Mischung aus Aktivität und Passivität nachvollzogen werden muss, weshalb der Dichter zwischen Menschen und Göttern steht: »Denn der Dichter steht als der

---

[120] GA 53, S. 203. Zu den Halbgöttern allgemein vgl. auch GA 39, S. 163 ff.

[121] GA 52, S. 92.

[122] GA 52, S. 69.

[123] GA 52, S. 88.

[124] GA 4, S. 103, Hervorhebungen gelöscht.

Zeigende zwischen den Menschen und den Göttern.«[125] Allerdings versteht sich diese Interpretation von Heideggers mythisch-poetischer Rede als Form einer phänomenologischen Hermeneutik von Negativität immer nur als Vorschlag, mit dem sich nicht *jede* Äußerung Heideggers plausibilisieren lässt. Besonders beim Brautfest stößt diese Interpretation an ihre Grenzen.

Abschließend sei zu der Rede von den Halbgöttern noch erwähnt, dass sie laut Brkic 1994 nicht mit einer christlichen Theologie vereinbar ist, zumindest nicht, wenn man sie buchstäblich versteht, was Brkic offenbar tut: »Ein Gott, der auf einen zum Halbgott erhobenen Menschen (Dichter) angewiesen ist, [...] ist ein in zunehmendem Maße vermenschlichter, den Bedingungen der Menschen ausgelieferter Gott. So ein Gott ist ein vom menschlichen Tun und Lassen manipulierbarer Gott. So ein Gott ist alles andere bloß nicht ein Gott! [...] Die Dimension des theologischen Ansatzes Heideggers ist die des ›Mythos‹ und der ›Gnosis‹.«[126] Brkic begründet die auch

---

[125] GA 4, S. 123. Im Sinne ihres zeigenden Wesens bestimmt Heidegger die Dichter auch als *prophetisch*, was er aber vom klassischen Begriff des Propheten abgrenzt: »Die Dichter sind, wenn sie in ihrem Wesen sind, prophetisch. Sie sind aber keine ›Propheten‹ nach der jüdisch-christlichen Bedeutung dieses Namens. Die ›Propheten‹ dieser Religionen sagen nicht erst nur voraus das voraufgründende Wort des Heiligen. Sie sagen sogleich vorher den Gott, auf den die Sicherheit der Rettung in die überirdische Seligkeit rechnet«, GA 4, S. 114, Hervorhebung gelöscht. Diese Abgrenzung kritisiert Martin Buber in *Gottesfinsternis* damit, dass die jüdisch-christlichen Propheten keineswegs einen Gott der Sicherheit verkünden würden, sondern ganz im Gegenteil einen Gott der existenziellen Irritation, den auch Heidegger vor Augen hat: »Nebenbei vermerkt, ich habe nirgends in unserer Zeit ein so weitgehendes Mißverstehen der Propheten Israels auf hoher philosophischer Warte gefunden. Die Propheten Israels haben nie den Gott angesagt, auf den die Sicherheitssucht ihrer Hörer rechnete; sie sind je und je darauf ausgegangen, alle Sicherheit zu zerschlagen und im aufgerissenen Abgrund der letzten Unsicherheit den unerwünschten Gott zu verkünden, der von den Wirklichwerden seiner Menschengeschöpfe, ihr Menschwerden von ihnen erheischt und alle, die in die Sicherheit ausweichen zu können vermeinen, daß der Tempel Gottes bei ihnen ist, zuschanden macht«, Buber 1953, S. 88. Hier zeigt sich ein weiteres Mal, dass Heidegger der Tradition viel näher steht, als er es wahrhaben möchte. Dazu Hübner 2002a: »Heidegger hätte dann die Karikatur eines Christentums bekämpft, das er in grandioser Täuschung hinsichtlich dessen, was Christentum wirklich ist, für das wahre Christentum gehalten hat. Und nun attackiert er dieses Phantom ausgerechnet mit denjenigen Waffen, von denen er – verwunderlicherweise! – nicht weiß, daß sie aus dem Arsenal des eigentlichen Christentum stammen«, a.a.O., S. 60. Über diese Feststellung hinaus wurde hier gezeigt, dass Heidegger die Tradition kannte, die sogar in vielen Bereichen in seine Philosophie eingeflossen ist, was er aber offenbar verdeckt hält.

[126] A.a.O., S. 293, Hervorhebungen gelöscht.

von Hans Jonas prominent hervorgehobene Nähe Heideggers zur Gnosis[127] mit der vermeintlichen Wahrnehmbarkeit Gottes bei Heidegger,[128] die bis zur *Autosoterik*[129] reichen würde. Diesen Vorwürfen kann mit der hier vorgelegten Interpretation widersprochen werden. Unter anderem wurde in Abschnitt 4.4 sehr deutlich gezeigt, dass Heidegger keinesfalls eine Autosoterik vertritt, da die Umwendung auf einen Akt der Gnade angewiesen bleibt. Außerdem betrifft Brkics Kritik ein buchstäbliches Verständnis von Heideggers Hölderlintheologie, die hier dagegen als eine phänomenologische Hermeneutik von Negativität angesehen wird, was sich nicht zuletzt damit begründen lässt, dass die mythisch-poetischen Texte in eine Philosophie eingebettet sind, die sich über den Status ihres Sprechens im Klaren ist, was im dritten Kapitel gezeigt wurde. Auch deswegen ist insbesondere der Vorwurf der Gnosis nicht triftig.

Triftig ist dagegen Brkics Kritik an den politischen Implikationen von Heideggers mythisch-poetischer Philosophie: »Diese Weltdeutung zielt auf die Gründung einer neuen germanisch-mythischen ›Religiosität‹ ab.«[130] Brkic spricht auch vom »[…] unübersehbare[n], neuheidnische[n], neugermanische[n], mythische[n] Grundzug des dichterischen Sagens des Heiligen und der Götter«,[131] und Philipse 2003 vermutet in diesem Zusammenhang den Ansatz einer »wahrhaft deutschen Religion«.[132] Wie bereits am Ende des letzten Abschnitts angedeutet, geht es Heidegger nicht nur um eine individuelle Transformation, sondern auch um einen Epochenwandel, wozu es mit Bezug auf Hölderlin heißt:

So billig sind die Götter eines Volkes nicht zu beschaffen. Erst muß die Flucht der Götter eine Erfahrung werden, erst muß diese Erfahrung das Dasein in eine Grundstimmung stoßen, in der ein geschichtliches Volk als Ganzes die Not seiner Götterlosigkeit und Zerrissenheit ausdauert. Diese Grundstimmung ist es, die der Dichter im geschichtlichen Dasein unseres Volkes stiftet.[133]

---

[127] Vgl. Jonas 1987.

[128] Brkic 1994, S. 300 f.

[129] A. a. O., S. 303.

[130] Brkic 1994, S. 294.

[131] A. a. O., S. 295, Hervorhebungen gelöscht.

[132] A. a. O., S. 580. Zu den politischen Implikationen von Heideggers Hölderlin-Interpretationen vgl. auch Wright 2003.

[133] GA 39, S. 80.

Aber wie ebenfalls bereits am Ende des letzten Abschnitts ausgeführt wurde, bleibt es bei Heidegger unklar, wie die Verbindung von individueller Transformation, um die es ihm offenbar geht, mit dem Wandel von Menschheitsepochen zu verstehen ist, von dem er genauso spricht. Im Kontext seiner Hölderlin-Interpretation gibt er dazu den Hinweis, dass die Stimmung, die zur Erfahrung einer Umwendung gehört, nicht individuell verstanden werden kann, da jede Stimmung auf andere Menschen bezogen ist:

In der Stimmung geschieht die eröffnende Ausgesetztheit in das Seiende. Darin liegt zugleich, daß das Dasein des Menschen in sich schon versetzt ist in das Dasein Anderer, d. h. nur *ist*, wie es ist, im Mitsein mit den Anderen. Das Dasein ist wesenhaft Miteinandersein, Für- und Gegeneinandersein. Gemäß der jeweils in der herrschenden Grundstimmung eröffneten Welt, der Offenbarkeit dessen, worin das Dasein gründet, findet es seinen Boden und die Bereiche seiner Entscheidungen und Haltungen. Dieses Miteinandersein des Daseins ist gemäß dem Grundcharakter des Daseins in sich geschichtlich und damit an die Mächte der Geschichte gebunden und durch sie gefügt.[134]

Ob dies über die Stimmung hinaus auch für die Erfahrung einer Transformation geltend gemacht werden kann, soll hier nicht entschieden werden, womit dieses Thema trotz aller politischer Brisanz wieder eingeklammert sei.

Neben den bis hier diskutierten Äußerungen zum Status der Dichtung und des Dichters unternimmt Heidegger zahlreiche weitere Überlegungen im Ausgang von seinen Hölderlin-Interpretationen. Dazu gehört vor allem die Rede vom Vorbeigang Gottes, die Vorbild wurde für den im letzten Abschnitt untersuchten Vorbeigang des letzten Gottes in den *Beiträgen*. Diese Redeweise wurde im letzten Abschnitt bereits eingehend interpretiert und als Verweis auf die Erfahrung eines scheiternden Denkens verstanden, in dem ein Grund des Seienden gesetzt und destruiert wird, womit einem scheinbar »etwas« entgleitet, was als Vorgang mit dem Bild des Vorbeigangs sehr gut getroffen ist. Dieser Interpretation soll hier nichts hinzugefügt und lediglich auf Heideggers Quelle verwiesen werden. So zitiert und kommentiert Heidegger folgende Passage aus Hölderlins *Friedensfeier*:

---

[134] GA 39, S. 143, Hervorhebung im Original.

So ist schnellvergänglich alles Himmlische. Aber umsonst nicht.
Und des Maases allzeit kundig rührt mit schonender Hand
Die Wohnungen der Menschen
Ein Gott an, einen Augenblick nur
Und sie wissen es nicht, doch lange
Gedenken sie dess und fragen, wer es gewesen.
Wenn aber eine Zeit vorbei ist, kennen sie es.[135]

Aus Hölderlins »schnellvergänglich« macht Heidegger den Vorbeigang, was Prudhomme 1993 mit Bezug auf diese Stelle wie folgt kommentiert: »According to Hölderlin, the deity is only recognized as
such after having passed by« und »Heidegger, following Hölderlin,
thinks of the being of God as ›passing-by‹.«[136] Heidegger erläutert
diese Stelle tatsächlich ganz so, wie er in den *Beiträgen* vom Vorbeigang des letzten Gottes spricht:

Die Vergänglichkeit des Ewigen ist nicht umsonst, sondern gerade das Vorbeigehen ist die Art der Anwesenheit der Götter, die Flüchtigkeit eines
kaum faßbaren Winkes, der im Nu des Vorüberganges alle Seligkeit und
alle Schrecken zeigen kann. Der Gott hat eigene Maße, einen Augenblick
nur währt er, kaum berührend die Wohnungen der Menschen, und diese
wissen eigentlich nicht, was es ist, und sie können es auch nicht wissen,
solange sie in der Art des Wissens festhängen, nach der sie die Dinge und
Umstände und sich selbst allemal wissen. Aber der Vorübergang war doch
auch nicht nichts, und »lange / Gedenken sie dess und fragen, wer es gewesen«.[137]

Hier findet sich neben dem Verweis auf den Augenblick, zu dem
Schrecken und Seligkeit zugleich gehört, auch das Bild des Winkes,
was alles so verstanden werden kann, wie es im vierten Kapitel und
im Abschnitt über den letzten Gott erläutert wurde. Damit steht Hölderlin ganz klar im Hintergrund der ganzen Konzeption des letzten
Gottes in den *Beiträgen*, was zum Beispiel Colony 2008 völlig zu
Recht wie folgt auf den Punkt bringt:

Heidegger's figurations of the last god as hinting, swaying and passing can
be seen to have been developed within the context of the 1934–35 Hölderlin
lecture courses. Although still unavailable in English, these lecture courses
provide some of the most hermeneutically significant material for con-
textualizing the project of *Contributions* itself.[138]

---

[135] GA 39, S. 111.
[136] A.a.O., S. 448 und S. 451.
[137] GA 39, S. 111. Zu dieser Stelle vgl. auch Pöggeler 1992, S. 477.
[138] A.a.O., S. 189.

Vedder 2007 macht allerdings darauf aufmerksam, dass Heidegger
auch den biblischen Vorbeigang Gottes kannte und 1924 in einem
Seminar von Bultmann kommentiert hat.[139] Außerdem dürfte auch
die Rede vom *letzten* Gott noch andere Quellen haben, wie Vedder
weiter ausführt:

It is difficult to trace from where exactly Heidegger gets the notion of »the
last god«. In addition to Hölderlin, one may also think of Nietzsche's idea of
the »last human«. Heidegger associates the last god, which is essentially
passage, transition, and passing-by, with the problems of Aristotle and Paul,
kairos and crisis, the decisive moment, our moment: it is the moment in
which the gods pass by and visit us.[140]

Diese Quellenfragen sollen hier aber nicht vertieft werden. Neben
dem Vorbeigang Gottes spricht Heidegger in Anlehnung an Hölderlin
auch vom Fehl Gottes, was etwas ausführlicher besprochen sei. Heidegger zitiert die entsprechende Stelle aus Hölderlins *Dichterberuf:*

Furchtlos bleibt aber, so er es muss, der Mann
Einsam vor Gott, es schüzet die Einfalt ihn,
Und keiner Waffen braucht's und keiner
Listen, so lange, bis Gottes Fehl hilft.[141]

Zunächst macht Heidegger geltend, dass dieser Fehl nicht als Mangel
zu verstehen ist, sondern zu Gott gehört, was zu der hier vertretenen
Lesart passt, nach der die Rede von Gott nur in Bezug auf ein scheiterndes Denken zu verstehen ist, dem gerade im Moment des Entzugs
»das Unbegreifliche einleuchtet«, wie es bei Fichte zitiert wurde:
»›… bis Gottes Fehl hilft.‹ Was soll das heißen? Jedenfalls ist der
›Fehl‹ hier solches, was des Gottes ist und was sogar helfen und bei-
stehen soll. Schon aus dieser doppelten Bestimmung ist ersichtlich,
daß Fehl wieder nicht Mangel und bloße Unvollkommenheit bedeutet.«[142] Dieser Verweis auf einen konstitutiven Mangel lässt sich sehr
gut als eine phänomenologische Hermeneutik von Negativität rekonstruieren, nach der Heidegger eine Sprache für Erfahrungen findet, in

[139] A.a.O., S. 171. Auch Moses sieht Gott auf dem Sinai nur im Vorbeigehen, vgl.
Exodus 33. 22–23.
[140] A.a.O., S. 172.
[141] GA 39, S. 211. In Godards *Le Mépris* spielt Fritz Lang sich selbst als alternden
Regisseur und zitiert an einer Stelle genau diese Passage, um dann auf die Rätselhaftigkeit der Pointe hinzuweisen, laut der nicht etwa Gott hilft, sondern der *Fehl* Gottes.
Um diese Rätselhaftigkeit geht es auch Heidegger.
[142] Ebd.

denen man im Versuch scheitert, die Situation des Menschen zu erfassen. Allerdings macht Heidegger auch in diesem Zusammenhang wieder welthistorische Zusammenhänge geltend:

Der von Hölderlin erfahrene Fehl Gottes leugnet jedoch weder ein Fortbestehen des christlichen Gottesverhältnisses bei Einzelnen und in den Kirchen, noch beurteilt er gar dieses Gottesverhältnis abschätzig. Der Fehl Gottes bedeutet, daß kein Gott mehr sichtbar und eindeutig die Menschen und die Dinge auf sich versammelt und aus solcher Versammlung die Weltgeschichte und den menschlichen Aufenthalt in ihr fügt. Im Fehl Gottes kündigt sich aber noch Ärgeres an. Nicht nur die Götter und der Gott sind entflohen, sondern der Glanz der Gottheit ist in der Weltgeschichte erloschen.[143]

Heidegger bezieht den Fehl Gottes nicht nur auf den »erloschenen Glanz der Gottheit« ganz allgemein, sondern auch auf konkrete Gottheiten der Geschichte, was mit der prophetischen Ankündigung einer neuen Ankunft verbunden wird. So heißt es in einem *Brief an einen jungen Studenten* vom 18. Juni 1950, der als Nachwort zum Vortrag *Das Ding* veröffentlicht wurde:

Der Fehl Gottes und des Göttlichen ist Abwesenheit. Allein, Abwesenheit ist nicht nichts, sondern sie ist die gerade erst anzueignende Anwesenheit der verborgenen Fülle des Gewesenen und so versammelt Wesenden, des Göttlichen im Griechentum, im Prophetisch-Jüdischen, in der Predigt Jesu. Dieses Nicht-mehr ist in sich ein Noch-nicht der verhüllten Ankunft seines unausschöpfbaren Wesens.[144]

Der Verweis auf die »Anwesenheit der verborgenen Fülle« lässt sich aber genauso gut als Ausdruck einer phänomenologischen Hermeneutik von Negativität verstehen, weshalb Heideggers Interpretation des Fehls Gottes bei Hölderlin offenbar zwischen einer solchen Hermeneutik und der Vorstellung der tatsächlichen Abwesenheit einer göttlichen Instanz mit weltgeschichtlichen Implikationen schwankt. Nicht zuletzt kann aber auch die Rede vom abwesenden Göttlichen in der Weltgeschichte auf das Bild der Grundlosigkeit bezogen werden, wenn Heidegger etwa den Fehl Gottes mit dem Verweis auf einen Abgrund verbindet: »Mit diesem Fehl bleibt für die Welt der Grund als der gründende aus. [...] Das Weltalter, dem der Grund ausbleibt, hängt im Abgrund. [...] Im Weltalter der Weltnacht muß der

---

[143] GA 5, S. 269.
[144] GA 7, S. 185.

Abgrund der Welt erfahren und ausgestanden werden. Dazu ist aber nötig, daß solche sind, die in den Abgrund reichen.«[145] Wie im vierten Kapitel erläutert, führt dieser Blick in den Abgrund als erschreckende Erfahrung in einer Umwendung zur gelassenen Haltung des grundlosen Vertrauens, weshalb der Fehl Gottes tatsächlich als Hilfe angesehen werden kann, wie es bei Hölderlin heißt: »Allein Hölderlin erkennt auch, wenngleich spät, daß selbst dieser Fehl noch und gerade er eine Hilfe sein kann.«[146] Dies soll hier aber nicht auf die Weltgeschichte bezogen, sondern mit Heideggers Begriff des Seins weiter erläutert werden. Auch dieses entzieht sich und gibt sich gerade in diesem Entzug zu verstehen, was Heidegger mit der Hilfe durch den Fehl Gottes verbindet:

Weil jedoch der Mensch erst langsam und spät des Seyns eingedenk werden kann – sowohl zufolge der anfänglichen Selbstverbergung des Seins als auch zufolge der hieraus verborgenerweise ereigneten Verkennung des Seins durch den Menschen zugunsten des Seienden – deshalb wird er nur schwer die Abwesenheit selbst und in ihr den Fehl der Anwesung erfahren lernen. Darum ist eine lange Zeit, bis Gottes Fehl hilft.[147]

Zur Verbindung von Sein und Gott bei Heidegger wurde bereits in Abschnitt 1.2 die vielzitierte Stelle auf dem *Humanismusbrief* wiedergegeben, nach der man erst aus der Wahrheit des Seins mit Verweis auf das Heilige verstehen kann, was die Rede von Gott bedeutet.[148] Dies wurde im Sinne einer post-theistischen Religiosität interpretiert, nach der die Rede von Gott nur vor dem Hintergrund einer Umwendung zu verstehen ist, die von einem scheiternden Denken ausgeht, in dem die Unbegreiflichkeit der menschlichen Situation erfahren wird, für die auch der Begriff des Seins steht. In einer abgewandelten Formulierung bringt Heidegger denselben Gedanken mit dem Konzept des Fehls Gottes wie folgt zum Ausdruck:

Das Ausbleiben der Unverborgenheit des Seins als solchen entläßt das Entschwinden alles Heilsamen im Seienden als solchen. Dieses Entschwinden des Heilsamen nimmt mit sich und verschließt das Offene des Heiligen. Die Verschlossenheit des Heiligen verfinstert jedes Leuchten des Gottheitlichen. Dieses Verfinstern verfestigt und verbirgt den Fehl Gottes. Der dunkle Fehl läßt alles Seiende im Unheimischen stehen, indessen gerade

---

[145] GA 5, S. 269 f.
[146] GA 75, S. 38.
[147] GA 75, S. 39.
[148] GA 9, S. 351.

das Seiende als das Gegenständliche der schrankenlosen Vergegenständlichung eine sichere Habe und allerwärts vertraut zu sein scheint.[149]

Mit dieser Verbindung zum Sein und mit dem oben zitierten Bezug zum Abgrund lässt sich daher auch die Rede vom Fehl Gottes als Ausdruck einer post-theistischen Religiosität verstehen, die nicht auf einen theistisch verstandenen Gott bezogen ist, und sich dennoch nicht in religiösen Gefühlen erschöpft. Ihre spezifischen Gehalte können mit einer phänomenologischen Hermeneutik von Negativität erfasst werden, in der das Verstehen dieser Gehalte mit entsprechenden Erfahrungen verbunden ist. Wie der Vorbeigang des letzten Gottes lässt sich auch die Rede vom Fehl Gottes in diesem Sinne als eine bildliche Vergegenwärtigung von Negativität interpretieren.

Auch das klassische Konzept des *deus absconditus* kann als Verweis auf eine solche Negativität angesehen werden, für die hier der Vorbeigang und Fehl Gottes steht, und es zeugt von einer zu buchstäblichen Heidegger-Interpretation, wenn Brkic 1994 den Heidegger-Hölderlinschen Fehl Gottes vom *deus absconditus* abgrenzt:

Der »Fehl Gottes« kann und darf nicht mit der *Verborgenheit* Gottes im herkömmlichen theologischen Sinne gleichgesetzt und verwischt werden, weil Heidegger mit dem »Fehl Gottes« nicht die Verborgenheit Gottes bezüglich des Erkenntnisvermögens des endlichen Menschen bezeichnen will. [...] Während die Bestimmung *deus absconditus* als eine bleibende Wesensbestimmung Gottes in Bezug auf den endlichen Menschen und seine Erkenntnisbemühung angesehen werden muß, die weder durch die Offenbarung noch durch die Anschauung Gottes *(visio beatifica)* ganz aufgehoben wird, bedeutet der »Fehl Gottes« ein »*Nicht-mehr*« der Unverborgenheit Gottes.[150]

Dies mag auf die Rede vom Fehl Gottes insofern zutreffen, als sie von Heidegger auf Menschheitsepochen bezogen wird, in denen ein künftiger Gott erscheint. Vor dem Hintergrund des Konzepts einer post-theistischen Religiosität, bei dem es nicht um den Wandel der Menschheit, sondern um individuelle Transformationen geht, passt Heideggers Rede vom Fehl Gottes aber durchaus zum *deus absconditus*, zumal im dritten Kapitel eine entsprechende Nähe von Heideggers mythisch-poetischer Rede zur negativen Theologie herausgearbeitet wurde. Trotz der unaufgelösten Spannung zu den prophe-

---

[149] GA 67, S. 253, fast wortgleich auch GA 6.2, S. 394.
[150] A. a. O., S. 291, Hervorhebungen im Original.

tischen Proklamationen eines kommenden Gottes geht es auch Heidegger um eine »bleibende Wesensbestimmung Gottes in Bezug auf den endlichen Menschen.« So kann hier Crowe 2007b zugestimmt werden, der den Fehl Gottes bei Heidegger explizit auf den *deus absconditus* bezieht und damit Brkic widerspricht:

According to Heidegger, »What is to be accented is not God's *being missing (Fehl)*, but *God's* being missing.«[151] That is, the point of the poem is not to assert God's nonexistence, but rather to defend his unavailability to human »cunning and selfish calculation.« The concept of God's »being missing,« like Luther's concept of the »hidden God« *(deus absconditus)*, is meant to play a role in a critique of philosophical monotheism.[152]

Allerdings verteidigt Crowe wiederum einen theistischen Realismus, nach dem der verborgene Gott zwar nicht in den klassischen metaphysischen Kategorien zu fassen ist, was gegen den theistischen Realismus zu sprechen scheint, dann aber gelegentlich doch ganz buchstäblich präsent ist. Diese Präsenz lässt sich zwar auch mit den hier diskutierten Erfahrungen von Negativität verbinden, kann aber bei Crowe nur im Sinne des theistischen Realismus verstanden werden: »In Heidegger's philosophical theology, then, God is ›missing‹ or ›hidden‹ insofar as he ultimately transcends the categories of the dominant tradition of Western metaphysics. At the same time, God is not totally inaccessible, but is present in a mysterious way in factical, historical reality.«[153] Diese realistische Lesart Crowes wird im nächsten Abschnitt wieder aufgegriffen. Auch im Abschnitt über den letzten Gott wurde das Problem einer diesbezüglichen Uneindeutigkeit in Heideggers verschiedenen Texten erläutert und selbst einige der oben zitierten Aussagen zum Fehl Gottes können realistisch verstanden werden. Dagegen wurden hier aber einige Indizien vorgebracht, die zu den Konzepten der post-theistischen Religiosität und der phänomenologischen Hermeneutik von Negativität passen.

Weitere Indizien für die Plausibilität eines solchen Verständnisses von Heideggers mythisch-poetischen Texten finden sich in Heideggers Interpretation des Anfangs von Hölderlins *Patmos*-Hymne. Im Grunde findet sich die These der gesamten vorliegenden Arbeit in den ersten vier Zeilen gebündelt:

---

[151] »Zu betonen ist nicht: Gottes *Fehl,* sondern *Gottes* Fehl«, GA 39, S. 232, Hervorhebungen im Original.
[152] A. a. O., S. 199, Hervorhebungen im Original.
[153] Ebd.

Nah ist
Und schwer zu fassen der Gott.
Wo aber Gefahr ist, wächst
Das Rettende auch.[154]

Der Mensch ist ständig auf die Grundlosigkeit bezogen, um die es bei der Rede von Gott geht, die damit zwar nah, aber schwer zu verstehen ist und nur in seltenen Momenten der Irritation erfahren wird. Diese Momente werden als gefährlicher Blick in den Abgrund erlebt, der aber in einer rettenden Umwendung zum grundlosen Getragensein zurückführt, in dem man sich immer schon befindet, und das aber dennoch nur vor dem Hintergrund der Erfahrung des Abgrunds verstanden werden kann.

In diesem Sinne lässt sich auch Heideggers Interpretation dieser Zeilen verstehen: »Die Patmoshymne beginnt: ›Nah ist und schwer zu fassen der Gott.‹ Das ›und‹ meint: und deshalb. Der Gott ist zu nahe, als daß er leicht zu fassen wäre.«[155] Heideggers Rede von der gleichzeitigen Nähe und Ferne wurde bereits im Abschnitt über den Vorbeigang des letzten Gottes, wenn auch mit einem anderen Akzent, als Ausdruck einer phänomenologischen Hermeneutik von Negativität interpretiert. Zu dieser Interpretation passt die folgende Charakterisierung des Dichtens in der Vorlesung über *Hölderlins Hymne »Der Ister«* aus dem Sommersemester 1942: »Das Dichten ist ein sagendes Finden des Seins. Solches Finden ist ein höchstes, nicht weil hier das Zu-findende noch ganz verborgen, sondern weil es dasjenige ist, was dem Menschen immer schon entborgen und das Naheste alles Nächsten ist.«[156] Außerdem spricht Heidegger im Zusammenhang

---

[154] Zitiert nach Beißner 1953, S. 173.

[155] GA 4, S. 186.

[156] GA 53, S. 149. Die Nähe der Ferne und das Finden des Verborgenen erläutert Heidegger in der Vorlesung *Grundfragen der Philosophie* aus dem Wintersemester 1937/38 auch mit dem klassischen Gedanken, dass das Suchen bereits das Finden sei. Da Heidegger diesen Gedanken hier mit einem Verweis auf das Dass des Seienden und damit auf das Sein verbindet, sei die entsprechende Passage ausführlich wiedergegeben: »*Denn unser Ziel ist das Suchen selbst.* Das Suchen – was ist es anderes als das beständigste In-der-Nähe-sein zum Sichverbergenden, aus dem jede Not uns zufällt und jeder Jubel uns befeuert. Das Suchen selbst ist das Ziel und zugleich der Fund. Doch hier melden sich naheliegende Bedenken. Wird denn so nicht die endlose Ziel-losigkeit zum Ziel gesetzt, wenn das Suchen das Ziel sein soll? So denkt der rechnende Verstand. Wird denn so nicht die Ruhelosigkeit und Unbefriedigung verewigt, wenn das Suchen das Ziel sein soll? So meint das nach raschem Besitz gierige Gefühl. Jedesmal erkennen wir, daß das Suchen die höchste Beständigkeit und Aus-

von Nähe und Ferne Gottes ganz explizit von einem Abgrund, was geradezu exemplarisch für die hier gemeinte Negativität steht: »Die Ferne des nahenden Gottes verweist die Dichter in die Richtung nach jener Gegend ihres Daseins, wo diesem der Boden, der tragende Grund, wegsinkt. Die Abwesenheit dieses Grundes nennt Hölderlin den ›Abgrund‹.«[157]

Auch Heideggers Erläuterungen zum Zusammenhang von Gefahr und Rettung können in der oben ausgeführten Weise verstanden werden. So bezieht er die Gefahr auf den gerade zitierten Abgrund der Negativität:

Die Gefahr besteht in der Bedrohung, die das Wesen des Menschen in seinem Verhältnis zum Sein selbst angeht, nicht aber in zufälligen Fährnissen. Diese Gefahr ist *die* Gefahr. Sie verbirgt sich im Abgrund zu allem Seienden. Um die Gefahr zu sehen und zu zeigen, müssen solche Sterbliche sein, die eher in den Abgrund reichen.[158]

Die Rettung kann schließlich ebenfalls in Bezug auf eine solche Gefahr des Abgrunds verstanden werden. Sie wird in einer Umwendung erfahren, die im vierten Kapitel mit dem oben genannten grundlosen Getragensein verbunden wurde:

Vielleicht ist jede andere Rettung, die nicht von dort kommt, *wo die* Gefahr ist, noch im Unheil. Jede Rettung durch einen noch so gut gemeinten Behelf bleibt für den im Wesen gefährdeten Menschen auf die Dauer seines Geschickes ein bestandloser Schein. Die Rettung muß von dort kommen, wo es sich mit den Sterblichen in ihrem Wesen wendet.[159]

Im vierten Kapitel wurde weiterhin geltend gemacht, dass die Rede von einem grundlosen Getragensein überhaupt nur in Bezug auf die

---

gewogenheit ins Dasein bringt – allerdings nur dann, wenn dieses Suchen selbst *eigentlich* sucht, d. h. am weitesten hinaus in das *Verborgenste* auslangt und alle bloße Neugier hinter sich gelassen hat. Und was ist verborgener als der Grund jenes Ungeheuren, daß Seiendes ist und nicht vielmehr nicht ist? Was entzieht sich uns mehr als das Wesen des Seyns, d. h. dessen, was in allem umwaltenden und tragenden, verfertigten und gelenkten Seienden das Nächste und Abgegriffenste und doch Ungreifliche ist? Das Suchen selbst als das Ziel setzen, heißt: Anfang und Ende aller Besinnung festmachen im *Fragen nach der Wahrheit des Seyns* selbst – nicht dieses oder jenes Seienden oder alles Seienden. Die Größe des Menschen bemißt sich nach dem, was er sucht, und nach der Inständigkeit, kraft deren er der Suchende bleibt«, GA 45, S. 5, Hervorhebungen im Original.
[157] GA 4, S. 190.
[158] GA 5, S. 295, Hervorhebung im Original.
[159] GA 5, S. 296, Hervorhebung im Original.

Erfahrung des Abgrunds zu verstehen ist, was nun ebenso für die Rettung gilt, von der nur angesichts der Gefahr gesprochen werden kann: »Ist überhaupt Rettung? Sie ist erst und ist nur, wenn die Gefahr *ist*. Die Gefahr *ist*, wenn das Sein selbst ins Letzte geht und die Vergessenheit, die aus ihm selbst kommt, umkehrt.«[160] Etwas deutlicher wird dieser Zusammenhang in den *Bremer Vorträgen* von 1949 wie folgt erläutert:

Wo die Gefahr als die Gefahr ist, ist schon das Rettende. Dieses stellt sich nicht nebenher ein. Das Rettende steht nicht neben der Gefahr. Die Gefahr selber ist, wenn sie als die Gefahr ist, das Rettende. Die Gefahr ist das Rettende, insofern sie aus ihrem Wesen das Rettende bringt.[161]

Das passt perfekt zu der hier vertretenen Heidegger-Interpretation im Sinne einer post-theistischen Religiosität, zu der eine »rettende« Umwendung gehört, von der man sinnvoll nur vor dem Hintergrund von »gefährlichen« Momenten der Irritation sprechen kann.

Zum Abschluss dieses Abschnitts sei noch auf den Vortrag »… *dichterisch wohnet der Mensch* …« von 1951 hingewiesen, in dem Heidegger mit Bezug auf Hölderlin ein weiteres Mal erläutert, dass die Verbergung des Gottes bereits dessen Entbergung ist, was zu dem im vierten Kapitel und eben anhand von *Patmos* diskutierten Punkt gehört, nach dem die Haltung eines grundlosen Vertrauens nur in Bezug auf Momente der Störung verstanden werden kann. In diesem Sinne lässt sich auch die folgende Passage über das Erscheinen Gottes verstehen:

Das Maß besteht in der Weise, wie der unbekannt bleibende Gott *als* dieser durch den Himmel offenbar ist. Das Erscheinen des Gottes durch den Himmel besteht in einem Enthüllen, das jenes sehen läßt, was sich verbirgt, aber sehen läßt nicht dadurch, daß es das Verborgene aus seiner Verborgenheit herauszureißen sucht, sondern allein dadurch, daß es das Verborgene in seinem Sichverbergen hütet. So erscheint der unbekannte Gott als der Unbekannte durch die Offenbarkeit des Himmels. Dieses Erscheinen ist das Maß, woran der Mensch sich misset.[162]

Wie oben bereits erläutert, kann diese Struktur der verbergenden Entbergung mit dem klassischen Konzept des *deus absconditus* ver-

---

[160] GA 5, S. 373, Hervorhebungen im Original.
[161] GA 79, S. 72. Ein entsprechendes Verhältnis von Gefahr und Rettung in Bezug auf die Technik und das Gestell findet sich im Vortrag *Die Frage nach der Technik* von 1953, vgl. GA 7, S. 29 f.
[162] GA 7, S. 201, Hervorhebung im Original.

bunden werden, was Heidegger hier mit dem Verweis auf den »unbekannt bleibenden Gott« selbst andeutet. Diese Verbindung führt Heidegger in demselben Vortrag wie folgt weiter aus:

Der Dichter ruft in den Anblicken des Himmels Jenes, was im Sichenthüllen gerade das Sichverbergende erscheinen läßt und zwar: *als* das Sichverbergende. Der Dichter ruft in den vertrauten Erscheinungen das Fremde als jenes, worein das Unsichtbare sich schicket, um das zu bleiben, was es ist: unbekannt.

Der Dichter dichtet nur dann, wenn er das Maß nimmt, indem er die Anblicke des Himmels so sagt, daß er sich seinen Erscheinungen als dem Fremden fügt, worein der unbekannte Gott sich »schiket«.[163]

Nicht zuletzt spricht Heidegger auch in diesem Vortrag von der gleichzeitigen Nähe und Ferne Gottes, wobei die Nähe, wie es eben noch einmal in den Begriffen von Enthüllung und Verbergung zitiert wurde, gerade in seiner Ferne besteht: »Durch solche Anblicke befremdet der Gott. In der Befremdung bekundet er seine unablässige Nähe.«[164] Dieser Vortrag ist im zeitlichen Umfeld derjenigen Vorträge entstanden, in denen Heidegger das Konzept des Gevierts entwickelt. Im nächsten Abschnitt wird gezeigt, dass auch die Rede von den Göttlichen im Geviert, ganz wie das eben zitierte »Erscheinen des Gottes durch den Himmel«, als Ausdruck einer post-theistischen Religiosität verstanden werden kann.

5.4 Die Göttlichen im Geviert

Das Konzept des Gevierts wurde bereits in Abschnitt 2.4 vorgestellt und interpretiert. Wie der Vorbeigang des letzten Gottes von Hölderlin inspiriert ist, entwickelt Heidegger auch das Konzept des Gevierts im Ausgang von Hölderlin, was ebenfalls in Abschnitt 2.4 gezeigt wurde.[165] Dort wurden auch die Wurzeln dieses Konzepts in der griechischen Antike bei Homer und Hesiod benannt, auf die auch Caputo 1993 hinweist, der mit diesem Hinweis die Heideggersche Konzeption des Göttlichen vom Gott des Christentums abgrenzt:

The Fourfold – earth and sky, mortals and gods – is a deeply Hölderlinian conception that Heidegger derived from his reading of Hölderlin's poetizing

---

[163] GA 7, S. 204, Hervorhebung im Original.
[164] GA 7, S. 205.
[165] Vgl. dazu vor allem GA 4, S. 170 ff.

of the Greek world. So the god that emerges in Heidegger's late writing is a profoundly poetic god, a poetic experience of the world as something sacred and deserving of reverence. This god is a much more pagan-poetic god and much less Judeo-Christian, ethicoreligious God. It has virtually nothing to do with the God whom Jesus called *abba* or with the religion of the cross that Heidegger found in Luther.[166]

Gegen diese Einschätzung kann hier aber geltend gemacht werden, dass Heideggers mythisch-poetische Redeweisen als Ausdruck einer post-theistischen Religiosität zu verstehen sind, die sich auch auf viele andere Weisen ausdrücken lässt, und zu der sich auch Ansätze im Christentum finden, und zwar nicht nur in Mystik und negativer Theologie, sondern auch bei Luther und den Reformatoren. Eine entsprechende Verbindung zum *deus absconditus* wurde bereits im letzten Abschnitt diskutiert. Allerdings ist es nicht die Aufgabe dieser Arbeit, zu entscheiden, welche Traditionen sich genau im Sinne einer post-theistische Religiosität verstehen lassen, die hier lediglich anhand von Heideggers Texten erläutert werden soll. Dabei wurde in Abschnitt 5.2 auch der letzte Gott als Ausdruck einer post-theistischen Religiosität interpretiert. Außerdem konnte in Abschnitt 2.4 gezeigt werden, dass das Geviert eine Weiterentwicklung des Konzepts des Ereignisses darstellt. Entsprechend gibt es eine Kontinuität vom letzten Gott des Ereignisdenkens zu den Göttlichen im Geviert, worauf zum Beispiel Ionescu 2002 hinweist: »Why do the gods (as term in Heidegger's later *Geviert*) have to be referred back to their more originary grounding in the last god of the fourfold structure of the *Ereignis* itself? The answer would run: because *das Geviert* as such simply just *is* the *Ereignis* itself when conceived being-historically.«[167] In Abschnitt 2.4 wurde ebenfalls erläutert, dass es sowohl beim Ereignis als auch beim Geviert um eine Vergegenwärtigung des Dass bzw. der Grundlosigkeit des Seienden geht, was sich in den *Beiträgen* fast explizit nachlesen lässt, wenn Heidegger dort das Ereignis und eine Vorform des Gevierts mit der Rede von einem Abgrund verbindet: »Das sprengende Zwischen *versammelt*, was es ins Offene seiner strittigen und verweigernden Zugehörigkeit rückt, *nach dem Ab-grund zu*, aus dem Jegliches (der Gott, der Mensch, die Welt, die Erde) in sich zurückwest und so dem Seyn die einzige

---

[166] Caputo 1993, S. 282
[167] A.a.O., S. 95.

Entschiedenheit der Er-eignung läßt.«[168] Dieser Gedanke der Grundlosigkeit ist zentral für Heideggers gesamtes philosophisches Anliegen, und da, wie in Abschnitt 5.2 gezeigt wurde, die Rede vom letzten Gott für die Erfahrung dieser Grundlosigkeit steht, gehört auch die Rede von Gott bis zum Schluss essentiell zu Heideggers Philosophie. Auf den letzten Punkt macht auch Figal 2000 mit Bezug auf das späte *Spiegel*-Interview aufmerksam:

Und wie zentral für Heideggers späteres Denken dabei der Gedanke des »letzten Gottes« ist, dokumentiert das 1966 aufgezeichnete, aber erst 1976 veröffentlichte Gespräch Heideggers mit dem *Spiegel*: Der oft zitierte, seinerzeit mit Überraschung aufgenommene Satz »Nur noch ein Gott kann uns retten«[169] verweist, wie auch Heideggers Erläuterungen im *Spiegel*-Gespräch deutlich machen, direkt auf die *Beiträge* zurück. Wollte man die Theologie aus Heideggers späterem Denken streichen, hätte man dieses seines Zentrums beraubt.[170]

Zu diesem Zentrum gehört der Gedanke der Grundlosigkeit, deren Erfahrung Heidegger mit der Rede von Gott akzentuiert. Die Bemerkung, nur noch ein Gott könne uns retten, lässt sich vor diesem Hintergrund so verstehen, dass es Heidegger auf die Haltung eines grundlosen Vertrauens ankommt, die nur im erschreckenden Durchgang einer Umwendung zu gewinnen ist, für deren Erfahrung der rettende Gott steht. Diese Haltung kann insbesondere nicht eigenmächtig herbeigeführt werden, sondern stellt sich in einer Mischung aus Aktivität und Passivität von selbst ein, weshalb man tatsächlich auf die rettende Gnade des Gottes angewiesen ist, der für diese Umwendungserfahrung steht. Es gibt freilich auch viele Aussagen Heideggers mit prophetischen Anklängen, die an einen buchstäblich eines Tages erscheinenden Gott denken lassen, der die Welt retten würde. Gegen ein solches Verständnis spricht aber Heideggers gesamter philosophischer Ansatz, der, wie bisher gezeigt, als Ausdruck einer post-theistischen Religiosität verstanden werden kann. Auch die folgende Passage aus den *Beiträgen* hat diese Zweideutigkeit, lässt sich aber ebenfalls auf der Linie der hier vertretenen Lesart nichttheistisch lesen, und verbindet die Rede von Gott mit einer Umwendung in Bezug auf das Sein, das für das Dass des Seienden steht, und das Sein mit dem Konzept des Gevierts:

---

[168] GA 65, S. 485, Hervorhebungen im Original.
[169] GA 16, S. 671.
[170] A. a. O., S. 177.

Nur wenn, was der Mensch als geschichtlicher nachmals das Seiende nennt, am Seyn sich bricht, welches Seyn die Notschaft des Gottes ist, wird Jegliches zurückgeworfen in das Gewicht des ihm zugestandenen Wesens und so ein Nennbares der Sprache und zugehörig der Verschweigung, in der das Seyn aller Einrechnung unter das Seiende sich entzieht und dennoch sein Wesen in die abgründige Gründung der Innigkeit von Göttern und Welt, von Erde und Mensch verschwendet.[171]

Die Rede von den Göttern bzw. den Göttlichen im Geviert soll im Folgenden genauer untersucht werden. Dazu ist ein Blick auf Heideggers Erläuterungen der antiken griechischen Religiosität hilfreich, bei der es sich um eine weitere wichtige Quelle für das Geviert und dessen Götter handelt. In der *Parmenides*-Vorlesung aus dem Wintersemester 1942/43 diskutiert Heidegger zunächst den Begriff des δαιμόνιον, den er mit einem Bezug des Geheuren zum Ungeheuren erläutert, was sich wunderbar als Ansatz einer phänomenologischen Hermeneutik von Negativität lesen lässt: »Das δαιμόνιον können wir das Un-geheure nennen, weil es und sofern es überall das jeweilig Geheure umgibt und überall in alles Geheure sich dargibt, ohne doch das Geheure zu sein.«[172] Dieser Bezug des Geheuren zum Ungeheuren wird genauer so erläutert, dass alles Geheure von etwas Ungeheurem abhängt. Dies kann auf die bereits erläuterte Struktur der Grundlosigkeit bezogen werden, in der sich alles Seiende immer befindet: »Das Ungeheure ist das, woraus alles Geheure aufgeht, worinnen alles Geheure, ohne es meist je zu ahnen, selbst hängt, wohin jedes Geheure zurückfällt.«[173] Wie das Dass des Seienden nur in seltenen Momenten der Irritation erfahren wird, für die der Vorbeigang des letzten Gottes steht, zeigt sich das Ungeheure des Geheuren, indem es das Geheure *streift*, was an den Vorbeigang erinnert. Heidegger bezieht das Ungeheure außerdem auf das Sein und das Geheure auf das Seiende und betont, dass die Bezeichnung als Ungeheures nicht auf etwas Monströses verweisen soll, sondern auf die Erfahrung, um die es offenbar auch bei der *Stille* des Vorbeigangs des letzten Gottes geht: »Das Un-geheure als das in alles Geheure, d.h. das Seiende, hereinscheinende Sein, das in seinem Scheinen oft nur wie ein lautlos ziehender Wolkenschatten das Seiende streift, hat nichts

---

[171] GA 65, S. 486.
[172] GA 54, S. 150.
[173] GA 54, S. 151.

Monströses und Lärmendes.«[174] Diese Verbindung des Geheuren mit
dem Ungeheuren wird etwas ausführlicher wie folgt erläutert:

Es selbst aber ist im Wesen das Un-auffällige, Einfache, das Un-scheinbare,
das gleichwohl in alles Seiende hereinscheint. Fassen wir das Un-geheure
als das in das Geheure hereinscheinende Einfache, das nicht dem Geheuren
entstammt, aber gleichwohl allem Geheuren, es durch- und umscheinend,
vorauf erscheint, dann wird deutlich, daß dieses hier gebrauchte Wort »Un-
geheuer« überhaupt nichts von der uns geläufigen Bedeutung hat, der gemäß wir stets irgend etwas Eindruckhaftes und »Affektives« meinen. Das
im hier gedachten Zusammenhang zu denkende Un-geheure hat nicht die
Spur des sonst gemeinten »Ungeheuerlichen« an sich.[175]

Weiterhin verbindet Heidegger die Erfahrung des Ungeheurem mit
dem Staunen und betont die Untrennbarkeit des Geheuren vom Ungeheuren: »Dieses Erstaunliche, im Staunen Sichzeigende ist das
Un-geheure, was zum Geheuren so unmittelbar gehört, daß es nie
aus dem Geheuren erklärt werden kann.«[176] Diese Untrennbarkeit
gilt auch für die alternative Formulierung in der Bildlichkeit des
Grundes, da weder Grund noch Grundlosigkeit konsistent gedacht
werden können und nur wechselweise in einer Erfahrung des scheiternden Denkens zu verstehen sind, wie auch Sein und Nichts bei
Heidegger nur wechselweise verstanden werden können. Es geht in
beiden Fällen um die Erfahrung des Wunders aller Wunder, dass Seiendes ist, weshalb jedes Seiende im Angesicht dieses Wunders gesehen werden kann, wie laut der folgenden Bemerkung Heideggers
auch das Geheure *insofern es ist* selbst das Ungeheure ist. Dabei verwendet Heidegger das in diesem Kapitel schon mehrfach diskutierte
Bild des Winkens, das hier wieder auf den Moment der Erfahrung
eines scheiternden Denkens bezogen werden kann, in dem einem ein
»etwas« zu entgleiten scheint und in diesem Entgleiten dasjenige zu
verstehen gibt, was Heidegger hier als das Ungeheure bezeichnet.
Dieses Verständnis wird einem – bildlich gesprochen – von dem sich
entziehenden »etwas« zugewunken, wobei dieses »etwas« nicht für
einen tatsächlichen Gegenstand steht, sondern für die Erfahrung des
– wiederum nur bildlich erfassbaren – Entzugs:

Wir finden schwer zu der griechischen Grunderfahrung hin, daß gerade das
Geheure selbst, und sogar nur es insofern es ist, das Ungeheure ist, daß das

---

[174] GA 54, S. 150.
[175] GA 54, S. 156.
[176] GA 54, S. 150.

Ungeheure »nur« in der Gestalt des Geheuren erscheint, weil das Un-geheure in das Geheure hereinwinkt und im Geheuren das Winkende ist und
solcher Art gleichsam wie das Geheure selbst.[177]

Dieses mythisch-poetische Sprechen von Geheurem, Ungeheurem
und Winkendem kann im Rahmen der hier vorgelegten Interpretation als Ausdruck einer phänomenologischen Hermeneutik von Negativität verstanden werden, in der die Erfahrung der Negativität, für
die das Ungeheure steht, bildlich zur Sprache gebracht wird. Dabei
mag der Begriff der Negativität vielleicht theoretisch angemessener
klingen, ist aber letztlich genauso bildlich, wie die Rede von einem
Ungeheuren. Das mit diesen Redeweisen und Bildern Gemeinte lässt
sich auf viele verschiedene Weisen ausdrücken, und es ist die These
dieser Arbeit, dass auch die religiöse Rede als ein solcher Ausdruck
von Erfahrungen der Negativität verstanden werden kann. So wurde
in diesem Kapitel schon mehrfach geltend gemacht, dass Heidegger
mit der Rede von Gott die Erfahrung des Verstehens von Negativität
akzentuiert, was sich nun ein weiteres Mal bestätigt findet, da Heidegger auch die Erfahrung des Ungeheuren mit der Rede von Gott in
Verbindung bringt: »Für die Griechen gründet das Gotthafte unmittelbar im Ungeheuren des Geheuren.«[178] Mit dem Erscheinen des Ungeheuren erscheinen die Götter, und beides dürfte für die Erfahrung
von Negativität stehen: »Das Wesen der Götter, die den Griechen
erschienen, ist eben dieses Erscheinen im Sinne des Hereinblickens
in das Geheuere, so zwar, daß das in das Geheuere herein und so aus
ihm heraus Blickende das Ungeheuere ist, das sich in dem Umkreis
des Geheueren dargibt.«[179] Dabei wird das Bild des Winkens von dem
Ungeheuren insofern auf die Götter übertragen, als nicht nur das
Ungeheure in das Geheure winkt, sondern mit diesem auch die Götter
winken: »θεοί, die von uns so genannten ›Götter‹, sind als die in das
Unverborgene Hereinblickenden und blickend Winkenden, θεάον-
τες, ihrem Wesen nach die δαίοντες – δαίμονες, die in das Geheure
sich darweisenden Un-geheuren«[180] bzw. ausführlicher:

Das in alles Geheure Hereinblickende, das Un-geheure als das im vorhinein
sich Zeigende, ist das ursprünglich Blickende im ausgezeichneten Sinne: τò

---

[177] GA 54, S. 151.
[178] GA 54, S. 181.
[179] GA 55, S. 8.
[180] GA 54, S. 161.

θεαον, d. h. τὸ θεῖον; man übersetzt, ohne griechisch zu denken, aber »richtig« »das Göttliche«. Οἱ θεοί, die sogenannten Götter, die in das Geheure Hereinblickenden und im Geheuren überall Blickenden, sind οἱ δαί-μονες, die Weisenden und Winkenden.

Weil der Gott als der Gott der Blickende ist und als der Wesende blickt, θεάων, ist er der im Blicken sich Unverborgenheit dargebende δαίων – δαί-μων. Der blickend sich also Dargebende ist der Gott, weil der Grund des Ungeheuren, das Sein selbst, das Wesen des sich entbergenden Erscheinens hat. Aber das Un-geheure erscheint im Geheuren und als dieses. Der Blickende erscheint im Anblick und »Aussehen« des Geheuren, des Seienden.[181]

Wie der letzte Gott sein Wesen im Wink hat,[182] werden die griechischen Götter an dieser Stelle mit dem Vorgang des Winkens identifiziert, was Heidegger in der zitierten Weise auch etymologisch herzuleiten versucht. Unabhängig von diesen etymologischen Erwägungen kann beides im Rahmen einer phänomenologischen Hermeneutik von Negativität als Ausdruck einer Erfahrung angesehen werden, in der diese Negativität verstanden wird. Warum Heidegger aber im letzten Satz davon spricht, der blickende Gott würde als Seiender erscheinen, muss hier offen bleiben. Das passt weder zu dessen Wesen als Wink, noch zum gesamten Ansatz von Heideggers Philosophie. Das Verhältnis von Sein und Gott bei Heidegger, das bereits in Abschnitt 5.2 im Zusammenhang mit dem letzten Gott diskutiert wurde, wird auch in diesem Abschnitt im Kontext der antiken griechischen Religiosität wieder aufzugreifen sein, wobei sich ein weiteres Mal zeigen wird, dass Heideggers Aussagen dazu nicht eindeutig sind. So wird etwa in obigem Zitat der »Grund des Ungeheuren« als »das Sein selbst« bezeichnet, während an anderer Stelle nicht der Grund, sondern das Ungeheure und mit diesem der Gott mit dem Sein verbunden wird: »Der Mensch selbst ist dasjenige Seiende, das seine Auszeichnung darin hat, vom Sein selbst angesprochen zu sein, so daß im Sichzeigen des Menschen, in seinem Blicken und seinem Anblick das Ungeheure selbst, der Gott, erscheint«[183] bzw. »Das in das Seiende Hereinscheinende, jedoch aus dem Seienden nie Erklärbare oder gar Machbare ist das Sein selbst.«[184] Man muss Heidegger also

---

[181] GA 54, S. 154.
[182] GA 65, S. 409.
[183] GA 54, S. 155.
[184] GA 54, S. 157.

mindestens metaphorische Unschärfe vorwerfen, die das Verhältnis von Sein und Gott verkompliziert, obwohl sonst alles gegen einen theistischen Realismus bei Heidegger spricht.

Von ganz besonderem Interesse an Heideggers Ausführungen über das Ungeheure ist dabei, dass dieses in alltäglichen Situationen erfahren werden kann. In den bisher diskutierten Texten wirkte es immer so, als hätte Heidegger hochdramatische Situationen vor Augen, die nur wenige Auserwählte wie er selbst oder vielleicht noch Hölderlin überstehen können, wobei er sogar andeutet, Hölderlin sei an solchen Erfahrungen zerbrochen. Er stilisiert die Erfahrung der Umwendung zu einem außerordentlichen Moment einer großen existenziellen Erschütterung. In dieser Arbeit wurde an den entsprechenden Stellen jedoch immer *gegen* Heidegger geltend gemacht, dass es sich dabei um mehr oder weniger große Störungen handelt, die auch ganz alltägliche Situationen betreffen können. Dazu wurde etwa in Abschnitt 4.3 Wittgensteins Beispiel des Kaufmanns zitiert, der seine Äpfel untersucht und dabei in den Regress der Untersuchung der Untersuchung gerät. Der Abgrund der Grundlosigkeit kann sich bereits in solchen alltäglichen Momenten eröffnen. Natürlich zählen *auch* die drastischen Anfechtungserlebnisse, die im vierten Kapitel anhand von Luther und Schelling erläutert wurden, zu diesen Störungen, aber eine Umwendungserfahrung kann bereits von kleinen Irritationen im Alltag ausgehen, was nun auch *mit* Heidegger erläutert werden kann, der in der *Heraklit*-Vorlesung aus dem Sommersemester 1943 eine entsprechende Anekdote über Heraklit diskutiert. So habe dieser einmal seinen enttäuschten Gästen, die den großen Denker statt in großer Pose in einer alltäglichen Situation vorfanden – er wärmte sich am Backofen –, entgegengehalten, dass die Götter auch in solchen alltäglichen Situationen anwesend seien, auch am Backofen. Dies bezieht Heidegger auf seine Konzeption des Ungeheuren und macht zu Recht geltend, dass einem gerade auch das alltägliche Geheure als Ungeheures erscheinen kann. Dabei steigert er sich sogar zu der Behauptung, die Erfahrung des Ungeheuren würde *nur* von solchen Situationen ausgehen:

Wenn der Denker sagt: καὶ ἐνταῦθα – »auch da«, ἔν τῶι ἰπνῶι – »im Backofen«, west das Ungeheure an, dann will er in Wahrheit sagen: *nur* da ist Anwesung der Götter. Wo nämlich? Im unscheinbaren Alltäglichen. Ihr braucht dem Vertrauten und Geheueren nicht auszuweichen und dem Ausgefallenen, dem Aufregenden und Aufreizenden nachzujagen in der trüglichen Hoffnung, so dem Ungeheueren zu begegnen. Ihr sollt euch nur an euer Tägliches und Geheueres halten, wie ich hier, der im Backofen sich aufhält und sich wärmt.[185]

Gegen das Pathos welthistorischer Umwälzungen, das Heidegger an vielen anderen Stellen ebenfalls mit der Erfahrung der Umwendung verbindet, spricht er hier vom Erlebnis des Ungeheurem am Backofen, was die These der vorliegenden Arbeit bestätigt, dass es ihm im Kern um eine individuelle Transformation hin zu einer post-theistisch zu verstehenden Religiosität geht, die zwar nicht losgelöst von der jeweiligen Sprache und Lebensform der menschlichen Mitwelt zu verstehen ist, letztlich aber persönlich zu vollziehen ist. Außerdem kann diese Transformation nicht als einmaliger Akt einer großen Bekehrung verstanden werden, sondern als immer wieder auftretende Erfahrung eines neuen Selbst- und Weltverständnisses anhand von kleineren oder größeren Störungen. Der Gehalt, um den es in diesen Erfahrungen geht, kann in einer phänomenologischen Hermeneutik von Negativität zur Sprache gebracht werden, die aber letztlich auf den Nachvollzug solcher Erfahrungen angewiesen ist und versuchen muss, solche Erfahrungen hervorzurufen. Zu Heideggers Ansätzen, diesen Gehalt zur Sprache zu bringen, gehört neben der Rede vom Ungeheuren vor allem die Rede vom Sein, die hier als Verweis auf das Dass des Seienden und dessen Grundlosigkeit rekonstruiert wurde. Auch das Sein kann wie das Ungeheure in einfachen und alltäglichen Situationen erfahren werden, wie es Heidegger ebenfalls im Kontext der griechischen Religiosität in der *Parmenides*-Vorlesung betont, was bereits in Abschnitt 2.1 zitiert wurde. In dieser Vorlesung spricht er kurz davon, wie das Sein zu verstehen sei, wozu er festhält: »Es bedarf nur des einfachen Erwachens in der Nähe jedes beliebigen und unscheinbaren Seienden, welches Erwachen plötzlich sieht, daß das Seiende ›ist‹.«[186] Wie das Nichts ständig nichtet und nur selten erfahren wird, ist auch das Seiende immer da, ohne dass sein Dass ausdrücklich wird. Wenn in Abschnitt 2.2 im Zusammenhang mit der Leibniz-Frage gezeigt wurde, dass die Rede von einem Dass des Seienden streng genommen genauso sinnlos ist, wie die Rede von Sein oder Nichts, so kann dieses Dass ebenso wie das Sein oder das Nichts dennoch erfahren werden, und zwar als das Ungeheure des Geheuren gerade im Alltäglichen: »καὶ ἐνταῦθα θεούς: ›auch da‹

---

[185] GA 55, S. 8.
[186] GA 54, S. 222.

und gerade da, im Unscheinbaren des Geheuren, west das Ungeheure der Hereinscheinenden.«[187]

Allerdings scheint das Ungeheure als das Göttliche laut Heidegger auch buchstäblich als Seiendes herein, wozu etwa Crowe 2007a festhält: »In his discussions of the Greek gods, Heidegger again and again stresses how they show up in a quite literal and concrete sense« bzw. »In his discussions of the Greek gods, he makes it clear that these are not abstractions, but concrete realities with a palpable, almost tactile presence.«[188] So heißt es bereits im *Kunstwerkaufsatz* von 1935/36, dass der Gott im Tempel anwesend sei: »Durch den Tempel west der Gott im Tempel an. Dieses Anwesen des Gottes ist in sich die Ausbreitung und Ausgrenzung des Bezirkes als eines heiligen.«[189] Auch die »Bildwerke des Gottes« repräsentieren nicht dessen Aussehen, sondern sind dieser selbst: »So steht es auch mit dem Bildwerk des Gottes, das ihm der Sieger im Kampfspiel weiht. Es ist kein Abbild, damit man an ihm leichter zur Kenntnis nehme, wie der Gott aussieht, aber es ist ein Werk, das den Gott selbst anwesen läßt und so der Gott selbst *ist*.«[190] Die Anwesenheit Gottes im Tempel findet sich in den Notizen zu Heideggers Griechenlandreisen Anfang der 60er Jahre bestätigt, in denen es unter anderem heißt: »Der Tempel der Ἀθήνη παρθένος, der aus dem Haupt des Zeus geborenen Jünglingin, bezeugt die Gegenwart des Gottes, dessen ›Blitz alles steuert‹ (Heraklit, Frgm. 64).«[191] Aber auch *vor* dem Tempel sind die Götter nahe: »Der gewölbte Gang, der aus dem Tempelbezirk zum Stadion führt und von dem noch Pausanias berichtet, brachte uns auf das Feld der Spiele. Doch diese selbst und die in ihnen aufgehobene Nähe der Götter – was wäre alles ohne das Lied, das sie feiert, ohne das Wort, das durch seinen schwingend-gefügten Klang erst enthüllt und verbirgt, was da gewesen?«[192] Nicht zuletzt findet er die Nähe der Göttlichen auch in der griechischen Landschaft, die ihm die Sprache verschlägt: »Wie der baumlose Fels des Kaps den Tempel in den Himmel hinauf- und über das Meer hinaushebt, den Schiffen zum Zeichen dienend, wie diese eine Gebärde des Landes die unsichtbare Nähe des Göttlichen erwinkt und diesem alles Wachstum und jedes Menschen-

---

[187] GA 55, S. 9.
[188] A. a. O., S. 238 und S. 240.
[189] GA 5, S. 27.
[190] GA 5, S. 29, Hervorhebung im Original.
[191] GA 75, S. 236.
[192] GA 75, S. 222.

werk weiht – wer möchte hier noch auf das Vermögen eines dürftigen Sagens pochen?«[193]

Aber auch wenn alle diese Redeweisen von buchstäblich existierenden Göttern zu sprechen scheinen, können sie ebenso als Ausdruck einer phänomenologischen Hermeneutik von Negativität verstanden werden, in der es um Erfahrungen geht, die mit bestimmten Orten verbunden sind. Diese Erfahrungen können zwar von *jedem* Ort ausgehen, etwa vom oben zitierten Backofen, in besonderer Weise aber vielleicht von Orten mit religiöser Bedeutung. Gegen ein buchstäbliches Verständnis spricht weiterhin, dass Heidegger die griechischen Götter *expressis verbis* nicht als Personen verstanden wissen möchte und sie stattdessen mit dem Sein identifiziert: »Die Götter der Griechen sind nicht ›Persönlichkeiten‹ und ›Personen‹, die das Sein beherrschen, wohl aber sind sie das in das Seiende hereinblickende Sein selbst.«[194] An anderen Stellen verwahrt er sich zwar gegen eine solche Identifikation von Sein und Gott, was zum Beispiel in Abschnitt 1.2 zitiert wurde,[195] aber sowohl Sein als auch Gott stehen bei Heidegger für die Erfahrung von Negativität, und wenn auch die Rede vom Sein eher den Gehalt und die Rede von Gott eher die Erfahrung der Negativität akzentuiert, können doch Gehalt und Erfahrung nicht getrennt werden. So oder so sind die Götter keine seienden Wesen, sondern haben mit der Erfahrung des Seins zu tun, selbst wenn Heidegger über Leben und Tot Gottes spricht:

Ob der Gott lebt oder tot bleibt, entscheidet sich nicht durch die Religiosität der Menschen und noch weniger durch theologische Aspirationen der Phi-

---

[193] GA 75, S. 238. Zu diesen Passagen vgl. auch Crowe 2008, S. 116 ff.

[194] GA 54, S. 164. Damit spricht Heidegger aus, was Klun 2006 aus der Tatsache ableitet, dass der Gott bei Heidegger kein Seiender ist: »Mehr noch, das Göttliche kann nie zu einem Seienden werden, damit aber auch nie zu einem Ansprechpartner, zum Gegenüber einer Beziehung, woraus letztlich der traditionelle Begriff der Person stammt«, a. a. O., S. 547. Damit argumentiert Klun, Heideggers Gotteskonzeption würde sich in dieser Hinsicht vom christlichen Gott unterscheiden: »Die gerechtfertigte und sogar notwendige Problematisierung des Seins beziehungsweise des Seinsverständnisses hat in ihrer letzten Konsequenz einen persönlichen Gott der jüdischchristlichen Tradition unmöglich gemacht«, ebd. Dagegen lässt sich einwenden, dass in den Momenten der Erfahrung durchaus so etwas wie eine Beziehung stattfinden kann, auch wenn es im buchstäblichen Sinne kein Gegenüber gibt. Die Praxis des Betens zum Beispiel kann auch in einem post-theistischen Verständnis sinnvoll sein. Dieser Aspekt kann hier aber nur angedeutet werden.

[195] Etwa: »Das ›Sein‹ – das ist nicht Gott und nicht ein Weltgrund« aus dem *Humanismusbrief*, GA 9, S. 331.

losophie und der Naturwissenschaft. Ob Gott Gott ist, ereignet sich aus der Konstellation des Seyns und innerhalb ihrer. Solange wir nicht denkend erfahren, was ist, können wir nie dem gehören, was seyn wird.[196]

An anderer Stelle heißt es, auch das »Erscheinen des Gotthaften« hänge von der Erfahrung des Seins ab, was dann sicher ebenso für die zitierte Anwesenheit des Gottes im Tempel gilt:

Wie soll aber ein Erscheinen des Gotthaften überhaupt seinen Wesensbereich, d. h. eine Unverborgenheit, finden können, wenn und solange das Wesen des Seins vergessen und aus derselben Vergessenheit die selbst unerkannte Seinsvergessenheit zum Prinzip der Erklärung alles Seienden erhoben ist, wie dies in aller Metaphysik geschieht?[197]

Die hier kritisierte Metaphysik sieht Heidegger, wie bereits in Abschnitt 2.3 ausgeführt, auch im Christentum wirken, weshalb er dieses von der griechischen Religiosität absetzt. Während Gott im Christentum laut Heidegger als erste Ursache verstanden wird, ist Gott in Heideggers Konzeption auf die Erfahrung des Seins bezogen, was Heidegger im Kontext der griechischen Religiosität auch mit der μοῖρα zum Ausdruck bringt, die wie das Heilige bei Hölderlin über Gott und Menschen steht: »Die μοῖρα west über den Göttern und den Menschen, während z. B. christlich gedacht alles Geschick ein Werk der göttlichen ›Vorsehung‹ des Schöpfer- und Erlösergottes ist, der als Schöpfer auch alles Seiende als das Geschaffene beherrscht und berechnet.«[198] Dies kann so verstanden werden, dass sowohl Sein wie μοῖρα für die Grundlosigkeit des Seienden stehen, deren Erfahrung mit der Rede von Gott akzentuiert wird. Dazu finden sich ebenfalls Ansätze im Christentum, die Heidegger nicht nur kannte, sondern auch als verdeckt gehaltene Quellen verwendet hat, was in Abschnitt 4.1 gezeigt wurde.

Laut den Untersuchungen des zweiten Kapitels stehen die Konzepte des Ereignisses und des Gevierts für diese Grundlosigkeit, wobei Heidegger darüber hinaus im Geviert die Menschen mit den Göttlichen verbindet und geltend macht, dass sowohl Menschen als auch Göttliche nur aus ihrem gegenseitigen Bezug heraus zu verstehen sind. In der Interpretation dieser Arbeit bedeutet das, dass der Mensch nur dann wirklich Mensch ist, wenn er in der Haltung des

---

[196] GA 79, S. 77.
[197] GA 54, S. 167.
[198] GA 54, S. 164.

grundlosen Vertrauens auf den Abgrund der Grundlosigkeit bezogen ist, was mit der Rede von Gott und Göttern ausgedrückt wird, während die Rede von Gott und Göttern ihrerseits nur vor dem Hintergrund der Erfahrung der Grundlosigkeit verstanden werden kann. Der essentielle Bezug des Menschen auf das Göttliche findet sich bereits in der *Parmenides*-Vorlesung, die in dieser Hinsicht auf das Geviert vorausweist:

So drängt sich dann immer wieder die bequemste Auskunft hinzu, dieses Götterwesen als ein »Produkt« »des Menschen« und gar noch des »religiösen« Menschen zu erklären. Als ob dieser Mensch je auch nur einen Augenblick hätte Mensch sein können ohne den Bezug jenes Götterwesens zu seinem eigenen Wesen, und d. h. ohne das Beruhen dieses Bezugs selber im Sein selbst.[199]

In Abschnitt 2.4 wurde das Geviert als eine phänomenologisch-hermeneutische Beschreibung der als Ereignis aufgefassten Lebenswelt bestimmt, was vor dem Hintergrund des dritten und vierten Kapitels jetzt genauer als eine weitere Variante einer phänomenologischen Hermeneutik von Negativität aufgefasst werden kann, in der die Unhintergehbarkeit der Lebenswelt bzw. des In-der-Welt-seins thematisiert wird. Dabei gehören bereits die bildlichen Reden von Ereignis, Negativität und Unhintergehbarkeit zu den entsprechenden Strategien der Vergegenwärtigung, die immer auch vollzogen werden muss. Die Unhintergehbarkeit der Lebenswelt findet Heidegger dabei insbesondere in der griechischen Religiosität vorgeprägt, die laut Crowe 2008 für Heidegger einen besonderen Modus des In-der-Welt-seins darstellt: »A stable aspect of Heidegger's phenomenology of Greek religious life, which is present from the 1930s to the 1960s, is this explication of its deep structure as a mode of ›being-in-the-world.‹«[200] Dies lässt sich laut Crowe aber auch mit dem frühen Heidegger der 20er Jahre verbinden, für den das Urchristentum ebenfalls eine exemplarische Weise des In-der-Welt-seins ist: »Just as he had done in the early 1920s with Christianity, Heidegger applies his basic concept of ›being-in-the-world‹ to the task of explicating the deep structures of Greek religiosity.«[201] Das Konzept der post-theistischen Religiosität lässt sich griechisch und christlich ausbuchstabieren, in

---

[199] GA 54, S. 162.
[200] A. a. O., S. 122.
[201] Ebd.

jedem Fall geht es um eine Verwandlung des In-der-Welt-seins zu einer Haltung des grundlosen Vertrauens, für das nun auch das Heideggersche Konzept des Wohnens im Geviert steht.

Da die Struktur des Gevierts bereits in Abschnitt 2.4 erläutert wurde, sei hier lediglich an den Bezug der Göttlichen zu den Sterblichen erinnert, zu dem es in *Bauen Wohnen Denken* heißt:

Aus einer *ursprünglichen* Einheit gehören die Vier: Erde und Himmel, die Göttlichen und die Sterblichen in eins. [...] Die Göttlichen sind die winkenden Boten der Gottheit. Aus dem heiligen Walten dieser erscheint der Gott in seine Gegenwart oder er entzieht sich in seine Verhüllung. Nennen wir die Göttlichen, dann denken wir schon die anderen Drei mit, doch wir bedenken nicht die Einfalt der Vier.[202]

Mit einer leichten Variante wird dieser Bezug in *Das Ding* wie folgt beschrieben: »Die Göttlichen sind die winkenden Boten der Gottheit. Aus dem verborgenen Walten dieser erscheint der Gott in sein Wesen, das ihn jedem Vergleich mit dem Anwesenden entzieht. Nennen wir die Göttlichen, dann denken wir die anderen Drei mit aus der Einfalt der Vier.«[203] In diesen Beschreibungen finden sich einige wesentliche Aspekte der in diesem Kapitel erläuterten phänomenologischen Hermeneutik von Negativität wieder, wozu das Bild des Winkens ebenso gehört, wie der Verweis auf die Verborgenheit. Der besondere Akzent der Rede von den Göttlichen im Geviert liegt aber vor allem darin, dass die Sterblichen auf diese bezogen sind und sich ohne diesen Bezug nicht richtig verstehen:

Die Sterblichen wohnen, insofern sie die Göttlichen als die Göttlichen erwarten. Hoffend halten sie ihnen das Unverhoffte entgegen. Sie warten der Winke ihrer Ankunft und verkennen nicht die Zeichen ihres Fehls. Sie machen sich nicht ihre Götter und betreiben nicht den Dienst an Götzen. Im Unheil noch warten sie des entzogenen Heils.[204]

---

[202] GA 7, S. 151, Hervorhebung im Original.

[203] GA 7, S. 180. Dies entspricht GA 79, S. 17, wo das »dann denken wir« noch um ein »falls wir denken« ergänzt ist. In einem Gespräch mit Gerd Haeffner im Jahre 1971 antwortet Heidegger auf die Frage, welche Teile seiner Philosophie ihm besonders wichtig sind, mit einem Verweis auf die Vorträge *Bauen Wohnen Denken* und *Das Ding*, die Hölderlin-Auslegungen in *Vorträge und Aufsätze* und vor allem auf *Identität und Differenz*. Dazu gehören also die Göttlichen im Geviert ebenso wie die Hölderlintheologie und der göttliche Gott, der im zentralen Text zur Ontotheologiekritik in *Identität und Differenz* erst 1957, also noch *nach* den Göttlichen im Geviert entwickelt wurde, vgl. Haeffner 2007.

[204] GA 7, S. 152.

Demnach versteht sich der Mensch nur angesichts des Göttlichen angemessen selbst, wobei dieses Göttliche auch hier für eine Negativität steht, die alternativ mit dem Bild des Entzugs ausgedrückt werden kann. Wenn in den Vorträgen *Das Ding* und *Bauen Wohnen Denken* von 1950 bzw. 1951 vom Bezug der Sterblichen zu den Göttlichen die Rede ist, so heißt es analog dazu im Vortrag *Was heißt Denken?* von 1952, dass der Mensch nur Mensch ist, wenn er in das Sichentziehende weist:

> Wir sind überhaupt nur wir und sind nur die, die wir sind, indem wir in das Sichentziehende weisen. Dieses Weisen ist unser Wesen. Wir sind, indem wir in das Sichentziehende zeigen. [...] Und zwar ist der Mensch nicht zunächst Mensch und dann noch außerdem und vielleicht gelegentlich ein Zeigender, sondern: gezogen in das Sichentziehende, auf dem Zug in dieses und somit zeigend in den Entzug ist der Mensch allererst Mensch. Sein Wesen beruht darin, ein solcher Zeigender zu sein.[205]

Auch die Rede vom Ereignis steht für diese Negativität des Sichentziehens, was Heidegger in demselben Vortrag festhält: »Allein – das Sichentziehen ist nicht nichts. Entzug ist hier Vorenthalt und ist als solcher Ereignis. Was sich entzieht, kann den Menschen wesentlicher angehen und inniger in den Anspruch nehmen als jegliches Anwesende, das ihn trifft und betrifft.«[206] Es gibt viele verschiedene Weisen, diese Negativität zur Sprache zu bringen, und mit Heideggers Rede von den Göttlichen in diesem Zusammenhang wird ein weiteres Mal die These gestützt, dass auch die religiöse Rede als Ausdruck einer phänomenologischen Hermeneutik von Negativität angesehen werden kann. Dies findet sich in zahlreichen religiösen Traditionen bestätigt, im Christentum zum Beispiel in der negativen Theologie und in der Mystik, aber auch in Luthers Konzept des *deus absconditus* oder in Karl Barths Rede vom *Ganz Anderen*, um nur wenige Beispiele zu nennen. Wie bereits im letzten Abschnitt zitiert, bezieht sich Heidegger fast wörtlich auf den *deus absconditus*, was hier mit einem weiteren Zitat belegt sei: »In dieses dem Menschen Vertraute, dem Gott aber Fremde, schicket sich der Unbekannte, um darin als der

---

[205] GA 7, S. 135.
[206] GA 7, S. 134. Man beachte die Ähnlichkeit in der Formulierung in diesem Zitat, »Allein – das Sichentziehen ist nicht nichts«, zu der im letzten Abschnitt zitierten Erläuterung des Fehls Gottes: »Allein, Abwesenheit ist nicht nichts.« Diese Ähnlichkeit spricht dafür, dass es Heidegger auch beim Fehl Gottes nicht um Menschheitsepochen geht, sondern um diese prinzipielle Struktur der Entzogenheit, auf die der Mensch immer bezogen ist.

Unbekannte behütet zu bleiben.«[207] Auf diese Stelle bezieht sich Crowe 2008 in der folgenden längeren Passage, in der er nicht nur die Negativität von Heideggers Gotteskonzeption erläutert, sondern auch auf deren Vorgänger aufmerksam macht:

> The suggestion in this passage is that to be a »god«, to participate in »divinity«, is to be somehow permanently *strange* or *inexplicable*. »Divinity« is characterized via a contrast with »intimacy« or »intimate familiarity«. The latter describes the familiar items of daily life, the inconspicuous but palpable realities of human existence. To be »divine« is to somehow escape from the domain of what is »normal«, what can be »dealt with« or »explained« through standard coping practices. [...] This conception of the divine as »wholly other« is, of course, not new with Heidegger. Many of his own intellectual heroes, particularly Luther and Kierkegaard, as well as some of his contemporaries, such as Karl Barth, drew a sharp ontological boundary between the created and the uncreated orders, the latter being occopied solely by God. As a consequence, they tended to be suspicious of the claims of so-called »natural theology«.[208]

Aber nicht nur die explizit negativen Bestimmungen des Göttlichen gehören zu einer phänomenologische Hermeneutik von Negativität, da auch die positive Rede von Gott und Göttern – wenn man sie nicht buchstäblich bzw. theistisch versteht – als Vergegenwärtigungen der Grundlosigkeit angesehen werden können, um die es hier geht. So wurde im letzten Abschnitt zitiert, dass Heidegger den Fehl Gottes auf das »Göttliche im Griechentum«, im »Prophetisch-Jüdischen« und »in der Predigt Jesu«[209] bezieht, was alles – recht verstanden – für den göttlichen Gott oder die Göttlichen im Geviert stehen kann. Crowe 2008 hält zu diesen Beispielen fest: »These are just the sorts of paradigmatic phenomena that one would expect to find if Heidegger is interested in building a phenomenological account of religion as such.«[210] Ein »phenomenological account of religion as such« wurde hier in Form der post-theistischen Religiosität entwickelt, die sich auch auf die einzelnen Religionen beziehen lässt, was aber nicht Aufgabe dieser Arbeit ist.

Stattdessen soll hier in der Auseinandersetzung mit der Interpretation von Crowe 2008 noch einmal der Status der Sprache der

---

[207] GA 7, S. 204.
[208] A.a.O., S. 130. Dem Hinweis auf die natürliche Theologie folgt ein Verweis auf Heideggers Ontotheologiekritik.
[209] GA 7, S. 185.
[210] A.a.O., S. 125.

religiösen Rede und der ganze Ansatz einer nicht-theistischen Lesart diskutiert werden, diesmal anhand der Rede von den Göttlichen im Geviert. Crowe wendet sich gegen ein metaphorisches Verständnis dieser Rede, wozu er auf die *Hölderlin*-Vorlesung aus dem Sommersemester 1942 verweist, in der es heißt:

> Welcher Art diese ursprüngliche Zusammengehörigkeit von Dichten und Denken ist, kann hier nicht erörtert werden; noch weniger können wir weitläufig auf die gewöhnliche Bestimmung dieses Verhältnisses eingehen, wonach das Denken der Philosophie das Gedicht der Mythologie vom Mythischen befreit und den verbleibenden Gehalt in das starre Gestänge und Geschiebe leerer Begriffe umschmelzt. Nach dieser Meinung ist dann das Denken überhaupt nichts anderes als die »Entmythisierung« des Mythos.[211]

Heidegger wendet sich hier offenbar gegen Bultmanns Entmythologisierungsprogramm, und Crowe kommentiert diese Stelle wie folgt: »Heidegger would, therefore, most likely resist attempts to read his talk of ›the gods‹ as a poetic or mythological ›trope‹, as a metaphor for something that can be explained away without any reference to ›religion‹.«[212] Dieses Thema wurde zusammen mit dem Problem der Entmythologisierung in Abschnitt 3.4 eigens untersucht. Davon ausgehend lässt sich gegen Crowe einwenden, dass der Gehalt der Rede von den Göttern durchaus reformuliert werden kann, wenn auch wieder nur bildlich im Sinne der absoluten Metaphern Blumenbergs, die etwas zu verstehen geben, das sich nur auf diese Weise sagen lässt. Ob man von Grundlosigkeit spricht oder von Göttern, in beiden Fällen muss die Negation der Aussagen mitgedacht und erfahren werden, da ein buchstäbliches Verständnis in beiden Fällen verfehlt ist. Es geht weder um tatsächlich seiende Götter noch um eine buchstäbliche Grundlosigkeit, sondern jeweils um die Vergegenwärtigung der – wieder bildlich gesprochen – Situation des Menschen. Bei allen diesen Redeweisen handelt sich daher – gegen Crowe – durchaus um Metaphern, aber – mit Crowe – in dem absoluten Sinn, dass sie zwar anders, aber immer nur als Trope reformuliert werden können, sie können nicht »weg erklärt« *(explained away)* werden. Dies wurde im dritten Kapitel auch mit Heideggers Sprachphilosophie belegt, laut der die Sprache nicht als Referenz auf Seiendes funktioniert, sondern Sein und Welt erschließt, was sich ganz ähnlich in Heideggers Auseinandersetzung mit der griechischen Religiosität findet: »Das Wort

---

[211] GA 53, S. 139.
[212] Crowe 2008, S. 125.

aber ist seinem Wesen nach das nennende Erscheinenlassen des Seins. [...] Das Wort als Nennung des Seins, der μῦθος, nennt das Sein in seinem anfänglichen Hereinblicken und Scheinen – nennt τὸ θεῖον, d. h. die Götter.«[213] Während die welterschließende Rolle der Sprache allgemein als vergessenes Gedicht bestimmt wurde,[214] gilt sie im Kontext des Nennens der Götter, die hier als die Ungeheuren Ausdruck von Negativität sind, als Mythos: »Deshalb ist die Sage von den Göttern ›Mythos‹«[215] bzw. »Wo das δαιμόνιον, das sich in die Unverborgenheit hereingebende Gotthafte, Un-geheure, eigens gesagt werden muß, ist das Sagen eine Sage, ein μῦθος.«[216]

Dagegen plädiert Crowe 2008 für ein buchstäbliches Verständnis der Göttlichen bei Heidegger, wozu er zum Beispiel auf den wiederholten Verweis auf die Göttlichen in folgender, oben bereits zitierter Passage aufmerksam macht: »Die Sterblichen wohnen, insofern sie die Göttlichen als die Göttlichen erwarten.«[217] Dazu erläutert Crowe: »Note now, in the first line of this passage, Heidegger adds the seemingly superfluous repetition ›as godly ones‹. This repetition is, however, far from being insignificant. Heidegger is trying to make it clear that ›mortals‹ relate to ›the godly ones‹ precisely *as* ›godly ones‹, not as metaphors for the human experience or as social constructions.«[218] Wie eben bereits ausgeführt, handelt es sich dabei *doch* um die metaphorische Vergegenwärtigung einer Erfahrung von Negativität, die nur bildlich ausgedrückt werden *kann*. Um soziale Konstruktionen geht es zwar tatsächlich nicht, stattdessen aber um die Vergegenwärtigung der menschlichen Situation. Etwas ausführlicher macht Crowe dagegen geltend, dass die Göttlichen im Geviert nicht als Metaphern, sondern als Bestandteil eines religiösen Lebens anzusehen seien, das Heidegger in der griechischen Kultur findet und auf seine Weise erneuern möchte:

The »godly ones«, who figure so importantly into the »fourfold« as a way of conceiving of the »world« or nexus of meaning that grounds human activities, are clearly understood by Heidegger as having religious significance. As his carefully chosen examples make clear, he is not using »godly

[213] GA 54, S. 165.
[214] GA 12, S. 28.
[215] GA 54, S. 166.
[216] GA 54, S. 174.
[217] GA 7, S. 152.
[218] A.a.O., S. 127, Hervorhebung im Original.

ones« or »gods« as poetic or rhetorical tropes, or as metaphors for something that can be said equally well in another way. While there are, no doubt, many attractions to »de-mythologizing« Heidegger's »gods«, doing so would do violence to what he actually says. Heidegger is, by his own account, trying to capture the central role played by »the godly ones« and the religious practices that they figure into within a way of life that he is trying to advocate. This way of life is, for him, particularly embodied in the culture of the ancient Greeks. Rather than being an adornment added onto an otherwise complete life, religion played a crucial role in shaping Greek culture as a whole.[219]

Für Crowes Lesart spricht, dass sich die Rede von den Göttlichen nicht in einer neutralen Metasprache auflösen lässt, gegen Crowe muss aber eingewendet werden, dass sie doch auf andere, wenn auch immer nur bildliche Weise reformuliert werden kann. Außerdem ist nicht ganz klar, was Crowe unter den Göttlichen versteht, wenn die Rede von ihnen nicht tropisch gemeint ist. Er spricht hier von phänomenologischen Erfahrungen mit *divine beings*, die Heideggers Ontotheologiekritik zugrunde liegen würden: »[H]e maintains the thesis of the ›otherness‹ of the divine on the basis of experiential encounters between human beings and divine beings as preserved in the historical traditions of Western culture.«[220] Damit wird, bei allen Verweisen auf eine *otherness*, einerseits ein theistischer Realismus nahegelegt, gegen den Crowe aber andererseits Heideggers Ontotheologiekritik beipflichtet. Laut Crowe untersucht Heidegger historische Beispiele menschlicher Religiosität, um damit gegen ontotheologische Konzepte vorzugehen: »In practice, this means that Heidegger starts from the historical records of human religiosity, such as Paul's epistles, Pindar's odes, or Hölderlin's hymns, and then tries to elucidate the objective structure of religiosity.«[221] Diese objektive Struktur von Religiosität ist für Crowe mit der Erfahrung von *divine beings* verbunden, deren Status er aber nicht expliziert. An einer Stelle verbindet Crowe die *otherness* dieser göttlichen Wesen ganz im Sinne dieser Arbeit mit Störungen und Irritationen: »The common theme in Heidegger's sources is of an *interruption* and *derangement* of the normal course of human experience. For Heidegger, the meaning of divinity is to be gleaned from such experiences of interruption or derangement. The result is an account of the ›divinity (Gottheit)‹ of

---

[219] Crowe 2008, S. 128.
[220] A. a. O., S. 131.
[221] Ebd.

divine beings as ›otherness‹.«[222] Diesen Aspekt vertieft Crowe aber nicht weiter und macht stattdessen geltend, die Göttlichen würden zur Orientierung dienen: »The ›godly ones‹ are not *particular beings* but are instead a particular dimension of the general nexus of meaning that human beings prereflectively inhabit. […] They form a crucial part of a normative background or horizon that is irreducible to either things or practices.«[223] Nach dem Verständnis dieser Arbeit stehen die Göttlichen dagegen im Sinne einer phänomenologischen Hermeneutik von Negativität gerade für die Unbegreiflichkeit jeder Orientierung. Die Rede von Göttlichen verweist darauf, dass Sinnstrukturen uneinholbar vorgegeben sind und nicht theoretisch abgesichert werden können, was in den auch von Crowe zugestandenen Störungen und Irritationen erfahren wird.[224] Zuzustimmen ist Crowe allenfalls darin, dass traditionelle religiöse Lebensformen Orientierung bieten: »To be religious is to inhabit a sphere of *religious* meaning, a sphere that is not constructed or projected by human subjectivity, but is instead *given* and then preserved in communal pratices and traditions.«[225] Das kann aber nicht so verstanden werden, dass es göttliche Wesen gibt, die diese Orientierung eröffnen. Stattdessen ermöglichen religiöse Lebensformen mit ihrer Rede von Gott und Göttern einen angemessenen Umgang mit der Negativität, wie es auch Heidegger mit der Haltung der Gelassenheit anstrebt, die hier wie der Kern des religiösen Glaubens als grundloses Vertrauen rekonstruiert wurde. Ein Ansatz dazu findet sich auch bei Crowe, wenn er eine schwache Form des theistischen Realismus bei Heidegger geltend macht, laut dem religiöse Bedeutung nicht selbst hergestellt wird, sondern gegeben ist: »As I have argued througout, the core of Heidegger's position on the phenomenology of religion is a kind of *realism*. That is, Heidegger argues that religious meaning is *given* rather than *created*.«[226] Dieser schwache Realismus wird aber doch als *ontological realism* gegen die hier vertretene, mit Heidegger und Wittgenstein entwickelte antirealistische Lesart ins Feld geführt: »This basic position, which I have labeled ›ontological realism‹, remains in

---

[222] Ebd., Hervorhebungen im Original.

[223] A. a. O., S. 132, Hervorhebung im Original.

[224] Vgl. dazu auch Rentsch 2005: »Der Sinngrund selbst ist nur negativ zu erfassen«, a. a. O., S. 76, bzw. »Der einzigartige Name ›Gott‹ bezieht sich auf das unfassbare, authentische Wunder des Seins und des Sinns des Seins […]«, S. 88.

[225] Crowe 2008, S. 136, Hervorhebungen im Original.

[226] A. a. O., S. 141, Hervorhebungen im Original.

place, more or less unchanged, throughout Heidegger's long career« und »Wittgensteinain theories of religion [...] still represent a powerful current of anti-realism. Heidegger's phenomenology of religion offers strong reasons to be suspicious of such theories.«[227] Dagegen wurde in dieser Arbeit gezeigt, dass sich ein solches antirealistisches Verständnis der religiösen Rede gerade *mit* Heidegger entwickeln lässt. Die hier vertretene post-theistische Heidegger-Interpretation kann besonders klar von Crowes Lesart abgegrenzt werden, wenn Crowe auf das Rätsel des eingeräumten Gegebenseins religiöser Bedeutungen verweist und davon ausgehend für einen theistischen Realismus argumentiert. In einem ersten Schritt macht er die Unerklärbarkeit dieses Gegebenseins geltend: »For Heidegger, the fact that we inhabit a meaningful world at all is something that can be explicated, but not *explained.*«[228] Dem kann genauso zugestimmt werden wie der Einschätzung, es würde sich dabei um ein Rätsel handeln: »There is an irreducible element of *mystery* when it comes to meaning.«[229] Heidegger spricht sogar explizit von Rätsel und Geheimnis, wie es im vierten Kapitel zitiert wurde. Während aber, wie dort gezeigt, für Heidegger die Haltung der Gelassenheit gerade von der Offenheit für das Geheimnis ausgeht,[230] findet Crowe dieses Geheimnis unbefriedigend und argumentiert *deshalb* für einen theistischen Realismus: »For most, however, this conclusion will hardly be satisfactory. One might still want to know *why* it is the case that religious meaning seems to ›come from beyond‹, as it were. Here, it seems that a religious hypothesis, such as theism, can fill the breach.«[231] Dies wird nicht nur der Philosophie Heideggers nicht gerecht, sondern dürfte laut der These dieser Arbeit auch kein angemessenes Verständnis des religiösen Glaubens darstellen, zu dem nach dem hier entwickelten Konzept einer post-theistischen Religiosität eher die Haltung eines grundlosen Vertrauens gehört, als das Bauen auf einen theistisch verstandenen Gott.

Diese Position, die hier mit und gegen Crowe noch einmal geschärft wurde, konnte im vorliegenden Kapitel mit den quasi-religiösen und mythisch-poetischen Äußerungen in Heideggers Spätwerk

---

[227] A.a.O., S. 136 und S. 139.
[228] A.a.O., S. 141, Hervorhebung im Original.
[229] Ebd., Hervorhebung im Original.
[230] Vgl. zum Beispiel GA 16, S. 528.
[231] Crowe 2008, S. 141, Hervorhebung im Original.

verbunden werden, die, wie die religiöse Rede selbst, als eine von vielen möglichen Formen einer phänomenologischen Hermeneutik von Negativität anzusehen ist. Das wurde anhand so unterschiedlicher Ansätze wie der Rede vom Vorbeigang des letzten Gottes, den Interpretationen von Gedichten Hölderlins, der Auseinandersetzung mit der griechischen Religiosität und dem Konzept der Göttlichen im Geviert gezeigt. Außerdem wurde in dieser Arbeit mehrfach darauf hingewiesen, dass sich auch die Untersuchungen des frühen Heidegger zum Urchristentum auf diese Weise verstehen lassen. Insgesamt liefert diese Arbeit damit nicht nur einen fruchtbaren Ansatz für ein philosophisches Verständnis der Religionen, sondern auch eine neue Interpretation von Heideggers Philosophie, die ganz offensichtlich in diesen Kontext gehört. Gerade der kryptische, mythischpoetische Stil des Spätwerks lässt sich vor diesem Hintergrund erschließen, was in diesem Kapitel an einigen Beispielen vorgeführt werden konnte.

6. Schlussbemerkungen

6.1 Zusammenfassung

In dieser Arbeit wurde anhand von Heideggers Philosophie das Konzept einer post-theistischen Religiosität entwickelt und damit gleichzeitig eine neue Lesart von Heideggers Philosophie vorgeschlagen, die in den Kontext dieser Fragestellung gehört. Dies wurde an den quasi-religiösen und mythisch-poetischen Texten des Spätwerks gezeigt, aber auch für den gesamten philosophischen Ansatz Heideggers von den frühen Freiburger Vorlesungen bis zu den späten Vorträgen und Aufsätzen geltend gemacht. Trotz aller vermeintlichen Kehren in Heideggers Werk kann dieses durchgängig als Ausdruck einer post-theistischen Religiosität gelesen werden, und wenn diese auf viele verschiedene Weisen artikuliert wird, entspricht das dem hier entwickelten Punkt, dass sich eine solche Religiosität auf viele verschiedene Weisen sprachlich ausdrücken lässt. Dabei ist keine Möglichkeit des Ausdrucks besonders ausgezeichnet, weshalb die verschiedenen Ansätze Heideggers gleichberechtigt neben der hier gewählten Reformulierung in den Begriffen von Grund und Situation und beides gleichberechtigt neben den traditionellen religiösen Sprachspielen steht. Die verschiedenen Ansätze Heideggers gehören zu einem Ringen mit der Sprache, bei dem er immer wieder neu versucht, etwas zu sagen, was auch erfahren werden muss, und daher nur bedingt in der Sprache auszudrücken ist. So wurde zum Beispiel gezeigt, wie man sinnvoll über die Grundlosigkeit der Welt sprechen kann, wobei aber ebenfalls immer wieder betont wurde, dass auch dieses Bild zu destruieren und in der Destruktion neu zu verstehen ist. Zu dieser Destruktion gehört eine Änderung der Stimmung und schließlich die Haltung des grundlosen Vertrauens, die auf die Grundlosigkeit bezogen ist. Entsprechend verweist Heidegger auf den Vollzug des Denkens, und zwar ebenfalls durchgängig von den frühen Vorlesungen bis zu den späten Vorträgen. Ob der Anspruch von Heideggers Philosophie, zu den entsprechenden Erfahrungen zu führen, eingelöst wird, soll hier nicht beurteilt werden, das muss jeder Leser selbst entscheiden. Heideggers Philosophie hat damit aber einen performativen Aspekt, der in Abschnitt 6.3 noch einmal kurz erläutert wird. Außerdem wird mit diesem Ansatz ein gemeinsamer Kern von Philosophie und Theologie aufgewiesen, da es in beiden Fällen im Zentrum um die Artikulation der Grenzen des Denkens bzw. der Endlichkeit der menschlichen Situation geht, was in Abschnitt 6.2 noch einmal kurz ausgeführt werden soll.

Die Rede von den Grenzen des Denkens oder von der Endlichkeit der menschlichen Situation wurde hier immer wieder als streng genommen sinnlos bezeichnet, da es sich um Bilder handelt, die nicht buchstäblich zu verstehen sind. In Abschnitt 3.4 wurde genauer erklärt, dass bestimmte Redeweisen von konkreten Kontexten auf das Denken als solches oder auf das Ganze der Welt übertragen werden, was man aufgrund der ursprünglichen Kontexte verstehen kann. Damit sind auch diese übertragenen Redeweisen *nicht* sinnlos, da es sich um Sprachspiele handelt, die genauso funktionieren, wie zum Beispiel die Rede von Schmerzen, die ebenfalls ohne Referenz auf einen Gegenstand verstanden wird. Mit Wittgenstein, D. Z. Phillips und Heidegger ermöglicht diese Einsicht in das Funktionieren der Sprache ein nicht-theistisches Verständnis der religiösen Rede, nach dem diese weder auf ein seiendes Wesen referiert noch lediglich auf Gefühlszustände verweist, sondern die menschliche Situation vergegenwärtigt. Während es zahlreiche nicht-theistische Formen von Religiosität gibt, wie zum Beispiel den Buddhismus, muss man diesen Ansatz in Bezug auf theistische Religionen als ein *post*-theistisches Religionsverständnis bezeichnen. Für diese Religionen wurde geltend gemacht, dass religiöser Glaube nicht auf ein seiendes Wesen bezogen ist, an dessen Existenz man glaubt, sondern im Kern als die Haltung eines grundlosen Vertrauens zu verstehen ist, in der man sich grundlos getragen weiß. Der religiöse Glaube hat viele weitere Aspekte, die hier nicht berücksichtigt werden können, ist im wesentlichen aber als eine solche Haltung anzusehen. Dafür stehen die Heideggerschen Konzeptionen der Inständigkeit und Gelassenheit und ebenso das Wohnen im Geviert, das als Beschreibung der Lebenswelt im Sinne eines grundlosen Ereignisses aufgefasst werden kann. Auch das Konzept der Umwendung in den frühen Vorlesungen lässt sich auf eine solche Haltung beziehen, für die Heidegger unter anderem auch das Bild des Schwebens verwendet.

Auch dieses Bild funktioniert aufgrund einer Übertragung aus konkreten Kontexten und ist daher genauso wenig sinnlos wie die traditionelle Rede von Gott, mit der ein ähnlicher Gehalt ausgedrückt wird. Man kann die verschiedenen Redeweisen nicht unmittelbar ineinander übersetzen, aber es gibt zumindest Familienähnlichkeiten, und alle diese Ausdrucksformen haben grundsätzlich den gleichen Status einer bildlichen Vergegenwärtigung. Damit ist insbesondere die Rede von Gott nicht sinnlos oder streng genommen falsch, man darf sie nur nicht falsch verstehen und zum Beispiel direkt in das philosophische Sprachspiel übertragen. Es gibt keine strengen Grenzen zwischen den verschiedenen Sprachspielen, die Position des Theismus wird hier aber als ein Missverständnis aufgefasst, bei dem die Rede von Gott auf ein existierendes Wesen bezogen wird, das mit der Rede von Gottes Existenz nicht gemeint sein muss. Man kann auch eine solche philosophische Rekonstruktion vertreten, die der Position der natürlichen Theologie entspricht, wird damit aber der langen Tradition religionsinterner Religionskritik nicht gerecht, zu der auch Heidegger gehört. Außerdem muss sich diese Rekonstruktion die Frage gefallen lassen, warum überhaupt etwas existiert; was die seiende Welt ebenso betrifft wie einen zusätzlich seienden Gott. Hilary Putnam hebt hervor, dass sich diese Religionskritik zwar gegen Ansätze natürlicher Theologie wendet, aber nicht gegen den durchschnittlichen Gläubigen, da man von einem solchen nicht sprechen könne: »Again, it has been said, sometimes by secular readers but sometimes by sophisticated theologians, that Wittgenstein and Kierkegaard and Maimonides are dismissing the religiosity of the ›average believer‹ as mere superstition. [...] I doubt that any of these thinkers would find the notion of an ›average believer‹ intelligible!«[1] Genauer ist die Rede von Gott in den üblichen religiösen Zusammenhängen sinnvoll und richtig, wenn man sie, wie Putnam mit Verweis auf Kierkegaard und Wittgenstein geltend macht, nicht buchstäblich versteht: »They [Kierkegaard und Wittgenstein] are also saying that the notion of ›literally‹ describing God has no sense; which is *not* to say that we cannot talk about God.«[2] Aber selbst die Einschränkung, man solle sie nicht buchstäblich verstehen, ist schwierig, da diese Redeweisen im Sinne absoluter Metaphern doch buchstäblich etwas zum Ausdruck bringen, was sich nur auf diese Weise sagen lässt. Einzig ein

---

[1] Putnam 1997, S. 184.
[2] Ebd., Hervorhebung im Original.

Verständnis der religiösen Rede als Verweis auf ein tatsächlich existierendes Wesen soll hier mit der zitierten Kritik an der natürlichen Theologie abgelehnt werden. Davon abgesehen ist die Rede von Gott sinnvoll und richtig, auch und gerade in einem post-theistischen Religionsverständnis.

Dabei kann man sogar noch weiter gehen und mit Stoellger 2014 auf den Sinn auch der Metaphysik verweisen. So wie das mythische Sprechen im Sinne absoluter Metaphern etwas Gehaltvolles zu verstehen gibt, können auch die Reflexionen der Metaphysik als eine eigenständige Form der Vergegenwärtigung der Situation des Menschen angesehen werden, die ihre eigene Berechtigung hat: »Nur, wenn es eine Wahrheit des Mythos geben mag, warum nicht auch eine Wahrheit der Metaphysik? Warum ihr vorenthalten, was dem Mythos zugestanden wurde? Zumal, wenn die Metaphysik ebenso zu den genuinen Reflexions- und Kommunikationsformen des Christentums zählt wie Mythos und Metapher?«[3] Nicht zu Unrecht wird Heideggers Seins- und Ereignisphilosophie der Vorwurf gemacht, gegen den Anspruch letztlich doch eine Form von Metaphysik zu sein. Mit den in dieser Arbeit entwickelten Überlegungen lässt sich dazu sagen, dass es verschiedene Möglichkeiten der Artikulation gibt, zu denen neben Mythos, Poesie und klassischen religiösen Sprachspielen auch das philosophische Sprachspiel gehört, sogar das der Metaphysik. In dem Kontext, um den es hier geht, sind alle Vergegenwärtigungen als absolute Metaphern anzusehen, die nicht in einer endgültigen, absoluten Metasprache neutral formuliert werden können, weshalb es im Laufe der Geschichte immer wieder neue Ansätze einer sprachlichen Vergegenwärtigung gibt und auch geben muss. Sprachspiele finden in geteilten Lebensformen statt, von denen es in verschiedenen Kulturen verschiedene Ausprägungen gibt und die sich im Laufe der Zeit verändern.[4] Daher gibt es keine endgültige Formu-

---

[3] A.a.O., S. 156. Stoellger 2014 behauptet darüber hinaus: »Metaphysik und Antimetaphysik sind sich näher, als beiden genehm sein dürfte«, a.a.O., S. 174, was aber genauer zu explizieren wäre.

[4] Für die Pluralität des religiösen Ausdrucks tritt besonders wortmächtig Schleiermacher ein, der in seiner *Zweiten Rede* festhält: »Wenn Tausende von Euch dieselben religiösen Anschauungen haben könnten, so würde gewiß jeder andere Umrisse ziehen, um festzuhalten, wie er sie neben- oder nacheinander erblickt hat; es würde dabei nicht etwa auf sein Gemüt, nur auf einen zufälligen Zustand, eine Kleinigkeit ankommen«, Schleiermacher 2003, S. 42, und »Jeder muß sich bewußt sein, daß die seinige [Religion] nur ein Teil des Ganzen ist, daß es über dieselben Gegenstände, die ihn religiös affizieren, Ansichten gibt, die ebenso fromm sind und doch von den seinigen

lierung, sondern immer wieder neue Ansätze und Versuche, zu denen, wie hier gezeigt wurde, auch Heideggers Philosophie gehört, in der ganz verschiedene Ansätze entwickelt werden, zu denen die an die klassische Metaphysik erinnernde Seins- und Ereignisphilosophie ebenso gehört wie die Lyrikinterpretationen oder die privat-mythische Konzeption vom Vorbeigang des letzten Gottes. Konzeptualisieren lassen sich diese Ansätze als phänomenologische Hermeneutik von Negativität, was aber wiederum auf ein Verständnis des Bildes der Negativität angewiesen ist, das weder auf eine zeitlose noch auf eine kulturübergreifende Plausibilität rechnen kann. Zur Beurteilung dieser Bilder und Sprachspiele kann nur auf ihre *Angemessenheit* verwiesen werden, für die es aber ebenfalls keine zeitlosen oder kulturübergreifenden Kriterien gibt.[5] Jede Zeit und jede Kultur muss ihre eigenen Sprachformen und Praktiken entwickeln, um sich mit ihrer Situation ins – angemessene – Verhältnis zu setzen.

Als *nicht* angemessen soll hier die Vorstellung eines im Sinne der Physik seienden Wesens zurückgewiesen werden, das die Welt als deren erster Grund verursacht hätte. Diese Interpretation der religiösen Rede wurde im Verlauf der Arbeit mehrfach mit Heidegger und der Tradition kritisiert, was hier noch einmal mit Wittgenstein akzentuiert sei, der in den *Vermischten Bemerkungen* festhält:»Wenn der an Gott Glaubende um sich sieht und fragt ›Woher ist alles, was ich sehe?‹, ›Woher das alles?‹, so verlangt er *keine* (kausale) Erklärung; und der Witz seiner Frage ist, daß sie der Ausdruck dieses Verlangens ist. Er drückt also eine Einstellung zu allen Erklärungen aus.«[6] Stattdessen wurde die Rede vom Schöpfergott mit Heidegger als Ausdruck des Wunders aller Wunder, dass Seiendes ist, rekonstruiert, wozu die erläuterte Haltung des grundlosen Vertrauens gehört, in der man sich getragen und in einem Akt der Gnade geschenkt weiß. Rentsch 2005 spricht hier vom kosmologischen Transzendenz-

---

gänzlich verschieden, und daß aus andern Elementen der Religion Anschauungen und Gefühle ausfließen, für die ihm vielleicht gänzlich der Sinn fehlt«, a. a. O., S. 43. Dabei geht es Schleiermacher entgegen der gängigen Lesart nicht lediglich um religiöse Gefühle, sondern auch um die zitierten Anschauungen. Auch mit Schleiermachers Rede vom Unendlichen lässt sich die menschliche Situation vergegenwärtigen.

[5] So argumentiert zum Beispiel Schneider 2011 dafür, bei der Begründung religiöser Überzeugungen nicht von Wahrheit, sondern von Angemessenheit zu sprechen. Da es keine zeitlosen und kulturübergreifenden Kriterien für die Beurteilung religiöser Ausdrucksformen gibt, ist Wahrheit hier der falsche Begriff, was sich vor allem der religiöse Fundamentalismus sagen lassen sollte, der zur Zeit politisch so brisant ist.

[6] Wittgenstein 1984, S. 570, Hervorhebung im Original.

aspekt[7] und D. Z. Phillips kommentiert Wittgensteins Bemerkung mit den Worten »To believe in a Creator *is* to believe in the giveness of life as a grace«,[8] was von Sass 2010 wie folgt reformuliert: »Somit bildet ›Schöpfung‹ die Kurzform für die existenzielle Möglichkeit, die Welt als Akt der Gnade zu sehen, darin die eigene Abhängigkeit von dieser Gnade zu erkennen und für diese Gnade zu danken.«[9] Damit ist aber ebenfalls die im ersten Kapitel von Thomas Nagel ins Spiel gebrachte »Position des gefühllosen und nüchternen Atheismus«[10] als nicht angemessen zurückzuweisen, die Nagel als »Ausflucht«[11] bezeichnet, und mit der man dem Wunder aller Wunder, dass Seiendes ist, nicht gerecht wird. Wenn Nagel angesichts dieses Wunders seinerseits aber auf ein »Gefühl des Absurden«[12] verweist, so wird auch dieses der menschlichen Situation nicht gerecht, in der man schließlich grundlos getragen einfach da ist. Dies versteht man zwar nur in Momenten einer irritierenden Erfahrung, in denen einem das Dass der Welt absurd erscheint, von denen man aber zu der positiven und gelassenen Haltung des grundlosen Vertrauens finden kann.

Dieser Vorgang wurde hier genauer so erläutert, dass sich gerade da, wo der Zweifel sinnlos wird, zeigt, was immer schon gilt, dass man nämlich grundlos getragen wird. Die Unbegreiflichkeit dieses Daseins wird einem nur bewusst, wenn sie in der Störung des Skeptizismus bzw. des scheiternden Denkens erlebt wird. Dazu gehört die Suche nach einem erkenntnistheoretischen Blick von nirgendwo ebenso wie die Forderung nach einem letzten Grund. Beides kann nicht gedacht werden, führt aber als bildliche Vorstellung zu Irritationen, aus denen die Haltung des grundlosen Vertrauens hervorgeht. Es gibt nichts hinter oder über der Welt, auf das man sich verlassen könnte, aber diese räumlichen Metaphern geben zu verstehen, dass man unbegreiflich getragen einfach da ist. Ohne religionswissenschaftliche Absicherung und gegen viele andere Auffassungen sei hier behauptet, dass es sich dabei um den Kern des Religiösen handelt. Religiosität wird damit als die Wahrnehmung der Welt als Wunder angesehen, was auch mit der Rede von Gott vergegenwärtigt wird, die nicht im Sinne einer Erklärung der Welt zu verstehen ist, sondern als meta-

---

[7] A. a. O., S. 58 ff.
[8] Phillips 2004, S. 183, Hervorhebung im Original.
[9] A. a. O., S. 369.
[10] Nagel 2013, S. 343.
[11] A. a. O., S. 344.
[12] A. a. O., S. 352.

phorischer Verweis auf die Undenkbarkeit eines Außerhalb der Welt. Dafür steht die Rede von einem grundlosen Getragensein ebenso wie der Gedanke, von Gott getragen zu sein. Es gibt hier buchstäblich nichts, das Mensch und Welt trägt, und doch sind Mensch und Welt da. Die streng genommen sinnlose Grenzfrage nach einem ersten Grund findet ihren Sinn darin, zu der Einsicht in das Wunder des Seins zu führen. Das Bewusstsein dieses Wunders muss nicht dauernd präsent sein, sollte aber einen Platz im Leben haben, wie es zum Beispiel die institutionalisierten religiösen Lebensformen anbieten. Man ist immer getragen, und wenn man den so verstandenen Gott auch nur in Grenzsituationen erfährt, ist er doch ständig da, weshalb Gerhard Ebeling von der *Grundsituation* des Menschen spricht und auf folgende Bemerkung Bonhoeffers verweist: »[…] ich möchte von Gott nicht an den Grenzen, sondern in der Mitte, nicht in den Schwächen, sondern in der Kraft, nicht also bei Tod und Schuld, sondern im Leben und im Guten des Menschen sprechen. An den Grenzen scheint es mir besser, zu schweigen und das Unlösbare ungelöst zu lassen. […] Gott ist mitten in unserem Leben jenseitig.«[13] Es mag zwar besser sein, an den Grenzen zu schweigen, aber dort erst erfährt man, was die Rede von Gott überhaupt bedeutet. Die Grenzen erfährt man im Versuch, über sie hinauszugehen, dessen Scheitern zur *conditio humana* gehört. Damit kann auch Heideggers Kulturpessimismus abgewiesen werden, der den Wunsch nach metaphysischer Selbstabsicherung in der Philosophie zum Beispiel der Neuzeit beklagt. Dieser Wunsch gehört zum Menschen dazu und er versteht sich erst richtig im Scheitern dieses Versuchs, wozu er aber unternommen werden muss. Diese Struktur bringt Gerhard Ebeling wie folgt zum Ausdruck: »Man scheint dabei geradezu zu vergessen, daß auch schon vor der Neuzeit die Menschheit nicht mehr im Paradiese lebte und der Sündenfall noch immer Adam und nicht etwa Descartes zuzuschreiben ist.«[14] Ohne Fall gibt es keine Erlösung und ohne den Wunsch nach einem gottgleichen Verständnis der Welt auch kein scheiterndes Denken und damit kein grundloses Vertrauen.

---

[13] Bonhoeffer 2005, S. 135.
[14] Ebeling 1969, S. 381.

6.2 Der gemeinsame Kern von Philosophie und Theologie

Im ersten Kapitel wurde die Frage nach einer gemeinsamen Ebene von Philosophie und Theologie gestellt und vorläufig damit beantwortet, dass beide auf je ihre Weise von einem gemeinsamen Kern unbeantwortbarer Fragen ausgehen. Genauer lässt sich nun dazu sagen, dass es in beiden Fällen um die Situation des Menschen geht, die nicht in einem Blick von nirgendwo erfasst werden kann. Dies betrifft die Frage nach einem Grund des Seienden ebenso wie Begründungsfragen der Ethik, Erkenntnistheorie oder Sprachphilosophie, bei denen es vergleichbare Regressprobleme gibt. Die unbegründbare Vorgängigkeit von Sprache zum Beispiel, die für Heidegger selbst Teil des Ereignisses ist, wurde in Abschnitt 3.2 erläutert. Im Zentrum der Philosophie stehen daher Leerstellen, die man insofern als gemeinsamen Kern von Philosophie und Theologie bezeichnen kann, als sich die klassischen Gottesbeweise ebenfalls an diesen Fragen abarbeiten und diese Leerstellen auf ihre Weise mit der Rede von Gott thematisieren. Rentsch 2005 spricht in diesem Zusammenhang von der ontologisch-kosmologischen Transzendenz, von der Transzendenz der Sprache und von anthropologisch-praktischer Transzendenz, womit die Unbeantwortbarkeit der Frage nach dem Grund des Seienden, die Vorgängigkeit der Sprache und die theoretische Unabsicherbarkeit der praktischen Vollzüge und des Zusammenlebens thematisiert werden.[15] Vor diesem Hintergrund lässt sich die Rede von Gott so reformulieren, dass der Mensch, ob er es weiß oder nicht, von unverfügbaren Voraussetzungen lebt, die er nicht noch einmal abzusichern vermag. Die Religionen haben entsprechende Erzählungen anzubieten und die Philosophie kann letztlich auch nur spezifische Sprachspiele, wie etwa die von »unverfügbaren Voraussetzungen«, vorweisen, denn auch wenn diese zeitgemäßer, systematischer und theoriefähig sein mögen, haben sie doch keine absolute Gültigkeit, da es weder eine neutrale philosophische Metasprache, noch ein absolutes Erfassen der Situation »von außen« geben kann. Dabei sind bereits das »Meta«, »absolut« und »von außen« als Versuche der Beschreibung der Situa-

---

[15] Vgl. a.a.O., S. 58 ff., S. 67 ff. und S. 72 ff. In Moxter 2007 heißt zu diesem Ansatz: »All dies zeigt m. E., daß in Rentschs philosophischer Theologie die Philosophie selbst religiös wird«, a.a.O., S. 24. Dies passt zu der hier vertretenen Einschätzung, dass es sich dabei um einen gemeinsamen Kern von Philosophie und Theologie handelt, womit die Philosophie in diesem Sinne tatsächlich religiös wird.

tion des Menschen zu verstehen, die hier als phänomenologische Hermeneutik von Negativität zusammengefasst wurden.

Selbst die Rede von Situation und Negativität gehört zu diesen Versuchen, und letztlich sind alle verwendeten Bilder nicht konsistent denkbar und werden nur insofern verstanden, als es konkrete Kontexte gibt, in denen sie funktionieren. So kann man in konkreten Fällen nach Gründen fragen und eine neutrale Beobachterposition einnehmen, aber eine Letztbegründung aller Gründe ist genauso wenig denkbar wie ein Blick auf alles von nirgendwo. Dies betrifft zentrale Bereiche der Philosophie, in der das Problem der Letztbegründung oder der absoluten Objektivität in ganz verschiedenen Zusammenhängen eine Rolle spielt. Dass es dabei um einen gemeinsamen Kern von Philosophie und Theologie geht, deutet sich zum Beispiel darin an, dass sowohl bei der Frage nach einem letzten Grund als auch beim Problem der absoluten Objektivität die Rede von Gott ins Spiel kommt. So macht Jürgen Habermas geltend, dass die Ausdehnung einer neutralen Beobachterposition, die in den konkreten Untersuchungen der Naturwissenschaften funktioniert und sinnvoll ist, auf das Ganze der Welt problematisch wird, wozu er auf den Begriff des Gottesstandpunkts verweist:

Sie [die »methodisch festgestellten Wissenschaften« (Habermas)] müssen so tun, als blickten sie von Nirgendwo auf die Welt. Diese Selbstvergessenheit ist in Ordnung. Erst wenn sich Philosophen als Wissenschaftler verkleiden und unter der Hand die Gegenstandsbereiche der Wissenschaften totalisieren, das heißt auf die Welt im Ganzen ausdehnen, wird daraus ein Problem. Denn das weiterhin reflexionslos unterstellte »Nirgendwo«, von wo aus die naturalistische Weltanschauung harter Szientisten entworfen wird, ist nur der heimliche Komplize des verlassenen »Gottesstandpunktes« der Metaphysik.[16]

Dabei lässt Habermas offen, was das für die Philosophie bedeutet. Er scheint davon auszugehen, auf den Blick von nirgendwo genauso verzichten zu können, wie auf die Rede von Gott. Dagegen wird hier die These vertreten, dass es zum Verständnis der menschlichen Situation gehört, nach dem Gottesstandpunkt auszugreifen, darin aber zu scheitern, was als Erfahrung einer Irritation zu der Haltung des grundlosen Vertrauens führen kann. Für diese Haltung genügt es nicht, auf den Wunsch nach der Gottesperspektive einfach zu verzichten, vor allem, wenn nicht gefragt wird, was die Unmöglichkeit eines

---

[16] Habermas 2010, S. 7.

solchen Standpunkts bedeutet. Der Durchgang durch das scheiternde Denken, das von dem Wunsch ausgeht, diesen Gottesstandpunkt einzunehmen, und das in seinem Scheitern zu einem grundlosen Vertrauen führt, ist unverzichtbar für ein angemessenes Verständnis der menschlichen Situation, die dann durchaus mit der Rede vom Gottesstandpunkt vergegenwärtigt werden kann. So steckt der Wunsch nach einem absolutem Blick, den nur Gott selbst hat, auch in der von Heidegger kritisierten Ontotheologie,[17] und Westphal 2006 spricht in diesem Kontext davon, dass sich der Mensch in der Ontotheologie zur Gotteserkenntnis erheben würde wie Luzifer, der dann allerdings fällt:[18] »›Ich will auffahren über die hohen Wolken und gleich sein dem Allerhöchsten.‹ Ja, hinunter zu den Toten fuhrst du, zur tiefsten Grube!«[19] Ganz analog hält Halfwassen 2010 zu dem in Abschnitt 1.3 kurz erwähnten Ansatz einer inversen Theologie von Gunnar Hindrichs fest: »In einem furiosen Crescendo schließt Hindrichs die *Dialektik der Aufklärung* mit Augustinus' *experimentum mediatatis* kurz: die gottgleiche Weltsetzung des Subjekts ist Lucifers Sturz in den Abgrund.«[20] Aber erst mit dem Blick in die Hölle des Abgrunds, um in diesem Bild zu bleiben, wird erfahren, dass man immer schon grundlos getragen ist. Dafür muss man nicht diesen drastischen Vergleich verwenden, da schon kleinere Irritationen, wie in Wittgensteins Beispiel mit dem Kaufmann und seinen Äpfeln, zu einem neuen Weltverhältnis führen können.[21] Wie Wittgenstein in diesem Beispiel den religiösen Glauben ins Spiel bringt, kann bereits das Streben nach absoluter Objektivität, nach theoretischer Sicherheit und einem totalen Blick als religiös angesehen werden. Dieses Streben muss notwendig scheitern, wozu aber ein Blick in den Abgrund des Regresses gehört, in dem sich für einen Augenblick sämtliche Begriffe in Bezug auf das Ganze des Seienden auflösen. Dies wird laut verschiedenen Traditionen als Epiphanie erlebt, als *Henosis, Epoché,*

---

[17] »Thus, Heidegger's critique of ontotheology cautions against theological hubris, against any reduction of God to the status of an object in service to the human desire to have a totalizing, God's-eyeview of reality«, Godzieba 1999, S. 333.

[18] A.a.O., S. 191.

[19] Jesaja 14. 14–15.

[20] A.a.O., S. 109.

[21] Vgl. Abschnitt 4.3: »Wenn der Kaufmann jeden seiner Äpfel ohne Grund untersuchen wollte, um ja recht sicherzugehen, warum muß er (dann) nicht die Untersuchung untersuchen? Und kann man nun hier von Glauben reden (ich meine, im Sinne von religiösem Glauben, nicht von Vermutung)?«, ÜG, §459.

Nirwana, Satori, unio mystica oder als Vorbeigang des letzten Gottes, und führt schließlich zu der erläuterten Haltung des grundlosen Vertrauens. In diesem Sinne lassen sich auch Metaphysik und Ontotheologie als religiöses Streben verstehen, zu dem aber der zweite Schritt der Destruktion und der dritte Schritt der Haltung des grundlosen Vertrauens gehört. Ohne dieses Streben und dessen Scheitern hat man die menschliche Situation nicht im vollen Sinne Heideggers verstanden, laut dem es bei diesem Verständnis in der Rekonstruktion dieser Arbeit um eine gleichzeitige Änderung von Verstehen und Stimmung in einer besonderen Erfahrung geht.

Dieser Vorgang ist auch für diejenigen philosophischen Probleme relevant, bei denen es um Letztbegründung oder einen absoluten Blick geht, die also zum gemeinsamen Kern von Philosophie und Theologie gehören, was hier am Beispiel der Erkenntnistheorie kurz angedeutet sei. So wird es fraglich, was es heißt, nach einem Grund oder einer Erklärung zu fragen, wenn es einen letzten Grund und eine letzte Erklärung nicht nur nicht gibt, sondern als Konzepte nicht einmal denkbar sind. Im zweiten Kapitel wurde Heideggers Vorlesung über den *Satz vom Grund* diskutiert, in der er Mensch und Rose insofern gleichstellt, als beide ohne Warum einfach da seien. Damit ist aber nicht gemeint, die Frage nach dem Warum ganz aufzugeben, was zum Beispiel in Vosicky 2001 unterstellt wird, wo es heißt, dass das metaphysische Denken laut Heidegger nur dann überwunden werden kann, »[…] wenn nicht nach einem Warum gefragt wird, das uns Rede stehe und antworte.«[22] Andrews 2006 behauptet außerdem, Heidegger würde hier jegliche Rationalität verabschieden wollen: »Heidegger's rumination that ›the rose is without why‹ does not constitute an argument (properly speaking) at all. What Heidegger seaks is a leap out-of propositional discourse, a movement away from the rationalist, linguistic prison of what one calls modernity.«[23] Dagegen lässt sich nicht nur die Rede vom »Ohne Warum« sinnvoll verstehen, wie es in dieser Arbeit gezeigt wurde, da sie als Verweis auf das Dass bzw. die Grundlosigkeit des Seienden angesehen werden kann. Darüber hinaus kann auch laut Heidegger trotz allem nach einem Warum gefragt werden, und zwar in allen lebensweltlichen Kontexten. Man kann nur nicht nach einem *letzten* Warum fragen. Das entspricht der Haltung der *docta ignorantia* bei Nikolaus von Kues, die auf die Un-

---

[22] A.a.O., S. 261.
[23] A.a.O., S. 404.

denkbarkeit einer Letztbegründung bezogen ist. Kues geht von den ersten Prinzipien der Erkenntnis bei Aristoteles aus, die selbst nicht mehr begründet werden können,[24] und greift in diesem Zusammenhang Aristoteles und dessen Verweis auf Platons Sonnenmetaphorik auf, um damit die Entzogenheit der ersten Prinzipien bildlich zur Sprache zu bringen: »Auch der stets in die Tiefe dringende Aristoteles versichert in der Ersten Philosophie, bei den an sich evidenten Dingen stünden wir vor einer ähnlichen Schwierigkeit wie die Nachteule, wenn sie in die Sonne schauen wollte.«[25] Dies erinnert an die ebenfalls metaphorisch zum Ausdruck gebrachte Unerkennbarkeit Gottes in der negativen Theologie, passt aber auch zum Erklärungsbegriff des Logischen Empirismus, in dem ebenfalls unerklärte Naturgesetze zugrunde gelegt werden, was entgegen der Intention des Logischen Empirismus der Haltung der *docta ignorantia* verwandt ist. Erklärungen werden damit streng genommen zu *Beschreibungen* der Welt in den Begriffen von Naturgesetzen. Entscheidend ist dabei, nicht der Täuschung zu unterliegen, diese Beschreibungen könnten vom Standpunkt des Blicks von nirgendwo ausgehen. Indem man sich auf unerklärte Prinzipien verlässt, schaut man wie die Nachteule in die Sonne und ist auch in konkreten Kontexten auf die Unbegreiflichkeit des Ganzen bezogen. Wie Wittgenstein im *Tractatus* festhält, kommt es darauf an, bei allen Erklärungen im Blick zu behalten, dass nicht *alles* erklärt ist:

Der ganzen modernen Weltanschauung liegt die Täuschung zugrunde, daß die sogenannten Naturgesetze die Erklärungen der Naturerscheinungen seien.

So bleiben sie bei den Naturgesetzen als bei etwas Unantastbarem stehen, wie die Älteren bei Gott und dem Schicksal.

Und sie haben ja beide Recht, und Unrecht. Die Alten sind allerdings insofern klarer, als sie einen klaren Abschluß anerkennen, während es bei dem neuen System scheinen soll, als sei *alles* erklärt.[26]

Dieser Anspruch, alles erklären zu können, findet sich in der zeitgenössischen Physik ganz explizit mit dem Desiderat einer *Theorie von allem* und geht bis auf die Anfänge des philosophischen Denkens überhaupt zurück. So führt Thomson 2000 Thales und Anaximander als Beispiele für Heideggers Konzept der Ontotheologie an, da sie

---

[24] Vgl. zum Beispiel Theill-Wunder 1970, S. 176 ff.
[25] Aus *De docta ignorantia*, zitiert nach Kues 2014, S. 9.
[26] *Tractatus*, Sätze 6.371 und 6.372, Hervorhebung im Original.

jeweils einen Entwurf des Ganzen des Seienden vorlegen, nach dem Wasser als das grundlegende Seiende angesehen bzw. der Ursprung von allem im *apeiron* gefunden wird.[27] Genauer wird laut Thomson das Wasser im Sinne eines *bottom-up grounding* als *basic being* konzipiert, das *apeiron* im Sinne eines *top-down founding* als *highest being*, und beides als *proté arché*.[28] Dies entspricht dem Anspruch der modernen Physik, das Ganze der Welt mit Elementarteilchenphysik beschreiben zu können. Wenn auch nicht mehr Wasser als Grundbaustein gilt, sondern zum Beispiel *Strings*, bleibt der Wunsch nach einer totalen Weltbeschreibung bestehen.

Dabei ist gegen eine Weltbeschreibung gar nichts einzuwenden und eine einfache Beschreibung mit nur einem Grundbaustein tatsächlich komplizierteren Modellen vorzuziehen. Eine solche Beschreibung darf aber nicht der Illusion erliegen, das Ganze der Welt wie in einem Blick von nirgendwo erfassen zu können, was für ein philosophisches Verständnis der erkenntnistheoretischen Situation des Menschen entscheidend ist. Die Undenkbarkeit eines Blicks von nirgendwo kann in diesem Zusammenhang so expliziert werden, dass man Erklärungen als Beschreibungen ansieht und dabei beachtet, dass es eine absolute Beschreibung nicht nur nicht gibt, sondern nicht einmal gedacht werden kann, was in etwa einem Pragmatismus entspricht, der um eine Reflexion über die Unerkennbarkeit der menschlichen Situation erweitert wird.

Dieser Ansatz lässt sich zum Beispiel für das erkenntnistheoretische Problem des Skeptizismus fruchtbar machen. So setzen sowohl der Skeptiker als auch der Antiskeptiker die prinzipielle Möglichkeit eines Blicks von nirgendwo voraus und unterscheiden sich lediglich in ihren Behauptungen über die Zugänglichkeit zu diesem Blick. Die Undenkbarkeit dieses Blicks widerlegt dabei aber nicht den Skeptizismus, noch wird er davon bestätigt. Stattdessen kann mit Cavell von einer *Wahrheit des Skeptizismus* gesprochen und, im Ausgang auch

---

[27] A.a.O., S. 312. Letzteres enthält als das Unbestimmte auch den Aspekt der Negativität, was hier aber nicht genauer beurteilt werden kann.

[28] A.a.O., S. 316. Dagegen stellt Thomson als Heideggers vormetaphysische Quellen Heraklit und Parmenides heraus, wobei der Begriff der *physis* für die zeitliche Dynamik und der Begriff der *alétheia* für die Lichtung der Wahrheit stehen soll, was zusammen genommen ein aktives Wahrheitskonzept ergeben würde. Damit sei das Sein phänomenologisch gefasst, also insbesondere nicht als Grund, sondern als sich zeigend, vgl. Thomson 2000, S. 318 f. Zu Heideggers Wahrheitsbegriff vgl. auch die Fußnote in Abschnitt 4.1.

von Wittgenstein, ein anderes Verhältnis zum Skeptizismus entwickelt werden. Dabei geht es um die nicht abschließbare Auseinandersetzung mit der Situation des Menschen, wie es zum Beispiel Hunziker 2011 beschreibt:

> So sind – nach Cavell – Wittgensteins *Philosophische Untersuchungen* nicht als Widerlegung einer (skeptischen) These zu lesen, sondern als unabschliessbares Gespräch mit der Wahrheit des Skeptizismus: als Gespräch mit unserer skeptizistisch-metaphysischen Stimme und deren Gefühl der Enttäuschung und Abgründigkeit angesichts der menschlich-gewöhnlichen Verfasstheit unseres Sprechens und Erkennens.[29]

Auch das besondere Problem des Außenwelt-Skeptizismus lässt sich in diesem Sinne mit Heidegger in einem neuen Licht betrachten. Die Vorstellung, man stehe als Subjekt losgelöst einer Welt gegenüber, die man von außen wahrnimmt, ist insofern verfehlt, als eine Position außerhalb der Welt nicht gedacht werden kann. Man ist immer in die Welt eingebunden, was Heidegger mit den Bindestrichen des In-der-Welt-seins sehr treffend zum Ausdruck bringt, und womit der Außenwelt-Skeptizismus einen neuen Sinn bekommt:

> […] es bleibt widersinnig, das Seiende, das als Dasein die Seinsverfassung des In-der-Welt-seins hat, ohne Bezug zu seiner Welt anzusetzen, d. h. so anzusetzen, daß man ihm seine Grundverfassung gewissermaßen nimmt, das so denaturierte Dasein als Subjekt ansetzt, was bedeutet, daß man es in seinem Sein gänzlich verkehrt hat, es zum Ausgang eines Problems nimmt, um jetzt zu erklären, wie eine Seinsbeziehung dieses phantastisch genommenen Seienden zu einem anderen Seienden, genannt Welt, möglich sei. Um auf diesem Boden, der kein Boden mehr ist, das Erkennen zu erklären, d. h. um einem offenbaren Widersinn Sinn zu geben, dazu bedarf es allerdings einer Theorie und metaphysischer Hypothesen.[30]

Auch hier geht es nicht um die Widerlegung des skeptischen Problems. Stattdessen kann dieses als Anlass zu einer Vergegenwärtigung der menschlichen Situation angesehen werden, bei der man im Wunsch nach einem absoluten Blick auf die Welt, in welchem diese als seiender Gegenstand aufgefasst wird, dem man gegenüber steht, scheitert, und in diesem Scheitern zu einem neuen Weltverhältnis findet, was hier bedeutet, das Dasein als In-der-Welt-sein zu begreifen.

---

[29] A. a. O., S. 101.
[30] GA 20, S. 222 f.

Dies zeigt die Bedeutung eines angemessenen Verständnisses der unbeantwortbaren Fragen im gemeinsamen Kern von Philosophie und Theologie im Bereich der Erkenntnistheorie. Ähnliche Überlegungen lassen sich in allen Bereichen der Philosophie anstellen, wobei es nicht zuletzt auch um praktisch relevante Probleme geht, wie die der Begründbarkeit von moralischem Handeln oder von staatlicher Macht. In allen Fällen kommt es auf ein angemessenes Verständnis der menschlichen Situation an, das Anliegen von Philosophie und Theologie gleichermaßen ist. Die unbeantwortbaren Fragen können dabei als Grenzfragen angesehen werden, die zu einem neuen Selbst- und Weltverhältnis im Angesicht der Unbegreiflichkeit der menschlichen Situation führen, was, wie im Fall des Skeptizismus, fruchtbar für zentrale Probleme der Philosophie sein kann.

6.3 Wie nicht sprechen?

Wenn es um solche Grenzfragen geht, wird die Philosophie außerdem selbst zur Praxis, da sie zu dem neuen Selbst- und Weltverhältnis über eine Umwendung führen muss, aus der heraus die Grenzfragen erst richtig verstanden werden. Diese Praxis kann zum Beispiel bedeuten, dass Irritationen und Störungen provoziert werden, die eine solche Umwendung auslösen. Auch die im fünften Kapitel vorgestellte phänomenologische Hermeneutik von Negativität ist als eine Praxis zu verstehen, deren Aufgabe nicht nur darin besteht, verschiedene Formen von Negativität zu thematisieren, sondern diese auch nachvollziehbar zu machen. Heidegger hat sein Philosophieren ganz in diesem Sinne verstanden, und zwar von den frühen Vorlesungen mit der Methode der formalen Anzeige, die von der faktischen Lebenserfahrung mit einer Umwendung zu dieser zurückführen soll, über *Sein und Zeit* mit der Rede von der Angst und der Evokation der Grenzsituation des Vorlaufens in den Tod, bis zu den späten Schriften, die zum Wohnen im Geviert auffordern. In all diesen Ansätzen versucht Heidegger, die Erfahrung einer Umwendung zu vermitteln, was er zum Beispiel im Seminar zu *Zeit und Sein* erläutert, in welchem er ausführt, es komme darauf an, »[...] aus einer Erfahrung heraus bei den Teilnehmern die eigene Erfahrung des Gesagten vorzubereiten.«[31] Außerdem macht er in der Vorlesung über die *Grund-*

---

[31] GA 14, S. 33.

begriffe der Metaphysik aus dem Wintersemester 1929/30 geltend, »[…] daß das, wovon die Philosophie handelt, überhaupt nur in und aus einer Verwandlung des menschlichen Daseins sich aufschließt.«[32] Dahinter steht die Kritik an einer Philosophie, die als Metaphysik Welt und Mensch zu Gegenständen macht, statt den Menschen *in* der Welt zu begreifen und das vorgängige Geschehen des In-der-Welt-seins in seinem Vollzug zu thematisieren. Diese Kritik ist schulbildend geworden, und zwar vor allem wiederum im Grenzbereich von Philosophie und Theologie, was zum Beispiel Wendte 2007 hervorhebt:

Mit den Namen von Emmanuel Lévinas, Jacques Derrida und Jean-Luc Marion in Frankreich sowie Richard Rorty und Merold Westphal in den USA sind einige der interessantesten philosophischen, religionsphilosophischen und theologischen Debatten der Gegenwart verbunden. Ihnen allen ist gemeinsam, dass sie sich in die Wirkungsgeschichte Heideggers und besonders in die seiner Metaphysikkritik einordnen.[33]

Wie hier gezeigt wurde, geht Heideggers Kritik an der ontotheologischen Metaphysik auf entsprechende religiöse Traditionen zurück, und der Anspruch zum Beispiel der jüngeren französischen Phänomenologie, diese Metaphysik zu vermeiden und dennoch von Gott zu sprechen, steht wiederum im Verdacht, letztlich Theologie zu sein, was Westphal 2007 wie folgt zusammenfasst: »Husserl's reference to intuition and knowledge, and Marion's reference to justification give rise to an objection raised by Dominique Janicaud: by talking about revelation, epiphany, and the self-manifestation of God, as Marion does, what presents itself as phenomenology has become theology without being willing to admit it.«[34] Westphal zitiert außerdem John Milbank damit, dass man die Metaphysik überhaupt nur in der Theologie überwinden könne: »John Milbank responds to Marion's project by saying ›Only Theology Overcomes Metaphysics‹.«[35] Dagegen

---

[32] GA 29/30, S. 423, Hervorhebung gelöscht.

[33] A. a. O., S. 174.

[34] A. a. O., S. 266.

[35] A. a. O., S. 268. Dazu hält Robbins 2002 fest: »Both John Milbank and Jean-Luc Marion are contemporary theological exponents of this kind of theology that allows itself to be determined by the indeterminable ›otherwise than being‹, and thus seeks an overcoming of ontotheology«, S. 147, Hervorhebung gelöscht. Zur Phänomenologie des Göttlichen in der französischen Philosophie, etwa bei Lévinas, Marion und Derrida, und zur Kritik Janicauds vgl. auch Welz 2008, zu neueren »post-ontotheologischen« Ansätzen bei Badiou und Meillassoux vgl. Backman 2014.

wurde hier gezeigt, dass Heideggers Ontotheologiekritik zu einem *gemeinsamen* Kern von Philosophie und Theologie gehört, dessen Fragestellungen mit einer philosophischen Praxis angegangen werden können, die deshalb nicht schon theologisch sein muss. In diesem Sinne kann zum Beispiel Derrida verstanden werden, dessen Philosophie zwar einen starken religiösen Antrieb zu haben scheint,[36] die sich aber als philosophische Praxis der Irritation auffassen lässt, für die zum Beispiel der Begriff der *différance* steht. Dabei handelt es sich um eine Weiterentwicklung von Heideggers ontologischer Differenz, die ebenfalls als eine solche Irritation verstanden werden kann. Allerdings wird nicht ganz klar, was dieser Ansatz für die Rede von Gott bedeutet, wie Godzieba 1999 hervorhebt:

Derrida's radicalization of Heidegger's »ontological difference« into *différance* and undecidability has led to numerous discussions about the coming of God, our language for God, negative theology, and messianism. The radical undecidability of meaning suspends closure and identity and thus defers any definitive image or knowledge of God which might be used to settle the issue of the character and presence of divinity.[37]

Allerdings geht es Derrida auch nicht darum, einen neuen oder alternativen Gottesbegriff zu entwickeln. Im Gegenteil kritisiert er Heidegger gerade dafür, mit seiner Rede vom letzten Gott oder den Göttlichen *Substitute* des Absoluten entwickelt zu haben, dem man sich aber laut Derrida überhaupt nicht begrifflich nähern kann. Stattdessen entwirft er in den Worten von Blok 2011 eine »Toleranz der absoluten Heterogenität der Offenheit«. Blok fasst zusammen:

In *Foi et savoir* hebt Jacques Derrida hervor, dass Heidegger zwar den Gott der Ontotheologie *negiert*, aber *via negativa* das Sein des Göttlichen zur Sprache zu bringen versucht. Deshalb ist Heideggers Denken für Derrida nicht eine *Theologie* als Diskurs über Gott, sondern eine *Theiologie*, d. h. ein Diskurs über die Göttlichkeit des Göttlichen. Derrida kritisiert Heideggers *Theiologie*, da sein Begriff des »letzten Gottes« hier als *Substitut* für den Gott der Metaphysik fungiert. Für Derrida lässt die Dekonstruktion des Gottesbegriffs überhaupt keine Substituten zu. […] [Die] Wüste oder Of-

---

[36] So zeigt John Caputo in *The Prayers and Tears of Jaques Derrida* dessen religiösen Antrieb auf. Robbins 2002 fasst zusammen: »Caputo reads Derrida to have a secret passion. This secret passion is the passion of religion. But as religious, it cannot be spoken, nor seen, nor known, but only felt as a restlessness or a longing that knows no end. It is a passion that escapes the ontotheological circle because it knows its bounds and it respects the silence«, a.a.O., S. 146.

[37] A.a.O., S. 325 f.

fenheit *(Chora)* widersetzt sich Derrida zufolge jedem Versuch Heideggers, die Gewesenheit des »letzten Gottes« *via negativa* zur Sprache zu bringen *(theiologie)*. Es soll dagegen eine *andere* ›Toleranz‹ gefunden werden als die der Theologie oder Theiologie, nämlich eine Toleranz der absoluten Heterogenität der Offenheit.[38]

Dieses Konzept kann hier aber nicht näher erläutert werden. Wenn Derrida in *Wie nicht sprechen* die *différance* als einen Namen bezeichnet und gleichzeitig betont, dass es für die *différance* keinen Namen geben kann, scheint er allerdings selbst ein Substitut des Absoluten einzuführen.[39] Wie Heidegger und die negative Theologie ringt er mit den Grenzen der Sprache, er will sprechen und nicht nur schweigen, was an die Praxis der negativen Theologie erinnert, die sich nicht als Theorie versteht, sondern als Weg zu einem neuen Verhalten. Dazu gehört der Versuch eines begrifflichen Verstehens, den Derrida offenbar mit der *différance* unternimmt, der aber zu einem scheiternden Denken führt, in dessen Erfahrung das Nichtverstehen nachvollzogen wird. So wird Heideggers Philosophie hier verstanden und auch für Derrida scheint es um den Vollzug eines scheiternden Denkens zu gehen, für das der Begriff der *différance* stehen könnte:

> Für uns bleibt die *différance* ein metaphysischer Name, und alle Namen, die sie in unserer Sprache erhält, sind immer noch qua Namen metaphysisch. [...] Eine solche *différance*, »älter« noch als das Sein, hat keinen Namen in unserer Sprache. Aber wir »wissen bereits«, daß sie nicht nur vorläufig unnennbar ist, weil unsere Sprache diesen Namen noch nicht gefunden oder empfangen hätte, oder weil er in einer anderen Sprache, außerhalb des begrenzten Systems der unseren, gesucht werden müßte. Denn es gibt keinen *Namen* dafür.[40]

Zum Verständnis der menschlichen Situation gehört der Versuch eines absoluten Erfassens, in dem man scheitert, wobei in diesem Scheitern, das hier als Irritation oder Störung aufgefasst wird, das Unbegreifliche der menschlichen Situation erfahren wird. In einer gleichzeitigen Änderung von Verstehen und Stimmung innerhalb einer Erfahrung der Irritation werden die Bilder destruiert, die, wie das der Grundlosigkeit oder der Unhintergehbarkeit, die menschliche Situation vergegenwärtigen, und die zwar auch ohne Destruktion funktionieren, aber erst in dieser Destruktion richtig verstanden wer-

---

[38] A.a.O., S. 230, Hervorhebungen im Original.
[39] Zu dieser Einschätzung vgl. auch Rentsch 2005, S. 184 ff.
[40] Derrida 1989, S. 109 f., Hervorhebung im Original.

den. Zu der nicht abschließbaren Auseinandersetzung mit der Situation des Menschen gehört daher eine philosophische Praxis der Irritation, die Begriffe setzt und destruiert und damit zu Erfahrungen führt, in denen das Unbegreifliche einleuchtet. In diesem Sinne lässt sich auch Derrida verstehen. Laut Robbins 2002 zeigt Derrida die Vergeblichkeit des Wunsches, die Ontotheologie zu überwinden. Dieser Wunsch ist tatsächlich vergeblich, aber nicht sinnlos, da dessen Scheitern zu einem neuen Verständnis führt. Außerdem wurde in Abschnitt 4.4 gezeigt, dass man dieses Scheitern immer wieder durchlaufen muss, da die Haltung des grundlosen Getragenseins auf die irritierende Erfahrung der Grundlosigkeit bezogen ist. Auch dies findet sich bei Derrida, der laut Robbins 2002 für den endlosen Prozess der Versuche steht, die Ontotheologie zu überwinden:

What Derrida has effectively done is contaminated religion and complicated the problem of ontotheology. It is a thinking that is effective because it rethinks the problem from the unquestioned origin of its analysis. It redraws the divide such that all those who thought themselves in the most profound disagreements discover the persistence of the problem and the futility of an absolute overcoming. If Derrida is correct, then the answer lies not in the simplification of the problem which seeks a way out through recourse to an unproblematized notion of philosophy or theology, but rather through the realization that contamination is the condition for thought and that overcoming is a never-ending complication.[41]

Damit steht Derrida in der langen Tradition der *via negativa*, zu der zum Beispiel auch Kierkegaard und Wittgenstein gehören, worauf Rentsch 2000 hinweist. So ist es Kierkegaards Anliegen, mit der Methode der indirekten Mitteilung, deren Nähe zu Heideggers formaler Anzeige bereits diskutiert wurde,[42] Störungen zu provozieren, und Wittgenstein versucht, mit seinen Analysen alltäglicher Phänomene in den *Philosophischen Untersuchungen* deren Unbegreiflichkeit zu zeigen: »Sie [die Methode Kierkegaards] ist also therapeutisch verstehbar, sie soll eine *Krisis des Selbstverständnisses* herbeiführen, und insofern ist sie strukturell der Methode der therapeutischen Sprachkritik auch des späteren Wittgenstein verwandt.«[43] Dabei handelt es sich insbesondere bei Wittgenstein um einen endlosen Prozess,

---

[41] A.a.O., S. 150.
[42] Vgl. Abschnitt 4.1 und 4.3.
[43] Rentsch 2000, S. 331, Hervorhebung im Original.

in dem immer wieder an ganz verschiedenen Beispielen die Unbegreiflichkeit der menschlichen Situation aufgezeigt wird:

Die kathartische, paradoxale Selbstaufhebung, ja Selbstvernichtung des *Tractatus* stellt tatsächlich eine existentielle Krisis der eigenen Reflexion selbst dar, sie vollzieht sie. Die späteren Analysen vollziehen diese Bewegung gleichsam mikrologisch immer von neuem, bei jeder Gelegenheit. Der *Tractatus* ist das Ende der Philosophie, die *Untersuchungen* sind die Philosophie ohne Ende.[44]

Bei diesem Ansatz, in philosophischer Praxis auf die Unbegreiflichkeit der menschlichen Situation zu verweisen, handelt es sich um den gemeinsamen Kern von Philosophie und Theologie. Auch die Theologie muss immer wieder auf die entsprechende religiöse Dimension des Lebens verweisen, wie es Guagliardo 1989 mit Bezug auf Thomas von Aquin festhält: »It tells us that no theology can itself be a ›timeless revelation‹ but only a time and again, and thus renewable, quest to appropriate the irreducibility of the religious dimension for ourselves and our world.«[45] Dazu gehört auch die Einschätzung von Godzieba 1999, dass es keine zeitlose Bestimmung des Religiösen geben kann, das stattdessen viele Formen annimmt und – über Godzieba hinaus und in den zeitlich bedingten Worten *dieser* Arbeit – immer mit den konkreten Praktiken der Vergegenwärtigung der menschlichen Situation zu tun hat: »The quest for the ahistorical essence of religion-in-general distorts the authentic character of the religions, namely, that they are ensembles of practices embedded in lived traditions and that their truths have an intentionality which is unknowable when abstracted from those traditions and turned into pure theory.«[46]

Dies betrifft auch den Status der vorliegenden Arbeit, die sich nicht als reine Theorie versteht. Wenn hier *über* Heidegger und ein post-theistisches Religionsverständnis geschrieben wurde und *über* die Strategien, Irritationen zu provozieren, setzt sie zum Teil selbst solche Strategien ein, zumindest immer dann, wenn von der Undenkbarkeit auch der hier verwendeten Begriffe die Rede ist. Es handelt sich zwar einerseits um theoretische Überlegungen über den Status der Sprache und die Rolle der Erfahrung, die aber andererseits gezeigt haben, dass auch sie selbst nur in einem erfahrenden Verstehen nach-

---

[44] Ebd.
[45] A. a. O., S. 411.
[46] A. a. O., S. 327.

vollzogen werden können, weshalb auch zu dieser Arbeit ein entsprechender Nachvollzug gehört. Daher ist auch diese Arbeit als eine Praxis der Irritation anzusehen und nicht – oder nur zum Teil – als Theorie über solche Irritationen. Dazu heißt es bei Wittgenstein im *Big Typescript:* »Alles, was die Philosophie tun kann ist, Götzen zerstören. Und das heißt, keinen neuen – etwa in der ›Abwesenheit eines Götzen‹ – zu schaffen.« Wie es laut Heidegger kein Verstehen ohne Erfahrung gibt, ist auch die Trennung zwischen Theorie und Praxis letztlich nicht durchzuhalten. In diesem Sinne versteht sich diese Arbeit als Beispiel einer theoretischen Praxis, die zu Irritationen führt, aus denen heraus ein neues Selbst- und Weltverhältnis entstehen kann. Dieses neue Verhältnis lässt sich nicht einfach vorschlagen, sondern muss in der Auseinandersetzung mit der unbegreiflichen menschlichen Situation von selbst aufkommen, was hier aber nur angeregt werden kann. Während Wittgenstein den *Tractatus* im siebten Satz mit der Empfehlung des Schweigens beschließt, endet diese Arbeit daher mit dem sechsten Kapitel.

Literaturverzeichnis

Die Ausgaben der Klassiker werden nach den üblichen Siglen zitiert:

GA – Heidegger, Gesamtausgabe
KGA – Schleiermacher, Kritische Gesamtausgabe
KrV – Kant, Kritik der reinen Vernunft
KSA – Nietzsche, Kritische Studienausgabe
MS – Wittgenstein, Nachlass-Manuskripte
PU – Wittgenstein, Philosophische Untersuchungen
SW – Schelling, Sämtliche Werke
ÜG – Wittgenstein, Über Gewissheit

Verwendete Literatur:

Adorno, Theodor W. 1997 *Jargon der Eigentlichkeit* Suhrkamp, Frankfurt am Main

Andrews, Michael F. 2005 »Religion Without Why. Edith Stein and Martin Heidegger on the Overcoming of Metaphysics, with Particular Reference to Angelus Silesius and Denys the Areopagite« in: Tymieniecka, A.-T. (Hrsg.) *Logos of Phenomenology and Phenomenology of the Logos. Bd. 2: The Human Condition In-the-Unity-of-Everything-there-is-Alive. Individuation, Self, Person, Self-Determination, Freedom, Necessity* Springer, Dordrecht, 399–427

Anelli, Alberto 2008 *Heidegger und die Theologie. Prolegomena zur zukünftigen theologischen Nutzung des Denkens Martin Heideggers* Ergon, Würzburg

Angehrn, Emil 2003 »Kritik der Metaphysik und der Technik. Heideggers Auseinandersetzung mit der abendländischen Tradition« in: Thomä 2003, 268–279

Babich, Babette E. 2009 »*Eines Gottes Glück voller Macht und Liebe«. Beiträge zu Nietzsche, Hölderlin und Heidegger* Bauhaus-Universitäts-Verlag, Weimar

Backman, Jussi 2014 »From the Ultimate God to the Virtual God. Post-Ontotheological Perspectives on the Divine in Heidegger, Badiou, and Meillassoux« *Meta. Research in Hermeneutics, Phenomenology, and Practical Philosophy* Special Issue 2014, 113–142

Barrón, Jorge U. 2010 »Metaphysik als Ontotheologie. Zur Rekonstruktion der Heideggerschen Auffassung der Geschichte der Philosophie« *Heidegger Studien* 26, 165–182

Barth, Karl 2010 *Der Römerbrief. Zweite Fassung 1922* Theologischer Verlag, Zürich

Barth, Ulrich 2005 *Gott als Projekt der Vernunft* Mohr Siebeck, Tübingen

Baum, Wolfgang 2014 *Negativität als Denkform. Die Konstitution monotheistischer Religion erklärt durch Prolegomena zur negativen Theologie* Schöningh, Paderborn

Beierwaltes, Werner 1995 *Heideggers Rückgang zu den Griechen* Verlag der bayerischen Akademie der Wissenschaften, München

Beißner, Friedrich (Hrsg.) 1953 *F. Hölderlin, Sämtliche Werke, Bd. 2: Gedichte nach 1800* Verlag J. G. Cottasche Buchhandlung Nachf., Stuttgart

Biemel, Walter und Saner, Hans (Hrsg.) 1990 *Martin Heidegger / Karl Jaspers. Briefwechsel 1920–1963* Klostermann, Frankfurt am Main

Black, Max 1962 *Models and Metaphors. Studies in Language and Philosophy* Cornell University Press, Ithaca, New York

Bloch, Ernst 1985 *Das Prinzip Hoffnung* Suhrkamp, Frankfurt am Main

Blok, Vincent 2011 »Der ›religiöse‹ Charakter von Heideggers philosophischer Methode: *relegere, re-eligere, relinquere*« *Studia Phaenomenologica* XI, 209–232

Blumenberg, Hans 1988 *Schiffbruch mit Zuschauer. Paradigma einer Daseinsmetapher* Suhrkamp, Frankfurt am Main

– 1998 *Paradigmen zu einer Metaphorologie* Suhrkamp, Frankfurt am Main

– 2007 *Theorie der Unbegrifflichkeit* Suhrkamp, Frankfurt am Main

Bollnow, Otto F. 1979 *Neue Geborgenheit. Das Problem einer Überwindung des Existentialismus* Kohlhammer, Stuttgart

Bonhoeffer, Dietrich 1956 *Akt und Sein. Transzendentalphilosophie und Ontologie in der systematischen Theologie* Chr. Kaiser Verlag, München

– 2005 *Widerstand und Ergebung. Briefe und Aufzeichnungen aus der Haft* Gütersloher Verlagshaus, Gütersloh

Braun, Hans-Jürg (Hrsg.) 1990 *Martin Heidegger und der christliche Glaube* Theologischer Verlag, Zürich

Braver, Lee 2012 *Groundless Grounds: A Study of Wittgenstein and Heidegger* MIT Press, Cambridge, London

Brechtken, Josef 1972 *Geschichtliche Transzendenz bei Heidegger. Die Hoffnungsstruktur des Daseins und die gott-lose Gottesfrage* Hain, Meisenheim am Glan

Brito, Emilio 2003 »Light and Shadows from the Heideggerian Interpretation of the Sacred« in: Bloechl, J. (Hrsg.) *Religious Experience and the End of Metaphysics* Indiana University Press, Bloomington, 50–67

Brkic, Pero 1994 *Martin Heidegger und die Theologie. Ein Thema in dreifacher Fragestellung* Matthias Grünewald, Mainz

Bröcker, Walter 1977 »Rückblick auf Heidegger« *Allgemeine Zeitschrift für Philosophie* 2(1), 24–28

Brogan, Michael J. 2006 »Science of Being, Science of Faith. Philosophy and Theology According to Heidegger« *American Catholic Philosophical Quarterly* 80(2), 267–282

Buber, Martin 1953 *Gottesfinsternis. Betrachtungen zur Beziehung zwischen Religion und Philosophie* Manesse, Zürich

Bühler, Pierre 2010 »›Ist der Glaube und Vertrauen recht, so ist auch Dein Gott recht …‹ Vertrauen in Gerhard Ebelings Theologie« *Hermeneutische Blätter* 1/2 2010, 76–86

Burch, Matthew I. 2009 »The Twinkling of an Eye. Kierkegaard and Heidegger on the Possibility of Faith« *American Catholic Philosophical Quarterly* 83(2), 219–238

Busche, Hubertus 2013 »Die letzte Warum-Frage – Ihre zweifache Gestalt und ihre Beantwortung bei Leibniz« in: Schubbe et al. 2013, 115–158

Capelle, Philippe 2001 *Philosophie et théologie dans la pensée de Martin Heidegger* Éditions du Cerf, Paris

Capobianco, Richard 1988 »Heidegger and the Gods« *Proceedings of the American Catholic Philosophical Association* 62, 183–188

Caputo, John D. 1977 »The Problem of Being in Heidegger and the Scholastics« *Thomist* 41(1), 62–91

– 1978 *The Mystical Element in Heidegger's Thought* Ohio University Press, Athens, Ohio

– 1993 »Heidegger and Theology« in: Guignon, Ch. B. (Hrsg.) *Cambridge Companion to Heidegger* Cambridge University Press, Cambridge, 270–288

– 1999 »Toward a Modern Theology: Augustine, Heidegger, Derrida« in: Westphal, M. (Hrsg.) *Postmodern Philosophy and Christian Thought* Indiana University Press, Bloomington, Indiana, 202–225

Casanova, José 2009 *Europas Angst vor der Religion* Berlin University Press, Berlin

Cavell, Stanley 2002 *Die Unheimlichkeit des Gewöhnlichen und andere philosophische Essays* Fischer, Frankfurt am Main

– 2006 *Der Anspruch der Vernunft* Suhrkamp, Frankfurt am Main

Christin, Renato 2010 *Heidegger and Leibniz. Reason and the Path* Springer, Dordrecht

Clifton-Soderstrom, Karl 2009 »The Phenomenology of Religious Humility in Heidegger's Reading of Luther« *Continental Philosophy Review* 42(2), 171–200

Colony, Tracy 2008 »The Wholly Other. Being and the Last God in Heidegger's Contributions to Philosophy« *Journal of the British Society for Phenomenology* 39, 186–199

Coriando, Paola-Ludovica 1998a *Der letzte Gott als Anfang. Zur ab-gründigen Zeit-Räumlichkeit des Übergangs in Heideggers »Beiträgen zur Philosophie (Vom Ereignis)«* Fink, München

– (Hrsg.) 1998b *Herkunft aber bleibt stets Zukunft. Martin Heidegger und die Gottesfrage* Klostermann, Frankfurt am Main

Crane, Tim 2014 *Aspects of Psychologism* Harvard University Press, Cambridge, Mass.

Crowe, Benjamin D. 2006 *Heidegger's Religious Origins. Destruction and Authenticity* Indiana University Press, Bloomington, Indiana

– 2007a »Heidegger's Gods« *International Journal of Philosophical Studies* 15 (2), 225–245

– 2007b »On the Track of the Fugitive Gods. Heidegger, Luther, Hölderlin« *Journal of Religion* 87(2), 183–205
– 2008 *Heidegger's Phenomenology of Religion. Realism and Cultural Criticism* Indiana University Press, Bloomington, Indiana
Cupitt, Don 1998 *The Religion of Being* SCM Press, London

Dahlstrom, Daniel O. 2009 *Heidegger's Concept of Truth* Cambridge University Press, New York
Dalferth, Ingolf U. 2008 »Unbedingter Sinn und absolute Transzendenz« *Deutsche Zeitschrift für Philosophie* 56, 135–158
– 2011 »Weder Philosophie noch Wissenschaft. Heideggers gescheiterte Versuche, die Theologie zu verstehen« *Theologische Literaturzeitung* 136(10), 993–1008
Dalferth, Ingolf U. und Hunziker, Andreas (Hrsg.) 2014 *Gott denken – ohne Metaphysik? Zu einer aktuellen Kontroverse in Theologie und Philosophie* Tübingen, Mohr Siebeck
Danner, Helmut 1971 *Das Göttliche und der Gott bei Heidegger* Hain, Meisenheim am Glan
Demmerling, Christoph 2003 »Heidegger und die Frankfurter Schule« in: Thomä 2003, 361–369
Denker, Alfred 2011 *Unterwegs in Sein und Zeit. Einführung in Leben und Denken von Martin Heidegger* Klett-Cotta, Stuttgart
Derrida, Jacques 1989 *Wie nicht sprechen. Verneinungen* Passagen, Wien
Dillard, Peter S. 2008 *Heidegger and Philosophical Atheology. A Neo-Scholastic Critique* Continuum, London
Dobie, Robert 2005 »Overcoming Ontotheology. Heidegger and Meister Eckhart on Gelassenheit« in: Van Fleteren, F. (Hrsg.) *Martin Heidegger's interpretations of Saint Augustine* Mellen, Lewiston, NY, 351–382

Ebeling, Gerhard 1969 *Wort und Glaube* Band II, Mohr Siebeck, Tübingen
Eldon, Stuart 2004 »To Say Nothing of God – Heidegger's Holy Atheism« *The Heythrop journal* 45, 344–347
Egel, Antonia 2013 »In der Gegend der Schrift. Heidegger liest Rilke« Vortrag auf der Tagung der Heidegger-Gesellschaft *Martin Heidegger. Lyrik und Sprache* November 2013 in Tübingen, noch nicht veröffentlicht
Empiricus, Sextus 1985 *Grundriß der pyrrhonischen Skepsis* Suhrkamp, Frankfurt am Main
Enders, Markus 1998 »Das Transzendenz-Verständnis Martin Heideggers im philosophiegeschichtlichen Kontext« *Theologie und Philosophie* 73, 383–404
– 1999 *Transzendenz und Welt. Das daseinshermeneutische Transzendenz- und Welt-Verständnis Martin Heideggers auf dem Hintergrund der neuzeitlichen Geschichte des Transzendenz-Begriffs* Lang, Frankfurt am Main
Esposito, Constantino 1995 »Die Geschichte des letzten Gottes in Heideggers ›Beiträge zur Philosophie‹« *Heidegger Studien* 11, 33–60

Feher, István M. 2000 »Heideggers Kritik der Ontotheologie« in: Franz, A. und Jacobs, W. G. (Hrsg.) *Religion und Gott im Denken der Neuzeit* Schöningh, Paderborn, 200–224

– 2007 »Der göttliche Gott. Hermeneutik, Theologie und Philosophie im Denken Heideggers« in: Barbaric, D. (Hrsg.) *Das Spätwerk Heideggers. Ereignis – Sage – Geviert* Königshausen und Neumann, Würzburg, 163–190

Feuerbach, Ludwig 1971 *Das Wesen des Christentums* Reclam, Stuttgart

Fichte, Johann G. 1986 *Die Wissenschaftslehre. Zweiter Vortrag im Jahre 1804* Meiner, Hamburg

Figal, Günter 1999 *Martin Heidegger zur Einführung* Junius, Hamburg

– 2000 »Gottesvergessenheit. Über das Zentrum von Heideggers *Beiträgen zur Philosophie*« *Internationale Zeitschrift für Philosophie* 9, 176–189

– 2009 »Hermeneutics as Phenomenology« *Journal of the British Society for Phenomenology* 40(3), 255–262

Fischer, Anton M. 2008 *Martin Heidegger – der gottlose Priester. Psychogramm eines Denkers* Rüffer und Rub, Zürich

Fischer, Mario 2013 *Religiöse Erfahrung in der Phänomenologie des frühen Heidegger* Vandenhoeck & Ruprecht, Göttingen

Fischer, Norbert 1995 *Die philosophische Frage nach Gott* Bonifatius, Paderborn

– (Hrsg.) 2007 *Heidegger und die christliche Tradition. Annäherungen an ein schwieriges Thema* Meiner, Hamburg

– 2009 »›Gott‹ in der Dichtung Rainer Maria Rilkes. Einführung und ein Vorblick auf die Beiträge« in: Ders. (Hrsg.) *»Gott« in der Dichtung Rainer Maria Rilkes* Meiner, Hamburg, 19–36

Fischer, Norbert und Herrmann, Friedrich-Wilhelm von (Hrsg.) 2011 *Die Gottesfrage im Denken Martin Heideggers* Meiner, Hamburg

Gabel, Michael und Joas, Hans (Hrsg.) 2007 *Von der Ursprünglichkeit der Gabe. Jean-Luc Marions Phänomenologie in der Diskussion* Alber, Freiburg, München

Gabriel, Markus 2012 »Einleitung« in: Ders. (Hrsg.) *Skeptizismus und Metaphysik. Deutsche Zeitschrift für Philosophie* Sonderband 28, 9–20

– 2013 *Warum es die Welt nicht gibt* Ullstein, Berlin

Gadamer, Hans G. und Dottori, Riccardo 2002 *Die Lektion des Jahrhunderts. Ein philosophischer Dialog mit Riccardo Dottori* LIT Verlag, Münster, Hamburg, London

Gall, Robert S. 1987 *Beyond Theism and Atheism. Heidegger's Significance for Religious Thinking* Martinus Nijhoff, Den Haag

De Gennaro, Ivo 2000 »Heidegger und die Griechen« *Heidegger Studien* 16, 87–113

Gethmann-Siefert, Annemarie 1974 *Das Verhältnis von Philosophie und Theologie im Denken Martin Heideggers* Alber, Freiburg, München

Giammusso, Salvatore 2010 »Hermeneutik als meditative Philosophie. Zum Begriff der Gelassenheit bei O. F. Bollnow« *Deutsche Zeitschrift für Philosophie* 58(1), 31–49

Giannaras, Chrestos 2005 *On the Absence and Unknowability of God. Heidegger and the Areopagite* T&T Clark International, London

Godzieba, Anthony J. 1999 »Prolegomena to a Catholic Theology of God between Heidegger and Postmodernity« *Heythrop Journal* 40, 319–339

Graß, Hans 1958 »Artikel Glaube: V. Dogmatisch« in: *Die Religion in Geschichte und Gegenwart* Band 2, Mohr Siebeck, Tübingen, Sp. 1601–1611

Greisch, Jean 1996 »The Eschatology of Being and the God of Time in Heidegger« *International journal of philosophical studies* 4, 14–42

Großmann, Andreas und Landmesser, Christof (Hrsg.) 2009 *Rudolf Bultmann und Martin Heidegger: Briefwechsel 1925 bis 1975* Klostermann, Frankfurt am Main

Gründer, Karlfried 1962 »Martin Heideggers Wissenschaftskritik in ihren geschichtlichen Zusammenhängen« *Archiv für Philosophie* 11, 312–335

Guagliardo, Vincent 1989 »Aquinas and Heidegger. The question of philosophical theology« *Thomist* 53, 407–442

Guidi, Lucilla 2014 *Negativität und Performativität. Eine Untersuchung zu Heideggers Phänomenologie (1919–1929)* (Dissertation, noch nicht veröffentlicht)

Guignon, Charles B. 2005 »The History of Being« in: Dreyfus, H. L. und Wrathall, M. A. (Hrsg.) *A Companion to Heidegger* Blackwell, Oxford, 392–406

Haar, Michel 1989 »Heidegger and the God of Hölderlin« *Research in Phenomenology* 19, 89–100

Habermas, Jürgen 2010 »Ein neues Interesse der Philosophie an der Religion? Zur philosophischen Bewandtnis von postsäkularem Bewusstsein und multikultureller Weltgesellschaft. Jürgen Habermas (Starnberg) interviewt von Eduardo Mendieta (New York)« *Deutsche Zeitschrift für Philosophie* 58, 3–16

Hare, Richard M. 1955 »Theology and Falsification« in: Flew, A. und MacIntyre, A. (Hrsg.) *New Essays in Philosophical Theology* SCM Press, London, 99–103

Haeffner, Gerd 1985 »Das Sein, das Heilige, der Gott. Heidegger und die philosophische Gottesfrage« in: Möller, J. (Hrsg.) *Der Streit um den Gott der Philosophen. Anregungen und Antworten* Patmos, Düsseldorf, 140–156

– 2007 »Abendgespräch mit Martin Heidegger« *Theologie und Philosophie* 82, 392–398

Hailer, Martin 2014 *Religionsphilosophie* Vandenhoeck & Ruprecht, Göttingen

Halfwassen, Jens 2010 »Die Unverwüstlichkeit der Metaphysik« *Philosophosche Rundschau* 57, 97–124

Hegel, Georg W. F. 1986 *Frühe Schriften* Suhrkamp, Frankfurt am Main

Henscheid, Eckhard 1997 »Etymologie auf dem Holzweg« in: Ders., Henschel, G. und Kronauer, B. (Hrsg.) *Kulturgeschichte der Missverständnisse* Reclam, Stuttgart, 264–268

Heidegger, Martin 1987 *Das Wesen der Philosophie* Unveröffentlichtes Manuskript. Jahresgabe der Martin Heidegger Gesellschaft

Heidenreich, Felix 2010 »Wurzeln, Quellen, Instrumente. Neue Debatten über Religion, Säkularisierung und die Moderne« *Philosophische Rundschau* 57, 299–321

Helting, Holger 1997 *Heidegger und Meister Eckehart. Vorbereitende Überlegungen zu ihrem Gottesdenken* Duncker und Humblot, Berlin
- 1999 *Heideggers Auslegung von Hölderlins Dichtung des Heiligen. Ein Beitrag zur Grundlagenforschung der Daseinsanalyse* Duncker und Humblot, Berlin
Hemming, Laurence Paul 1998 »Speaking out of Turn. Martin Heidegger and Die Kehre« *International Journal of Philosophical Studies* 6(3), 393–423
- 2002 *Heidegger's Atheism. The Refusal of a Theological Voice* University of Notre Dame Press, Notre Dame, Indiana
- 2004 »The Being of God. The Limits of Theological Thinking After Heidegger« *New Blackfriars* 85, Nr. 995, 17–32
Hempel, Carl G. 1973 »Science Unlimited?« *The Annals of the Japan Association for Philosophy of Science* 14, 187–202
Herrmann, Friedrich-Wilhelm von 1991 *Heideggers »Grundprobleme der Phänomenologie«. Zur »Zweiten Hälfte« von »Sein und Zeit«* Klostermann, Frankfurt am Main
- 1995 »›Gelassenheit‹ bei Heidegger und Meister Eckhart« in: Babich, B. E. (Hrsg.) *From Phenomenology to Thought, Errancy, and Desire: Essays in Honor of William J. Richardson, S.J.* Kluwer, Dordrecht, 115–127
- 2007 »Stationen der Gottesfrage im frühen und späten Denken Heideggers« in: Langthaler, R. und Treitler, W. (Hrsg.) *Die Gottesfrage in der europäischen Philosophie und Literatur des 20. Jahrhunderts* Böhlau, Wien, Köln, 19–31
Hesse, Mary 1963 *Models and Analogies in Science* Sheed and Ward, London
Hindrichs, Gunnar 2011 *Das Absolute und das Subjekt. Untersuchungen zum Verhältnis von Metaphysik und Nachmetaphysik* Klostermann, Frankfurt am Main
Hochstaffl, Josef 1976 *Negative Theologie. Ein Versuch zur Vermittlung des patristischen Begriffs* Kösel, München
Hoffmann, Veronika 2013 *Skizzen zu einer Theologie der Gabe* Herder, Freiburg
Hoping, Helmut 1995 »Understanding the Difference of Being. On the Relationship between Metaphysics and Theology« *Thomist* 59(2), 189–221
Hübner, Hans 1998 »Vom Ereignis und vom Ereignis Gott. Ein theologischer Beitrag zu Martin Heideggers ›Beiträgen zur Philosophie‹« in: Coriando 1998b, 134–158
- 1999 »Martin Heideggers Götter und der christliche Gott. Theologische Besinnung über Heideggers ›Besinnung‹ (Band 66)« *Heidegger Studien* 15, 127–151
- 2002a »Seynsgeschichtliches und theologisches Denken. Kritische und unkritische Anmerkungen zu ›Die Überwindung der Metaphysik‹« *Heidegger Studien* 18, 59–87
- 2002b »Die Spätphilosophie Martin Heideggers und die Hermeneutik des Neuen Testaments. Zuspruch des Seyns und Zuspruch Gottes« in: Pokorný, P. und Roskovec, J. (Hrsg.) *Philosophical Hermeneutics and Biblical Exegesis* Mohr Siebeck, Tübingen, 144–175
- 2006 »Existenziale Interpretation bei Rudolf Bultmann und Martin Heidegger« *Zeitschrift für Theologie und Kirche* 103, 533–567

Hume, David 1981 *Dialoge über natürliche Religion* Reclam, Stuttgart
– 1993 *Eine Untersuchung über den menschlichen Verstand* Meiner, Hamburg
Hunziker, Andreas 2011 »Zweifel und Verzweiflung« *Hermeneutische Blätter* 1/2 2011, 96–105
– 2014 »Der Andere als Ende der Metaphysik« in: Dalferth/Hunziker 2014, 183–202

Ionescu, Cristina 2002 »The Concept of the Last God in Heidegger's Beiträge. Hints Towards an Understanding of the Gift of Sein« *Studia phaenomenologica* 2, 59–95
Ivánka, Endre von (Hrsg.) 2009 *Dionysius Areopagita. Von den Namen zum Unennbaren* Johannes, Einsiedeln

Jäger, Alfred 1978 *Gott. Nochmals Martin Heidegger* Mohr-Siebeck, Tübingen
– 1989 »Das Erscheinen Gottes in der Spätphilosophie Martin Heideggers« *Theologie und Glaube* 79, 42–55
Jaeschke, Walter 2002 »Negative Theologie und philosophische Theologie« *Archivio di filosofia* 70, 303–314
James, William 1997 *Die Vielfalt religiöser Erfahrung* Insel, Frankfurt am Main, Leipzig
Janicaud, Dominique 1991 *Le Tournant théologique de la phénoménologie française* Éditions de l'Éclat, Combas
Jaspers, Karl 2012 *Der philosophische Glaube* Piper, München, Zürich
Jensen, Alexander S. 2008 »The Influence of Schleiermacher's Second Speech on Religion on Heidegger's Concept of Ereignis« *The Review of Metaphysics* 61, 815–826
Jonas, Hans 1967 »Heidegger und die Theologie« in: Noller 1967, 316–340
– 1987 »Unsterblichkeit und heutige Existenz« in: Ders. *Zwischen Nichts und Ewigkeit. Drei Aufsätze zur Lehre vom Menschen* Vandenhoeck & Ruprecht, Göttingen, 44–62
Jonkers, Peter und Welten, Ruud (Hrsg.) 2005 *God in France. Eight Contemporary French Thinkers on God* Peeters, Leuven
Jung, Matthias 1990 *Das Denken des Seins und der Glaube an Gott. Zum Verhältnis von Philosophie und Theologie bei Martin Heidegger* Königshausen und Neumann, Würzburg
Jüngel, Eberhard 1977 »Gott entsprechendes Schweigen? Theologie in der Nachbarschaft des Denkens von Martin Heidegger« in: Busche, J. et al. (Hrsg.) *Martin Heidegger. Fragen an sein Werk. Ein Symposium* Reclam, Stuttgart, 37–45
Justaert, Kristien 2007 »›Ereignis‹ (Heidegger) or ›La clameur de l'etre‹ (Deleuze): Topologies for a Theology beyond Representation?« *Philosophy and Theology: Marquette University Quarterly* 19(1–2), 241–256

Kaden, Tom 2011 »Was ist neu am Neuen Atheismus?« *Philosophische Rundschau* 58, 22–34

Kaldis, Byron 2008 »Techno-Science and Religious Sin. Orthodox Theology and Heidegger« *Sophia: International Journal for Philosophy of Religion, Metaphysical Theology and Ethics* 47(2), 107–128

Kearney, Richard 2002 »Last Gods and Final Things. Faith and Philosophy« in: *Yearbook of the Irish Philosophical Society: Voices of Irish Philosophy,* 71–82

Kierkegaard, Sören 1971 *Einübung im Christentum* Diederichs, Düsseldorf, Köln

Klun, Branko 2006 »Die Gottesfrage in Heideggers ›Beiträgen‹« *Theologie und Philosophie* 81, 529–547

Kobusch, Theo 2002 »Negative Theologie als praktische Metaphysik« *Archivio di filosofia* 70, 185–200

Koritensky, Andreas 2008 »Ludwig Wittgensteins Erschließung der Religion durch Sprachspiele« in: Schüßler 2008, 285–300

Körtner, Ulrich H. J. 2014 »Hermeneutische Theologie zwischen Mythos und Metaphysik« in: Dalferth/Hunziker 2014, 95–117

Kosky, Jeffrey L. 2014 »Metaphysical Certainty and Confessing Desire or the Blessed Life. The Evidence of Self in Jean-Luc Marion's Reading of St. Augustine« in: Dalferth/Hunziker 2014, 119–138

Koßler, Matthias 2013 »Lieber gar Nichts als Etwas – Die Frage unter pessimistischen Vorzeichen bei Schopenhauer« in: Schubbe et al. 2013, 189–204

Kovacs, George 1990 *The Question of God in Heidegger's Phenomenology* Northwestern University Press, Evanston, Illinois

Kreiner, Armin 2006 *Das wahre Antlitz Gottes* Herder, Freiburg, Basel, Wien

Kues, Nikolaus von 2014 *Philosophisch-theologische Werke in 4 Bänden. Band 1* Meiner, Hamburg

Kutschera, Franz 1990 *Vernunft und Glaube* de Gruyter, Berlin, New York

Largier, Niklaus (Hrsg.) 2009 *Meister Eckhart. Predigten. Werke 1* Deutscher Klassiker Verlag, Frankfurt am Main

Lassak, Andrea 2010 »Welchen Sinn hat es, vom ›Vertrauen‹ in Gott zu reden?« *Hermeneutische Blätter* 1/2 2010, 109–118

Laube, Martin 1999 *Im Bann der Sprache. Die analytische Religionsphilosophie im 20. Jahrhundert* de Gruyter, Berlin, New York

Law, David R. 2000 »Negative Theology in Heidegger's Beiträge zur Philosophie« *International Journal for Philosophy of Religion* 48, 139–156

Le Moli, Andrea 2008 »Negative Wege. Prinzipientheorie, apophatische Theologie und negative Ontologie im späten Neuplatonismus« *Philosophische Rundschau* 55, 332–345

Löffler, Winfried 2006 *Einführung in die Religionsphilosophie* Wissenschaftliche Buchgesellschaft, Darmstadt

Long, Eugene Th. 1999 »Quest for Transcendence« *International Journal for Philosophy of Religion* 45, 51–65

Lotz, Johannes B. 1975 *Martin Heidegger und Thomas von Aquin. Mensch-Zeit-Sein* Neske, Pfullingen
1990 *Vom Sein zum Heiligen. Metaphysisches Denken nach Heidegger* Knecht, Frankfurt am Main

Luckner, Andreas 2007 »Buchbesprechung: Thomas Rentsch, Gott« *Allgemeine Zeitschrift für Philosophie* 32, 199–203

Lüders, Detlev 2004 »›Das abendländische Gespräch‹. Zu Heideggers Hölderlin-Erläuterungen« *Heidegger Studien* 20, 35–62

Mackie, John L. 1985 *Das Wunder des Theismus* Reclam, Stuttgart

Macquarrie, John 1968 *Martin Heidegger. Makers of Contemporary Theology* The Lutterworth Press, Cambridge

– 1994 *Heidegger and Christianity. The Hensley Henson Lectures 1993–94* SCM Press, London

Maitzen, Stephen 2012 »Stop Asking Why There's Anything« *Erkenntnis* 77(1), 51–63

Marion, Jean-Luc 1991 *Dieu sans l'être* Presses Universitaires de France, Paris

McGuinnes, Brain 1967 *Wittgenstein und der Wiener Kreis. Aus dem Nachlaß* Suhrkamp, Frankfurt am Main

Mende, Dirk 2003 »›Brief über den ›Humanismus‹‹. Zu den Metaphern der späten Seinsphilosophie« in: Thomä 2003, 247–258

Metzl, Klaus 2007 *Phänomenologische Hermeneutik und Analogia Entis. Martin Heidegger – mit Erich Przywara weitergedacht. Modellfall einer verstehenden Theologie* Josef Duschl, Passau

Mitscherlich, Olivia 2010 »Das Geheimnis denken« *Allgemeine Zeitschrift für Philosophie* 35, 91–101

Möller, Joseph 1985 »Der unbewältigte Gott der Philosophen« in: Ders. (Hrsg.) *Der Streit um den Gott der Philosophen. Anregungen und Antworten* Patmos, Düsseldorf, 7–16

Moxter, Michael 2007 »Vernunft innerhalb der Grenzen der Religion. Neuere Entwürfe der Religionsphilosophie« *Philosophische Rundschau* 54, 3–30

Müller, Max 1986 »Seinsdenken – ontotheologische Metaphysik – christliche Theologie und metaphysischer Atheismus oder Heidegger und das Gottesproblem« in: Ders. *Existenzphilosophie* Alber, Freiburg, München, 81–94

Nagel, Thomas 1992 *Der Blick von nirgendwo* Suhrkamp, Frankfurt am Main

– 2013 »Säkulare Philosophie und religiöse Einstellung« *Deutsche Zeitschrift für Philosophie* 61(3), 339–352

Nientied, Mariele 2010 *Reden ohne Wissen. Apophatik bei Dionysius Areopagita, Moses Maimonides und Emmanuel Levinas. Mit einem Exkurs zu Niklas Luhmann* Pustet, Regensburg

Noack, Hermann 1954 »Gespräch mit Martin Heidegger« *Anstöße. Berichte aus der Arbeit der Evangelischen Akademie Hofgeismar* 1, 30–37

Nohl, Herman 1970 *Die deutsche Bewegung. Vorlesungen und Aufsätze zur Geistesgeschichte von 1770 bis 1830* Vandenhoeck & Ruprecht, Göttingen

Noller, Gerhard (Hrsg.) 1967 *Heidegger und die Theologie. Beginn und Fortgang der Diskussion* Kaiser, München

O'Brien, Lucy und Soteriou, Matthew (Hrsg.) 2009 *Mental Actions* Oxford University Press, Oxford

Ott, Heinrich 1959 *Denken und Sein. Der Weg Heideggers und der Weg der Theologie* Zollikon, Zürich

Otto, Rudolf 2004 *Das Heilige. Über das Irrationale in der Idee des Göttlichen und sein Verhältnis zum Rationalen* Beck, München

Peacocke, John 1998 »Heidegger and the Problem of Onto-Theology« in: Blond, Ph. (Hrsg.) *Post-Secular Philosophy. Between Philosophy and Theology* Routledge, London, New York, 177–194

Peperzak, Adriaan 2003 »Religion after Onto-Theology?« in: Wrathall, M. A. (Hrsg.) *Religion after Metaphysics* Cambridge University Press, Cambridge, 104–122

– 2009 »Phenomenology-Metaphysics-Theology« *Modern Theology* 25(3), 469–490

Phillips, Dewi Z. 1976 *Religion without Explanation* Blackwell, Oxford

– 2004 *The Problem of Evil and the Problem of God* SCM Press, London

Philipse, Herman 2003 »Heideggers philosophisch-religiöse (pascalsche) Strategie. Über das Problem der Umdeutung der Existenzialien« *Zeitschrift für Philosophische Forschung* 57(4), 571–588

Pocai, Romano 2015 »Die Weltlichkeit der Welt und ihre abgedrängte Faktizität« in: Rentsch 2015, 49–63

Pöggeler, Otto 1983 *Der Denkweg Martin Heideggers* Neske, Pfullingen

– 1992 »Der Vorbeigang des letzten Gottes« in: Ders. *Neue Wege mit Heidegger* Alber, Freiburg, München, 465–482

– 2009 *Philosophie und hermeneutische Theologie. Heidegger, Bultmann und die Folgen* Fink, München

Polt, Richard 2006 *The Emergency of Being. On Heidegger's Contributions to Philosophy* Cornell University Press, Ithaca

Prudhomme, Jeff O. 1993 »The Passing-By of the Ultimate God. The Theological Assessment of Modernity in Heidegger's Beiträge zur Philosophie« *Journal of the American Academy of Religion* 61, 443–454

– 1997 *God and Being. Heidegger's Relation to Theology* Humanities Press, Atlantic Highlands, NJ

Przywara, Erich 1962 *Analogia entis* Johannes, Einsiedeln

Puntel, Lorenz B. 2010 *Sein und Gott. Ein systematischer Ansatz in Auseinandersetzung mit M. Heidegger, E. Levinas und J.-L. Marion* Mohr Siebeck, Tübingen

Putnam, Hilary 1997 »On Negative Theology« *Faith and Philosophy* 14, 407–422

Rentsch, Thomas 1989 *Martin Heidegger. Das Sein und der Tod* Piper, München

– 1998 »Artikel negative Theologie« in: *Historisches Wörterbuch der Philosophie*, Band 10, Schwabe, Basel, Sp. 1102–1105

– 2000 »Anrennen gegen das Paradox. Wittgenstein, Heidegger und Kierkegaard« in: Ders., *Negativität und praktische Vernunft*, Suhrkamp, Frankfurt am Main, 322–334

– 2003a *Heidegger und Wittgenstein. Existential- und Sprachanalysen zu den Grundlagen philosophischer Anthropologie* Klett-Cotta, Stuttgart

– 2003b »›Sein und Zeit‹. Fundamentalontologie als Hermeneutik der Endlichkeit« in: Thomä 2003, 51–80
– 2005 *Gott* de Gruyter, Berlin, New York
– 2011a *Transzendenz und Negativität* de Gruyter, Berlin, New York
– 2011b »Wie ist Transzendenz zu denken? Kritische Thesen zu Charles Taylors Säkularisierungskonzept« in: Kühnlein, M. und Lutz-Bachmann, M. (Hrsg.) *Unerfüllte Moderne? Neue Perspektiven auf das Werk von Charles Taylor* Suhrkamp, Berlin, 573–598
– 2012a »Transzendenz – Konstitution und Reflexion. Systematische Überlegungen« in: Enders, M. und Zaborowski, H. (Hrsg.) *Jahrbuch für Religionsphilosophie* Band 10, Alber, Freiburg, München, 115–142
– 2012b »Transzendenz und Wirklichkeit. Kritisch-hermeneutische Perspektiven« in: Baum, W. und Irrgang, U. (Hrsg.) *Die Wahrheit meiner Gewissheit suchen. Theologie vor dem Forum der Wirklichkeit* Echter, Würzburg, 325–340
– 2014 *Philosophie des 20. Jahrhunderts* Beck, München
– (Hrsg.) 2015 *Klassiker Auslegen. Sein und Zeit* de Gruyter, Berlin, New York
Richardson, William 1963 *Through Phenomenology to Thought* Martinus Nijhoff, Den Haag
Ricken, Friedo 2003 *Religionsphilosophie* Kohlhammer, Stuttgart
Ricœur, Paul 1991 *Die lebendige Metapher* Fink, München
Robbins, Jeffrey W. 2002 »The Problem of Ontotheology. Complicating the Divide between Philosphy and Theology« *Heythrop Journal* 43, 139–151
Robinson, James M. und Cobb, John B. (Hrsg.) 1964 *Der späte Heidegger und die Theologie* Zwingli, Zürich
Rubinstein, Mary-Jane 2003 »Unknown Thyself. Apophaticism, Deconstruction, and Theology after Ontotheology« *Modern Theology* 19(3), 387–417
van Ruler, Arnold A. 1958 »Artikel Glaube: IV. Dogmengeschichtlich« in: *Die Religion in Geschichte und Gegenwart* Band 2, Mohr Siebeck, Tübingen, Sp. 1597–1601
Russell, Bertrand 1917 *Mysticism and Logic and other Essays* George Allen & Unwin, London
– 1968 *Warum ich kein Christ bin* Rowohlt, Reinbek bei Hamburg
Russell, Paul 2013 »Hume on Religion« *The Stanford Encyclopedia of Philosophy* Fall 2013 Edition
http://plato.stanford.edu/archives/fall2013/entries/hume-religion/

Sacchi, Mario E. 2002 *The Apocalypse of Being. The Esoteric Gnosis of Martin Heidegger* St. Augustine's Press, South Bend, Indiana
Safranski, Rüdiger 2001 *Ein Meister aus Deutschland. Heidegger und seine Zeit* Fischer, Frankfurt am Main
Sass, Hartmut von 2010 *Sprachspiele des Glaubens. Eine Studie zur kontemplativen Religionsphilosophie von Dewi Z. Phillips mit ständiger Rücksicht auf Ludwig Wittgenstein* Mohr Siebeck, Tübingen
Schaeffler, Richard 1978 *Frömmigkeit des Denkens? Martin Heidegger und die katholische Theologie* Wissenschaftliche Buchgesellschaft, Darmstadt

- 1988 »Heidegger und die Theologie« in: Gethmann-Siefert, A. und Pöggeler, O. (Hrsg.) *Heidegger und die praktische Philosophie* Suhrkamp, Frankfurt am Main, 286–309
- 2006 »Heideggers ›Beiträge‹ – oder: Führt ein geschichtliches Verständnis der Vernunft zum Abschied vom ›Christlichen Gott‹?« in: Ders. *Philosophisch von Gott reden* Alber, Freiburg, München, 95–122

Schalow, Frank 2001 *Heidegger and the Quest for the Sacred. From Thought to the Sanctuary of Faith* Kluwer, Dordrecht

Schiffers, Juliane 2014 *Passivität denken. Aristoteles – Leibniz – Heidegger* Alber, Freiburg, München

Schleiermacher, Friedrich 2003 *Über die Religion. Reden an die Gebildeten unter ihren Verächtern* Reclam, Stuttgart

Schmidt, Josef 2003 *Philosophische Theologie* Kohlhammer, Stuttgart

Schnädelbach, Herbert 2006 »Aufklärung und Religionskritik« *Deutsche Zeitschrift für Philosophie* 54(3), 331–345

Schneider, Hans J. 2008 *Religion* de Gruyter, Berlin, New York
- 2011 »Wahrheit oder Angemessenheit? Zum Problem der Begründung religiöser Überzeugungen« in: Runggaldier, E. und Schick, B. (Hrsg.) *Letztbegründungen und Gott* de Gruyter, Berlin, New York, 134–151
- 2014 »Artikulationen, Propositionen und die Frage nach der Metaphysik« in: Dalferth/Hunziker 2014, 41–61

Scholtz, Gunter 1967 »Sprung. Zur Geschichte eines philosophischen Begriffs« *Archiv für Begriffsgeschichte* 11, 206–237

Schopenhauer, Arthur 1977 *Zürcher Ausgabe. Werke in zehn Bänden. Band 5* Diogenes, Zürich

Schrag, Calvin O. 1999 »The Problem of Being and the Question about God« *International Journal for Philosophy of Religion* 45, 67–81

Schrimm-Heins, Andrea 1991 »Gewissheit und Sicherheit. Geschichte und Bedeutungswandel der Begriffe certitudo und securitas« *Archiv für Begriffsgeschichte* 34, 123–213

Schubbe, Daniel, Lemanski, Jens und Hauswald, Rico (Hrsg.) 2013 *Warum ist überhaupt etwas und nicht vielmehr nichts? Wandel und Variationen einer Frage* Meiner, Hamburg

Schulz, Reinhard 2013 »Karl Jaspers. Sein-Nichts-Spekulation und gegenwärtig leben – Einheit oder Widerspruch?« in Schubbe et al. 2013, 205–225

Schulz, Walter 1957 *Der Gott der neuzeitlichen Metaphysik* Neske, Pfullingen

Schüßler, Werner (Hrsg.) 2008 *Wie läßt sich über Gott sprechen? Von der negativen Theologie Plotins bis zum religiösen Sprachspiel Wittgensteins* Wissenschaftliche Buchgesellschaft, Darmstadt

Schweidler, Walter 2008 *Das Uneinholbare. Beiträge zu einer indirekten Metaphysik* Alber, Freiburg, München

Seubold, Günter 2003 »Stichwort: Ereignis. Was immer schon geschehen ist, bevor wir etwas tun« in: Thomä 2003, 302–306

Sikka, Sonia 1997 *Forms of Transcendence. Heidegger and Medieval Mystical Theology* State University of New York Press, Albany

Sinn, Dieter 1991 *Ereignis und Nirwana. Heidegger, Buddhismus, Mythos, Mystik. Zur Archäotypik des Denkens* Bouvier, Bonn

Smith, James K. A. 1999 »Liberating Religion from Theology. Marion and Heidegger on the Possibility of a Phenomenology of Religion« *International Journal for Philosophy of Religion* 46, 17–33

Somavilla, Ilse (Hrsg.) 2006 *Wittgenstein – Engelmann. Briefe, Begegnungen, Erinnerungen* Haymon, Innsbruck, Wien

Sommer, Andreas U. 2007 »Neuerscheinungen zu Kants Religionsphilosophie« *Philosophische Rundschau* 54, 31–53

Sparti, Davide 1998 »Der Traum der Sprache. Cavell, Wittgenstein und der Skeptizismus« *Deutsche Zeitschrift für Philosophie* 46(2), 211–236

Splett, Jörg 1971 *Die Rede vom Heiligen* Alber, Freiburg, München

Stellardi, Giuseppe 2000 *Heidegger and Derrida on Philosophy and Metaphor. Imperfect Thought* Prometheus Books, New York

Stoellger, Phillipp 2014 »Arbeit an der Metaphysik des Anderen und dem Anderen der Metaphysik. Oder: Wie *nicht* nicht Sprechen angesichts der ›großen Fragen‹?« in: Dalferth/Hunziker 2014, 139–181

Stolina, Ralf 2000 *Niemand hat Gott je gesehen. Traktat über negative Theologie* de Gruyter, Berlin, New York

Storck, Joachim W. (Hrsg.) 1989 *Briefwechsel: 1918–1969 / Martin Heidegger; Elisabeth Blochmann* Deutsche Schillergesellschaft, Marbach am Neckar

Strhan, Anna 2011 »Religious Language as Poetry. Heidegger's Challenge« *The Heythrop Journal* LII, 926–938

Striet, Magnus 2003 *Offenbares Geheimnis. Zur Kritik der negativen Theologie* Pustet, Regensburg

Strolz, Walter 1990 »Martin Heidegger und der christliche Glaube« in: Braun 1990, 25–57

Strube, Claudius 1994 *Das Mysterium der Moderne. Heideggers Stellung zur gewandelten Seins- und Gottesfrage* Fink, München

Tegtmeyer, Henning 2009 »Eine Renaissance der Metaphysik?« *Philosophische Rundschau* 56, 38–47

Theill-Wunder, Hella 1970 *Die archaische Verborgenheit. Die philosophischen Wurzeln der negativen Theologie* Fink, München

Theunissen, Michael 1991 *Negative Theologie der Zeit* Suhrkamp, Frankfurt am Main

Thomä, Dieter (Hrsg.) 2003 *Heidegger Handbuch. Leben-Werk-Wirkung* Metzler, Stuttgart, Weimar

– 2003a »Die späten Texte über Sprache, Dichtung und Kunst. Im ›Haus des Seins‹: eine Ortsbesichtigung« in: Thomä 2003, 306–325

Thomson, Iain D. 2000 »Ontotheology? Understanding Heidegger's Destruktion of Metaphysics« *International Journal of Philosophical Studies* 8(3), 297–327

Thurnher, Rainer 1992 »Gott und Ereignis – Heideggers Gegenparadigma zur Onto-Theologie« *Heidegger Studien* 8, 81–102

– 2009 »*Zeit und Sein* im Licht der *Beiträge zur Philosophie*« *Heidegger Studien* 25, 79–114

Tillich, Paul 1991 *Der Mut zum Sein* de Gruyter, Berlin, New York

Tracy, David 1981 *The Analogical Imagination. Christian Theology and the Culture of Pluralism* Crossroads, New York

Tugendhat, Ernst 1970 *Der Wahrheitsbegriff bei Husserl und Heidegger* de Gruyter, Berlin, New York

Turner, Denys 1995 *The Darkness of God. Negativity in Christian Mysticism* Cambridge University Press, Cambridge

Ullrich, Wolfgang 1996 *Der Garten der Wildnis. Eine Studie zu Martin Heideggers Ereignisdenken* Fink, München

Vedder, Ben 2007 *Heidegger's Philosophy of Religion. From God to the Gods* Duquesne University Press, Pittsburgh, Pennsylvania

Verweyen, Hansjürgen 2008 *Einführung in die Fundamentaltheologie* Wissenschaftliche Buchgesellschaft, Darmstadt

Vosicky, Lukas M. 2001 »Vom Sprung in den Ab-Grund des Nichts. Zu einer entfernten Annäherung an die Frage nach Gott« *Studia Phaenomenologica* 1, 247–272

Waismann, Friedrich 1965 »Notes on Talks with Wittgenstein« *The Philosophical Review* 74, 12–16

Weidemann, Christian 2007 *Die Unverzichtbarkeit natürlicher Theologie* Alber, Freiburg, München

– 2013 »Warum existiert überhaupt etwas und nicht nichts? Zur Diskussion in der Analytischen Philosophie« in: Schubbe et al. 2013, 283–337

Weischedel, Wilhelm 1983 *Der Gott der Philosophen* Wissenschaftliche Buchgesellschaft, Darmstadt

Welz, Claudia 2008 »God – A Phenomenon?« *Studia Theologica* 62, 4–24

– 2010 »Selbstbejahung und -verneinung. Der Mut des Vertrauens und der Mut der Verzweiflung« *Hermeneutische Blätter* 1/2 2010, 87–108

Wendte, Martin 2007 »Unmetaphysische Metaphysik. Was kann die Religionsphilosophie von dem Heidegger nach der ›Kehre‹ lernen?« *Theologie und Philosophie* 82, 174–185

Westerkamp, Dirk 2006 *Via negativa. Sprache und Methode der negativen Theologie* Fink, München

Westphal, Merold 2000 »Overcoming Onto-theology« in: Caputo, J. D. und Scanlon, M. J. (Hrsg.) *God, the Gift, and Postmodernism* Indiana University Press, Bloomington, Indiana, 146–169

– 2001 *Overcoming Onto-Theology. Toward a Postmodern Christian Faith* Fordham University Press, New York

– 2004 »Heidegger. How Not to Speak about God« in: Ders. *Transcendence and Self-Transcendence. On God and Soul* Indiana University Press, Bloomington, Indiana, 15–40

– 2006 »Aquinas and Onto-theology« *American Catholic Philosophical Quarterly* 80(2), 173–191

– 2007 »The Importance of Overcoming Metaphysics for the Life of Faith« *Modern Theology* 23(2), 253–278

Wetz, Franz J. 2003 »Was heißt Denken?, Grundsätze des Denkens und andere kleinere Schriften aus dem Umkreis zwischen Forschen und Hören« in: Thomä 2003, 279–287

Wilder, Amos N. 1976 *Theopoetic. Theology and the Religious Imagination* Fortress, Philadelphia

Williams, John R. 1977 *Martin Heidegger's Philosophy of Religion* Wilfrid Laurier University Press, Waterloo, Ontario

Wittgenstein, Ludwig 1965 »Lecture on Ethics« *The Philosophical Review* 74, 3–12

– 1981 *Philosophische Bemerkungen* Suhrkamp, Frankfurt am Main

– 1984 »Vermischte Bemerkungen« in: Ders. *Über Gewißheit (= Werkausgabe Band 8)* Suhrkamp, Frankfurt am Main, 445–573

– 1994 *Vorlesungen und Gespräche über Ästhetik, Psychoanalyse und religiösen Glauben* Parerga, Düsseldorf, Bonn

Woessner, Martin 2011 *Heidegger in America* Cambridge University Press, New York

Wokart, Norbert 2004, »Wie die Wahrheit ans Licht kommt. Heidegger in Griechenland« *Zeitschrift für Religions- und Geistesgeschichte* 56, 374–376

Wolf, Ursula (Hrsg.) 2010 *Platon. Sämtliche Werke* Band 3, Rowohlt, Reinbek bei Hamburg

Wolz-Gottwald, Eckard 1997 »Martin Heidegger und die philosophische Mystik« *Philosophisches Jahrbuch* 104, 64–79

– 1999 *Transformation der Phänomenologie zur Mystik bei Husserl und Heidegger* Passagen-Verlag, Wien

Wouter Oudemans, Theodorus Ch. 1998 *Ernüchterung des Denkens oder der Abschied der Onto-Theologie* Duncker und Humblot, Berlin

Wrathall, Mark A. 2003 »Between Earth and Sky. Heidegger on Life after the Death of god« in: Ders. *Religion after Metaphysics* Cambridge University Press, Cambridge, 69–87

– 2006 »The Revealed Word and World Disclosure. Heidegger and Pascal on the Phenomenology of Religious Faith« *The Journal of the British Society for Phenomenology* 37, 75–88

Wright, Kathleen 2003 »Die ›Erläuterungen zu Hölderlins Dichtung‹ und die drei Hölderlin-Vorlesungen (1934/35, 1941/42, 1942). Die Heroisierung Hölderlins« in: Thomä 2003, 213–230

Wucherer-Huldenfeld, Augustinus K. 1998 »›Fußfassen im anderen Anfang‹. Gedanken zur Wiederholung der denkgeschichtlichen Überlieferung philosophischer Theologie« in: Coriando 1998b, 159–181

– 2011 *Philosophische Theologie im Umbruch. Ortsbestimmung. Philosophische Theologie inmitten von Theologie und Philosophie* Böhlau, Wien, Köln

Zagano, Phyllis 1989 »Poetry as the Naming of the Gods« *Philosophy and Literature* 13, 340–349